高等学校"十四五"医学规划新形态教材
临床医学系列

（供临床、基础、预防、护理、检验、口腔、药学等专业用）

预防医学

Yufang Yixue

（第2版）

主　　审　刘晓芳
主　　编　孙鲜策　余日安
副 主 编　何作顺　钟晓妮　徐苑苑　王学梅
编　　委（按姓氏拼音排序）

丁　玲（山西医科大学）　　方　鑫（内蒙古医科大学）
冯　昶（南昌大学）　　　　郭小娟（温州医科大学）
何利平（昆明医科大学）　　何作顺（大理大学）
金岳龙（皖南医学院）　　　娄峰阁（齐齐哈尔医学院）
宁　丽（新疆医科大学）　　沈天然（广东药科大学）
孙鲜策（大连医科大学）　　谭盛葵（右江民族医学院）
王良君（锦州医科大学）　　王学梅（内蒙古医科大学）
王永斌（河南医药大学）　　温　静（宁夏医科大学）
徐苑苑（中国医科大学）　　杨　光（大连医科大学）
杨书满（吉林大学）　　　　余日安（广东药科大学）
余艳琴（包头医学院）　　　钟晓妮（重庆医科大学）
周雪琼（南方医科大学）

中国教育出版传媒集团
高等教育出版社·北京

内容提要

本教材共分三篇十七章。第一篇为环境与健康，包括人与环境、生活环境与健康、食物与健康、职业环境与健康。第二篇为常见医学统计学方法，包括医学统计学概述、数值变量资料的统计分析、分类变量资料的统计分析、秩和检验、直线回归与相关、统计表与统计图。第三篇为流行病学的应用，包括疾病的分布、描述流行病学、分析流行病学、实验流行病学、诊断性试验的研究与评价、病因与病因推断、疾病的预防控制。本教材内容精练、系统化，语言通俗易懂。全书纸质内容与数字资源一体化设计，数字资源涵盖基础链接、研究进展、人文视角、典型案例、本章小结、开放性讨论、自测题、教学 PPT、微课等内容，有利于学生自主学习，提升教学效果。

本书适用于高等学校临床、基础、预防、护理、检验、口腔、药学等专业学生，也是学生参加执业医师资格考试及住院医师规范化培训的必备书，还可供临床医务工作者和医学研究人员参考使用。

图书在版编目（CIP）数据

预防医学 / 孙鲜策，余日安主编 . -- 2 版 . -- 北京：高等教育出版社，2025.8. -- ISBN 978-7-04-064001-4

I . R1

中国国家版本馆 CIP 数据核字第 2025QF3144 号

| 策划编辑 | 瞿德竑 | 责任编辑 | 李远骋 | 封面设计 | 张 楠 | 责任印制 | 存 怡 |

出版发行	高等教育出版社
社 址	北京市西城区德外大街4号
邮政编码	100120
印 刷	北京瑞禾彩色印刷有限公司
开 本	889mm×1194mm 1/16
印 张	30
字 数	823 千字
购书热线	010-58581118
咨询电话	400-810-0598
网 址	http://www.hep.edu.cn
	http://www.hep.com.cn
网上订购	http://www.hepmall.com.cn
	http://www.hepmall.com
	http://www.hepmall.cn
版 次	2016 年 8 月第 1 版
	2025 年 8 月第 2 版
印 次	2025 年 8 月第 1 次印刷
定 价	69.80元

本书如有缺页、倒页、脱页等质量问题，请到所购图书销售部门联系调换
版权所有　侵权必究
物 料 号　64001-00

数字课程（基础版）

预防医学

（第2版）

主编　孙鲜策　余日安

abooks.hep.com.cn/64001

使用方法：

1. 电脑或移动设备访问课程网站。

2. 注册并登录后，进入"个人中心"。

3. 刮开图书封底防伪码涂层，通过扫描二维码或手动输入20位密码，完成防伪码绑定。

4. 绑定成功后，即可开始本数字课程的学习。

如有使用问题，请点击页面下方的"疑问"按钮。

"预防医学"数字课程编委会

主　编　孙鲜策　余日安
副主编　何作顺　钟晓妮　徐苑苑　王学梅
编　委（按姓氏拼音排序）

丁　玲（山西医科大学）　　　　方　鑫（内蒙古医科大学）
冯　昶（南昌大学）　　　　　　郭小娟（温州医科大学）
何利平（昆明医科大学）　　　　何作顺（大理大学）
金岳龙（皖南医学院）　　　　　娄峰阁（齐齐哈尔医学院）
宁　丽（新疆医科大学）　　　　沈天然（广东药科大学）
孙鲜策（大连医科大学）　　　　谭盛葵（右江民族医学院）
王良君（锦州医科大学）　　　　王学梅（内蒙古医科大学）
王永斌（河南医药大学）　　　　温　静（宁夏医科大学）
徐苑苑（中国医科大学）　　　　杨　光（大连医科大学）
杨书满（吉林大学）　　　　　　余日安（广东药科大学）
余艳琴（包头医学院）　　　　　钟晓妮（重庆医科大学）
周雪琼（南方医科大学）

前 言

预防医学教育是现代医学教育的重要组成部分。通过预防医学课程教学，医学生将获得预防医学的基础理论、基本知识与基本技能，树立正确的健康观，具有预防为主的大卫生观念，明确临床医学与预防医学的结合是必然趋势。"医防协同"是我国深化医药卫生体制改革的重要路径，也是我国实施健康中国战略的基础保障。临床医学专业学生要具备预防为主的理念，掌握预防医学相关知识和技能，为今后在医疗卫生工作中开展预防保健工作奠定理论和方法学基础。

本教材由全国20所高等医学院校具有丰富教学经验的专家教授合作编写，是高等教育出版社为建设一批切实满足高等医学教育教学需求、反映教改成果和学科发展、纸质出版与数字资源紧密结合的新形态教材和优质教学资源的产物。本教材在上一版的基础上，更加突出"医防融合"理念，进一步反映预防医学的新进展，以适应当前我国高等医学教育教学改革发展的形势与培养创新型、复合型医学人才的要求，构建"5+3"为主体的临床医学人才培养体系。

本教材共分三篇十七章。第一篇为环境与健康，包括人与环境、生活环境与健康、食物与健康、职业环境与健康。第二篇为常见医学统计学方法，包括医学统计学概述、数值变量资料的统计分析、分类变量资料的统计分析、秩和检验、直线回归与相关、统计表与统计图。第三篇为流行病学的应用，包括疾病的分布、描述流行病学、分析流行病学、实验流行病学、诊断性试验的研究与评价、病因与病因推断、疾病的预防控制。本教材结合临床医学特点，阐明预防医学的基本概念、基本原理、基本方法和基本技能，力争内容精练、系统化，语言通俗易懂，用预防医学的理论和方法提高临床医学生的诊断、治疗及科研能力是本书的目标之一。形式上，全书纸质内容与数字资源一体化设计，数字资源内容包括基础链接、研究进展、人文视角、典型案例、本章小结、开放性讨论、自测题、教学PPT、微课等，既方便教师教学，也方便学生自主学习。

在教材的编写过程中，大连医科大学教务处和公共卫生学院领导高度重视，对教材编写给予了极大帮助和指导，各参编单位领导和多位专家教授也鼎力支持。本教材编委兼编写秘书杨光教授在教材统稿、与各位编委和出版社联络等方面做了大量细致工作，大连医科大学公共卫生学院邱天明老师、吴晨冰老师和研究生张竞元、朱琪、马嘉璇等做了大量书稿校对工作，在此表示衷心的感谢！特别感谢大连医科大学刘晓芳教授作为主审对本教材给予的指导与细致的审阅。

由于编者水平有限，本教材在形式或内容上难免存在缺点和不足，恳切希望使用本教材的广大师生和读者及专家、同行学者们提出宝贵意见，使教材质量不断提高。

孙鲜策　余日安
2025年2月

目 录

- 001 **绪论**
- 002 一、预防医学的概念及特点
- 003 二、预防医学发展简史
- 004 三、疾病自然史与三级预防策略

第一篇 环境与健康

- 009 **第一章 人与环境**
- 011 第一节 人类的生存环境
- 011 一、环境构成
- 013 二、生态系统与生态平衡
- 014 三、人类与环境的关系
- 016 第二节 环境污染及其对健康的影响
- 016 一、环境污染与环境污染物
- 022 二、环境污染对健康的影响
- 028 第三节 环境污染的预防与控制
- 028 一、组织措施
- 029 二、规划措施
- 030 三、技术措施

- 031 **第二章 生活环境与健康**
- 033 第一节 大气环境与健康
- 033 一、大气理化特征及其卫生学意义
- 035 二、大气污染及其危害
- 042 三、大气卫生标准
- 043 第二节 室内空气质量与健康
- 044 一、室内空气质量
- 044 二、室内小气候对健康的影响
- 045 三、室内空气污染来源及其危害
- 050 四、室内空气污染的防治
- 051 第三节 水环境与健康
- 051 一、水资源的种类
- 053 二、水质评价指标
- 055 三、水体污染及其危害
- 060 四、饮用水卫生标准
- 064 五、水体污染的防控措施
- 065 第四节 地质环境与健康
- 065 一、地质环境
- 067 二、土壤污染与健康
- 070 三、生物地球化学性疾病

- 083 **第三章 食物与健康**
- 085 第一节 人体必需的主要营养素
- 085 一、蛋白质
- 088 二、脂类
- 089 三、糖类
- 091 四、热能
- 093 五、矿物质
- 098 六、维生素
- 102 第二节 合理营养
- 103 一、合理营养的基本要求
- 103 二、食物的营养价值
- 109 三、膳食结构和膳食指南
- 110 四、营养调查与评价
- 114 五、食谱编制
- 115 第三节 不同人群的营养
- 115 一、孕妇和哺乳期妇女的营养
- 118 二、婴幼儿的营养
- 119 三、儿童、青少年的营养
- 120 四、老年人的营养
- 121 第四节 临床营养
- 121 一、膳食管理
- 123 二、围手术期营养
- 124 三、临床营养支持治疗
- 126 第五节 食品安全
- 126 一、概述
- 128 二、常见食品污染及其预防
- 140 三、食品添加剂
- 141 第六节 食源性疾病及其预防
- 142 一、概述

143	二、人兽共患传染病	237	二、同质与变异
145	三、食物过敏	237	三、总体与样本
146	四、食物中毒	238	四、参数与统计量
		238	五、系统误差与随机误差
156	**第四章 职业环境与健康**	239	六、频率与概率
158	第一节 概述	239	第二节 统计资料的类型
158	一、职业性有害因素	239	一、数值变量资料
159	二、职业与健康	240	二、分类变量资料
162	三、职业性病损的预防控制	240	三、等级资料
167	第二节 生产性毒物与职业中毒	240	第三节 统计工作的基本步骤
167	一、概述	240	一、统计设计
167	二、铅	241	二、搜集资料
170	三、汞	241	三、整理资料
172	四、其他金属及类金属	241	四、分析资料
173	五、有机溶剂		
178	六、苯的氨基和硝基化合物	243	**第六章 数值变量资料的统计分析**
180	七、刺激性气体	245	第一节 数值变量资料的统计描述
182	八、窒息性气体	245	一、数值变量资料的频数分布
183	九、农药	247	二、集中趋势的描述指标
187	第三节 生产性粉尘与职业性肺部疾病	252	三、离散趋势的描述指标
187	一、生产性粉尘及其危害	254	四、正态分布及其应用
191	二、常见生产性粉尘及其所致尘肺病	258	第二节 数值变量资料的统计推断
200	三、有机粉尘所致的职业性肺部疾病	258	一、均数的抽样误差与标准误
200	第四节 物理因素及其所致职业性疾病	259	二、t 分布
200	一、概述	260	三、总体均数的区间估计
201	二、不良气象条件	262	四、假设检验
207	三、噪声	266	第三节 t 检验
210	四、振动	266	一、样本均数与总体均数比较的 t 检验
212	五、非电离辐射和电离辐射	267	二、配对设计资料比较的 t 检验
218	第五节 生物性有害因素及其健康危害	268	三、两样本均数比较的 t 检验
218	第六节 职业性有害因素所致其他职业损害	269	第四节 方差分析
218	一、概述	270	一、方差分析的基本思想
218	二、职业性肿瘤	271	二、完全随机设计多个样本均数比较的方差分析
221	三、职业性眼耳鼻喉口腔疾病		
225	四、职业性皮肤病	272	三、随机区组设计资料方差分析
		274	四、多个样本均数间的多重比较
	第二篇 常见医学统计学方法		
		277	**第七章 分类变量资料的统计分析**
235	**第五章 医学统计学概述**	279	第一节 分类变量资料的统计描述
237	第一节 医学统计学基本概念	279	一、常用的相对数
237	一、变量与变量值	281	二、应用相对数应注意的问题

282	三、率的标准化法			**第三篇 流行病学的应用**
285	第二节 分类变量资料的统计推断			
285	一、率的抽样误差与标准误		327	**第十一章 疾病的分布**
286	二、总体率的区间估计		329	第一节 疾病频率测量指标
286	第三节 χ^2检验		329	一、率与比的概念
286	一、χ^2检验的基本思想		329	二、疾病发生频率测量指标
288	二、χ^2检验的种类		330	三、患病频率测量指标
			332	四、死亡与生存频率测量指标
294	**第八章 秩和检验**		333	第二节 疾病的流行强度
296	第一节 配对资料的符号秩检验		333	一、散发
297	第二节 完全随机设计两样本比较的秩和检验		334	二、暴发
298	第三节 完全随机设计多个样本比较的秩和检验		334	三、流行
			334	四、大流行
302	**第九章 直线回归与相关**		334	第三节 疾病分布的形式
304	第一节 直线回归		334	一、疾病的人群分布
304	一、直线回归的概念		337	二、疾病的时间分布
305	二、线性回归模型的适用条件		339	三、疾病的地区分布
306	三、线性回归方程的建立		341	四、疾病人群、时间、地区分布的综合分析
307	四、回归系数的假设检验			
308	五、回归方程的应用		343	**第十二章 描述流行病学**
309	第二节 直线相关		345	第一节 概述
309	一、直线相关的概念		345	一、描述性研究的概念
310	二、相关系数及其计算		345	二、描述性研究的特点
310	三、相关系数的假设检验		345	三、描述性研究的类型
311	四、直线相关分析应用中应注意的问题		346	四、描述性研究的用途
311	五、回归与相关的联系与区别		346	五、描述性研究的资料来源
312	第三节 秩相关		347	第二节 现况研究
312	一、秩相关的概念		347	一、概述
312	二、Spearman秩相关系数r_s的计算和推断		349	二、现况研究的设计与实施
			353	三、现况研究的偏倚及其控制
314	**第十章 统计表与统计图**		354	四、现况研究的优点与局限性
316	第一节 统计表			
316	一、统计表的编制原则		356	**第十三章 分析流行病学**
316	二、统计表的结构		358	第一节 病例对照研究
317	三、统计表的种类		358	一、概述
317	第二节 统计图		360	二、病例对照研究的设计与实施要点
318	一、统计图的制作原则		363	三、病例对照研究的资料分析
318	二、统计图的结构		367	四、病例对照研究的偏倚及其控制
318	三、统计图的种类		368	五、病例对照研究的优点与局限性
			369	第二节 队列研究
			369	一、概述

372	二、队例研究的设计与实施要点	411	第四节　诊断性试验在临床实践中的应用及价值评估
375	三、队列研究的资料分析		
378	四、队列研究的偏倚及其控制	411	一、诊断性试验截断值的确定
379	五、队列研究的优点与局限性	413	二、真实性评价
		413	三、可靠性评价
381	**第十四章　实验流行病学**	415	四、实用性评价
383	第一节　概述	416	第五节　提高研究效率的方法
383	一、实验流行病学的概念	416	一、提高验前概率（患病率）
383	二、实验流行病学的特点	416	二、多项试验的联合应用
384	三、实验流行病学的分类		
385	四、实验流行病学的用途	418	**第十六章　病因与病因推断**
385	第二节　临床试验	420	第一节　病因概念与病因模型
386	一、临床试验的概念及特点	420	一、病因概念
387	二、临床试验的基本要素和原则	421	二、病因模型
390	三、临床试验的分类和分期	424	第二节　疾病发生的多因性
391	四、临床试验的设计与实施	424	一、必要病因与充分病因
394	五、资料的收集与结果分析	425	二、病因与疾病的相互作用模式
397	第三节　实验流行病学的优点与局限性	426	第三节　病因推断
397	一、实验流行病学的优缺点	426	一、推断病因的流行病学研究方法
398	二、实验流行病学应注意的问题	429	二、因果联系的推断标准
		430	三、研究的因果论证强度
400	**第十五章　诊断性试验的研究与评价**		
402	第一节　概述	432	**第十七章　疾病的预防控制**
402	一、诊断性试验定义	434	第一节　传染病的预防与控制
403	二、诊断性试验应用范围	434	一、传染病的流行过程
403	第二节　诊断性试验评价的基本要求	439	二、传染病预防控制的策略与措施
403	一、金标准	443	第二节　慢性非传染性疾病的预防与控制
404	二、研究对象	443	一、慢性疾病的流行概论及主要危险因素
404	三、样本量大小	452	二、三级预防策略与措施
405	四、盲法判定与比较试验结果	453	第三节　突发公共卫生事件
405	第三节　诊断性试验评价指标及意义	453	一、概述
406	一、灵敏度与漏诊率	456	二、突发公共卫生事件的流行病学调查
406	二、特异度与误诊率	460	第四节　疾病监测
407	三、正确诊断指数	460	一、疾病监测的概念与种类
407	四、阳性预测值与阴性预测值	461	二、疾病监测的内容和方法
409	五、阳性似然比与阴性似然比		
410	六、验前概率和验后概率	464	**主要参考文献**

绪 论

现代医学包括预防医学、临床医学、基础医学和康复医学等，它们相互联系、相互渗透、相互交叉和相互融合，共同为保护人群健康和增进人类健康发挥重要作用。从古到今，人类在与各种疾病的斗争中得知，防患于未然是健康的宗旨，这充分体现了预防医学的重要思想。古人曰："上医治未病。"有研究表明：在疾病的预防上投入 1 元钱，将会节省近 10 元的医疗费用和近 100 元的抢救费用。因此，预防医学是防治疾病、消灭疾病的重要手段，也是实现群体健康的最有效、最经济、最佳的途径。

一、预防医学的概念及特点

预防医学（preventive medicine）是研究人群中环境因素与人体健康相互作用、相互影响的一门综合性应用学科，是从医学中分化出来的一个独立学科。它以人群为主要研究对象，采用现代科学技术和方法，研究环境因素对人群健康和疾病的作用规律，分析和评价环境中致病因素对人群健康的影响，提出改善不良环境因素的卫生要求，制定公共卫生策略与措施，以达到维护和促进健康，以及预防疾病、延长寿命、提高生命质量的目的。

预防医学的特点：①研究和工作对象主要为群体，但也包括个体。群体的预防要通过个体预防推动，群体预防水平的提高又可保护个体的健康。②主要着眼于健康人、高危人群和无症状患者。研究重点为影响健康的因素与人群健康的关系，采取的对策有积极的预防作用，较临床医学具有更大的人群健康效益。③研究方法上更注重微观与宏观的结合、定量与定性的结合、静态与动态的结合。

从广义角度讲，预防医学研究的内容涵盖所有减少疾病发生、保护和促进健康的学科和领域，如流行病学、营养与食品卫生学、职业卫生学、社会医学、医学统计学、卫生管理学等。预防医学的主要研究方法如下。

1. 实验研究方法　采取宏观与微观相结合的方法研究环境因素对健康的影响规律及内在联系，即在人为控制各种因素的条件下（实验室或人群中），模拟某种环境因素以观察其对生物（人）的急性、慢性和远期效应，阐明病因的作用机制，探索预防措施或评价其效果。

2. 流行病学研究方法　运用传统医学与循证医学相结合的方法研究疾病分布及健康水平的动态变化趋势，阐明某种环境因素对人群中某种疾病发生、发展或暴发流行的影响及其规律性，探讨机体内、外环境变化的原因，查明个体或群体的健康状况和评价预防对策及措施的效果，从而利用环境中的有利因素，控制或消除不利因素，改善环境条件的卫生要求，达到保护和促进健康的目的。

3. 卫生统计学方法　卫生统计学是进行人群健康状况评估和医学科学研究的重要手段之一，即运用概率论、数理统计的原理和方法，研究事物或观察的群体数量特征并排除误差，根据现有资料的信息，做出科学的推断与决策；判断各种因素对人群健康影响的程度及未来的发展趋势，拟定合理的方案，对所获结果给予恰如其分的评价与解释。

4. 社会医学研究方法　通过卫生服务实践，研究卫生保健与疾病防治的组织和管理方法，制定社会的防治策略与措施，以及人们对社会资源的卫生服务需求，评价社会预防措施、卫生服务的效果和效益等。

预防医学与临床医学相比，其主要特点为：工作对象包括个体和确定的群体，不仅注重所有疾病的患者，更侧重于健康群体和亚健康者；工作贯穿于疾病发生发展的全过程，更侧重于疾病预防和健康促进；采用人群健康的研究方法，更注重宏观与微观相结合、传统与循证相结合；研究内容从整体论出发，更侧重于人群健康和环境的关系；以卫生部门为主，更需要全社会参与和多部门协助与配合；采取的对策更具有积极的预防作用和更大的人群健康效益。

二、预防医学发展简史

预防医学的形成和发展经历了漫长的历史过程。

（一）个人预防阶段

从中外医学史的记载中发现，预防医学的思想可追溯到远古时代。《易经》中就有"君子以思患而豫（预）防之"，《黄帝内经》中有"圣人不治已病治未病，不治已乱治未乱"，唐代医学家孙思邈在《千金要方》中提出"上医治未病之病，中医治欲病之病，下医治已病之病"等，这是人类预防思想的早期体现。公元前4世纪古希腊的医学思想家已开始用科学的思维和方法判断疾病，希波克拉底（Hippocrates）在 *Air, Water & Place* 一书中阐述了环境因素和疾病的关系，他指出"知道患病的人是什么样的人，比知道这个人患的是什么病更重要"。

人类在与自然界的斗争实践中不仅积累了与疾病作斗争的丰富经验与知识，还创造了许多保护和改善环境，以及保障人体健康的卫生措施。如公元前2世纪，我国人民已知饮水与疾病的关系，并有了凿井而饮的方法和饮开水的良好习惯；周代已有了饭前洗手习惯，并提出吃饭时不对面说话，不吃剩饭，不吃腐败鱼肉。这些在防病史上有着极其重要的意义，但由于当时生产力发展水平有限，预防医学难以系统总结提高，长期处于经验探索阶段。

（二）群体预防阶段

近代是预防医学与实验科学相结合的时期，医学的变革达到了高峰。欧洲工业革命的大发展，带来了环境质量的下降和社会卫生状况的恶化。德国弗兰克提出建立国家医学监督制度以保护公众健康，这对公共卫生和预防医学的发展都产生了极为深远的影响。

（三）社会预防阶段

历史上传染病曾夺走数以万计的生命，人类为此付出了巨大的代价，直到19世纪下半叶至20世纪上半叶，人类开展了以消灭和控制传染病、感染等为主要目标的有关病原体、免疫方法、抗菌药物和公共卫生措施的研究，取得了重大的成就，使其对人类的威胁得到了控制。人类从战胜天花、霍乱、鼠疫等烈性传染病的经验中，逐渐认识到单从个体预防疾病其效率不高，必须以群体为对象进行预防。这次卫生革命以防治传染病和寄生虫病为主要目标，把人群预防列为解决卫生问题的主要手段，在防制传染病和寄生虫病等方面做出重大贡献；并逐渐认识到个体健康和群体健康的关系，感到防治疾病只着眼于个体预防是远远不够的，必须实施群体预防，采取广泛的公共卫生措施，才能取得显著效果。

20世纪中叶以来，传染病和寄生虫病基本得到控制，疾病谱和死亡谱发生了改变，心脑血管疾病、恶性肿瘤等慢性非传染性疾病（慢性疾病）发病率和死亡率显著上升，而这些疾病与人们的经济条件改善、不良行为生活方式、不良社会心理因素及环境因素密切相关。应用原来手段仅从生物学观点去观察、防制已不能解决问题，必须从生物、心理、社会医学的角度，才能解决健康和疾病的认识问题，因而提出了医学模式应从单纯的"生物医学模式"向"生物-心理-社会医学模式"转变的观点。由此，预防医学扩大到社会医学、行为医学和环境医学的社会预防阶段，从而促进了现代预防医学的迅速发展，同时也大大增强了人们的自我保健意识。

医学模式（medical model）是指在不同的历史阶段，人们观察、分析和处理医学有关问题的基本思想和主要方式方法，是人类对健康和疾病总体特征及其本质的认识和宏观概括，它的核心是医学观，是人类对健康观、疾病观和死亡观等重要医学观念的总体概况。医学模式随时代的发展主要经历了神灵主义医学模式、自然哲学医学模式、机械论医学模式、生物医学模式和生物-心理-社会医学模式五个阶段，是社会经济、政治、文化和科技等诸多因素综合发展的产物，也是医学自身发展的结果。

1977年美国教授恩格尔（Engel）提出了生物-心理-社会医学模式。该模式从医学整体论出发，从生物、心理、社会三维空间，通过影响健康的四大因素深刻揭示了医学的本质和发展规律，为医学发展指出了更明确的方向，并对医疗卫生服务提出高质量的要求。其要求主要体现为"四个扩大"：①从治疗服务扩大到预防服务；②从技术服务扩大到社会服务；③从医院内服务扩大到医院外服务（家庭、社区）；④从生理服务扩大到心理服务。

（四）社区预防阶段

自20世纪70年代以后，以提高生活质量、促进人类延年益寿、实现世界卫生组织提出的"21世纪人人享有卫生保健"为目标，提出了一个全新的卫生概念，即社区卫生服务。在这一背景下以健康促进和初级卫生保健为标志的新公共卫生运动兴起，推动预防医学进入了自我保健、家庭保健和发展社区卫生服务的社区预防阶段。医学目标开始从以疾病为中心向以健康为中心转变，医学目的也从防治疾病向维护和促进健康、延年益寿、提高生命质量转变。

（五）全球预防阶段

经济全球化、信息交通现代化、人口流动自由化，以及不良行为生活方式等因素，带来众多的全球性卫生问题，如跨国界的环境污染和生态破坏，地球变暖、臭氧层破坏、酸雨、土地沙漠化、生物多样性锐减，自然灾害和食源性疾病及慢性疾病增加，新的传染病流行和传统传染病复燃，成瘾药物贩卖及国际难民等问题。任何一个国家单独采取防治措施，均不可能有效地予以控制（尤其是传染病、公害病、某些与行为相关的社会病的发生与传播）和保障人群安全。由此产生了密切的国际合作，预防医学进入以全人类为对象进行全球预防的时代，通过国际合作来解决公共卫生问题，以促进人类健康。

三、疾病自然史与三级预防策略

（一）疾病自然史

疾病自然史（natural history of disease）是指疾病从发生到结局的全过程。分为4个阶段：①病理发生期；②症状发生前期，指从疾病发生到出现最初症状或体征的时期；③临床期，机体出现形态或功能上的明显异常，从而出现典型的临床表现；④转归期，疾病可以发展至痊愈、缓解、伤残或死亡等不同结局。对个体来讲，一个人的健康—疾病—结局是一个连续过程，称为健康疾病连续带（health-disease continuum，HDC）。在疾病自然史的不同阶段，通过不同的有效防治措施可以改变疾病的发生、发展与转归。

（二）三级预防策略

疾病的三级预防策略（prevention strategies at three levels）是指根据疾病自然史及健康决定因素的特点，采用三个不同等级的相应预防措施，以阻止疾病的发生、发展和恶化的策略。三级预防是以全民为对象、以健康为目的、以预防疾病为中心的预防保健原则，将预防工作贯穿于疾病发生的全过程，融预防、保健和治疗为一体。

1. 一级预防（primary prevention） 又称病因预防，是指以健康人或处于病理改变期的患者为对象，针对致病因素采取的特异或非特异的预防措施，是在发病前期针对致病因素采取的根本性预防措施。一级预防的主要内容有两个方面：①健康促进。开展健康教育，提高公众健康意识和自我保健能力，改变不良的行为生活方式；改善环境，消除污染；制定、贯彻、执行卫生法律、法规、条例和标准等，同时加强卫生监督；做好优生优育及重点人群（妇女、儿童、老年人）保健工作等。②健康保护。免疫预防、化学预防、劳动保护、高危人群保护及病因干预等。

一级预防是预防措施的主干，投入少、效率高，是最积极有效的社会预防措施。

2. 二级预防（secondary prevention） 又称临床前期预防，即在症状发生前期及时采取早期发现、早期诊断、早期治疗的"三早"预防措施，以防止或减缓疾病的发展，促进健康恢复，缩短病程，防止复发和转变为慢性疾病等。对于传染病，要做到"五早"，即早期发现、早期诊断、早期治疗、早隔离、早报告，及早控制传染源、切断传播途径，防止流行和蔓延。做好"三早"预防的措施有：开展疾病普查、高危人群筛查与监护、特定人群定期健康检查、职业健康监护和专科门诊等，加强医务人员的诊断与治疗水平，发展和研究疾病早期检测手段和技术，认真执行疾病报告制度等。

3. 三级预防（tertiary prevention） 又称临床预防，是指对患病者（包括处于临床期和转归期的患者），采取及时、有效的治疗和康复措施，以防止病情恶化和伤残，预防并发症和后遗症，促进患者康复，恢复生活和劳动能力，提高生存质量等。三级预防的主要措施有：专科治疗和监护，开展家庭护理和社区康复，加强心理咨询和指导等。

从三级预防策略可知：二级预防包括临床工作中的早发现、早诊断、早治疗，三级预防就是临床医生的全部（治疗）工作，临床工作者经常会告知患者戒烟限酒、加强锻炼、合理营养、控制体重等归属于一级预防。因此，预防医学的知识在诊断、鉴别诊断、治疗方案的选择、疗效评价及科学研究中极为重要，已成为医学生的必修课。临床医生从接诊到治疗的全过程都包含在三级预防中，实质上就是从事着临床预防，所以临床预防是预防医学的重要组成部分。

对于不同类型的疾病，有不同的三级预防策略。但任何疾病或多数疾病，都应强调一级预防。三级预防策略的落实，根据干预对象是个体或群体，分为临床预防服务和社区预防服务。临床预防服务是医务工作者在临床环境下以个体为对象实施的个体预防干预措施。三级预防要求临床医务工作者在医疗服务过程中，不仅仅是治疗疾病，更重要的是做好预防工作。社区预防服务是公共卫生人员以社区为范围、以群体为对象、以需求为导向、以解决社区主要卫生问题为目的开展的预防工作。临床医务工作者用三级预防的思维方式去研究和干预危险因素，对开展全面卫生保健服务、保护和促进人类健康的理论研究和实践有着极大的推动作用和深远影响。

从古至今，人类对预防疾病和保障健康采取措施所取得的成就显示，预防为主是最经济、最有效、最根本的卫生措施，无论对个体或社会都有明显的社会和经济效益。我国一直把"预防为主"作为卫生工作的基本方针，使国民生活质量和健康得到不断的改善和提高。随着经济的发展、社会的进步、人类对健康要求的提高,人们更加关注疾病的预防和生活质量。随着医学模式与健康观的转变,以及疾病三级预防策略的贯彻与实施,预防医学的观念已经越来越多地融入临床医学、康复医学和基础医学中,预防医学已成为现代医学不可或缺的基石。

(孙鲜策　余日安)

第一篇 环境与健康

第一章 人与环境
第二章 生活环境与健康
第三章 食物与健康
第四章 职业环境与健康

环境是人类和一切生物赖以生存与发展的物质基础，人和环境始终保持着不可分割的联系。人类既是环境的产物，也是环境的塑造者。环境给人类的生存和发展提供了一切必要条件，人类则通过调节自身以适应不断变化的外界环境，同时也不断地改造环境，创造有利于自身生存、发展的环境条件。与此同时，人类活动导致的环境破坏日益加剧，引发环境污染、传染病流行等问题。环境质量恶化与生态平衡破坏对人类生存产生了诸多不良影响，甚至危及生命安全。

第一章
人与环境

关键词

环境	环境污染	环境污染物	一次污染物
二次污染物	环境致病因素	原生环境	健康效应谱
次生环境	公害病	生态系统	生态平衡
生物富集作用	生物放大作用	遗传毒性	持久性有机污染物
环境内分泌干扰物	环境应答基因	环境基因组计划	

> 环境是人类赖以生存与发展的物质基础。人类环境可分为自然环境和社会环境。人类进化发展过程中既依赖环境、适应环境，同时又不断地改造环境，与环境保持着一种密不可分的、协调的动态平衡关系。但是，随着人类进步和社会发展，人类利用和改造环境的能力不断增强，环境质量也发生了显著变化。人们越来越清楚地认识到，环境质量的优劣直接影响人类生存及其健康水平。现代医学的发展也提示人体的健康水平不仅与生物遗传因素有关，还受环境因素的影响。
>
> 本章主要讨论环境构成，人类与环境的关系，环境污染及其对健康的影响，环境污染对健康影响的危险度评价，环境污染的预防与控制等。

知识导图

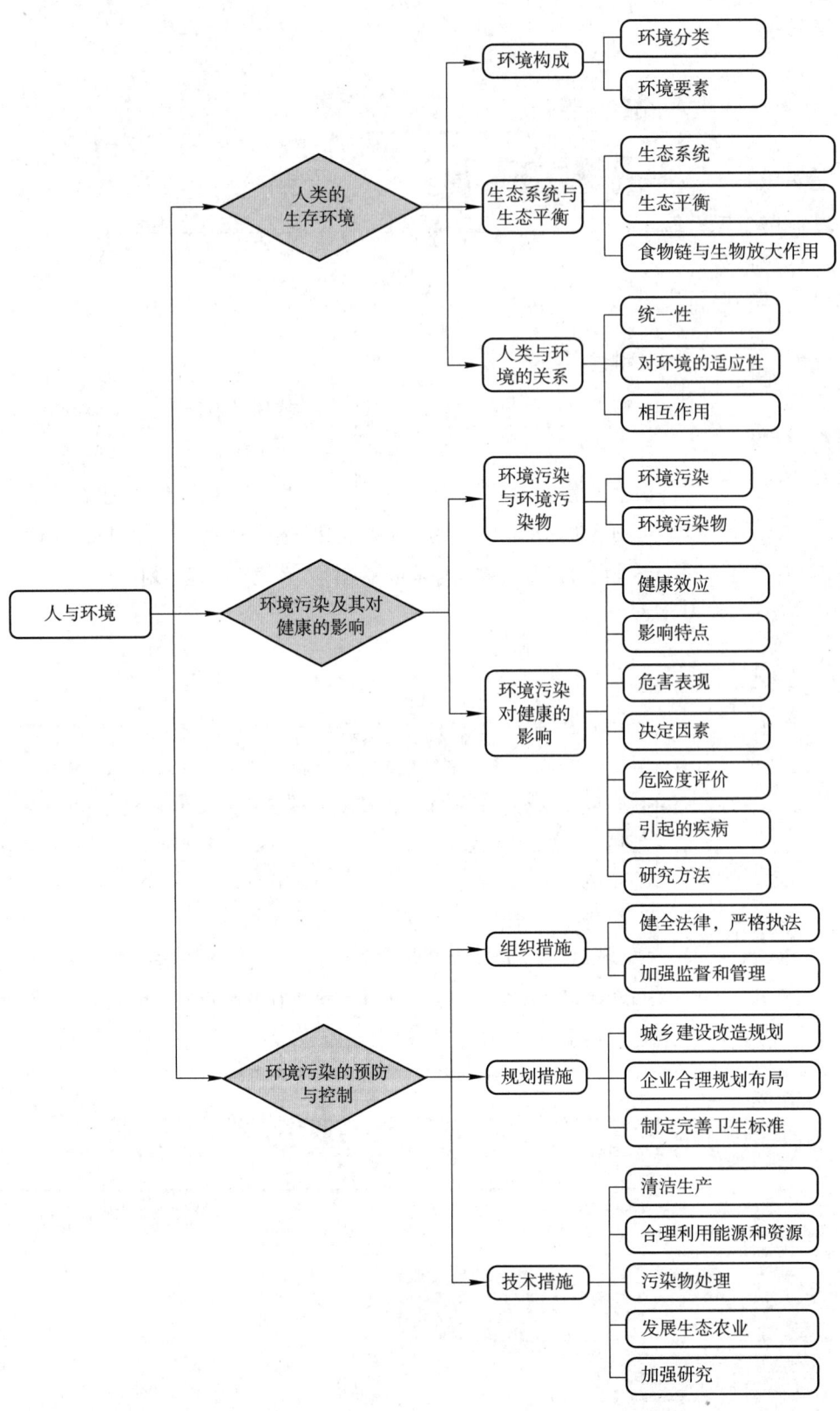

第一节 人类的生存环境

世界卫生组织（WHO）公共卫生专家委员会认为："环境（environment）是指在特定时刻由物理、化学、生物及社会各种因素构成的整体状态，这些因素可能对生命机体或人类活动直接地或间接地产生现时或远期作用。"

一、环境构成

（一）环境分类

1. 自然环境（natural environment） 是指环绕于人类周围，能直接或间接影响人类生活与生产的一切自然形成的物质和能量的总体，包括大气圈、岩石土壤圈、水圈、生物圈。生物圈（biosphere）指有生物生存的地球表层，由地球上所有生命物质及其生存的环境构成。生物圈的范围大致包括12 km深的地壳、海洋及15 km以内的地表大气层。自然环境按是否受到人类活动的影响分为原生环境（primary environment）和次生环境（secondary environment）。原生环境与次生环境的定义及两者对健康的影响见表1-1。

表1-1 原生环境与次生环境比较

项目	原生环境	次生环境
定义	天然形成的，未受或少受人为因素影响的环境	人类活动影响下形成的环境
对健康的有益作用	清洁的空气、水、土壤及适宜的阳光照射和小气候	改造环境过程重视生态平衡，使其优于原生环境，更适合人类生存，有益人类健康
对健康的不良影响	某些地区水和土壤中某种微量元素过多或过少而引起生物地球化学性疾病	人为改造环境或生活、生产活动破坏生态平衡，造成环境污染

开放性讨论1-1
问题：关于原生环境与次生环境存在的问题

2. 社会环境（social environment） 又称社会文化环境，是在自然环境基础上，人类通过长期有意识的社会劳动，加工和改造自然所创造的物质生产体系，包括人类在生产、生活和社会活动过程中形成的生产关系、阶级关系和社会关系。它不仅可直接影响人群或个体的健康状况，还可以通过影响自然环境和人的心理环境，间接影响人的健康。因此，社会环境对人类健康影响的重要性日益受到重视。

（二）环境要素

1. 生物因素（biological factor） 包括动物、植物、昆虫、微生物和寄生虫等。与人类健康和疾病关系密切的生物因素主要有微生物、寄生虫、支原体和原虫等。传统的生物医学模式认为生物因素是人类疾病的主要病因，现在的生物-心理-社会医学模式依然认为生物因素是人类致病的三大要素之一。目前全球正面临新老传染病的双重负担，尤其在贫困地区和低收入人群中，传染病仍是人们主要的健康威胁因素，如艾滋病的高发、结核病的大规模流行、新型冠状病毒感染的大流行等严重威胁人群健康。

基础链接 1-1
世界正面临新老传染病的双重负担

2. 化学因素（chemical factor） 环境中的化学因素种类繁多，性状复杂。当今世界上已知有 1 300 多万种合成的或已鉴定的化学物质，常用的有 6.5 万～8.5 万种之多，每年约有 1 000 种新化学物质投放市场。每年约有 3 亿吨有机化学物质排放到环境中，其种类达 10 万种之多，包括农药、工业产品、药品、食品添加剂和各种家用化学品等，以及这些物质的副产品，其中很多是神经毒物、生殖发育毒物、化学致癌物、环境内分泌干扰物（environmental endocrine disruptor, EED）和持久性有机污染物（persistent organic pollutant, POP）等。这些化学物质可以不同的方式和途径进入人类环境，在一定的暴露条件下引起人体的急、慢性中毒和远期危害。此外，随着纳米技术的发展，越来越多的纳米材料被合成和使用，这些新型材料对生态和人类健康的风险还需要大量的研究确定。微塑料作为一种复合物微粒子，对人类健康的影响也越来越受到关注。

研究进展 1-1
环境内分泌干扰物对野生生物的影响

近年来，人们陆续发现许多环境化学物质，如有机氯化合物、二噁英（dioxin）、酞酸酯类、双酚类化合物及某些重金属等，可以影响生物体内天然激素的合成、释放、转运、代谢、结合及生物学效应，被称为 EED。其对人类健康的危害已成为社会关注的公共卫生问题。2011 年 4 月，台湾发生的"塑化剂"污染食品事件中，在食品加工中非法添加的邻苯二甲酸二（2-乙基己基）酯［di（2-ethylhexyl）phthalate，DEHP］就属于酞酸酯类 EED。

另一类对全球环境和人类健康影响巨大的化学物质是 POP。POP 是指能持久存在于环境中，并可借助环境介质进行远距离迁移，通过生物食物链（网）累积，对人类健康及生态环境造成有害影响的天然或人工合成的一类有机化学物质。此类物质一般具有持久性、蓄积性、迁移性和高毒性四大特点。POP 在环境中极难降解，且能经多种途径进入生物体内，在脂肪和肝等器官组织及胚胎中积聚，对肝和肾等器官及神经系统、内分泌系统、生殖系统和免疫系统等产生急、慢性毒性，某些甚至具有致癌、致畸、致突变和内分泌干扰作用等，对生态环境和人类健康造成严重危害。

基础链接 1-2
斯德哥尔摩公约

3. 物理因素（physical factor） 主要包括小气候（microclimate）、噪声、振动、非电离辐射和电离辐射等。小气候是指生活环境中空气的温度、湿度、气流和热辐射等因素，适宜的小气候和日照对人类生活和健康是有益的。但如果物理因素在环境中强度过高或过低均有可能对机体造成危害。非电离辐射按波长分为紫外线、可见光、红外线、激光及由电力、通信等设备产生的各种射频辐射（微波、超短波、短波、中波、长波）。紫外线具有杀菌、抗佝偻病和增强机体免疫功能等作用，但过量接触紫外线则对机体健康有害。红外线的生物学效应主要是致热作用，强烈的红外辐射可致灼伤。微波辐射可能对神经、心血管和生殖等多个系统产生不良影响。

电离辐射是可以引起物质电离的辐射线，包括 X 射线和 γ 射线等。除某些地区的放射性本底较高外，环境中的电离辐射主要是由于人为活动排放的放射性废弃物造成的，如核试验、核泄漏、原子能工业和医用放射性核素的使用均有可能导致环境的放射线污染，其对人类健康的危害程度远远大于某些化学性污染。

噪声和振动普遍存在于生产和生活环境之中，环境噪声不仅会干扰正常的工作和生活，还会影响人的听力，甚至对心血管系统产生不利影响。工人在生产过程中，长期暴露于高强度的噪声，可引起特异性的职业病——噪声聋。

4. 社会因素（social factor） 人类的社会属性决定了人的健康不仅与自然环境因素有关，还受到社会因素的影响。社会因素指社会的各项构成要素，主要包括经济状况、政治体制、社会保障、文化教育、科学技术、卫生服务、生活方式、风俗习惯及家庭、人口等一系列与社会生产力和生产关系有密切关系的因素。这些因素之间联系密切又互相影响，如社会的政治制度、经济水平及文化传统不仅直接影响人们的文化教育水平、生活方式和卫生服务质量，也决定了对上述自然环境的保护、利用、改造的政策和措施。社会因素可以直接或间接对人类健康产生影响，如生活方式和风俗习惯等可直接作用于机体，其间接作用则往往通过影响人们的心理状态从而对健康产生影响。随着健康观念和医学模式的改变，社会心理因素对人类健康的影响正日益受到重视，完全的健康不仅仅指躯体上的健康，还包括心理上的健康和良好的社会适应能力。

人类是生活在社会环境中有各种心理活动的高级生物体，社会环境中的各种因素势必会影响人的心理活动和行为生活方式，导致人产生心理应激，从而对健康产生影响。

《2024世界卫生统计报告》指出，尽管新型冠状病毒感染改变了全球死因的趋势变化，致使慢性非传染性疾病（non-communicable chronic disease, NCD）死因构成由2019年的73.9%下降至2021年的65.3%，但NCD仍然是全球疾病死因构成的首位。而这些疾病均与不良的行为生活方式有着密切的关系。此外，不良的嗜好（吸烟、酗酒、吸毒）、药物滥用和不洁性行为等，可导致肺癌等恶性肿瘤、酒精中毒性肝硬化、药物成瘾及性病等疾病和健康问题。

二、生态系统与生态平衡

（一）生态系统

生态系统（ecosystem）是指生物群落与非生物环境所组成的自然系统。生物群落是指地球上有生命的生物体，包括植物、动物、昆虫和微生物等。根据其在生态系统中的作用可将生物群落分为生产者、消费者和分解者。非生物环境包括空气、水、无机盐类和氨基酸等。生态系统由生产者、消费者、分解者和非生物环境四大要素构成，并通过食物链进行着物质循环、能量流动和信息传递。

生态系统具有整体性（要素稳定）、开放性（物质交换）、自调控性（种群）和可持续性（循环）等特征。生态系统健康（ecosystem health）指具有活力（服务功能）、自我调节能力及结构稳定的生态系统，是生态系统的综合特性。活力指生态系统的功能性，包括维持系统本身复杂特性的功能和服务人类社会的功能；生态系统自我调节功能主要靠其反馈作用，通过正、负反馈相互作用和转化，在受胁迫时维持系统的正常结构和功能，保证系统达到一定的稳态；结构稳定指具有平衡、完整的生物群落及多样的生物种群。

（二）生态平衡

生态系统中的生产者、消费者和分解者之间，生物群落与非生物环境之间，物质与能量的输出和输入，生物学种群和数量，以及各种群数量之间的比例，始终保持着一种动态平衡关系，称为生态平衡（ecological balance）。生态平衡的破坏将会给包括人类在内的生物界带来一系列危害。影响生态平衡的因素很多，可分为自然因素和人为因素。自然因素指大自然的变迁，如火山喷发、地震、山洪、冰雪、海啸、泥石流和雷电引发的森林火灾等。人为因素包括过度砍伐森林、过度开发水利资源、破坏植被、滥捕及滥杀野生动物等，导致生物种群减少和失调，自然生态结构改变；人类生产和生活废弃物的排放，大量农药和化肥的使用破坏环境的正常化学构成，均可导致生态平衡失调。

（三）食物链与生物放大作用

生态系统中一种生物被另一种生物所食，后者再被第三种生物所食，彼此形成一个以食物连接起来的链状关系称为食物链（food chain）。各种食物链在生态系统中相互交错形成食物网（food web）。食物链可影响环境中的物质转移和蓄积。环境污染物被生物体吸收后，在酶的催化下进行代谢转化，或毒性增加，或毒性降低易于分解排泄。一些重金属和难分解的有机化学物质则可在生物体内蓄积，使生物体内的浓度远远高于其在环境介质中的浓度，这种作用称为生物富集作用（bioconcentration）。

环境中某些污染物沿食物链在生物体之间转移并在生物体内的浓度逐级增高，使其在高位营养级生物体内的浓度高于低位营养级生物体内的浓度，此过程称为生物放大作用（biomagnification）。某些污染物在环境中浓度很低，长期摄入不一定会损害人类健康，但经过生物放大作用后，人类长期食用污染环境中的各种生物体，其中被浓缩放大的污染物随之进入体内，则可影响健康，甚至导致中毒性疾病发生。如发生在日本的水俣病，当时水俣湾海水汞含量是 1.6～3.6 μg/L，经过多级生物放大后使鱼体内浓度达到 0.02～5.2 mg/kg，最高可达 40 mg/kg，当地居民因长期摄食汞含量很高的鱼、虾及贝类，进而引起了慢性有机汞中毒。

> 基础链接 1-3
> 环境污染物发生生物放大作用的条件

三、人类与环境的关系

人类在长期生存、进化和发展的过程中，依赖环境、适应环境和改造环境，与环境之间保持着密不可分的关系，两者之间形成了既相互适应又相互矛盾的对立统一体。

（一）人与环境的统一性

人和环境之间不断地进行着物质、能量和信息交换，保持着动态平衡，成为不可分割的统一体，从而实现了人与环境的统一。这种统一性首先是人体通过新陈代谢与周围环境进行物质交换来实现的，同时人体又不断地进行自身调节以适应环境变化，最终与环境达到统一。人体从环境中摄取空气、水和食物，通过消化、分解、吸收和同化等代谢过程，组成机体细胞和组织的各种成分并产生能量，维持人体的生命活动。同时，机体又将体内代谢废物排入环境，在环境中发生进一步的变化，成为其他生物群落的营养物质，通过食物链的传递再被人体所摄取。环境和人体之间进行的物质与能量的交换及环境中各种因素对人体的作用，形成了人体与环境间的生态平衡。这种平衡和统一性的最好例证是人体血液与地壳中元素的相关性。英国地球化学家 Hanmil 分析 220 名英国人血液与地壳中元素的含量，发现 60 多种元素在人体血液中含量与地壳中丰度呈明显的相关性，说明人与环境的高度统一性（图 1-1）。此外，还发现人体内具有重要生理功能的 9 种化学元素（氟、氧、碳、氯、钠、镁、硫、钙、钾）在海水中含量也极为丰富，反映了水环境与人体间的相互联系。

（二）人体对环境的适应性

人体对环境的适应性是人类在长期发展中与环境相互作用所形成的遗传特征。长期生活在不同地区的人群，对各种异常的外环境有着不同的适应性，如生活在北极的人群，为减少散热，其身材都比较矮小，而四肢特别发达。人体的气候适应、热适应和光适应等都是机体对环境适应的最好佐证。例如，长期居住在海拔 3 000 m 以上高原的居民，由于低氧环境的影响，机体通过神经-体液调节，使生理功能发生一系列可逆和非遗传性的改变，从而增加呼吸量、加快血液循环、增加红细胞和血红蛋白含量以提高机体的携氧能力，适应缺氧环境，维持机体正常生理活动。

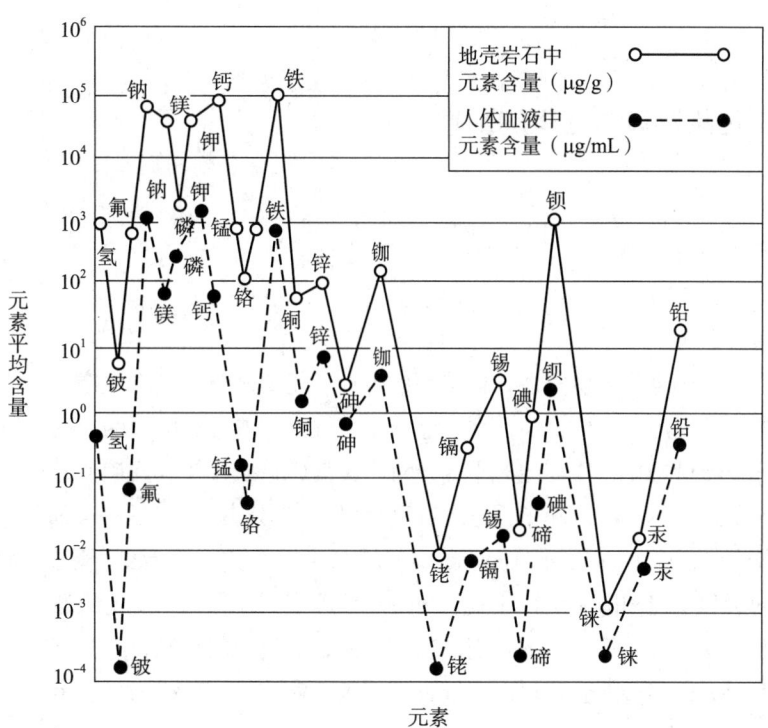

图 1-1 人体血液中和地壳岩石中元素含量的相关性

机体的适应能力与环境因素的作用强度和性质有关，人体对环境变化的适应能力是有一定限度的，当环境因素作用强度或水平超出机体自身的适应能力，机体的适应机制遭受破坏时，可能出现有害的健康效应。例如，紫外线具有生成维生素D、抗佝偻病和增强机体免疫力的作用，但过量或长期的紫外线照射则可导致皮肤癌和白内障。

（三）人与环境的相互作用

人类不是被动地依赖或适应环境的变化，而是主动地依赖环境、适应环境和改造环境，充分利用环境中的有利因素，避免环境中的不利因素，为人类的生存创造更加适宜的环境条件。

为了适应和应对不断变化的生存环境和日益增多的环境因素，人类在长期的进化过程中，逐渐形成了自身的遗传学特征。在相同的环境暴露条件下，由于个体遗传特性的差异，其反应的性质和强度各有不同。人体内对环境因素的作用产生特定反应的一组基因，称为环境应答基因（environmental response gene）。1997年，美国国立环境卫生科学研究所（National Institute of Environmental Health Science，NIEHS）提出了环境基因组计划（environmental genome project，EGP），旨在阐明环境暴露与环境应答基因的相互作用对疾病和健康的影响。通过鉴定这些基因在人群中的多态性分布，确定它们在环境暴露下引起机体易感性的差异，准确地对引起疾病的环境因素进行识别和评估，对易感人群实施保护和干预，进而达到预防疾病和促进健康的目的。目前，EGP研究已经鉴定出大量的特征性遗传表达标记，如代谢酶基因的多态性对暴露人群肿瘤易感性的影响，环境因素在某些遗传性疾病发病中的引发作用等。由此人们认识到人类的健康和疾病实质上都是环境因素与机体内因（遗传因素）相互作用的结果。在当今的后基因组时代，人们发现环境因素也可通过表观遗传机制改变基因的表达。

第二节　环境污染及其对健康的影响

一、环境污染与环境污染物

(一) 环境污染

人类在开发和利用自然环境资源，创造新的生存环境的同时，又将生产、生活活动中的废弃物排入环境，导致环境污染和环境质量恶化。由于各种人为或自然的原因，使环境的构成发生重大变化，造成环境质量恶化，破坏生态平衡，对人类健康造成直接、间接或潜在的有害影响，称为环境污染 (environmental pollution)。严重的环境污染称为公害 (public nuisance)。因公害而造成的地区性疾病称作公害病 (public nuisance disease)。公害病不仅是一个医学概念，而且具有法律意义，须经严格的医学鉴定和国家法律正式认可。一旦确定为公害病，要追究造成环境污染责任人的法律责任，并对受害者进行必要的赔偿。公害病是一类特殊的疾病，有其自身的特点。公害对居民健康的危害很大，严重的公害可以引起许多居民患病或死亡，称为公害事件 (public nuisance incident)。

> 基础链接 1-4
> 公害病的特点

全球历史上发生的有代表性的公害事件见表 1-2。

表 1-2　历史上的几次重大公害事件

名称	原因	后果	发生时间
伦敦烟雾事件	盆地，逆温层形成。主要是采暖煤烟粉尘与浓雾结合，二氧化硫 (SO_2) 污染也较严重，烟尘达 4.5 mg/m^3，SO_2 达 3.8 mg/m^3	仅 1952 年 12 月 7—13 日的一周内，死亡人数达 4 703 人，与 1947—1951 年同期相比多死亡 2 851 人	最近四次分别发生于 1954、1956、1957、1962 年
比利时马斯河谷烟雾事件	狭窄盆地，逆温层形成，含硫矿冶炼、炼钢、炼锌、炼焦和发电等排放 SO_2 等有害气体，SO_2 达 25~100 mg/m^3	数千人出现上呼吸道炎症的症状与体征，1 周内 60 多人死亡	1930 年
洛杉矶光化学烟雾事件	三面环山，一年中有 100 天出现逆温，大量汽车排放出的废气，在日光紫外线作用下形成大量以臭氧 (O_3) 为主的光化学烟雾	数千人出现红眼病及上呼吸道炎症等，65 岁以上的老年人死亡约 400 人	1943、1955 年
痛痛病事件	日本富山县神通川流域，因上游锌冶炼厂排出的含镉废水污染了河水，居民用河水灌田，使稻米含镉量增高	痛痛病患者数百人，死亡 34 人	1955—1972 年
水俣病事件	日本熊本县水俣镇上游，氮肥公司生产醋酸乙烯和氯乙烯，工厂排放含汞废水，汞经生物转化形成甲基汞，居民长期食用甲基汞含量很高的鱼、虾和贝类而中毒	50 年来先后有 2 265 人被确诊 (其中 1 573 人因病死亡)，另外有 11 540 人获赔偿	1953 年以来

续表

名称	原因	后果	发生时间
米糠油事件	日本九州爱知县,某一食用油厂在炼油时被多氯联苯污染了食用油	1万多人中毒,16人死亡	1968年
四日市哮喘	日本四日市、大阪市石油化工企业排放废气污染大气,居民长期吸入含SO_2、硫酸和铅等污染物的混合气体	至1970年,四日市哮喘患者500多人,截至1972年,日本全国四日市哮喘的患者总数达6376人	1955年以来
博帕尔异氰酸甲酯事件	印度博帕尔市农药厂贮气罐泄漏异氰酸甲酯污染厂周围居民区	中毒15万多人,5万多人双目失明,死亡约2500人	1984年
切尔诺贝利核电站事件	苏联切尔诺贝利核电站事故造成核电站周围被放射性物质污染	当年确诊急性放射病134例,死亡28例。污染区人群10年追踪,儿童甲状腺癌发病率增加	1986年

(二)环境污染物

进入环境并能引起环境污染的物质称为环境污染物(environmental pollutant)。从污染源直接排入环境,其理化性状没有发生改变的污染物,称为一次污染物(primary pollutant)。进入环境的一次污染物经环境中物理、化学或生物作用,形成与原来污染物理化性状和毒性完全不同的新的污染物,称为二次污染物(secondary pollutant)。

1. 污染物主要来源

(1)生产性污染:生产过程中产生的废气、废水、废渣,称为工业性三废。工业性三废中含有大量对人体健康有害的物质,如果未经处理或处理不当就大量排放到环境,可以造成空气、水、土壤和食物等污染,导致环境质量恶化。工业性三废中的主要有害物质及污染来源见表1-3。

表1-3 工业性三废中主要有害物质及其来源

项目	主要有害物质	主要污染来源
废气	煤烟及粉尘	火力发电站、工业锅炉、交通工具、水泥厂、粮食加工厂、建筑等
	有毒粉尘:铅、砷、锰、氟、镉、磷等及其化合物	金属冶炼及加工、机械制造、造船等
	有害气体:二氧化硫、氮氧化物、一氧化碳、硫化氢、苯、甲苯、三氯乙烯、正己烷等	燃煤、化工、印染、合成纤维工业、制鞋、家电制造、玩具制造等
废水	化学毒物:酚、氰、铅、汞、铬、砷、氯及其化合物,有机磷、苯及其硝基化合物,酸、碱等	化工、机械、冶金、印染、采矿、造纸工业、电镀、家电等
	有机质:油脂、有机悬浮物、细菌及其他病原体	造纸、皮革、屠宰、生物制品、食品加工、制糖、石油化工及医院废水等
废渣	无机废渣:矿石、炉渣、灰烬、含无机毒物的金属矿渣、化工生产废渣等	采矿、冶炼、化工、锅炉等
	有机废渣:食品加工厂的废渣、动植物尸体,动物内脏及皮、毛、骨等	生物制品、屠宰、食品加工、皮革工业等

（2）生活性污染：主要来自"生活性三废"（粪便、污水、垃圾）。其污染物产量大，成分复杂，不仅含有大量纤维素、糖类、脂肪和蛋白质等物质，可能还有各种致病菌、病毒和寄生虫等病原生物，若卫生处理不当或未经无害化处理，除对生活环境的空气、水、土壤和食品造成污染，还可导致某些传染病的传播流行。如生活污水中广泛存在着烷基磺酸盐型合成洗涤剂，不仅可使水的表面张力增加，影响水的感官性状，其中所含的磷元素等进入水体后，还可与生活污水中的氮元素等共同作用使水中藻类及其他水生生物大量增殖，耗氧量增加，水的感官性状和化学性状迅速恶化，导致水体富营养化（eutrophication）。其中藻类植物产生的生物毒素（如微囊藻毒素）可引起生物的急、慢性中毒。

（3）其他污染：在全球经济迅速发展的同时，汽车数量迅猛增加，航空业日益发展。交通运输工具所产生的噪声、振动及各种废气已成为城市环境污染物的主要来源，特别是我国许多大中城市的空气质量正面临燃煤污染和交通污染的双重负担。

日益普及和快速增长的电力设备、无线通信、广播电视、医疗设备和家用电器等可产生包括微波在内的各种波长的电磁波。目前电磁辐射已成为最普遍的环境影响因素之一，人类长期暴露于电磁场中是否有害健康，引起了公众和多国政府的关注。

医用和军用的原子能及放射性核素机构向环境排放的各类放射性废弃物和飘尘，特别是核电的开发和应用，更是对人类环境构成了潜在威胁。近年来由于自然灾害或管理疏忽导致的事故，造成核电站的放射性核素泄漏，对生态环境和人群健康造成巨大的危害。

电子废弃物也称电子垃圾（electronic waste），是指被废弃不再使用的电子产品，包括日常生活中使用的电脑、家用电器、通信设备和办公设备等淘汰品。电子废弃物中含有铅、镉、汞、六价铬、聚氯乙烯和溴化阻燃剂等大量有毒有害物质。特别是一些以拆解电子废弃物为主要产业的地区，已形成了以重金属和POP为主要特征的高污染暴露环境，无论是对从业人员还是当地普通居民都造成了严重的健康危害。

长期以来人类对抗生素的广泛使用和滥用，致使其在土壤、水体和生物体内的残留也已成为日益突出的环境问题。环境中的抗生素污染主要来源于医用药物和农用兽药的使用，其带来的健康危害主要表现为广谱的生态毒性和细菌耐药性增高。而环境致病菌耐药性的增加和扩散，将会对人类的公共健康和临床用药构成潜在的威胁。

此外，火山爆发、森林大火和地震等自然灾害所释放的大量烟尘及废气等，也可使自然环境受到不同程度的污染，造成生态系统的破坏，影响人类的健康和生存发展。

2. 环境污染物的迁移与自净

（1）环境污染物的迁移：污染物迁移是指污染物在环境中发生空间位置的相对移动过程。污染物一经排放，就会进入任何一种环境介质，如通过蒸发或挥发进入空气，吸附进入土壤，溶解进入水体等。污染物可通过吸收、吸入和摄食进入生物体，并通过食物链最终进入人体。

1）污染物在空气中迁移：空气中污染物的迁移主要有扩散和对流两种方式。物质的扩散速率与介质黏度和物质浓度有关，介质黏度越低、浓度梯度越大，扩散速率就越大。污染物可通过空气对流扩散到上层空气而被稀释，也可通过沉降和雨水冲淋进入土壤和水体。

2）污染物在水中迁移：污染物可通过直接排放、施用、溢流和沉降等方式进入水体。水体中污染物通过扩散、弥散和水体流动迁移。水中的污染物可通过浇灌、径流进入土壤，通过挥发、蒸发进入大气，通过饮用、吸收而进入生物体。

3）污染物在土壤中迁移：土壤中污染物的迁移是借助水通过土壤颗粒间空隙的移动而实现的。化合物的溶解性、土壤颗粒的吸附性及孔隙水相的流动速度均影响污染物迁移的速率。扩散也是某些物质在土壤中的迁移方式，扩散速率取决于分子量、土壤温度、移动路径长度和浓度梯度。植物根系也可吸收土壤污染物，使其得以进一步在植物中富集。

4）污染物在生物间迁移：环境污染物进入生物体内后，可通过食物链和食物网在生物间迁移。在迁移的过程中，污染物在生物体内经过一系列酶的作用通过生物转化、生物蓄积、生物分解和生物放大作用，使生物体内污染物种类、数量和性质发生变化。

大部分污染物在环境中发生的化学变化结果是分解成无害或危害较小的简单化合物，但也有一些物质在生物体的参与下可转化成为毒性更大的新物质，如环境中的无机汞在厌氧细菌的甲基化作用下，可转化为毒性更大的甲基汞。

（2）环境污染物的自净：污染物进入环境后，在自然的物理、化学或生物因素作用下，经过一定时间，环境中的污染物浓度或总量会出现降低，该过程称为环境污染物的自净作用（self-purification）。

1）物理净化：方式有稀释、扩散、沉降、挥发逸散、凝聚和混合等，稀释与扩散是借助风力或水流作用，将污染物稀释、扩散开而使浓度降低。

2）化学净化：可通过氧化、还原、水解及酸碱中和、光化学反应等方式，使污染物转化或浓度降低或毒性消失，如氰化物在酸性条件下分解而释放氢氰酸。环境的化学条件（如pH、化学组分、氧化还原电势等）及环境污染物本身的化学性质均影响化学净化的效果。

3）生物净化：是指通过生物氧化、生物拮抗、生物降解、光合作用和生物的吸收等方式，使环境污染物得到净化。生物的吸收、分解和转化也是环境中有机污染物无机化的重要途径。一般需氧微生物可把环境中的有机物降解成二氧化碳、水、氨氮和磷等，厌氧微生物则可将有机物降解为甲烷、硫化氢、硫醇、氨和二氧化碳等。

环境的自净能力是有限的，当环境污染物的强度超过环境自净能力或环境条件发生改变时会使自净作用停止，造成环境质量恶化。

3. 环境污染物的吸收、分布、贮存、转化和排泄

（1）环境污染物的吸收：环境污染物通过机体生物膜进入血液的过程称为吸收（absorption）。存在于空气、水、土壤及食物的环境污染物主要通过呼吸道、消化道和皮肤吸收。

1）呼吸道：环境中以气体、蒸气和气溶胶形式存在的污染物主要经呼吸道进入人体。整个呼吸道黏膜都有吸收作用。由于肺泡的总表面积大（50~100 m^2），肺泡壁薄（1~4 μm），肺泡间毛细血管丰富，污染物经肺泡吸收进入血液极为迅速。经呼吸道吸收的污染物，不经过肝的转化和解毒，直接由肺循环进入全身血液循环。气体及蒸气状污染物多以扩散方式进入血流，其吸收速度与肺泡和血液中物质的分压差有关。

2）消化道：水和食物中的有害物质主要通过消化道吸收。消化道吸收的主要部位是小肠，其他部位也有吸收作用。经消化道吸收的毒物可经肠肝循环（enterohepatic circulation）被反复吸收。

3）皮肤：环境污染物经皮肤吸收主要通过表皮和皮肤附属器（毛囊、汗腺和皮脂腺）。污染物通过表皮吸收需经过3层屏障：①表皮角质层，这是经皮吸收的最主要屏障，相对分子质量大于300的物质不易通过无损的皮肤；②连接角质层，它能阻止水、电解质和某些水溶性的物质进入，但脂溶性物质则可通过；③表皮和真皮连接处的基底膜，基底膜能阻止某些物质透过。大多数物质通过表皮后可经乳突毛细管进入血液。通过附属器吸收的物质，绕过了表皮屏障，可直接进入血液循环，如某些电解质和金属离子可经此途径少量吸收。一般来说，脂/水分配系数较高的污染物易经皮肤吸收。

（2）环境污染物在体内的分布与贮存

1）分布（distribution）：环境污染物吸收入生物体后，随血液和淋巴液分散到全身各组织的过程称为分布。污染物在各器官组织的分布是不均匀的。各组织器官中污染物的量与污染物的理化性质及血流量有关。机体内的生理屏障（血脑屏障、胎盘屏障、血眼屏障及血睾屏障）也是影响污染物分布的重要因素之一。血脑屏障（blood brain barrier，BBB）在阻止有毒物质进入中枢神经系统中起非常重要的作用，胎盘屏障（placental barrier，PB）可防止母体中一些有害物质通过胎盘转移损伤胎儿。但一些脂溶性较强的物质仍可通过这些屏障，对中枢神经系统和胎儿造成影响，如甲基汞容易通过 BBB 和 PB，对脑组织和胎儿造成损害。

2）贮存：污染物在机体贮存的部位往往是毒物直接作用的部位，该部位称为靶部位（靶组织或靶器官），如甲基汞聚集于脑，并对神经系统产生损害。但有的组织器官中化学物质含量虽然很高，但未显示出对该部位明显的毒性作用，此部位被称为贮存库（storage depot）。例如，铅的贮存库是骨骼，而其靶器官或靶组织则是造血系统、神经系统和肾。肝、肾和脂肪组织等都是环境污染物在体内的主要贮存场所。肝和肾可诱导合成一种富含半胱氨酸且相对分子质量为 6 000~10 000 的低分子蛋白质，称为金属硫蛋白（metallothionein，MT）。MT 易与镉、汞、锌、铜和铁等金属离子结合。一些脂溶性较强的环境污染物，易通过生物膜吸收，并分布、贮存在体脂和含脂肪丰富的器官内，如氯丹、双对氯苯基三氯乙烷（dichlorodiphenyl trichloroethane，DDT）、六六六及多氯联苯（polychlorinated biphenyls，PCB）等。

当进入体内的污染物的吸收速度或总量超过机体排出的速度或总量时，该物质的原型或代谢产物就可能在体内逐渐增多并贮留，这种现象称为化学物质的蓄积（accumulation）。物质蓄积是引起慢性中毒的基础。有效地排除体内的毒物，防止或减少毒物的蓄积作用，是预防和减少慢性中毒的重要措施。蓄积在组织器官内的污染物，在过劳、患病或饮酒等诱因下可重新进入血液循环，引起慢性中毒的急性发作。有些毒物进入体内后，用现代检测技术没有检测出其原型或代谢产物，却出现慢性毒性作用，最终可能导致疾病，这种现象称为损伤蓄积（adverse accumulation）。

（3）环境污染物在体内的转化：进入机体的环境化学物质，在体液或组织内参与机体固有的复杂生化过程，使其本身化学结构发生一系列变化，此过程称为生物转化（biotransformation）。环境化学物质的生物转化过程一般经过 2 个阶段：第一阶段（又称 I 相反应），包括氧化、还原和水解作用；第二阶段（又称 II 相反应），以结合反应为主。有些化学物质可不经过 I 相反应而直接发生结合反应后排出体外。大多数环境化学物质的转化，是在肝代谢酶系统的催化下进行的，这些生物转化酶主要存在于肝细胞粗面内质网内。氧化反应分为微粒体混合功能氧化酶催化和非微粒体混合功能氧化酶催化两种。微粒体混合功能氧化酶如细胞色素 P450 等，可催化多种脂溶性有机化合物的氧化，如脂肪族羟化、芳香族羟化、环氧化、N-脱甲基化、脱氢、O-脱烷基化、N-氧化和 S-氧化等。化学毒物经过 I 相反应后产生或显露出来的羟基、氨基、羧基、巯基、羰基和环氧基等极性基团，或化学毒物本身所具有的极性基团，与机体内源性化合物或基团可发生结合反应（即 II 相反应）。机体内源性小分子葡萄糖醛酸、硫酸、谷胱甘肽（glutathione，GSH）、氨基酸和甲基等与代谢物的极性基团结合后，形成水溶性更强的结合产物，有利于排泄。

经过体内的 I 相和 II 相反应，环境污染物极性增高及水溶性增加，有利于排泄。多数化学物质经代谢转化后毒性降低，称为代谢解毒（metabolic detoxication）。少数化学物质经过生物转化后毒性增强，这种现象称为生物活化（bioactivation）。例如，对硫磷和乐果等经生物氧化后，分别生成对氧磷和氧化乐果，其毒性增大；一些化学致癌物如苯并［a］芘和芳香胺等需通过代谢活化后才具有致癌活性。

（4）环境污染物的排泄：环境污染物及其代谢产物主要通过4种途径从机体排出：①经肾随尿排出；②经肝和胆通过肠道随粪便排出；③随各种分泌液如汗液、乳汁、唾液、月经，以及毛发、指甲排出；④气态、气溶胶、蒸气和挥发性物质可经呼吸道呼出。

肾是排泄环境化学物质最重要的器官。机体吸收的环境污染物及其代谢产物主要通过肾小球的被动过滤、肾小管的主动转运和分泌排出。

经肝生物转化形成的代谢物可由肝细胞排入胆汁而进入肠道。一部分可随粪便排出，一部分由于肠道内酶的作用，改变其极性，增加其脂溶性而被肠道再吸收，重新返回肝形成肠肝循环，从而延长环境化学物质在体内停留的时间。

一些呈气态或挥发性强的环境化学物质，如一氧化碳、二氧化硫、硫化氢和苯等可通过简单扩散的方式经肺随呼出气体排出。排出的速度与吸收速度成反比。血液中溶解度低、肺泡中有毒气体分压小及肺通气量增大等因素均有利于污染物从呼吸道排出。在急性吸入性气态化学物质中毒时，将中毒者及时转移到新鲜空气环境中或人工吸入氧气，不仅能阻止毒物的继续吸入，也可促进毒物排出。

铅、汞和砷等化学物还可经毛发、唾液、乳汁和月经排出。乳汁虽然不是化学物质的主要排泄途径，但具有特殊的意义。有些化学物质可通过乳汁经母体进入婴儿体内，也可经食用牛奶进入人体。铅等重金属可通过毛发排泄。呼出气、血液、尿液、毛发及脂肪组织等生物样品中某些化学物质或其代谢产物的含量，可作为评价体内该化学物质量的生物检测指标，即暴露生物标志。

一些环境毒物在排泄过程中可引起排出器官的损害。例如，汞随唾液排出时可引起口腔炎；砷经肠道排出时可引起肠炎，经汗腺排出时可引起皮炎。

4. 环境污染物毒性参数及安全限值 毒性（toxicity）是化学物质引起有害生物学效应的固有特性，是物质内在的且不变的性质，主要取决其化学结构。常用的毒性参数如下。

（1）致死剂量或浓度：指在急性毒性试验中毒物引起受试实验动物死亡的剂量或浓度，通常按照引起动物不同死亡率所需剂量来表示。①绝对致死剂量或浓度（absolute lethal dose or concentration，LD_{100} 或 LC_{100}）：指毒物引起一组受试实验动物全部死亡的最低剂量或浓度，若再降低剂量或浓度，即有存活者。②最小致死剂量或浓度（minimal lethal dose or concentration，MLD，LD_{01} 或 MLC，LC_{01}）：指毒物引起一组受试实验动物中的个别成员出现死亡的剂量或浓度，低于此剂量或浓度即不会出现死亡。③最大非致死剂量或浓度（maximum no-lethal dose or concentration，LD_0 或 LC_0）：指毒物不引起一组受试实验动物出现死亡的最大剂量或浓度，高于此剂量即可出现死亡。④半数致死剂量或浓度（median lethal dose or concentration，LD_{50} 或 LC_{50}）：指毒物引起一组受试实验动物半数死亡的剂量或浓度，又称致死中量，是一个经过统计处理计算所得到的数值，是估计毒物急性毒性大小最重要的参数，也是对不同毒物进行急性毒性分组的基础标准。毒物的急性毒性与 LD_{50} 成反比，即急性毒性越大，LD_{50} 的值就越小。

（2）观察到有害作用的最低水平（lowest observed adverse effect level，LOAEL）：指在规定的暴露条件下，以现有的技术手段和指标观察到一种物质引起机体（人或实验动物）的形态、功能、生长发育或寿命等产生有害变化的最低剂量或浓度。LOAEL是通过实验和观察得到的，所观察到的有害作用与正常（对照）间差异有统计学显著意义。

（3）未观察到有害作用水平（no observed adverse effect level，NOAEL）：指在规定的暴露条件下，以现有的技术手段和指标未观察到一种物质引起机体（人或实验动物）的形态、功能、生长发育或寿命等产生有害作用的最高剂量或浓度。NOAEL 也是通过实验和观察得到的，可能检测到某些改变，被判断为非有害作用。

(4) 阈值 (threshold)：指一种物质使机体（人或实验动物）产生效应的最低剂量或暴露浓度，即低于该剂量或暴露浓度就观察不到或预计不会发生某种效应。一种化学物质既有有害效应的阈值，也有非有害效应的阈值。对某种效应而言，易感性不同的个体可能有不同阈值。在评价有害效应的危险性时，通常用 NOAEL 或 LOAEL 作为阈值的近似值。

(5) 安全限值 (safety limit)：对存在有害效应阈值的化学物质，安全限值是指为保护人群健康，对生活环境和职业环境及各种环境介质（空气、水、食物和土壤）中与人群健康有关的各种因素（物理、化学和生物因素）所规定的浓度和暴露时间的限制量。低于此种浓度和暴露时间，对个体或群体健康的危险是可以忽略的。制定安全限值通常以实验或人群调查而获得的 LOAEL 或 NOAEL 为基础。常见安全限值有最高容许浓度（maximum allowable concentration，MAC）、可耐受最高摄入量、时间加权平均容许浓度及短时间接触容许浓度等。

对无有害效应阈值的化学物质，如致癌物，通常不使用安全限值的概念。各毒性参数和安全限值与剂量的关系见图 1-2。

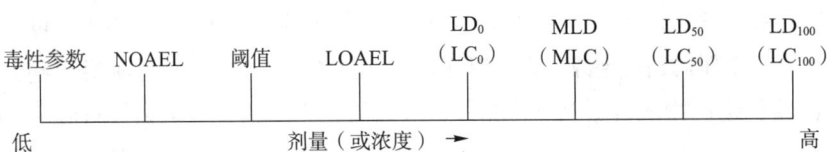

图 1-2 毒性参数和安全限值与剂量关系

二、环境污染对健康的影响

(一) 环境致病因素的健康效应

环境构成和环境状态的任何异常变化，都会不同程度地影响人体的正常生理活动。当环境的异常变化在人体适应范围内时，机体可通过自身的调节完全适应。如果环境因素异常变化超出了人类正常生理调节的范围，则可能引起人体某些功能和结构的改变，严重者可导致病理性的改变。这种能使人体发生病理变化的环境因素称为环境致病因素（environmental pathogenic factor）。

当环境有害因素作用于人群时，大多数人体内环境污染物负荷增加，但不引起生理功能改变，属于正常生理调节范围。有些人则会处于生理代偿状态，机体还可能保持着相对稳定，暂时不出现临床症状和体征，如果停止致病因素作用，机体可能向着恢复健康的方向发展。处于代偿状态暂时尚未表现出临床症状的人，不能认为是健康的人，其中一些人实际上已处于疾病的早期阶段，即临床前期（preclinical phase）。机体的自稳能力是有限的，如果环境有害因素继续作用，致使功能发生障碍，机体则向病理状态发展，出现疾病的症状和体征，少数人甚至可因病理反应而死亡。从预防医学的观点研究环境因素对人体健康的影响，可将生理、生化效应和病理改变看作一个连续的过程，各个不同级别的效应在人群中的分布用图来表示即称为健康效应谱（spectrum of health effecter），人群对环境因素反应的健康效应谱呈金字塔形或称冰山现象（iceberg phenomenon）。

环境影响的健康效应谱提示在研究环境因素对健康的影响时，不能只注重有无临床表现，更应该着重研究生理和生化等方面的早期改变，尽早发现临床前期表现和潜在的健康效应，及时加以控制。近年发展的某些生物标志物成为预测环境污染物对人类健康早期危害的有效工具。

生物标志物（biomarker）是生物体内发生的与发病机制有关联的关键事件的指示物，是机体由于暴露于各种环境因子所引起的器官、细胞和亚细胞的生化、生理、免疫和遗传等任何可测定的改变。生物标志物中的分子生物标志物则着重研究外来因子与机体生物大分子（核酸和蛋白质）相互作用所引起的分子水平上的改变。生物标志物分为以下 3 大类。

1. 暴露生物标志物（exposure biomarker） 指在机体内组织、体液或排泄物中测定到的外来化学物质及其代谢产物量（内剂量），或外来因子与某些靶分子或细胞的作用产物。内剂量和生物有效剂量可作为污染物危害监测和鉴定的重要指标，也是定性污染物与暴露效应相关联的关键参数。

2. 效应生物标志物（effect biomarker） 指机体内可测定的生化、生理、病理或其他方面的改变，据其改变的程度，可判断为确证的或潜在的健康损害或疾病。生理、生化、细胞结构或功能改变的标志物测定有助于环境污染物对机体损伤机制的研究。

3. 易感性生物标志物（biomarker of susceptibility） 是机体接触某种特定环境因子时，反映个体反应能力的先天性或获得性缺陷的指标。易感性生物标志物在发现人群中对环境污染易感个体和制定保护易感人群的预防措施方面具有十分重要的意义。生物标志物是进行健康危险度评价和制定卫生标准的重要依据。

（二）环境污染对健康影响的特点

1. 广泛性　环境污染影响范围大，涉及人口多，对象广泛（老、弱、病、幼、胎儿等）。

2. 多样性　污染物对人体健康的损害作用，有特异性损害，又有非特异性损害，有局部的，又有全身的，有急性的，又有慢性的，有近期的，又有远期的，因此需要全面调查进行综合评价。

3. 复杂性　受污染的环境中可有多种污染物同时存在，各种毒物间可以产生联合毒性作用；同一种污染物可通过被污染的环境介质经不同途径进入人体，同一个体可摄入多种环境污染物；暴露人群中不同个体对污染物易感性不同，在临床上有不同反应；环境污染物作为致病因素对健康损害属多因多果，关系十分复杂。

4. 长期性　很多环境污染物可长时间滞留于空气、土壤和水中，并长时间作用于人体，在低浓度情况下，造成的健康损害在短时间内不易被发现，有些危害在短时间内不易被察觉，需要几年、十几年甚至几十年才表现出来，有的到子代才表现出健康危害效应。

（三）环境污染对健康危害的主要表现

1. 急性危害　指污染物在短时间内大量进入环境，致使暴露人群在较短时间内出现有害效应、急性中毒甚至死亡等。

2. 慢性危害　低浓度环境污染物长期、反复对机体作用而引起的危害称慢性危害。慢性危害是毒物的损伤蓄积或在人体内的物质蓄积所致。慢性中毒（chronic poisoning）是慢性危害的主要类型。20 世纪 50 年代到 60 年代发生在日本的水俣病（Minamata disease）和痛痛病（itai-itai disease）就是环境污染造成慢性中毒的典型例子。其病因均是金属污染物（前者为汞，后者为镉）污染了环境，通过食物链生物放大，经过若干年后而引起的慢性损害。发生在日本的"四日市哮喘"是大气受二氧化硫和烟气污染，人们长期生活在此环境下导致部分人群形成慢性阻塞性肺疾病（chronic obstructive pulmonary disease，COPD）。

3. 致癌作用（carcinogenesis）　WHO 指出癌症是导致人类死亡的主要原因。据估计 80%～

90%的肿瘤与环境因素有关，其中5%与病毒有关，5%与电离辐射有关，90%由化学因素引起。

国际癌症研究机构（International Agency for Research on Cancer，IARC）根据对人类和对实验动物致癌性资料，以及在实验系统和人类其他有关资料的综合评价，将物质、混合物及接触环境与人类致癌危险性分为以下三类4组：第一类，对人具有致癌性，即对人类致癌性证据充分者。第二类，分为2A和2B 2组。组2A，对人类很可能是致癌物；组2B，对人类可能致癌。第三类，对人类致癌性尚无法分类。截至2024年9月，IARC公布的已确认的人类致癌物（一类致癌物）有129种。

4. 遗传毒性（genotoxicity） 指环境中化学因素、物理因素和生物因素引起的生物体细胞遗传物质（DNA）和遗传过程的改变。引起生物体细胞遗传物质发生可遗传改变的作用，称为致突变作用（mutagenesis）。引起生物体发生致突变作用的物质称为致突变物（mutagen），又称诱变剂。遗传毒性除致突变作用外，还包括原始DNA损伤（程序外DNA合成、姐妹染色单体交换和DNA链断裂等）。突变的类型有：①基因突变（gene mutation），又称点突变（point mutation），指DNA的碱基配对或碱基排列顺序发生改变，可能导致基因产物的功能改变。②染色体畸变（chromosome aberration），指染色体结构发生改变，可分为染色单体型畸变和染色体型畸变。③基因组突变（genomic mutation），指基因组中染色体数目的改变，也称为染色体数目畸变。环境污染物的致突变作用可发生在体细胞，也可发生在生殖细胞。如果发生在生殖细胞，其影响有可能遗传到下一代，可能导致不孕、早产、死胎或畸形及遗传性疾病；若发生在体细胞，其影响不遗传到下一代，仅能导致直接接触该物质的个体发生疾病，最受关注的是肿瘤。

5. 生殖毒性（reproductive toxicity）和发育毒性（developmental toxicity） 某些环境污染物可能具有生殖毒性和发育毒性。20世纪60年代初，震惊世界的反应停事件造成短肢畸形（海豹肢畸形）儿出生。生殖毒性作用指外源性化学物质对雄性或雌性生殖功能或生殖能力的损害及对子代的有害影响。其可发生于雄性、雌性的任何时期，表现为性功能障碍、不育、不孕、性发育异常、生殖器官和内分泌功能异常及妊娠结局不良等。

发育毒性指出生前后接触有害因素，子代个体发育为成体之前诱发的任何有害影响。发育毒性主要表现为发育生物体死亡、形态结构异常、生长迟缓及器官或系统的功能缺陷（生化、免疫、行为、智力等）。在妊娠期接触外界环境因素而引起后代结构或功能异常的作用称为致畸作用（teratogenesis），是生殖和发育毒性的一种表现。环境中的放射线辐射、某些药物和化学毒物及生物因素均可产生生殖和发育毒性。

6. 干扰内分泌功能 有些环境化学物质可以影响生物体内天然激素的合成、释放、转运、代谢、结合及生物学效应，被称为环境内分泌干扰物（EED）。这类化学物质可与激素受体结合，能模拟、阻遏或激活、抑制内分泌效应，或干扰内分泌激素合成、转运、代谢及排泄等生理生化过程，改变神经、免疫和生殖系统的正常调节功能，从而导致生物体出现多种畸形、生殖发育异常和生殖系统肿瘤。

7. 对免疫功能的影响 早在20世纪初，人们就注意到与有些化学物质的接触可引起免疫系统的损伤，并发现不少食品、药品、香料及日用化学品能引起过敏反应。环境毒物对免疫系统的影响有三种类型：环境毒物对免疫功能的抑制，化学物质作为致敏原引起机体变态反应，少数环境化学物质可引起自身免疫反应。

8. 表观遗传毒性（epigenetic toxicity） 表观遗传（epigenetic inheritance）是指DNA的基因序列不发生变化，但基因表达却发生了可遗传的改变。这种改变是细胞内除了遗传信息以外的其他可遗传物质发生的改变，而且这种改变在发育和细胞增殖过程中能稳定传递。目前大量的研究显示环境污染物可影响表观遗传修饰,如 DNA 甲基化、非编码 RNA(如 miRNA、LncRNA 和 circRNA 等)及组蛋白修饰(如甲基化、乙酰化和泛素化)等。这些修饰可以影响基因的转录、剪切、稳定性、翻译、核小体组装和染色质结构等多个层面,从而影响细胞的生理和病理过程。

在某种意义上,表观遗传机制可能比遗传机制更加有助于探讨和阐明环境、基因与疾病之间的关系。同时,由于表观遗传改变具有可逆性,改善环境、适当营养补充和针对性的干预措施可以通过表观遗传特征逆转不利的基因表达模式和表型,这就为环境相关性疾病的预防、早期诊断和治疗提供了新的思路。

(四)环境污染对健康影响的决定因素

环境污染对健康的影响受许多因素影响,污染物对健康损害的性质与程度主要取决于污染物、机体和环境三方面因素的联合效应。

1. 污染物的化学结构与理化特性　可以影响其毒性、对机体的毒性作用性质及毒性效应大小。污染物的化学结构与毒性有关,如一氧化碳和二氧化碳,在化学结构上只差一个氧,但它们的理化性质和毒性完全不同。污染物的理化特性(水溶性、脂溶性、挥发度和分散度等)可影响其吸收、分布、蓄积、代谢及排泄过程,同时可影响靶部位浓度,以致影响污染物毒性作用性质和毒性效应大小。一般情况下,水溶性愈高,毒性愈大,如砒霜(As_2O_3)在水中溶解度是雄黄(As_2S_2)的 3 万倍,前者毒性远大于后者。锌和锡金属粉尘毒性很小,但锌和锡等熔炼时产生的金属氧化物的烟,因其颗粒极小且表面活性大,吸入后可引起暴露者体温升高和血液白细胞数增多等,称金属烟热(metal fume fever)。

2. 污染物的剂量或强度　剂量是指进入机体化学物质的数量,常以单位体重暴露化学物质的量表示,如 mg/kg(体重)。强度一般是指物理因素作用于机体的数量。各种物理因素都有各自的强度单位,如噪声用分贝(dB),热辐射用每分钟每平方厘米被照射的表面上所受到的焦耳数,即 $J/(cm^2 \cdot min)$ 表示。污染物引起机体的损害效应与剂量或强度有关。

同一毒物的不同剂量引起的生物学损害不同。环境污染物引起的生物学损害与剂量之间的关系可以用剂量 – 效应关系或剂量 – 反应关系表述。

(1)剂量 – 效应关系(dose-effect relationship):表示暴露一定剂量化学物质后引起某一生物个体、组织或器官的生物学改变,这种变化的程度可以用计量单位来表示,称为量效应。还有一类效应强调的是观察终点的性质,不能用测定的定量数值表示,而只能用"有或无""阳性或阴性"来表示,如患病与否、疗效有无等,称为质效应。

(2)剂量 – 反应关系(dose-response relationship):表示化学物质的剂量与某一生物群体中出现某种强度生物学效应的发生频率之间的关系,一般以发生率来表示。

3. 暴露时间　环境中许多污染物需要在体内蓄积达到一定的量才能对健康造成损害。污染物在体内的蓄积与其摄入量、生物半衰期和作用时间 3 个因素有关。

4. 环境因素的联合作用　人们在生活和生产环境中往往同时或先后暴露于多种来源的化学物质,同时或先后接触两种或两种以上化学物质对机体产生的毒性效应称为联合作用。联合作用分为以下几类。

(1)非交互作用

1)相加作用(addition joint action):指多种化学物质对机体产生的毒性效应等于各个化学物质单独对机体所产生效应的总和。此类联合作用中每一化学物质以同样的方式及相同的机制作用于相同的靶点,仅效力不同。例如,同时接触两种有机磷农药时,对机体胆碱酯酶的抑制作用往往是相加的。

2）独立作用（independent action）：指多种化学物质，由于作用模式和作用部位等不同，所引发的毒性效应彼此互不影响，表现出各自的毒性效应。如铅冶炼工人往往同时暴露于铅和镉，铅主要损害神经、消化和血液系统，而镉主要损害肾和骨骼，它们毒性效应的联合作用常表现为独立作用。

（2）交互作用（interaction）：2种或2种以上外源化学物质造成比预期的相加作用更强（协同或加强作用）或更弱（拮抗作用）的联合效应，称为化学物质对机体的交互作用。

1）协同作用（synergistic effect action）：化学物质对机体所产生的总毒性效应大于各个外源性化学物质单独对机体的毒性效应总和，即毒性增强，称为协同作用。例如，四氯化碳与乙醇都是肝毒物，同时接触两种化学物质的肝毒性明显大于二者单独接触所致肝毒性之和。

2）加强作用（potentiation action）：某一化学物质本身对机体并无毒性，但与另一种化学物质同时或先后暴露时使后者毒性效应增强，称为加强作用。例如，异丙醇无肝毒性，但异丙醇与肝毒物四氯化碳同时作用于机体时，后者的肝毒性比其单独作用于机体更强。

3）拮抗作用（antagonistic action）：化学物质对机体所产生的联合毒性效应低于各个化学物质单独毒性效应的总和，即为拮抗作用。其机制可以是功能拮抗、化学拮抗或灭活、处置拮抗及受体拮抗。一些解毒剂的作用原理可认为是拮抗作用，如二巯基丙醇与金属络合而减轻金属毒性，这种拮抗作用属化学拮抗。治疗有机磷农药中毒的阿托品，就是有机磷化合物毒性的拮抗剂；解磷定则是有机磷化合物的生化拮抗剂。

5. **个体易感性** 在同一环境暴露条件下，人体对环境异常变化的反应强度及性质不同，对某些污染物特别敏感的人群称为易感人群或敏感人群。造成人群易感性差异的原因是多方面的，包括个体的健康状况、年龄、性别、生理生化功能状态、营养状况及遗传因素等。

（1）健康状况：人体的健康状况可直接影响机体对环境污染物的反应性。肝或肾功能不全者，由于其解毒或排泄功能下降，暴露于环境污染物下，易发生中毒；慢性支气管炎和肺气肿患者易发生刺激性气体中毒，且后果较为严重。

（2）营养状况：营养不足或失调也将影响机体对化学物质毒性的敏感性，如蛋白质缺乏可引起酶蛋白合成减少及酶活性降低，使机体对多数毒物的抵抗能力下降。故对于从事有毒有害作业的职业人群，通过提供维生素类、微量元素和蛋白质含量丰富的膳食，改善其营养状况，可以在一定程度上降低作业人员对职业性有害因素的易感性。

（3）遗传因素：在健康状况、年龄、生活条件及营养状况相近的健康人群中，对环境有害因素作用的反应仍有差异，即使在相同环境暴露条件下（相同暴露物质、剂量及时间）也是如此，这种现象通常称为个体差异。环境应答基因在人群中存在广泛的遗传多态性，这是造成个体差异的主要原因。

（五）环境污染对健康影响的危险度评价

健康危险度评价（health risk assessment）是指在某一特定环境条件下，对暴露于该环境中的有毒有害物质或因素可能引起个人和群体出现某些有害健康效应，如伤残、疾病、出生缺陷和死亡等的概率进行的定性和定量评价。评估的结果可为制定环境卫生标准、进行卫生监督、采取防治对策和措施、保护环境及人群健康等提供科学依据。健康危险度评价由以下几个步骤组成。

1. **危害鉴定（hazard identification）** 是健康危险度评价的首要步骤，属定性评价阶段。危害鉴定主要利用毒理学和流行病学资料。首先，确定化学物质是否具有对健康的有害效应，并判定所产生的特定的健康效应是否与该物质有因果关系，即为该物质所引起和所固有的。其次，再进一步判定健康效应的特征和类型，判定其有无致癌或致畸的可能，区分其有无阈值最为重要。有阈值毒物在已知或被认为低于某一剂量时没有有害作用，而无阈值毒物则在大于零的所有剂量下都会引起某种程度有害反应发生。一般将健康有害效应分为致癌性（包括体细胞致突变）、致生殖细胞突变、发育毒性（致畸性）和器官/细胞病理学损伤等四类，前两类属于无阈值毒性效应，后两类属于有阈值毒性效应。

2. 暴露评价（exposure assessment） 是健康危险度评价的重要环节，没有确切的暴露资料就无法评价对人群可能产生的危害，危险度的估计值根据危险人群暴露于某化学物质的量求得。暴露评价可以根据对多种暴露环境介质的实测值进行估算。外暴露剂量可通过对环境中的化学物质进行设点监测和个体监测得到；内暴露剂量则可通过生物检测，即测定化学物质进入机体后，在机体组织中生物材料的原型和代谢产物的含量得到。内暴露剂量具有更高的精确性，能更真实地反映人体的暴露情况。通过暴露评价可以估计出人群对某化学物质暴露的强度、频率、途径和持续时间等暴露特征。暴露特征与评价该化学物质的毒性效应的诱发时间和潜伏期有很大关系。

3. 剂量-反应关系评定（dose-response relationship assessment） 是健康危险度评价的核心部分，是定量评价的第一步，目的是利用人或动物定量研究资料，在有限数量的人群或动物群体中测出反应值的范围，确定适用于人的剂量-反应关系曲线，并由此计算出评估危险人群在给定剂量下危险度的基准值。

4. 危险度特征（risk characteristic）分析 是健康危险度评价的最后步骤，是根据上述三个阶段所得到的定性和定量评价结果，对该化学物质在环境中存在时所致的健康危险度进行综合定量评价。通过计算求得暴露人群中有害效应的发生率，即该人群的健康危险度。

（六）环境污染引起的疾病

1. 公害病 详见本节第一部分。

2. 职业病（occupational disease） 是指劳动者在职业活动中接触职业病危害因素引起的特定疾病。2024年，我国政府颁布的法定职业病为12类135种。

3. 传染病（infectious disease） 是由病原生物引起，可在人与人之间、动物与动物或人与动物之间相互传染的一类疾病。环境中病原微生物污染可以引起此类疾病发生，处理不当可能造成疾病暴发流行。如未经消毒净化处理的医院废水、生活污水及屠宰场、制革厂废水直接排放到水体，可能引发介水传染病（如伤寒、霍乱和痢疾等）。历史上此类生物性污染曾造成多次介水传染病暴发流行。

4. 食源性疾病（foodborne disease） 是通过摄取食物而使各种致病因子进入人体，从而引起具有感染或中毒性质的一类疾病。其中包括传统的食物中毒，即摄入含有生物性和化学性有毒有害物质的食品或将有毒有害物质当作食品摄入后出现的非传染性的急性或亚急性疾病，也涉及化学物质污染食品后导致的急、慢性中毒等。环境污染是食物中有毒有害物质的来源之一。

（七）环境污染对健康影响的研究方法

环境污染对健康影响的主要研究方法为环境流行病学和环境毒理学，目前分子生物学技术已广泛地运用于环境污染物对健康的影响研究中。在蛋白质层面，有酵母双杂交技术、蛋白质芯片技术、免疫印迹技术、免疫共沉淀技术及GST沉淀技术等。在核酸层面，有核酸分子杂交技术

（如 Southern 印迹杂交、Northern 印迹杂交、原位杂交、斑点杂交和狭缝印迹杂交）、聚合酶链反应及基因测序等。此外，基因的敲除和过表达也已广泛地运用于环境污染物对健康的影响研究中。

第三节　环境污染的预防与控制

防制环境污染要转变观念，从过去的末端治理逐步转变为源头控制及工业生产全过程监管，即从污染产生、发展直至消除的全过程中存在的有关问题着手，并采取相应的防制措施，最终达到保护和改善人类生存的生态环境的目的。

一、组织措施

（一）健全环境保护法律法规，严格执法

20世纪80年代，我国政府把环境保护确立为一项基本国策。1989年《中华人民共和国环境保护法》正式颁布，并确定"全面规划，合理布局，综合利用，化害为利，依靠群众，大家动手，保护环境，造福人民"的32字环境保护方针；制定了经济建设、城乡建设和环境建设同步规划、同步实施、同步发展，实现经济效益、社会效益、环境效益相统一的指导方针。迄今，国家和政府共颁布了9部环境保护法律、15部自然资源管理法律和50多项环境保护法规，环境保护部门出台了200多项全国性环境保护规章和1600多个地方性环境保护法规，环境法律体系日趋完善。尽管如此，我国的环境状况仍然十分严峻，环境污染的问题依然相当严重，环境污染的防治任务还相当繁重。面对环境污染的新形势、新内容，除了健全环境保护法律法规外，更重要的是严格执法，切实按照环境保护法等法律法规严格执行，才能建设一个最适宜人类生活的绿色、协调、共享的环境。当前我国亟待加强的几项重要组织措施如下：

（1）强化经济建设、城乡建设和环境建设同步规划、同步实施、同步发展，实现经济效益、社会效益、环境效益相统一的指导方针。

（2）加大力度落实"预防为主，防治结合""谁污染，谁治理""强化环境管理"三大环境保护政策。

（3）严格执行环境保护"三同时"制度，对新建、改建、扩建项目和技术改造项目及区域性开发建设项目的污染治理设施必须与主体工程同时设计、同时施工、同时投产。

（4）下大决心强制淘汰一批污染严重、耗能耗物高的设备和产品，淘汰和关闭一批技术落后、污染严重、浪费资源的企业。

（5）编制全国城市建设和改造的总体规划，调整城市功能布局，开展城市环境综合整治，改善城市环境质量。

（6）出台相关政策，加强造林绿化、草原保护、土地保护、水土保持、防沙治沙工程，防治土壤污染，土地沙化、渍化、贫瘠化、沼泽化，地面沉降，防治植被破坏、水土流失、水源枯竭、种源灭绝及其他生态失调现象。

（二）卫生监督和卫生管理

卫生部门和相关部门密切配合，相互协作，积极开展预防性卫生监督和经常性卫生监督，使管辖的区域处于严密监督管理视野下运作，从源头上防止污染物进入环境。

1. 预防性卫生监督　在新建城镇和改建旧城镇的规划阶段，卫生部门要参与规划，从卫生角度依据当地气候特征和人口资料，对工业区、居住区、功能区、车站、垃圾焚烧站，以及人口密度、建筑密度、绿化分布等进行全面规划、合理布局；同时要审查图纸，对拟建工厂、新建交通路线、卫生防护带距离等设计的合理性要进行图纸审查；对当地的污染源、污染物的质和量建档管理。

2. 经常性卫生监督　即对辖区进行环境监督监测、健康监测和管理。环境监督监测要掌握辖区空气污染、水体污染、土壤污染源的排放量、排放方式、排放高度，并建立档案；通过监测了解大气、生活性污染物、水质、水体底质、水生生物、土壤的动态污染水平，开展污染源头预防。健康监测即对社区居民的健康状况进行定期统计分析，建立健康档案，包括社区人口资料、个人健康记录、出生登记、死亡登记、传染病和慢性疾病发病率及患病率记录等。

二、规划措施

（一）城乡建设和改造规划

城市规划的任务是确定城市性质、发展目标、发展规模和发展形态，统筹安排建设用地，合理配置城市基础建设和公共服务设施，制定给水排水、供电供气、交通电信和环境保护等各项专业规划，建设一个健康城市。扩建或旧城区改造也应认真规划。在统筹安排用地时，要将城市进行功能分区，工业用地应安排在新生活居住区的下风侧或在最小频率风向的上风侧。工业区与居住区之间应设置卫生防护带。城市给水水源、污水处理厂、垃圾填埋场、殡葬场和墓地等应设置在郊区。飞机起落时噪声很大，一般应设置在从市区乘坐机动车到机场 30 min 左右的郊区。村镇规划原则是全面规划、合理布局、节约用地、统筹安排、有利于可持续发展，即对土地利用、水利、道路、交通和村镇居民点的分布等作出全面规划。

（二）工业企业规划和布局

工业企业合理布局是保护环境、防止污染危害的一项战略性措施。在厂址选择时，要按照企业对环境的影响程度，将其合理安排在不同区域。对消耗能源多、污染严重、运输量大的工业企业，应设在远郊；对污染较轻、运输量中等的工业企业，可布置在城市边缘；对污染轻微或无污染及运输量不大的工业企业，可设在居住区内的独立地段；对新建、扩建和改建的企业，要将防治"三废"污染的项目和主体工程同时设计、同时施工和同时投产使用。

（三）制定、完善卫生标准

卫生标准是卫生法律法规的重要组成部分，是卫生监督监测的法律依据，是卫生监督实施过程中进行卫生学评价的技术依据。我国卫生标准与发达国家比还有不够完善甚至空白之处，所以进一步制定和完善卫生标准，是我国环境保护中使监督监测有法可依的重要保证。

三、技术措施

采用工程技术措施来消除和减少污染物排出，净化、利用和治理污染物是环境保护的一项基本建设，也是落实可持续发展战略的根本措施。

（一）清洁生产

采用无污染或少污染的原料，改革生产工艺或更新设备，研究和开发无公害、少污染的生产技术，发展绿色产品，减少单位产出的废物排出量。实现生产机械化、自动化和密闭化。研制和使用能耗低或采用清洁能源的交通运输工具，逐步淘汰和限制使用落后的交通运输工具。

（二）合理利用能源和资源

加强工业生产管理，把环境保护纳入企业生产经营管理轨道，节能降耗，将工业性三废回收利用，化害为利，如石油化工厂排出的硫化氢和二氧化硫可回收利用制成硫酸。

（三）污染物处理

对暂无利用价值的工业性三废要进行净化处理，如采用废气净化和除尘技术来控制烟尘和废气，达到国家排放标准才能排放。

（四）发展生态农业

合理调整农业生产的结构和布局，实行农、林、牧及渔业全面发展，多种经营，促进农业生态体系中资源的多层次利用，形成良性循环。防止农业污染，多施用有机肥和农家肥，研制高效、低毒和低残留的农药，限制使用毒性大和易残留的农药，大力开发无污染的绿色食品。

（五）加强环境污染与健康关系的研究

1. 环境监测　包括物理性指标（噪声、振动、电磁波、热能和放射性等）监测、化学性指标（各种化学物质在空气、水体、土壤和生物体内水平）监测及生态系统监测（由人类生产和生活引起的生态系统变化，如污染物通过食物链引起生物品质恶化和生物群落改变等）。

2. 医学监测　用以监测环境污染对人类健康的影响，观察人群健康水平和人体对环境污染物的生物学效应。

（何作顺）

第二章
生活环境与健康

关键词

大气的化学组成	大气颗粒物	空气动力学等效直径
细颗粒物（PM2.5）	氮氧化物	光化学烟雾
环境内分泌干扰物	空气质量指数	室内空气质量
溶解氧	生化需氧量	总有机碳
水体污染	水体富营养化	持久性有机污染物
微囊藻毒素	水俣病	自净功能
地方病	地方性氟中毒	乌脚病

由于人们对工业高度发达的负面影响预料不够，预防不得力，导致了全球性的三大危机：资源短缺、环境污染、生态破坏。WHO对疾病的环境负担评估报告中估计全球疾病负担的24%和全部死亡的23%可归因于环境因素。《2024年中国生态环境状况公报》显示我国生态环境质量总体稳定，部分地区生态环境质量有所改善，但生态环境风险仍不容忽视。我国城市大气颗粒物污染严重，来源复杂，呈现多污染源叠加的复合型污染特征，其导致的健康效应也更为复杂和严重。

知识导图

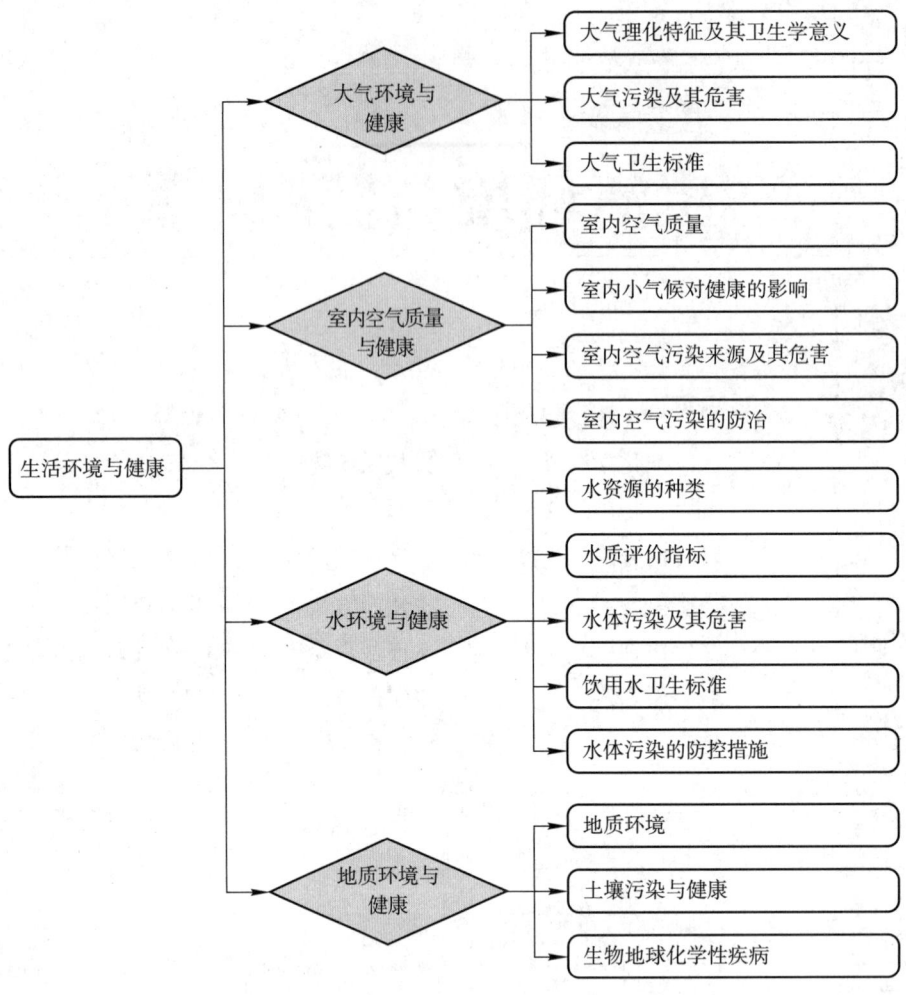

第一节 大气环境与健康

空气是人类赖以生存的重要外界环境介质之一，人体与外界环境之间不断地进行着气体交换和热交换，通常一个成人每天需要呼吸2万多次，吸入的空气达1万多升，以维持正常的生命活动，因此，空气的清洁程度和理化特性与人类健康有着极为密切的关系。

从本质上看，空气和大气的含义没有区别。但在环境科学研究中，由于车间、厂区、公共场所、居民家庭中的空气污染与大区域、全球性的空气污染的标准和评价体系不同，因而把"墙"内的空气污染称为空气污染，而将建筑墙外区域广泛的空气污染称为大气污染。进而将室内的空气称为空气，室外的空气称为大气。为了避免混淆，人们在研究和评价它们时也经常明确地指出室内空气或环境大气。

一、大气理化特征及其卫生学意义

（一）大气的垂直分层

地球表面包围着受引力作用而随地球同步旋转的大气，称为大气圈（也称大气层）。大气圈厚度有 2 000~16 000 km，没有明显的上界。随着距地面高度的不同，大气圈的物理和化学性状发生着极大的变化，根据这些理化性状垂直变化的特点，一般将大气圈划分为5层。

1. 对流层（troposphere） 是大气圈中最靠近地球表面且密度最大的一层，平均厚度约为 12 km。该层的厚度随地球纬度不同而有差异，赤道处为 16 km，两极处为 8 km。在同一地点不同的季节也会产生差异，夏季较厚，冬季较薄。对流层集中了整个大气质量的 75% 和几乎全部的水汽及固体杂质，各种复杂的天气现象（如雷电、雨雪、风等）都是发生在该层，排入大气的污染物也绝大多数在此层。该层的特点有：①温度随高度的增加而递减，气温垂直递减率通常为 6.5℃/km。②空气具有强烈的垂直对流运动。近地表的空气接受地面的热辐射后温度升高，与高空的冷空气形成垂直对流，这样就有利于地球表面大气污染物的扩散。但该层也可出现逆温现象，即大气温度随高度升高而上升，此状态下不利于地表大气污染物的扩散。人类活动产生并排入大气的污染物绝大部分聚集在对流层，因此，对流层与人类生活和人体健康关系最为密切。

2. 平流层（stratosphere） 位于对流层顶部到距地面约 50 km 的高度范围。该层大气以平流运动为主，没有垂直对流，空气稀薄，水汽很少，层内温度通常随高度的增加而递增。在 20~30 km 高处，氧分子在紫外线作用下，形成臭氧层。臭氧层能吸收太阳射向地球的紫外线及其他高能粒子，使地球上的生物免受这些射线的危害。

3. 中间层（mesosphere） 位于平流层顶部到距地面约 85 km 的高度范围。空气更稀薄，气温随高度增加而迅速降低，该层顶部的温度可降至 -92℃，因此该层的空气也存在明显的垂直对流运动。

4. 热层（thermosphere） 位于中间层顶部到距地面约 250 km（太阳平静时）或 500 km（太阳活动强烈时）的高度范围。电离后的氧能强烈吸收太阳的紫外线，使气温迅速升高，因而该层的气温随高度的增加而增加，顶部的温度可达 1 200℃，昼夜温差大。该层的气体在宇宙射线作用下处于电离状态，能反射无线电波，对于无线电通信有重要意义。

5. 外大气层（exosphere） 指热层顶部往上，没有明显上界，是大气圈的最外层。该层温度很高，可达数千度；大气已极其稀薄，其密度约为海平面处的一亿分之一。

（二）大气的理化特性与卫生学意义

1. 大气的物理特性及其卫生学意义　大气的主要物理特性包括太阳辐射、气象因素和空气离子化等，这些因素与人类健康密切相关。

（1）太阳辐射（solar radiation）：是产生各种复杂气象现象的根本原因，也是地球上光和热的源泉。太阳辐射光谱可以分为紫外线、可见光、红外线。

1）紫外线（ultraviolet，UV）：是由德国科学家里特于1801年发现的。第二届哥本哈根光学会议将紫外线按波长分为三段。

UVA段：波长为320~400 nm。A段紫外线穿透能力最强，可达人体真皮深处，并可引起表皮黑色素沉着，使皮肤变黑。色素沉着作用是人体对紫外线产生的一种防御反应，可防止长波紫外线透入深层皮肤组织。

UVB段：波长为275~320 nm。B段紫外线对人体皮肤有一定的生理作用，具有抗佝偻病和红斑作用，并能促进机体免疫功能，提高机体的抵抗力。但由于其阶能较高，对皮肤可产生强烈的光损伤，长久照射皮肤会出现红斑、炎症、皮肤老化等。

UVC段：波长为200~275 nm。C段紫外线穿透能力最弱，几乎可被大气平流层中的臭氧所吸收。短波紫外线具有极强的杀菌作用，但对细胞的损伤也是极严重的。

不同细菌对不同波长紫外线的敏感性不同，紫外线波长越短，杀菌效果越好。一日之中，中午12时到下午2时紫外线强度最大、波长最短，空气中的细菌数也最少。过强的紫外线照射，可导致光照性眼炎（雪盲）、光照性皮炎，严重的还可引起皮肤癌等。

2）可见光（visible light）：是电磁波谱中人眼可以感知的部分，波长在400~760 nm。视觉器官对其感觉为白色，但对不同波长可见光的色觉是不同的。可见光经视觉器官作用于机体的高级神经系统，能提高视觉和代谢能力，改变人体的紧张与觉醒状态、平衡兴奋与镇静作用，使机体的代谢、脉搏、体温、睡眠和觉醒等生理现象发生节律性变化，是生物生存的必需条件。光线微弱可使视觉器官过度紧张而易引起疲劳。

3）红外线（infrared ray）：在光谱中波长自760 nm至400 μm的电磁波称为红外线，是不可见光线。它的生物学作用是热效应。适量的红外线可促进人体新陈代谢和细胞增殖，具有消炎和镇静作用；过量的红外线照射可引起皮肤烧伤、体温升高，还可引起热射病、日射病、红外线白内障等疾病。

（2）气象因素（meteorological factor）：包括气温、气湿、气流、气压。天气是指一个地区在一定时间内各种气象因素的综合表现。天气对机体的冷热感觉、体温调节、心脑血管功能、神经系统功能、免疫功能等多种基础生理活动起着综合调节作用。如果气候条件变化过于激烈，超过人体的代偿能力，例如酷暑、严寒和暴风雨等，可使机体代偿能力失调，引起心血管疾病、呼吸系统疾病和关节疾病等，并与居民的超额死亡有关。

许多疾病与天气密切相关。例如，心肌梗死的急性发作常受高气压、气温骤变、大风的影响；冠心病的发病率及死亡率在每年的1~2月比7~8月高，因为血管弹性、血黏度、凝血时间、毛细血管脆性等均与气候有关；高血压患者往往在寒冷季节或气温多变时易加重病情；每年12月至次年3月，当高气压急剧下降、冷锋过境时，肺炎的发病人数显著增加；风湿性关节炎、偏头痛等又称"天气痛"，可根据天气变化提前做好预防工作。

(3)空气离子化(air ionization):空气中的气体分子在正常状况下呈电中性。在某些外界理化因素(如宇宙射线、紫外线、雷电、瀑布、海浪等)作用下,气体分子的外层电子跃出轨道而形成阳(正)离子,该跃出的电子即附着在另一气体分子上而形成阴(负)离子。每个阳离子或阴离子均能将周围 10~15 个中性分子吸附在一起,形成轻阳离子(n^+)或轻阴离子(n^-)。这类轻离子再与空气中悬浮颗粒、水滴结合,即形成直径更大的重阳离子(N^+)或重阴离子(N^-)。

空气中一定浓度的阴离子对健康有益,能起到镇静、催眠、镇痛、止痒、止汗、利尿、降低血压、增进食欲、集中注意力和提高工作效率等作用。阳离子则相反,对机体产生许多不良的作用。

空气负离子常常作为评价空气清洁程度的指标。常用指标有:①空气离子数,负离子越多空气越清洁,如森林、海边空气清洁就是由于负离子多。但如果浓度超过 10^6 个 $/cm^3$,则无论阳离子或阴离子,均会对机体产生不良作用。②重、轻离子数的比值($N^±/n^±$),当该比值 < 50 时,空气较为清洁。

2. **大气的化学组成及其卫生学意义** 自然状态下的大气或空气是无色、无臭、无味的混合气体。其正常组成见表 2-1。

表 2-1 干洁空气的组成(标准状况下)

空气成分	容积百分比 (20℃,1 个大气压)
氮	78.10
氧	20.93
氩	0.93
二氧化碳	0.03
氢、氖、氦、氪、氙、臭氧等	微量

一般情况下,空气的组成成分可分为恒定的和可变的两类。恒定组分包括氮、氧、氩及氖、氦、氪、氙等稀有气体,氮、氧、氩约占空气总量的 99.96%。二氧化碳、甲烷、臭氧等为空气中的可变组分。空气中还存在一定量的水蒸气,正常含量在 4% 以下。

空气中的氧是维持生物呼吸作用和物质代谢不可缺少的物质。在安静状态下,当空气中氧降低至 12% 时,人体可发生呼吸困难;降至 10% 时,可发生恶心、呕吐、智力活动减退;降至 8% 以下时,可危及生命。人们在通常生活活动中,不会因为空气中缺氧而影响健康。只有在特殊条件下,如在密闭的环境中(深矿井、下水道、潜艇内、坑道等)或升至高空(飞行员、宇航员、登山运动员等),由于空气稀薄、氧分压降低,才会发生空气中氧含量降低的情况。

二、大气污染及其危害

自然或人为因素使空气的构成和性状发生改变,并超过大气本身的自净能力,从而对人类生活和健康,以及其他动植物的生长和寿命产生直接和间接危害的现象,称为大气污染。

大气污染物来源可分为自然和人为两大类。前者是由于自然界自身所引起的,如火山爆发、地震、森林火灾等;后者是由于人们从事工农业生产和生活活动而产生的污染。这里所要讨论的主要是人类活动引起的大气污染。

(一)大气污染物的来源

1. **工农业生产** 是大气污染的主要来源,也是大气卫生防护工作的重点,如电力、冶金、化工、轻工、机械和建材等的生产及农业生产均可排放出有害物质污染大气。工业企业排放的污染物主要来源于染料的燃烧和工业生产过程。据统计，2021年，我国SO_2排放量为274.8万吨，其中工业排放量为209.7万吨，生活排放量为64.9万吨；颗粒物排放量为537.4万吨，其中，工业排放量为325.3万吨，生活排放量为205.2万吨。农业生产中化肥的施用、农药的喷洒及秸秆的焚烧也会造成大气的污染。

（1）燃料燃烧：是大气污染的最主要来源。煤炭和石油是目前我国企业的主要燃料。用煤量最大的是火力发电站、冶金、化工、机械、轻工和建材等部门，它们的用煤量占总消耗量的70%以上。燃料除可燃成分外，还含有各种杂质。煤的主要杂质是硫化物，此外还有氟、砷、钙、铁、镉等元素的化合物。石油的主要杂质有硫化物和氮化物，其中也含有极少量的金属元素化合物。燃料燃烧完全的产物主要是CO_2、SO_2、NO_2、水汽和灰分，燃烧不完全的产物常含有CO、硫氧化物（SO_x）、氮氧化物（NO_x）、醛类、炭粒和多环芳香烃等。同一种燃料由于产地不同、品种不同，其所含的杂质种类和数量会有很大差别。我国原煤含硫量较高，一般为0.2%～4.0%，平均为1.12%，故SO_2和烟尘是我国煤烟型大气污染的主要污染物。每燃烧1 000 kg煤产生约11 kg的粉尘、60 kg的SO_2，故重工业城市污染严重。

> 基础链接2-1
> 各种工业企业排出的主要大气污染物

（2）生产过程中排放：工业生产过程中，由原料到成品，各生产环节都可能排出污染物。污染物的种类与生产性质、规模、工艺和产品有关。

2. 交通运输　主要指汽车、飞机、火车、拖拉机和摩托车等机动交通运输工具。这些交通运输工具主要使用汽油、柴油等石油制品，燃烧后能产生大量的颗粒物、NO_x、CO、多环芳烃和醛类。改革开放以来，我国机动车保有量以每年12.24%的速度递增。截至2023年6月底，北京、成都汽车保有量超过600万辆，重庆、上海、苏州汽车保有量超过500万辆。在这些特大型城市，汽车尾气排放已超过工业企业排放，成为大气污染物的最主要来源。未来机动车的污染会愈来愈严重，这类污染源是流动污染源，其污染范围与流动路线有关，交通繁忙地区和十字路口污染比较严重。

3. 生活炉灶和采暖锅炉　生活炉灶主要使用煤，其次是煤气、液化石油气和天然气。采暖锅炉一般也用煤作燃料。燃料燃烧后产生的主要污染物有烟尘、SO_2、多环芳烃等。大量炉灶和锅炉集中在居住区，由于燃点分散、含硫量高、燃烧设备效率低、燃烧不完全、烟囱低矮或无烟囱，大量燃烧产物低空排放，尤其采暖季节，用煤量成倍增加，使其成为居民区大气污染的主要来源。

4. 其他　地面尘土飞扬、垃圾被风刮起，都可将铅、农药等化学性污染物及结核杆菌、粪链球菌等生物性污染物转入大气中。水体和土壤中的挥发性化合物也易进入大气。车辆轮胎与地面摩擦也可以扬起多环芳烃和石棉。某些意外性事故如工厂爆炸、火灾、核战争、化学战争，虽然这类事件少见，但一旦发生对大气污染危害非常严重。垃圾焚烧炉、火葬场、各种污物焚烧炉燃烧排放出的废气也可影响大气环境。

（二）大气污染物的种类

大气污染物按其属性，一般可分为物理性（噪声、光污染、电离辐射、电磁辐射等）、化学性和生物性（经空气传播的病原微生物和植物花粉等）三类，其中以化学性污染物种类最多、污染范围最广。

根据污染物在大气中存在的状态，可将其分为气态和气溶胶。大气气溶胶体系中分散的各种微粒也称大气颗粒物（particulate matter）。

1. 气态污染物　包括气体和蒸气。气体是某种物质在常温、常压下所形成的气态形式。蒸气是某些固态或液态物质受热后,引起固体升华或液体挥发而形成的气态物质。气态污染物主要分为5类。

(1) 含硫化合物:主要有 SO_2、SO_3 和 H_2S 等,其中 SO_2 的数量最大,危害也最严重。

(2) 含氮化合物:主要有 NO、NO_2 和 NH_3 等。

(3) 碳氧化合物:主要有 CO 和 CO_2。

(4) 碳氢化合物:包括烃类、醇类、酮类、酯类和胺类。

(5) 卤素化合物:主要是含氯和含氟化合物,如 HCl、HF 和 SiF_4 等。

2. 大气颗粒物 粒径(particle diameter, Dp)是大气颗粒物最重要的物理性能指标,反映大气颗粒物来源的本质,并可影响光散射性质和气候效应,通常以 μm 表示。大气颗粒物的许多性质(如体积、质量和沉降速度)都与颗粒物的粒径大小有关。由于密度和性状的不同,即便在相同粒径下,不同种类的粉尘在空气中的沉降速度和在人体呼吸道内的沉积部位也不同。为了相互比较,提出了空气动力学等效直径(aerodynamic equivalent diameter, AED)的概念。空气动力学等效直径是指某一种类的粉尘粒子,不论其性状、大小和密度如何,如果它在空气中的沉降速度与一种密度为1的球形粒子的沉降速度一样,则这种球形粒子的直径即为该种粉尘的空气动力学等效直径。采用该种表示方法,可以有效地表达出大气颗粒物在空气中的停留时间、沉降速度、进入呼吸道的可能性及在呼吸道的沉降部位。按 AED 大小,大气颗粒物一般可分为以下几类。

(1) 总悬浮颗粒物(total suspended particulate, TSP):是指空气动力学等效直径≤100 μm 的颗粒物,包括液体、固体或者液体和固体结合存在的,并悬浮在空气介质中的颗粒。

(2) 可吸入颗粒物(inhalable particulate, IP, PM10):是指空气动力学等效直径≤10 μm 的颗粒物,因其能进入人体呼吸道而命名之,又因其能长时间飘浮在空气中,也称为飘尘。

(3) 细颗粒物(fine particulate matter, PM2.5):是指空气动力学等效直径≤2.5 μm 的颗粒物。它在空气中悬浮的时间更长,易于滞留在终末细支气管和肺泡中,其中某些较细的组分还可穿透肺泡进入血液。PM2.5 更易于吸附各种有毒的有机物和重金属元素,对健康的危害极大。

(4) 超细颗粒物(ultrafine particulate matter, PM0.1):是指空气动力学等效直径≤0.1 μm 的颗粒物。城市中,人为来源的 PM0.1 主要来自汽车尾气。PM0.1 有直接排放到大气的,也有其他气态污染物经紫外线作用或化学反应转化后二次生产的。

大气污染物还可按其形成过程分为一次大气污染物和二次大气污染物。一次大气污染物是指由污染源直接排放入大气环境中,其理化性质未发生变化的污染物,如 SO_2、CO、NO、颗粒物和碳氢化合物等;二次大气污染物是指排入大气的污染物在物理、化学等因素的作用下发生变化,或与环境中的其他物质发生反应所形成的理化性质不同于一次大气污染物的新污染物。常见的有 SO_2 在大气中氧化遇水形成硫酸盐,汽车尾气中氮氧化合物和挥发性有机化合物在紫外线作用下经过一系列的光化学反应生成光化学烟雾(臭氧、醛类及各种过氧酰基硝酸酯)。一般情况下,二次大气污染物对环境和人体的危害比一次大气污染物要大。

(三)主要污染物对健康的影响

1. 二氧化硫(SO_2) 又称亚硫酸酐,是一种无色的刺激性气体,易溶于水,也溶于乙醇和乙醚。SO_2 的吸湿性强,在大气中如遇水蒸气可生成具有腐蚀性的亚硫酸(H_2SO_3),进而被氧化成硫酸;在日光照射或空气中某些金属氧化物(亚铁、锰等的氧化物)的催化下易被氧化成三氧化硫(SO_3),SO_3 也同样具有很强的吸湿性,能吸收大气中的水分,形成硫酸雾。大气中 SO_2 主要来自煤、石油、天然气等含硫燃料的燃烧，有色金属冶炼，钢铁、化工、炼油等工业生产过程中产生的 SO_2 也是大气中 SO_2 的重要来源。

（1）对呼吸系统的影响：SO_2 具有很强的刺激作用，能刺激鼻咽部黏膜和眼结膜。当浓度为 0.4 mg/m³ 时，接触者无不良反应；0.7 mg/m³ 时，普遍感到上呼吸道及眼睛的刺激；2.6 mg/m³ 时，短时间作用即可反射性地引起器官、支气管平滑肌收缩，使呼吸道阻力增加；当浓度达 9 mg/m³ 时，有明显的硫样臭。

SO_2 可引起呼吸道急性和慢性炎症。SO_2 易溶于水，易被上呼吸道和支气管黏膜的富水性黏液所吸收。因此它主要作用于上呼吸道和支气管以上的气道，造成该部位的平滑肌内末梢神经感受器受到刺激而产生反射性收缩，使气管和支气管的管腔变窄，气道阻力增加，分泌物增加，严重时可造成局部炎症或腐蚀性组织坏死，是慢性阻塞性肺疾病（chronic obstructive pulmonary disease, COPD）的主要病因之一。COPD 包括具有气道气流受限特征且气流受限不完全可逆的慢性支气管炎和（或）肺气肿。

（2）对人体的其他作用：SO_2 对大脑皮质功能有影响；有致突变和促癌作用，如可增强苯并[a]芘的致癌作用；影响新陈代谢，如破坏维生素 C 平衡等。此外，SO_2 还能抑制某些酶的活性，使蛋白质和酶的代谢发生紊乱，从而影响机体生长发育。

（3）与颗粒物的联合作用：SO_2 与烟尘共同存在时的联合作用比 SO_2 的单独危害作用大得多。吸附在可吸入颗粒物上的 SO_2 可进入呼吸道深部的细支气管和肺泡，其毒性增加 3~4 倍。可吸入颗粒物中的三氧化铁等金属氧化物，可催化 SO_2 氧化成硫酸雾，它的刺激作用比 SO_2 大 10 倍。

（4）其他影响：除上述对人体健康的影响外，SO_2 对树木、谷物及蔬菜等均可造成损害，对牛、马、猪、羊、狗等动物均可引起疾病或死亡。此外，SO_2 对于建筑物、桥梁及其他物体，均有腐蚀作用。

（5）居住区大气中的 SO_2 标准：我国《环境空气质量标准》（GB 3095—2012）规定了大气中 SO_2 1 h 平均浓度限值：一级标准为 150 μg/m³，二级标准为 500 μg/m³；日平均浓度限值：一级标准为 50 μg/m³，二级标准为 150 μg/m³。

2. 大气颗粒物　颗粒物是我国大多数城市中的首要大气污染物，是影响城市空气质量的主要因素。颗粒大小影响其在空气中的稳定性和进入呼吸道的部位，AED > 5 μm 的大气颗粒物多滞留于上呼吸道，≤5 μm 的多滞留于细支气管和肺泡，1 μm 以下的在肺泡内沉积率最高，≤0.4 μm 的能自由进出肺泡，并可随呼气排出体外，故沉积较少。

PM2.5 近年来颇受人们的关注。虽然自然过程也会产生 PM2.5，但其主要来源还是人为排放。人类既直接排放 PM2.5，也排放某些气体污染物，在空气中转变成 PM2.5。直接排放主要来自燃烧过程，如煤、汽油、柴油、秸秆、木柴的燃烧及垃圾焚烧。在空气中转化成 PM2.5 的气体污染物主要有 SO_2、氮氧化物、氨气、挥发性有机化合物。其他的人为来源包括道路扬尘、建筑施工扬尘、工业粉尘、厨房烟气。自然来源则包括风扬尘土、火山灰、森林火灾、飘浮的海盐、花粉、真菌孢子、细菌。PM2.5 的来源复杂，成分自然也很复杂。主要成分是元素碳、有机碳化合物、硫酸盐、硝酸盐、铵盐。其他常见的成分包括各种金属元素，既有钠、镁、钙、铝、铁等地壳中含量丰富的元素，也有铅、锌、砷、镉、铜等主要源自人类污染的重金属元素。在现阶段空气质量指数构成中，PM2.5 是最重要的指标，在环保、气象网站中都能实时了解某个地区 PM2.5 的污染情况。

（1）对呼吸系统的影响：滞留在上呼吸道的 PM10 可与 SO_2 产生联合作用引起炎症，导致慢性鼻咽炎。滞留在下呼吸道的 PM10 可与直接进入肺深部的 NO_x 产生联合作用，使支气管和肺泡产生炎症，是 COPD 的病因之一。

（2）引起机体免疫功能下降：长期暴露在 PM10 高污染环境下（0.47 mg/m³），小学生免疫功能受到明显抑制作用。另经动物实验证实，PM10 一方面可以影响局部淋巴细胞和巨噬细胞的吞噬功能，导致免疫功能下降；另一方面又可增加动物对细菌的敏感性，导致肺对感染的抵抗力下降。

（3）致突变性和致癌性：国内外的大量研究表明，大气颗粒物的有机提取物有致突变性，粒径越小，致突变性和致癌性越强。粒径≤2 μm 的大气颗粒物致突变性占致突变总活性的 52%~98%。流行病学研究表明，城市大气颗粒物中的多环芳烃与居民肺癌的发病率和死亡率呈相关关系。

（4）大气污染物的载体：PM10 在空气中有很强的吸附性，可成为大气污染物的"载体"。当吸附病原微生物时能传播呼吸道传染病，还能吸附多种有害气体和液体，并将它们带入肺深处，促使多种急、慢性疾病发生。如 SO_2、NO_2、酸雾、甲醛等均可随 PM10 到达肺泡。

（5）其他：大气中的颗粒物能吸收太阳的直射光和散射光，影响日光照射到地面的强度，特别能减弱富有生物学作用的紫外线强度。

（6）居住区大气中的 PM10 标准：我国《环境空气质量标准》（GB 3095—2012）规定了居住区大气中 PM10 日平均浓度限值：一级标准为 50 μg/m³，二级标准为 150 μg/m³；PM2.5 日平均浓度限值：一级标准为 35 μg/m³，二级标准为 75 μg/m³。

3. 氮氧化物（nitrogen oxides，NO_x） 是 NO、N_2O、NO_2、NO_3、N_2O_3、N_2O_4、N_2O_5 等含氮气体化合物的总称。其中，造成大气严重污染的主要是 NO 和 NO_2。NO 是无色气体，遇氧变为 NO_2。NO_2 是红褐色气体，有刺激性。

NO_x 的来源较广泛。大部分来源于自然界，如大气中的氮受到雷电或高温被激活易合成 NO_x，火山爆发、森林火灾都会产生 NO_x，土壤中的微生物分解含氮化合物可产生 NO_x；工业生产中燃料的燃烧，硝酸、氮肥、染料、炸药等生产过程及交通运输工具都可造成 NO_x 的排放。

（1）对呼吸系统的影响：NO_x 难溶于水，故对眼和上呼吸道的刺激作用较小，而易于侵入呼吸道深部细支气管及肺泡。急性吸入可引起肺水肿，因为 NO_x 能溶解于肺泡表面的液体中，逐渐形成亚硝酸及硝酸，对肺组织产生剧烈的刺激与腐蚀作用，使毛细血管通透性增加，引起肺水肿。长期吸入低浓度 NO_x 可引起肺泡表面活性物质的过氧化，损害细支气管的纤毛上皮细胞和肺泡细胞，破坏肺泡组织的胶原纤维，并可发生肺气肿样症状。严重时，也能引起 COPD。

（2）对血液系统的影响：在肺中形成的亚硝酸盐进入血液后可引起血管扩张，能与血红蛋白结合生成高铁血红蛋白，减低血红蛋白携氧能力，引起组织缺氧，出现紫癜、呼吸困难、血压下降及中枢神经系统的损害。一般情况下，以 NO_2 为主时，肺组织损害比较明显；以 NO 为主时，高铁血红蛋白血症及中枢神经系统损害比较明显。

（3）慢性毒作用：动物实验表明，NO_2 能促使苯并[a]芘诱发支气管鳞状上皮癌的发病率增加。NO_2 与 SO_2 共存时，对肺功能的影响可产生相加作用；与多环芳烃（PAH）共存时，可使 PAH 发生硝基化作用，形成硝基 PAH，其中许多具有致突变性和致癌性；与烃类共存时，在阳光照射下，可发生光化学反应，生成一系列光化学氧化剂，对机体产生多种危害。

（4）居住区大气中的 NO_2 标准：我国《环境空气质量标准》（GB 3095—2012）规定了大气中 NO_2 1 h 平均浓度限值：一级标准为 200 μg/m³，二级标准为 200 μg/m³；日平均浓度限值：一级标准为 80 μg/m³，二级标准为 80 μg/m³。

4. 铅（lead，Pb） 为银灰色质软的重金属，相对密度 11.35（20℃），原子量 207.2；熔点

327℃、沸点 1 620℃。加热至 400~500℃时，即有大量铅蒸气逸出，并与空气中的氧结合，迅速氧化成氧化亚铅（Pb_2O），并凝集为铅烟。随着熔铅温度升高，还可逐步生成氧化铅（密陀僧，PbO）、三氧化二铅（黄丹，Pb_2O_3）、四氧化三铅（红丹，Pb_3O_4）。除氧化铅外，铅的氧化物在高温下都不稳定，可分解为氧化铅和氧。铅化合物的溶解度各有差异，如硫化铅难溶于水，乙酸铅和硝酸铅则易溶于水。

工业上所用的铅约 40% 为金属铅，35% 为铅化合物，25% 为合金。接触金属铅、铅烟或蒸气的工业及工种有铅矿开采、金属冶炼、熔铅、印刷业的浇板、铸造、造船工业中熔割、电焊、铆钉等，电缆制造，电视机、无线电、灯泡、罐头等的焊接。铅及其化合物常用于制造蓄电池、玻璃、搪瓷、景泰蓝、油漆、颜料、釉料、防锈剂（铅丹）、橡胶硫化促进剂和塑料稳定剂等。汽油中常加有四乙基铅作为抗爆剂，在其燃烧过程中生成氧化铅随汽车废气排放到空气中。在交通繁忙的地区可高达 14~25 $\mu g/m^3$。

铅及其化合物主要以粉尘、烟或蒸气形式经呼吸道进入人体，其次是经消化道。铅化合物的毒性主要取决于它的分散度及其在人体组织内的溶解度，铅的尘粒约为 1 μm，铅烟颗粒更小，化学活性大，易经呼吸道吸入，发生中毒的可能性较铅尘为大。硝酸铅易溶于水，毒性大；而硫化铅难溶于水，毒性小。被吸收的铅进入血中形成可溶性磷酸氢铅，主要分布于肝、肾、脾、肺，其中以肝中浓度最高。几周后，95% 的磷酸氢铅离开软组织转移到骨骼，形成不溶性磷酸铅沉积。铅是一种蓄积性毒物，作用于全身各系统和器官，主要危及神经、造血、消化、心血管系统及肾，目前认为铅中毒机制是嘌呤代谢紊乱，导致血红蛋白前身血红素合成障碍。铅在细胞内可与蛋白质的巯基结合，通过抑制磷酸化而影响能量的产生，以及抑制腺苷三磷酸酶而影响细胞的运输功能，从而抑制细胞色素的生成。铅主要随尿排出。

铅急性中毒较少见，基本上均呈慢性中毒。早期常感乏力、口内金属味、肌肉关节酸痛等，随后为腹隐痛、神经衰弱综合征。少数患者在牙龈边缘有蓝黑色"铅线"。

工作场所中时间加权平均容许浓度为铅烟 0.03 mg/m^3，铅尘 0.05 mg/m^3。居住区大气中铅的最高容许浓度为 0.01 mg/m^3（一次）和 0.001 5 mg/m^3（日平均）。

5. 光化学烟雾（photochemical smog） 是二次污染物，主要是由机动车尾气排入大气中的 NO_x 和挥发性有机化合物在紫外线作用下，发生光化学反应所产生的一种刺激性很强的浅蓝色混合烟雾。其主要成分是臭氧、过氧酰基硝酸酯（peroxyacyl nitrate，PAN）、醛类、过氧化氢等具有强氧化能力的物质。其中臭氧约占 85%，PAN 占 10%，其他物质仅占很少比例。

光化学烟雾对健康的危害主要是刺激眼和呼吸道黏膜，引起眼红肿、流泪、头痛、喉痛、咳嗽、气喘、呼吸困难等症状，严重者可导致肺水肿。PAN 和醛类等氧化剂对眼有强烈刺激作用。臭氧主要是刺激和损害深部呼吸道，对肺功能有损害，并影响免疫系统的功能。臭氧是强氧化剂，可与 DNA、RNA 等生物大分子发生反应，并使其结构受损，对微生物、植物、昆虫及哺乳动物细胞都有致突变作用。

光化学烟雾主要发生在夏、秋季的中午前后，日光强烈、高温、无风的情况下。

由于光化学烟雾的主要成分是臭氧（O_3），所以就以 O_3 的卫生标准为代表。我国《环境空气质量标准》（GB 3095—2012）及其修改单中规定了大气中 O_3 1 h 平均浓度限值：一级标准为 160 $\mu g/m^3$，二级标准为 200 $\mu g/m^3$。

基础链接 2-2
洛杉矶光化学烟雾事件

6. 二噁英（dioxin） 最近数十年来，人类在生育能力方面出现了问题，男性精子数比 50 年前减少了 62%，睾丸癌的发病率在过去 50 年内增加了 2 倍，前列腺癌增加了 1 倍；女性终身患乳腺癌的概率由 1960 年的 1/20 上升至现在的 1/8，子宫内膜易位过去很少，现在美国有 500

万女性受此病折磨。人们把这类问题的出现与环境内分泌干扰物相联系。环境内分泌干扰物（environmental endocrine disruptor，EED）是指具有类似激素作用，干扰体内内分泌功能的环境化学污染物。已发现环境内分泌干扰物对雌激素、甲状腺素、儿茶酚胺、睾酮等呈现显著干扰效应。目前已被证实或怀疑为内分泌干扰物的环境化学物有上百种，包括邻苯二甲酸酯类、多氯联苯类、有机氯杀虫剂、烷基酚类、双酚化合物类、植物和真菌激素、金属类等。

二噁英是环境内分泌干扰物中的代表性物质，属于氯代三环芳烃类化合物，是由 200 多种异构体、同系物等组成的混合体。其毒性以半数致死量（LD_{50}）表示，比氰化钾强约 100 倍，比砒霜强约 900 倍，为毒性极强、非常稳定又难以分解的一级致癌物质。环境中 95% 的二噁英来源于含氯垃圾的焚烧，焚烧温度低于 800℃，塑料之类的含氯垃圾不完全燃烧，极易生成。此外制造包括农药在内的化学物质，尤其是氯系化学物质，像杀虫剂、除草剂、木材防腐剂、落叶剂（美军用于越战）、多氯联苯等产品的过程中派生二噁英类化合物。

环境中的二噁英主要经食物链的方式到达人体内，如鱼体内的二噁英可达环境中的 10 万倍，也可通过呼吸道吸入。二噁英类化合物是脂溶性的，所以易在脂肪组织蓄积，不易排出体外。二噁英可通过胎盘进入胎儿体内，还可通过乳汁进入婴儿体内。

二噁英进入人体先出现非特异症状，如眼睛、鼻子和喉咙等部位有刺激感，头晕、不适和呕吐；接着在裸露的皮肤上，如脸部、颈部出现红肿，数周后出现"氯痤疮"等皮肤受损症状，有 1 mm～1 cm 的囊肿，中间有深色的粉刺，周边皮肤有色素沉着，有时伴有毛发增生。氯痤疮可持续数月乃至数年。此外，二噁英急性中毒症状还有肝水肿、肝组织受损、肝功能改变、血脂和胆固醇增高、消化不良、腹泻、呕吐等。精神神经系统症状主要为失眠、头痛、烦躁不安、易激惹、视力和听力减退及四肢无力、感觉丧失、性格变化、意志消沉等。

二噁英有强烈的致癌和致畸作用。动物实验表明，二噁英首先诱发肝和呼吸系统癌症，其次还导致免疫系统疾病，增加机体受感染的机会，属于最危险的环境污染物，国际癌症研究中心将二噁英列为人类一级致癌物。而二噁英作为内分泌干扰物引起生殖和发育障碍的剂量是致癌剂量的 1%。2,3,7,8-四氯二苯-p-二噁英（tetrachlorodibenzo-p-dioxin，TCDD）可减少精子数，降低雌性猴的生育能力。孕鼠接触少量 TCDD 可引起子代雄性激素水平的改变、精子发生受抑制，影响性行为和黄体化激素分泌，变得更雌性化。目前尚无大气二噁英的卫生标准，需要进行进一步研究。

7. 多环芳烃（polycyclic aromatic hydrocarbon，PAH）是含有 2 个或 2 个以上苯环，并以稠合形式连接的芳香烃类化合物的总称。所谓稠合连接即苯环间有 2 个或 2 个以上共享的碳原子。到目前为止，已发现 PAH 达 100 多种，其中有一部分具有致癌性。苯并[a]芘是发现最早的致癌物，而且致癌性很强，故常以它为 PAH 的代表。

天然环境中 PAH 含量极微，主要来源于各种含碳有机物的热解和不完全燃烧，如煤、木材、烟叶及汽油、柴油、重油等各种石油分馏产物的燃烧、烹饪油烟等。大气中 PAH 多聚集在颗粒物表面，尤其是吸附在小于 5 μm 的颗粒物上，可深入肺部。大气中 PAH 的浓度有明显的季节性差别。PAH 不仅污染大气，还能污染水体、土壤环境。

动物实验已证明苯并[a]芘能诱发皮肤癌、肺癌和胃癌，流行病学调查发现空气中苯并[a]芘的浓度与皮肤癌和肺癌有明显的正相关性。有研究表明，大气中苯并[a]芘浓度每增加 $0.1\ \mu g/100\ m^3$，肺癌死亡率相应升高 5%。

我国的《环境空气质量标准》（GB 3095—2012）规定了大气中苯并[a]芘日平均浓度限值：一级标准为 $0.002\ 5\ \mu g/m^3$，二级标准为 $0.002\ 5\ \mu g/m^3$。

8. **一氧化碳（CO）** 是含碳物质不完全燃烧产生的一种窒息性气体。它是工业、交通、家用燃煤、燃气热水器、燃油、火灾现场产生废气的重要成分。CO 是一种无色、无臭、无刺激性的气体，几乎不溶于水，在大气中化学性质比较稳定。

CO 经肺泡吸收进入血液循环，与血红蛋白形成碳氧血红蛋白（HbCO）。CO 与血红蛋白的亲和力较氧与血红蛋白的亲和力大 200~250 倍，而 HbCO 的解离速度较氧合血红蛋白（HbO_2）慢 3 600 倍，且可影响 HbO_2 的解离，引起组织缺氧。CO 中毒后，出现以中枢神经系统损害为主伴有不同并发症的症状与体征，主要表现为剧烈头痛、头晕、四肢无力、恶心、呕吐；出现短暂昏厥或不同程度的意识障碍，或深浅程度不同的昏迷，中毒者皮肤黏膜呈樱桃红色。重者并发脑水肿、休克或严重的心肌损害、呼吸衰竭。慢性 CO 接触，可对中枢神经系统和心血管系统产生一定的损害。

我国的《环境空气质量标准》（GB 3095—2012）规定了大气中 CO 1 h 平均浓度限值：一级标准为 10 mg/m^3，二级标准为 10 mg/m^3；日平均浓度限值：一级标准为 4 mg/m^3，二级标准为 4 mg/m^3。

三、大气卫生标准

大气卫生标准是大气中有害物质的法定最高限值，是防止大气污染、保护居民健康、评价大气污染程度、制定大气防护措施的法定依据。

我国现行大气卫生标准为《环境空气质量标准》（GB 3095—2012），是 2012 年由环境保护部颁布的，规定了部分污染物浓度限值（表 2-2）。大气中有害物质的浓度受生产周期、排放方式、气象条件等因素的影响而经常变动，因此该标准中规定了不同形式的浓度限值，如 1 h 平均浓度限值、日平均浓度限值、年平均浓度限值等。1 h 平均浓度限值是指任何 1 h 内平均浓度的最高容许值。有些物质能使人或动植物在短期内出现刺激、过敏或中毒等急性危害，则该物质必须制定 1 h 平均浓度限值，以保证接触者在短期内吸入该物质不至于产生上述任何一种急性危害。日平均浓度限值是指任何一个自然日 24 h 内多次测定的平均浓度的最高容许值。对一些有慢性作用的物质都应制定此值，即经过长时间的持续作用也不致引起最敏感对象发生慢性中毒或蓄积现象及远期效应的日平均上限值，以防止污染物产生慢性和潜在性危害。有些物质既能产生急性危害，又能产生慢性危害，因此需要制定 1 h 平均浓度限值和日平均浓度限值。

表 2-2 《环境空气质量标准》（GB 3095—2012）各项污染物的浓度限值

污染物项目	平均时间	浓度限值 一级标准	浓度限值 二级标准	单位
二氧化硫（SO_2）	年平均	20	60	$\mu g/m^3$
	日平均	50	150	
	1 h 平均	150	500	
二氧化氮（NO_2）	年平均	40	40	$\mu g/m^3$
	日平均	80	80	
	1 h 平均	200	200	

续表

污染物项目	平均时间	浓度限值 一级标准	浓度限值 二级标准	单位
一氧化碳（CO）	日平均	4	4	mg/m^3
	1 h 平均	10	10	
颗粒物（PM10）	年平均	40	70	$\mu g/m^3$
	日平均	50	150	
颗粒物（PM2.5）	年平均	15	35	$\mu g/m^3$
	日平均	35	75	
总悬浮颗粒物（TSP）	年平均	80	200	$\mu g/m^3$
	日平均	120	300	
氮氧化物（NO_x）	年平均	50	50	$\mu g/m^3$
	日平均	100	100	
	1 h 平均	250	250	
铅（Pb）	年平均	0.5	0.5	$\mu g/m^3$
	季平均	1	1	
苯并[a]芘（BaP）	年平均	0.001	0.001	$\mu g/m^3$
	日平均	0.002 5	0.002 5	
镉（Cd）	年平均	0.005	0.005	$\mu g/m^3$
汞（Hg）	年平均	0.05	0.05	$\mu g/m^3$
砷（As）	年平均	0.006	0.006	$\mu g/m^3$
六价铬（Cr Ⅵ）	年平均	0.000 025	0.000 025	$\mu g/m^3$
氟化物（F）	1 h 平均	20[1]	20[1]	$\mu g/(dm^2 \cdot d)$
	日平均	7[1]	7[1]	
	月平均	1.8[2]	3.0[3]	
	植物生长季平均	1.2[2]	2.0[3]	

注：[1]适用于城市地区；[2]适用于牧业区和以牧业为主的半农牧区、蚕桑区；[3]适用于农业和林业区。

环境空气功能区分为2类：一类区为自然保护区、风景名胜区和其他需要特殊保护的区域，二类区为居住区、商业交通居民混合区、文化区、工业区和农村地区。一类区适用一级浓度限值，二类区适用二级浓度限值。

基础链接2-3
我国《环境空气质量标准》（GB 3095—2012）与其他国家或组织的比较

基础链接2-4
空气质量指数范围及相应的空气质量级别

第二节　室内空气质量与健康

人们每天平均有80%以上的时间在室内度过。随着生产和生活方式的更加现代化，更多的工作和文娱体育活动都可在室内进行，购物也不必每天上街，合适的室内微小气候使人们不必经常到户外去调节热效应，人们的室内活动时间就更多，甚至高达93%以上。因此，室内空气质量与人体健康的关系就显得更加密切、更加重要。虽然室内污染物的浓度往往较低，但由于接触时间很长，故其累积接触量很高。尤其是老、幼、病、残等体弱人群，机体抵抗力较低、户外活动机会更少，因此，室内空气质量的好坏对他们而言尤为重要。

一、室内空气质量

室内空气质量（indoor air quality，IAQ）是指室内空气的内在结构和外部表现的状态对人体健康的适应性。内在结构是指室内空气的组成，外部表现状态是指室内空气应无毒、无害、无异常嗅味。清新的空气是人类生存的保障，而污染的空气首先是气体的组分发生了变化，导致其有味甚至有色，使人感觉不适，甚至会导致疾病。

室内空气质量一直是国内外学者极为关注的环境卫生问题之一，主要原因有：第一，室内环境是人们接触最密切的环境之一，室内空气质量的优劣直接关系到每个人的健康，尤其是老、弱、病、残、幼、孕等人群。第二，室内污染物的来源和种类越来越多，随着经济、生活和生产水平的不断提高，室内用的化学品和新型建筑材料等的种类和数量比以往明显增多。第三，建筑物密闭程度增加，使室内污染不易排出，增加了室内人群与污染物的接触机会。因此，当前室内空气污染问题和室内空气质量研究已经成为环境卫生学领域中的一个新的重要部分。WHO 于 2022 年发布的《家庭空气污染》报告显示，2020 年室内空气污染共造成 320 万人死亡，其中包括 23.7 万名 5 岁以下儿童。320 万人中 32% 死于缺血性心脏病，23% 死于脑卒中，21% 死于下呼吸道感染，19% 死于慢性阻塞性肺疾病，6% 死于肺癌。室内空气污染估计造成 8 600 万健康生命年损失，其中最大负担落在低收入和中等收入国家的女性身上。

二、室内小气候对健康的影响

室内由于围护结构（墙、屋顶、地板、门窗等）作用，形成了与室外不同的室内气候，称为室内小气候。室内小气候主要由温度、湿度、气流和热辐射这四个综合作用于人体的气象因素组成。

室内小气候四个因素中的温度和湿度直接影响甲醛的游离。温度降到 25～30℃时可降低甲醛 50%；相对湿度降低 30%～70%，甲醛含量降低 40%；室内空气的流动，特别是与室外空气的交换，可以稀释室内空气污染物的浓度。所以说温度和湿度效应降低室内甲醛含量主要是靠降低污染源的扩散，而室内空调可用来降低扩散程度和稳定污染物。

另外，室内湿度高是发霉的主要原因，如果使室内空气相对湿度保持在 76% 以下，可明显降低霉的危害。

研究表明，装修完后室内空气中甲醛浓度随温度、湿度的升高呈上升趋势。这主要由于装修过程中使用木制板材和新家具中所含甲醛随温度、湿度的增高释放量不断增大。根据文献报道，甲醛释放与室温呈正相关。甲醛易溶于水，室内空气湿度增大会促使装修材料中的甲醛溶于室内空气中。

此外，温度也是多种建筑材料、油漆和家具陈设中有机挥发物释放的唯一重要因素。因此，必须控制室内小气候，降低挥发程度。但其负面效应是控制小气候降低污染物扩散时要封闭门窗，而这种封闭可能会造成室内空气中污染物的沉积；如果常年进行室内小气候的调节，控制温度虽然降低了污染物的扩散，但也降低了室内空气的流通量。

风速除受大自然风力影响外，还受局部区域热源及通风设备的影响。不同季节风对人体有不同影响，夏季风能明显影响机体的对流和蒸发散热。但如果气温高于皮肤温度，则气流可促使体表从周围环境中吸收热量而不利于体温调节。冬季时，气流可使体热散发加快，尤其是在低温、高湿环境，则更为明显。如果气流过大，会带来不舒服的吹风感，使精力分散且影响工作效率。一般认为，室内风速夏季≤0.3 m/s，冬季≤0.2 m/s 为宜。

热辐射是指居室内的人体表面与周围各物体表面之间的热交换，通过热辐射的交换形式，由温度较高的物体向温度较低的物体辐射散热，直至两物体温度相等为止。当物体温度高于人的体表温度时，物体向人体辐射热流，使人受热，为正辐射，反之为负辐射。人体皮肤对正辐射敏感，如夏季易感周围物体较热，而对负辐射的反射性调节不敏感，故寒冷季节容易因负辐射丧失热能使机体受凉。

微小气候四种物理因素综合作用于人体，决定着人是否感到舒适，如机体处于无体温调节性活动（无寒战和分泌汗液）、外周血流量适中时，即达到热舒适（thermal comfort）状态。

三、室内空气污染来源及其危害

（一）室内空气污染的来源和特点

1. 室内空气污染的来源　很多，根据污染物形成的原因和进入室内的途径，可将室内空气主要污染源分为室外来源和室内来源。

（1）室外来源：①室外空气污染通过门窗孔隙进入室内，如二氧化硫、氮氧化物、一氧化碳、铅、颗粒物等；②建筑物自身含有某些可逸出和可挥发的有害物质，如有毒气体氡、放射性氡及其子体，WHO 国际癌症研究中心（IARC）公布的数据显示，全世界每年有 10 多万人死于室内氡污染；③人为带入室内的污染物；④相邻住宅污染物；⑤受到致病菌或化学污染物污染的生活用水，通过淋浴器、空气加湿器、空调机等以水雾的形式污染室内。

（2）室内来源：①室内燃料的燃烧、烹调时食油和食物的加热后产物；②室内人体活动，如吸烟、代谢物、飞沫喷出病原体等；③室内建筑装饰材料，如油漆、涂料、胶合板、刨花板、泡沫填料、塑料贴面等材料中含有的甲醛、苯、甲苯、乙醇、氯仿等挥发性有机化合物和放射性物质；④家用电器，如电视机、电脑、微波炉、空调机、电热毯等，可产生噪声污染、电磁波及静电、臭氧等；⑤室内生物性污染，如螨、蟑螂等，是家庭室内传播疾病的重要媒介之一，常隐藏在床铺、地毯、灶具等处。

2. 室内空气污染的主要特点　①长期性：如家居内的甲醛释放可长达 15 年，放射性污染潜伏达几十年之久，人在居室内时间相对于工作场所长；②累积性：一些污染半衰期长，污染物容易在体内累积，产生远期危害；③多样性：室内污染物有物理、化学、生物、放射性污染物混杂，同时作用于人体，对健康产生多种损伤。

（二）室内空气主要污染物种类、来源及对健康的危害

室内空气污染物的种类很多，可概括为化学性、物理性、生物性和放射性四大类。这四大类污染物往往相互关联、共同存在。例如，室内烹调时，既可产生化学性污染物，又可使室温升高，使用微波炉或电炉时产生电磁波引起物理性污染。烹调用食物、水被污染及家用空调、加湿器等使用过程中，还可给室内引入生物性污染物。含镭建筑材料或装饰材料的使用，可造成室内氡污染等。

基础链接 2-5
常见室内空气污染物和污染源、危害及其限值

1. 化学性污染物

（1）二氧化碳

1）来源：正常空气中二氧化碳（carbon dioxide，CO_2）含量约为 0.03%。室内 CO_2 可来源于燃料燃烧、动植物的新陈代谢和人体呼吸。

2）危害：当 CO_2 浓度小于 0.07% 时，人体感觉良好；达到 0.1% 时，个别敏感者有不舒适感；达到 0.15% 时，不舒适感明显；达到 3% 时，使人呼吸程度加深；达到 4% 时，使人产生头晕、头痛、耳鸣、视物模糊、血压上升；达 8% 时，呼吸困难、脉搏加快、全身无力、肌肉抽搐甚至痉挛、神志由兴奋转至丧失；达到 30% 时可致死亡。CO_2 浓度升高时，会造成缺氧，这是引起死亡的主要原因。

3）预防措施：①开窗通风是降低室内 CO_2 浓度的有效方法，但需要注意选择合适的时间段进行通风，以避免受到室外空气污染和噪声的影响；②种植植物能够吸收 CO_2 并释放 O_2，有助于降低室内 CO_2 浓度；③使用新风系统，可从室外引入新鲜空气，并过滤掉污染物和噪声等影响。

（2）燃烧产物

1）来源：生活燃料包括固体燃料（煤、焦炭）和气体燃料（煤气、液化石油气、天然气）。各种燃料及烟草等在燃烧后会产生多种多样的污染物。这类污染物主要来源有燃烧物自身的杂质成分，如煤中含硫、氟、砷、镉、灰分等杂质；燃烧物经高温后发生热解或合成反应的产物，各种固体燃料在燃烧后会产生大量 SO_2 和颗粒物，还有 CO、CO_2、NO_x 等，此外还有很多有机成分，如多环芳烃。来自煤层的天然气燃烧产物中有一定量 SO_2；石油天然气燃烧后甲醛和 NO_x 含量有时较高；液化石油气燃烧产物中甲醛和 NO_x 也较多，产生的颗粒物浓度虽低，但其中可吸入颗粒物占 93% 以上；用原煤制出的气体简称煤气，燃烧产物主要是 CO_2 和 CO，如果制气过程中脱硫不充分，则燃烧产物中有 SO_2。吸烟产生的烟草燃烧产物有 3 800 多种。

2）危害：燃烧产物中的多环芳烃（PAH）可致癌，例如云南省宣威市为肺癌高发区，调查发现肺癌死亡率与当地室内空气中 PAH 类中苯并[a]芘浓度呈明显正相关；燃料所含杂质的污染，如燃烧氟、砷含量高的煤，可造成室内空气氟、砷污染，引起氟中毒、砷中毒；燃烧产物 SO_2、NO_x 可对机体皮肤、黏膜产生刺激作用；进入肺组织的颗粒物可引起肺通气功能下降，肺泡换气功能障碍；烟草燃烧产物对机体呼吸、神经、循环、内分泌、生殖系统及免疫功能均有明显的损伤作用。烟草烟雾暴露是肺癌发生的一个重要的危险因素。除肺癌外，还与咽喉癌、口腔癌、食管癌、肾癌、胰腺癌、膀胱癌、子宫颈癌等高发有关。

3）预防措施：①合理使用炉具、灶具，提高抽油烟机的排烟功能。②改变烹调习惯，减少油炸、油煎，烹调时降低用油温度。③减少油烟逸散，具体措施包括提高燃烧温度以提高燃烧效率，减少不完全燃烧产生的碳化物；加强氧气供应，减少不完全燃烧，从而减少碳化物的产生；采用高效燃烧器使燃烧过程更充分，从而减少碳化物的产生；按照国家和行业标准进行煤油燃烧。

（3）烹调油烟

1）来源：食用油在加热烹调时产生的油烟。烹调油烟（cooking fume）是一种混合性污染物，有 220 多种化学物质，其中主要有醛、酮、烃、脂肪酸、醇、芳香族化合物、酯、内酯、杂环化合物等。这一类油烟在我国室内污染中十分普遍，且随着油温的升高而排放量增加。

2）危害：环境流行病学研究表明，烹调油烟是肺鳞癌和肺腺癌的危险因素。此外，微核试验、姐妹染色单体交换试验、大鼠气管上皮细胞转化试验、DNA 合成抑制试验等都呈阳性结果。

油烟中的致突变物来源于油脂中不饱和脂肪酸的高温氧化和聚合反应。研究表明，中国妇女肺癌发病率高，排除吸烟因素外，烹调油烟是其主要危险因素之一。

3）预防措施：包括食用优质豆油和花生油，减少油烟的产生；不食用多次炸过的食物、变质或存放时间过长的油类；改善厨房通风条件，净化厨房空气。

（4）甲醛及其他挥发性有机化合物

1）来源：甲醛（formaldehyde）是一种挥发性有机化合物（volatile organic compound，VOC），它不仅大量存在于多种装饰材料中，也可来自建筑材料。甲醛还可来自化妆品、清洁剂、杀虫剂、消毒剂、防腐剂、印刷油墨、纸张、纺织纤维等。一般住宅在新装饰后的峰值约为 $0.2\ mg/m^3$，个别可达 $0.87\ mg/m^3$，使用一段时间后下降至 $0.04\ mg/m^3$ 或更低。2019—2022 年有学者对福建省福州市、泉州市、南平市、龙岩市和平潭综合实验区新装修的工地现场进行了试验调查与检测分析，结果显示室内空气污染物中甲醛最高浓度超标准值 5 倍。厨房在使用煤炉和液化石油气时，甲醛可达 $0.4\ mg/m^3$ 以上。

VOC 是一类重要的室内空气污染物，目前已鉴定出 500 多种，它们各自的浓度并不高，但若干种 VOC 共同存在于室内时，其联合作用不可忽视。由于它们在居室内单独的浓度低，种类多，不予逐个分别表示，以总挥发性有机化合物（total volatile organic compound，TVOC）表示其总量。VOC 中除上述醛类外，常见的有苯、甲苯、三氯乙烯、三氯甲烷、萘、二异氰酸酯类等。它们主要来源于各种溶剂、黏合剂等化工产品。铺地板革后的 1 周内室内空气中，苯浓度可高达 $0.059\ mg/m^3$ 或更多，甲苯达 $0.22\ mg/m^3$ 或更多。

2）危害：①甲醛已经被 WHO 确定为致癌和致畸物质，是公认的变态反应原，也是潜在的强致突变物之一。长期接触低剂量甲醛可引起慢性呼吸道疾病，引起鼻咽癌、结肠癌、脑瘤、月经紊乱，细胞核的基因突变、DNA 单链内交连和 DNA 与蛋白质交连及抑制 DNA 损伤的修复，妊娠综合征，引起新生儿染色体异常、白血病，青少年记忆力和智力下降。在所有接触者中，儿童和孕妇对甲醛的危害尤为敏感。②具有较强的刺激性，甲醛嗅觉阈为 $0.06\sim0.07\ mg/m^3$，当甲醛浓度超过 $0.15\ mg/m^3$ 时，可引起眼红、眼痒、流泪、咽喉干燥发痒、喷嚏、咳嗽、气喘、声音嘶哑、胸闷、皮肤干燥发痒、皮炎等；甲醛还可引起变态反应，主要是过敏性哮喘，接触量大时可引起过敏性紫癜；长期接触浓度超过 $1.34\ mg/m^3$ 的甲醛，能引起神经衰弱症状；有的还可引起肝功能异常，出现中毒性肝炎。

室内空气中 VOC 浓度过高时很容易引起急性中毒，轻者会出现头痛、头晕、咳嗽、恶心、呕吐，或呈酩醉状，重者会出现肝中毒甚至很快昏迷，有的还可能有生命危险。国外医学研究显示，生活在 VOC 污染环境中的孕妇，造成胎儿畸形的概率远远高于正常人，并且有可能对儿童日后的智力发育造成影响。同时，室内空气中的 VOC 是造成儿童神经系统、血液系统疾病及其他后天疾病的重要原因。遗传毒性研究发现，甲醛能引起基因突变和染色体损伤。目前认为 VOC 有臭味，有一定刺激作用；能引起机体免疫水平失调；影响中枢神经系统功能，出现头晕、头痛、嗜睡、无力、胸闷、食欲不振、恶心等，甚至可损伤肝和造血系统，并可引起变态反应等。

3）预防措施：延长新居入住时间，保证房屋装修 6 个月后入住；采用 VOC 吸附膜吸附空气中的 VOC，尤其是在冬季采暖、夏季使用空调期间效果更为显著；加强室内通风换气；加强卫生监测工作，执行室内空气卫生标准。

2. 物理性污染物

（1）噪声（noise）：是指人们主观上不需要的声音。即使是协调优美的乐声在不需要的时候出现，也是噪声。这种声音干扰人们休息、睡眠、学习和工作，达到一定强度时引起听力损害或机体出现病理生理改变。

1）来源：室内噪声主要来自住宅周围的工矿企业和建筑工地的生产噪声；生活（社会）噪声主要来自人类生活活动产生的噪声，如交通噪声、家用电器造成的室内噪声。

2）危害：噪声对听觉的损伤可分为听觉适应、听觉疲劳和噪声聋三个等级。短期接触80 dB（A）以上的强烈噪声使人感到刺耳、不适、耳鸣，听力下降、听阈提高 10~15 dB（A），离开噪声环境数分钟后可完全恢复，这是一种保护性生理功能，称为听觉适应。较长时间接触90 dB（A）以上的强烈噪声，使听力明显下降，听阈提高 15~30 dB（A），离开噪声环境数小时至 20 h 后听力才能恢复，称为听觉疲劳。继续接触强噪声，内耳感音器官（螺旋器）由功能性改变发展为器质性退行性病变，听力损失不能恢复，造成永久性听阈移位，即噪声聋。环境噪声还影响人体的神经系统，出现头痛、睡眠障碍等神经衰弱症状，导致血压不稳、心率加快、胃肠功能紊乱、食欲减退、甲状腺功能亢进、肾上腺皮质功能亢进等。

> 基础链接 2-6
> 声环境质量标准

3）预防措施：采用吸声、隔声、隔振等技术，以及安装消声器等以控制声源的辐射。为有效地隔声，可在选用的建筑材料、隔墙及门窗的厚度和构造等方面采取有效措施。

（2）非电离辐射（non-ionizing radiation）：是指波长大于 100 nm 的电磁波，由于其能量低于 12 eV（电子伏），不能引起水和组织电离，故称非电离辐射。紫外线、红外线、激光、微波都属于非电离辐射。室内的非电离辐射主要与使用家用电器有关。因此，住宅非电离辐射的卫生问题即家用电器的环境卫生问题。

1）来源：室内非电离辐射主要有两个来源，一是室外环境的非电离辐射源，如高压线、变电站、电台、电视台、雷达站、电磁波发射塔等，其辐射强度在不同地点、不同高度建筑物的室内有很大差别，楼层越高，室内强度越大（100 μW/cm²），底层的室内则低（7 μW/cm²），近窗口地点的强度（30 μW/cm²）大于远离窗口的地点（1.5 μW/cm²）。二是室内环境的非电离辐射源，如家用微波炉、电视机、计算机、电冰箱、空调、手机的使用等。家用微波炉在正常情况下，离炉门 5 cm 处的强度小于 1 000 μW/cm²，距离 183 cm 处为 4 μW/cm²，距 366 cm 处为 1 μW/cm²，如果有漏能时，在 5 cm 距离处可达 5 000 μW/cm² 或更高。

2）危害：非电离辐射对健康的危害具有多样性和非特异性。强度大于 10 mW/cm²（1 mW/cm² = 1 000 μW/cm²）时引起机体体温升高，呈现致热效应。强度在 1~10 mW/cm² 作用下，对血液系统和免疫系统都有影响。流行病学研究发现，长期接触电磁辐射的人群易出现头晕、疲乏、烦躁易怒、记忆力衰退、食欲减退、血压变化、白细胞减少等症状。女性可出现月经不调，男性有性功能衰退。长期接触可导致畸胎及某些器官癌变。手机是一个小型的电磁波发生器，对胎儿有致畸作用。

3）预防措施：将电器分散搁置或加屏蔽罩，尽量远距离操作，住宅选址要远离辐射源。

3. 生物性污染物　室内常见的生物性污染物种类甚多，人们熟悉的许多微生物大都能通过空气或饮用水在室内传播。如流行性感冒、麻疹、结核、白喉、百日咳等疾病，在拥挤不堪的场所或通风不良的室内环境容易通过空气传播流行。

（1）军团菌：军团病（legionella disease）是由军团菌引起的一种以肺炎为主要表现的全身性疾病。军团菌属共有 40 种，临床分离株大多数为嗜肺军团菌（*legionella pneumophila*），其次是米克戴德军团菌（*L. micdadei*）。1976 年在美国的军团（退伍军人组织之一）年会上，暴发了一种主要症状为发热、咳嗽及肺部炎症的疾病。研究人员从患者病变组织中检出一种革兰氏阴性杆菌。由于发病者多为退伍军人，因此将引起该病的细菌命名为军团菌，将该病称为军团菌病。该病多散在发病或小流行，亦可暴发流行。

1）来源：军团菌主要存在于现代建筑物贮水器的水中，冷却塔水、冷凝水、温水箱水、制冰机用水、温水游泳池水、浴池水，以及水龙头、淋浴喷头、医用喷雾器和空气调湿器的水中，其中空调系统（主要通过冷却塔水）带菌是引起军团病流行的常见原因。

2）危害：中老年人及有慢性心、肺、肾病者，糖尿病、血液病、恶性肿瘤、艾滋病或使用免疫抑制剂者易发军团病且病死率高达45%。肺部有化脓性支气管炎，亦可为大叶性肺炎，伴有小的脓肿，可与大肠埃希菌、肺炎杆菌、铜绿假单胞菌、念珠菌、卡氏肺孢菌、新型隐球菌等混合感染，形成"难治性肺炎"。该病潜伏期2～10天，起病缓慢，患者临床表现有乏力、肌痛、头痛和高热寒战，有20%患者可有相对缓脉。患者痰少，呈黏性，可带血，但一般不呈脓性。患者也可有恶心、呕吐和水样腹泻，严重者有神经精神症状，如感觉迟钝、谵妄，并可出现呼吸衰竭和休克。军团菌主要通过室内空气传播，军团病在我国各地城市都有发生，随着高层住宅、宾馆中空调系统的广泛使用，军团病的发病率还在继续上升，应引起重视。

3）预防措施：加强对空调冷却塔系统的卫生管理，空调过滤装置应定期清洗或更新。

（2）尘螨（dust mite）：是螨虫的一种，属于节肢动物。世界各地家尘样品中都可检出尘螨，称为屋尘螨。个体极微小，其成虫为0.2～0.3 mm，在潮湿、阴暗、通风条件差的环境中易滋生。生存环境温度为20～30℃（最适环境温度为23～27℃），环境湿度为75%～85%（最佳环境湿度为80%）。在干燥、通风条件好的环境中不适宜生存。

1）来源：尘螨普遍存在于人类居住和工作的环境中，尤其是在室内潮湿、通风不良的情况下，床垫、被褥、枕头、地毯、挂毯、窗帘、沙发罩等纺织物内容易滋生。近年来，住宅由于使用空调或封闭式窗户，室内气流小，温度和湿度适宜尘螨滋生，尤其在床褥和纯毛地毯下面尘螨最多。在装有中央空调的宾馆客房内和通风道内都可以检测到尘螨。一般情况下，尘螨的检出量为20个/g，有些地方可检出500个/g。

2）危害：尘螨本身、尘螨的分泌物与排泄物均是变应原，具有强烈的变态反应原性，可通过空气吸入或直接接触而导致过敏性哮喘、过敏性鼻炎和皮肤过敏等。

3）预防措施：保持室内或家用物品的清洁，不用或少用羊毛地毯或挂毯，最好以百叶窗代替布艺窗帘，不使用填充式家具（如布艺沙发等）而使用木制家具或皮革沙发等，可以减少尘螨污染。

4. 放射性污染物 自然界的氡有三种同位素，即铀系中的镭（^{226}Ra）衰变成氡（^{222}Rn）、钍系中的镭（^{224}Ra）衰变成氡（^{220}Rn）、锕系中的镭（^{223}Ra）衰变成氡（^{219}Rn）。后两种氡的半衰期不到1天，所以危及人体健康的机会较少。通常情况下，将^{222}Rn简称为氡（下同）。氡的半衰期为3.8天，一旦从镭衰变到氡即成气体，可从附着物中逸出，传播极快。氡接着衰变成钋又成固体，附着于物体上继续衰变为^{218}Po直至^{214}Po，再进一步衰变为^{214}Pb直至^{206}Pb。上述衰变过程中的产物总称为氡的子体（radon daughters）。室外空气中氡的年平均浓度在0.1～10 Bq/m³，室内空气中则在5～100 Bq/m³。

（1）来源：一般来说，居室内的氡若来自地基土壤，则氡的浓度随住房的层数升高而降低，在有些坑道式人防工事内氡的浓度可高达849 Bq/m³。如果氡来自建筑材料，则室内氡浓度与层高无相关关系，而是在靠近建筑材料处的氡浓度高，远离建筑材料处则低，与建筑材料的距离有关。我国有些地方以石煤渣制成碳化砖用作建筑材料，以致室内氡浓度高达300 Bq/m³或更多。影响室内氡含量的因素除了污染源的释放量外，室内密闭程度、空气交换率、大气压高低、室内外温差都是重要的影响因素。环境中的^{210}Pb和^{210}Po易沉积在土壤中，通过植物的根、叶而吸收入植物体内,故烟草中可能会含有氡的子体,随吸烟进入体内。氡进入呼吸道后,一部分可随呼吸活动被呼出体外,另一部分黏附在呼吸道上被人体吸收,少量的氡也可进入消化道。

(2)危害:氡及其短寿命子体(^{218}Po 至 ^{214}Po)对人体健康的危害主要是引起肺癌,其潜伏期为15~40年。有人认为除吸烟外,氡比其他任何物质都更容易引起肺癌。据美国国家安全委员会估计,美国每年因为氡而死亡的人数高达3万,比艾滋病多近1倍。据不完全统计,我国每年因室内氡污染致肺癌者高于5万例。氡的子体每次衰变过程都有α、β和γ辐射,对人体会产生有害影响。

(3)预防措施:在建筑材料表面刷上油漆,阻挡氡的逸出,降低室内氡浓度;定期进行通风换气,促进氡的排出。

(三)室内空气污染引起的疾病

1. 病态建筑物综合征(sick building syndrome,SBS) 是指现代住宅室内多种环境因素(如物理、化学因素)联合作用对健康产生影响所引起的一种综合征,其确切原因尚不十分清楚。现代建筑物的建筑材料和室内装饰装修材料、室内的多种家具、家用化学品及烹调、吸烟等都会产生有害物质,造成室内空气污染。由于气候的原因许多地区为了保暖或防暑降温、节约能源,以致建筑物保持良好的密闭性,使得室内通风换气的性能较差,导致室内空气污染物浓度升高,室内空气质量明显下降。SBS有多种症状,主要包括眼、鼻和咽喉、上呼吸道刺激症状、头痛、疲劳、注意力不集中、记忆力减退、嗜睡、全身不适和工作效率低下等。SBS的特点包括发病快;患病人数多;病因很难鉴别确认;患者一旦离开污染的建筑物后,症状即可缓解或消失。

2. 建筑物相关疾病(building related illness,BRI) 是指由于人体暴露于建筑物内的有害因素(如细菌、真菌、尘螨、氡、一氧化碳、甲醛等)所引起的疾病。这类疾病包括呼吸道感染、哮喘、过敏性皮炎、军团病、心血管病、肺癌等。与SBS相比,BRI的明显不同之处在于:①患者的症状在临床上可以明确诊断;②病因可以鉴别确认,可以直接找到致病的空气污染物,甚至污染源;③患者即使离开致病现场,症状也不会很快消失,必须进行治疗才能恢复健康。军团菌引起的军团病、氡及其子体引起的肺癌、室内变应原引起的哮喘等均属于BRI。

3. 化学物质过敏症(multiple chemical sensitivity,MCS) 是指由于多种化学物质作用于人体多种器官系统,引起多种症状的疾病。在室内时,即使仅有微量的化学污染存在,人们长期生活工作在这样的环境中,也可能导致神经系统、呼吸系统、消化系统、循环系统、生殖系统和免疫系统的障碍,出现眼刺激感、鼻咽喉痛、易疲劳、运动失调、失眠、恶心、哮喘、皮炎等症状。MCS的一大特征是很难找到具体单一的致病源,且家庭中不同成员虽然居住于同一环境中,但其症状轻重程度却可以有明显差异。有的可很快发病,症状很重,而有的需很长时间才会出现轻度不适。

基础链接2-7
室内空气诸多污染物协同作用对人体健康的影响

基础链接2-8
室内空气污染致病的典型案例

四、室内空气污染的防治

根据室内空气污染的来源,应采取以下措施来进行治理。

1. 控制污染源 被公认为减少污染的最有效途径。人造石材、大理石、瓷砖、油漆涂料等装饰材料中含有害物质和气体将近20种,其中大多数是致癌物质。因此,在装修中对装修材料的选择要慎重,选择经过国家权威部门检验或国家免检产品及正规厂家生产的无毒或低毒的装饰材料，严禁使用有毒物质超标的不合格材料。

2. 加强室内通风换气　用室外新鲜空气来稀释室内空气污染物，利用空气对流使浓度降低，改善室内空气质量。

3. 室内空气净化　主要方法有吸附净化、等离子净化、植物净化、光催化净化等。吸附净化是利用多孔性固体吸附剂处理气体混合物；等离子体是由电子、离子、自由基和中性粒子组成的导电性流体，整体保持电中性；植物净化是利用绿色植物对有机气体有选择性吸附的特性，促进室内污染物的外转移、扩散、降低，室内观叶植物对甲醛有较好的吸收效果；光催化净化是基于光催化剂在紫外线照射下具有的氧化还原能力而净化污染物。

4. 提高人们的环保意识　通过广播、电视、报刊及网络宣传普及室内环境知识，提高公众的室内环境意识，提高维持健康室内环境的自觉性。

第三节　水环境与健康

水是生命之源，是构成机体的重要成分，是一切生命过程必需的基本物质。人体的 59%~66% 是由水组成的，成人每人每天需水量是 2~3 L。水中含有钙、镁、硒、氟等，可以提供人体所需的矿物质。水是地球上不可替代的自然资源，在人类生活和生产活动中具有极其重要的作用，与人类的生存和发展密切相关。

地球的储水量是很丰富的，共有 14.0 亿 km^3 之多。地球上的水，尽管数量巨大，而能直接被人们生产和生活利用的，却少得可怜。地球的淡水资源仅占其总水量的 2.5%，又有 70% 以上被冻结在南极和北极的冰盖中，加上难以利用的高山冰川和永冻积雪，有 87% 的淡水资源难以利用。人类真正能够利用的淡水资源是江河湖泊和地下水中的一部分，约占地球总水量的 0.26%。约占世界人口总数 40% 的 80 个国家和地区约 15 亿人口淡水资源不足，其中 26 个国家约 3 亿人极度缺水。预计到 2025 年，世界上将会有 30 亿人面临缺水，40 个国家和地区淡水严重不足。2014 年人类发展报告指出，有 49 个国家的淡水抽取量超过了全球阈值。

中国水资源总量截至 2019 年约为 2.904 1 万亿 m^3，占世界径流资源总量的 5.1%。由于人口众多，当前中国人均水资源占有量为 2 500 m^3，约为世界人均占有量的 1/4，排名 110 位之后，被列为世界人均水资源贫乏的国家之一。另外，中国属于季风气候，水资源时空分布不均匀，南北自然环境差异大，其中北方 9 省区，人均水资源不到 500 m^3，属于水少地区；特别是城市人口剧增，生态环境恶化，工农业用水技术落后，浪费严重，水源污染，更使原本贫乏的水资源"雪上加霜"，成为国家经济建设发展的一个瓶颈。

一、水资源的种类

水资源（water resources）是指全球水量中对人类生存、发展可用的水量，主要是指逐年可以得到更新的那部分淡水量。地球上的天然水源分为降水、地表水和地下水三大类。

（一）降水

降水（precipitation）指雨、雪、雹水。降水的特点是矿化度很低、水质较好，在收集与保存过程中易被污染，同时水量没有保证。

（二）地表水

地表水（surface water）包括江、河、湖及池塘等，是降水经过地表径流汇集后而形成的水体。因其主要来自降水，故含盐类较少，水质较软，在流经地表时，会有大量杂质混入水中而含有较多的悬浮物质。季节、气候等自然条件对地表水的理化性质及细菌含量有较大影响，同时不同类型的地表水的卫生学特征也有差异。江、河水在涨水期或暴雨后，水中会含有大量泥沙，使水的浑浊度增加或带色，细菌含量较高，矿物质含量较少；湖水由于流动较慢，湖岸冲刷较少，水中杂质沉淀完全，因此水质较清澈，但往往会含有大量浮游生物，使水体带有臭味和着色；塘水容量较小，自净能力差，受地表生活性污水污染机会大。由此可见地表水是水质较差的水源。

（三）地下水

地下水（underground water）主要来源是渗入地下的降水和地表水。地层由透水性不同的黏土、砂石和岩石构成。透水层由粒径较大的砂、砾石组成，能渗透和存水；不透水层则由颗粒致密的黏土和岩石层组成。根据地下水与地壳不透水层的关系及流动情况，地下水可分为浅层地下水、深层地下水和泉水三种（图2-1）。

1. 浅层地下水　系指潜藏在地表与第一个不透水层之间的水。多来自附近渗入地下的降水或湖、河水。因经地层渗滤，大部分悬浮物和微生物已被阻留，水质物理感官性状较好，细菌含量较少，但由于溶解了土壤中各种不同的矿物盐类，致使水质变硬。浅层地下水常作为农村分散式给水的水源。

2. 深层地下水　位于第一个不透水层以下的地下水被称为深层地下水。往往潜藏在两个不透水层之间。因距地表较深，不易受到地面的污染，水质及水量都比较稳定，水温恒定，水质无色透明，细菌数少，矿化度高，硬度大，是一种比较理想的饮用水水源，故常作为城镇集中式给水水源之一。

3. 泉水　由地表缝隙自行涌出的地下水称为泉水。因地质构造不同，泉水分为靠重力流出的和靠压力流出的两种。前者多来自浅层地下水，故水质与浅层地下水相似，较易受污染，水量不稳定。后者来自深层地下水，水质与深层地下水相似。泉水在农村常用作分散式给水的水源。

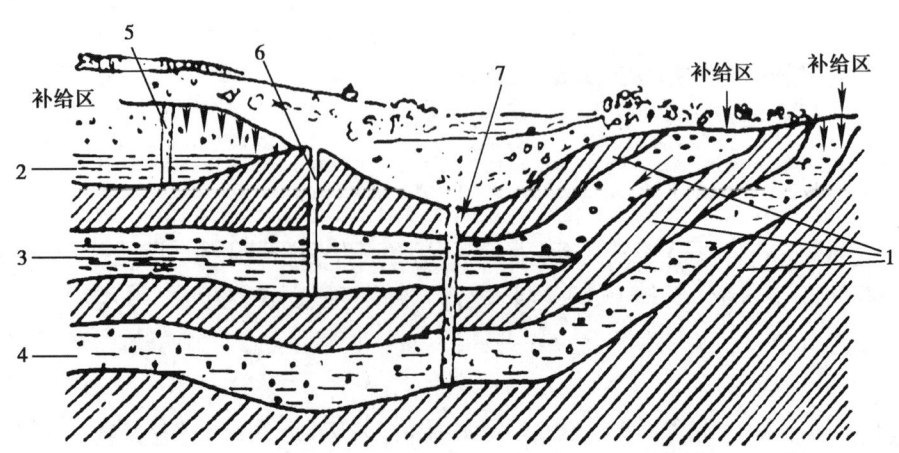

图2-1　地层含水情况
1. 不透水层；2. 浅层地下水；3. 不承压的深层地下水；4. 承压的深层地下水；5. 浅井（由浅层地下水补给）；6. 深井（由不承压的深层地下水补给）；7. 自流井（由承压的深层地下水补给）

二、水质评价指标

由于水的溶解性能，天然水不可避免会溶解一些与其接触的物质，这样水溶性物质就会溶解在天然水中。天然水的水质如何，是否受到污染及污染的来源、性质、程度怎样，可以根据水质性状指标的检测结果作出评价。水质指标共分三类：物理性状指标、化学性状指标、微生物学性状指标。

（一）物理性状指标

物理性状指标的测定结果可以判断水质的感官性状的好坏，也可以说明水质是否受到污染。

1. 温度　是水重要的一个物理特征，它可以影响到水中生物、水体自净及人类对水的利用。地表水的温度会随着气候条件和季节变化而有不同程度的变化，其变化范围是 0.1~30℃。地下水温度则比较恒定，一般的变化范围是 8~12℃。如果地面水受到含热的废水的污染，会导致水的温度升高，溶解氧降低，影响水生生物的生长、繁殖，破坏水生态环境。地下水温度如果突然变化，可能是地表水大量渗入所为。

2. 色　清洁的水是无色的，天然水会呈现不同的颜色是由于其溶解自然界中有机物和无机物所致。水中腐殖质含量过高呈棕黄色，黏土使其变成黄色。水中如果含有藻类，其大量繁殖可使水面呈现各种颜色，如硅藻呈棕绿色、甲藻呈暗褐色、小球藻呈绿色等。如果工业废水污染了水体，则会呈现出特异性颜色，从而可以初步判断污染物。大多数清洁的天然水色度范围是 15~25 度。

3. 臭和味　清洁的水是无臭气和异味的。天然水中的臭和味的来源主要有水生动植物的繁殖和死亡、有机物的腐败分解、溶解的气体（如硫化氢气体等）、溶解的矿物质或泥土。如果水体受到生活、工业废水污染会产生特殊的臭和味。

4. 浑浊度　水中悬浮物和胶体物质对光线透过时的阻碍程度即为浑浊度，它的大小取决于水中胶体物质的种类、大小、含量、性状及折射指数。浑浊度的标准单位是以 1 L 水中含有相当于 1 mg 标准硅藻土形成的浑浊状况，作为 1 个浑浊度单位，简称 1 度。浑浊现象常常作为判断水体是否受到污染的一个表观特征。地表水的浑浊度是由水中含有泥沙、黏土、有机物造成的。地下水一般较清澈，如果含有二价铁盐，与空气接触后会氧化产生氢氧化铁，使水呈棕黄色的浑浊状态。必须强调的是不浑浊的水不一定未受污染。

（二）化学性状指标

因为水质的化学性状复杂，所以水质化学性状指标较多，以阐明水质化学性状和受污染的状况。

1. 酸碱值（pH）　天然水的 pH 在 7.2~8.5。当水体的 pH 降低时可能是水体受到大量有机物的污染，有机物分解可产生游离二氧化碳。当大量碱性或酸性废水排入水体时，水的 pH 会发生明显变化。

2. 总固体（total solid）　是指水样在一定温度下缓慢蒸发至干后残留物的总量，包括水质中的溶解性固体和悬浮性固体。总固体的成分包括有机物、无机物和各种生物体。总固体越少，水越清洁。总固体增加提示水体受到污染。

3. 硬度（hardness of water）　是指溶于水中钙、镁盐的总量，以 $CaCO_3$（mg/L）表示。水的

硬度可分为碳酸盐（钙、镁的重碳酸盐和碳酸盐）硬度和非碳酸盐（钙、镁的硫酸盐和氯化物等）硬度，也可分为暂时硬度和永久硬度。水经煮沸后去除的硬度为暂时硬度，永久硬度是水煮沸后不能去除的硬度。

天然水的硬度因地质条件不同而有很大差异。地下水的硬度一般高于地表水。当地表水受到硬度高的工矿废水污染，或排入水中的有机污染物分解释放 CO_2，使地表水溶解度增大时，可以增大地表水的硬度。

4. 含氮化合物　包括有机氮、蛋白氮、氨氮、亚硝酸盐氮和硝酸盐氮。有机氮是有机含氮化合物的总称，蛋白氮是指已经分解成较简单的有机氮，两者的来源是动植物，如动物粪便、植物腐败等。当水中有机氮和蛋白氮明显增高时，表示水体新近受到有机物的污染。

氨氮（NH_3-N）是天然水被人畜粪便等含氮有机物污染后，在有氧条件下被微生物分解形成的最初产物。水中氨氮增高时，表示此水体可能近期有人畜粪便的污染。

亚硝酸盐氮（NO_2-N）是水中氨在有氧条件下经亚硝酸菌作用形成的，是氨硝化过程的中间产物。亚硝酸盐含量高说明水中有机物的无机化过程未完成，污染危害仍然存在。

硝酸盐氮（NO_3-N）是含氮有机物氧化分解的最终产物。如果水中硝酸盐氮含量高，而氨氮、亚硝酸盐氮含量正常，表示该水体过去曾经受过有机物污染，现在已经完成自净过程。若三者均高，提示该水体过去和近期都有污染，目前自净正在进行。人们可以根据水中"三氮"含量变化的意义进行综合分析、判断水质污染状况（表 2-3）。

表 2-3　水中"三氮"不同检测结果的卫生学意义

"三氮"检测结果			水质污染情况
氨氮（NH_3-N）	亚硝酸盐氮（NO_2-N）	硝酸盐氮（NO_3-N）	（卫生学意义）
增加	正常	正常	新近污染，危害性大
正常	增加	正常	曾污染，向净化发展，仍污染
正常	正常	增加	污染已久，自净完成，危害小
增加	增加	正常	继续污染，有机物正在分解
正常	增加	增加	近期无污染，向净化发展
增加	增加	增加	新旧污染均有，危害大

5. 溶解氧（dissolved oxygen, DO）　指溶解在水中氧的含量，其含量与空气中的氧分压和水温有关。一般情况下，同一个地方的氧分压相对稳定，因而水温是影响水中溶解氧的主要因素，水温越低，水中的溶解氧含量越高。洁净的地表水溶解氧含量接近饱和状态。当水中有大量藻类植物生长时，其光合作用释放的氧，可使水中的溶解氧达到过饱和状态；当有机物污染水体或藻类大量死亡时，水中溶解氧可被消耗。如果消耗氧的速度大于空气中氧溶入水中的复氧速度，此时水中溶解氧降低，进而使水处于厌氧状态，这时水中厌氧微生物繁殖，有机物发生腐败分解，产生氨和硫化氢等，使水体发臭发黑。因此，溶解氧含量可作为评价水体受有机物污染及其自净程度的间接指标。我国地面水的溶解氧含量高于 5 mg/L，当水溶解氧低于 4 mg/L 时，鱼类就无法生存。

6. 化学需氧量（chemical oxygen demand, COD）　是指在一定条件下，用氢氧化剂（高锰酸钾、重铬酸钾等）氧化水中有机物所消耗的氧量。它是测定水中有机物含量的间接指标，代表水中可被氧化的有机物和还原性无机物的总量。

7. 生化需氧量（biochemical oxygen demand，BOD） 指水中有机物在有氧条件下被需氧微生物分解时消耗的溶解氧量。水中有机物越多，生化需氧量越高。由于生物氧化过程与温度有关，所以在实践工作中规定以 20℃培养 5 天后，1 L 水中减少的溶剂氧量为 5 日生化需氧量（BOD_5^{20}）。它是评价水体污染状况的一个重要指标。清洁水的 BOD_5^{20} 一般小于 1 mg/L。

基础链接 2-9
生化需氧量与化学需氧量的区别

8. 氯化物　天然水中均含有氯化物，其含量受到地层、生活污水污染、海潮等因素影响而变化。当水中氯化物含量突然增高时，提示可能该水体受到人畜粪便、生活污水或工业废水的污染。

9. 硫酸盐　天然水中均含有硫酸盐，其含量主要受地质条件的影响。水中硫酸盐含量突然增加，表明水可能受到生活污水、工业废水或硫酸铵化肥的污染。

10. 总有机碳和总需氧量　总有机碳（total organic carbon，TOC）是指水中全部有机物的含碳量，它只能相对表示水中有机物的含量，单位是 mg/L，是评价水体有机需氧污染程度的综合性指标之一，但其缺点是不能说明污染物的性质。总需氧量（total oxygen demand，TOD）是指 1 L 水中还原物质在一定条件下氧化时所消耗氧的毫升（mL）数，是评价水体污染程度的一个重要指标，其值越大，污染程度就越严重。

11. 有害物质　主要是指水中的汞、镉、砷等重金属和有机氯、多氯联苯等有机物。有害物质大部分来源于工业废水的污染。

（三）微生物学性状指标

天然水中含有多种微生物，特别是病原微生物具有重要意义。在理论上，要判断水质的微生物性能，应针对每一种病原微生物确定一项指标，但在实践中不可能实现。因而需要针对病原微生物的共同特性，尽量找到一种或两种有代表性的微生物指标，此指标可以在一定程度上反映全部病原微生物的污染情况，而且要求该指标监测方便。这种具有代表微生物污染总状况的菌种被称为指示菌。地表水用细菌总数和总大肠菌群来做指示菌。前者反映地表水受微生物污染的总体情况，后者反映受病原微生物污染的情况。

1. 细菌总数（bacteria count）　是指 1 mL 水在普通琼脂培养基中经 37℃培养 24 h 后生长的细菌菌落数。它可以反映水体受生物性污染的程度，细菌总数越多，说明水体污染越严重。但要注意的是，这种在人工条件下培养出来的细菌数，只能说明在这种条件下适合生长的细菌数，不能表示水中所有细菌数，更不能指出有无病原菌存在。所以细菌总数只作为水体被生物性污染的参考指标。

2. 总大肠菌群（total coliform）　是指一群需氧及兼性厌氧的在 37℃生长时能使乳糖发酵、在 24 h 内产酸产气的革兰氏阴性无芽孢杆菌。水体中广泛存在两种大肠菌群，一种是人体肠道内存在的大肠菌群，称为粪大肠菌群；另一种是生活在土壤、水等自然环境中的大肠菌群。由于人类粪便中存在的大肠菌群具有指示菌的意义，因而常常将粪大肠菌群作为粪便污染水体的微生物指标。在（44.5±0.2）℃环境下培养出来能发酵乳糖而产酸产气的大肠菌群为粪大肠菌群。

基础链接 2-10
《地表水环境质量标准》（GB 3838—2022）

三、水体污染及其危害

水体污染（water pollution）是指人类活动排放的污染物进入水体后，超过了水体的自净能力，使水质和水体的理化特性及水环境中的生物特性、种群组成等发生改变，从而影响水的使用价值，造成水质恶化，甚至危害人体健康或破坏生态环境的现象。造成水体污染的污染物主要来自工农业生产和生活活动。

（一）水体污染的主要来源

1. 工业废水　是世界范围内水体污染的主要原因。工业废水的特点是水质和水量受生产品种、工艺和生产规模的影响大。即使在同一工厂，各车间废水的数量和性质都有很大差别。钢铁厂和焦化厂会排出含酚和氯化物的废水，化纤、化肥、化工和农药生产会产生含砷、汞、铬和农药等有害物质的废水，造纸厂的污水会含有有机物。对水体污染影响较大的工业废水主要来自冶金、化工、电镀、造纸、印染、制革企业。

2. 生活污水　是指人们日常生活的洗涤废水和粪尿污水等，污水中含有大量有机物（如纤维素、淀粉、糖类、脂肪、蛋白质）和微生物（包括肠道病原菌、病毒、寄生虫卵等），还含有大量无机物质（如氯化盐、硫酸盐、磷酸盐、铵盐、亚硝酸盐、硝酸盐等）。近年来由于大量使用含磷洗涤剂，水体受含磷、氮的污水污染是造成湖泊水质恶化的主要原因之一。雨、雪淋洗城市大气的污染物和冲淋建筑物、地面、废渣、垃圾而形成的城市径流，也是生活污水的组成部分。来自医疗单位的污水，包括患者的生活污水和医疗废水，含有大量的病原体及各种医疗、诊断用的物质，是一类特殊的生活污水。

水体富营养化（eutrophication）是指水体受含氮、磷等污水污染造成水中藻类大量繁殖，使水中有机物增加、溶解氧下降、水质恶化的现象。由于占优势藻类的颜色不同，因而水面上会呈现绿色、蓝色、红色、棕色等。红藻多见于海洋，主要是因氮污染引起；蓝藻多见于淡水，主要是由于大量磷污染而产生。这种现象出现在江河湖泊中称为水华（water bloom），出现在海湾中称为赤潮（red tide）。水体富营养化已成为我国湖泊的重要污染类型。

3. 农业污水　是指农牧业生产排出的污水及降水或灌溉水流过农田或经农田渗漏出的水。农业污水主要含氮、磷、钾等化肥、农药，粪尿等有机物及人、畜肠道病原体等。20世纪60—70年代，有机氯农药如DDT、六六六的大量使用，导致农药的污染遍及全球，在珠穆朗玛峰上的积雪、南极企鹅和北极熊体内均检测出六六六，由此可见，农业上滥用农药对地球环境的破坏有巨大影响。有机氯农药属于持久性有机污染物（persistent organic pollutant，POP），这类物质具有持久性、蓄积性、迁移性和高毒性等特点。目前高残留有机氯农药已经被低毒、低残留的农药所取代，但农业污水对人类健康的危害仍不能忽视。

基础链接2-11
2023年1—9月全国地表水环境质量状况

（二）水体污染物的分类

1. 生物性污染物　生活污水、医院污水、畜牧和屠宰的废水等，以及垃圾和地面径流都可能带有大量病原体和其他生物性污染物。这类污染物可以通过多种途径进入水体后造成水体生物性污染，危害人类健康。

2. 化学性污染物　当今水体污染最显著的特点是化学性污染，其污染物包括无机物和有机物两大类。最常见的无机污染物如铅、汞、镉、铬、砷、氮、磷、氰化物及酸、碱、盐等，有机污染物如苯、酚、石油及其制品等。有的废水中则含有大量耗氧的无毒有机物，如食品加工、造纸等工艺废水中含有糖、蛋白质、木质素等，可使水中溶解氧减少，水质恶化。据统计从全球水体中已鉴别出有机化学物超过2 000种。

3. 物理性污染物　主要是指热污染和放射性污染。水体热污染主要来源于工业冷却水，其次为冶金、化工、石油、造纸和机械工业排放的废水。水中放射性物质主要来源于天然放射性核素，核试验沉降物，核工业的废水、废气、废渣，核研究和核医疗等单位排放的废水。

（三）水体污染的危害

水体受到含病原体的人畜粪便、污水污染后，可引起介水传染病的发生和流行；受到有毒化学物质的污染，可使人群发生急、慢性中毒，甚至形成公害病，或者诱发癌症；富营养化水体中的藻类及其毒素，不仅会破坏水体生态环境，某些藻类产生的毒素还会引起人体中毒，甚至死亡；有些污染物虽然对人体不会产生直接危害，但可使水质感官性状恶化和抑制水体微生物的生长与繁殖，从而影响水体的正常利用和水体的自净能力。

1. 生物性污染的危害　水中微生物绝大多数是天然寄生者，大部分来自土壤及大气降尘，对人一般无致病作用。但随垃圾、人和牲畜的粪便及某些工农业废弃物进入水体的微生物可包括一些病原微生物，对人体有致病作用。

进入水体最常见的病原微生物主要有4类：①致病细菌，如伤寒杆菌、副伤寒杆菌、痢疾杆菌、霍乱弧菌等；②致病病毒，如甲型和戊型肝炎病毒、人类轮状病毒、脊髓灰质炎病毒、柯萨奇病毒等；③寄生虫，如溶组织阿米巴、隐孢子虫、蛔虫、血吸虫等；④其他，沙眼衣原体、钩端螺旋体等。如饮用或接触此种未经消毒的水，则可引起介水传染病流行。据WHO 2011年的调查资料显示，因不安全饮水和食物污染每年可导致300万~500万霍乱病例，其中10万~20万人死亡。1988年春，上海市和江苏、浙江、山东三省发生甲型肝炎暴发流行，患者达40万人，仅上海市发病就达30余万人。此次甲型肝炎的大流行是生食江苏启东地区所产毛蚶引起的，而当地养殖毛蚶水体受到甲型肝炎病毒的污染。2008年3月底贵州省贵阳市暴发甲肝疫情，截至4月17日下午4时确诊甲肝患者299例，疑似37例，患者多为一学院的在校学生，调查结果显示此次事件是由于某品牌桶装水受到甲肝病毒污染所致。2019年摩洛哥霍乱疫情导致多人感染和死亡，此次疫情被认为与被污染的饮用水源有关。当前致病性微生物水体污染仍然是发展中国家突出的公共卫生问题，介水传染病时有发生，甚至出现一定范围内暴发流行。在发达国家，水体生物性污染虽已不是严重的问题，但仍受到人们的密切关注。

介水传染病的流行特点是：①水源一次大量污染后，可出现暴发流行，绝大多数病例的发病日期集中在该病最短和最长潜伏期之间。但如果水经常受污染，则病例可终年不断。②病例的分布与供水范围一致，绝大多数患者都有饮用同一水源的历史。③一旦对污染源采取治理措施，加强饮用水的净化和消毒后，疾病的流行能迅速得到控制。

基础链接2-12
介水传染病简介

近年来，人们已注意到水体富营养化的危害。其主要危害有：在富营养化水体中藻类大量繁殖聚集成团块，漂浮于水面，影响水的感官性状，在用作饮用水水源时常常堵塞水厂的滤池，并使水质出现异臭异味；藻类产生的黏液可黏附在水生动物的腮上，影响其呼吸，导致窒息死亡；有些赤潮藻大量繁殖时分泌的有害物质如氨、硫化氢等，可危害水体生态环境并使其他生物中毒及生物群落结构发生异常；由于藻类大量繁殖死亡后，在细菌分解过程中不断消耗水中溶解氧，使含氧量急剧降低，引起鱼、贝类等因缺氧大量死亡，造成严重的经济损失。

有些藻类能产生毒素如麻痹性贝毒、腹泻性贝毒、神经性贝毒等，而贝类（蛤、蚶、蚌等）能富集此类毒素，人食用毒化了的贝类后可发生中毒甚至死亡。1981年印度东部沿岸曾发生过麻痹性贝毒中毒事件，造成85人中毒，3人死亡；1983年菲律宾发生的贝毒中毒事件使700人中毒，21人死亡。藻类毒素对人体健康的影响已受到人们的重视，因为此类毒素一旦进入水中，一般供水净化处理和家庭煮沸都不能使之全部灭活。在这些藻毒素中铜绿微囊藻产生的微囊藻毒素（microcystin，MC）和泡沫节球藻产生的节球藻毒素（nodularin）含量最多，对人类的危害也最大。调查显示，我国从黄河流域以南，各地约有70%的湖泊池塘均频发过水华，其中约80%

含有微囊藻毒素。

微囊藻毒素与人类健康密切相关，人们直接接触含有藻毒素的水就会出现皮肤炎、眼睛过敏、急性胃肠炎等症状，严重者可以引发中毒性肝炎。微囊藻毒素对动物也具有一定的毒性，家畜及野生动物饮用了含有藻毒素的水后，会出现腹泻、乏力、厌食、呕吐等症状，甚至死亡。

进入人体的微囊藻毒素70%以上分布在肝和肾，分别定位在肝细胞核内和肾皮质的细胞核内。研究表明，微囊藻毒素是迄今已发现的最强的肝癌促进剂，低剂量就可以导致肝损害，主要损害肝细胞和肝巨噬细胞。

微囊藻毒素具有较强的热稳定性，一旦进入水中，一般常规水净化处理和家庭煮沸均不能消除或减轻毒性。因此要尽量从源头控制，不让水体发生富营养化，才能控制住微囊藻毒素的危害。

> 研究进展 2-1
> 微囊藻毒素毒性机制研究进展

2. 化学性污染的危害　工业废水的违法排放是水体化学性污染的主要来源。受到工业废水污染后，水体中各种有毒化学物质（如汞、砷、铬、酚、氰化物、多氯联苯及农药等）通过饮水或食物链传递使人体发生急、慢性中毒。下面介绍有代表性的汞、酚和多氯联苯三种化学性污染物的危害。

（1）汞和甲基汞：汞在自然界中主要以硫化汞的形式存在于岩石中。岩石中的汞可被氧化为金属汞或二价汞离子而进入环境中。天然水中含汞量甚微，一般不超过 0.1 μg/L；水体受汞污染时，水中汞含量可明显升高。进入水中的汞多吸附在悬浮的固体微粒上而逐渐沉降于水底，故底泥中汞含量常比水中的高。常见的汞污染源主要是氯碱工业、塑料工业、电池工业、汞冶炼和含汞农药等废水的排放。此外，医院口腔科废水及农田中使用含汞农药也是常见污染源。

污染水体的汞，特别是在底泥中的汞，在微生物的作用下可被甲基化形成甲基汞，后者毒性较无机汞增大许多倍，且更易被生物体吸收，并可通过食物链在生物体内逐渐富集浓缩放大，致使某些水生生物体内甲基汞含量达到令人中毒的水平。最典型的例子是日本熊本县水俣湾附近的渔民，由于长期摄入富集甲基汞的鱼、贝类而引起的慢性甲基汞中毒，即水俣病（minamata disease）。

> 基础链接 2-13
> 水俣病简介

1）临床表现：长期小剂量摄入甲基汞会引起慢性甲基汞中毒（chronic methyl-mercury poisoning），其主要靶器官是中枢神经系统，最突出的症状是神经精神症状，早期表现为神经衰弱综合征，少数严重者，可发展为神经障碍。常见的症状有感觉障碍、共济运动失调、视野缩小、听力障碍、语言障碍、眼球运动异常、智力减退等。症状一般从感觉障碍开始，然后依次出现共济失调、语言障碍、视野缩小、听力障碍，严重者可致全身瘫痪、精神错乱，甚至死亡。水俣病特征性表现是末梢神经感觉减退，视野向心性缩小，共济运动失调和听力、语言障碍这四方面，被称为 Hunter-Russel 综合征。

2）诊断标准：根据水体汞污染水平、食用被汞污染的鱼贝类食物的历史、体内汞蓄积状况及临床表现和实验室检查结果，进行综合分析，排除其他疾病，方可诊断。诊断分三级：①甲基汞吸收，头发中总汞值超过 10 μg/g，其中甲基汞超过 5 μg/g 者即为甲基汞吸收。②观察对象，在甲基汞吸收的基础上，出现下列 3 项体征中的 1~2 项阳性体征者为观察对象：四肢周围型（手套、袜套型）感觉减退，向心性视野缩小 15°~30°，高频部［11~30 dB（A）］感音神经性听力减退。③慢性甲基汞中毒，在甲基汞吸收的基础上，具有下列 3 项体征者，可诊断为甲基汞中毒：四肢周围型（手套、袜套型）感觉减退，向心性视野缩小 15°~30°，高频部［11~30 dB（A）］感音神经性听力减退。当具有上述 3 项体征，但发汞低于 10 μg/g 时，可做驱汞试验，如果驱汞后尿中总汞值大于 20 μg/L，其中甲基汞大于 10 μg/L，也可诊断慢性甲基汞中毒。

（2）酚类化合物：是指芳香烃中苯环上氢原子被羟基取代所生成的化合物。根据苯环上的羟基数目分为一元酚、二元酚、三元酚等，含两个以上羟基的酚类称为多元酚，能与水蒸气一起挥发的酚类（沸点在230℃以下）称为挥发酚（volatile phenols），不能同水蒸气一起挥发的称为不挥发酚。各种酚类的生物氧化分解速率不同，一元酚＞二元酚＞三元酚。天然水体中含有微量的酚，含酚废水的主要来源有炼焦、炼油制取煤气和利用酚作为原料的工业企业，其次是造纸、鞣革、印染部门及纤维、塑料、橡胶、酚、醛、树脂、炸药、农药、油漆等的生产。工业废水中酚含量可达1 500～15 000 mg/L。此外，生活污水中也含有少量的酚类化合物。

1）危害：酚通过皮肤和胃肠道吸收后在肝氧化成苯二酚、苯三酚，并与葡萄糖醛酸等结合而失去毒性，然后随尿液排出。被吸收酚在24 h内代谢完毕，故酚类化合物的中毒多为急性中毒。如1991年湖北省鄂城梁子湖因捕鱼投入五氯酚钠，造成水源污染的事件，使该河下游某小学饮用河水的162人全部中毒。2005年12月，由于沿河造纸厂违规排污，造成辽宁浑河抚顺段酚浓度超标，抚顺、沈阳等城市居民生活用水受到直接威胁。

2）临床表现：酚是中等强度的化学原浆毒物，可使蛋白质凝固，但并不与之结合，当细胞受到损伤发生坏死破碎后，酚能从细胞中分离出来，继续向深部组织渗透，引起深部组织损伤坏死。急性酚中毒的主要表现为大量出汗、肺水肿、吞咽困难、肝及造血器官损害、黑尿、受损组织坏死、虚脱，甚至死亡。长期饮用低浓度含酚水，可导致记忆力减退、皮疹、瘙痒、头晕、失眠、贫血等慢性中毒症状。近年的研究发现，五氯酚、辛基酚、壬基酚等具有内分泌干扰作用。五氯酚对实验动物还具有致畸胎作用。

酚污染水体能使水的感官性状明显恶化，产生异臭和异味。酚还能使鱼贝类水产品产生异臭、异味，降低经济和食用价值。水中酚达到一定浓度时可影响水生动植物的生存，高浓度的酚（尤其是多元酚）能抑制水中微生物的生长繁殖，影响水体的自净作用。

（3）多氯联苯（polychlorinated biphenyl，PCB）：又称氯化联苯，是由一些氯置换联苯分子中的氢原子而形成的一类含氯有机化合物，其化学性质的稳定程度随着氯原子数目的增加而增多，具有耐酸、耐碱、耐腐蚀，以及绝缘、耐热、不易燃等优良性能，被广泛用于工业生产，如用于生产润滑油、切削油、农药，以及在油漆、黏胶剂、封闭剂中作添加剂。如含PCB的工业废水未经处理任意排放，可造成水源污染。

1）危害：多氯联苯在环境中极为稳定，在水体中可附着于颗粒物上沉积于底泥，然后缓慢向水中迁移，通过水生物摄取进入食物链，发生生物富集和生物放大作用。藻类的富集能力可达千倍，虾、蟹类为4 000～6 000倍，鱼类可达数万至十余万倍。人类暴露于PCB的主要途径就是摄取被其污染的食物，进入机体后贮存于各组织器官中，尤其是脂肪组织含量最高。

PCB对鱼、贝类也有较大影响。在PCB浓度为0.1 mg/L的水中，幼虾48 h全部死亡。当PCB浓度为5 mg/L时，会使针鱼和石首鱼体内PCB含量超过100 mg/g，并使50%～60%的鱼死亡。

PCB具有雌激素样作用，可明显干扰机体的内分泌状态，特别是对生殖系统的激素、甲状腺激素等产生严重不良影响，出生前接触PCB可使子代的发育及出生后行为异常。PCB可通过食物链在体内蓄积，并通过授乳传递给子代。PCB等雌激素样化合物可在母乳中浓集，婴儿从母乳摄取的量可达成人接触量的10～40倍，从而使子代受到明显影响。

2）临床表现：PCB对人危害的最典型例子是1968年在日本发生的米糠油中毒事件，受害者因食用被PCB污染的米糠油而中毒。主要表现为皮疹、色素沉着、眼睑水肿、眼分泌物增多及胃肠道症状等，严重者可发生肝损害，出现黄疸、肝性脑病甚至死亡。孕妇食用被污染的米糠油后，有的出现胎儿死亡，活产新生儿表现为体重减轻、皮肤颜色异常、眼分泌物增多等，即所谓的"胎儿油症"。表明 PCB 可通过胎盘进入胎儿体内，也可通过母乳进入婴儿体内而导致中毒。

一些研究发现，多个品种的 PCB 可使大鼠肝癌和癌前病变发生率显著增加，含氯 54% 的 PCB 还可诱发胃肠道肿瘤。脂肪组织和血清中高浓度 PCB 还与非霍奇金淋巴瘤的发生有关。已发现某些 PCB 可诱发 *C-ras*、*C-jun* 和 *C-myc* 等癌基因的过度表达。

四、饮用水卫生标准

为维持人体内环境的稳定，发挥水在生理和卫生上的作用，需要有充足的水量和良好的水质。水质不良或受到污染，不仅降低其饮用价值，还可引起各种健康损害及疾病。据调查，我国约 70% 的人口未能饮用水质完全符合国家卫生标准的饮用水，还有 0.47 亿人口严重缺水，故给水卫生是提高人民的生活质量、维持和促进健康的有效途径，应进一步加强。

（一）生活饮用水的基本卫生要求

清洁卫生的饮用水是保障人体健康的重要因素。安全的生活饮用水应符合以下四项基本卫生要求。

1. 感官性状良好　饮用水应该是无色、透明、无臭，无异味，水中不能见到任何肉眼可见物，也不能呈现特殊颜色和异味，为人们所乐于饮用。

2. 微生物学安全　饮用水不能引发传染性疾病，为实现这一目标，生活饮用水必须进行净化和消毒处理。饮用水不得含有病原微生物和寄生虫卵，以防止介水传染病的发生和传播。

3. 化学组成对人体无害　饮用水中应含有适量的人体必需的微量元素。有毒、有害化学物质及放射性物质的含量应控制在安全限值以内，以防止对人体造成急、慢性中毒和任何潜在的远期危害。

4. 水量充足、取用方便　给水应取用便利，水量应能满足居民饮用、食物加工、个人卫生、洗涤清扫等方面的需要。据 Gleik 等学者的研究，满足这些最基本需要的总用水量是每人每日 50 L。居民的用水量还受到气候、卫生设备条件、经济水平、生活习惯等因素的影响。实际给水量，一般按一年内用水量最多的一天来计算。

（二）生活饮用水水质标准

生活饮用水卫生标准是保证饮用水安全、保护人们身体健康的一项标准，是卫生部门开展饮用水卫生工作、监测和评价饮用水水质的依据。生活饮用水水质卫生规范是根据其基本卫生要求为原则而规定的水质检验与评价的具体要求。它是给水卫生工作的准绳，也是评价饮用水是否可以安全饮用的主要依据。我国颁布的于 2023 年 4 月 1 日起实施的《生活饮用水卫生标准》（GB 5749—2022）规定了水质常规检验指标 38 项，分为微生物指标、毒理学指标、感官性状和一般化学指标及放射性指标四类；4 项饮用水消毒剂常规指标，包括游离氯、总氯、臭氧和二氧化氯；扩展指标分三组，包括微生物指标、毒理学指标和感官性状及一般化学指标。下面主要介绍常规检验指标。

1. 微生物指标

（1）细菌总数：是指 1 mL 水样在普通琼脂培养基上，于 37℃ 培养 24 h 所生长的细菌菌落总数。主要用以评价水质清洁程度和考核净化效果，细菌总数越多说明水体污染越严重。但它实际说明的是实验条件下，在人工培养基上适宜生长的细菌数，并非真正的水中所有细菌数；它能表示水被微生物污染的程度，但不能说明污染的来源和有无病原菌的存在。所以必须结合总大肠菌群指标来判断污染来源及安全程度。标准以菌落形成单位（CFU）表示细菌总数，规定每毫升水不超过 100 CFU。

（2）总大肠菌群（total coliform）：系指一群在37℃培养24～48 h能发酵乳糖产酸产气的革兰氏阴性无芽孢杆菌。总大肠菌群可作为粪便污染的指示菌。但是水中总大肠菌群不只来自人和温血动物的粪便污染，还来自植物和土壤的天然存在。总大肠菌群是评价饮用水水质的重要指标。标准规定每 100 mL 水样不得检出总大肠菌群。

（3）大肠埃希菌：俗称大肠杆菌，存在于人和动物的肠道中，在自然界生命力很强，能在土壤、水中存活数月，是判断饮用水是否受到人畜粪便污染的重要指标。标准规定每 100 mL 水样不得检出大肠埃希菌。

应当指出，上述几项指标都是间接指标，符合标准的饮用水在细菌学上是安全的。但是由于病毒对氯的抵抗力高于细菌，所以在确保防止肠道病毒疾病传播上，以上指标仍存在问题，需进一步研究解决。目前，在我国饮用水常规消毒情况下，提倡尽量不要直接饮用自来水。

2. 毒理学指标

（1）氟化物：适量的氟可预防龋齿发生，水中氟过低，龋齿发病率增加；而长期饮用含氟水可引起氟斑牙。综合考虑，氟化物含量定为不超过 1.0 mg/L。

（2）氰化物、砷、硒、汞、镉、铬、铅、硝酸盐等：水中含量高且长期饮用可造成明显健康损害，故饮用水水质规范规定了最高容许限量值。

（3）氯仿、四氯化碳：这两种化合物在生物实验中均具有诱发动物肿瘤的致癌性。其中氯仿是饮用水加氯消毒后形成三卤甲烷类副产物的代表物。近年来，饮用水氯化消毒副产物的诱变与致癌效应及其对人类健康的可能影响得到广泛的重视。氯化副产物是氯消毒剂与水中腐殖质等有机前体物反应形成的。要防止氯仿等副产物的形成，重点应放在氯化消毒前，提高沉淀和过滤等净化措施的效果，防止藻类滋生繁殖，降低原水的浑浊度和有机物污染程度，必要时考虑改用其他消毒剂。参照 WHO 推荐的限量值，我国水质规范分别确定了其上限值。

3. 感官性状和一般化学指标

（1）色度、浑浊度、臭和味：经过常规净化处理后的水，一般色度不超过 15 度，此时视觉为无色。故规范规定色度不超过 15 度，并不得呈现异色。浊度为 10 度时，即可出现肉眼可辨别的浑浊。要求水浊度应低于 1 度，特殊情况下不超过 5 度。异臭、异味，会引起人们嫌恶而难以接受，更重要的是表明水已被污染，故规定不得有异臭或异味。

（2）pH：天然水 pH 多在 7.2～8.5。酸性水可腐蚀输水管道影响水质，碱性水会降低加氯消毒的效果。水的 pH 在 6.5～9.5 则不会影响人的饮用和健康。规范的 pH 为 6.5～8.5。

（3）总硬度：是指水中钙、镁盐的总量，以 $CaCO_3$ mg/L 表示。硬度的突然变化往往可提示水质污染。水的硬度过高促使水垢形成，对皮肤有刺激性，可引起胃肠暂时性功能紊乱。故规定硬度不超过 450 mg/L。

（4）铝、铁、锰、铜、锌、挥发性酚类、阴离子洗涤剂、硫酸盐、氯化物、溶解性总固体及耗氧量：当这些物质在水中超过一定限量时，可使水呈色、有异味而影响其生活、饮用价值。例如，铁、铜或锰可使洗涤的衣物等物品着色；锌超量使水产生金属涩味或浑浊；酚含量过高的水在加氯消毒时，会形成有异臭的氯酚；阴离子洗涤剂含量超标可使水发生泡沫和异味；硫酸盐和氯化物超量则使水具苦味或咸味，并有致腹泻作用。为防止产生此类不良作用，分别对其规定了上限值。此外，规定耗氧量限值目的在于限制水中有机物含量，以减少饮用水氯化副产物。一般地面水净化处理后耗氧量不超过 3 mg/L，特殊情况为 5 mg/L。

4. 放射性指标　水源中可存在微量的天然本底放射性物质。核能的开采、利用和放射性核素的加工、使用等，可使水源遭受放射性废水、废渣的污染，而存在放射性损伤的危险。水质规范规定，总 α 放射性不超过 0.5 Bq/L，总 β 放射性不超过 1 Bq/L。

基础链接 2-14
《生活饮用水卫生标准》(GB 5749—2022)（摘录）

（三）给水的卫生措施

为保证饮用水达到水质标准要求，必须采取相应的卫生措施，主要包括水源的选择、水源的卫生防护和饮用水的净化与消毒三个环节。

1. 水源的选择　天然水的来源有降水、地表水和地下水三类，符合卫生要求的水体均可作为饮用水源。一般按泉水、深层地下水、浅层地下水的顺序，首选地下水，其次选择地表水应按江河、水库、湖泊、池塘的顺序，最后考虑雨、雪水即降水。选择水源时，需在兼顾技术、经济合理和方便群众取用的前提下，依照下列三项基本卫生要求选择：水量充足，应能满足居民点总用水量的需求；水质良好，水源水的毒理学和放射性指标应符合生活饮用水水质标准，感官性状和一般化学指标经净化处理后符合饮用水水质标准规定；便于卫生防护，应选择环境卫生状况较好、取水点易于防护的水源。

2. 水源的卫生防护　饮用水给水方式有两种，即集中式给水和分散式给水。集中式给水是指由水源集中取水，通过输配管网将水送至用户，即自来水。分散式给水是指居民直接由水源分散取水，是广大农村居民的主要取水方式。

（1）地表水的防护

1）污染源控制：工业废水、生活污水等必须充分无害化处理，按国家标准和规定排放。

2）设置卫生防护地带：取水点周围 30 m 范围内不得有污染源。河水取水点上游 1 000 m 至下游 100 m 范围为集中式给水卫生防护地带。在这区域内不得排入工业废水和生活污水，其沿岸不准堆放污染水源的废渣、垃圾、有毒物品等。

3）最佳时空取水：采取分段或分时取水，宜在上游段或清晨取水饮用。设置汲水踏板或取水码头，以便取用远离岸边的清洁水。集中式取水的进水口应设在水面以下 1.5 m 和河床以上 1 m 之间，避免进水浑浊。

（2）地下水（井水）的防护

1）合理选择井址：井址应地势较高，取水方便，周围 30 m 内不得有渗水厕所、粪坑、垃圾堆、畜圈、废渣堆等污染源。

2）完善水井结构：水井应有井台、井栏、井盖、排水沟，井壁上部距地面 2~3 m 范围内应以水泥等嵌封不透水，井底用砂石铺装。应推广密封水井，用抽水机取水。

3）加强水井管理：建立水井管理制度，如保持周围环境清洁，设共用水桶，定期消毒和清掏水井等。

3. 饮用水的净化与消毒　水源的选择和卫生防护为保证量足质优的饮用水提供了有利条件，但天然的水源水往往还不能达到饮用水水质标准的要求。因此，还需进行净化和消毒处理，以改善水的感官性状，除去悬浮物质和有毒、有害物质，并去除或杀灭可能存在的病原体。水的净化包括混凝沉淀和过滤。

（1）混凝沉淀：水中细小的悬浮颗粒常含有硅酸、腐殖质等胶体，因表面带负电荷相互排斥，不易集合自然沉淀。在水中加入混凝剂，水解生成带正电荷的胶状物，则能与带负电荷的悬浮微粒发生电中和，吸附凝集形成絮状物，此絮状物表面积很大，具有很强的吸附能力，能吸附水中悬浮物质、细菌及其他溶解物，因而体积逐渐变大而易于下沉，称为混凝沉淀。

1）混凝沉淀的原理：①压缩双电层作用。水中的黏土胶体具有吸附层和扩散层，合成双电层，双电层中正离子浓度由内向外逐渐降低，最后与水中的正离子浓度相当。如果向水中加入大量电解质，则正离子就会挤进扩散层，进而进入吸附层，使胶体表面电位下降，因而使双电层变薄，这种作用就是压缩双电层作用。但双电层被压缩，颗粒物间的静电斥力作用就降低。如果这种斥力降低到小于颗粒物的布朗运动的动能和颗粒物表面吸力的两者之和时，颗粒物就会迅速相互吸附凝聚。凝聚颗粒物在水中彼此易于接触吸附而变大，形成絮状体。絮状体有强大的吸附力，可以吸附水中悬浮物质、溶解物质和细菌等。②电荷中和作用。混凝剂加入水中后，水解形成带正电荷的胶粒，能吸附水中带负电荷的胶粒，使彼此中和而凝聚。凝聚的颗粒称为绒体，具有很强的吸附能力，能吸附水中的悬浮物质和细菌等。绒体通过吸附作用使其体积逐渐增加而下沉。③吸附架桥作用。混凝剂经过水解和缩聚形成线性结构的高聚物，高聚物对胶体微粒有强烈的吸附作用。随着吸附颗粒的增多，高聚物弯曲变形或形成网状，从而起到架桥作用。

2）常用的混凝剂：有硫酸铝、明矾（硫酸铝钾）、三氯化铁和聚合氯化铝。通常明矾的用量为 80～120 mg/L。集中式给水需用反应搅拌机、沉淀池、澄清池等设备。分散式给水可采用缸水沉淀法，将混凝剂（明矾）碾碎加入水中，单向搅动后，静置半小时，水即可澄清。

3）影响混凝效果的因素：①水中微粒的性质、粒径和含量。②水中溶解性有机物的含量和成分。③水的温度。④水的pH。⑤混凝剂的种类、质量和用量。由于影响因素复杂，在实际中需要通过混凝试验来确定混凝剂的用量及条件。

（2）过滤：是指浑水通过石英砂等滤料层，以截留水中悬浮杂质和微生物的净水过程。过滤的作用一是筛除作用，即水中大于滤料间空隙的悬浮颗粒不能通过而被机械阻留在滤料表面；二是接触凝聚作用，即细小的胶体微粒、絮状物因与滤料碰撞接触而被吸附；三是沉淀作用，比重较大的颗粒物随水流流动时，可因惯性作用直接碰撞到滤料表面而沉降。

集中式给水系统，可使用各种形式的砂滤池。分散式给水，可在地面水岸边修建砂滤井再行过滤取水。小规模的可采用砂滤缸法，滤料砂粒大小与厚度的要求是，砂粒粒径为 0.5～2.0 mm，砂层厚为 60～80 cm。初用时，要反复过滤多次才有效，使用一段时间后滤膜形成则效果渐佳。当砂层日久堵塞严重，滤速减慢时，则应及时洗砂后再用。

（3）消毒：水经过上述净化处理后，并不能完全去除水中的病原微生物。为了使水质符合饮用水各项细菌学指标的要求，防治介水传染病的发生和传播，必须进行水的消毒，以杀灭病原体。饮用水消毒可采用物理方法（如加热、紫外线、超声波消毒）或化学方法（如氯、碘、臭氧等消毒）。水量不多时，加热煮沸是最简便有效的方法，水温100℃、3～5 min即可杀灭一般肠道致病菌和寄生虫卵。目前，使用最广泛、最有效的是氯化消毒法。

1）氯化消毒的原理：各种氯化消毒剂，在水中均可水解成次氯酸（HOCl）。HOCl是电中性的小分子，易于扩散到带负电荷的细菌表面并穿透细胞壁进入细菌体内。HOCl可影响细菌的多种酶体系，造成代谢障碍；同时又是强氧化剂，能损伤细菌的细胞膜，使其通透性增加，因而使细胞内容物如蛋白质、核酸等漏出，而致细菌死亡。次氯酸根（OCl$^-$）也具有杀菌能力，但带负电荷难于接近细菌，其杀菌力仅为HOCl的1/80。

氯溶于水的化学反应：$Cl_2 + H_2O = HOCl + H^+ + Cl^-$

$$HOCl = H^+ + OCl^-$$

漂白粉［氯化次氯酸钙，Ca(OCl)Cl］和漂白粉精［次氯酸钙，Ca(OCl)$_2$］在水中均能水解成次氯酸（HOCl）：

$$2Ca(OCl)Cl + 2H_2O = Ca(OH)_2 + 2HOCl + CaCl_2$$
$$Ca(OCl)_2 + 2H_2O = Ca(OH)_2 + 2HOCl$$

集中式给水多用液氯，一般用真空加氯机或转子加氯机投氯。分散式给水可用漂白粉或漂白粉精。凡含氯化合物中氯的价数大于 –1 者称为有效氯，具有杀菌作用。漂白粉含有效氯 30%。加入水中的有效氯要超过需氯量，才能保证氯在杀灭细菌、氧化有机物和还原性无机物杂质后还剩下一定量的游离性余氯。余氯量在饮用水水质标准中已有规定，而需氯量多少则取决于原水水质污染状况，普通氯化消毒法的加氯量一般为 1~2 mg/L，水质稍差者可达 5 mg/L。分散式给水是根据井水或缸水水量和常规加氯量计算出应加的漂白粉量，投加时先将漂白粉加水调成糊状，再加水稀释，静置后取澄清液倾入水中，搅动混匀，30 min 后即可取用。必要时应做余氯量测定，以确保消毒效果。

2）影响氯化消毒效果的因素：① pH，HOCl 在水中可解离形成 OCl⁻ 使杀菌力减弱，降低 pH 可减少 HOCl 的解离，加强消毒效果，加氯消毒时应使水保持酸性。②水温，水温高杀菌速度快，水温每提高 10℃，病菌杀灭率提高 2~3 倍。故水温低时要适当延长消毒时间。③浑浊度，水质浑浊，水中有机物等悬浮杂质多，会耗掉有效氯，细菌包裹在悬浮物内不易被杀灭，同时形成较多的氯化副产物，故浑浊度高的水必须强化混凝沉淀和过滤处理。④加氯量和接触时间，适当增加加氯量和接触时间可提高消毒效果，水质恶劣、污染严重的水可采用过量加氯消毒法，其加氯量可达常规量的 10 倍。⑤微生物的种类和数量，不同微生物对氯的耐受性不一样，如肠道病毒对氯的耐受性就高于肠道细菌。如果水中微生物过多，则氯化消毒后的水质就不易达到水质要求。

3）其他常见的消毒方法：臭氧消毒和紫外线消毒。

臭氧消毒：臭氧是极强的氧化剂，在水中的溶解度比氧高 13 倍，因其极不稳定，需临时制备立即投入水中。用臭氧消毒过滤后的水，其用量一般 >1 mg/L。当接触时间 ≥12 min，剩余臭氧 ≥0.02 mg/L 时，可达到良好的消毒效果。臭氧消毒的优点在于其对细菌和病毒的杀灭效果均较高，且用量少、接触时间短、pH 适应范围宽，在 6~8.5 内均有效，不影响水的感官性状，不产生三卤甲烷，有除臭、色、铁、酚等多种作用。其缺点是技术要求高，投资费用大，投加量不易调节。另外，臭氧在水中不稳定、不易维持剩余消毒量，因而需要用第二消毒剂，否则可引起细菌后生长。

紫外线消毒：波长 200~295 nm 的紫外线具有杀菌能力，其中以 253 nm 者杀菌能力最强。紫外线的杀菌效果除了与波长有关外，还取决于照射时间、强度、被照射水的深度和透明度等因素。用紫外线消毒的饮用水必须经过预先混凝沉淀和过滤处理，水层厚度不超过 30 cm，照射时间不少于 1 min。因此，紫外线消毒的优点是接触时间短、效率高、不影响水的臭和味，缺点是消毒后无持续杀菌作用。

五、水体污染的防控措施

1. **污染源头控制** 是防止污染物扩散、引发生态环境恶化和对人群健康产生不良影响的重要基础。污染源头控制是污染物尚未对水体造成污染之前采取积极有效措施，防止污染物进入水体。主要措施为推行"清洁生产"。

2. **工业废水利用与处理** 包括：①厌氧废水处理技术。②好氧废水处理技术。③离子交换处理技术。④反渗透污水处理技术。

3. 生活污水的利用与处理　包括：①活性污泥法。②生物膜法。③氧化法。④氧化塘处理技术。

4. 医疗机构的污水处理。

第四节　地质环境与健康

《黄帝内经·灵枢》中言之："人与天地相参也，与日月相应也。"在人类发展演化的历史长河中，环境与人保持着既相互适应又相互制约的对立统一关系。其中，地质环境作为人类的家园，是人赖以生存、改造环境的重要场所。地质因素对地球生物的活动直接或间接地产生现时及远期的影响。

一、地质环境

(一) 地质环境的概念

地质环境（geologic environment）通常是指地球上岩石、土壤、水体和大气等因素相互作用形成的环境，包括岩石圈、水圈和大气圈，以及它们之间的相互关系。其中，土壤、矿物质、化学元素等更是与人体健康紧密关联。在地质演化过程中，岩石圈、水圈及大气圈之间进行物质迁移和能量转换，主要是由地质构造循环（tectonic cycle）、岩石循环（rock cycle）、水文循环（hydrologic cycle）、生物地球化学循环（biogeochemical cycle）组成相对平衡的开放系统。岩石圈也称地壳，是地球表面的固体部分。岩石圈内物质分布不均匀，水和大气参与地球表面外形细部的塑造和地表物质再分配的地质作用。不同类型的岩石如果处在水、气、热差异很大的环境中，就形成了不同的地貌格局及地球化学环境。例如，碳酸盐广泛分布的地区形成奇峰怪石的岩溶地貌；坚硬耐风化的石英岩、砂岩分布的地区常常出现崇山峻岭；在湿润的热带和亚热带，风化淋蚀作用强烈，岩石被风化后，可溶性盐类大量流失，形成缺钙而富铁铝的红壤；在半干旱半湿润的温带，则形成富钙缺铁的黄土。同时，地质环境也用其特有的变化规律进行自身调节，以适应生态平衡。

(二) 地质环境与人类的关系

人体是地壳物质演化的产物。一方面地质环境是生物体的栖息场所和活动空间，为其提供水分、空气和营养元素；另一方面人类又从中探知生存的信息，如地理、居住、工作环境等，以适应对生活质量更高的追求。地质环境的区域差异，导致生物向不同方向发展和进化。生命在长期演化中，与环境愈来愈适应的同时，也对地质环境不断地进行修整和改造。例如，从地层中开采矿石，提取金属和非金属物质；从煤、石油、天然气、水力、风力、地热及放射性物质中获得能源。人类对地质环境的影响随着技术水平的提高而越来越大。采掘矿产、修建水库、开凿运河都直接改变地质、地貌；大规模毁坏森林、草原，导致水土流失，土地沙漠化；矿物燃料的大量燃烧，增加大气层二氧化碳含量，造成全球气候异常；人类向地质环境排放大量工业废弃物，导致有害元素如汞、砷、镉等在地表的浓度增高。

人类和地质环境的关系有三个基本特性：①统一性，表现在人体组织（特别是血液）中的

基础链接 2-15
UN: Six reasons why a healthy environment should be a human right

元素平均含量和地壳中这些元素的丰度之间有明显的相关性。②适应性，通过自身的调节功能适应环境变化，表现在高山地区居民耐氧、草原牧民的食肉习惯等都是为了适应当地的地理地质特性。③相互性，表现在人类通过食物链和新陈代谢与地质环境进行相互关联。地质外环境的因素可以通过机体内环境的作用来产生反应，如环境暴露因子与健康效应、疾病的易感性等内外因相互作用的结果（图2-2）。

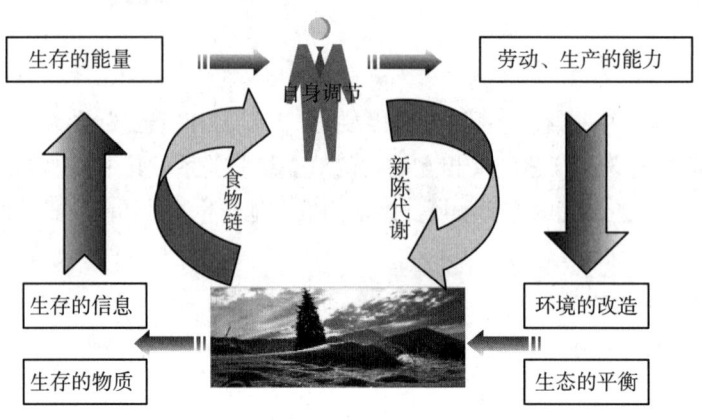

图2-2 地质环境与人类的关系

（三）疾病与健康的生态学基础

人类健康是与环境相互适应、内外环境保持平衡及相对稳定的一种状态。人类健康史也是人类与环境不断抗争、不断发展和适应的过程，与环境形成一个完整的生态体。从公元前古希腊哲学家亚里士多德提出的"土、风、水、火"四元素学说，至我国古代《黄帝内经》提出的"天人合一"论，都明确指出了生命与生态的统一。"人生于地，悬命于天，天地合气，命之曰人"，以及"从其气则和，违其气则病"等，都深刻阐明了生命健康与环境息息相关的基本原理。

一般认为，人类健康受到环境、生物遗传、行为生活方式和保健服务这四大因素的影响。地质环境中影响健康的因素有：①地质条件，在元素循环时形成易于元素暴露的地质基础，使化学元素在地壳中的分布不均一，如高砷水、高氟煤、缺硒等区域导致的疾病。②气象因素，如寒冷、干旱和湿热、多雨等均可引起机体组织和器官的功能紊乱，诱发疾病。③生物性有害物质，地质环境中的许多生物体，如蛇、蝎等具有对其接触的人或动物产生毒素反应，分泌动物毒素（animal toxin），以及一些含有生物碱、毒蛋白类的植物毒素（plant toxin），还有虫媒、细菌、病毒等致病因子。④摄取条件，陆地和海洋生态系统的物质循环，可通过食物链在生物体内富集。另外，不同的地质条件对人群的生活习性和饮食习惯都有极大影响。云贵山区阴冷潮湿，人们习惯将食物吊挂在屋檐或炉灶上方，当室内燃烧的煤烟中含有大量有害物质时，会附着在食品上造成人体中毒。一些边远偏僻地区的少数民族有饮砖茶的习惯，而本地的砖茶中往往重金属含量超标。这些条件形成了特定的地区、特有的摄入途径而引发相应的疾病。⑤易感人群，是指在特定环境条件下，由于一些生理、遗传或其他因素，个体更容易受到不良影响或患病的人群。这些个体可能对某种环境因素具有相对较高的敏感性，可能在接触到一些特定的化学物质、物理因素或生物因素时，更容易出现健康问题。由此可见，某些疾病所表现出来的区域特征，往往反映着地质环境系统在区域生态循环中的独特性及其与人体健康的关联性。这种关系的第一原理是，疾病相关的地质生态因素与人体内环境之间保持着动态平衡。因此，了解疾病与健康的生态学基础，不仅能为人类生存的最佳环境提供科学依据，也可为疾病的病因探讨和防治措施提供线索。

二、土壤污染与健康

（一）土壤的组成和性质

土壤（soil）是指地球陆地表面，包括固相、气相、液相和生物体的自然物。地壳表面为基岩或浮土，基岩是露在地表或位于浮土之下的坚硬岩石，浮土是包括土壤和岩石碎屑组成的松散覆盖层。浮土可由基岩风化就地生成，或是异地风化产物经搬运沉积而成。在物理性、化学性及生物性的作用下，经过长期变化，浮土形成能使植物扎根生长的土壤（图2-3）。因此，土壤是一个多相物质组成的、多孔疏松的系统。

图2-3 土壤的形成

土壤最基本的作用是为作物提供养分和水分，同时也是作物根系伸展、固持的介质。土壤不仅储存、供应养分，而且土壤中各种养分都进行着一系列生物、化学和物理转化。这些作用影响养分的有效性，也影响土壤养分的供应能力。理想的土壤中，固体占50%，空气和水各占25%。固体物质包括土壤颗粒、土壤有机物和微生物。在固体中，矿物质约占90%，有机成分（包括各种活动的生物有机质、根系有机质和已转化为稳定的高分子有机质）占10%左右。土壤颗粒是组成土壤的物质基础，其含量占土壤总干重的80%~90%。液体物质主要指土壤水分，参与土壤中物质转化和植物生命活动的新陈代谢。气体是存在于土壤孔隙中的空气，为植物、土壤微生物生长发育必不可少的因素，与土壤水分经常处于相互消长的运动过程。土壤中的这三类物质构成一个矛盾统一体，它们互相关联、制约，为作物生长提供必需的条件，是土壤肥力的物质基础。同时，土壤具有独自的发生发展过程。它能容纳各种污染物并具有自净作用（self-purification），是一个具有吸附和交换作用的胶体系统，也是一个络合、螯合、氧化还原的化学反应系统。在预防医学的研究范畴中，应充分理解这些特点并加以科学利用。

基础链接2-16
土壤的自净功能

（二）土壤污染的来源与种类

土壤处于大气圈、水圈、岩石圈和生物圈之间的过渡地带，是所有陆地生态系统的基底。其卫生学意义在于：第一，生态系统中的很多重要过程都是在土壤中进行的，特别是分解和固氮过程。生物遗体只有通过分解，才能转化为腐殖质或矿化为可被植物再利用的营养物质，而固氮过程则是土壤氮肥的主要来源。这两个都是整个生物圈物质循环不可缺少的过程。第二，土壤中的生物活动不仅影响土壤本身，也影响土壤中的生物群落。微生物贯穿于植物、动物和人类之间，进行残余有机物的分解与利用。只有当土壤、植物、动物和人组成一个健康的生物链，才能确保生物的健康。第三，土壤与空气、水和农作物息息相关。没有符合卫生要求的土壤，就不可能有符合人体健康所需的空气、水和食物。第四，随着土壤中各种化学成分的蓄积、迁移和转化，使得各地区土壤中的化学成分有很大差异，土壤中元素的背景值（即本底值，指该地区未受污染的天然土壤中各种元素的含量）随之发生变化。如果土壤中与人体健康关系密切的某种化学元素含量过多或过少,就可引起本地居民的健康不良反应和疾病。第五,土壤的结构特征和物理性状,对人类的居住条件、房屋建设及在其中的活动具有长期影响。第六,土壤是许多有害废弃物处理和容纳的场所。农业生产过程中大量施用的农药和化肥,以及大气烟尘和污水影响着土壤的生产性能和利用价值。因此,土壤受污染的程度和土壤的自净能力,在卫生学上具有很大作用。

当外界污染物在土壤的累积量达到一定程度,超过土壤自净能力的限度或超过土壤环境基准或标准时,导致土壤生产力的下降、破坏,构成对植物和人体直接或间接的危害,即为土壤污染(soil pollution)。土壤污染的主要来源有:①生活性污染,来源于人畜粪便、生活垃圾和污水等;②农业性污染,主要来源于农药及化肥污染;③工业性和交通污染,来源于工业废水、废气、废渣及机动车废气等。

土壤污染物的种类繁多,主要分类有:①生物性污染物,如病原体等;②化学性污染物,主要是重金属和农药;③放射性污染物,主要来自核相关产业排出的三废等。各种污染物污染土壤的方式有三种,即气型污染、水型污染和固体废弃物型污染(图2-4)。

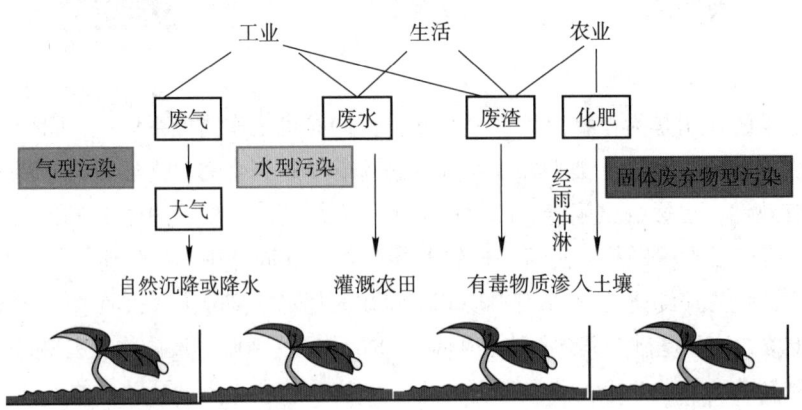

图2-4 土壤污染的方式

土壤污染具有的特性:①综合性影响,被污染的土壤不仅直接造成自身的组成结构及理化和生态特性的破坏,还污染农作物、水体等间接导致人体损害。②地域局限性,被污染的土壤不像空气污染一样易于移动,或像水体污染物能从上游漂到下游,污染物会扎根于本区域土地几十年甚至上百年。③危害的长期性,土壤污染间接影响人体健康一般需要长期的作用,过程隐蔽,易形成慢性中毒。④污染物的复杂性,污染物在土壤中转化、迁移,不仅取决于污染物自身的理化性质,还受到土壤的理化特性、微生物组成及气象条件等多因素影响,造成复合作用。

(三)土壤污染对健康的危害

土壤处于陆地生态系统中的无机界和生物界的中心,不仅在本系统内进行能量和物质循环,与水域、大气和生物之间也不断进行物质交换。一旦发生污染,三者之间会有污染物的相互传递,影响农作物、水源、大气环境的质量,改变地质环境中元素的背景值等。这对人类健康会造成极大危害。

1. 生物性污染的危害

(1)人—土壤—人:人体在新陈代谢过程中排出的细菌、病毒、寄生虫等在土壤中存活,并污染土壤中种植的农作物,再通过进食这些被污染的农作物而感染患病,可导致消化系统炎症、肠道传染病或寄生虫病等。

（2）动物—土壤—人：动物粪便中的病原体污染土壤，人接触后通过皮肤黏膜进入机体，如钩端螺旋体、炭疽杆菌等引起的人兽共患病、炭疽等。

（3）土壤—人：土壤本身存在的一些病菌，如破伤风杆菌、肉毒杆菌等，人接触土壤而致病，如破伤风、外伤性感染等。

2. 重金属污染的危害　土壤中重金属或类金属通过水、农作物，或者农业劳作时的接触进入人体，经过剂量积累和生物放大作用，造成机体的慢性中毒，如铬、铅、汞等在土壤中含量超标造成健康损害。主要的污染有以下几种。

（1）镉污染：镉（cadmium，Cd）是一种重金属，污染来源于地质环境、矿山废水矿渣或含镉磷肥的使用。人体镉暴露一般来源于食物、饮水和烟草等。镉对肺、肝、脑、骨骼和血液系统均有毒性作用，被美国毒物管理委员会（ATSDR）列为第6位对人体健康有毒的物质。在日本发生的痛痛病（itai-itai disease），即为居民长期食用含有高浓度镉的稻米而引起慢性镉中毒，患者全身骨骼剧烈疼痛而得名（图2-5）。

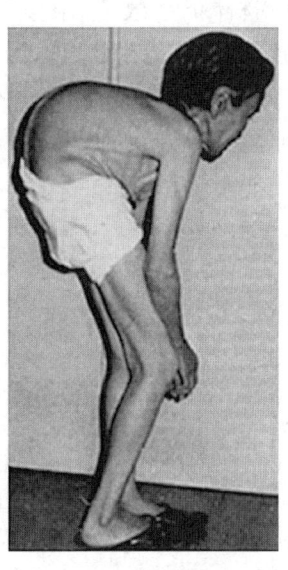

图2-5　日本痛痛病（1940），患者骨骼严重畸形

（2）铬污染：铬（chromium，Cr）广泛存在于自然界，根据地质条件、土壤性质的不同，铬在土壤中的含量有很大差别。其污染来源主要是随着岩石风化而进入土壤、空气或生物体内，或是矿山及金属冶炼、电镀、制革等工业废水、废气和废渣排出，使土壤及农作物中的铬含量增加。铬是人体必需的微量元素，对健康影响以六价铬为主，大量摄入可在肝、肾、内分泌腺体中蓄积，影响体内氧化还原和水解过程，抑制酶的活性，降低血红蛋白携氧能力，以及致癌、致突变作用，可诱发肺癌和鼻咽癌等。

（3）铊污染：铊（thallium，Tl）是一种稀有元素，具有高毒性。自然界中，铊的独立矿物并不多，但资源开发带来的铊污染日趋严重，已成为一种重要的环境污染源。铊具有蓄积性，在肾含量最高，其次为肌肉、骨骼、心脏、消化器官、神经系统、皮肤和毛发组织，主要损害肝、肾及神经组织。慢性中毒的表现为毛发脱落、周围神经损害、下肢麻木、视力下降，并降低生殖系统功能。

3. 农药污染的危害　农业生产中施用的化肥与农药，不论采用何种方式，黏附在作物上的药量一般约占总量的30%，其余大部分可进入土壤，使之受到污染，并从土壤中迁移到相邻的环境介质中,参与生态系统的物质循环。环境中的农药一般通过呼吸、消化和皮肤系统进入人体。即使农药残留浓度不高,但通过生物富集或放大作用,可使体内的浓度放大至数百上千倍,进而对健康造成损伤。

农药引起的中毒类型有:①急性中毒,如毒性较高的有机磷农药,进入人体后引起恶心、呕吐、呼吸困难、肌肉痉挛及神志不清、瞳孔缩小等症状,如不及时抢救会导致死亡。②慢性中毒,患者有长期头晕、乏力、食欲不振、失眠等自觉症状。不同种类的农药,分别对机体的酶活性、免疫功能、内分泌或多系统造成影响,并有致畸、致癌、致突变的作用。

三、生物地球化学性疾病

(一)概述

环境中的化学元素及其生物效应,在维持人体健康和正常功能上有着重要作用。生物循环过程中,由于各种因素的变化影响,一些化学元素在该地域地壳中存在量过多或过少,并可通过生物富集和放大作用对机体产生效应。化学元素,特别是那些安全范围较小的微量元素,人体摄入量过多或过少都会产生危害。生物地球化学性疾病(biogeochemical disease)就是由于地球的地质化学条件存在差异,造成地壳表面元素分布不均一,使当地人群对某种化学元素摄入量过高或过低,而影响机体功能引起的特异性疾病。这类疾病具有明显的地区性,故又称地方性疾病(endemic disease),简称地方病(图2-6)。

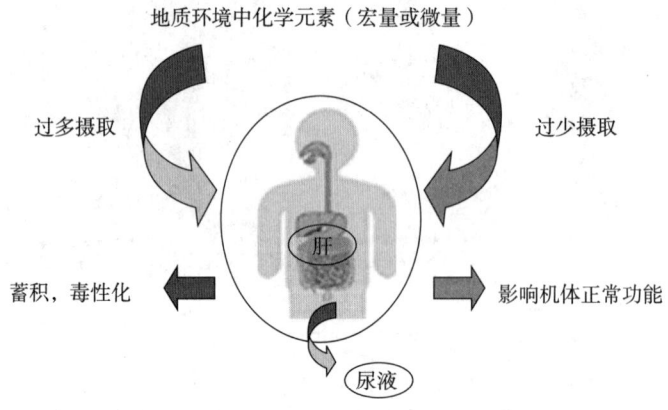

图2-6 生物地球化学性疾病的形成

生物地球化学性疾病的形成有其特定的条件:①易于元素暴露的地质条件;②暴露元素的特性或毒性,如暴露元素的价态及毒性强度不同,对人体健康的影响有很大差异;③暴露浓度及作用时间,引起健康效应的生物有效剂量(外来因子与某些靶分子或细胞相互作用的剂量),剂量-效应(反应)关系,以及暴露的时间长短;④摄取条件,食物链的形成等;⑤个体条件,如居民的人口学特征、生活习性、饮食习惯等。

地方病病区具有以下基本特征:①该地方病发病率和患病率显著高于非病区;②自然环境中可检出引起该地方病的自然因素;③健康人进入病(疫)区后,有患该病的可能性,而从病(疫)区迁出的健康者(潜伏者除外)不会再患该种地方病;④病(疫)区内的易感动物也可罹患;⑤根除致病因子后,病(疫)区可转变为健康地区。

生物地球化学性疾病的流行可受到营养条件(如提高蛋白质的摄入量可降低毒性,维生素可促进毒物排泄)、饮食和生活习惯及是否有复合型中毒等联合作用的影响。

（二）常见的生物地球化学性疾病

由于生物地球化学性疾病的发生主要与元素的摄入量相关，因此可以分为两类，即元素缺乏和元素过量。目前，最常见的生物地球化学性疾病主要包括碘缺乏病、地方性氟中毒、地方性砷中毒、大骨节病和克山病。

1. 碘缺乏病

（1）概述：碘缺乏病（iodine deficiency disorder，IDD）是由于自然环境中碘缺乏，造成机体碘营养不良所表现的一组疾病和危害的总称，可以表现为临床、亚临床或隐匿性损伤。碘（iodine，I）一般以碘化物形式广泛存在于水、空气、土壤等自然界中。人类通过食物摄取碘，并在肠道吸收进入血液循环。大部分的碘由尿液排出，少部分由粪便及汗腺、毛发和呼气排出（图2-7）。碘是合成甲状腺激素的主要原料。血中大部分的碘被甲状腺吸收后，在甲状腺滤泡上皮细胞内生成甲状腺素（T_4）和三碘甲腺原氨酸（T_3），从而维持正常的新陈代谢和神经系统、促进生长发育，调节体内水和无机盐水平等功能（图2-8）。

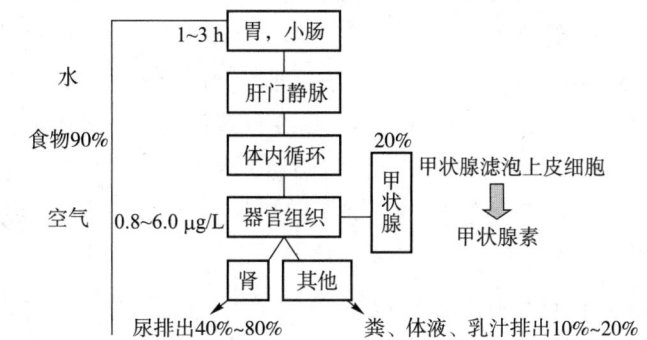

图 2-7 碘的代谢

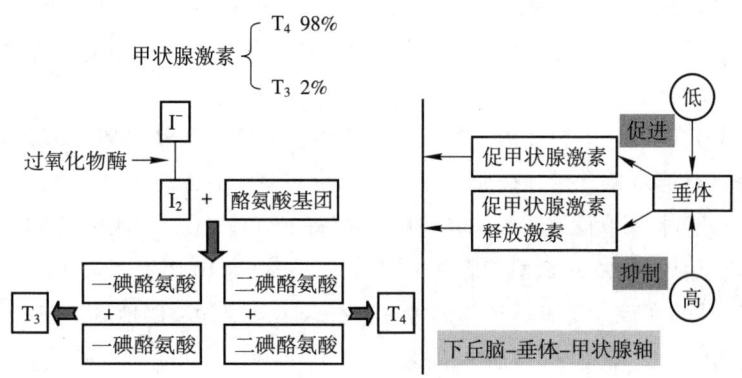

图 2-8 甲状腺激素的合成

碘是人体必需微量元素。成人对碘的绝对需求量为每日100～150 μg，青少年为160～200 μg。当环境中缺碘，人体摄入碘不足时，会影响发育、机体代谢和功能（图2-9），形成碘缺乏病。其主要表现有地方性甲状腺肿、地方性克汀病、地方性亚临床克汀病，以及单纯性聋哑、流产、早产、死产和先天畸形等。其中，地方性甲状腺肿是碘缺乏病最明显的表现形式，而地方性克汀病是碘缺乏病最严重的表现形式。

碘缺乏病的主要影响因素：①水文地质和气象条件，雨水冲刷是大部分病区土壤缺碘的主要原因。此外，土壤、地下水中碘含量也和岩石及土壤性质相关。②膳食因素，人体碘主要来自食物，其中以海产品含碘量最高。低蛋白低热量饮食等不合理的膳食习惯可以影响甲状腺激

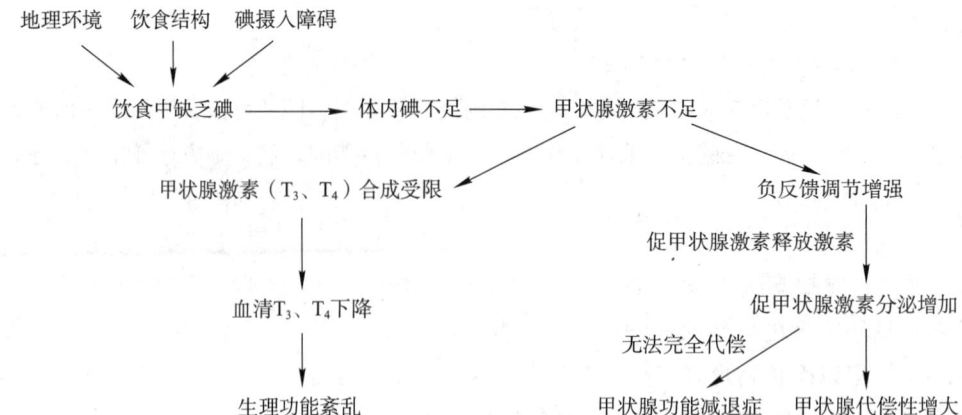

图 2-9 碘缺乏病的发病机制

素合成。

全世界许多地区存在碘缺乏问题，影响数亿人的健康。主要的缺碘地区分布在亚洲和非洲的一些发展中国家。我国曾经是碘缺乏病严重的国家之一，经过多年的防治，现已达到持续消除水平。随着科技的进步和人们健康意识的提高，对于碘缺乏病防治工作也提出了更高的要求。

（2）碘缺乏病病区划分：根据国家卫生行业标准《碘缺乏地区和适碘地区的划定》（WS/T 669—2020），碘缺乏地区（iodine deficient area）指在自然环境中，未采取补碘措施的情况下，通过饮水和食物摄入的碘未能满足人体正常碘需要量，造成人群碘营养缺乏的地区。适碘地区（iodine adequate area）是在自然环境中，未采取补碘措施的情况下，通过饮水和食物摄入的碘，能够满足人体正常碘需要量的地区。

碘缺乏地区的划定，以行政村（居民委员会）为单位，按照 WS/T 669—2020 附录 A 规定的抽样方法进行调查，检测水碘含量，按照 WS/T 107.1 或 WS/T 107.2 进行尿中碘的测定，具备以下指标的地区：①居民饮用水水碘中位数 < 40 μg/L。② 8~10 周岁儿童尿碘中位数 < 100 μg/L。在采取了碘盐等补碘措施的地区，符合①划定为碘缺乏地区。在未采取碘盐等补碘措施的地区，符合①和②划定为碘缺乏地区。

适碘地区的划定，以行政村（居民委员会）为单位，按照 WS/T 669—2020 附录 A 规定的抽样方法进行调查，检测水碘含量，按照 WS/T 107.1 或 WS/T 107.2 进行尿中碘的测定，按照 WS/T 10027—2024 进行地方性甲状腺肿诊断，具备以下指标的地区：①居民饮用水水碘中位数 ≥ 40 μg/L 且 ≤ 100 μg/L。② 8~10 周岁儿童甲状腺肿大率 ≤ 5%。③ 8~10 周岁儿童尿碘中位数 ≥ 100 μg/L 且 < 300 μg/L。在采取了碘盐等补碘措施的地区，符合①划定为适碘地区。在未采取碘盐等补碘措施的地区，符合①、②和③划定为适碘地区。

在确定碘缺乏地区和适碘地区时，不仅要考虑外环境碘水平，也要考虑体内的碘营养水平。因此，居民饮水碘含量和尿碘含量同等重要。①居民饮水碘含量代表一个地区的外环境碘水平，是确定碘缺乏地区和适碘地区的必备指标。②儿童尿碘水平代表一个地区人群的碘营养水平，对于未采取补碘措施的地区，该指标作为确定碘缺乏地区和适碘地区的指标，与居民饮水碘含量指标同等重要。③儿童甲状腺肿大率代表一个地区人群的碘缺乏病或高碘性甲状腺肿病情状况，儿童甲状腺肿大率超过 5% 作为划分碘缺乏病病区或水源性高碘病区的指标。

同时，水源性高碘对人体也有危害。20 世纪 70 年代，我国在河北省渤海湾首先发现了由于饮用含碘量过高的深井水导致的甲状腺肿大后，从 1978—2013 年已先后在 13 个省、市、自治区发现了高水碘地区。我国的《水源性高碘地区和高碘病区的划定》（GB/T 19380—2016）标准规定，以行政村为单位，水碘 > 100 μg/L 的地区为高碘地区。

（3）地方性甲状腺肿（endemic goiter）：简称地甲肿，指居住在特定地理环境下的居民，通过饮水、食物摄入长期低于生理需要量或过量的碘，从而引起以甲状腺肿大为主要临床体征的一种生物地球化学性疾病。发病机制为由于机体碘摄入不足，甲状腺激素合成下降，反馈性造成垂体分泌促甲状腺激素（thyroid stimulating hormone，TSH）增加，使甲状腺组织代偿性增生而腺体肿大。发病年龄一般在青春期，女性患病率高于男性。

基础链接 2-17
《碘缺乏地区和适碘地区的划定》(WS/T 669—2020)

1）临床表现及诊断标准：主要症状为甲状腺肿大，有弥漫型、结节型和混合型三种。弥漫型肿大的甲状腺表面光滑，触诊有韧性感。若可触及结节，则为结节型或混合型甲状腺肿，说明缺碘较严重或缺碘时间较长。按照国家卫生行业标准《地方性甲状腺肿诊断》（WS/T 10027—2024），我国地方性甲状腺肿诊断方法如下：①B 超法，生活于缺碘或高碘地区的居民，其甲状腺容积（B 超检测的甲状腺大小，为甲状腺左叶和右叶容积之和，单位用毫升表示）超过相应年龄段的正常值（表 2-4），并排除甲状腺功能亢进症、甲状腺炎、甲状腺肿瘤等疾病后，可诊断为地方性甲状腺肿；②触诊法，在上述地区内，居民的甲状腺肿大可以触摸到，并排除甲状腺功能亢进症、甲状腺炎、甲状腺肿瘤等疾病后，可诊断为地方性甲状腺肿。当两者诊断不一致时，以 B 超法的诊断结果为准。

表 2-4 甲状腺容积正常值

年龄（周岁）	甲状腺容积正常值（mL）
6	≤3.6
7	≤4.0
8	≤4.6
9	≤5.1
10	≤6.0
11	≤7.3
12	≤7.6
13	≤9.0
14	≤10.5
15	≤12.0
16	≤14.0
17	≤16.0
成年女性	≤18.0
成年男性	≤25.0

彩图 2-1
地方性甲状腺肿的临床症状

基础链接 2-18
《地方性甲状腺肿诊断》(WS/T 10027—2024)

2）鉴别诊断：临床上需要与单纯性甲状腺肿、甲状腺功能亢进症、亚急性甲状腺炎、慢性淋巴性甲状腺炎、甲状腺癌等疾病引起的甲状腺肿大进行鉴别。

（4）地方性克汀病（endemic cretinism，简称地克病）和地方性亚临床克汀病（endemic subclinical cretinism，简称亚克汀）：是较严重的碘缺乏病的表现形式，由碘缺乏造成的、以精神发育迟滞为主要特征的神经-精神综合征。地克病及亚克汀的病因是胚胎期和新生儿期严重缺碘影响甲状腺激素合成。某些黏液性水肿型地方性克汀病则是在已存在神经系统缺陷的基础上，再加上甲状腺激素合成能力降低，这提示甲状腺本身的正常发育也依赖碘元素。但遗传、自身免疫等因素均未得到证实。

1）临床表现及诊断标准：特征为智力低下和社会适应困难，起病于发育成熟以前（18 周岁以前）。①神经型，由于胚胎早期严重的宫内碘缺乏损害神经细胞生长发育所致，以明显的精神发育迟滞和神经综合征（听力、言语和运动神经障碍）为主要表现，身高低于正常，甲状腺肿多为轻度肿大，智力呈中至重度减退；表情淡漠、聋哑、精神缺陷、痉挛性瘫痪、眼斜视、膝关节屈曲、膝反射亢进，可出现病理反射，如巴宾斯基征阳性；无明显甲状腺功能减退（简称甲减）表现。②黏液水肿型，是在已存在的神经系统缺陷基础上，再加上甲状腺激素合成能力降低，有严重甲减表现，具有典型的克汀病面容，便秘、黏液水肿明显，智力减低较轻，生长迟缓，甲状腺肿大，性发育显著迟缓，腱反射松弛时间延长，某些患者呈家族性发病。③混合型，即兼具以上两型的表现。依据精神发育迟滞的严重程度又分为轻、中和重度。而亚克汀则无分型和分度。

根据《地方性克汀病和地方性亚临床克汀病诊断》（WS/T 104—2014），地克病的诊断标准为：①必备条件，患者应出生和居住在碘缺乏地区，同时具有不同程度的精神发育迟滞，IQ≤54。②辅助条件，神经系统障碍、甲状腺功能障碍。亚克汀的诊断标准为：①必备条件，患者应出生和居住在碘缺乏地区，同时具有轻度精神发育迟滞，IQ为55~69。②辅助条件，神经系统障碍，甲状腺功能障碍。

> 基础链接 2-19
> 《地方性克汀病和地方性亚临床克汀病诊断》
> （WS/T 104—2014）

2）鉴别诊断：①应与因分娩损伤、新生儿窒息、脑炎、脑膜炎、癫痫、药物、中毒及其他原因（如营养不良、文化背景等）等引起的精神发育迟滞鉴别。②应与因中耳炎、药物等其他原因引起的听力障碍鉴别。③应与其他因素引起的骨龄发育落后和身体发育障碍鉴别。④应与散发性克汀病、家族性甲状腺肿、唐氏综合征、黏多糖贮积症Ⅰ型（承雷病）、苯丙酮尿症、劳-穆-比综合征、半乳糖血症、幼年型黏液水肿、大脑性瘫痪、小头畸形、垂体前叶功能低下、维生素D缺乏性佝偻病和聋哑等疾病鉴别。

对于碘缺乏病，补碘是根本的防治措施。可补充碘盐（食盐中加入碘化钾）、碘油（植物油中加入碘化钾），以及其他富碘的海产品如海带、海鱼等。对于补碘后效果不佳者，可采用激素疗法以促进肿大的甲状腺恢复。辅助疗法可补充维生素及钙、镁、锌等多种元素，同时加强营养及生活训练以提高患者的生产、生存能力。需要注意的是，过度加碘可引起过敏、碘中毒或高碘性甲状腺肿大等不良反应。

2. 地方性氟中毒

（1）概述：地方性氟中毒（endemic fluorosis）是在自然条件下，长期生活在高氟环境中的居民，通过饮水、空气或食物等介质，摄入过量的氟而导致的慢性蓄积性中毒。以氟骨症和氟斑牙为主要临床特征，统称为地方性氟中毒，简称地氟病。氟（fluorine，F）在自然界分布广泛，成矿性强且易与其他金属元素化合，所以氟常以化合物的形式存在。氟通过呼吸道、皮肤接触、饮食摄入等途径进入人体，通常在牙齿和骨骼分布较多，然后随尿液排泄。氟的生理作用是构成骨骼和牙齿的重要成分，易与羟基磷灰石结合形成氟磷灰石，以提高骨骼和牙齿的机械强度和抗酸能力，增强磷、钙在骨骼和牙齿中的稳定性。氟还具有促进发育和生殖功能，以及提高神经肌肉作用的功能。

> 基础链接 2-20
> 《人群尿氟安全指导值》
> （WS/T 10023—2024）

我国对人群总摄氟量（total fluoride intake）的限值要求是，8~16周岁（包括16周岁）人群，每人每日总氟摄入量≤2.4 mg；16周岁（不包括16周岁）以上的人群，每人每日总氟摄入量≤3.5 mg。

机体内氟的缺乏会影响磷、钙代谢而导致骨质疏松、降低牙齿的抗龋能力。而氟过量摄入，可使体内的钙、磷代谢平衡受到破坏。过量氟化物进入人体后与血液中的钙结合形成氟化钙，沉积在骨和牙齿组织破坏其结构，并可导致钙的代谢受到影响，出现骨质硬化、骨密度增强、椎管变窄等一系列临床表现。

（2）地方性氟中毒在我国的分布：地方性氟中毒是地球上分布最广的地方病之一，在五大洲的40多个国家有不同程度的流行，在我国的分布非常广泛，是世界流行较严重的国家之一。我国的地方性氟中毒主要有以下3种类型。

1）饮水型地方性氟中毒（drinking water type of endemic fluorosis）：是我国最主要的地方性氟中毒病区类型。①浅层潜水高氟区，在地球分布极为广泛，主要特点是形成带状流行分布。在我国分布在长白山以西、长江以北的广大区域内。②深层高氟地下水地区，特点是分散型分布，也有连接成片，最典型的就是渤海湾一带。③富氟岩石和氟矿床地区，主要是与当地存在的萤石矿、磷灰石矿或冰晶石矿有直接关系,如辽宁义县、浙江义乌市、河南洛阳市、内蒙古赤峰市及新疆的温宿、拜城等地区。④地热和温泉高氟水地区,主要是地壳环境中的地热和温泉水含氟量一般都很高。在我国从东北到南方沿海地区有散在的分布。

2）燃煤污染型地方性氟中毒（coal-burning type of endemic fluorosis）：这是我国"独有"的一种病区类型,是当地居民长期使用"无排烟道"的土炉或土灶,在室内燃烧含氟量较高的石煤进行取暖、做饭或烘烤食品等,导致室内空气受到严重的氟污染,进而影响家中存放的粮食、蔬菜、饮用水等。通过长期接触、食入,人体摄入过高的氟而引起慢性氟中毒。重病区集中在云南、贵州、四川省交界的山区等地。

3）饮茶型地方性氟中毒（brick-tea type of endemic fluorosis）：是近年被重视的一种病区类型。由于当地居民有饮用砖茶或用砖茶泡成奶茶或酥油茶的习惯,而砖茶中的含氟量高,长期大量饮用即会造成体内氟超浓度蓄积,引起慢性氟中毒。病区主要分布在四川、青海、西藏、新疆、内蒙古、云南等少数民族地区。一般该地区的饮水和食物中氟含量并无超标。

（3）临床表现及诊断

1）氟斑牙（dental fluorosis）：牙发育形成期摄入过量氟化物,引起病理性改变的牙齿是氟中毒的主要临床表现之一。特征性改变发生在牙釉质,包括釉面呈白垩色、黄棕色或缺损等,也可累及牙本质和牙骨质。严重者表现为牙齿深褐色或黑色,着色范围不等,可见白垩及釉面缺损乃至大面积的剥脱、牙龈萎缩,破坏牙齿整体外形。氟斑牙的分度可参考《氟斑牙诊断》（WS/T 10028—2024）。

基础链接 2-21
《氟斑牙诊断》（WS/T 10028—2024）
彩图 2-2
氟斑牙的临床表现

2）地方性氟骨症（endemic skeletal fluorosis）：地方性氟中毒病区的居民,因摄入过量氟化物而引起以四肢大关节、颈和腰疼痛,关节功能及神经功能障碍,以及骨和关节 X 线征象异常为主要表现的慢性代谢性骨病,是地方性氟中毒较严重的临床表现。初期为腰背部及四肢关节持续性酸痛,无游走性；有时伴有麻木、知觉减退等神经系统症状。随着病情的发展,可出现关节功能障碍、肢体变形、肌肉萎缩,甚至瘫痪。X 线的主要表现为骨密度增高或降低、骨周软组织钙化或关节变形坏死。诊断原则为：患者应具有明确的地方性氟中毒病区生活史,具有明确临床症状、体征和典型 X 线征象改变。诊断标准和分度可参考《地方性氟骨症诊断标准》（WS/T 192—2021）。

基础链接 2-22
《地方性氟骨症诊断标准》（WS/T 192—2021）
彩图 2-3
氟骨症的表现

（4）病区判定

1）饮水型地方性氟中毒病区：生活饮用水含氟量超过 1.2 mg/L,且当地出生居住的 8~12 周岁儿童氟斑牙患病率 > 30%。

儿童氟斑牙患病率：在拟判定的病区村,检查所有当地出生居住的 8~12 周岁儿童牙齿,儿童氟斑牙检查人数不得少于 10 人。计算氟斑牙患病率。计算公式如下。

儿童氟斑牙患病率 =（极轻人数 + 轻度人数 + 中度人数 + 重度人数）/ 受检人数 × 100%

氟骨症患病率：在拟判定的病区村,对全部目标人群按照 WS/T 192—2021 进行氟骨症诊断,计算氟骨症患病率,公式如下。

氟骨症患病率 = 地方性氟骨症患者人数 / 村目标人群总数 × 100%

2）燃煤污染型地方性氟中毒病区：居民有敞炉敞灶燃煤习惯,且当地出生居住的 8~12 周岁儿童氟斑牙患病率 > 30%。

3）饮茶型地方性氟中毒病区：16 周岁以上人口,日均茶氟摄入量 > 3.5 mg,且有氟骨症患者。人日均茶氟摄入量,是在拟判定的病区村内随机采集 10 户家庭的茶水样品和水样,分别测定茶水含氟量和水氟含量,并调查该户所有 16 岁以上常住人口每日平均饮茶水量,分别计算人日均茶氟摄入量，以 10 户的全部常住人口的日均茶氟摄入量计算算术平均值。计算公式如下。

人日均茶氟摄入量（mg）=［茶水含氟浓度（mg/L）-水氟浓度（mg/L）］× 人日均饮茶水量（L）

饮水型、燃煤污染型及饮茶型地方性氟中毒病区程度的划分如下：①饮水型和燃煤污染型地方性氟中毒病区，a. 轻度病区，当地出生居住的 8~12 周岁儿童，中度及以上氟斑牙患病率≤20%，或有轻度氟骨症患者，但无中度以上氟骨症患者。b. 中度病区，当地出生居住的 8~12 周岁儿童，中度及以上氟斑牙患病率 >20% 且≤40%，或有中度以上氟骨症患者，但重度氟骨症患病率≤2%。c. 重度病区，当地出生居住的 8~12 周岁儿童，中度及以上氟斑牙患病率 >40%，或重度氟骨症患病率 >2%。②饮茶型地方性氟中毒病区，a. 轻度病区，36~45 周岁人群中，没有中度及以上氟骨症发生。b. 中度病区，36~45 周岁人群中，中度及以上氟骨症患病率≤10%。c. 重度病区，36~45 周岁人群中，中度及以上氟骨症患病率 >10%。

> 基础链接 2-23
> 《地方性氟中毒病区划分》（GB 17018—2011）

（5）预防与治疗

1）预防措施：对于饮水型氟中毒，降低饮水中氟的含量是根本措施。对于燃煤污染型氟中毒，不用或少用高氟煤，更换燃料，改良炉灶，改进食物干燥方法。对于饮茶型氟中毒，要少饮含氟量高的茶水、不用含氟牙膏、免用含氟药物，增加抗氟物质的摄入。

2）治疗原则：减少氟的摄入，促进氟的排泄，增强抵抗力及对症治疗。

3. 地方性砷中毒

（1）概述：地方性砷中毒（endemic arsenicosis）是居住在特定地理环境条件下的居民长期通过饮水、饮食或空气摄入过量的无机砷而引起的，以皮肤色素脱失和（或）过度沉着，掌跖角化为主要临床特征的全身慢性中毒。

砷（arsenic，As）是半金属，在元素周期表中排 33 位，主要存在于砷铁矿石内，可伴随金属硫化矿物，作为副产品在铜、铅、锡、金等的冶炼中分离出来。砷分为无机砷和有机砷，常见的无机砷化合物有亚砷酸（arsenite，As^{III}）和砷酸（arsenate，As^V），有机砷化合物有一甲基砷酸、二甲基砷酸、砷甜菜碱和砷胆碱，此外还有砷糖、砷酯类化合物等。砷的迁移分布由还原反应、氧化反应、甲基化、糖基化反应等控制。当物理、化学、生物地球因素发生变化，砷可从沉淀物中迁移到水和土壤环境中。土壤中平均含砷量为 5 mg/kg，一般在火山地区及腐殖质较高的土壤含量较高，并可向农作物、地下水等介质中迁移。地下水的砷污染来源有天然及人为活动两个方面。天然来源主要是由于自然环境条件的变化，使含砷矿物中的砷释放，或固定在岩石上的砷析出而进入地下水。人为活动来源是在人类生产生活过程中，如开采含砷矿床、工业高砷废水废气或使用含砷农药等，直接或间接地导致地下水中砷含量增加。此外，煤炭中也有高砷含量的现象。我国贵州地区的煤炭含砷量最高可达 35 000 mg/kg，当地居民使用高砷煤进行取暖、做饭及烘烤农作物，可造成砷摄入量增高而中毒。关于砷的容许浓度，各个国家有不同的标准，也曾有过多次调整。1997 年，WHO 将饮水中砷的容许量从 0.05 mg/L 改为 0.01 mg/L。我国也从 2007 年开始施行这个标准。

> 基础链接 2-24
> 《生活饮用水卫生标准》（GB 5749—2022）

地下水砷污染已成为全球性健康问题。据 2022 年 WHO 的报告，在至少 70 个国家中，共有 1.4 亿人的饮水砷含量超过 WHO 指导值 0.01 mg/L 水平，最近的统计模拟估算结果显示，9 400 万至 2.2 亿人面临接触高砷水的风险。2013 年 8 月发表在《科学》杂志上的《中国地下水砷污染》指出，根据地质调查数据和风险模型分析，中国近 2 000 万人面临受砷污染的地下水威胁，特别是在依赖地下水作为饮用水的农村地区。砷暴露的风险正在对公共健康构成威胁。

（2）砷在人体的吸收和代谢：机体对砷的吸收一般通过三个途径：①空气，空气中的砷多为三价砷，以氧化物的形式排放。含砷颗粒物质通过呼吸道吸入并沉积在肺组织。②饮食，饮用水、食品中的砷以三价或五价砷的形式在消化道吸收。③接触，通过皮肤黏膜接触进入体内引起中毒。

砷在生物体内的代谢过程极为复杂，涉及氧化还原酶和甲基转移酶等多种酶的参与，形成一系列代谢产物和中间产物。不同砷化合物因理化性质差异，其代谢路径及产物毒性亦不相同。无机砷（如三氧化二砷或亚砷酸钠）在体内主要通过氧化甲基化反应代谢，S-腺苷甲硫氨酸（SAM）作为甲基供体，催化无机砷转化为一甲基砷酸（MMA）和二甲基砷酸（DMA）化合物，最终以五价二甲基砷酸（DMA^V）形式排出体外。最新研究还发现，砷可与蛋白质或还原型谷胱甘肽（GSH）结合，并在甲基转移酶和SAM存在下，以还原甲基化的方式代谢。此外，无机砷代谢过程中产生的三价一甲基亚砷酸（MMA^{III}）和二甲基亚砷酸（DMA^{III}）细胞毒性和基因毒性远高于无机砷，能与蛋白质半胱氨酸残基强结合，导致关键蛋白酶活性丧失。由此可见，砷的甲基化不仅是一种解毒过程，亦可能产生更具毒性的代谢产物。

（3）砷的毒性作用：无机砷在体内代谢成多种有机砷化合物，并有三价与五价之分，这些代谢产物对细胞的毒性有着显著的差异。一般排序为三价砷最高，然后向五价砷及有机砷逐渐降低（图2-10）。

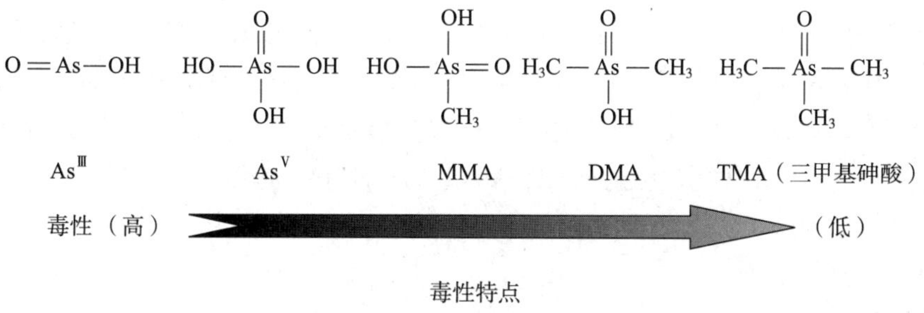

图2-10 砷的毒性与其化学形态相关

1）抑制酶活性：三价砷对单巯基及双巯基的亲和力高，可与结合的锌原子产生竞争，进而改变该酶功能区域的构象而对酶的活性产生抑制，弱化生物体内自身的核酸修复能力，提高核酸变异的发生率，从而增加生物体癌症的发生率。砷可抑制谷胱甘肽还原酶、谷胱甘肽转移酶、谷胱甘肽氢化酶、硫氧还原蛋白酶（thioredoxin）与氢化酶及精氨酸2转运RNA转移酶等。

2）诱发脂质过氧化：无机砷在体内发生甲基化反应时可产生活性氧类（ROS），破坏抑癌基因或增加原癌基因（Pro-Onc）使正常细胞变为癌细胞。长期暴露于高砷环境可诱导ROS（包括活性氧和自由基）的产生，导致细胞膜上的磷脂分子所富含的多不饱和脂肪酸生成脂质过氧化物，诱发脂质过氧化反应。自由基可直接损伤细胞核内的DNA，导致DNA单链断裂或双链断裂引起缺失突变。

3）导致细胞凋亡：砷可影响细胞凋亡调控基因的表达、改变端粒体酶活性、促使细胞内信号转导通路异常并干扰从mRNA到蛋白质水平的转录表达。

4）致癌、致畸、致突变：国际癌症研究机构（IARC）于1979年将无机砷认定为I类人类致癌物。已有大量研究显示，砷的基因毒性与肿瘤生长之间有一定的剂量-反应关系，引起基因突变、染色体畸变及DNA氧化损伤。动物实验的报告指出，无机砷可以透过胎盘屏障，使发育中的胚胎出现致畸性。需要注意的是，砷的作用机制复杂，对于砷的致癌机制尚未十分明了。另外，砷还具有双向性作用，既能致癌又能治癌。例如，临床上使用三氧化二砷治疗急性早幼粒细胞白血病及其他某些肿瘤已取得了一定的效果。在传统的中医理论中，也有把砷作为强身剂的经验。

(4）临床表现

1）特异性表现：①皮肤色素脱失和（或）过度沉着。躯干和（或）口腔、外阴等非暴露部位的皮肤有其他原因不能解释的弥漫或散在的斑点状色素沉着和（或）边缘模糊的小米至黄豆大小不等的白色圆形色素脱失斑点。两者往往交织在一起，不凸起于皮肤表面。②掌跖角化。手指边缘、手掌及脚跖部皮肤有其他原因不能解释的丘疹样、结节状或疣状过度角化，凸出于皮肤表面。轻者为针尖大小的结节，重则表面粗糙或有皲裂，有时会融合成片，为地方性砷中毒的特异性表现。

2）非特异性表现：①早期的中毒表现有恶心、腹泻、胸闷、头痛、失眠、健忘等自觉症状。随着病情发展，可出现周围神经炎，运动、感觉神经障碍、四肢麻木、蚁走感等症状。②心脑血管系统症状，主要有心肌缺血、心脏扩大、高血压、脑卒中、雷诺病等。③消化系统症状，有胃炎、肝脾大、肝区疼痛、肝功能异常等。④泌尿系统常见男性的泌尿系统感染症状。⑤生殖系统的表现有流产、性功能下降等。需要注意的是，在地方性砷中毒的居民中，只有非特异性临床表现而没有出现皮肤损害时，容易造成对早期慢性砷中毒的忽视。有科研团队在对地方性砷暴露病区人群进行调查时发现，非特异性症状的患病率非常显著地高于非砷暴露地区人群，提示这些临床表现可能是砷中毒的早期症状或非皮肤损伤性砷中毒。

3）致癌性及乌脚病：皮肤癌、鲍恩病（Bowen disease），以及膀胱癌、肾癌、肺癌等多发。乌脚病（black-foot disease）是首先在我国台湾饮水型砷暴露地区人群中发现的一种肢体末端的干性坏疽症状，在其他地区的砷中毒患者中很少出现。20世纪90年代，在内蒙古巴彦淖尔地区的地方性砷中毒患者中发现1例皮肤角化并伴有足趾的干性坏疽症状。

（5）诊断与鉴别诊断：诊断包括基本指标和参考指标，参考国家卫生行业标准《地方性砷中毒诊断》（WS/T 211—2015）。

1）基本指标：生活在地方性砷中毒病区的居民，依据标准方法（国家卫生行业标准GB 5009.11—2024、GB/T 5750.6—2023和WS/T 28等方法）检测有过量砷暴露史，并符合以下临床特征之一者可诊断为地方性砷中毒：①掌跖部位皮肤有其他原因难以解释的丘疹样、结节状或疣状过度角化。②躯干非暴露部位皮肤有其他原因难以解释的弥散或散在的斑点状色素沉着和（或）边缘模糊的小米粒至黄豆粒大小不等的网状色素脱失斑点。

2）参考指标：尿砷或发砷含量明显高于当地非病区正常参考值。一般来说，尿砷主要反映近期摄砷情况，发砷反映所采发样生长期间的体内砷水平。根据国家卫生行业标准《人群尿砷安全指导值》（WS/T 665—2019），群体尿砷的几何均数应≤0.032 mg/L，正常发砷为0.025~0.1 mg/100 g。

（6）预防与治疗

1）预防：近年的实践证明，采用"环境干预—行为干预—医学干预"的综合防治是控制地方性砷中毒流行行之有效的方法。切断砷源如改水降砷、杜绝燃用高砷煤、改炉改灶等是预防和控制的根本措施。①安全饮水，提供符合饮水标准的安全水源井。在农村可以做成小型供水系统集中供水，也可以利用山泉、水库、地表水等合乎饮水标准的水源进行供水。②饮水除砷技术，可利用活性氧化铝、硫酸亚铁、硅酸等混凝剂或是用药用炭对饮水中的砷进行吸附沉淀。近来，还有许多新研发的高分子性能的除砷装置，可以在没有安全饮用水源条件的地区使用。③砷中毒危害与防控宣传教育，使病区暴露者自觉改变不良生活习惯、改变食物干燥、保存、食用方法。

2）治疗：砷中毒对健康的危害严重，尤其是所致癌症一旦发生难以逆转，因此应实施早期医学干预，力争做到可持续性防控、有效改善症状、最大限度减少病残及延长生命的综合防控目标。治疗原则是切断砷源，减少砷吸收，促进体内毒物排出，对症综合治疗。①促砷排泄，巯基类化合物如二巯基丙醇等，其中的巯基与体内砷离子结合，形成的产物可较快地经尿液排出体外，并恢复酶和组织的生理功能，起到解毒驱砷的效果。②皮肤损害的治疗，掌跖角化可采用5%~10%水杨酸软膏、10%或20%尿素软膏等缓解疼痛，软化和溶解角化物落。硅霜或维E软膏涂于皮肤表面，可起到软化皮肤、防皲裂的作用。皮肤原位鳞状细胞癌等皮肤癌症，可以考虑手术治疗。③营养支持，适量增加蛋白质、叶酸及其他维生素类的摄入，可促进砷导致DNA氧化损伤的修复。④对症治疗，对于慢性砷中毒的其他非特异性症状，选用相应的对症疗法减轻患者病痛。尤其保护肝功能，以维持机体良好的代谢及解毒功能。

4. 大骨节病

（1）概述：大骨节病（Kaschin-Beck disease）是儿童和青少年发生的地方性、变形性骨关节病。其原发病变主要是生长发育期骺软骨和关节软骨的多发对称性变性、坏死及继发性退行性骨关节病。

对于大骨节病发病机制，目前国内外学者提出各种病因假说，如低硒学说、粮食真菌毒素污染和饮水中有机物中毒等，但至今尚无一种较为完善的发病机制学说。多数认为硒的缺乏和谷物污染是大骨节病的主要环境风险因素，多个环境和遗传因素同时相互作用与大骨节病病因相关。

大骨节病一般多发生在山区丘陵等地理环境和生存条件恶劣的区域，当地居民生活水平较低，尚处在骨骼发育及内分泌器官功能活跃阶段的青少年，最易于遭受环境致病因子的损害。故本病一般以8~15岁学龄儿童为多发人群，也可见到部分高龄人群患者。在我国民间，大骨节病的称呼还有"柳拐子病""水土病""算盘指病""矮人病"和"骨节风"。

（2）临床表现

1）症状与体征：临床上表现为四肢关节疼痛、增粗、变形，肌肉萎缩，严重者出现短指、短肢甚至矮小畸形，伴有乏力、食欲不振、肌肉酸痛、四肢麻木等症状。关节疼痛常以负重关节为主，多为对称性、固定性、针刺样或酸沉胀痛，严重者可影响机体功能及生活和劳动能力。重症晚期患者出现短指、短肢、身材矮小、骨骼变形致使步态不稳等现象。大骨节病的体征独特，早期可见手指末节粗大如鹅头状，并向掌侧弯曲。中期可见肘、膝关节增粗变形，晚期则可累及肩、髋关节及脊柱关节。触诊时关节增粗部位有骨样感觉，但无压痛。指间关节呈"算盘珠"状，可触及横行的结节（赫伯登结节）。手腕部向尺侧或桡侧倾斜，尺骨茎突隆起。膝关节粗大，可呈X形或O形弯曲。由于关节变形、活动受限，致使患者出现肌肉失用性萎缩。

彩图2-8
大骨节病手指关节赫伯登结节

2）X检查：在掌指骨、腕骨、尺骨、桡骨、肱骨、胫骨、腓骨、股骨及足踝部骨骼可见如下表现：①干骺端先期钙化带模糊、凹陷、不整或呈波浪状；②干骺端先期钙化带硬化、增宽；③骨端骨性关节面毛糙、不整、凹陷；④骨端囊状改变、骨质缺损、骨刺，或变形粗大；⑤骨骺变形与干骺端早期闭合，或骨骺溶解、碎裂；⑥骨质疏松、骨纹理紊乱，骨干短缩、变形，关节变形并伴有关节腔内游离碎骨块。

（3）诊断及分度

1）诊断：根据6个月以上病区接触史，症状和体征，以及手（足）部X线所见掌指骨、腕关节（踝关节）骨性关节面、干骺端先期钙化带的多发对称性凹陷、硬化、破坏及变形等改变，并排除其他相关疾病诊断本病。指骨远端多发性对称性X线改变为本病特征性指征。①典型病例：患者表现为多发性、对称性掌指骨和近端指骨关节肿大、增粗，常伴有短指畸形或关节活动受限，部分患者身材矮小。X线检查显示掌指骨骺端及骨干多发性、对称性异常改变，符合典型骨骼表现。排除其他相关骨关节疾病后，可诊断为大骨节病典型病例。②非典型病例：患者无典型手部临床表现，但表现为踝关节或足部关节肿胀、疼痛等症状。X 线检查显示跟骨短缩、距骨塌陷或其他足部骨骼异常改变，排除其他疾病后，可诊断为大骨节病非典型病例。③X 线病例：患者无明显临床体征，临床检查未见关节肿大或畸形，但 X 线片显示掌指骨骨骺端或骨干出现多发性、对称性异常表现，排除其他骨病后，可诊断为大骨节病 X 线病例。详细检查方法请参考《大骨节病诊断》（WS/T 10026—2024）。

> 基础链接 2-27
> 《大骨节病诊断》(WS/T 10026—2024)

2）临床分度

Ⅰ度：出现多发性、对称性手指关节增粗，或有其他四肢关节增粗、屈伸活动受限、疼痛和肌肉轻度萎缩。

Ⅱ度：在Ⅰ度基础上，症状、体征加重，出现短指（趾）畸形。

Ⅲ度：在Ⅱ度基础上，症状、体征加重，出现短肢和矮小畸形。

大骨节病应与骨关节炎、类风湿关节炎、痛风、佝偻病、克汀病及家族性矮小体型、原发性侏儒、干骺端骨发育障碍、软骨发育不全、假性骨骺发育不全、多发性骨骺发育不良等无智力或性发育障碍的矮小体型疾病进行鉴别。

（4）病区判定：以自然村或行政村为单位，以在当地有符合大骨节病诊断标准的典型病例为依据，同时具备下列两项指标，或两项指标之一者，判定为病区。①构成流行，当地居民临床Ⅰ度及以上患病率 >5%。②7~12 周岁儿童手部 X 线有多发性、对称性骨端改变的病例，且骨端检出率 >3%。病区严重程度划分请参照《大骨节病病区判定和划分标准》（GB/T 16395—2011）。

> 基础链接 2-28
> 《大骨节病病区判定和划分标准》(GB/T 16395—2011)

（5）预防与治疗

1）预防措施：预防大骨节病的有效举措是改变饮食品种单一、营养不良和食用受镰刀菌毒素污染的粮食。早期预防与治疗并举是关键。改善病区粮食收获、运输和储存技术，减少粮食真菌污染和产毒的机会。针对病区居民饮食结构单一的情况，改变粮食种植结构，提倡农作物种植多样性及膳食多样化。

2）治疗原则：①药物治疗，局部外敷药物、口服药物和关节腔注射药物，主要有乙酰氨基酚、非甾体抗炎药等，软骨保护剂常用氨基葡萄糖和硫酸软骨素等。②物理治疗，在急性期主要起到镇痛、消肿作用。慢性期以增强局部血液循环和改善关节功能为主。治疗方法包括热疗、中药熏蒸、超声波、针灸、拔火罐等，也可使用热电刺激疗法、离子导入疗法。③手术治疗，包括关节内游离体摘除术、关节矫形术、关节置换术等。

5. 克山病

（1）概述：克山病（Keshan disease，KD）是一种病因尚未十分清楚的地方性心肌病（endemic cardiomyopathy）。因 1935 年在黑龙江省克山县首先报道而命名。基本病理改变是心肌实质细胞的变性、坏死和继发性纤维化，心脏呈肌源性扩张、心腔扩大、室壁趋向变薄。主要临床表现是心功能不全和心律失常。克山病发生在我国由东北到西南的一条过渡地带上，一般分布于沿山两侧、水系上游、中低山区、丘陵及相邻的平原地带。以我国的北纬 21°~53°、东经 89°~135° 地区多发，涉及河北、黑龙江、吉林、辽宁、内蒙古、甘肃等 16 个省的 330 个县。少数病区内存在非病区村的"健康岛"现象。克山病可发生在全年各时期，但有明显的多发年和季节性。北方病区的急型克山病多发生在严寒的冬季，西南病区的小儿亚急型克山病多发于炎热的夏季。

目前认为，克山病的病因与环境中硒水平过低相关联。研究还发现生物感染也是克山病发病因素之一，例如，调查发现克山患者血清中，柯萨奇病毒 B 组中和抗体效价明显高于健康人；从病区粮食中分离出真菌，转染动物后诱发了心肌变性的现象。此外，营养失衡也是克山病发生的一个重要影响因素。

（2）临床类型与临床表现：根据克山病发病急缓、病程长短，心脏功能状态和心肌病变，将克山病分成急型、亚急型、慢型及潜在型四个临床类型。

1）急型克山病：发病急，病情重，变化快，成人多见，可有健康人突然发病，也可以是潜在型或慢型基础上急型发作。主要临床表现为心源性休克伴有严重心律失常，急性左心衰竭。发病初期有全身不适、头痛、心烦，继而出现恶心呕吐、心慌气短等症状。儿童患者可出现四肢发冷、咳嗽、气喘、阵发性腹痛、哭闹不止的现象。若出现频繁喷射样呕吐常提示病情严重，需尽快处置。

2）亚急型克山病：多见于儿童（2~7岁），发病较急型缓慢，临床表现为心脏扩大及水肿，通常数日内发生心力衰竭，部分患者合并有泵衰竭所致的心源性休克。患儿经救治后可转危为安，但经3个月以上治疗未愈者多转变为慢型克山病。

3）慢型克山病：多数人在不知不觉中缓慢发病，故称自然慢型克山病。临床上以慢性心功能不全为主要表现。患者自诉头痛头晕、食欲不振、全身乏力、恶心呕吐等。活动后出现心悸、气短、咳嗽、咳痰。夜间可出现阵发性呼吸困难，常有下肢、颜面或全身水肿，甚至出现漏出性胸腔积液、腹腔积液等。

4）潜在型克山病：心肌病变较轻，以至于往往在普查或体检中，通过心电图发现此病。患者多无不适，仅在活动后出现心悸、气短、乏力、头晕等现象。潜在型克山病多由急型、亚急型或慢型克山病好转而形成。

急型、亚急型克山病均有发病快、病情重、病死率高的特点，在克山病高发年代，是病情轻重及未知致病因子活跃程度的指示指标。

（3）诊断与鉴别诊断

1）诊断：参考《克山病诊断》（WS/T 10025—2024）。

诊断原则：在克山病病区连续居住6个月及以上，具有该病流行病学特征。出现心肌病或心功能不全的临床表现，或心肌组织存在克山病的特征性病理改变，并排除其他类型的心脏病，特别是其他心肌病者，可诊断为克山病。

符合克山病诊断原则，具有以下①~③中的任何一条，并同时符合④~⑧中任何一条或其中一项表现，可诊断为克山病：①心脏增大。②急性或慢性心功能不全的症状和体征。③快速或缓慢性心律失常。④心电图改变，如房室传导阻滞、束支传导阻滞（不完全右束支传导阻滞除外）、T波和（或）ST段改变、Q-T间期明显延长、多发或多源性室性期前收缩、阵发性室性或室上性心动过速、心房颤动或心房扑动、P波异常（左、右心房增大或两心房负荷增大）。⑤胸部X线改变，符合各型克山病的异常判定。⑥超声心动图改变，符合各型克山病的异常判定。⑦心肌损伤标志物检查，可见血清心肌肌钙蛋白I或T升高、血清心肌酶肌酸激酶同工酶含量增高。⑧病理解剖改变，尸检心脏或移植手术置换下的心脏主要病变为心肌变性、坏死及其后的修复和重构。

2）鉴别诊断：①急型克山病需与急性病毒性心肌炎、急性心肌梗死、急性胃炎等鉴别。②亚急型克山病需与急性病毒性心肌炎、急性或慢性肾小球肾炎或肾病、支气管肺炎、心内膜弹力纤维增生症、心包炎等鉴别。③慢型克山病需与扩张型心肌病、缺血性心肌病、围生期心肌病、心包炎、风湿性心脏瓣膜病等鉴别。④潜在型克山病需与局灶性心肌炎、非梗阻性肥厚型心肌病、心脏神经官能症等鉴别。

（4）病区判定：以行政村为单位，结合克山病地区分布特点，对病区进行判定。既往或现在有急型或亚急型克山病发生或有克山病病例存在的村，判定为病区。克山病病例是指在病区连续居住不少于 6 个月的本地病例。各型克山病诊断依据 WS/T 10025—2024 标准。病区类型划分为：①现病区，活跃病区为近 5 年内有急型或亚急型克山病发生或有新发慢型克山病病例；静止病区为近 5 年内无急型、亚急型克山病发生且无新发慢型克山病病例，但有克山病病例存在。②历史病区，既往为克山病病区，近 5 年内无克山病病例存在。

> 基础链接 2-29
> 《克山病病区判定和类型划分》（GB 17020—2010）

（5）预防与治疗

1）预防措施：一级预防，包括针对克山病可疑病因采取的膳食预防、硒预防、综合性预防等措施。二级预防，主要指"三早"预防，即克山病患者的早发现、早诊断和早治疗，提高治愈率，延缓病情进展，减少并发症的发生；建立健全基层克山病防治网开展监测，向群众宣传防治知识，定期培训乡村医生，严格执行病例报告制度，做好防治基础工作。三级预防，针对临床诊断明确的慢型克山病患者进行对症治疗和康复治疗，提高患者的生活质量，延长寿命，降低病死率。

2）治疗原则：急型克山病患者应"就地治疗"，待病情稳定后方可转院。救治关键在于处理急性肺水肿、缓解心律失常、纠正心源性休克。亚急型克山病以治疗充血性心力衰竭、心房及心室颤动等减轻心脏负担为主要原则。潜在型克山病主要为加强生活指导、健康教育、劳逸结合、减少精神刺激，养成良好的生活习惯，也可小剂量服用 B 族维生素或维生素 C 及硒片剂。

按照我国《克山病病区控制标准》（GB 17019—2010），以乡为单位对克山病病区进行规范的病情调查，发病、患病水平达到以下三个条件时，可判定克山病病区的病情得到控制：①连续 5 年以上（不含 5 年）全乡无急型、亚急型克山病发病。②慢型克山病患病率小于 0.2%。③潜在型克山病患病率小于 3.0%。

> 基础链接 2-30
> 《克山病病区控制标准》（GB 17019—2010）

（徐苑苑　王良君　方　鑫　郭小娟）

复习思考题

1. 什么是大气的自净，主要有哪些方式？
2. 什么叫温室效应，气温变暖对人类健康会产生哪些危害？
3. 臭氧层破坏有什么危害？
4. 酸雨的危害主要表现在哪些方面？
5. 基准与标准的比较有哪些？
6. 制定环境卫生标准的原则是什么？
7. 大气卫生工艺和防护措施有哪些？
8. 论述水体污染对人体的危害。
9. 影响氯化消毒效果的因素有哪些？

网上更多……

本章小结　　开放性讨论　　自测题　　教学 PPT　　微课

第三章
食物与健康

关键词

蛋白质–能量营养不良	必需脂肪酸	反式脂肪酸
膳食纤维	血糖生成指数	食物热效应
视黄醇当量	脚气病	烟酸当量
坏血病	合理营养	膳食结构
膳食指南	营养调查	临床营养
食品安全	食品污染	菌落总数
黄曲霉毒素	农药残留	N-亚硝基化合物
食品添加剂	食源性疾病	人兽共患传染病
食物过敏	食物中毒	

食品是人类赖以生存和发展的物质基础。营养不仅维系个体生命,也关系到种族延续和国家昌盛。近年我国居民饮食已发生了巨大变化,营养水平有了显著的提高,主要的营养问题为营养摄入不足与营养结构失衡并存。随着经济全球化和国际食品贸易的日益发展,危及人类健康、生命安全的重大食品安全事件常常在不同地区、多个国家同时发生,这已成为世界各国所面临的共同问题。

知识导图

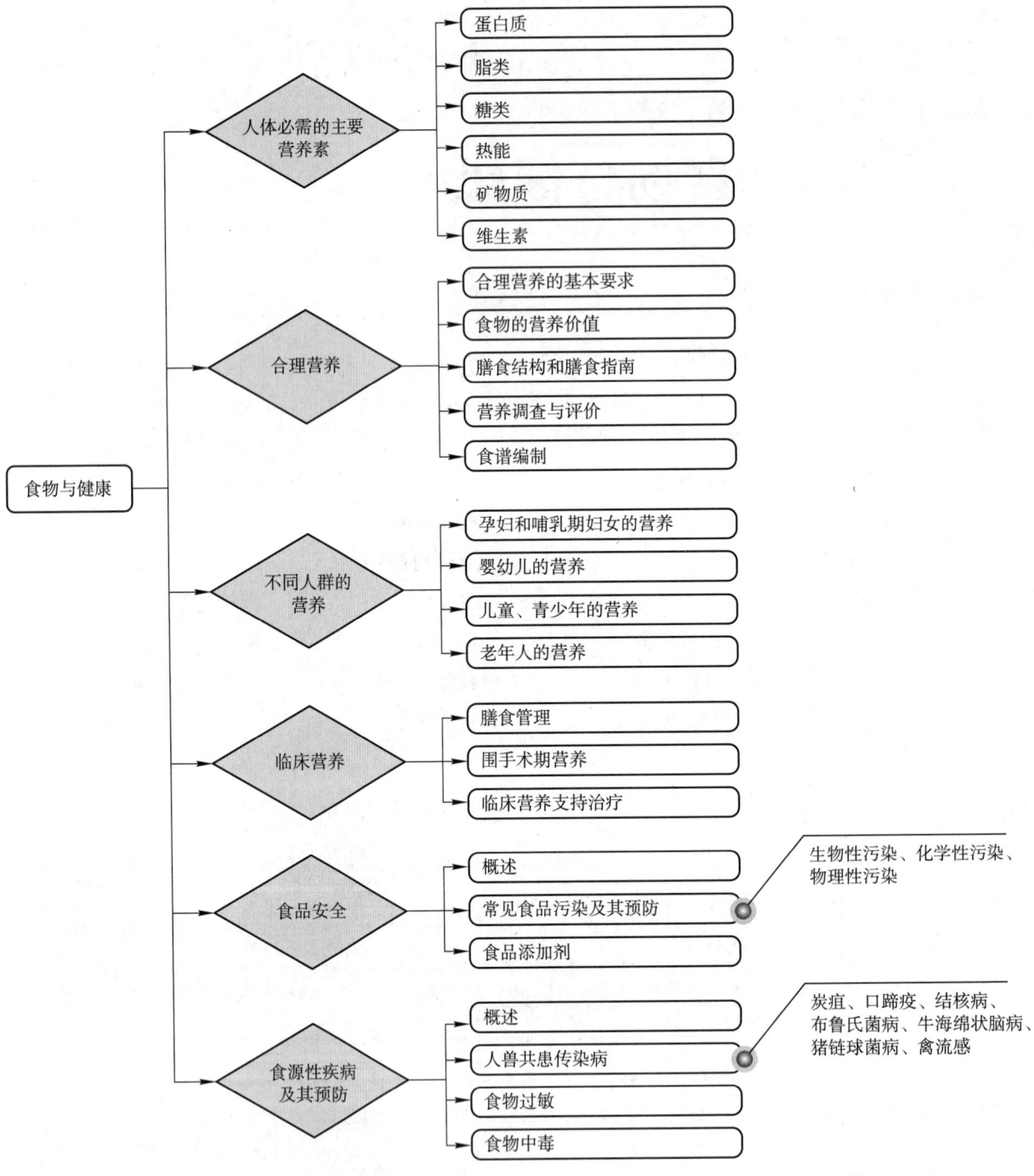

营养素（nutrient）是人类赖以生存的物质基础。食物中可提供人体能量、机体构成成分或满足组织修复及生理调节功能需求的化学成分称为营养素。营养素分为五大类：蛋白质、脂类、糖类、矿物质和维生素。

第一节 人体必需的主要营养素

一、蛋白质

蛋白质是生命的物质基础，其含量以重量计占人体体重的16%~19%。从整体水平上观察，人体内的蛋白质始终处于不断分解、不断合成的动态变化之中。成年机体每天约有3%的蛋白质被更新，代谢呈现平衡状态；而生长发育中的机体蛋白质的合成速度大于分解速度，表现为体内蛋白质总量的净增长，为正平衡；疾病状态下，蛋白质分解的速度大于合成的速度，体内蛋白质总量表现为短时间内的递减趋势，为负平衡，这种情况对机体的健康将产生不利的影响，需要及时发现，予以纠正。

（一）蛋白质的生理功能

没有蛋白质就没有生命，蛋白质是一切生命活动的物质基础。蛋白质由20多种氨基酸组成，氨基酸的组成、数量和排列顺序不同，使人体蛋白质的结构、功能千差万别，也形成了生命的多样性和复杂性。

> 基础链接3-1
> 蛋白质的生理功能

（二）氨基酸的分类

氨基酸是构成蛋白质多肽链的基本单位。构成人体蛋白质的氨基酸有20多种，生理情况下，人体蛋白质合成过程中对各种氨基酸有数量上的需求。根据氨基酸是否在人体合成及合成的相对速度将氨基酸分为：必需氨基酸、条件必需氨基酸和非必需氨基酸。

1. 必需氨基酸（essential amino acid，EAA） 人体内不能合成或合成速度不能满足机体的需要，必须从食物中摄取的氨基酸，称为必需氨基酸，包括缬氨酸、异亮氨酸、亮氨酸、苯丙氨酸、蛋氨酸、赖氨酸、色氨酸、苏氨酸8种氨基酸。对于婴幼儿来说，组氨酸也是必需氨基酸。

2. 非必需氨基酸 能在体内合成的氨基酸，不一定需要从食物中直接供给。生理状况下常见的非必需氨基酸包括丙氨酸、精氨酸、天冬氨酸、天冬酰胺、谷氨酸、谷氨酰胺、甘氨酸、脯氨酸、丝氨酸。

3. 条件必需氨基酸 也称半必需氨基酸。当人体处于应激状态、病理情况下，或严重的低体重出生婴儿，其物质代谢与一般生理状况不同，有些氨基酸的代谢可能会受到影响，或需要量增加，易出现缺乏，如半胱氨酸、酪氨酸、脯氨酸、丝氨酸、精氨酸等，被称为条件必需氨基酸。其中，半胱氨酸和酪氨酸在体内因为分别由甲硫氨酸和苯丙氨酸转变而成，如果膳食中能直接提供这两种氨基酸，则人体对甲硫氨酸和苯丙氨酸的需要可分别减少30%和50%，故特殊情况下依赖膳食的供给。

(三)食物蛋白质营养价值评价

食物蛋白质营养价值的高低,取决于食物蛋白质的含量、蛋白质消化率、蛋白质利用率和氨基酸组成。常用评价指标如下。

1. **食物中蛋白质的含量** 这是评价食物蛋白质营养价值的基础。食物中蛋白质含量一般用凯氏定氮法测定,蛋白质的含氮量约为16%,将测得的某种食物含氮量乘以6.25即得到食物中蛋白质的含量。各种食物中蛋白质含量以大豆类最高,肉类次之,粮谷类较低。

> 基础链接 3-2
> 常见食物蛋白质的含量

2. **蛋白质消化率** 是指蛋白质被消化酶分解的程度。咀嚼和胃的蠕动有利于块状食物中蛋白质的研磨、混合,胃酸使食物蛋白质变性并激活胃蛋白酶分解蛋白质。蛋白质消化的主要场所在小肠,由胰腺分泌的胰蛋白酶和糜蛋白酶使蛋白质在小肠中被分解为氨基酸和部分二肽、三肽,再被小肠黏膜细胞吸收,进入黏膜细胞中的二肽、三肽在小肠黏膜细胞刷状缘中肽酶的作用下,可进一步被分解为氨基酸单体。被吸收的氨基酸及少量的短肽,通过肠道黏膜细胞入血,经肝门静脉被运送到肝和其他组织或器官被利用。在结肠,未被消化、吸收的蛋白质及其分解产物夹杂一部分肠道菌体蛋白和肠黏膜脱落细胞等以粪便的形式排出。蛋白质吸收后的代谢产物以含氮废物的形式通过尿液、皮肤黏膜脱落、分泌液的丢失等途径被排出。蛋白质消化率高,说明该蛋白质被消化利用的可能性大。计算公式:

$$蛋白质的真消化率 = [摄入氮 - (粪氮 - 粪代谢氮)] / 摄入氮 \times 100\%$$

其中粪代谢氮为无氮膳食期测定的粪氮排出量。

$$蛋白质的表观消化率 = (摄入氮 - 粪氮) / 摄入氮 \times 100\%$$

蛋白质的表观消化率小于蛋白质的真消化率,动物蛋白质消化率一般高于植物蛋白质。另外,食品加工方法影响蛋白质的消化率。

3. **蛋白质生物学价值(biological value,BV)** 反映食物蛋白质经消化吸收后,被机体利用的程度。即摄入一定数量的食物蛋白质后,机体利用的食物蛋白质数量(储留氮)与消化吸收的食物蛋白质数量(吸收氮)的比值,用此比值的100倍表示,该指标反映蛋白质的利用率。

$$蛋白质生物学价值 = 储留氮 / 吸收氮 \times 100$$
$$吸收氮 = 摄入氮 - (粪氮 - 粪代谢氮)$$
$$储留氮 = 吸收氮 - (尿氮 - 尿内源氮)$$

其中尿内源氮为无氮膳食期测定的尿氮排出量。

食物蛋白质的生物学价值高低主要取决于食物蛋白质中各种必需氨基酸的含量和比值。动物蛋白质(如肉、鱼、奶、蛋)的生物学价值较高。在研究蛋白质的营养价值时,因鸡蛋蛋白质的利用率最高,在实验中常以它作为参考蛋白质。

> 基础链接 3-3
> 常用食物的蛋白质生物学价值

4. **氨基酸评分(amino acid score,AAS)** 又称为蛋白质化学评分,该指标分两步计算。

(1)必需氨基酸评分值的计算:食物蛋白质中的必需氨基酸和参考蛋白质或理想模式中相应的必需氨基酸的比值。参考蛋白质可采用WHO人体必需氨基酸模式。公式表示:

$$氨基酸评分 = \frac{被测蛋白质每克氮(或蛋白质)中氨基酸量(mg)}{理想模式或参考蛋白质中每克氮(或蛋白质)中氨基酸量(mg)} \times 100$$

(2)确定食物蛋白质氨基酸评分:计算每种必需氨基酸的评分值,在计算结果中找出最低的必需氨基酸的评分值,该种氨基酸即为该蛋白质的第一限制氨基酸,此分值即为被测蛋白质的氨基酸评分。

在某一个时点上,人体合成自身蛋白质多肽链时对所需氨基酸的种类、数量及相互间的比例均有一定的要求,但不同食物蛋白质所提供的氨基酸种类和数量都不尽相同,人体蛋白质及食物蛋白质在必需氨基酸的种类和含量上存在着差异，在营养学上常用氨基酸模式来反映这种差异。

氨基酸模式（amino acid pattern）：指蛋白质中各种必需氨基酸的构成比例。其计算方法是将该种蛋白质中的色氨酸含量定为1，分别计算出其他必需氨基酸的相应比值，这一系列的比值就是该种蛋白质的氨基酸模式。

食物蛋白质与人体蛋白质在氨基酸模式上越接近，必需氨基酸被机体利用的程度就越高，食物蛋白质的营养价值也相对越高；反之，食物蛋白质中限制氨基酸种类较多时，或蛋白质的氨基酸评分值较低时，食物蛋白质与人体蛋白质在氨基酸模式上差别较大，必需氨基酸被机体利用的程度也较低，其营养价值相对较低。由此可见，蛋白质的氨基酸评分和氨基酸模式指标是被测食物蛋白质与推荐的理想模式或参考蛋白质之间的比较，反映食物蛋白质的构成与利用的关系，也可间接反映人体不同年龄和不同生理状态下的氨基酸需要比例或模式。

两种或两种以上食物蛋白质混合食用，其中所含有的必需氨基酸取长补短、相互补充，达到较好的比例，从而提高蛋白质的利用率的作用称为蛋白质的互补作用。玉米、面粉等谷类中赖氨酸含量较低，甲硫氨酸含量相对较高，而大豆中的蛋白质恰恰相反，混合食用时赖氨酸和甲硫氨酸两者可相互补充。例如，玉米、小米、大豆单独食用时，其生物学价值分别为60、57、64，如按40%、40%、20%的比例混合食用，生物学价值可提高到70。若在植物性食物的基础上再添加少量动物性食物，其蛋白质的生物学价值还会提高。

基础链接3-4
食物蛋白质氨基酸含量及比值

（四）蛋白质营养不良

蛋白质对于人类是不可缺少的，蛋白质的缺乏会给人体健康造成灾难性的创伤。蛋白质缺乏在成人和儿童中都有发生，但处于生长阶段的儿童更为敏感。蛋白质缺乏常伴有能量不足，故称蛋白质-能量营养不良（protein-energy malnutrition，PEM）。

1. 分型　根据缺乏以蛋白质为主还是以能量为主，临床上将PEM分为消瘦型、水肿型、混合型三种。

（1）消瘦型：能量严重摄入不足，临床表现为明显的消瘦、皮下脂肪消失、肌肉萎缩、体重低于正常体重的60%以上，生长发育期婴幼儿或儿童生长缓慢，身材矮小，皮肤黏膜可伴有维生素缺乏的体征，体弱乏力等，易引起脱水、酸中毒、电解质紊乱而导致死亡。

（2）水肿型：多见于急性严重蛋白质缺乏，可出现眼睑肿胀、满月脸，身体低垂部水肿，可有肝大或出现腹水，脂肪减少不明显，身高、体重正常或稍低于正常范围，但肌肉松弛。免疫功能下降，可出现胃肠炎或呼吸道感染，伴有神情淡漠或焦躁易怒、身体软弱无力等表现。严重者合并败血症、电解质紊乱等。

基础链接3-5
水肿型营养不良

（3）混合型：最常见的一种，兼有程度不等的消瘦型和水肿型的临床表现，由于临床特征的程度及病程不同，有时诊断比较困难，尤其是慢性轻度病例，临床症状多不明显和典型，故常需综合病史、实验室检查等方法进行诊断。

2. 病因　原发性蛋白质-能量营养不良多发生在饥饿、战争时期或贫困的国家和地区的人群中；或由于早产儿，母乳不足，食物选择不当；婴幼儿食物添加不当，偏食、挑食。继发性蛋白质-能量营养不良指继发于疾病因素所引起的PEM，散发在世界各地的各类人群中，多由于胃肠道疾病、蛋白质消化吸收不良、长期消耗性疾病、蛋白质合成障碍或丢失过多所引起。

3. 预防　鼓励婴儿母乳喂养和合理人工喂养，发展婴儿断奶食品；增加优质蛋白质的摄入，同时应满足蛋白质及其他营养素的供给量；研究各类住院患者蛋白质需要量及食品或营养补充剂，医生在治疗时，应注意充足能量和蛋白质的供应，必要时采用肠外营养或经肠营养以补充患者所需要的营养素；加强对 PEM 易感人群的监测；加强食品卫生管理，防止胃肠道传染病、寄生虫病的发生。

（五）蛋白质的食物来源与供给

蛋白质的食物来源可分为动物蛋白质和植物蛋白质。优质蛋白质主要存在于动物性食物和大豆及其制品中，如瘦肉、鱼、蛋类、牛奶、大豆。大多数植物性食物（如大米、玉米、小麦、高粱、杂豆类等）所含优质蛋白质数量少，必需氨基酸的种类不全或某种必需氨基酸的比值过低，长期食用某种单一植物性食物不利于蛋白质的营养。膳食中可通过蛋白质互补作用提高混合蛋白质的营养价值。

临床营养过程中可根据实际需要选择含氮的口服、肠内及肠外营养制剂，经调配后以适当途径补给。

蛋白质的供给：正常生理状态下，按总能量计算，成人蛋白质的供热量应占总能量的 10%~20%，可以确保维持正常的生理功能；儿童青少年蛋白质供热量占总能量的比值为 8%~20%，以保证生长发育的需要。具体数量参照中国营养学会制定的《中国居民膳食营养素参考摄入量》。

二、脂类

脂类包括中性脂肪和类脂。中性脂肪即三酰甘油，95% 的食物脂类是三酰甘油；类脂包括磷脂、糖脂、固醇类、脂蛋白等。食物脂类易溶于有机溶剂和其他脂溶性物质，常与脂溶性维生素共存。

（一）脂类的生理功能

食物脂肪改善食物的感官性状，增加食物的美味，促进食欲、增强饱腹感、提供脂溶性维生素、促进脂溶性维生素的吸收和利用。脂类消化的主要场所是小肠。吸收后的脂类由脂蛋白参与进行转运。膳食脂肪营养价值的高低取决于脂肪中必需脂肪酸含量的多少、脂肪的消化率及脂溶性维生素的含量。

> 基础链接 3-6
> 脂类的生理功能

（二）脂类的分类

1. 三酰甘油 由 1 个甘油分子和 3 个脂肪酸分子组成的酯，主要分布于人体腹腔、皮下和肌肉纤维之间。

脂肪酸因其所含的脂肪酸链的长短、饱和程度和空间结构不同，而呈现不同的特性和功能。按其碳链长短可分为短链脂肪酸（6 碳以下）、中链脂肪酸（8~12 碳）和长链脂肪酸（14 碳以上）；按其饱和度可分为饱和脂肪酸、单不饱和脂肪酸、多不饱和脂肪酸；不饱和脂肪酸根据碳链上双键的位置可分 n-3、n-6、n-9 等系列；此外，按其空间结构不同，还可分为顺式脂肪酸和反式脂肪酸。

必需脂肪酸是指人体内不能合成，必须每日由食物供给的多不饱和脂肪酸，包括亚油酸（$C_{18:2}$，n-6）和 α-亚麻酸（$C_{18:3}$，n-3）。

> 基础链接 3-7
> 常见脂类脂肪酸构成

必需脂肪酸主要具有以下功能。

（1）磷脂的重要组成成分：参与膜磷脂的合成，磷脂是细胞膜的主要结构成分，构成线粒体和生物膜，所以必需脂肪酸与细胞膜的结构和功能直接相关。

（2）合成前列腺素的前体：前列腺素具有多种生理功能，如使血管扩张和收缩、神经刺激的传导、减少血栓形成和血小板聚集的趋势等。

（3）与胆固醇的代谢有关：体内约70%的胆固醇与必需脂肪酸酯化成酯被转运和代谢。必需脂肪酸能降低血胆固醇和三酰甘油。

必需脂肪酸缺乏，可引起生长迟缓、生殖障碍、皮肤损伤及肾、肝、神经和视觉方面的多种疾病。而过多的多不饱和脂肪酸的摄入，也可造成体内有害的氧化物、过氧化物等堆积，同样可对身体产生多种慢性危害。

膳食中的饱和脂肪酸如月桂酸、肉豆蔻酸、棕榈酸分别是十二碳、十四碳、十六碳的饱和脂肪酸，可升高低密度脂蛋白胆固醇（LDL-C），饱和脂肪酸不易被氧化为过氧化物等有害产物，人体不应完全排除饱和脂肪酸的摄入。

橄榄油和茶油中的单不饱和脂肪酸能降低血总胆固醇和LDL-C，而不降低高密度脂蛋白胆固醇（HDL-C），对心脑血管具有保护作用。

反式脂肪酸不是天然产物，通常由植物油氢化加工产生，如人造黄油。近年来研究发现，反式脂肪酸摄入量多可使血浆LDL-C升高，HDL-C下降，增加患冠心病的危险性。

> 基础链接3-8
> 反式脂肪酸

2. 磷脂　是三酰甘油中的1个或2个脂肪酸被含磷酸的其他基团所取代的一类脂类物质。常见于食物中的卵磷脂是磷酸胆碱取代三酰甘油中的1个脂肪酸而形成的。磷脂分子同时具有亲水性和亲脂性，作为乳化剂，促进脂肪的乳化、吸收、代谢、转运。磷脂还是细胞膜结构的构成成分之一。

3. 固醇类　是含有环戊烷多氢菲环的化合物，包括动物组织中的胆固醇（cholesterol）和植物组织中的谷固醇。人体最重要的固醇是胆固醇，它是体内类固醇激素与内源性维生素D的原料，是细胞膜的重要成分；广泛存在于动物性食品中，植物组织不含胆固醇；胆固醇的代谢产物胆酸能乳化脂类，帮助膳食脂类吸收。但是过多地摄入胆固醇，可引起血脂水平升高，在动脉沉积，形成动脉粥样硬化。

> 基础链接3-9
> 常见食物胆固醇含量

（三）脂类的食物来源及供给

脂肪的食物来源主要是植物油、动物性食物及坚果类。食用油约含100%脂肪。动物脂肪含40%~60%的饱和脂肪酸，30%~50%的单不饱和脂肪酸，多不饱和脂肪酸含量极少。植物油含10%~20%的饱和脂肪酸和80%~90%的不饱和脂肪酸，而多数含多不饱和脂肪酸较多，如豆油、花生油等；茶油和橄榄油富含单不饱和脂肪酸，油酸含量达79%~83%。海水鱼富含二十碳五烯酸（EPA）和二十二碳六烯酸（DHA），亚麻子油、苏子油也是n-3系的良好来源。一般而言，植物油中必需脂肪酸含量较多（椰子油除外），动物油中则含量较少（鱼油例外）。动物脑、内脏、蛋黄、虾子、蟹黄等食品中富含胆固醇，应减少食用。

中国营养学会推荐脂肪供能占总能量的比值：成人为20%~30%，儿童、青少年为25%~30%，其中必需脂肪酸宜占总能量的2%；多不饱和脂肪酸、单不饱和脂肪酸、饱和脂肪酸的比值在1:1:1为宜。胆固醇的摄入量以每天不超过300 mg为宜。

三、糖类

糖类（carbohydrate）又称碳水化合物，是由碳、氢、氧三种元素组成的一类宏量营养素，是人类能量的主要来源。

（一）糖类的分类

糖类包括食物中的单糖、双糖、寡糖和多糖。

1. 单糖（monosaccharide） 是不能被水解的最简单的糖类。食物中的单糖主要有葡萄糖、果糖和半乳糖。

（1）葡萄糖：是一类具有右旋性和还原性的醛糖，是构成食物中各种糖类的基本单位。正常人体血浆中的浓度是 5 mmol/L 左右。

（2）果糖：主要存在于水果及蜂蜜中，是最甜的单糖。玉米糖浆含果糖 40%~90%，是饮料、冷冻食品、糖果蜜饯生产的重要原料。果糖吸收后经肝转变成葡萄糖被人体利用，部分可转变为糖原、脂肪或乳酸。

2. 双糖（disaccharide） 由 2 分子单糖缩合而成，常见的有蔗糖、麦芽糖和乳糖。

（1）蔗糖：由 1 分子葡萄糖和 1 分子果糖以 α 糖苷键连接而成。日常食用的蔗糖由甘蔗或甜菜提取而来。

（2）麦芽糖：由 2 分子葡萄糖以 α 糖苷键连接而成，是淀粉的分解产物，存在于麦芽中。

（3）乳糖：由 1 分子葡萄糖与 1 分子半乳糖以 β 糖苷键连接而成，存在于哺乳类动物的乳汁中，在人体消化道被乳糖酶（lactase）水解而消化吸收。如果乳糖酶活性降低或缺失而导致大量未被吸收的乳糖进入大肠，乳糖在肠道细菌的作用下产酸、产气，导致胃肠不适、胀气、痉挛和腹泻等，即为乳糖不耐受。

3. 寡糖（oligosaccharide） 是由 3~9 个单糖构成的小分子多糖。较重要的寡糖有棉子糖和水苏糖。

棉子糖由葡萄糖、果糖和半乳糖构成，水苏糖由组成棉子糖的三糖再加上一个半乳糖组成。它们主要存在于豆类食品中，因在肠道中不被消化酶消化，难于吸收，产生气体和其他产物，可造成肠胀气；而有些寡糖可被肠道有益细菌（如双歧杆菌）利用，促进这些菌群的增加而产生保健作用。

4. 多糖（polysaccharide） 是 10 个以上单糖组成的多糖化合物。其中一部分可被人体消化吸收，如糖原、淀粉，为可利用多糖；另一部分不能被人体消化吸收，构成膳食纤维。

（1）糖原：为含有许多葡萄糖分子和支链的动物多糖。由肝和肌肉合成和贮存。食物中糖原很少。

（2）淀粉：是由许多葡萄糖组成的能被人体消化吸收的植物多糖，是人类糖类的主要食物来源，据其结构可分为支链淀粉和直链淀粉。

抗性淀粉（resistant starch，RS）是在人的小肠内不能被吸收的淀粉及其分解产物的总称。抗性淀粉的主要生理功能是供应非常低的持久的能量，它的饱腹作用也较持久，具有调节血糖的作用。

（3）膳食纤维：指存在于食物中不能被机体消化吸收的多糖类化合物的总称。人类消化道中没有分解这类多糖（β 糖苷键连接）的酶，故人体不能消化吸收，但其具有重要的生理作用。可分为不溶性纤维与可溶性纤维。

不溶性纤维：包括纤维素、半纤维素和木质素。纤维素存在于所有植物中，以小麦为代表；半纤维素存在于小麦、黑麦、大米、蔬菜中；木质素存在于所有植物中。

可溶性纤维：包括果胶、树胶和黏胶，存在于柑橘类、燕麦类、瓜类、豆类中。

（二）糖类的生理功能

可利用多糖是人类能量的主要来源。

（三）膳食纤维的生理功能

1. 通便防癌　纤维素、半纤维素、木质素等能增加粪便体积，增强肠蠕动。膳食纤维对肠壁有刺激作用，能促进肠蠕动；还具有很强的吸水性以增大粪便体积，因此利于排便。膳食纤维能吸附由细菌分解胆酸等生成的致癌、促癌物质。增加膳食纤维的摄入对于憩室病患者可减轻症状，对痔及肛门疾病的防治也有利。

2. 降低血清胆固醇　膳食纤维可吸附胆酸，减少胆酸的重吸收，从而促进肝内胆固醇代谢转变为胆酸排出。果胶、燕麦、豆类、水果、蔬菜有降低血浆胆固醇的作用，故对于心脑血管疾病与胆石症的防治均有帮助。

3. 控制体重及降低血糖、血胆固醇等保健功能　果胶等可溶性膳食纤维还具有延缓胃排空时间、减缓葡萄糖吸收、降低血胆固醇、稳定血糖的作用。

4. 吸附化学物质　能吸附某些食品添加剂、农药、洗涤剂等化学物质，对健康有利。

（四）糖类的食物来源及供给

1. 糖类主要食物来源　粮谷类、薯类、根茎类蔬菜、豆类、含淀粉多的坚果、精制食糖及含糖饮料等。蔬菜、水果及加工粗糙的粮谷类是膳食纤维的主要来源。

2. 糖类的供给　按热能计算，成人的摄入量应控制在总热能的 50%~65% 较为适宜，其中精制糖应占总热能的 10% 以下。中国营养学会在平衡膳食宝塔基础上，建议不同能量摄入情况下的膳食纤维推荐参考摄入量：低能量组（1 800 kcal）24.9 g/d，中能量组（2 400 kcal）30.2 g/d，高能量组（2 800 kcal）35.4 g/d。摄入过量的膳食纤维可以影响其他营养物质的消化和吸收，还会增加肠道蠕动和产气量导致腹胀不适。

由于人体摄入不同种类的食物后会引起不同的血糖反应，营养学上常用食物血糖生成指数表示食物对血糖影响的综合结果，并以此作为选择多糖类食物的依据。

血糖生成指数（glycemic index, GI）是食物的一种生理学参数，是衡量食物引起餐后血糖反应的指标。

四、热能

国际上通用的热能单位是焦耳（joule, J）、千焦耳（kJ）、兆焦耳（MJ）。营养学上热能的常用单位为千卡（kilocalorie, kcal）。两种热能单位的换算如下。

$$1 \text{ kcal} = 4.184 \text{ kJ} \qquad 1 \text{ kJ} = 0.239 \text{ kcal}$$

（一）人体能量的来源

能量是一切生物体包括人类维持生命和一切活动所必需的。人类能量来自蛋白质、脂肪和糖类三大生热营养素。三大生热营养素在人体内的产热量称为热能系数，蛋白质为 16.74 kJ（4.0 kcal）/g，脂肪为 37.56 kJ（9.0 kcal）/g，糖类为 16.81 kJ（4.0 kcal）/g。

（二）人体能量的消耗

人体的能量消耗包括基础代谢、食物热效应、体力活动，生长期还要加上生长发育所需的能量。

1. **基础代谢** 是维持基本的生命活动的最低热能消耗量，即人体在安静和恒温条件下，禁食12 h后，静卧、放松而又清醒时的热能消耗。常用代谢率表示，根据测定时的状态或条件分为基础代谢率、静息代谢率。

基础代谢率（basal metabolism rate，BMR）是维持生命活动的最低能量消耗。即人体在清醒、静卧、空腹（进食后12~14 h）、思想放松、室温适宜（18~25℃）时维持呼吸、心跳、体温、循环、腺体分泌、肌肉紧张度等生理活动所消耗的能量。

静息代谢率（resting metabolism rate，RMR）是机体处于休息状态，进食3~4 h后测定的每小时每平方米体表面积（或每千克体重）的热能消耗。因此时仍有消化活动，一般静息代谢率高于基础代谢率。

人体的基础代谢率不仅存在着个体之间的差异，自身的基础代谢率也常有波动。影响人体基础代谢率的因素如下。

（1）体格的影响：体表面积大者，散发热能也多，所以同等体重者，瘦高者基础代谢率高于矮胖者。

（2）不同生理、病理状况的影响：儿童和孕妇的基础代谢率相对较高。成年后，随年龄增长，基础代谢率不断下降。生病发热或甲状腺等有关激素水平异常时，也能改变基础代谢的热能消耗。

（3）环境条件的影响：能引起交感神经兴奋的因素通常使基础代谢率增高。炎热或寒冷、过多摄食、精神紧张等都可使基础代谢水平升高。在高温环境下因散热需要出汗，呼吸、心搏加快；温度过低可使机体散热增加并颤抖，因此不论高温环境或低温环境都可引起基础代谢率增高。尼古丁和咖啡因可以刺激机体，引起基础代谢水平升高。

2. **食物热效应**（thermic effect of food，TEF） 人体在摄食过程中，由于要对食物中的营养素进行消化、吸收、代谢转化等，需要额外消耗能量，同时引起体温升高和散发热能，这种因摄食而引起的热能的额外消耗称为食物热效应。

三大生热营养素的热效应各不相同，与其产生的总热能相比，蛋白质食物热效应约为它所产能量的30%，糖类为5%~6%，脂肪为4%~5%。混合膳食的食物热效应为人体每日基础代谢消耗热能的10%。不同的食物其组成成分不同，热效应不等。这与营养素消化吸收后转变成ATP的量及转变成组织成分时消耗的能量有关。

3. **体力活动** 所消耗的热能占人体总热能消耗的15%~30%，是人体热能消耗变化最大，也是人体控制热能消耗、保持能量平衡、维持健康最重要的部分。劳动所消耗的热能与劳动强度、持续时间长短、熟练程度、环境及气候、个体肌肉发达程度、体重等因素有关。中国营养学会2001年将我国居民活动强度分为三级，即轻、中、重体力活动，用体力活动水平（physical activity level，PAL）表示。

基础链接3-12 PAL分级

4. **生长发育及孕妇、乳母对热能的需求** 婴幼儿、儿童、青少年的生长发育需要能量。新生儿按千克体重与成人比较，其能量消耗比成人多2~3倍。3~6个月的婴儿，每天用于生长发育的能量占摄入能量的15%~23%。由于子宫内胎儿的发育，孕妇间接地承担并提供其迅速发育所需的能量，还要加上自身器官及生殖系统在孕期特殊需要的能量。据Waterlowd的测定结果，体内每增加 1 g 新组织约需 4.78 kcal 能量。

（三）热能的食物来源及供给

人体的热能来源是食物中的糖类、脂肪和蛋白质。粮谷类和薯类食物含糖类较多，油料作物富含脂肪，动物性食物含脂肪和蛋白质较多，大豆类和坚果类含丰富的脂肪和蛋白质。

我国人民长期以来以粮食为主，动物性食物为辅。三大生热营养素占总热能的比例，蛋白质为 10%~20%、脂肪为 20%~30%、糖类为 50%~65%。中国营养学会在 2023 年制定的《中国居民膳食营养素参考摄入量》提供了不同年龄组、不同性别、不同体力活动人群的能量摄入量推荐值。此外，不同疾病状态下的人体能量供给还应符合疾病治疗的需要。

（四）热能过剩与肥胖

热能平衡与健康的关系极大。人体由于食物摄入减少或疾病等原因造成热能摄入不足，长期的低热能摄入造成体重减轻、体力下降、抵抗力降低、工作效率和生活质量低下，环境适应能力差，增加营养不良的危险性，易于罹患各种疾病。例如体重低下的女性，性成熟延迟，易生产低体重儿。另一方面，人体每天通过食物摄入的热能大于消耗的总热能，结果过多的热能以脂肪的形式储存在皮下和腹部肠系膜、大网膜等处，造成肥胖，增加患某些慢性疾病的危险性。

1. 肥胖的定义与判断标准　由于摄入过多或机体生理生化功能改变而致体内积聚过多的脂肪，造成体重过度增加而发生一系列病理生理改变，称为肥胖（obesity）。肥胖是一种慢性非传染性疾病，表现为脂肪细胞增多和（或）细胞体积增大，即全身脂肪组织增多，与其他组织失去正常比例的一种状态。正常成年男子脂肪约占体重的 15%，女子占 22%。如果男性超过 25%，女性超过 30%，均可确定为肥胖。

2. 肥胖的病因　肥胖原因较多，有的患者可能是单一的原因，有的可能有几种因素同时存在。引起肥胖的原因包括内因和外因两个方面。外因主要有社会环境因素、饮食因素、行为心理因素等，内因主要指遗传因素。

（1）外因：随着现代交通工具的发达，职业体力劳动和家务劳动量的减少，总体力活动降低，每天热能摄入大于消耗，不能在短时间内消耗掉这些多余的能量，造成能量摄入超量和不平衡，并以脂肪形式在体内长期堆积，引起体重增加，对身体内各器官造成不良影响。近三次中国居民营养状况的调查结果也证明这一点。

（2）内因：主要为遗传因素。已发现 20 种基因突变与肥胖有关，主要有瘦素、神经肽 Y、解偶联蛋白等。肥胖有 40%~70% 由遗传因素决定，环境因素占 30%~60%。

3. 肥胖的预防　控制热能摄入与增加消耗两者相结合是防治肥胖的基本原则。具体措施包括饮食疗法、运动疗法、药物疗法和手术疗法。

限制每日总热能的摄入，使之略低于消耗量以使体重逐步下降。低热能饮食会导致某些必需营养素的缺乏，应该注意补充适量的鱼、肉、牛奶、谷类及蔬菜、水果等，有利于营养的平衡。运动可增加热能消耗，通过脂肪氧化以减少体脂，可进行大肌肉群的肌肉训练和耐力运动。运动量及强度应由小到大，循序渐进，且要持之以恒，并配合饮食控制。

五、矿物质

组成人体的各种元素，除碳（C）、氢（H）、氧（O）、氮（N）主要以有机物形式和水存在以外，其余的统称矿物质（无机盐、灰分）。矿物质占人体重量的4%~5%，其中钾（K）、钙（Ca）、钠（Na）、镁（Mg）、磷（P）、硫（S）、氯（Cl）在体内含量较多（超过体重的0.01%），称为宏量元素。体内含量低于体重的0.01%的矿物质称为微量元素（trace element, microelement）。微量元素在人体内的含量以微克或毫克计，因此膳食外的补充必须非常谨慎。必需微量元素分为3类：第一类为人体必需的微量元素，有碘（I）、锌（Zn）、硒（Se）、铜（Cu）、钼（Mo）、铬（Cr）、钴（Co）、铁（Fe）、锰（Mn）；第二类为人体可能必需的微量元素，有硅（Si）、镍（Ni）、硼（B）、钒（V）四种；第三类具有潜在毒性，但在低剂量时，对人体可能具有必需功能的微量元素，包括铅（Pb）、镉（Cd）、汞（Hg）、砷（As）、铝（Al）、锂（Li）、锡（Sn）。

矿物质可以构成人体组织成分，调节细胞膜的通透性、维持渗透压及酸碱平衡，维持神经肌肉的正常兴奋性，构成酶的辅基、激素、维生素、蛋白质和核酸的成分或参与酶系的激活。

矿物质在体内含量随年龄增长而增加，但各元素间的比例变动不大；矿物质在体内分布不均匀，如钙、磷主要储存在骨骼和牙齿，碘主要集中在甲状腺，铁主要分布在红细胞；人体不能生成矿物质，除排出体外，矿物质也不能在体内代谢中消失。人体每天都会通过各种途径排出矿物质，如肠道、肾、汗腺、头发、指甲、皮肤等，因此必须通过膳食补充。但某些矿物质的生理作用剂量带与中毒剂量带距离较小，摄入不足容易缺乏，补充过多又容易中毒，如硒、氟。根据矿物质在食物中的分布特点及我国人民的膳食习惯，在我国人群中容易缺乏的矿物质有钙、铁、锌、硒、碘等。

（一）钙

成人体内含钙（calcium）850~1 200 g，占体重的1.5%~2.0%，是人体内含量最多的一种矿物质。人体内的钙有99%集中在骨骼和牙齿中，其余1%以结合或游离的离子状态存在于软组织、细胞外液和血液中，称为混溶钙池。正常情况下，混溶钙池中的钙与骨钙保持着动态平衡，这对于维持正常的血钙水平与体内细胞正常的生理状态具有重要的意义。

1. 影响吸收的因素　钙的吸收主要在十二指肠与空肠上段，是一个需要能量的主动吸收过程。影响钙吸收的因素主要包括机体和膳食两个方面。

（1）机体因素：包括生理需要量，机体维生素D、钙和磷的营养状况，胃酸分泌、胃肠黏膜接触面积和体力活动等。生理需要量主要受骨骼生长速度和妊娠及哺乳期钙的额外支出的影响。在生命周期里，骨骼生长越快，钙吸收率也越高。婴儿期钙的吸收率约60%，儿童期略低于婴儿期，约40%，成人期则降低至20%~40%，老年人则会进一步降低。孕中晚期钙吸收率可增高至50%~60%。女性停经后，雌激素水平的急剧降低导致钙吸收率下降。机体维生素D缺乏会降低$1,25\text{-}(OH)_2\text{-}D_3$水平，从而降低吸收率。血磷升高也降低钙吸收率。胃酸缺乏可降低钙盐的溶解度而减少吸收。此外，体力活动可提高吸收率并促进钙的储存。

（2）膳食因素：钙摄入量是膳食中影响钙吸收率和吸收总量最重要的因素。乳糖、寡糖、适量的蛋白质和一些氨基酸可与钙结合成活性络合物，有利于钙的吸收。低磷膳食可刺激维生素D活化，促进钙吸收。膳食中草酸、植酸可与钙形成沉淀，降低钙的吸收。膳食纤维、脂肪酸可与钙结合形成不溶性复合物而降低钙的吸收。

20岁以前，主要为骨的生长阶段，其后的10余年骨质继续增加，30~35岁，人体内的骨质达到顶峰，称为骨峰值（peak bone mass）。之后，骨吸收逐渐大于骨形成，骨质量开始下降，每年下降总量的0.7%，女性比男性早，女性停经后骨丢失加速，当骨质丢失达到一定程度时，就不能保持骨骼结构的完整，甚至压缩变形，以至在很小外力下即可发生骨折，即为骨质疏松症（osteoporosis）。骨骼成熟时所达到的骨峰值，是防止骨质疏松危险性的主要因素。

2. 缺乏与过量的危害

（1）钙缺乏：钙缺乏症是较常见的营养性疾病，主要表现为骨骼的病变。儿童时期生长发育旺盛，对钙需要量较多，如长期摄钙不足，加上蛋白质和维生素 D 缺乏，可引起生长迟缓，新骨结构异常，骨钙化不良，骨骼变形，发生佝偻病（rickets）。多见于 2 岁以下婴幼儿，特别是早产儿和孪生儿。骨质疏松症表现为骨矿物质含量（bone mineral content，BMC）和骨密度（bone mineral density，BMD）降低，骨脆性（fragility）和骨折危险性增加。按照 WHO 定义，女性个体 BMD 低于年轻成年女性平均值的 2.5SD 以上者，即视为骨质疏松。据此标准，美国 50 岁以上女性的骨质疏松发生率为 38%，在我国约有 1/3 的更年期女性患有骨质疏松。老年人骨密度的高低主要由两个因素决定，一是骨成熟期所能达到的峰值骨密度，二是达到峰值后骨质丢失的速度。引起更年期骨质疏松症的直接因素是雌激素水平降低，但众多的研究显示，平时膳食钙摄入量高的妇女，其峰值骨密度较高，而骨骼成熟时所达到的骨峰值与降低骨质疏松危险、推迟发病、延缓病程密切相关。因此，对青春发育期到 40 岁前后的妇女，膳食钙营养应给予特别的关注。

（2）钙过量：首先增加肾结石的危险性。高钙尿是肾结石（nephrolithiasis）的一个重要危险因素。草酸（oxalic acid）、蛋白质和植物纤维（plant fiber）摄入量高，是易于与钙结合成结石的相关因子。此外，钠、磷、镁对结石形成也有影响。所以过量钙摄入被认为是肾结石发病的一个重要因素。奶碱综合征（milk-alkali syndrome，MAS）最早发现于采用大量碳酸氢钠、磷酸钙和奶治疗消化性溃疡之后，首次报道于 1915 年。奶碱综合征的典型症候群包括高钙血症、碱中毒和肾功能障碍，其严重程度决定于钙和碱的摄入量和持续时间。如果停止钙和碱的摄入，症状可有某些恢复和改善。过量钙干扰其他矿物质的吸收和利用。钙和铁、锌、镁和磷等元素存在着相互作用，高钙摄入能影响这些必需矿物质的生物利用率（bioavailability）。例如，钙可明显抑制铁的吸收，并存在剂量 - 反应关系（dose-response relationship），只要增加 300 mg 的钙，就会对膳食铁的吸收产生很大的抑制作用，钙剂补充对铁需要量明显增加的孕妇、生长迅速的儿童及贫血患者进行铁剂补充时铁的生物利用率的影响值得进一步研究。高钙膳食可降低锌的生物利用率，还会导致镁缺乏。

3. 参考摄入量及食物来源　钙的适宜摄入量成人为 800 mg/d，儿童青少年和孕妇、哺乳期妇女应适当增加，分别为 1 000 mg/d、1 500 mg/d；可耐受最高摄入量 1 岁以上为 2 000 mg/d。含钙丰富的食物首推奶和奶制品，其次为海产品，如虾皮、海带、紫菜等，另外豆类及其制品、芝麻酱和一些蔬菜含钙也很丰富。钙的食物来源除考虑含量以外，还应该考虑其吸收率。钙的吸收率随年龄的增长而下降；需要量增高时，如婴幼儿、孕妇、哺乳期妇女，钙的吸收率也会相应增加；维生素 D、乳糖、某些氨基酸和充足的蛋白质可促进钙的吸收。钙的吸收还受膳食成分的影响，食物中的草酸盐、植酸盐、磷酸盐可与钙结合形成难以吸收的盐类而影响其吸收，膳食纤维干扰钙的吸收，脂肪消化不良和服用抗酸性药物也影响钙的吸收。

> 基础链接 3-13
> 常见食物钙含量

建议我国居民改进膳食结构，提高奶类食品、海产品和豆类食品的摄入量，以提高钙的营养水平。

（二）铁

铁（iron）是人体必需微量元素中含量最多的一种，人体含铁 4~5 g。约 75% 的铁以血红蛋白、肌红蛋白和含铁酶类的形式存在，称为功能性铁；其余25%为储存铁，以铁蛋白和含铁血黄素的形式存在于肝、脾和骨髓中，体内无游离的铁离子。

1. 影响吸收的因素　膳食铁分为血红素铁和非血红素铁。铁的吸收主要在小肠，膳食中铁的吸收率差异很大，从小于1%到大于50%。机体铁营养状况、生理病理改变、膳食中铁的含量及存在形式，都影响铁的吸收。

（1）血红素铁吸收：血红素铁主要来自肉和禽的血红蛋白和肌红蛋白。它是原卟啉结合的铁，以含铁卟啉复合物的形式整个被肠黏膜上皮细胞直接吸收，再由血红素加氧酶裂解成卟啉和铁。因此血红素铁的吸收率受膳食因素影响较少，当膳食中有肉存在时，铁的吸收率平均为25%。但膳食中过多的钙可降低血红素铁的吸收。体内铁储量可影响血红素铁的吸收，铁缺乏时，血红素铁吸收率可高达40%。

（2）非血红素铁吸收：非血红素铁主要存在于植物性食物中。非血红素铁在吸收前，必须与结合的有机物（如蛋白质、氨基酸和有机酸等）分离，而且需要先被还原成二价铁后才被吸收，因此受膳食因素影响较大。膳食中抑制非血红素铁吸收的物质有植酸、多酚、钙等。植酸主要以肌醇六磷酸盐的形式广泛存在于谷物、种子、坚果、蔬菜和水果中。足够量的抗坏血酸可部分拮抗这种抑制作用。对非血红素铁吸收有促进作用的有抗坏血酸、有机酸及肉、鱼、海产品等。

2. 缺乏与过量的危害

（1）铁缺乏：膳食中长期缺铁会引起缺铁性贫血。缺铁性贫血是一个世界范围的营养问题，婴幼儿、青少年、育龄妇女，尤其是孕妇、哺乳期妇女和一些老年人均是缺铁性贫血的好发人群。缺铁的一般临床表现为面色苍白、食欲不振、乏力、易疲倦、心悸、头晕、毛发干燥无光泽、反甲等。婴幼儿缺铁表现为易烦躁或表情冷漠呆板，严重者会影响智力；儿童、青少年表现为注意力不集中，记忆力、认知力、耐力下降，容易疲劳，抵抗力下降等；孕妇缺铁会出现早产、胎儿发育迟缓、围产期死亡率增加等。

（2）铁过量：可致中毒。肝是铁过载损伤的主要靶器官，铁过量可致肝纤维化、肝硬化、肝细胞瘤。铁过量通过催化自由基的生成、促进脂蛋白的过氧化、形成氧化低密度脂蛋白等，参与动脉粥样硬化的形成。铁过多会导致机体氧化和抗氧化系统失衡，直接损伤DNA，诱发突变，与肝、结肠、直肠、肺、食管、膀胱等多种器官的肿瘤可能有关。

3. 参考摄入量及食物来源　铁的适宜摄入量成年男子为12 mg/d，成年女子为20 mg/d，孕妇后期、哺乳期妇女可增加至24~29 mg/d；可耐受最高摄入量11岁以上为50 mg/d。食物中的铁有血红素铁和非血红素铁两种存在形式，血红素铁主要存在于动物性食物中，吸收率较高，一般为10%~30%；非血红素铁主要存在于植物性食物中，吸收率较低，一般低于10%。非血红素铁为三价铁，必须在胃酸的作用下分解为亚铁离子后才能被吸收。食物中的维生素C、维生素B_2、某些有机酸、动物蛋白、果糖等能促进铁的吸收；而食物中的草酸盐、植酸盐、磷酸盐、鞣酸盐等可抑制铁的吸收，胃酸缺乏或大量服用抗酸性药物时，铁的吸收率也会降低。

补铁最好的途径为食补，膳食中铁的良好来源为动物肝、动物血液、瘦肉和鱼类；植物性食物中黑木耳、海带、芝麻酱、菌类和一些蔬菜含铁也比较丰富，但吸收率较低；各种铁强化食物（如酱油、面粉、面包、米粉等）也可使铁的摄入量增加。

（三）锌

人体含锌（zinc）2~2.5 g，主要存在于肌肉、骨骼和皮肤，内脏、肾上腺、前列腺也含一定量的锌。

1. 影响吸收的因素　食物中的锌主要在小肠内吸收。锌浓度低时，与肽形成复合物被主动吸收；高浓度时，则以被动扩散的形式被吸收。食物中的半胱氨酸、组氨酸等有机酸有利于锌的吸收，植酸、鞣酸、纤维素等对锌吸收不利。铁可竞争黏膜细胞的锌结合受体，故可抑制锌吸收。

2. 缺乏与过量的危害

（1）锌缺乏：生长期儿童较容易缺锌，主要表现为生长迟缓，食欲不振、味觉迟钝甚至丧失（异食癖），皮肤创伤不易愈合、易感染、性成熟延迟、第二性征发育障碍、性功能减退，皮肤干燥、粗糙，智力低下，认知能力不良等。严重的先天性锌吸收不良在人类证明为肠病型肢端性皮炎。孕妇严重缺锌可引起胎儿中枢神经系统先天性畸形。

（2）锌过量：用镀锌罐头装的食物或饮料可有锌污染，摄入这类食品过多可发生锌中毒。典型表现为上腹部疼痛、腹泻及恶心呕吐。职业接触吸入金属锌烟，可出现呼吸增强、出汗及虚脱。每天补充锌 25 mg，可继发铜缺乏。长期摄入锌 150 mg/d，可发生血清高密度脂蛋白降低、胃损伤及免疫功能抑制。

3. 参考摄入量及食物来源　锌的推荐摄入量成年男性为 12 mg/d，成年女性为 8.5 mg/d；可耐受最高摄入量成年男性为 40 mg/d，成年女性为 37 mg/d。锌的食物来源广泛，动物性食物如内脏、肉、蛋奶类和海产品含锌量高，吸收率也高（35%~40%），尤其海产品（牡蛎、贝类）含锌丰富；植物性食物，如豆类、坚果、麦麸、全谷、胚芽等，含锌也比较丰富，但吸收率较低（1%~20%）；蔬菜、水果含锌量较低。

> 基础链接 3-14
> 常见食物锌含量

（四）硒

硒（selenium）在人体内总量为 14~20 mg，广泛分布于所有组织和器官中，如肝、胰、肾、心、脾、牙釉质及指甲，而脂肪组织含量最低。

1. 影响吸收的因素　进入体内的硒绝大部分与蛋白质结合，称为"含硒蛋白"。硒甲硫氨酸来自植物性食物，而硒半胱氨酸则来自动物性食物。

硒主要在十二指肠、空肠和回肠中吸收。硒在体内的吸收、转运、排出、储存和分布受许多外界因素的影响，主要是膳食中硒的化学形式和量。另外，性别、年龄、健康状况，以及食物中是否存在硫、重金属、维生素等化合物也会影响硒的吸收。以硒甲硫氨酸形式供给时，可完全吸收，其他形式的硒一般吸收良好。然而无机形式的硒因受到肠内因素的影响，吸收变化较大。因此，硒吸收率通常为 50%~100%。

2. 缺乏与过量的危害

（1）硒缺乏：已被证实是发生克山病的重要原因。克山病在我国初发生于黑龙江省克山地区，其易感人群为 2~6 岁的儿童和育龄妇女，临床上可见其主要症状为心脏扩大、心功能失代偿、心力衰竭或心源性休克，严重时可发生房室传导阻滞、期前收缩等。此外，缺硒与大骨节病也有关，用亚硒酸钠与维生素 E 治疗儿童早期大骨节病有显著疗效。

（2）硒过量：硒摄入过多可致中毒。主要表现为头发变干、变脆、易断裂及脱落，其他部位如眉毛、胡须及腋毛也有上述现象，肢端麻木、抽搐，甚至偏瘫，严重时可致死亡。

3. 参考摄入量及食物来源　硒的推荐摄入量为 60 μg/d（12 岁以上人群），成人可耐受最高摄入量为 400 μg/d。我国根据膳食调查结果确定的预防克山病所需的硒最低需要量为 19 μg/d（男）、14 μg/d（女）。动物性食物肝、肾、肉类及海产品是硒的良好食物来源。但食物中硒含量受当地水土中硒含量的影响很大。

六、维生素

维生素（vitamin）是维持机体正常生理功能及细胞内特异代谢反应所必需的一类有机化合物。虽然各种维生素化学结构不同，生理功能各异，但都具有以下共同特点：①维生素大都是以其本体或可被机体利用的前体形式存在于天然食物中；②大多数维生素不能在体内合成，也不能大量贮存于组织中，故必须经常由食物供给；③维生素既不参与机体构成也不提供能量；④维生素以辅酶或辅基的形式参与酶的功能。

维生素分为脂溶性和水溶性两大类。①脂溶性维生素：包括维生素 A、维生素 D、维生素 E、维生素 K，不溶于水，溶于油脂或有机溶剂，在食物中主要存在于植物油、坚果类和动物性食物中，在酸败的脂肪中容易被破坏，其吸收与肠道中的脂类密切相关。脂溶性维生素可在体内积存引起中毒。②水溶性维生素：包括 B 族维生素（维生素 B_1、维生素 B_2、维生素 PP、维生素 B_6、维生素 B_{12}、叶酸等）和维生素 C，溶于水，多数对光和热敏感，在紫外线照射或加热过度时易被破坏，在满足组织需要后，多余的将由尿排出，在体内仅有少量储存。绝大多数水溶性维生素以辅酶的形式参与机体的物质代谢。当维生素摄入过多时，水溶性维生素常以原型从尿中排出体外，因而毒性很小。

（一）维生素 A 与胡萝卜素

维生素 A 是人类发现的第一个维生素，包括视黄醇（retinal）、视黄醛、视黄酸等物质，存在于动物性食物中。植物性食物中虽然不含有维生素 A，但含有胡萝卜素（carotene）、类胡萝卜素，其中一部分可在体内转变成维生素 A 而被称为维生素 A 原，如 α- 胡萝卜素、β- 胡萝卜素、γ- 胡萝卜素等。

1. 生理功能　维生素 A 参与视网膜内视紫质的合成与再生，以维持正常的视力；保护上皮组织的完整；增加对感染的抵抗力，有对抗肺癌作用；还参与肾上腺皮质激素合成，促进生长发育并维持正常的生殖能力。β- 胡萝卜素具有维生素 A 的生理功能，并与某些癌症（如肺癌、胃癌等）的发病呈明显负相关。

2. 缺乏与过量的危害

（1）维生素 A 缺乏：维生素 A 缺乏病是一种因体内维生素 A 不足引起的以眼、皮肤改变为主的全身性疾病，是全球性营养问题。维生素 A 缺乏可致暗适应能力降低，甚至夜盲；当维生素 A 缺乏时，皮肤弹性下降，干燥、粗糙，失去光泽，出现毛囊角化，皮脂腺、汗腺萎缩；腺体细胞由原来的柱状上皮细胞变为复层鳞状上皮细胞，失去正常的分泌功能，出现皮脂腺及汗腺萎缩，防御病菌的能力降低，毛发枯槁，指甲变脆，脱落的细胞可阻塞管腔，病变以眼结膜、角膜最显著，眼部结膜干燥，出现比奥斑（Bitot spots），重者角膜软化穿孔而出现失明；儿童发育迟缓，易患呼吸道感染。

（2）维生素 A 过量：由于维生素 A 排泄率较低，长期过量摄取则可引起维生素 A 过多症，多见于儿童过量补充维生素 A 者，主要表现为厌食、恶心呕吐、过度激动、毛发稀少、肝大等，停止补充可逐渐恢复。孕妇过量摄入可引起胎儿畸形，婴幼儿急性中毒以颅内压增高为主要特征。

3. 参考摄入量及食物来源　由于人体维生素 A 来源于动物性食物中的维生素 A 和植物性食物中的胡萝卜素，为统一计量膳食中的维生素 A，联合国粮食及农业组织（Food and Agriculture Organization of the United Nations，FAO）/WHO 提出了视黄醇当量（retinal equivalence，RE）的概念，其含义是包括视黄醇和胡萝卜素在内的具有维生素 A 活性的物质相当的视黄醇量。换算关系如下。

1 μg 视黄醇 = 1 μgRE

1 U 维生素 A = 0.3 μgRE

1 μg β- 胡萝卜素 = 0.167 μgRE

1 μg 其他类胡萝卜素 = 0.084 μgRE

膳食中总视黄醇当量（μgRE）= 视黄醇（μg）+ β- 胡萝卜素（μg）×0.167+ 其他类胡萝卜素（μg）×0.084

维生素 A 的推荐摄入量成年男性为 770 μgRE/d，成年女性为 660 μgRE/d；可耐受最高摄入量为 3 000 μgRE/d。

维生素 A 的食物来源主要有两大类，一类是动物性食物，含量丰富的有动物肝、鱼肝油、蛋类、奶类及其制品。另一类是植物性食物，如胡萝卜、红薯、菠菜等深颜色的蔬菜、黄颜色的水果，海藻类食物中也含有大量的胡萝卜素可在体内转化成维生素 A。

> 基础链接 3-15
> 常见食物视黄醇当量

（二）维生素 D

维生素 D 主要包括维生素 D_2 和维生素 D_3，可经口从食物摄入，也可由皮肤内维生素 D 原（7- 脱氢胆固醇）经紫外线照射转变而成。维生素 D 在肝中被羟化成 $25\text{-}OH\text{-}D_3$，再于肾中羟化为 $1,25\text{-}(OH)_2\text{-}D_3$ 后方具生理活性。它的生成受甲状旁腺素、降钙素和血中钙、磷水平的调节。

1. 生理功能　调节钙、磷代谢，促进钙、磷吸收，维持血清磷、钙浓度稳定，促进牙齿和骨骼的硬化。

2. 缺乏与过量的危害

（1）维生素 D 缺乏：会引起钙、磷吸收减少，血钙降低，骨骼软化甚至变形，同时影响神经、肌肉、造血、免疫等器官组织的功能。婴幼儿会引起佝偻病，特别是早产儿、人工喂养的小儿及北方冬季出生的小儿；成人易发生骨质疏松和骨质软化。

（2）维生素 D 过量：成人摄入 2 500 μg/d，儿童摄入 500～1 250 μg/d 可引起中毒，表现为头痛、厌食、恶心、口渴、多尿、低热、嗜睡，血清钙、磷增加，软组织钙化，也可出现肾衰竭、高血压等症状。孕妇可引起胎儿低出生体重，智力发育不良及骨硬化；婴儿可出现明显神经精神症状。

3. 参考摄入量及食物来源　成人推荐摄入量为 10 μg/d，可耐受最高摄入量为 50 μg/d。含维生素 D_3 丰富的食物有鱼肝油、动物肝、蛋黄等，植物性食物主要含维生素 D_2。一般说来，只要能经常接触阳光，就不会造成维生素 D 缺乏。以牛奶为主食的婴儿，应适当补充鱼肝油，并经常接受日光照晒，有利于生长发育。

（三）维生素 E

维生素 E 又名生育酚（tocophero），有 8 种活性形式，其中以 α- 生育酚的生物活性最大。维生素 E 在肠道吸收，大部分储存于肝和肌肉组织。

1. 生理功能　维生素 E 是体内重要的抗氧化物质，能清除自由基，防止不饱和脂肪酸的过氧化损伤。维生素 E 也能防止维生素 A、维生素 C 的氧化，保证它们在体内的营养功能。

（1）保持红细胞的完整性：低维生素 E 膳食可引起红细胞数量减少及缩短红细胞的生存时

间，可发生大细胞性溶血性贫血。临床上维生素 E 可用于治疗溶血性贫血。

（2）抗衰老：维生素 E 与机体和组织中脂褐质的堆积呈负相关关系。缺乏维生素 E 的动物，这种色素的堆积也比正常者高。维生素 E 是抗氧化剂，可使衰老过程减慢，但尚无确切的证据证明维生素 E 可以延长寿命。

（3）与生殖有关：实验证明，当维生素 E 缺乏时大鼠睾丸不能生成精子，雌鼠的卵子不能植入子宫内，胎儿被吸收。维生素 E 在临床上常用于治疗不育症、习惯性流产及预防早产婴儿等。

（4）预防肿瘤：维生素 E 可破坏亚硝基离子，在胃中能够有效地阻断亚硝胺的生成。

2. 参考摄入量及食物来源　人体组织和食物中的维生素 E 的含量以 α-生育酚当量（α-TE）表示。维生素 E 的适宜摄入量成人为 14 mg α-TE/d。维生素 E 广泛存在于各种食物中，含量较高的有油料种子、植物油、坚果类、鱼肝油、肉蛋类、谷类和绿叶蔬菜中也含有一定量的维生素 E。

（四）维生素 B_1

维生素 B_1 又名硫胺素（thiamine）、抗神经炎因子、抗脚气病因子，常温下为白色晶体，易溶于水，在酸性环境中稳定，遇碱和高温易被氧化而失去活性，对亚硫酸特别敏感。

1. 生理功能　维生素 B_1 是构成丙酮酸脱羧酶和转酮基酶的辅酶，参与糖类代谢，是体内物质代谢与能量代谢的关键物质，促进乙酰胆碱的合成，维持神经、肌肉、消化、循环的正常功能。

2. 缺乏病　维生素 B_1 缺乏主要表现为脚气病（beriberi）。缺乏原因主要有长期进食碾磨过细的精白米和面粉、缺乏其他杂粮和多种副食的补充、吸收障碍及需要量增加等。

（1）干性脚气病：主要为外周神经炎，表现为肢端麻痹或功能障碍；呈两侧对称性，多发生于下肢；始于脚趾感觉异常、足部灼痛、腓肠肌痉挛、腿部疼痛、腓肠肌与股骨肌萎缩，最后导致足下垂和趾下垂；重者可累及上肢。

（2）湿性脚气病：以水肿和心脏症状为主。在心力衰竭发生之前心动过速，脉压增大，皮肤发热及产生乳酸酸中毒；发生心力衰竭时，可出现端坐呼吸，肺水肿及末梢水肿，持续性血管舒张，有时引起休克。

（3）婴儿脚气病：发生于硫胺素缺乏的母亲授乳喂养的婴儿（通常于出生后 2~4 个月发病）。特征为心力衰竭，发声困难，深腱反射缺失。初期表现为食欲缺乏、呕吐、兴奋、心搏快、呼吸困难，晚期可出现发绀、水肿、心力衰竭、强制性痉挛，常在症状出现后 1~2 天死亡。

3. 参考摄入量及食物来源　维生素 B_1 的推荐摄入量成年男性为 1.4 mg/d，成年女性为 1.2 mg/d。维生素 B_1 广泛存在于各种天然食物中，含量较高的有动物内脏、瘦肉、豆类、坚果、酵母等，没有加工的谷类和杂粮含量也较多，是我国人民维生素 B_1 的主要来源。蔬菜、水果、蛋、奶类中含量较少。一些不合理的加工烹调方法可大量破坏维生素 B_1，如过分去除麸皮和糠，过度洗米或去米汤，烹调加碱，高温油炸食物等。

（五）维生素 B_2

维生素 B_2 又名核黄素（riboflavine），微溶于水，耐热、耐酸、不耐碱。

1. 生理功能　维生素 B_2 是构成黄素酶的辅酶成分，参与机体组织呼吸及氧化还原过程，并与视网膜的感光作用、生长发育有关。

2. 缺乏病　维生素 B_2 缺乏可表现为核黄素缺乏症。

（1）口角炎：口角湿白、裂开、出血、糜烂、结痂。

（2）舌炎：舌肿胀、裂纹、疼痛、萎缩，舌苔厚、部分脱落形成地图状。

（3）唇炎：嘴唇干裂、肿胀、出血、溃疡。

（4）眼部症状：视物模糊、畏光、流泪、眼易疲劳、角膜充血。

（5）皮肤症状：引起脂溢性皮炎，多发生在鼻翼两侧、脸颊、前额及两眉之间。男性阴囊发痒、红肿、脱屑、渗出、结痂并伴有疼痛感，女性阴部瘙痒、发炎、白带增多，故又称口腔-生殖综合征。

（6）继发性贫血：可出现缺铁性贫血的一系列表现。

3. 参考摄入量及食物来源 维生素 B_2 的推荐摄入量成年男性为 1.4 mg/d，成年女性为 1.2 mg/d。维生素 B_2 广泛存在于动、植物性食物中。动物内脏含量较高，其次为肉类、蛋类、乳类、豆类；绿叶蔬菜中含量比根茎类和瓜果类高，是维生素 B_2 非常好的食物来源。

（六）维生素 PP

维生素 PP 又称烟酸（niacin），溶于水，对酸、碱、光、热都稳定。一般加工、烹调损失很小，但会随水流失。

1. 生理功能 烟酸在体内参与烟酰胺腺嘌呤二核苷酸（NAD）和烟酰胺腺嘌呤二核苷酸磷酸（NADP）的构成，是组织中极重要的递氢体和电子受体，参与体内能量代谢，并参与脂肪、蛋白质和 DNA 的生物合成。

2. 缺乏病 主要表现为癞皮病，其典型症状为腹泻、皮炎、痴呆，又称"三 D"症状。初期表现为体重减轻、食欲缺乏、失眠、头痛、记忆力减退等，继而出现皮肤、胃肠道、神经系统症状。

（1）皮肤症状：表现为对称性皮炎，分布于身体暴露和易受摩擦部位，如面、颈、手背、下臂、足背、小腿下部，以及肩背部、膝、肘处皮肤和阴囊、阴唇、肛门等处。皮炎最初表现为灼伤、红肿、水疱、溃疡等，随后皮肤转为红棕色、表皮粗糙、脱屑、过度角化、鱼鳞癣状变化、色素沉着。

（2）胃肠道症状：主要表现为食欲丧失，消化能力减弱，恶心、呕吐、腹痛、腹泻或便秘（或两者交替）。舌与口腔炎症，舌平滑、上皮脱落，色泽红如杨梅（称杨梅舌），伴疼痛、水肿。有时味蕾上皮脱落，溃面周围暗紫色而呈地图形。

（3）神经系统症状：包括精神错乱、神志不清，甚至痴呆等。

3. 参考摄入量及食物来源 人体所需的烟酸，除了直接从食物中摄取外，还可由色氨酸转变而来，平均 60 mg 色氨酸可转变为 1 mg 烟酸。烟酸的需要量或参考摄入量用烟酸当量（niacin equivalence，NE）表示。

$$烟酸当量（mgNE）= 烟酸（mg）+ 色氨酸（mg）\times 1/60$$

烟酸的推荐摄入量成年男性为 15 mgNE/d，成年女性为 12 mgNE/d；可耐受最高摄入量为 35 mgNE/d。

烟酸广泛存在于动、植物性食物中，动物的肝、肾、瘦肉含量最丰富，全谷、豆类、乳类、绿叶蔬菜含量也较丰富。玉米中的烟酸主要为结合型，未经分解不能为人体所利用，经加碱（石灰水、小苏打）处理后才能变成游离型而被人体所利用。因此，长期以玉米为主食的人群应食用用碱处理过的玉米，否则易发生癞皮病。

（七）维生素 C

维生素 C 又名抗坏血酸（ascorbic acid），易溶于水，在酸性溶液中较稳定，遇光、热、氧、碱等极易被氧化而破坏。加工、储存、烹调时间过长，可使食物中的维生素 C 大量损失。尤其是有氧化酶、铁等金属离子存在时，可促进其被氧化而破坏。

1. 生理功能

（1）形成胶原蛋白、预防坏血病：胶原是一种蛋白物质，是体内所有结缔组织，如骨骼、牙齿、皮肤和筋腱形成的基础。维生素 C 的功能就是形成胶原蛋白，坚固结缔组织，使之不松散，强壮而有弹性，能够发挥正常的功能。

（2）保护细胞膜和解毒：维生素 C 具有还原作用，本身被氧化，使氧化型谷胱甘肽还原成还原型谷胱甘肽，从而发挥保护细胞的作用。维生素 C 还可保护巯基酶，具有解毒作用。

（3）预防和治疗贫血：维生素 C 可以保护铁不被氧化，由此来促进铁的吸收，同时可将三价铁还原为二价铁，使小肠对食物中非血红素铁的吸收增加 2~4 倍。维生素 C 也参与叶酸活化为四氢叶酸，对缺铁性贫血和巨幼细胞贫血都有一定的辅助治疗作用。

（4）预防心脑血管疾病：维生素 C 可将胆固醇和胆酸转化成硫酸盐随尿液排出体外，阻止胆固醇在动脉内壁沉积，降低血液中胆固醇的含量。维生素 C 能增强血管壁的强度和弹性，防止血管过度脆弱，对预防和治疗动脉粥样硬化性疾病有一定的作用。

（5）抗过敏：维生素 C 可以抑制组胺的分泌，避免发生过敏反应。

（6）抗压力：维生素 C、泛酸和蛋白质可形成肾上腺激素，促使肝糖原燃烧释放出人体所需的能量，以对付外来的压力。

（7）抗癌：维生素 C 与亚硝酸结合的速度是胺与之结合的 3 000 倍，因此可以阻断亚硝胺的致癌作用。

（8）抑制神经的兴奋性：维生素 C 可以抑制大脑皮质的兴奋性，缓解紧张、焦虑的情绪。

2. 缺乏病 维生素 C 缺乏可导致坏血病，其典型症状为牙龈肿胀、疼痛、出血，严重者牙齿松动甚至脱落；皮肤毛囊过度角化、皮下出血，出血部位常在受压和外伤处，出现的瘀斑可发展成溃疡；常有贫血、水肿，机体抵抗力下降，伤口愈合延缓且易继发感染等。

3. 参考摄入量及食物来源 维生素 C 推荐摄入量成人为 100 mg/d，18 岁以上人群可耐受最高摄入量为 2 000 mg/d。维生素 C 的主要食物来源是新鲜蔬菜和水果，一般深色蔬菜含量较高。蔬菜中，辣椒、茼蒿、苦瓜、卷心菜、菠菜含量较高；水果中，鲜枣、山楂、草莓、柑橘等含量较高。

> 基础链接 3-16
> 常见食物维生素 C 含量

第二节　合理营养

各种食物所含有的营养素种类、含量各不相同，各有特点，没有哪一种食物能够供给机体所需的全部营养素，因此应食用多样化的食物，根据食物中不同的营养成分恰当地调配膳食，来满足机体对各种营养素的需求。所摄入的营养素应与机体所需要的量相平衡，过少不能满足需求，甚至可引起营养缺乏病；摄入过多又会导致肥胖症、糖尿病、心血管病等慢性疾病。因此，坚持合理的膳食结构、科学的饮食方式能保证机体健康，预防疾病的发生。

一、合理营养的基本要求

合理营养（proper nutrition）是指从膳食中摄取的营养素全面而均衡，能满足人体不同生理阶段及不同劳动条件下的需要，提高机体的抗病能力，使机体处于良好的健康状态。合理营养的基本要求如下。

1. 提供充足的能量和各种营养素　要求膳食中各种营养素和提供的能量能满足机体的需要，应以能达到膳食营养素参考摄入量（dietary reference intake，DRI）为宜。

2. 各种营养素之间比例合适　营养素之间保证平衡，才能充分发挥各种营养素的功能，不影响其他营养素的吸收和利用。如三大产能营养素供能比例的平衡，必需氨基酸摄入比例的平衡，矿物质及维生素之间的摄入平衡等。

3. 合理的加工烹调　采用合理的加工烹调方法可减少营养素的流失，并使食物保持良好的色、香、味、形等感官性状，促进食欲，提高消化吸收率。

4. 合理的膳食制度和良好的饮食习惯　我国居民的饮食习惯为一日三餐，三餐能量的合理分配是：早餐占30%，午餐占40%，晚餐占30%。应养成良好的饮食习惯，纠正不吃早餐、晚餐过量的不良习惯。

5. 食物对人体无毒无害，保证食品安全　合理膳食应由符合国家食品卫生标准的安全、无毒、无害的食物构成。

二、食物的营养价值

（一）谷类食物的营养价值

谷类主要包括小麦、大米、玉米、高粱、荞麦、小米等，是人体最主要、最经济的能量来源。我国居民饮食以谷类食物为主，膳食中50%~70%的热能和50%~55%的蛋白质由谷类食物提供。谷类食物还含有B族维生素、维生素E和矿物质。

1. 谷类食物的结构　各种谷类食物基本结构相似，主要由谷皮、糊粉层、胚乳及胚芽组成。

（1）谷皮：由谷粒外面的数层被膜组成，主要由纤维素、半纤维素等组成，含有较高矿物质和脂肪，不含淀粉。

（2）糊粉层：介于谷皮和胚乳之间，含有较多的蛋白质、脂肪和丰富的B族维生素及无机盐。在对谷物进行碾磨加工时，易与谷皮同时被分离下来而混入糠麸中，损失大量的营养素，降低谷物食品的营养价值。

（3）胚乳：约占谷粒重量的83%，内含大量淀粉和一定量的蛋白质，蛋白质主要分布在胚乳外周。胚乳中含有少量的脂肪、无机盐和维生素。

（4）胚芽：占谷粒重量的2%~3%，脂肪、蛋白质、无机盐、B族维生素和维生素E含量丰富。胚芽在加工过程中易与胚乳分离而混入糠麸中，造成营养素的丢失。

2. 谷类营养素的特点

（1）蛋白质：谷类蛋白质含量一般在7%~13%，主要由谷蛋白、白蛋白、醇溶蛋白、球蛋白组成。常见谷类食物中，小麦的蛋白质含量最高，大米的含量相对较低。

从氨基酸平衡的角度，谷类食物因缺乏赖氨酸、苏氨酸、色氨酸，使得氨基酸不平衡，限制了蛋白质的利用率。谷类食物是膳食蛋白质的重要来源，常采用氨基酸强化和蛋白质互补的方法来提高其营养价值。

（2）糖类：是谷类食物的主要成分，含量在70%以上，主要为淀粉，此外有糊精、戊聚糖、葡萄糖、果糖等。我国居民膳食中50%~65%的能量来自谷类糖类。

谷类中的淀粉根据葡萄糖分子之间的聚合方式不同，分为直链淀粉和支链淀粉，不同谷类中两种淀粉含量及比例不同，直接影响食品的风味。

> 基础链接3-17
> 直链淀粉和支链淀粉的特性

（3）脂肪：谷类食物脂肪含量较低，多在2%~4%。玉米和小米脂肪含量可达4%，大米和小麦为1%~2%。谷类脂肪酸主要为不饱和脂肪酸，且组分中主要是人体必需脂肪酸亚油酸。

（4）矿物质：谷类食物中含有多种矿物质，如钾、钙、镁、磷、铁和锌等，近30种，占到谷物的1.5%~3%。但由于多以植酸盐形式存在，消化吸收较差。

（5）维生素：谷类是B族维生素的重要来源，如硫胺素、核黄素、烟酸等，这些B族维生素主要分布在糊粉层和胚芽。精细加工的谷类胚芽和糊粉层保留较少，B族维生素损失很多。谷类几乎不含维生素A、维生素D和维生素C。

此外，不科学的烹调加工方式，也可引起营养素的损失。

（二）豆类与豆制品的营养价值

豆类是我国居民最重要的植物蛋白质来源，按形态特点及营养成分的不同大致分为大豆（黄豆、黑豆、青豆等）及其他杂豆（绿豆、芸豆、蚕豆、豌豆、豇豆等）。由黄豆加工成的豆制品是我国居民的重要传统食物，如豆浆、豆芽、豆腐、豆粉、豆腐干、发酵豆制品等。

1. 豆类营养素的特点

（1）蛋白质：大豆蛋白质含量较高，占35%~40%，是植物性食物中蛋白质含量最多的食品。其他豆类，如豌豆、蚕豆、绿豆、红豆等，蛋白质含量低于大豆，为20%左右。大豆蛋白的氨基酸组成中，蛋氨酸含量较少，其他氨基酸的含量都较为合理，赖氨酸含量远高于谷类食物，与谷类食品混合食用，可发挥蛋白质互补作用。

（2）脂肪：大豆脂肪含量为15%~20%，是重要的油料作物。大豆油中脂肪酸大部分为不饱和脂肪酸，其中亚油酸含量占50%以上，亚麻酸占2%~10%，是优质食用油。此外，大豆油中还含有较多的磷脂和维生素E。其他豆类脂肪含量较少，为1%~2%。

（3）糖类：大豆中糖类含量占20%~30%，其中约一半为可供人体利用的可溶性糖，如阿拉伯糖、半乳聚糖和蔗糖等；另一半为不能被人体所消化和吸收的水苏糖和棉籽糖，它们在肠道细菌的作用下，可发酵产生二氧化碳和氨，引起腹胀。其他豆类中，糖类占50%~60%，主要以淀粉形式存在。

（4）矿物质和维生素：豆类食物中含有丰富的矿物质和维生素。每100 g大豆中钙的含量为200~300 mg，铁的含量为6~10 mg，同时富含磷、锌、钾、镁等矿物质。大豆中B族维生素含量丰富，硫胺素为0.3~0.8 mg，核黄素为0.15~0.4 mg，还富含维生素E。其他豆类，维生素和矿物质含量与大豆近似。

2. 影响豆类营养利用的因素　大豆中含有一些抗营养因子，可影响人体对营养素的吸收和利用。在食用豆类食物时，应注意合理加工，减少抗营养因子作用，最大限度地发挥豆类的营养价值。

（1）蛋白酶抑制剂：能抑制胰蛋白酶、糜蛋白酶、胃蛋白酶等多种蛋白酶的活性，影响人体对蛋白质的消化和吸收，主要存在于大豆等豆类食物及棉籽、花生、油菜籽中。钝化胰蛋白酶抑制剂的有效方法是常压蒸气加热30 min，或1 kg压力蒸气加热15~20 min；大豆用水浸泡至含水量60%时，水蒸5 min亦可。

（2）豆腥味：豆类中的脂肪氧化酶能促使不饱和脂肪酸氧化分解，形成小分子的醛、醇、酮等挥发性物质，产生豆腥味和苦涩味。在加工过程中可采用95℃以上加热10～15 min，乙醇处理后减压蒸发，通过生物发酵或酶处理、微波照射、有机溶剂萃取等方法脱去豆腥味。

（3）植物红细胞凝血素：可以凝集人和动物的红细胞，食用数小时后引起头晕、头痛、恶心、呕吐、腹痛、腹泻等症状，并影响动物生长发育。可用加热的方法去除植物红细胞凝血素，常压下蒸气处理1 h或高压蒸气处理15 min即可。

（4）植酸：大豆中含1%～3%的植酸，即肌醇六磷酸，在肠道内可同锌、铁、钙、镁和铜等矿物质螯合，形成不能被人体所利用的不溶性复合物而排出体外，影响其吸收利用。为了去除植酸，可将大豆浸泡在pH 4.5～5.5的溶液中，植酸可溶解35%～75%。将大豆制成豆芽后可分解植酸，提高大豆中铁、锌、钙、镁的生物利用率。

延伸阅读3-1
常见豆制品的营养意义

（三）蔬菜、水果与菌藻类食物的营养价值

1. 蔬菜、水果的分类与化学组成　蔬菜、水果是人们日常食物的重要组成部分，在膳食中占有较大比例。蔬菜、水果种类繁多，富含维生素、矿物质、膳食纤维等营养成分，对刺激肠道蠕动、促进消化液分泌、增进食欲、调节体内酸碱平衡都具有重要意义。富含蔬菜、水果的膳食，可保护心血管、增强抗病能力、减少儿童发生眼干燥症的危险及预防某些癌症的发生。

蔬菜种类包括叶菜类、根茎类、鲜豆类、瓜茄类等，不同种类所含的营养成分不同，差异较大。水果种类也很多，主要分为仁果类、核果类、柑橘类等。蔬菜有深色和浅色之分，一般来说，深色蔬菜、水果维生素的含量超过浅色蔬菜和水果，可提供丰富的胡萝卜素、维生素B_2、维生素C和叶酸、矿物质（钙、磷、钾、镁、铁）、膳食纤维和天然抗氧化物等。

延伸阅读3-2
常见蔬菜维生素含量

蔬菜和水果的营养成分受种类、种植条件、气候的影响，而且受收获前的成熟程度、储存条件、加工等影响。

2. 蔬菜、水果营养素的特点

（1）蛋白质：蔬菜、水果中蛋白质含量一般很少，仅1%～3%，多数蔬菜和水果的蛋白质含量均不超过2%。

（2）脂肪：蔬菜和水果中脂肪含量极低，一般不超过1%。

（3）糖类：蔬菜、水果中的糖类主要包括淀粉、单糖、膳食纤维等。一般来说，水果中糖类的含量较蔬菜多。蔬菜中糖类含量一般为4%左右，根茎类蔬菜可达20%以上。含糖较多的蔬菜有胡萝卜、西红柿、南瓜等。含淀粉较多的是根茎类蔬菜，如土豆、芋头、藕等。蔬菜所含膳食纤维的含量为1%～3%。水果中糖的含量因种类不同而有差异，同时会因产地和农业技术、气候等因素影响而变动。仁果类含果糖较多，葡萄糖和蔗糖次之；核果类含蔗糖较多，葡萄糖和果糖次之；浆果类主要含葡萄糖和果糖，蔗糖较少；柑橘类则以含蔗糖为主。水果纤维素含量一般为0.2%～4.1%，在芒果、菠萝、柿子、桃等果实中的含量较高。水果未成熟时，糖类多以淀粉为主，成熟后逐渐转化为单糖和双糖，随着水果成熟，糖酸比例不断变化。因此，水果成熟后，酸度较低，甜度增高。

（4）矿物质：蔬菜和水果中富含钙、磷、铁、钾、钠、镁、铜、硫等多种矿物质，是我国居民膳食中无机盐的主要来源。这些矿物质最终代谢产物为碱性，因此对体内酸碱平衡的维持起重要作用。水果和蔬菜含钾比较丰富，其次是铁、钙，雪里蕻、荠菜、苋菜、塌棵菜、芥蓝与油菜等钙含量较高。但由于很多蔬菜中同时含有多量的草酸，会与钙形成难溶的钙盐，影响钙的吸收。

（5）维生素：新鲜蔬菜和水果是胡萝卜素、维生素 C、维生素 B_2 及叶酸的重要来源。

胡萝卜素：在各种深绿色、红黄色蔬菜中含量很高，如胡萝卜、西蓝花、菠菜、辣椒、韭菜和南瓜等。含胡萝卜素较多的水果有芒果、柑橘类、杏、枇杷等。

维生素 C：新鲜的绿叶蔬菜中含有丰富的维生素 C，其次是根茎类蔬菜，瓜类蔬菜中的含量较少。新鲜水果中，维生素 C 含量丰富的有鲜枣、草莓、橘、猕猴桃等。但仁果类水果中维生素 C 的含量不高，如苹果、梨、桃、李、杏等。

维生素 B_2：绿叶蔬菜和豆类蔬菜中含有较多的维生素 B_2，每 100 g 约 0.1 mg，如油菜、芹菜、菠菜、蒜薹等。

3. 影响蔬菜营养价值的因素　蔬菜中的水溶性维生素，特别是维生素 C 遇热很容易被破坏。洗涤方式、加热时间及温度对维生素 C 影响较大，合理做法是：流水冲洗，先洗后切，切菜避免过碎过细；急火快炒，尽量避免挤去菜汁和弃掉菜汤；烹调后的蔬菜放置时间不宜过长，否则不仅感官性状有所改变，维生素也会有所损失。

4. 菌藻类食物的营养特点　菌藻类食物包括食用菌和藻类。食用菌如蘑菇、香菇、银耳、木耳等，藻类如海带、紫菜、发菜等。菌藻类是一类低能量，蛋白质、膳食纤维、维生素和矿物质含量丰富的食物。菌藻类食物的蛋白质含量大都在 20% 以上，与动物性食物蛋白质含量相当。糖类含量为 20%~35%。脂肪含量较低，为 1.0% 左右。

菌藻类食物中矿物质含量丰富，尤其是铁、锌和硒，其含量是其他食物的数倍甚至十余倍。藻类食物如海带、紫菜中含有丰富的碘。菌藻类食物含有丰富的 B 族维生素如维生素 B_1、维生素 B_2 和烟酸，胡萝卜素、维生素 E 的含量也较高。

菌藻类食物除了提供丰富的营养素外，还具有重要的保健作用。研究表明，蘑菇、香菇和银耳中含有香菇多糖和银耳多糖，具有增强免疫力的功能和抗肿瘤作用。香菇中所含的香菇嘌呤，有降低血胆固醇的作用。黑木耳具有抗血小板聚集和防止血栓形成的功效。

（四）蛋、畜、禽、鱼的营养价值

1. 蛋类的营养价值　蛋类主要指鸡蛋、鸭蛋、鹅蛋、鹌鹑蛋、鸽蛋、火鸡蛋等，其中以鸡蛋食用最为普遍。蛋制品包括皮蛋、咸蛋、糟蛋、冰蛋、全蛋粉、蛋白粉、蛋黄粉等。蛋类营养丰富，食用方便，在食品加工和烹调中应用广泛。蛋类由蛋壳、蛋清和蛋黄三部分组成。蛋壳占全蛋重量的 11%~13%，颜色深浅与鸡的品种有关，与营养价值无关。

（1）蛋白质：全蛋蛋白质含量为 12%~14%，含有人体所需要的全部必需氨基酸，且氨基酸模式接近人体，生物学价值高达 95 以上，是最理想的天然优质蛋白质。在评价食物蛋白质营养价值时，常以全蛋蛋白质作为参考蛋白质。

（2）脂肪：蛋类脂肪含量为 9%~12%，蛋清中脂肪含量极少，约为 0.02%；98% 的脂肪集中在蛋黄内，呈乳化状，分散成细小颗粒，故易消化吸收。蛋黄中的脂肪大部分为中性脂肪，此外含丰富的卵磷脂及较高的胆固醇。

（3）糖类：蛋类含糖类较少，约为 1.3%。蛋清中主要是甘露糖和半乳糖，蛋黄中主要是葡萄糖，大部分以与蛋白质结合的形式存在。

（4）矿物质：蛋类的矿物质含量约为 1.0%，主要有磷、钙、钾、钠、铁、镁、锌、硒等，主要存在于蛋黄内，蛋清中含量极低。蛋黄中的铁可与卵黄磷蛋白结合，大大降低铁的吸收率。

（5）维生素：蛋类含有多种维生素，主要包括维生素 A、维生素 D、维生素 B_1、维生素 B_2

等。蛋清中维生素含量极少，绝大部分的维生素集中在蛋黄内，鸭蛋和鹅蛋的维生素含量高于鸡蛋。此外，蛋类的维生素含量会受到品种、季节和饲料的影响而有所不同。蛋类不能生吃，因生蛋清中含有抗生物素和抗胰蛋白酶，加热煮熟可破坏这两种成分。

2. 畜、禽肉的营养价值　畜肉是指猪、牛、羊等牲畜的肌肉、内脏、血液及其制品。禽肉包括鸡、鸭、鹅、鸽、鹌鹑、火鸡等的肌肉、内脏及其制品。畜、禽肉是我国居民膳食中重要的动物性食物来源，可提供优质蛋白质、脂类、无机盐和维生素。因动物种类、年龄、部位不同，所含营养素差异很大。

（1）蛋白质：畜、禽类食物的蛋白质大部分存在于肌肉组织中，含量为10%~20%。蛋白质主要分布在肌质、肌原纤维、结缔组织。肌质及肌原纤维蛋白为优质蛋白质，必需氨基酸的含量与比值接近人体需要，因此更容易被人体消化吸收和利用。而结缔组织中的间质蛋白质主要是胶原蛋白和弹性蛋白，缺乏色氨酸、酪氨酸和蛋氨酸，氨基酸组成与比例极不平衡，蛋白质的利用率较低。此外，畜肉中含有能溶于水的含氮浸出物，使肉汤具有鲜味，成年动物浸出物含量高于幼年动物。

（2）脂类：畜、禽类特别是畜类脂肪含量明显高于其他食物，含量因动物品种、年龄及部位的不同有较大差异。畜、禽类脂肪以饱和脂肪酸为主，熔点较高。畜肉中胆固醇含量明显高于其他食物，且多存在于动物内脏，瘦肉中胆固醇约为 80 mg/100 g，肥肉达 109 mg/100 g，内脏为 200 mg/100 g，脑中的含量最高，猪脑可达 3 100 mg/100 g。

（3）糖类：畜、禽肉中糖类含量极少，为1%~3%，以糖原形式存在于肌肉和肝中。

（4）矿物质：畜、禽肉类中矿物质的含量为0.7%~1.1%，主要有铁、磷、硫、钾、钠、铜等。肉类中的铁为血红素铁，受膳食因素的影响很小，是膳食铁的良好来源。肉类中的钙含量不高，但吸收率较高，同时肉类也是磷的良好来源。

（5）维生素：畜、禽肉中含有多种维生素，包括维生素 A、维生素 D 和 B 族维生素，如维生素 B_1、维生素 B_2、维生素 B_{12} 和叶酸等。维生素在内脏含量高于肌肉，肝是含维生素最丰富的器官，肝富含维生素 A 和维生素 B_2。

3. 鱼类的营养价值　鱼类分为淡水鱼和海水鱼两大类，各种营养素的含量因鱼种、年龄、捕捞季节及生产地区的不同而有差异。鱼类的蛋白质比畜、禽肉更容易消化和吸收，是营养价值较高的一类动物性食品。

（1）蛋白质：鱼类蛋白质含量在15%~25%，所含必需氨基酸含量和比值接近人体需要，但色氨酸含量偏低。鱼肉中的间质蛋白质少，使得鱼肉柔软细嫩，更易消化。

（2）脂肪：鱼类脂肪含量较低，主要分布在皮下和内脏器官周围，含量1%~3%。鱼类所含脂肪酸主要为多不饱和脂肪酸，消化吸收率约为95%。海水鱼中含有的 EPA 和 DHA，具有降低血脂、防治动脉粥样硬化、抗癌、促进大脑发育等作用。鱼类中胆固醇含量略低于畜、禽肉，但鱼子中胆固醇含量较高。

（3）糖类：鱼类糖类的含量较低，且各种鱼类糖类含量相差较大，有些鱼甚至不含糖类。鱼类中糖类的主要存在形式是糖原。

（4）矿物质：鱼类矿物质含量较高，为1%~2%，主要有磷、钙、钠、碘、氯、钾、镁、锌、铁、硒等。钙含量较多，虾皮中含量可高达2%。鱼肉含碘也较为丰富，海水鱼显著高于淡水鱼。

（5）维生素：鱼类富含维生素 A、维生素 D、维生素 E，以及 B 族维生素如硫胺素、烟酸等。鱼类几乎不含维生素 C。

(五)奶类及奶制品的营养价值

奶类营养丰富,是膳食中最富有营养价值的食物之一,是各类人群的理想食品。奶类中富含优质的蛋白质,也是优质钙的食物来源。目前我国居民奶类摄入量较低,建议正常成人每天饮用 300 mL 以上液态奶,可提高优质蛋白质、钙及维生素的供给。

1. 奶类的营养价值 牛奶是最为普遍的一种食用奶类,可提供丰富的钙、维生素 A、维生素 D。

(1)蛋白质:牛奶蛋白质属于优质蛋白,含量平均为 3.0%,主要为酪蛋白(79.6%)、乳清蛋白(11.5%)和乳球蛋白(3.3%)。酪蛋白与钙、磷等结合形成胶粒,在正常酸度(pH 6.6)下呈胶体液状态,当酸度增加到 pH 4.6 时,酪蛋白会形成沉淀。乳清蛋白对热不稳定,加热时发生凝固并沉淀。乳球蛋白与机体免疫力有关。

(2)脂肪:奶类中脂肪含量为 3%~5%,乳类脂肪颗粒较小,分散在乳浆中,容易消化吸收,吸收率达 97%。乳类脂肪中油酸占 30%,同时含有少量的亚油酸和亚麻酸。

(3)糖类:奶中糖类含量为 3.4%~7.4%,所含糖类为乳糖。乳糖有调节胃酸、促进胃肠蠕动和消化腺分泌、促进钙吸收的作用;乳糖可促进肠道乳酸菌的繁殖,抑制腐败菌的生长。机体中需要有足量的乳糖酶来消化乳糖,当缺乏该酶时,乳糖不能被分解吸收,从而发生腹痛、腹泻等症状,称为乳糖不耐受症。

> 延伸阅读 3-3
> 乳糖不耐受症

(4)矿物质:奶类中主要含有钙、磷、钾、镁、钠、硫等矿物质,特别是钙的含量丰富,且容易被消化吸收,是常见食品中最好的钙的来源。奶类中铁的含量很低,属贫铁食品,如以牛奶喂养婴儿,应注意铁的补充。

(5)维生素:牛奶中富含各种维生素,含量较多的包括脂溶性维生素 A、维生素 D、维生素 B_2、维生素 C 等。其中维生素 A、维生素 C 含量可随饲养条件、季节不同而变化,夏秋季奶中的维生素 A、维生素 C 含量较冬春季高。

2. 奶制品的营养价值 奶制品主要指以牛奶为原料,采用不同的加工工艺制作而成的各种奶类食品,主要包括奶粉、酸奶、炼乳、复合奶、奶油、奶酪等。

(1)奶粉:鲜奶经过浓缩、喷雾、干燥制成的奶制品,主要有全脂奶粉、脱脂奶粉、配方奶粉等。

1)全脂奶粉:是鲜奶除去 70%~80% 的水分,再进行喷雾干燥形成的雾状颗粒。此加工方式对蛋白质的性质、奶的色香味及其他营养成分影响很小。脂肪含量在 26% 左右,营养素含量为鲜奶的 7~8 倍。

2)脱脂奶粉:脂肪含量一般不超过 1.3%,是一种高蛋白低脂肪的营养食品,除了低脂肪外,其他营养成分变化不大。适合于老年人、肥胖和高血脂人群及腹泻的婴儿食用。

3)配方奶粉:以牛乳为基础原料,根据不同人群的营养需求特点,调整和改善牛奶的营养组成成分。最常见的为婴幼儿配方奶粉,按照人乳组成的模式和特点调制而成,各种营养素的含量、种类和比例接近母乳。除婴幼儿配方奶粉外,还有孕妇奶粉、中老年奶粉等也都属于配方奶粉。

(2)酸奶:属发酵奶制品,以鲜牛奶或脱脂奶为原料,接种乳酸菌或双歧杆菌,在 30℃ 左右环境中经 4~6 h 培养发酵而成。乳糖发酵为乳酸,蛋白质凝固,脂肪不同程度水解,风味独特,营养价值更高。乳酸菌或双歧杆菌可抑制一些腐败菌的生长繁殖,调节肠道菌群,防止腐败胺类产生。酸奶适合消化系统功能不良者、婴幼儿及老年人食用,也适合乳糖不耐受者食用。

（3）炼乳：按其成分不同可分为甜炼乳、淡炼乳、全脂炼乳、脱脂炼乳等。甜炼乳是在鲜奶中加入15%左右的蔗糖，经减压浓缩到原体积40%后的一种乳制品。甜炼乳糖分过高，食前需加大量水冲淡，从而稀释了蛋白质等多种营养素，故不宜用于长期喂养婴儿。淡炼乳又称蒸发乳或无糖乳，是鲜奶经消毒后，在低温真空条件下浓缩至原体积的1/3，其营养价值与鲜奶基本相同且有利于消化吸收，所以适合喂养婴儿。

（4）奶油：以牛奶中分离的脂肪为原料制成的产品，含脂肪可达80%以上，含水量低于16%，主要用于佐餐和面包、糕点的制作。

三、膳食结构和膳食指南

（一）膳食结构

1. 膳食结构的概念　膳食结构（diet pattern）又称食物结构，是指膳食中各种食物的种类及数量的相对构成。膳食结构的形成受当地的经济水平、传统文化、气候条件等因素影响，对膳食结构进行适当的科学调整和干预对身体健康的维护有着积极的作用。

2. 膳食结构的类型　当今世界不同地区的膳食结构大体上可分为以下四种类型。

（1）西方"三高"型膳食：该膳食结构特点是以动物性食品为主，植物性食品摄入量较少，饮食提供高能量、高脂肪、高蛋白，即"三高"型膳食模式。这种营养过剩型饮食，易导致肥胖症、血脂异常、冠心病、糖尿病、大肠癌等慢性疾病的发生。多数欧美发达国家属于此类型。

（2）东方型膳食：该膳食结构特点是以植物性食品为主，动物性食品摄入量较少，能量基本满足人体的需要，但蛋白质、脂肪等营养素摄入不足，易导致一些营养缺乏病的发生。大多数发展中国家属于此类型。

（3）以日本为代表的膳食结构：该种饮食类型以日本为代表，植物性食品和动物性食品的消费量比较均衡，植物性食品占较大比重，但动物性食品仍有适当数量，动物蛋白质占膳食蛋白质总量的50%。总体来说膳食结构比较合理，动物性食品占比仍稍偏高，营养过剩性疾病有增加趋势，存在轻微的营养失调。

（4）地中海型膳食：以地中海地区居民为代表，膳食特点为动物性食品和植物性食品摄入平衡，食用油以橄榄油为主，食物新鲜度高、粗加工，成人有饮用葡萄酒的习惯。地中海居民心脑血管疾病的发病率很低，研究认为与其膳食结构特点密切相关。

延伸阅读3-4
地中海型膳食

（二）膳食指南

在国家卫生健康委员会的组织和领导下，2022年发布了《中国居民膳食指南》（第5版），该指南由一般人群膳食指南、特定人群膳食指南和平衡膳食模式三个部分组成。

1. 一般人群膳食指南

（1）食物多样，合理搭配。坚持谷类为主的平衡膳食模式；每天的膳食应包括谷薯类、蔬菜水果、畜禽鱼蛋奶和豆类食物；平均每天摄入12种以上食物，每周25种以上，合理搭配；每天摄入谷类食物200~300 g，其中包含全谷物和杂豆类50~150 g，薯类50~100 g。

（2）吃动平衡，健康体重。各年龄段人群都应天天运动、保持健康体重。食不过量，控制总能量摄入，保持能量平衡。坚持日常身体活动，每周至少进行5天中等强度身体活动，累计150 min以上；主动身体活动最好每天6 000步。减少久坐时间，每小时起来动一动。

（3）多吃蔬果、奶类、全谷、大豆。蔬菜水果、全谷物、奶类、大豆及豆制品是平衡膳食的重要组成部分，坚果是有益补充。餐餐有蔬菜，保证每天摄入不少于 300 g 的新鲜蔬菜，深色蔬菜应占 1/2。天天吃水果，保证每天摄入 200～350 g 新鲜水果，果汁不能代替鲜果。吃各种各样的奶制品，相当于每天摄入 300 mL 以上液态奶。经常吃全谷物、大豆制品，适量吃坚果。

（4）适量吃鱼、禽、蛋、瘦肉。鱼、禽、蛋和瘦肉摄入要适量。每周吃鱼 300～500 g，畜禽肉 300～500 g，蛋类 300～350 g，平均每天摄入总量 120～200 g。优先选择鱼。吃鸡蛋不弃蛋黄。少吃肥肉、烟熏和腌制肉制品。

（5）少盐少油，控糖限酒。培养清淡饮食习惯，少吃高盐和油炸食品。成人每天食盐不超过 5 g，每天烹调油 25～30 g。控制添加糖的摄入量，每天摄入不超过 50 g，最好控制在 25 g 以下。每日反式脂肪酸摄入量不超过 2 g。不喝或少喝含糖饮料。儿童青少年、孕妇、哺乳期妇女不应饮酒。成年人如饮酒，一天饮用酒的酒精量不超过 15 g。

（6）规律进餐，足量饮水，合理安排一日三餐，定时定量，不漏餐，每天吃早餐。规律进餐，饮食适度，不暴饮暴食，不偏食挑食，不过度节食。足量饮水，少量多次，在温和气候条件下，低身体活动水平成年男性每天喝水 1 700 mL，成年女性每天喝水 1 500 mL。应喝白水或茶水，少喝或不喝含糖饮料，不用饮料代替白水。

（7）会选会烹，会看标签。在生命的各个阶段都应做好健康膳食规划。认识食物，选择新鲜的、营养素密度高的食物。学会阅读食品标签，合理选择预包装食品。学习烹饪，传承传统饮食，享受食物天然美味。在外就餐，不忘适量与平衡。

> 延伸阅读 3-5
> 美国居民膳食指南（2015—2020）

（8）公筷分餐，杜绝浪费。应选择新鲜卫生的食物，不食用野生动物。食物制备生熟分开，熟食二次加热要热透。讲究卫生，从分餐公筷做起。珍惜食物，按需备餐，提倡分餐不浪费，做可持续食物系统发展的践行者。

2. 平衡膳食宝塔　中国居民平衡膳食宝塔（图 3-1）是以《中国居民膳食指南》为基础，结合我国居民膳食结构的特点设计而成的。在宝塔的各层放置了各类食物，直观反映出各种食物在膳食中的地位和应占的比重，宝塔共分 5 层，食物的摄入量是指生重。宝塔建议每人每日摄入谷类 200～300 g，其中包含全谷物和杂豆 50～150 g，薯类 50～100 g，蔬菜类 300～500 g，水果类 200～350 g，动物性食物 120～200 g，奶及奶制品 300～500 g，大豆及坚果类 25～35 g，油 25～30 g，盐少于 5 g，饮水量 1 500～1 700 mL。

膳食宝塔建议的各类食物的重量不是指某一种具体食物的重量。在应用平衡膳食宝塔时要注意几个要点：①确定自己的食物需要；②同类互换，调配丰富多彩的膳食；③合理分配三餐食量；④因地制宜，充分利用当地资源；⑤养成习惯，长期坚持。

膳食宝塔提出了一个比较理想的营养膳食模式。它所建议的食物摄入量，可能与大多数人的实际膳食还有一定距离，如奶类和豆类食物的量，很多地区目前还达不到要求。应尽量以膳食宝塔为饮食目标，推动全民的饮食健康。

四、营养调查与评价

营养调查（nutrition survey）是为了全面了解某一人群（或个体）的膳食结构和营养状况而进行的调查研究工作。通过营养调查可以了解不同人群的膳食构成及营养水平，从中发现营养上可能存在的问题，为进一步指导群体或个人的膳食质量提供科学依据，并可为修订膳食营养素参考摄入量（DRI）、制定食物生产计划和实施食品经济政策提供科学依据。

营养调查的内容主要包括膳食调查、人体测量、临床检查和营养生化指标检测等方面。

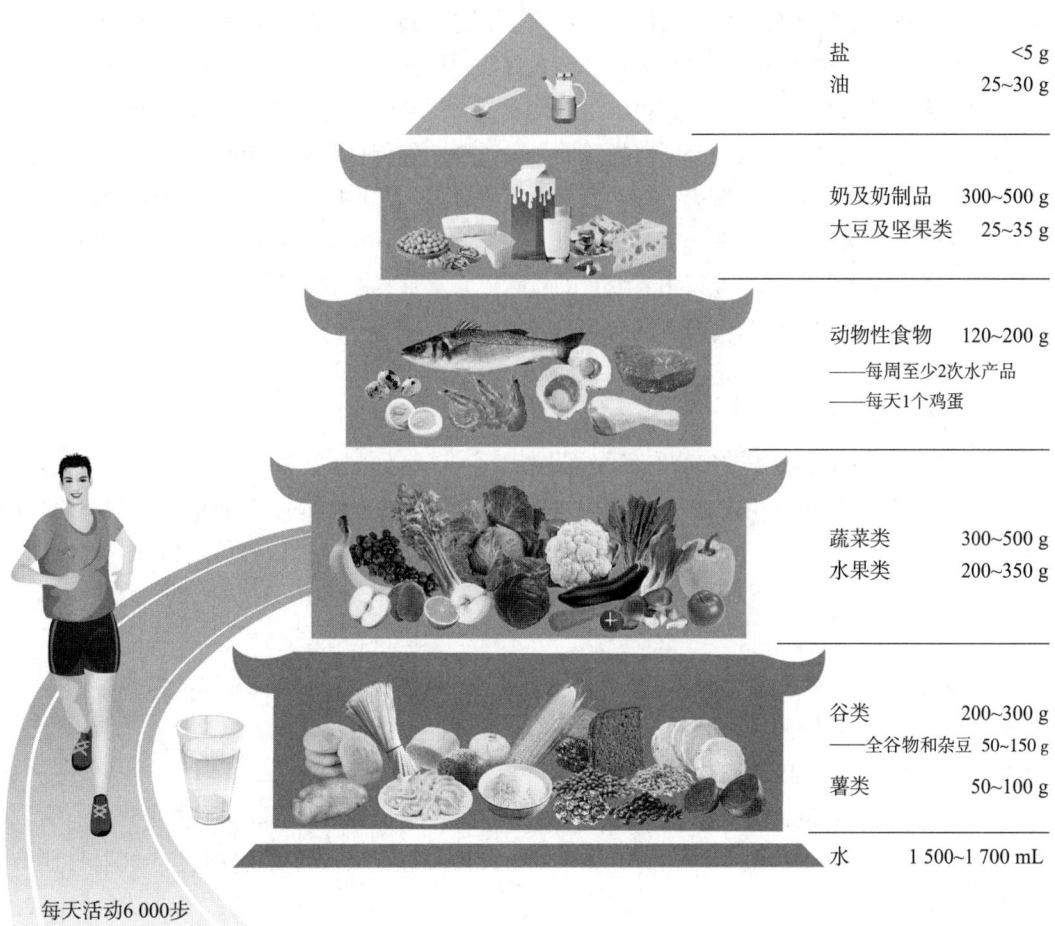

图 3-1 中国居民平衡膳食宝塔（2022）

（一）膳食调查

膳食调查（diet survey）是营养调查中最重要的组成部分，通过不同的调查方法了解每人每天各种主副食的摄入量，利用食物成分表计算每人每天从膳食中所摄入的热能和各种营养素的量，评价营养素和热能的摄入量是否满足机体生理的需要。

1. 膳食调查的方法　通常包括询问法、称量法、记账法和食物频率法、化学分析法等。在实际调查时可根据调查目的和可行性选择单一或混合的方法进行。膳食调查要求调查对象有足够的代表性，调查日期以一年四季各进行一次为宜。

（1）询问法：也称 24 h 回顾法，一般是询问被调查者近 24 h 内食物摄入情况，包括食物种类和数量，连续 3 天，然后根据食物营养成分表统计出每日各种营养素的摄入量，与标准的参考摄入量进行比较、评价。本法的优点是所用时间较短，操作方便，简单易行。其缺点是所得资料较粗略，有时食物分量难以量化，准确度下降。

（2）称量法：又叫称重法，称量每日每餐所吃各种主副食的生重、熟重及剩余重量，统计每餐的用餐人数，由所得数据计算出每餐平均每人的生食物重量，然后根据食物成分表计算出每人每天热能和各种营养素的摄入量。一般调查 3~7 天。优点是能够较准确地反映被调查对象的营养素摄入状况，既可用于团体，也可用于家庭或个人。缺点是费时费力，不适合大规模人群的膳食调查。

(3) 记账法：适用于有详细账目的集体单位，通过查阅被调查单位在一段时期内购入的各种食物的账目，统计各种食物消耗总量和用餐的人日数，计算出每人每日的消耗量。根据食物成分表计算出每人每日热能及各种营养素摄取量。优点是操作简单易行，缺点是调查结果不够精确。

(4) 食物频率法：收集被调查者在指定的一段时期内各种食物消费频率及数量，获得个人长期食物和营养素平均摄入量。在流行病学研究中应用较多，常用问卷形式进行膳食调查。

(5) 化学分析法：收集被调查者一日所摄入的全部食物，在实验室测定一日内全部食物的营养素含量。优点是能够最可靠地得出营养素的实际摄入水平，缺点是调查成本高且需要专门的分析人员进行。一般仅用于特殊情况下的营养研究工作。

2. 膳食调查结果整理及评价

(1) 调查资料的整理

1) 平均每人每日摄取各类食物的名称及数量。

2) 应用食物成分表或相关软件计算食物的热能和营养素的含量，整理出每人每日热量和各种营养素摄入量。

3) 计算三大热能营养素所供热能的百分比例，即蛋白质、脂肪、糖类所供热能占总热能的百分比。

4) 计算三餐热能分配比，即算出一天中各餐在总热能中所占的分配比例。

5) 计算热能的食物来源百分比。按照食物的类别如粮谷类、薯类、豆类、动物类，分别计算出该类食物的热能占总热能的百分比。

6) 计算蛋白质和脂肪的来源百分比。计算出每日从粮谷类、豆类、动物类食物中所摄取的蛋白质分别占该日总蛋白质摄入量的百分比，同时计算出每日摄入的动物性脂肪与植物性脂肪分别占该日脂肪总摄入量的百分比。

(2) 调查结果评价：依据是热能和营养素摄入量能否满足被调查者的需求。需要把结果与中国居民膳食能量和营养素推荐摄入量（recommended nutrient intake，RNI）或适宜摄入量（adequate intake，AI）标准进行比较，作出合理评价。

1) 食物构成：评价以《中国居民膳食指南》及平衡膳食宝塔为指导方针，以粮谷类食物为主，以蔬菜、动物性食物、豆类及其制品和乳类为副，做到种类多样，比例合适。尽可能做到食物品种多样，荤素合理搭配，并能够满足不同生理状况和不同劳动条件下各类人群的营养需要。

2) 热能及各种营养素占供给量标准的百分比：在评价热能需要量时，要考虑其劳动强度等级，与相应的标准进行对比。一般认为，成人的能量摄入量如果达到供给量的80%以上是较适宜的，若低于70%视为能量不足。儿童的能量摄入量占到供给量的90%以上时，认为充足，若低于80%则视为能量不足。从热能的来源上，蛋白质、脂肪、糖类的比例应分别为10%~12%、20%~30%、50%~65%。一日三餐的热能分配以早餐30%、午餐40%、晚餐30%较为适宜。

3) 无机盐与维生素摄入水平的评价：无机盐与维生素摄入量能够达到推荐摄入量的80%以上时，一般不会出现营养缺乏症状。若低于60%，认为是缺乏，很可能会对机体造成不良影响，并表现出相应的临床症状和体征。

维生素A供给中，来源于动物性食物的维生素A供给量应占总量的1/3，其余部分可由胡萝卜素和类胡萝卜素提供。铁的供应，应以动物性食物来源的铁为主，如能达到一半的比例则更佳，至少也要占到总铁的1/3。

（二）人体测量

人体测量是通过了解被调查者的生长发育和健康状况，评价其长期营养状况的重要方法之一。主要评价指标有身高、体重、皮褶厚度等。

1. 测量方法

（1）身高测量：被测者赤脚直立于地面上，脚跟靠紧，脚尖成 40°～60°，上肢自然下垂，肩自然放松。测量时间一般在上午 10 时左右或清晨为宜。3 岁以下的婴幼儿应取平卧姿势，用专用身长计量器测量身长。

（2）体重测量：可采用弹簧式或杠杆式体重计检测，被测者站立于体重计中央。体重是反映被测者一段时期内营养状况的综合指标之一。

（3）皮褶厚度测量：皮褶厚度是反映皮下脂肪含量的指标，采用皮脂计进行测量。将皮肤连同皮下脂肪轻轻捏起，用皮脂计测 1 cm 左右的皮褶厚度。测量时应注意皮脂计与被测部位保持垂直。

皮褶厚度的常用测量指标：三头肌皮褶厚度、肩胛骨下皮褶厚度和脐周皮褶厚度。

基础链接 3-18 身高测量方法
基础链接 3-19 体重测量方法

2. 评价方法

（1）理想体重法：计算公式为成人标准体重（kg）= 身高（cm）-105，实际测量体重在标准体重的 ±10% 为正常；在 -20%～-10% 视为消瘦，低于标准体重的 20% 视为严重消瘦；实际测量体重在标准体重 +10%～+20% 视为超重，超过标准体重的 20% 视为肥胖。

（2）体重指数（body mass index，BMI）法：是与体内脂肪总量密切相关的指标，考虑了体重和身高两个因素。BMI 简单实用，是反映全身性超重和肥胖的指标，是当前国际通用的评价人体营养状况与肥胖程度的常用方法。

计算公式为 BMI = 体重（kg）/ 身高^2（m^2），计算结果低于 18.5 kg/m^2，体重过轻；18.5～24.9 kg/m^2，体重正常；25～27.9 kg/m^2，超重；28～32 kg/m^2，肥胖；高于 32 kg/m^2，非常肥胖。

（3）皮褶厚度评价：其结果能直接表示皮下脂肪含量。常用三头肌皮褶厚度作为评价指标，适用于各个年龄组。成人标准值：男 12.5 mm，女 16.5 mm。测量结果在标准值 90% 以上的为正常，在标准值的 80%～90% 为轻度营养缺乏，在标准值的 60%～80% 为中度营养缺乏，在标准值的 60% 以下者为重度营养缺乏。

（三）临床检查

营养不良包括营养缺乏与营养过剩。营养缺乏是指长期缺乏一种或多种营养素，出现各种相应的临床表现或病症。营养过剩是指长期大量摄入超过生理需要量的热能和营养而出现的临床症状或体征。

营养缺乏的症状和体征比较复杂，特别是轻度缺乏或不足时症状轻微且不典型，须与其他疾病鉴别。此项检查应由临床医师或营养工作者进行。营养缺乏分为原发性营养缺乏和继发性营养缺乏，前者是营养素摄入不足所致，后者是由于消化吸收不良、体内利用障碍、营养素需要量增加或排泄过多而造成。

延伸阅读 3-6 营养缺乏常见临床症状体征

检查时应认真细致，特别注意全身皮肤、面色、眼、鼻、口、牙齿、指甲、头发、精神、形体、骨骼及神经系统等的改变。营养缺乏的最终诊断需结合膳食调查、病史、体格检查和实验室检查。

（四）营养生化指标检测

营养不良在出现症状以前，往往先有生理和生物化学改变，应用实验室检查方法可以早期查出营养缺乏或过剩的情况。营养生化指标检测是在实验室对人体的血、尿、粪便、毛发等样品进行分析测定，了解体内营养素的贮存及代谢情况，发现体内是否存在某种（些）营养素不足、储备水平低下或过多现象。该检测对于评价人体营养状况，争取早期发现、早期诊断、及时预防与治疗营养不良（缺乏或过剩）具有极为重要的意义。

> 基础链接 3-20
> 人体营养生化检测常用指标及正常参考值

1. **蛋白质营养状况检验**　常用指标包括血清蛋白质含量、运铁蛋白、肌酐-身高指数、尿羟脯氨酸排出量、血浆非必需与必需氨基酸比值等。

2. **维生素 A 营养状况检验**　常用指标包括血清维生素 A 含量、血清胡萝卜素含量、血浆中视黄醇结合蛋白的测定。

3. **维生素 D 及钙营养状况检验**　常用指标包括血清钙含量、血钙和磷乘积、血清碱性磷酸酶活性等。

4. **维生素 B_1、维生素 B_2、烟酸及维生素 C 营养状况检验**　对维生素 B_1、维生素 B_2、烟酸及维生素 C 等水溶性维生素进行营养水平测定时，可采用尿负荷试验方法。原理是体内各种水溶性维生素如摄入过多，多余的维生素会排泄到体外；反之，摄入不足，尿中排泄的量就减少。

具体方法：受试者清晨空腹口服水溶性维生素，收集 4 h 的尿液，测定尿中维生素排出量。如果膳食中的维生素含量丰富，尿中维生素的排出量就高；反之则低。因此，可用此法间接判断维生素的营养状况。

五、食谱编制

（一）食谱编制的原则

1. **满足人体的营养素需要量**　以《中国居民膳食营养素参考摄入量》为基准，膳食满足人体需要的热能、蛋白质、脂肪、糖类，以及各种矿物质和维生素的需求。

2. **各营养素之间的比例适宜**　选择食物多样化，达到营养平衡。确保优质蛋白质在膳食蛋白质中占适宜的比例，以植物油作为油脂的主要来源，增加优质糖类的摄入，各矿物质、维生素之间也要配比适当。

3. **食物的搭配要合理**　粗细搭配、荤素搭配、主食与副食平衡搭配。

4. **三餐分配要合理**　成人一日三餐，儿童、老年人三餐以外再加一次或两次点心。

5. **满足人们对食物感官性状的要求**　食物品种多样、色香味俱全，经常调换种类和烹调方式，可增进食欲，提高食物的消化吸收。粗细食物搭配，固体和流体食物搭配，增加饱腹感。

6. **注意饮食习惯和季节的影响**　根据本区特点和民族习惯，选择人们偏爱的食物和烹饪方式。夏季膳食应清爽可口，冬季可选择浓厚的饮食。

（二）食谱编制的方法

食谱分为一日食谱和一周食谱，先编制一日食谱，再根据饮食习惯、市场供应等因素在同一类食物中更换品种和烹调方法，编制一周食谱。食谱的基本内容应包括用膳对象、每天餐次、每餐饭菜的名称、食物的种类和数量。食谱编制方法有计算法和食物交换份法，计算法严谨、精确，但烦琐而不易在实践中应用；而食物交换份法简便、易学、实用性强，已为国内外普遍采用。

1. 计算法

（1）确定能量的需要量：根据个体的实际情况，如性别、年龄、劳动强度等确定能量需要量。

（2）确定三大热能营养素的需要量：根据蛋白质、脂肪与糖类的供能比例分别为15%、25%、60%，计算三种宏量营养素所提供的热能，再根据供能系数计算宏量营养素需要量。一般先不考虑无机盐和维生素的含量，尽量食物选择多样化。

（3）选择食物：确定主食、副食及食用油的品种和数量。一般先确定富含糖类的谷类的需要量，然后确定以提供蛋白质为主的肉类、蛋类、奶类及其制品、大豆及其制品等食物的需要量，最后确定以提供脂肪为主的油脂类食物的需要量。蔬菜、水果的需要量根据荤素搭配、微量营养素需要及个体饮食喜好等因素来确定。

（4）评价、调整食谱：食谱初步制订好后，计算该食谱中热能和宏量营养素的供给量，同时可计算特定无机盐或维生素的供给量，如钙、钠、铁、维生素 A、维生素 D 和维生素 B_2 等。

2. 食物交换份法　是以食物成分表为依据，将各种食物分类，经过计算、归类出每类食物的一个交换单位的食物重量、热量及所含的各种营养素的数量，从而形成可以灵活互换的各类食物等值交换表。根据能量的不同，在确定了食物交换份数以后，就可以根据用膳者的具体情况来选择食物，从而快速方便地形成食谱。

食物交换份表分成六大类：主食类、蔬菜类、水果类、鱼肉蛋类、乳类和油脂类。每个食物交换份可产生 334.4 ~ 376.2 kJ（80 ~ 90 kcal）热能，确定一日所需总热能后，将各类食品所需份数确定下来，查找食物交换份表，同一类食物中选择不同种的食物互相替换，组成食谱。

> 延伸阅读 3-7
> 食物交换份表

第三节　不同人群的营养

对于特定的人群，如孕妇、哺乳期妇女、婴幼儿、青少年、老年人等，由于其处在特殊的生理阶段，机体的代谢发生变化，对营养的需求与正常的成人相比会有所不同。

一、孕妇和哺乳期妇女的营养

女性在妊娠、分娩及哺乳阶段，体内代谢发生一系列变化，需要额外加强营养。一方面要确保自身的营养素需求，预防营养缺乏；另一方面要供给胎儿营养或分泌乳汁，因而孕妇和哺乳期妇女阶段的营养有其特殊性。

> 基础链接 3-21
> 孕妇和哺乳期妇女的生理特点

（一）营养需求

1. 孕妇的营养需求

（1）能量：孕期需要消耗能量来供给生长发育的需要（包括胎儿生长及孕妇本身构成新组织）。《中国居民膳食营养素参考摄入量》推荐孕中、晚期能量在非孕基础上每日分别增加 250 kcal 和 400 kcal。一般来说，孕前期体重应在标准范围内，或略有升高；孕中、晚期增重较快，但每周增重应控制在 0.33 ~ 0.60 kg。

(2) 蛋白质：摄入足量的优质蛋白质对孕妇本身及胎儿生长是非常必要的。孕中、晚期每日膳食蛋白质增加值应分别分 15 g、30 g，应增加动物类和豆类食品等优质蛋白质比例。

(3) 脂类：孕妇妊娠过程中需储存 3~4 kg 脂肪，以备产后泌乳用。孕期膳食中脂肪的供能百分比应为 20%~30%。

(4) 糖类：是孕妇及胎儿生长发育所需的主要能源物质，若孕妇体内糖类的供给不足，便会动用贮备脂肪产生热量以满足需要，容易发生酮症，对胎儿产生不良影响。孕期糖类的供能百分比应占 50%~65% 为宜。

(5) 无机盐及微量元素：孕期膳食中容易缺乏的主要是钙、铁、锌和碘。

钙：孕期缺钙现象非常普遍，故妊娠全过程都要补充足够的钙质。孕妇缺钙会引起血钙下降，导致腿"抽筋"或手足抽搐，造成骨质软化症；胎儿会因缺钙造成先天性佝偻病。妊娠并不额外增加妇女钙需要量，孕妇估计平均需要量（estimated average requirement，EAR）和 RNI 推荐值与同龄妇女相同。应经常摄入奶类及其制品，缺钙严重者应增服钙制剂。

铁：孕期铁的需要量很多，一方面用于孕妇本身的消耗，另一方面供胎儿合成新生组织，此外还需给胎儿肝内储存一部分铁，供其出生后 6 个月之内消耗。缺铁性贫血在孕妇中较常见，孕期缺铁容易娩出低体重儿，可使婴儿期出现缺铁性贫血。孕妇铁的适宜摄入量为 25~29 mg/d。

锌：锌是很多酶的组成成分，人体内蛋白质合成过程必须由含锌的酶催化。缺锌可导致胎儿中枢神经系统畸形，影响骨骼的发育。孕中、晚期锌的 RNI 为 10.5 mg/d。

碘：碘通过合成甲状腺素促进蛋白质的合成，促进胎儿生长发育，尤其对大脑的正常发育和成熟非常重要。孕期缺碘，孕妇可发生甲状腺肿大，影响胎儿的发育。应常吃富含碘的食物，如海带、紫菜、海鱼等。孕期碘的 RNI 为 230 μg/d。

(6) 维生素：孕期需要增加维生素的摄入。对于脂溶性维生素，可在体内储存，若摄入过多，可自肝放出供给胎儿，致胎儿中毒；对于水溶性维生素，在体内不储存，必须每天足量摄入。

维生素 A：孕妇需摄入足够的维生素 A，过少或过多都可引起胎儿畸形。应多吃动物性食物（如肝、瘦肉等）补充优质的维生素 A，同时多食用红黄色蔬菜、水果补充胡萝卜素。我国建议孕妇维生素 A 的 RNI 为 730 μgRE/d。

维生素 D：应多食用富含维生素 D 的食物或维生素 D 制剂，如动物肝、鸡蛋、鱼肝油等。孕期维生素 D 的 RNI 为 10 μg/d。

维生素 B_1：作为一种辅酶，在人体糖类的代谢中起着重要的作用，可以调节消化，促进产后乳汁分泌。孕期应多吃粗粮、豆类、坚果等富含维生素 B_1 的食物。孕中期妇女维生素 B_1 的 RNI 为 1.4 mg/d。

维生素 B_2：广泛参与机体许多代谢过程。维生素 B_2 摄入不足可导致胎儿生长发育迟缓。孕期妇女维生素 B_2 的 RNI 为 1.3~1.4 mg/d。

叶酸：补充足量的叶酸对孕期非常重要，孕妇缺乏叶酸，胎儿发生神经系统缺陷的危险性增高。因此建议怀孕前后补充叶酸，预防神经管畸形的发生。叶酸的补充时间应从孕前至少 1 个月至怀孕后 3 个月。应多吃富含叶酸的食物，如动物肝、肾及绿叶蔬菜等。孕期叶酸的 RNI 为 600 μg/d。

维生素 C：可促进胎儿骨骼、牙齿的正常发育，维持造血系统功能和增强机体免疫力。孕妇缺乏维生素 C 可造成贫血，甚至流产和早产。孕妇维生素 C 的 RNI 为 115 mg/d。

2. 哺乳期妇女的营养需求　哺乳期妇女的营养要求较高，要保证乳汁的正常分泌，并能维持乳汁的质量和数量。哺乳期的营养素需求与妊娠期相似，营养素和能量的需要量增加。

（1）能量：哺乳期妇女合成乳汁及分泌乳汁都需要消耗能量，分泌乳汁的能力会随着婴儿体重的增长及活动量的增加而增加，因此哺乳期妇女对能量的需要量也随着泌乳量的增多而增加。哺乳期乳汁分泌量每日平均 800 mL，最多可达 2 000 mL。营养学会推荐哺乳期妇女膳食能量供给量每日增加 400 kcal。

（2）蛋白质：哺乳期妇女蛋白质的摄入量，会显著影响乳汁分泌的数量和质量。足够的蛋白质能刺激乳腺分泌，增加乳汁量。反之，乳汁分泌量将大为减少。每 100 mL 母乳含蛋白质 1.2 g，膳食蛋白质转为乳汁蛋白质的有效率仅 70%，故每日泌乳约 750 mL，需要额外补充蛋白质 20 g。因此，我国推荐哺乳期妇女蛋白质的 RNI 要比正常妇女多 25 g，同时应多食用蛋类、乳类、瘦肉类、豆类及其制品等优质蛋白质。

（3）脂肪：乳汁中的脂肪可为婴儿提供较多的能量，同时乳汁中必需脂肪酸可促进婴儿中枢神经系统的发育，有助于脂溶性维生素的吸收。哺乳期妇女膳食中脂肪供给量应高于一般女性，我国推荐每日脂肪的摄入量以占总热能的 20%~30% 为宜。

（4）无机盐：人乳中的钙、磷、镁、钠、钾等的浓度不受膳食摄入量的影响。但某些矿物质，如硒、碘摄入量增加，乳汁中的含量会相应增加。

钙：泌乳期并不额外增加妇女钙需要量，哺乳期妇女 EAR 和 RNI 推荐值与同龄妇女相同。哺乳期妇女应注意摄入含钙丰富的食物，如牛奶和其他乳制品。

铁：人乳中铁的含量很低，仅为 0.5 mg/L，故婴儿出生 4~6 个月后需从辅食中补充足够的铁。哺乳期妇女经历了妊娠、分娩后铁损失很多，为了预防缺铁性贫血，应每日从膳食中额外增加铁的供给量。推荐哺乳期妇女每日膳食铁供给量为 24 mg/d。

碘和锌：乳汁中的碘和锌的含量受哺乳期妇女膳食的影响，推荐碘的摄入量为 240 μg/d，锌的摄入量为 13 mg/d。

（5）维生素：乳汁中的维生素 A 含量约为 61 μg/100 mL，通过膳食补充维生素 A 可提高乳汁中维生素 A 的含量，但其转移到乳汁中的数量有一定限度，超过一定限度则乳汁中含量不按比例增加。哺乳期妇女维生素 A 的 RNI 为 1 260 μgRE/d。母乳中维生素 D 含量低，不能满足婴儿的需要，婴儿需额外补充，哺乳期妇女每日维生素 D 的 RNI 为 10 μg。人乳中维生素 B_1 的含量为 0.02 mg/100 mL，维生素 B_2 含量为 0.03 mg/100 mL。人乳中维生素 B_1 能够改善哺乳期妇女的食欲且有助于乳汁的分泌，预防婴儿脚气病。中国营养学会建议维生素 B_1 参考摄入量为 1.5 mg/d，维生素 B_2 为 1.7 mg/d。母乳中维生素 C 与膳食有着密切关系。如果蔬菜水果摄入不足，母乳中维生素 C 的含量会降低，不能满足婴儿需要。推荐维生素 C 参考摄入量为 150 mg/d。

（6）水：水的摄入量与乳汁分泌量关系密切，在哺乳期妇女膳食和饮食中，需增加必要的水分，建议比一般成人多摄入 600 mL 的水。

（二）膳食指南

1. 孕妇膳食指南

（1）孕前期妇女：多摄入富含叶酸的食物或补充叶酸，常吃含铁丰富的食物，保证摄入加碘食盐，适当增加海产品的摄入，戒烟、禁酒。

（2）孕早期妇女：膳食清淡、适口，少食多餐，保证摄入足量富含糖类的食物，多摄入富含叶酸的食物并补充叶酸，戒烟、禁酒。

（3）孕中、晚期妇女：适当增加鱼、禽、蛋、瘦肉、海产品的摄入量；适当增加奶类的摄入；常吃含铁丰富的食物；适量身体活动，维持体重的适宜增长；戒烟禁酒，少吃刺激性食物。

2. 哺乳期妇女膳食指南　增加鱼、禽、蛋、瘦肉及海产品摄入；适当增饮奶类，多喝汤水；产褥期食物多样，不过量；忌烟酒，避免喝浓茶和咖啡；科学活动和锻炼，保持健康体重。哺乳期妇女除注意合理膳食外，还应适当运动及做产后健身操，这样可促使产妇机体复原。

二、婴幼儿的营养

> 基础链接 3-22
> 婴幼儿的生理特点

婴幼儿时期（0~3岁）是人一生中生长发育最迅速的阶段，对营养的需求较高，如果营养素摄入不足，不仅影响生长发育，还会影响今后一生的健康状况。

（一）营养需求

1. 能量　婴幼儿对能量的需要相对较高，主要用于以下几个方面。

（1）基础代谢：婴幼儿基础代谢所需能量约占总能量消耗的60%，其需要量随年龄增长而逐渐减少。

（2）食物特殊动力作用：婴幼儿需要用于食物特殊动力作用的能量占总能量消耗的7%~8%。

（3）日常活动：包括吸奶、啼哭、手足活动等，为62.8~82.7 kcal/（kg·d）。

（4）生长发育：为婴幼儿特有的能量消耗，生长所需能量在出生前几个月可占总消耗的1/4~1/3。

（5）排泄消耗：是指将部分未经消化吸收的食物排出体外所需能量，约占基础代谢的10%。

最新版《中国居民膳食营养素参考摄入量》建议婴儿不分性别，1岁以内每天能量的参考摄入量为75~90 kcal/kg；1岁男孩每天900 kcal/kg，1岁女孩每天800 kcal/kg；2岁男孩每天1 100 kcal/kg，2岁女孩每天1 000 kcal/kg。

2. 蛋白质　足量的蛋白质对婴幼儿的生长发育非常重要，而且年龄越小，生长进程越快，蛋白质的需要量相对越高。《中国居民膳食营养素参考摄入量》建议1岁以内婴幼儿蛋白质参考摄入量为9~17 g/d。1~2岁幼儿为25 g/d。

3. 脂肪　可提供给婴幼儿能量和必需脂肪酸，如果婴幼儿缺乏必需脂肪酸，皮肤易干燥或发生脂溶性维生素缺乏。中国营养学会推荐婴儿每日摄入脂肪的能量占总能量的40%~48%，1~3岁占35%。

4. 糖类　是婴儿能量的主要来源。3个月以内的婴儿缺乏淀粉酶，糖类主要来源是乳糖；3~4个月后，婴儿能较好地消化淀粉食品。1岁以后婴儿糖类供能占总能量的50%~65%。

5. 矿物质

（1）钙：母乳中钙的含量和吸收率都很高，纯母乳喂养的婴儿一般不会有明显的钙缺乏，牛乳中钙的利用率比母乳低。我国建议5个月以内的婴儿钙的推荐摄入量为200 mg/d，5个月以上为350 mg/d。

（2）铁：新生儿体内有一定量铁的储备，可供其在3~4个月内使用。4个月后体内铁储存逐渐减少，必须及时添加富含铁的食物。缺铁性贫血在婴幼儿期为常见的多发病，可影响智力的发育。6月龄以上婴儿及幼儿铁的适宜摄入量为10 mg/d。

（3）锌：新生儿体内也有一定量锌的储备，4~5个月后也必须从膳食中补充。缺锌表现为食欲不振，影响生长发育和认知行为。推荐膳食锌的摄入量为5个月以内婴儿1.5 mg/d，6~12个月婴儿3.2 mg/d。

6. 维生素

（1）维生素 A：维生素 A 缺乏可引起婴幼儿生长发育障碍，应特别注意补充。牛乳喂养的婴儿每天需要额外补充 150～200 μg 维生素 A。注意不要补充过量，维生素 A 补充过量会出现呕吐、颅内压增高等中毒症状。

（2）维生素 D：维生素 D 缺乏所致的佝偻病在我国发病率较高，一方面母乳及牛乳中含量较低，另一方面婴幼儿缺乏户外活动。应多晒太阳，多食用富含维生素 D 的食物，《中国居民膳食营养素参考摄入量》推荐婴儿维生素 D 的摄入量为 10 μg/d。

此外，还应注意补充维生素 B_1、维生素 B_2、维生素 C 等。早产儿产还应注意维生素 K 和维生素 E 的补充。

（二）婴幼儿喂养

1. 婴儿喂养的方式　主要有母乳喂养、人工喂养和混合喂养。

（1）母乳喂养：是最推荐的喂养方式，母乳是 4~6 个月婴儿最适宜的食品，母乳喂养的优点主要有以下几个方面。

1）母乳中含有最适合婴儿的营养成分：其中蛋白质中以乳清蛋白为主，在胃内可形成较稀软的凝乳块，易于消化吸收；母乳中脂肪颗粒较小，且富含脂肪酶，使脂肪易于消化吸收，同时含有丰富的必需脂肪酸、卵磷脂等有益于婴儿大脑发育的物质；糖类大部分为乳糖，可转变成乳酸，能抑制致病菌生长，促进乳酸杆菌生长；母乳中钙、铁、锌的生物利用率都高于牛乳。

2）含有大量免疫物质：母乳含多种抗感染因子和大量免疫物质，如免疫球蛋白、乳铁蛋白、溶菌酶、免疫活性细胞、双歧杆菌因子等，可增强婴儿抗感染的能力。

3）不易发生过敏：母乳是所有婴儿食品中最不易发生过敏反应的，据统计有 2% 左右的婴儿对牛乳蛋白过敏，而母乳喂养的婴儿极少发生过敏。

4）其他：母乳是最方便、经济、卫生的婴儿食品；可促进母亲的产后恢复，预防母亲患乳腺癌；同时可增进母婴交流。

（2）人工喂养：由于疾病或其他原因，母乳完全不能喂养时可采用牛奶或其他代乳品喂养。

延伸阅读 3-8
常用的人工喂养食品

（3）混合喂养：如果母乳不足时，可用母乳与牛奶或奶粉混合喂养婴儿。先喂母乳，再加喂一定量的配方奶粉。混合喂养因能摄取一定量的母乳，因此优于人工喂养。

（4）添加辅食：4 个月以上的婴儿必须添加辅助食品，以保证婴儿摄入足够的营养素和能量。食品添加的顺序为：先单纯后混合，量由少到多，因人而异，由稀到稠，先谷类后鱼、肉。

延伸阅读 3-9
辅食添加顺序

2. 幼儿营养　幼儿膳食是从以乳类为主过渡到以谷类为主，奶、蛋、禽、鱼、畜肉及蔬菜和水果为辅的混合膳食。应注意以下几点：①营养平衡，所摄入的优质的动物蛋白质应占到每日总蛋白质的 1/3 以上，鱼、肉、禽、蛋类或豆制品应达到 100~125 g，粮谷类摄入量为 100~150 g，鲜牛奶至少 350 mL，蔬菜、水果类 150~250 g。②膳食应多样化，烹调合理，食物尽量软、细、碎、烂、色、香、味俱全。③养成良好的饮食习惯，每日三餐外，加两次点心，防止偏食、挑食。

三、儿童、青少年的营养

（一）儿童的营养需求

儿童一般指从 3 岁到 12 岁，分为学龄前儿童和学龄儿童。这段时期儿童处于迅速生长发育阶段，所需的热能和营养素相对比成人高。

基础链接 3-23
儿童、青少年的生理特点

1. 能量　儿童时期基础代谢率高，又活泼好动，故需要的能量较多。我国推荐 3~6 岁学龄前儿童总能量供给 1 150~1 600 kJ/d，随着年龄的增长，能量的需要逐年增加。

2. 蛋白质　由于儿童时期肌肉发育迅速，需要蛋白质亦较多。推荐 3~5 岁供给 30 g/d，6~11 岁供给 35~55 g/d。

3. 矿物质和维生素　儿童对矿物质尤其是钙、磷、铁的需要量较大。中国营养学会推荐，钙的摄入量 4~7 岁为 600~800 mg/d，9~15 岁为 1 000 mg/d。维生素 A 和维生素 D 与儿童生长发育关系密切，水溶性维生素如抗坏血酸、硫胺素、核黄素和烟酸与体内多种代谢相关，也必须充分供给。

（二）青少年的营养需求

青少年一般是指从 12 岁到 18 岁，这个时期因性成熟、体成分的改变、骨骼的矿化和体力活动的变化，青少年的营养需要高于儿童。能量的需要接近成人的轻体力活动或中等体力活动者。蛋白质供给量应超过成人，处于正态平衡状态。无机盐和微量元素中，应注意摄入足够的钙、铁、锌、镁、碘以满足机体需要，特别是青春期女生由于月经期，要特别注意铁的补充。

（三）儿童、青少年合理营养原则

1. 学龄前儿童的营养原则　每日饮奶，养成不偏食、不挑食的良好饮食习惯。
2. 学龄儿童的营养原则　保证吃好早餐；少吃零食，饮用清淡饮料，控制食糖摄入；重视户外活动。
3. 青少年的营养原则　多吃谷类，供给充足的能量；保证鱼、肉、蛋、奶、豆类和蔬菜的摄入；参加体力活动，避免盲目节食；三餐定时定量，保证吃好早餐；不抽烟、不饮酒。

四、老年人的营养

（一）营养需求

1. 能量　老年人的基础代谢率显著降低，活动减少，所需的能量供应相应减少。中国营养学会建议 50~59 岁能量可比正常成人减少 10%，60~69 岁减少 20%，而 70 岁以后减少 30%。老年人每日摄入的能量以维持理想体重为宜。

2. 蛋白质　65 岁以上老年人蛋白质的能量占总热能的 15%~20% 为宜，否则可加重肝、肾负担。由于老年人的消化吸收能力差，优质蛋白质应占总蛋白质的 1/3~1/2 为宜。

3. 糖类　摄入过多的糖类容易使血糖升高，转变为脂肪后会增加患慢性疾病的风险，所以老年人应控制对糖类的摄入量，尤其是控制单糖、双糖的摄入，同时应增加膳食纤维的摄入量。糖类所提供的能量应占总热能的 50%~65% 为宜。

4. 脂类　应以植物性脂肪为主。脂肪所供能量占膳食总能量的 20%~30% 为宜。控制胆固醇的摄入量，不超过 300 mg/d，少食用含胆固醇高的食物，如动物脑、鱼卵、蟹黄、蛋黄等。

5. 矿物质　老年人应注意矿物质的补充。应适当增加钙的摄入量。钠与高血压发生有密切的关系，钾与钠有拮抗作用，因此应摄入含钾的食物，控制钠的摄入，食盐每天少于 5 g 为宜。此外，还应增加镁、锌、硒等的摄入量。

6. 维生素　在调节和控制代谢、推迟衰老方面极为重要，老年人应该注意维生素 A、维生素 D、维生素 B_1、维生素 B_2、维生素 B_6、维生素 C 及叶酸的摄取。维生素 A 保护老年人的视力，并降低肺癌的发生率。老年人维生素 D 缺乏的现象较为常见，与户外时间减少和摄入不足有关，建议老年人维生素 D 摄入量为 15 μg/d。维生素 B_1、维生素 B_2 及烟酸等是构成体内氧化代谢重要的辅酶，缺乏会引起能量代谢障碍，维生素 B_1 与维生素 B_2 推荐摄入量同为 1.3 mg/d。维生素 C 具有较强的抗氧化功能，并可保护毛细血管的弹性，防止血管硬化，老年人维生素 C 推荐摄入量是 130 mg/d。

基础链接 3-24
老年人的生理特点

（二）合理营养

老年人的饮食要注意在合理平衡膳食的原则下适当控制能量，控制脂肪，特别是动物性脂肪及胆固醇的摄入。适量增加优质蛋白质的摄入量，但总量不能过高。多吃五谷杂粮，少吃精细食物，粗细搭配，增加膳食纤维的摄入量。多吃薯类、菌类、蔬菜及水果类食物。饮食清淡，少吃盐和糖，适当补充水。烹调加工多用清蒸、炖、煮等方法，少用油炸、烟熏、腌制等方法。不吸烟，不饮烈性酒。

膳食指南：饮食多样化；主食多食用粗粮；每天饮用牛奶或食用奶制品；食用大豆或其制品；适量食用动物性食品；多吃蔬菜和水果；饮食清淡、少盐；积极参加适度体力活动，保持能量平衡。

第四节　临床营养

临床营养（clinical nutrition）又称患者营养（patients nutrition）或治疗营养（therapeutic nutrition），是研究人体处于病理状态下的营养需求和营养支持途径的科学。其任务是基于现代营养学原理，根据患者的特定疾病类型、病情与病程及其营养状况和需求，对患者进行个性化营养评估，制订相应的营养干预计划并在一定时期内实施监测，以避免疾病恶化、治疗、辅助治疗或缓解疾病，促进疾病转归及机体康复，显著改善患者生存期和生活质量。因此，临床营养是现代医学综合治疗方案的重要组成部分。

临床营养的实施路径，首先要根据患者的一般情况、膳食状况、体格指标和医学检查检验结果等进行综合性的营养状况评价，随后在循证基础上制订针对特定疾病状况的个体化营养支持方案，包括患者的膳食管理、围手术期营养、临床营养支持治疗等重要内容。

一、膳食管理

医院是营养不良高发场所，住院患者营养不良发生率高。有效的膳食管理是保证机体营养需要、治疗疾病、减少并发症、促进康复的重要手段。可根据患者的营养需求和疾病诊疗需要，制订出相应膳食。医院患者膳食（hospital patient diet）包括常规膳食、治疗膳食和试验膳食。

（一）常规膳食

常规膳食（regular hospital diet）与一般健康人日常所用的膳食基本相同，遵守平衡膳食原则，使能量及营养素数量和质量达到合理营养的要求。常规膳食是医院应用范围最广、食用频率最高的基本膳食，占住院患者膳食的 50%~65%。常规膳食的基本形式为普通膳食、软食、半流质膳食和流质膳食。

1. **普通膳食** 是能量供应充足，各种营养素齐全，比例恰当，和健康人膳食基本相似的膳食。适用于消化功能正常，对饮食没有特殊要求的患者，如五官科、妇产科患者。膳食原则应注意供应充足能量及营养素，保证膳食平衡；食物多样化；合理将食物量分配至各餐；避免刺激性或难消化食物。

2. **软食** 是质软、少纤维、易于咀嚼，比普通膳食更易消化的膳食。主要用于轻度发热、消化不良、肠道疾病患者或咀嚼功能较差的患者。膳食制配时要注意食物细软，易于咀嚼和消化，并保证平衡膳食，避免刺激性食物、油炸食物和硬果类等食物。

3. **半流质膳食** 是介于软食和流质膳食之间，比较稀软，比软食更易消化的一种限量、多餐次膳食。适用于高热、身体虚弱、患消化道疾病或口腔疾病的患者。该种饮食要求比软食更细软、更易消化，患者要注意少食多餐，避免生冷、硬质及含纤维多的食物和刺激性调味品。

4. **流质膳食** 是含渣少、呈流体状或在口腔能融化成液体的膳食，比半流质更易吞咽和消化。适用于急性感染、高热、咀嚼吞咽困难、大手术后、急性消化道炎症及危重患者。此种膳食是不平衡膳食，仅能短期使用；一切食物应呈液体状，易吞咽消化；注意少量多餐；避免刺激性或易胀气的食物。

（二）治疗膳食

治疗膳食（therapeutic diet）主要是针对不同患者的生理病理状况，通过个性化的营养治疗手段，以补充疾病消耗或组织修复所必需的营养素，达到治疗疾病和促进健康的目的，在疾病的治疗和康复过程具有重要作用。治疗膳食的种类较多，实际应用中根据患者的具体情况，合理选择适宜的膳食。

1. **高能量高蛋白膳食** 能量和蛋白质供给高于正常人膳食参考推荐摄入量，一般情况下，能量供给量按照 35 kcal/（kg·d）为宜；蛋白质摄入量可达 1.5~2.0 g/（kg·d），尽可能摄入优质蛋白，同时适量增加钙的供给。适用于各种原因导致机体蛋白质大量消耗，营养不良或康复需要大量蛋白质的患者。

2. **限制能量膳食** 主要控制主食摄入，限制脂肪摄入，减少膳食中总能量；适当增加蛋白质。适用于单纯性肥胖、2 型糖尿病等需要减重及减轻机体代谢负担者。

3. **低蛋白膳食** 蛋白质的摄入量在 20~40 g/d，尽量选用优质蛋白，减少植物性蛋白质，以防过多非必需氨基酸摄入加重氮代谢负担。适用于某些肝、肾疾病患者，如急性肾炎、尿毒症及肝衰竭等。

4. **限制脂肪膳食**（表 3-1） 避免脂肪含量较高的食物，如油炸食品、肥肉、猪油等，减少烹饪用油。适用于肝胆和胰腺疾病患者，以及脂肪消化吸收不良及腹泻、肥胖患者。

表 3-1 限制脂肪膳食

分类	低脂膳食限量
轻度限制脂肪膳食	脂肪总量≤50 g/d，不超过总能量的 25%
中度限制脂肪膳食	脂肪总量≤30 g/d，供能占总能量的 20% 以下
严格限制脂肪膳食	脂肪总量≤15 g/d，供能占总能量的 10% 以下

5. **低胆固醇膳食** 胆固醇摄入控制在 300 mg/d 以下，避免摄入动物内脏、蛋黄及鱼子等高胆固醇食物。适用于高胆固醇血症、动脉粥样硬化及冠心病等心血管疾病患者。

6. **低钠（盐）膳食** 摄入清淡饮食，每日控制用盐 1~4 g，避免一切盐腌制品，如咸菜、咸蛋、腌肉腊肠等。适用于高血压、肝硬化腹水及心功能不全、肾炎和水肿患者。

7. **低嘌呤膳食** 限制嘌呤摄入量，减少外源性高嘌呤的来源；增加成碱性食物的摄入，保证蔬菜、水果和乳制品的摄入量，饮用充足水分；避免暴饮暴食或一次进食大量肉类及内脏，以减少痛风急性发作。适用于痛风患者和无症状高尿酸血症者。

> 基础链接 3-25
> 常见食物嘌呤含量分类

8. **高纤维膳食** 应保证膳食纤维摄入不低于 25 g/d，尽量选择含纤维多的食物，如蔬菜、水果、谷薯类及全谷物等。高纤维膳食对维持肠道健康、调节血糖、控制体重、预防代谢紊乱、预防某些癌症发生有重要裨益。适用于部分肠道疾病患者、便秘患者，以及减重需求者，高血脂、2 型糖尿病和冠心病等患者也推荐食用高纤维膳食。

（三）试验膳食

试验膳食（pilot diet）是指在临床诊断或治疗过程中，短期内暂时调整患者的膳食内容，以配合和辅助临床诊断或观察疗效的膳食。常见的试验膳食有胆囊造影膳食、潜血试验膳食、尿浓缩功能试验膳食、肌酐试验膳食、甲状腺碘试验膳食（同位素吸收 ^{131}I 试验）、葡萄糖耐量试验膳食等。

二、围手术期营养

（一）围手术期概念

围手术期（perioperation）是指从确定手术起到与手术有关的治疗基本结束为止，即术前 5~7 天至术后 7~12 天。手术创伤等因素可引起机体高度消耗能量和营养素，围手术期营养（nutrition in perioperation）可保证患者术前充足营养贮备，增强其对术间创伤和麻醉的耐受力；加强术后营养素补充，对提高患者抵抗力、减少并发症、促进伤口愈合等有着极其重要的意义。

（二）围手术期营养不良

围手术期营养不良主要指由于蛋白质和能量不足引起蛋白质-能量营养不良相应的一系列临床表现，如负氮平衡、血浆渗透压异常、免疫功能降低及肝功能异常等机体代谢紊乱。围手术期患者进食受限，食欲减低，消化吸收障碍，以及应激创伤、感染发热等因素造成营养素消耗丢失，均可导致营养不良。若患者长期处于营养不良的状态，将直接影响手术治疗效果，甚至危及生命。

（三）围手术期患者的营养需求

1. **能量** 充足的能量供应可增加手术耐受性，促进伤口愈合，稳定体重，具体能量的补充因时因人而异。①术前患者：推荐摄入量为 2 000~2 500 kcal/d；如果安静卧床和发热者，体温每升高 1℃，增加基础代谢的 13% 左右；如果在病床周围活动者，需增加基础代谢的 10% 左右；如果在室内外活动者，则增加基础代谢的 20%~25%；危重的患者则应该以维持理想体重计算。②术后患者：对于无并发症者，能量需要略高于术前，一般增高 10%；如果伴有腹腔感染者，则能量需要量可增加 50%。尽可能减少以蛋白质作为能量消耗，促进机体快速获得正氮平衡。

2. 蛋白质　保证充足的优质蛋白质摄入，可促进机体有效康复。①术前患者：蛋白质 1.5~2.0 g/(kg·d)，且优质蛋白质占50%以上，利于纠正负氮平衡；蛋白质供能应占总能量的 15%~20%。②术后患者：建议蛋白质摄入量100~140 g/d，利于转入或维持正氮平衡。同时注意支链氨基酸的供给补充，加速康复。

3. 脂肪　适量摄入脂肪，同时保证脂溶性维生素的吸收和利用。①术前患者：脂肪供能比占15%~20%，不宜过高。②术后患者：应结合病情供给，如胃肠功能欠佳者，应减少脂肪摄入量；肝胆病者除严格限制脂肪的摄入外，要注意必需脂肪酸和中链脂肪酸的供给。

4. 糖类　供给充足而易消化的糖类，可增加机体糖原及能量储备。①术前患者：以糖类作为主要的能量来源，其供能占总能量的65%。②术后患者：足量的糖类可节约蛋白质消耗，有利于促进正氮平衡，建议糖类摄入量为300~400 g/d。

5. 矿物质　患者由于手术渗出、创伤后尿氮增加等原因，常出现钠、钾、镁、锌和铁等矿物质的丢失或失调。因此，需要根据生化检查结果及时监测及调整矿物质的摄入量。

6. 维生素　由于创伤后机体处于代谢旺盛的应激状态，维生素的摄入量应适当增加。①术前患者：水溶性维生素以正常推荐摄入量的2~3倍供给为宜；为加速伤口愈合、促凝止血，应注意补充适量的脂溶性维生素。②术后患者：对于营养状况良好者，术后一般不用再额外补充脂溶性维生素，但仍要给予充足的水溶性维生素。

三、临床营养支持治疗

单纯膳食管理虽然在治疗疾病和促进康复方面具有重要作用，但也具有一定的局限性，因为各种医院膳食都要求经口摄入，对于某些不能进食或不愿进食的患者便不能保证其良好的营养状况。这时临床营养支持（clinical nutrition support）治疗便是一个较好的选择，尤其是危重患者治疗中不可缺少的部分。合理选择营养支持的途径、严格控制适应证、适宜的补充剂量和持续时间是保证患者良好营养的关键。

临床营养支持治疗主要包括两类，即肠内营养和肠外营养。其选择的基本原则为：①对于胃肠道有一定消化吸收功能者，首选肠内营养的方式，但在肠内营养不足时，可用肠外营养作为补充；②如需要大量营养素的补充或希望快速改善营养状况，可选用肠外营养。

（一）肠内营养

肠内营养（enteral nutrition）是经过消化道给予机体代谢需要的各种营养素的一种简单、有效、安全的营养支持方式，具体是指具有胃肠道消化吸收功能的患者，因机体病理、生理改变或特定治疗的特殊要求，需要以口服或管饲等方式给予营养制剂，以满足机体代谢需要的营养支持疗法。

1. 适应证和禁忌证

（1）适应证：适用于无法经口吞咽或摄食不足，但营养素需要量增加者。①胃肠道外疾病患者，如口腔和咽喉炎症或手术、肿瘤及其化疗或放疗、烧伤或化学性损伤、慢性营养不良或吸收不良综合征、慢性消耗性疾病和肝肾衰竭等；②胃肠道疾病患者，如胃肠道瘘（如低位小肠瘘、结肠瘘及胃十二指肠瘘）、短肠综合征、炎性和溃疡性肠炎、胃肠癌症及其手术；③中枢神经系统相关疾病患者，如神经性厌食症、抑郁症及脑血管疾病等。

（2）禁忌证：①完全性肠梗阻或胃肠蠕动严重减慢者；②胃肠瘘，无论瘘上端或下端有渗漏现象者；③严重应激状态、上消化道出血、应激性溃疡、顽固性呕吐或严重腹泻急性期、急性胰腺炎者；④严重吸收不良综合征及长期少食者；⑤小肠广泛切除后 4~6 周以内患者；⑥年龄小于 3 月龄婴儿。

2. 肠内营养制剂类型　肠内营养制剂要保证营养素齐全、数量充足、配比合理，少渣、易消化，或不需消化、化学成分明确、使用方便。根据组成成分可以为要素膳、非要素膳、组件膳和特殊营养膳四类。

（1）要素膳（elemental diet）：是由氨基酸/蛋白质水解物、脂肪、葡萄糖、矿物质和维生素组成的单体膳。要素膳具有成分明确、营养全面、不需消化直接吸收、残渣较少、不易污染的特点。

（2）非要素膳（non-elemental diet）：是由大分子营养素组成的多聚体膳，以整蛋白（酪蛋白、大豆蛋白）或水解蛋白质为氮源，渗透压接近等渗，口感较好，适用于胃肠功能较好的患者。

1）匀浆膳：是将营养丰富的天然食物捣碎并搅拌后制成，其营养素齐全、能量充足、纤维含量较高、质地黏稠。

2）聚合膳：又称聚合配方，将整蛋白、脂肪、复杂糖、矿物质和维生素进行搭配聚合而成，往往因含有乳糖，不宜用于乳糖不耐受者。

（3）组件膳：按照病情增加某种营养素摄入量，是对完全膳食的补充或强化，以弥补完全膳食在适应个体差异方面的不足，属于不完全配方膳食。可分为蛋白质组件膳、脂肪组件膳、糖类组件膳、维生素组件膳和矿物质组件膳。

（4）特殊营养膳：是针对患者特殊营养需求而专门设计的营养膳食，也属于不完全配方膳食。临床常用的有肝/肾衰竭膳、肺功能不全膳及创伤用膳等。

3. 施用方式　肠内营养分为口服和管饲。口服简单、有效而安全，适用于意识清楚、吞咽功能和消化功能正常者，而管饲法对患者刺激最小、操作简便、治疗效果较好。预期营养支持所需时间是决定管饲方式的重要因素。需要时间较短（4 周以内）者可经鼻置入鼻胃管、鼻十二指肠管或鼻空肠管，这三种管饲是目前临床上应用最广泛、最简单安全的方法。需较长期（大于 4 周）管饲时，不能经口进食但胃肠道功能较好者应采用胃或空肠造瘘置入导管。

（二）肠外营养

肠外营养（parenteral nutrition）是指由于胃肠道功能障碍或进食后不能利用营养物质，患者需要通过静脉系统补充机体营养所需，以改善营养状况的营养支持疗法。制备静脉营养制剂则有较高要求，要有适当的 pH、渗透压，无菌、无致热源、无毒性，微粒异物不能超过规定的范围。

1. 适应证和禁忌证

（1）适应证：①非外科疾病，如营养不良伴胃肠功能紊乱或障碍、神经性厌食或顽固性呕吐、肠道疾病（局限性或溃疡性结肠炎、肠结核、放射性肠炎等）、化疗与放疗辅助治疗期间、肝肾疾病等；②外科疾病，如胃肠道梗阻、胃大部切除及胃肠吻合术、大手术创伤及复合性外伤、消化道瘘、急性胰腺炎、器官或骨髓移植后功能尚未恢复、大面积烧伤和重度感染。

（2）禁忌证：①无明确治疗目的或已确定为不可治愈者；②水电解质和酸碱平衡紊乱或心血管功能紊乱期间需控制或纠正者；③预计发生肠外营养并发症的危险性大于其可能带来的益处者。

2. 肠外营养制剂类型

（1）氨基酸制剂：氮源是 L- 氨基酸溶液，其中 9 种必需氨基酸占总氮量的 40%，并含有充足的条件必需氨基酸和一定比例的支链氨基酸。

（2）脂肪制剂：常用大豆油等植物油，经乳化后通过静脉输入机体，满足机体能量、必需脂肪酸和脂溶性维生素的需要。

（3）糖类制剂：主要依赖高浓度的葡萄糖提供能量，一般葡萄糖供给 200~300 g/d，占总能量的 60%~70%。

（4）矿物质制剂：需要根据患者实际情况进行补充调整，尤其要注意适量补充锌、铬、铁和硒等矿物质。

（5）维生素制剂：一般情况下，肠外营养只能提供维生素的生理需要量，如果有特殊要求，则需要额外补充。对于短期肠外营养支持者，应常规补充水溶性维生素制剂；长期肠外营养支持者，还应适量补充脂溶性维生素。

3. 施用方式　常用方法有通过较粗的外周静脉（锁骨下静脉和颈内静脉）穿刺或切开插管进入上/下腔静脉的中心静脉置管法和经皮下浅静脉置短导管或钢针的外周静脉置管法。锁骨下静脉穿刺具有易固定、易消毒、不影响颈部及四肢活动等优点，是长期营养支持中最普遍的方法。

第五节　食品安全

食品是人类赖以生存和社会发展的基本需求。根据《中华人民共和国食品安全法》（2021），食品是指各种供人食用或饮用的成品和原料，以及按照传统既是食品又是药品的物品，但不包括以治疗为目的的物品。随着社会经济的发展，人民生活水平的提高，食品质量和安全性是人民群众健康的保证。近年来，食品安全问题在全球范围内频频发生，给人类健康造成严重威胁，已成为全球关注的焦点。

一、概述

（一）食品安全的概念

食品安全（food safety）包括两方面含义，即食品数量安全和食品质量安全。食品数量安全是指一个国家或社会的食品保障；食品质量安全即食品的卫生与营养，所摄入食品无毒无害，无食源性疾病污染物，提供人体所需要的基本营养物质。

根据 2003 年 FAO/WHO 对食品安全的定义，应保证食品安全不存在任何对人体健康造成急性或慢性损害的危险。2015 年 10 月 1 日开始实施的《中华人民共和国食品安全法》将食品安全定义为：食品无毒、无害，符合应当有的营养需求，对人体健康不造成任何急性、亚急性或者慢性危害。

（二）食品安全危害性来源

1. 食品污染（food contamination）　是指在各种条件下，导致外源性有毒有害物质进入食品，或食物成分本身发生化学反应而产生有毒有害物质,从而造成食品安全性、营养性和(或)感官性状发生改变的过程。存在于食品中的有害物质称为食品污染物。在食品的生产、加工、运输、销售等各个环节均有可能发生食品污染。它可能改变食品正常的感官性状,降低食品的营养价值、卫生质量和安全性,对机体健康造成不良影响。食品污染按其性质可分为三类:生物性污染、化学性污染、物理性污染。

(1)生物性污染:食品的生物性污染包括微生物、寄生虫及其虫卵、昆虫的污染。其中以微生物污染范围最广、危害也最大,污染食品的微生物有细菌及细菌毒素、真菌及真菌毒素、肠道病毒等。污染食品的微生物按其对人体的致病能力,可分为三类:①致病微生物,可直接对人体健康造成危害,如致病性细菌、病毒、产毒真菌等;②条件致病微生物,即通常不致病,在一定条件下才有致病力的一些微生物,如变形杆菌等;③非致病微生物,对人体无直接危害,主要引起食物腐败变质,在自然界分布广泛,包括非致病菌、不产毒真菌和酵母等。寄生虫及其虫卵的污染,常见的有蛔虫、绦虫、囊虫、旋毛虫、姜片虫等。

(2)化学性污染:是指食品受到各种有毒金属、非金属及其有机或无机化合物的污染。化学性污染物种类繁多,来源复杂,常见的有:①来自生产、生活和环境中的有害因素,如农药、化肥、兽药、有毒金属及非金属、多环芳烃类化合物、杂环胺类化合物、丙烯酰胺、N-亚硝基化合物、二噁英等;②食品容器、包装材料及涂料中的有毒成分,如铅、镉、橡胶及塑料制品的单体或助剂、石蜡、油墨等;③滥用食品添加剂及其在加工储存过程中产生的有害物质,如甲醇、杂醇油、醛类等;④在食品中违法添加非食用物质,如苏丹红、三聚氰胺、丙烯酰胺、吊白块等。

(3)物理性污染:根据污染物的性质将物理性污染分为两类,即食品的放射性污染和食品杂物污染。食品的放射性污染物是指食品吸附或吸收了放射性核素,使其放射性高于自然放射性本底。食品的放射性污染主要来源于放射性物质的开采、冶炼、生产、在生活中的应用与排放及意外事故的发生,尤其是在食物链中易于富集、半衰期比较长的放射性核素污染,如 ^{137}Cs(铯)、^{90}Sr(锶)等,在食品安全上的意义更为重要。食品的杂物污染来自食品生产、储存、运输、销售过程中的杂物污染和食品的掺杂掺假。

食品污染对人体健康的危害因污染物的种类和数量不同而异,可以归结为:①食物中毒,一次摄入含有大量有害物质污染的食品引起的急性中毒;②慢性中毒;③致畸、致癌和致突变作用。

2. 动植物中固有的天然有毒有害物质 是指作为食品的动植物中存在的某种对人体健康有害的非营养性天然物质成分,或者因贮存方法不当,在一定条件下产生的某种有毒成分。如毒蘑菇中的有毒成分、河鲀含河鲀毒素、鲜黄花菜含有秋水仙碱、发芽马铃薯含龙葵素等。

3. 新型食品 包括转基因食品、辐照食品和新资源食品。

(1)转基因食品:是指利用基因工程技术改变基因组构成的动物、植物和微生物生产的食品或食品添加剂。转基因食品的发展为解决世界食物资源不足的问题提供了广阔的前景,然而其安全性仍然是人们担心的焦点问题。转基因食品对人体健康的潜在危害主要表现在人体过敏、使细菌产生耐药性、改变食品营养成分和毒性作用等方面。

(2)辐照食品:是指用 ^{60}Co(钴)、^{137}Cs(铯)产生的 γ 射线或电子加速器产生的低于 10 MeV 电子束辐照加工处理的食品,包括辐照处理的食品原料、半成品。辐照食品可能会被放射性元素污染,辐照可诱发微生物遗传变化,对人类的健康造成潜在的威胁。

(3)新资源食品:即以食品新资源生产的食品,食品新资源是指新发现、新引进、新研制的无食用习惯或仅在个别地区有食用习惯，符合食品基本要求的物品。

二、常见食品污染及其预防

（一）生物性污染及其预防

食品的生物性污染以微生物污染最为广泛，受到微生物污染的食品不仅卫生质量难以保证，营养和食用价值降低，并且可能危害人体健康。据 WHO 统计，在全世界每年数以亿计的食源性疾病患者中，70% 是因食用或饮用各种致病微生物污染的食品和饮水所致。在自然界中存在种类繁多的微生物，一般情况下，食品中的微生物可来自土壤、空气、水、人及动植物、加工设备、包装材料等。

1. 食品的细菌污染及其预防　食品中常见的细菌称为食品细菌，是自然界细菌中的一部分，以非致病性细菌为主，多为腐败菌，主要引起食物的腐败变质。食品细菌是评价食品卫生质量的重要指标，也是研究食品腐败变质原因、过程和控制方法的主要对象。

（1）常见的食品细菌

1）假单胞菌属：是重要的食品腐败性细菌，革兰氏阴性无芽孢杆菌，需氧，嗜冷，兼或嗜盐，广泛分布在各种食品中，尤其是蔬菜、畜肉、禽肉和海产品，并引起腐败变质。另外，由于该菌属许多菌株具有嗜冷性，因此也可引起冷藏食品的腐败变质。

2）微球菌属和葡萄球菌属：食品中极为常见的菌属，均为革兰氏阳性、过氧化氢酶阳性球菌，嗜中温，前者需氧，后者厌氧，营养要求较低。

3）芽孢杆菌属和梭状芽孢杆菌属：肉类及罐头食品中常见的腐败菌，为革兰氏阳性菌，前者需氧或兼性厌氧，后者厌氧，均属嗜中温菌，间或有嗜热菌。

4）肠杆菌科：革兰氏阴性无芽孢杆菌，需氧及兼性厌氧，嗜中温，除志贺菌属及沙门菌属外，均是常见的食品腐败菌，多与水产品、肉及蛋的腐败有关。大肠埃希菌是食品中常见的腐败菌，也作为食品和饮用水的粪便污染指示菌。

5）弧菌属和黄杆菌属：均为革兰氏阴性、兼性厌氧菌，主要来自海水或淡水，在低温或含有 5% 食盐的基质中生长，在鱼类等海产品中多见，黄杆菌属还能产生色素。

6）嗜盐杆菌属和嗜盐球菌属：均为革兰氏阴性需氧、嗜盐菌，可在 12% 食盐甚至更高的食盐浓度中生长，多见于咸鱼、咸肉等盐腌制食品，且可产生橙红色素。

7）乳酸杆菌属：革兰氏阳性杆菌，厌氧或微需氧，在乳品中多见，可引起乳品腐败变质。

（2）评价食品卫生质量的细菌污染指标和食品卫生学意义：在食品卫生检验工作中，食品的微生物指标是检测和评价食品卫生质量的重要依据，包括细菌菌相、菌落总数、大肠菌群、致病菌及真菌的污染度等，其中菌落总数、大肠菌群为常用细菌污染指标。致病菌是指能致病的细菌，可能会引起食源性疾病，在我国的食品卫生标准中规定不允许在食品中检出致病菌。

1）菌落总数及其卫生学意义：菌落总数（colony forming unit，CFU）是指被检样品的单位质量（g）、容积（mL）或表面积（cm^2）中所含有的在严格规定的条件下（需氧情况、培养基、pH、培养温度、时间、计数方法等）培养出的被检样品的细菌菌落总数，以菌落形成单位表示。

卫生学意义：菌落总数是最常用的食品细菌污染指标之一，我国在许多食品中制定了菌落总数的容许限量，它虽然不一定说明食品细菌污染对人体健康的危害程度，但反映了食品的卫生质量，以及食品在生产、运输、储存、销售过程中的卫生措施和管理情况。因此，食品的菌落总数一方面是食品清洁状况的标志，反映食品被污染的程度；第二方面，作为预测食品耐储藏期限的指标；第三方面，作为判断食品新鲜程度的指标。

2）大肠菌群及其卫生学意义：大肠菌群是指在 35~37℃ 下能发酵乳糖产酸产气、需氧和兼性厌氧、不形成芽孢的革兰氏阴性杆菌，包括肠杆菌科的埃希菌属、柠檬酸杆菌属、肠杆菌属和克雷伯菌属，主要来自人和温血动物的肠道，被许多国家用作食品生产上质量鉴定的指标。食品中大肠菌群的数量采用相当于 100 g 或 100 mL 检样食品中的最近似数来表示，简称为大肠菌群最近似数（maximum probable number，MPN）。

卫生学意义：第一是作为粪便污染食品的指示菌，大肠菌群都直接或间接来自人或温血动物的粪便，因此，食品中检出大肠菌群表示食品曾受到人或温血动物粪便的污染，大肠菌群的数量多少反映了粪便污染食品的程度。大肠菌群以埃希菌属为主，俗称典型大肠杆菌。粪便排出体外1周后，在外界环境的作用下有的发生变异，称为非典型大肠杆菌，如果检出典型大肠杆菌说明食品近期被粪便污染，如果检出非典型大肠杆菌说明该食品受到陈旧的粪便污染。食品中的粪便污染含量只要达到 0.001 mg/kg 就可检出大肠菌群，因此，大肠菌群是一个敏感、简便易行的指标。第二是作为肠道致病菌污染食品的指示菌，鉴于大肠菌群与肠道致病菌来源相同，且在一般条件下在外界的生存时间与主要肠道致病菌一致，故大肠菌群也作为肠道致病菌污染食品的指示菌，即一旦在某种食品中检出大肠菌群，标志着该食品可能同时受到致病菌污染。

（3）食品细菌污染的预防措施：食品受到细菌污染后，不仅影响食品质量，降低营养价值和食用价值，还可能危害人体健康。因此，防止食品的细菌污染是食品安全工作的重要内容之一，要从3个方面进行预防：①防止细菌污染，防止食品原料及食品在生产、储存、运输、销售过程中受到细菌污染；②加强生产运输过程、食品烹调加工、食品从业人员卫生管理工作；③加强宣传教育。

2. 食品的真菌及真菌毒素污染及其预防　霉菌是菌丝体比较发达而又没有较大子实体的一部分真菌的俗称，在自然界中分布广泛。与食品安全关系密切的真菌主要有曲霉菌属、青霉菌属和镰刀菌属。自然界中多数真菌对人类是有益的，只有少数对人体有害，主要是因为真菌中的少数产毒菌种能产生对人体有害的真菌毒素，真菌毒素是真菌产生的一种有毒次生代谢产物。自从20世纪60年代发现具有强致癌性的黄曲霉毒素以来，真菌与真菌毒素对食品的污染日益引起重视。目前已知的真菌毒素有200多种，与食品污染关系密切，比较重要的有黄曲霉毒素、赭曲霉毒素、杂色曲霉毒素、单端孢霉烯族化合物、玉米赤霉烯酮、黄绿青霉毒素等。

（1）真菌产毒的特点：①真菌产毒仅限于少数的产毒真菌，而产毒菌种中也只有一部分菌株产毒，同一菌种中的不同菌株产毒能力也不相同；②产毒菌株的产毒能力表现出可变性和易变性，产毒菌株经过多代培养可以完全失去产毒能力，而非产毒菌株在一定条件下可产生毒素；③同一种菌种或菌株可以产生几种不同的毒素，而同一真菌毒素可以由几种不同的真菌产生；④产毒真菌在产生毒素过程中需要一定的条件。

（2）真菌产毒的条件：影响真菌产毒的主要条件是基质、水分、湿度、温度及通风情况。①基质：是真菌繁殖和产毒的基本条件，天然食品比人工合成的培养基更适合真菌繁殖和产毒。不同的真菌菌种易在不同的食品中繁殖，即各种食品中出现的真菌以一定菌种为主，如花生、玉米和棉籽油中以黄曲霉及其毒素的检出率为高，说明花生、玉米等是产生黄曲霉毒素菌株适宜生长并产生黄曲霉毒素的基质，青霉及其毒素主要在大米中检出。②水分：食品中的水分是影响真菌繁殖和产毒的重要因素。如粮食水分为 17%~18%，是真菌繁殖产毒的最佳条件，一般来说，粮食类水分在 14% 以下，大豆类在 11% 以下，干菜和干果品在 30% 以下，微生物是较难生长的。其中起作用的仅限于能供给微生物利用的水分，称为"水分活性"，缩写为 Aw 或 aw。食品的 aw 值越小，越不利于微生物繁殖。如果能将食品的 aw 值降至 0.7 以下，一般真菌均不能生长。③湿度：不同相对湿度，易于繁殖的真菌不同。曲霉、青霉和镰刀菌适宜繁殖的环境相对湿度为 80%～90%，毛霉在 90% 以上，灰绿曲霉、白曲霉在 80% 以下。④温度：不同种类的真菌最适生长温度不一样，如黄曲霉繁殖的最适生长温度为 37℃ 左右，毛霉、根霉为 25～40℃；大部分真菌繁殖最适宜的温度为 25～30℃，小于 0℃ 和大于 30℃ 时，产毒能力减弱或消失；一般真菌产毒的温度略低于生长最适温度，如黄曲霉产毒以 25～32℃ 为宜。⑤通风：大部分真菌繁殖需要有氧环境，但毛霉、庆绿曲霉厌氧。

（3）评价食品卫生质量的真菌污染指标和食品卫生学意义：主要有两方面：①真菌污染度，以单位质量或体积食品中的真菌总数表示，真菌总数越高，说明食品受真菌污染的程度越严重；②检测食品中的真菌菌相构成，以判断食品的新鲜程度。

从食品卫生学角度考虑，真菌及其毒素污染食品后引起食品腐败变质和人畜中毒，不同真菌毒素的毒性作用各不相同，按其毒性作用的靶器官可分为肝毒、肾毒、神经毒等。目前比较重要的真菌毒素有黄曲霉毒素、赭曲霉毒素、杂色曲霉素、岛青霉素等，我国食品中的真菌及其毒素污染，以赤霉病小麦和黄曲霉毒素为主。

（4）黄曲霉毒素（aflatoxin，AF）：是由黄曲霉和寄生曲霉产生的一类有毒代谢产物，具有极强的毒性和致癌性，黄曲霉是我国粮食和饲料中常见的真菌。由于该毒素主要污染粮食和油料作物，对动物具有急性、慢性毒作用及致癌作用，世界各国都将黄曲霉毒素作为食品卫生的必要监测项目。黄曲霉毒素是一类结构相似的化合物，其基本结构均有二呋喃环和香豆素，在水中的溶解度较低，能溶于油和多种有机溶剂。裂解温度为 280℃，故一般的烹调加工不能破坏其毒性，在 pH 9～10 的强碱性环境中能迅速分解。目前已分离出 20 余种，其中以黄曲霉毒素 B_1 的毒性和致癌性最强。

污染来源：主要污染粮油及其制品，花生、花生油、玉米和棉籽油污染严重，大米、小麦、面粉污染较轻。

健康危害：黄曲霉毒素可引起急、慢性中毒及远期作用。黄曲霉毒素属剧毒类物质，能引起人类急性中毒，中毒的主要病变在肝；长期小剂量摄入黄曲霉毒素可致慢性损害，在某种意义上比急性毒性更重要，慢性中毒的主要表现是动物生长障碍，肝出现亚急性或慢性损伤；黄曲霉毒素有致突变性和胚胎毒性，也是目前已知的较强的化学致癌物之一，可诱发啮齿类、灵长类和鱼类等多种动物发生癌症，许多流行病学研究观察到黄曲霉毒素污染程度及人类实际摄入量与肝癌发病有相关性。

预防措施：由于黄曲霉毒素对人类健康具有较严重的危害，所以预防食品受到其污染和防止毒素的产生尤其重要。具体预防措施如下：①食品防霉，是预防食品被黄曲霉毒素污染的根本措施，首先选择具有抗霉作用的粮油品种，注意防虫、防倒伏，收割后及时脱粒、晒干，保持颗粒完整，低温通风保藏，控制粮食的水分。②去除毒素，采用挑除霉粒、加水搓洗、植物油加碱破坏等方法去除已被黄曲霉菌污染的食品中的毒素。③限制食品中黄曲霉毒素含量，加强监督管理，限定各种食品中的黄曲霉毒素含量，也是减少黄曲霉毒素对健康危害的重要措施。

根据《食品安全国家标准 食品中真菌毒素限量》（GB 2761—2017），我国主要食品中黄曲霉毒素 B_1 允许限量如下：玉米、花生油、花生仁 < 20 μg/kg，玉米及花生仁制品 < 20 μg/kg，大米、其他食用油 < 10 μg/kg，其他粮食、豆类、发酵食品 < 5 μg/kg，婴幼儿配方食品不得超过 0.5 μg/kg。

3. **食品腐败变质及其预防** 食品腐败变质是指在微生物为主的各种因素作用下引起食品成

分与感官性状发生变化，降低或失去营养价值和商品价值的过程，如肉、蛋、鱼等动物性食品的腐臭，粮谷类的霉变，蔬菜水果的溃烂及油脂的酸败等。

（1）食品腐败变质的原因和条件：受到微生物污染的食品是否发生腐败变质，与微生物的种类和数量、食品本身的组成和性质、食品所处的环境因素有密切的关系，食品腐败变质是三者之间互为条件、相互影响、综合作用的结果。引起食品腐败变质的主要原因是微生物污染，导致食品腐败变质的微生物有细菌、酵母和真菌，尤其是细菌。食品本身组成和理化特性是其发生腐败变质的内在原因，包括食品中的酶、营养成分、水分含量、pH、渗透压、食品是否完好无损等。食品所处的环境温度、湿度、阳光（紫外线）照射、通风情况等对食品的腐败变质均有不同程度的影响。

（2）食品腐败变质的预防措施：食品一旦发生腐败变质可使食品的营养价值降低，造成食物资源的浪费，可能引起不良反应或中毒。为防止食品腐败变质，延长食品可供食用的期限，需要对食品进行一系列的加工处理，称之为食品保藏。食品保藏的基本原理是采用物理、化学和生物学方法防止食品被微生物污染，杀灭或抑制微生物的生长繁殖及延缓食品自身组织酶的分解，使食品在尽可能长的时间内保持其原有的营养价值及良好的感官性状，防止食品腐败变质的发生。常用的食品保藏方法包括低温保藏、化学保藏、高温保藏、脱水干燥保藏及辐照保藏等。

（二）化学性污染及其预防

1. 农药残留及其预防

（1）概述：农药（pesticide）是指用于预防、消灭或者控制危害农业、林业的病、虫、草、鼠和其他有害生物，以及有目的地调节植物、昆虫生长的化学合成或者来源于生物、其他天然物质的一种物质或几种物质的混合物及其制剂。农药残留（pesticide residue）是指由于使用农药而在食品、农产品和动物饲料中出现的农药本体物和具有毒理学意义的农药衍生物。目前使用的农药以化学农药为主，广泛应用于农业、林业、畜牧业、渔业、公共卫生和疾病控制等方面。使用农药有利有弊，农药的使用对于防止农作物的病虫毒害、提高农作物产量、控制畜禽类疾病、提高农业生产经济效益、减少虫媒传染病等方面有重要的作用；而由于大量、广泛、不合理地使用农药，对环境的污染日趋严重，破坏生态平衡，使环境质量恶化，残留在环境中的农药通过食物链、空气吸入和皮肤等途径进入人体而产生机体急慢性中毒、致癌、致突变、致畸等严重危害。农药的使用使害虫产生耐药性而增加农药用量及用药次数，加重农药残留。同时，由于害虫的天敌遭受农药摧残，不得不更加依赖农药杀虫，从而加重农药污染。食品农药残留已成为全世界重要的食品安全问题之一。

（2）食品中农药残留的来源

1）施药造成的直接污染：在农作物的种植过程中施用农药，部分农药附着在作物的表面造成农产品污染，部分农药可被作物吸收进入植株内部残留其中，以皮、壳和根茎部的残留量较高，农药对农作物污染的严重程度取决于农药的性质、剂型、施药浓度、施药方式及次数、农作物的特性等。在畜禽的养殖过程中对饲养场所及畜禽施用农药，可能被动物吸收或舔食而造成畜禽产品农药残留。此外，在农产品的贮藏过程中，施用农药以防霉、防腐，均可导致农产品中农药残留。

2）动植物从污染的环境中吸收农药：在污染的土壤生长的农作物，用污染的水灌溉农田，均可能导致农作物农药残留。不同种类的农作物从土壤吸收农药的能力是不同的，一般情况下，根菜类、薯类吸收土壤中残留农药的能力较强，而叶菜类、果菜类较弱。污染的水体可能引起鱼、虾等水生生物农药残留，畜禽类因饮用被污染的水也可能导致畜禽产品农药残留。

3）通过食物链污染食品：生物富集是造成某些食品有较高农药残留的重要原因。农药污染环境后通过食物链的生物富集作用可逐级浓缩，尤其是一些较稳定的亲脂性农药（如有机氯、有机汞等）。

4）其他来源：食品加工、贮存、运输、销售过程中使用被农药污染的容器、运输工具，与农药混放、混装，造成事故性污染。

（3）食品中常见的农药残留及其危害

1）有机氯农药：是最早使用的广泛应用于农业、林业、牧业的化学合成的农药，主要品种有DDT、六六六等。有机氯农药在环境中非常稳定，不易降解，脂溶性强，生物富集作用强，残留性强。我国于1983年停止生产，1984年停止使用DDT和六六六。有机氯农药多属低毒和中等毒性农药，急性毒性表现为神经系统和肝、肾损害，慢性毒性表现为肝病变、血液和神经系统损害，某些有机氯农药对生殖、免疫和内分泌系统有明显影响，有一定致畸性，可使实验动物的肝癌发生率增高。

2）有机磷农药：是一类具有抗胆碱酯酶活性、化学结构相似的化合物，广泛应用于各类作物，主要用作杀虫剂，常用的有美曲膦酯（敌百虫）、乐果、马拉硫磷等。有机磷农药多数为油状液体，易溶于有机溶剂，化学性质不稳定，易于降解，蓄积性低，故不易残留。有机磷农药毒性较大，有些品种属于剧毒类农药，如甲胺磷、内吸磷等。急性毒性主要表现为神经毒，体内胆碱酯酶活性受到抑制而出现一系列胆碱能神经功能紊乱的中毒表现，少数品种有迟发性神经毒作用，长期接触农药的工人可能会有慢性中毒，主要损害神经、血液系统和视觉，有些有机磷农药有致畸、致突变作用。

3）氨基甲酸酯类：是一类高选择性、高效、低毒、低残留，广泛应用于农业、林业、牧业的农药，主要用作杀虫剂，常用的有速灭威、异丙威、硫双威等。氨基甲酸酯类对温血动物、鱼类、人类的毒性较低，容易被土壤微生物分解，不易在生物体内蓄积。该类农药毒性作用机制与中毒症状与有机磷农药类似，但对胆碱酯酶的抑制是可逆的，故其中毒症状较轻，有些代谢产物可使染色体断裂，致使该类农药有致畸、致癌、致突变的可能。

4）拟除虫菊酯类：是一类人工合成的除虫菊酯，广泛应用于各类作物，主要用作杀虫剂和杀螨剂，常用的品种有卞菊酯（敌杀死）、苯氰菊酯、氯氰菊酯（灭百可）、溴氰菊酯等，具有高效、低毒、低残留、对人畜较安全的优点。该类农药多属中等毒性或低毒农药，有的品种对皮肤有刺激和致敏作用，个别品种大剂量使用时有一定的致畸性和胚胎毒性。

（4）预防控制措施：为确保食品安全，必须采取综合的防控措施。①加强农药生产和经营管理：实行农药登记制度、农药生产许可制度、产品检验合格制度及农药经营许可制度。农药在投产前或国外农药进口前必须登记，未经登记的农药不准生产、进口、销售和使用，凡需登记的农药必须提供农药的毒理学评价资料和产品的性质、药效、残留、环境影响评价、质量标准及其检验方法等资料。生产有国家标准和行业标准的农药，由国务院工业产品许可管理部门核发农药生产许可证，农药出厂前，应当经过质量检验并附具产品质量检验合格证，不符合产品质量标准的，不得出厂。农药的经营者应取得经营许可证方可经营农药，禁止收购、销售无农药登记证或者农药临时登记证、无农药生产许可证或者农药生产批准文件、无产品质量标准和产品质量合格证和检验不合格的农药。②合理安全使用农药：严格按照国家标准和相应的行业标准执行，农业部门加强农药使用指导，进行合理使用农药的培训，开展低毒生物农药示范推广和病虫害专业化统防统治。③其他措施：制定、完善和执行农药残留限量标准，禁用或限用高毒、高残留的农药，积极研制生产高效、低毒、低残留的新品种，尽可能减少农药的使用，尽可能减少或消除残留于食品中的农药。

2. 兽药残留及其预防

（1）概述：兽药残留（veterinary drug residue）是指动物产品的任何可食部分含有兽药的母体化合物和（或）其代谢物，以及与兽药有关的杂质的残留。常见的兽药残留主要有抗生素类（磺胺类、呋喃类）、激素类和抗寄生虫类等。随着生活水平提高，人们对动物性食品的需求量不断加大，同时对其食用安全性的要求也在进一步提高，兽药在动物性食品中的残留问题也越来越受到关注。

（2）食品中兽药残留的来源

1）非法使用违禁或淘汰药物：为了增加瘦肉率违规使用兴奋剂，如盐酸克伦特罗（瘦肉精）；使用孔雀石绿预防、治疗多宝鱼鱼病；为促进畜禽生长，而使用违禁激素类；为减少畜禽的活动，达到增加质量的目的，而使用镇静安眠类药物等。

2）滥用药物：预防和治疗动物疾病时用药的品种、用药剂量、给药途径等方面不符合规定，如多宝鱼养殖者大量使用抗生素，导致多宝鱼兽药残留；把治疗用药当成饲料添加剂长期使用。

3）不按规定正确使用饲料药物添加剂：《饲料药物添加剂使用规范》中明确规定了可用于制成饲料药物添加剂的兽药品种及相应的休药期。但是，有些饲料生产企业和养殖户超量添加药物，不执行休药期规定。

4）屠宰前用药：屠宰前使用兽药用来掩饰有病畜禽的临床症状，以逃避宰前检查，这也能造成动物的兽药残留。

（3）兽药残留对人体健康的危害

1）急性毒性：有些兽药有急性毒性，如盐酸克伦特罗（瘦肉精）可引起急性中毒，表现为心率加快、心律失常、肌肉震颤等症状，红霉素等大环内酯类可导致急性肝损伤。

2）慢性毒性和"三致作用"：是长期食用兽药残留超标的动物性食品对人体的主要危害。

3）变态反应和过敏反应：经常食用一些低剂量抗菌药物残留的食品能导致易感个体出现变态反应和过敏反应。

4）产生耐药菌株、使肠道菌群失调：由于抗菌药物长期不合理的滥用、乱用，促使很多细菌耐药性不断增强，耐药菌株不断增多；人经常食用兽药残留高的动物性食物，也会产生耐药菌株从而影响肠道菌群的平衡。

5）其他影响：在畜牧业生产中，使用激素（如己烯雌酚）可增加畜产品产量，调节繁殖功能，促进动物生长，而激素的残留可能影响人体的功能和代谢，并导致儿童性早熟。

（4）预防控制措施：加强管理和监督、监测，合理使用兽药，制定最大残留限量、严格规定药物休药期，减少兽药的使用，合理加工烹饪等方法减少食品中的兽药残留。

3. 有毒金属污染及其预防

（1）概述：自然界中的金属元素可以通过饮水和食物进入人体，其中有些金属元素是人体生理功能必需的，在过量摄入的情况下可能对人体产生毒性作用或潜在危害；而有些金属元素在较低摄入量的情况下即对人体产生明显的毒性作用，称为有毒金属，如铅、汞、镉、砷等。有毒金属污染食品的途径有以下几个方面：①人为的环境污染，工业性三废的排放，含重金属的农药、兽药、化肥的使用，可对食品造成直接或间接的污染，有毒金属可通过食物链富集，在食品及人体内达到很高的浓度；②食品加工、储存、运输和销售过程中受到含有有毒金属元素的设备、管道、容器及食品添加剂的污染；③某些地区自然环境高本底含量，如贵州某些地区砷的本底水平高于别的地区。

摄入被有毒金属污染的食品可产生急性中毒、慢性危害和远期作用，有毒金属毒性作用有如下特点：①蓄积性强，有毒金属生物半衰期较长，进入人体后排出缓慢，长期低剂量接触易蓄积而引起慢性损害。②通过食物链的生物富集作用在食物和人体中达到很高的浓度。③对人体的毒性以慢性中毒和远期效应（致癌、致畸、致突变）为主。④有毒金属存在形式与毒性有关，以有机形式存在的金属及水溶性大的金属盐类易经消化道吸收，通常毒性较大，如氯化镉的毒性大于硫化镉，有机汞毒性大于无机汞。⑤不同元素之间的相互作用，通过竞争性抑制减少吸收，或协同作用增加毒性。如锌可拮抗镉的毒性，铁拮抗铅的毒作用；砷和镉的协同作用可造成对含巯基酶的严重抑制而增加其毒性；汞和铅可共同作用于神经系统，加重其对神经系统的毒性作用。⑥膳食营养素影响有毒金属的毒性，如维生素 C 能还原六价铬为三价铬，从而降低铬的毒性；膳食蛋白质延缓有毒金属的吸收。

（2）常见的有毒金属污染及危害

1）汞

来源：汞及其化合物广泛应用于工农业生产和医药卫生行业，可通过三废排放等污染环境，尤其是污染水源，通过食物链的生物富集会使鱼贝类受到甲基汞的严重污染，对人体健康造成危害。如日本水俣湾的鱼贝类含汞量高达 20~40 mg/kg，是其生活水域汞浓度的数万倍，植物一般不富集汞，但是污泥中的某些微生物可使无机汞转化为毒性更大的甲基汞，而在食物链中逐级富集。除水生生物外，汞可通过含汞废水灌溉农田或施用含汞农药等途径污染农作物和饲料而造成谷类、蔬菜水果和动物性食物的汞污染。鱼贝类是人类膳食中汞的主要来源。

危害：食品中的金属汞几乎不被吸收，无机汞吸收率也很低，有机汞吸收率很高，甲基汞可达 90%，长期摄入甲基汞污染的食物可引起甲基汞中毒，主要表现为神经系统损害症状，如运动失调、语言障碍、视野缩小、听力障碍、感觉障碍及神经症状等，严重者可致瘫痪、肢体变形、吞咽困难甚至死亡。血汞在 200 μg/L 以上，发汞在 50 μg/g 以上，尿汞在 2 μg/L 以上，表明有汞中毒的可能；血汞 > 1 mg/L，发汞 > 100 μg/g 时，就会出现明显的中毒症状。甲基汞还有致畸作用及胚胎毒性。

食品中汞的允许限量标准：我国现行的《食品安全国家标准 食品中污染物限量》（GB 2762—2022）中规定食品中汞容许限量（mg/kg）：水产动物及其制品（肉食性鱼类及其制品除外）中甲基汞 0.5，肉食性鱼类及其制品（金枪鱼、金目鲷、枪鱼、鲨鱼及以上鱼类的制品除外）中甲基汞 1.0，谷物及其制品总汞 0.02，新鲜蔬菜总汞 0.01，肉类总汞 0.05，乳及乳制品总汞 0.01，鲜蛋总汞 0.05，矿泉水总汞 0.001 mg/L。

2）镉

来源：镉在工业上的用途非常广泛，工业"三废"，尤其是含镉废水的排放对环境和食物的污染较为严重。许多食品包装材料和容器含有的镉可迁移到食品中，对食品造成镉污染。一般食物中均能检出镉，含量为 0.004~5 mg/kg。镉也可通过食物链的生物富集作用在某些食品中达到很高的浓度，如鱼贝类，污染区的贝类镉含量可高达 420 mg/kg，而非污染区仅为 0.05 mg/kg。一般情况下，海产品、动物性食品（尤其肾）的含镉量较高，植物性食品中以谷类、洋葱、豆类和萝卜等含量较高。

危害：镉的急性中毒症状多表现为呕吐、腹痛、腹泻，继而引发中枢神经中毒。镉的慢性中毒主要损害肾、骨骼和生殖系统，肾是镉慢性中毒最敏感的器官，镉可造成肾近曲小管上皮细胞的损伤，使其重吸收功能发生障碍，出现蛋白尿、氨基酸尿、高钙尿、糖尿等，体内出现负钙平衡，导致骨质疏松，使骨的脆性增加而发生病理性骨折。日本20世纪50年代富山县神通川流域的公害病"痛痛病"就是由于环境镉污染通过食物链所致的人体慢性镉中毒，表现为关节严重疼痛和变形，骨骼畸形及多发性骨折。此外，镉干扰膳食中铁的吸收和加速红细胞破坏，可引起贫血。镉对动物和人体还可能有致畸、致癌、致突变作用。

食品中镉的允许限量标准：我国现行的GB 2762—2022中规定食品中镉容许限量（mg/kg）：谷物（稻谷除外）0.1，新鲜蔬菜（叶菜蔬菜、豆类蔬菜、块根和块茎蔬菜、茎类蔬菜、黄花菜除外）和水果0.05，豆类0.2，花生0.5，肉类（畜禽内脏除外）0.1，鱼类0.1，蛋及蛋制品0.05。

3）铅：是地壳中发现的含量最丰富的重金属元素之一。

来源：人体内的铅主要来自受铅污染的食品。铅及其化合物是重要的工业原料，广泛用于工农业生产，如冶金、农药、油漆、印刷、陶瓷、颜料、釉彩、塑料等行业，含铅废物的排放可污染土壤和水体，经食物链的生物富集作用严重污染食品；废弃的含铅蓄电池，以有机铅作为汽油防爆剂的使用，引起土壤、大气和水源的污染，从而直接或间接地污染食品；含铅农药、食品添加剂或加工助剂的使用亦可造成食品的污染，如使用砷酸铅农药，加工皮蛋时加入的黄丹粉（氧化铅）；食品包装和容器可造成铅对食品的直接污染，如以铅合金、搪瓷、陶瓷等材料加工的食品容器，在一定条件下，如盛装酸性食物时铅溶出更多，还有印刷食品包装的油墨和颜料等常含有铅。此外，食品加工机械、管道和聚氯乙烯塑料中含铅稳定剂，也可造成食品的铅污染。

危害：从食品摄入的铅以无机铅为主，少部分被消化道吸收，吸收率为5%~10%，吸收进入血的铅90%以上与红细胞结合后转运至全身，主要以不溶性磷酸铅盐形式沉积于骨骼中，少部分贮留在肝、肾、肌肉和脑组织，产生毒性作用。铅的生物半衰期长，可在体内长期蓄积。尿铅、血铅、发铅是反映体内铅负荷的常用指标，我国规定血铅的正常值上限为2.4 μmol/L，尿铅为0.39 μmol/L。食物引起的急性铅中毒比较少见，铅的危害主要以慢性中毒为主，因为铅在人体内的生物半衰期比较长，通过食物摄入的铅在体内长期蓄积从而造成造血系统、神经系统和肾的慢性损害，表现为面色苍白、贫血、食欲不振、胃肠炎、口腔金属味、失眠、易激怒、多动、注意力不集中、关节肌肉酸痛、便秘等，严重者可发生铅中毒性脑病。儿童对铅较成人敏感，过量摄入可影响其生长发育，导致智力低下。

食品中铅的允许限量标准：我国现行的GB 2762—2022中规定食品中铅容许限量（mg/kg）：谷物及其制品（稻谷以糙米计，麦片、面筋、粥类罐头、带馅料米面制品除外）0.2，新鲜蔬菜（芸薹类蔬菜、叶菜蔬菜、豆类蔬菜、生姜、薯类除外）和水果（蔓越莓、醋栗除外）0.1，蔬菜制品（酱腌菜、干制蔬菜除外）0.3，水果制品[果酱（泥）、蜜饯、水果干类除外]0.2，豆类0.2，豆类制品（豆浆除外）0.3，豆浆0.05，坚果及籽类（生咖啡豆及烘焙咖啡豆除外）0.2，肉类（畜禽内脏除外）0.2，生乳、巴氏杀菌乳、灭菌乳0.02，蛋及蛋制品0.2。

4）砷：是一种非金属元素，因其理化性质类似金属，故常将其归为"类金属"之列。

来源：砷及其化合物广泛存在于环境中，受环境的污染，通常食品中均含有砷。砷在工农业生产中广泛应用，如含砷农药的生产，作为工业原料的木材、制革、玻璃、化工、纺织、陶器、颜料、化肥等行业，其"三废"的排放造成环境的污染，含砷工业废水污染农田、灌溉农田和含砷农药的广泛使用是农作物污染的主要来源；水体污染通过食物链的生物富集作用造成水生生物污染，尤其是甲壳类和某些鱼类对砷有很强的生物富集能力，体内砷含量可高于生活水体数千倍，但多是毒性较低的有机砷。此外，食品加工过程中原料、化学物、添加剂及容器、包装材料等被砷污染从而造成食品的污染。

危害：食品中砷对人体的毒性与其存在形式和价态有关。元素形态的砷不溶于水，几乎无毒，砷的硫化物毒性也很低，而砷的氧化物和盐类毒性较大。砷化合物包括无机砷和有机砷，前者包括剧毒的三氧化二砷（As_2O_3，俗称砒霜）、砷酸钠、亚砷酸钠等，天然存在的一甲基砷、二甲基砷和农业用甲基砷酸锌、甲基砷酸钙等为有机砷，有机砷化合物的毒性低于无机砷，无机砷化合物在酸性环境中经金属催化可生成毒性很强的砷化氢气体。无机砷多为 +3 价和 +5 价的化合物，有机砷主要为 +5 价的化合物，三价砷及其化合物对巯基酶有很强的结合力，使其失去活性，阻碍细胞正常呼吸和代谢，导致细胞死亡。五价砷的毒性低于三价砷，但在体内会转化为三价砷。食物和饮水中的砷经消化道吸收入血后，主要与血红蛋白中的珠蛋白结合，迅速分布于全身各个组织器官，以肝、肾、脾、肺、皮肤、毛发、指甲、骨骼等器官组织中含量较高，主要经粪、尿排出，头发和指甲也是其排泄途径之一。正常人血砷含量为 60~70 μg/L，尿砷 < 0.5 mg/L，发砷 < 5 μg/g。砷的急性中毒主要是胃肠炎症状，严重者致中枢神经系统麻痹而死亡。慢性砷中毒主要表现为末梢神经炎和神经衰弱症候群，皮肤色素高度沉着、过度角化和龟裂性溃疡是慢性砷中毒的特征。目前已证实无机砷化合物有一定的"三致"作用，人类流行病学研究也表明无机砷化合物与人类皮肤癌和肺癌的发生有关。

食品中砷的允许限量标准：我国现行的 GB 2762—2022 中规定食品中砷容许限量（mg/kg）：总砷限量，谷物（稻谷除外）0.5，新鲜蔬菜 0.5，生乳、巴氏杀菌乳、灭菌乳、发酵乳、调制乳 0.1，乳粉和调制乳粉 0.5，包装饮用水 0.01 mg/L；无机砷限量，稻谷、糙米 0.35，大米（粉）0.2，鱼类及其制品 0.1。

（3）预防措施

1）去除污染源：这是有效降低有毒元素污染食品的措施。如严格监管工业"三废"的排放，加强生活污水处理和水质检测；限用或禁用含汞、砷、铅的农药和劣质食品添加剂；食品加工机械的金属管道、容器表面做必要的处理；推广使用无毒或低毒食品包装材料等。

2）制定卫生标准，加强监测：制定各类食品中有害元素的最高允许限量，加强经常性的食品卫生安全监督检测工作。

3）加强管理：妥善保管有毒元素及其化合物，防止误食误用及意外或人为污染食品。

4）污染食品的处理：应根据污染物的种类、来源、毒性大小、污染方式、严重程度、受污染食品种类和数量等具体情况做不同的处理，其原则是在确保食用人群健康安全性的基础上尽可能减少损失。

4. *N-* 亚硝基化合物污染及其预防　*N-* 亚硝基化合物（*N-*nitroso compound）是一类致癌性和毒性均很强的化学物，在已研究过的 300 多种亚硝基化合物中，90% 以上对动物有不同程度的致癌性。*N-* 亚硝基化合物是一类具有 =N—N=O 基本结构的化合物，包括 *N-* 亚硝胺和 *N-* 亚硝酸胺两大类，前者是间接致癌物，后者是直接致癌物。天然食物中的 *N-* 亚硝基化合物含量极少，但合成 *N-* 亚硝基化合物的前体物硝酸盐、亚硝酸盐和胺类化合物广泛存在于人类的生活环境中，在一定条件下，这些前体物可通过化学或生物学途径合成 *N-* 亚硝基化合物。

（1）食物污染来源：一方面，来源于 *N-* 亚硝基化合物前体物质。蔬菜中的硝酸盐含量通常高于亚硝酸盐含量，但蔬菜的加工及保存对硝酸盐和亚硝酸盐的含量有较大影响，如腌制时间不够的蔬菜和不新鲜的蔬菜亚硝酸盐含量明显增高。硝酸盐和亚硝酸盐作为食品添加剂被广泛用于肉、鱼类等动物性食物，以达到防腐、发色的目的，由于目前尚没有更好的替代品，仅允许限量使用，超限量使用是动物性食物中硝酸盐或亚硝酸盐的主要来源。胺类物质也广泛存在于环境和食物中，不新鲜或腐败的食物因蛋白质分解成氨基酸后再脱羧可形成胺类物质，肉、鱼类等动物性食物在腌制、烘烤、油炸、油煎等加工处理过程中产生较多的胺类化合物，许多胺类作为原料存在于药物、化学农药和化工产品中。在胺类化合物中，以仲胺（二级胺）合成 $N-$ 亚硝基化合物的能力最强，粮食、鱼、肉及某些蔬菜中的含量较高。另一方面，来源于食品中的 $N-$ 亚硝基化合物，即食物在生产、贮藏、烹饪等加工过程中形成的亚硝胺。

（2）毒性：

1）急性毒性：各种 $N-$ 亚硝基化合物的急性毒性有较大差异，肝是主要的靶器官。

2）致癌作用：$N-$ 亚硝基化合物对动物的强致癌性已得到许多实验的证实，同时可通过胎盘和经乳汁分泌，使子代发生肿瘤。在许多国家和地区的流行病学调查研究表明，人类的某些癌症可能与接触 $N-$ 亚硝基化合物有关。

3）致畸作用：亚硝酸胺对动物有一定的致畸性，并存在剂量-效应关系；亚硝胺的致畸作用很弱。

4）致突变作用：亚硝酸胺能直接引起细菌、真菌、果蝇和哺乳动物细胞发生突变；而亚硝胺则需经哺乳动物微粒体混合功能氧化酶系统代谢活化才具有致突变性。有研究表明，$N-$ 亚硝基化合物的致突变性与致癌性强弱无明显的相关性。

（3）预防措施：①防止食物被微生物污染，可作为重要的预防措施之一，某些细菌或真菌可还原硝酸盐为亚硝基盐，分解蛋白质生成胺类化合物，或有酶促亚硝基化作用。②控制食品加工中硝酸盐、亚硝酸盐的用量，尽量使用替代品。③施用钼肥，有利于降低蔬菜中硝酸盐和亚硝酸盐含量。④阻断亚硝基化反应，维生素C、维生素E、酚类、黄酮类化合物、茶叶、猕猴桃汁和沙棘果汁等可抑制亚硝基化合物的形成。⑤制定食品中允许量标准并加强监测，我国现行的 GB 2762—2022 中规定水产动物及其制品和干制水产品（水产品罐头除外）中 $N-$ 二甲基亚硝胺 ≤ 4 μg/kg，肉及肉制品和熟肉干制品（肉类罐头除外）中 $N-$ 二甲基亚硝胺 ≤ 3 μg/kg，加强食品中 $N-$ 亚硝基化合物含量的监测，含量超标的严禁食用。

5. 多环芳烃类化合物污染及其预防　多环芳烃（PAH）类化合物是一类具有较强致癌作用，含有2个及2个以上苯环的芳香族化合物，目前已鉴定出数百种PAH及其衍生物，其中以苯并[a]芘（B[a]P）最为重要，研究也较充分，故在此以其为代表加以阐述。

（1）食物污染来源：环境中多环芳烃主要产生于各种有机物（如煤、柴油、汽油及香烟等）的不完全燃烧。食品中多环芳烃和B[a]P的主要来源有：①高温烹调时食品成分发生热解或热聚反应而形成大量的多环芳烃，以B[a]P最多，这是食品中多环芳烃的主要来源。②烘烤或熏制食物受到燃料燃烧产生的多环芳烃直接污染，加工方式不同，B[a]P含量的差异很大，如B[a]P在烧烤肉、烤香肠中的含量一般为 0.17~0.63 μg/kg，而用炭火烤的肉中可达到 2.6~11.2 μg/kg，用松木熏的红肠中高达 88.5 μg/kg。③食品在加工储存过程中受到污染，如柏油路上晾晒粮食，食品受到包装材料、内壁附着石蜡涂料的容器等污染。④环境中的PAH污染水体、土壤、大气，从而引起水生生物、农作物等污染。⑤生物合成，植物和微生物合成少量的PAH，直接或间接污染食品。

（2）毒性：PAH急性毒性为中等或低等毒性。B[a]P对动物具有致癌性、致突变性，并可通过胎盘使子代发生肿瘤。人群流行病学研究表明，食品中B[a]P含量与胃癌等多种肿瘤的发生有一定关系，冰岛、匈牙利和拉脱维亚某些地区及我国新疆等地区为胃癌高发区，居民经常食用含B[a]P较高的熏肉、熏鱼类食品。

（3）预防措施：防止食品污染是最主要的措施。①改进烹调和加工方法，控制烹调温度，避免食品成分发生热解或热聚反应，减少B[a]P形成；改进烟熏食品工艺，熏烤食物不直接接触炭火或熏烟。②治理环境污染，减少对农作物和水生生物的污染。③改变饮食习惯，尽量少吃或不吃高温熏烤、煎炸的食品。④去毒处理，用日光或紫外线照射食品，油脂用药用炭吸附。⑤严格执行限量标准，我国现行的 GB 2762—2022 中规定的 B[a]P 限量，熏、烧、烤肉类和熏、烤水产品为 5 µg/kg，谷物及其制品为 2 µg/kg，油脂及其制品为 10 µg/kg。

6. 杂环胺类化合物的污染及其预防　杂环胺类化合物在 20 世纪 70 年代首次被日本学者从烤肉和烤鱼中分离出来，主要产生于高温烹调食物的过程中，尤其是蛋白质含量丰富的鱼、肉类食品，具有强致突变性和致癌性。杂环胺类化合物包括氨基咪唑氮杂芳烃和氨基咔啉两类。

（1）食物污染来源：富含蛋白质的鱼、肉类食品经高温烹调加工是产生杂环胺的主要原因。影响杂环胺形成的因素有三个方面：①烹调方式，加热温度是影响杂环胺生成的重要因素，当温度从 200℃升至 300℃时，杂环胺的生成量可增加 5 倍。烹调时间对杂环胺的生成也有一定影响，在 200℃油炸时，杂环胺主要在前 5 min 形成。食品中的水分则是杂环胺形成的抑制因素。因此，加热温度越高、时间越长、水分含量越少，产生的杂环胺越多，故烧、烤、煎、炸等直接与火接触或与金属表面接触的烹调方法产生的杂环胺远远多于温度较低、水分较多的炖、焖、煮、煨、蒸及微波炉烹调。②食物成分，在烹调温度、时间和水分含量相同的情况下，蛋白质含量较高的食物产生的杂环胺较多。肌酸或肌酐是杂环胺中 α-氨基-3-甲基咪唑基团的重要来源，故含有肌肉组织的食品可大量产生氨基咪唑氮杂芳烃。③美拉德反应，可形成大量杂环物质，其中一些可进一步反应生成杂环胺。

（2）毒性：表现为致突变性和致癌性。杂环胺是间接致突变物和致癌物，需经代谢活化后才具有致突变性和致癌性，杂环胺的活性代谢物是 N-羟基化合物，杂环胺在细胞色素 P450IA2 的作用下进行 N-氧化，生成活性较强的中间代谢产物 N-羟基衍生物，再经 O-乙酰转移酶和硫转移酶作用成为终致突变物。杂环胺对啮齿动物有不同程度的致癌性，主要靶器官为肝，其次是血管、肠道等。有研究表明，杂环胺对灵长类动物也有致癌性。

（3）预防措施：①改变不良烹调方法和不良饮食习惯。杂环胺类化合物的生成与不良烹调加工方式有关，尽可能减少烧、烤、煎、炸等烹调方法，如需煎炸鱼、肉类先在表层上浆挂糊，避免烹调温度过高，尽可能采用一些能够减少杂环胺生成的烹饪加工方式，如水煮、蒸气及微波炉烹调等，肉类烹调前先用微波炉处理，可以显著降低杂环胺的前体物肌酸的生成，从而减少杂环胺的产生。不要食用烧焦食物，避免过多食用烧烤煎炸食物。②增加蔬菜、水果摄入量。增加蔬菜、水果的摄入量对于防止杂环胺的危害有积极作用。蔬菜、水果是膳食纤维的重要来源，研究表明膳食纤维有吸附杂环胺并降低其活性的作用。新鲜蔬菜、水果中的某些物质如酚类、黄酮类等活性成分可抑制杂环胺的致突变性和致癌性。③灭活处理。次氯酸、过氧化酶等处理可使杂环胺氧化失活，亚油酸可降低杂环胺的诱变性。④加强监测。要建立和完善杂环胺的检测方法，加强食物中杂环胺含量监测；同时，还需要进一步研究杂环胺的生成及其影响因素、体内代谢、毒性作用及其阈剂量等，尽快制定食品中杂环胺的允许限量标准。

（三）物理性污染及其预防

食品的物理性污染通常指食品生产加工过程中的杂质超过规定的含量，或食品吸附、吸收外来的放射性核素所引起的食品质量安全问题。食品的物理性污染物来源复杂、种类繁多，根据污染物的性质可分为放射性污染和杂物污染。近年来，食品的物理性污染事件逐渐增多，已成为威胁人类健康的重要食品安全问题之一。

1. 食品的放射性污染及其预防　食品的放射性污染是指食品吸附或吸收了放射性核素，使其放射性高于自然放射性本底。食品中的放射性污染分为天然放射性污染和人工放射性污染，通常以天然放射性污染为主。

（1）概述：核素是具有确定质子数和中子数的原子总称，质子数相同而中子数不同者称为同位素，能释放出射线的核素叫作放射性核素或放射性同位素。放射性核素的放射性强度可用半衰期来描述，特定能态核素的核数目减少一半所需的时间为该核素的半衰期，不同的放射性核素其半衰期是不同的，从安全角度考虑，应关注半衰期长的放射性核素对食品的污染，因为半衰期长的放射性核素在食物和人体的存在时间长。放射性核素释放出能使物质发生电离的射线称为电离辐射，包括α、β、γ、X射线等。α射线带正电荷，电离能力强，穿透物质的能力差，是形成内照射的主要射线；β射线带负电荷，电离能力小，但是穿透物质的能力强，可以形成内照射和外照射；γ射线和X射线是光子，不带电荷，穿透物质的能力最强，主要形成外照射。

（2）食品中的放射性核素：包括天然放射性核素和人为的放射性核素。

1）食品中的天然放射性核素：环境天然放射性本底主要来源于宇宙射线和地球上的放射性核素。由于生物体与其生存的环境之间存在物质交换过程，所以大多数的动植物性食品中都含有不同剂量的天然放射性物质，称为食品的天然放射性本底。由于不同地区环境的放射性本底值不同，所以不同地区的食品中天然放射性本底值可能有很大差异。食品中主要的天然放射性核素是 ^{40}K（钾）、^{226}Ra（镭）、^{210}Po（钋）等。

2）食品中人为的放射性核素：食品中人为的放射性核素污染来源于原子弹和氢弹爆炸，核工业生产中核废物的排放，人工放射性核素在生产、科研和医疗单位的使用，意外事故的发生。食品中人为的放射性核素主要有 ^{131}I（碘）、^{90}Sr（锶）、^{89}Sr（锶）、^{137}Cs（铯）等，它们可以通过水、土壤、空气、食物链向植物性食物、动物性食物和水生生物体转移。

（3）食品放射性污染对人体的危害：电离辐射的生物学效应按照射的方式分为外照射和内照射。电离辐射直接作用于暴露在放射性污染环境中的人体体表，称外照射；通过饮食和水进入机体的放射性核素作用于人体内部所产生的生物学效应称内照射。食品放射性污染对人体的危害主要在于长时期体内小剂量的内照射作用，以局部损害为主，主要表现为对靶器官、免疫系统、生殖系统等的损伤和致癌、致畸、致突变作用。致癌、致畸、致突变作用是低剂量长期内照射产生的主要生物效应。

（4）控制措施：控制食品放射性污染的措施主要有两方面，一方面防止食品受到放射性物质的污染，即加强对放射性污染源的管理；另一方面防止已经污染的食品进入机体内，应加强对食品中放射性污染的监督。食品检测过程中，严格执行国家卫生标准，控制其含量在允许范围之内。

2. 食品的杂物污染及其预防　食品中的杂物包括矿物性杂物（细石子、砂土、玻璃碎片、金属屑等）、动物性杂物（昆虫、苍蝇、蟑螂、蚊子、动物体毛、老鼠及动物的排泄物等）和植物性杂物（稻草、草籽等）等。食品中杂物污染可影响食品的感官性状和营养价值以致损害食品质量，而有些甚至会严重威胁消费者健康。

（1）食品杂物污染的来源：有两个方面，一是在生产、运输、储存及销售过程中受到杂物污染，如粮食收割时混入草籽，食品储存过程中受到苍蝇、昆虫尸体、动物体毛及排泄物的污染等。二是食品的掺杂掺假，指人为故意向食品中加入杂物的污染过程，其目的是非法获得更大的利润。掺杂、掺假所涉及的食品种类繁多，掺杂污染物的种类较多，如粮食中掺入沙石、奶粉中掺入大量的糖、肉中注入水、鲜牛奶中加入米汤等。食品的掺杂掺假不仅严重破坏市场经济秩序，还会损害人群健康，严重的甚至造成人员伤亡，必须加强管理和严厉打击。

（2）食品杂物污染的预防：应加强食品生产、储运、销售过程的监督管理，执行食品生产质量管理规范（GMP）；改进加工工艺和检验方法；严格执行食品卫生标准；严格执行《中华人民共和国食品安全法》，加强食品质量监督管理，严厉打击在食品中掺杂掺假行为。

三、食品添加剂

《食品安全国家标准 食品添加剂使用标准》（GB 2760—2024）将食品添加剂定义为：为改善食品品质和色、香、味以及为防腐、保鲜和加工工艺的需要而加入食品中的人工合成或者天然物质。食品用香料、胶基糖果中基础剂物质、食品工业用加工助剂、营养强化剂也包括在内。食品添加剂的制造方法包括天然提取、化学合成、生物发酵等。人类使用食品添加剂的历史与人类文明的发展一样悠久。随食品工业的发展，食品添加剂已经成为现代食品加工技术的重要组成部分，极大程度地促进了食品科技进步和创新。

> 延伸阅读 3-11
> 《食品安全国家标准 食品添加剂使用标准》（GB 2760—2024）

（一）食品添加剂的分类

根据《食品安全国家标准 食品添加剂使用标准》（GB 2760—2024），按照食品添加剂主要功能的不同将其分为酸度调节剂、抗结剂、消泡剂、抗氧化剂、漂白剂、膨松剂、胶基糖果中基础剂物质、着色剂、护色剂、乳化剂、酶制剂、增味剂、面粉处理剂、被膜剂、水分保持剂、营养强化剂、防腐剂、稳定剂和凝固剂、甜味剂、增稠剂、食品用香料、食品工业用加工助剂和其他共 23 类。

> 基础链接 3-27
> 常见食品添加剂列举

食品添加剂合理使用对人体健康是无害的，但过量或不当使用可能会给食品带来潜在毒性。为了保障消费者健康，我国结合本国食品添加剂的实际生产、使用情况和居民食物消费数据，开展食品添加剂食品安全风险评估工作。现行的《食品安全国家标准 食品添加剂使用标准》（GB 2760—2024）规定了食品中允许使用的添加剂品种，并详细规定了使用范围、最大使用量或残留量。

> 人文视角 3-1
> 食品添加剂的"是非功过"与食品非法添加物

（二）食品添加剂的使用原则

为了规范食品添加剂的使用、保障食品添加剂使用的安全性，我国按照《食品安全法》规定，建立了一系列食品添加剂的使用规范。

1. 使用食品添加剂时应符合的基本要求

（1）不应对人体产生任何健康危害。

（2）不应掩盖食品腐败变质。

（3）不应掩盖食品本身或加工过程中的质量缺陷或以掺杂、掺假、伪造为目的而使用食品添加剂。

（4）不应降低食品本身的营养价值。

（5）在达到预期效果的前提下尽可能降低在食品中的使用量。

2. 可使用食品添加剂的情况

（1）保持或提高食品本身的营养价值。

（2）作为某些特殊膳食用食品的必要配料或成分。

（3）提高食品的质量和稳定性，改进其感官特性。

（4）便于食品的生产、加工、包装、运输或者贮藏。

3. 食品添加剂质量标准 按照《食品安全国家标准 食品添加剂使用标准》（GB 2760—2024）

使用的食品添加剂应当符合相应的质量规格要求。

4. 食品添加剂的带入原则　在下列情况下食品添加剂可以通过食品配料（含食品添加剂）带入食品中。

（1）根据 GB 2760—2024，食品配料中允许使用该食品添加剂。

（2）食品配料中该添加剂的用量不应超过允许的最大使用量。

（3）应在正常生产工艺条件下使用这些配料，并且食品中该添加剂的含量不应超过由配料带入的水平。

（4）由配料带入食品中的该添加剂的含量应明显低于直接将其添加到该食品中通常所需要的水平。

当某食品配料作为特定终产品的原料时，批准用于上述特定终产品的添加剂允许添加到这些食品配料中，同时该添加剂在终产品中的量应符合 GB 2760—2024 的要求。在所述特定食品配料的标签上应明确标示该食品配料用于上述特定食品的生产。

（三）食品添加剂的卫生管理

当前，食品添加剂的安全问题受到了国际有关组织和各国政府的高度重视。FAO/WHO 设立了专门的食品添加剂联合专家委员会（JECFA），负责建立全球统一的食品添加剂食品安全风险评估原则和方法，在国际层面开展食品添加剂的食品安全风险评估工作，以确保国际食品贸易中食品添加剂规范使用。

基础链接3-28
国际上对食品添加剂的卫生管理

我国作为国际食品法典委员会（CAC）的主持国，根据《中华人民共和国食品安全法》规定，要求食品添加剂应当在技术上确有必要且经过风险评估证明安全可靠后，方可列入允许使用的范围。食品添加剂生产和使用应当符合法律、法规和食品安全国家标准。食品生产者应当依照食品安全标准关于食品添加剂的品种、使用范围、用量的规定使用食品添加剂，不得在食品生产中使用食品添加剂以外的化学物质和其他可能危害人体健康的物质。同时，国家对食品添加剂的生产实行许可制度，从事食品添加剂生产，应当具有与所生产食品添加剂品种相适应的场所、生产设备或者设施、专业技术人员和管理制度，取得食品添加剂生产许可。

严格按照使用规范在食品中正确使用食品添加剂是安全的，超范围、超限量使用食品添加剂和添加非食用物质等的违法行为，才是导致食品安全问题发生的原因。食品添加剂与非法添加物是完全不同的概念，在进一步严厉打击违法添加非食用物质和滥用食品添加剂的行为的同时，需倡导消费者科学理性看待食品添加剂，不必刻意回避。

第六节　食源性疾病及其预防

食源性疾病（foodborne disease）是当今世界上分布最广泛、最常见的疾病之一。WHO 指出，食源性疾病是世界范围内引起发病和死亡的重要原因，估计全球每年 6 亿人患病，42 万人死亡。在过去的十几年，我国建立了系统全面的食源性疾病监测体系，监测数据应用于标准修订、监管措施制定和人群健康宣教。保障食品安全，降低食源性疾病发生率，不仅满足百姓对健康的期望，也是"健康中国"战略目标的重要要求。

一、概述

（一）食源性疾病的概念

WHO 对食源性疾病的定义为"通过摄入食物进入人体的各种致病因子引起的、通常具有感染或中毒性质的一类疾病"，即指通过食物摄入的方式和途径致使病原物质进入人体并引起的中毒性或感染性疾病。

根据该定义，食源性疾病包括三个基本要素：①食物是携带和传播病原物质的媒介。②导致人体罹患疾病的病原物质是食物中所含有的各种致病因子。③临床特征为急性中毒和急性感染。随着人们对疾病认识的深入和发展，食源性疾病的范畴也在不断扩大。它既包括传统的食物中毒，还包括经食物而感染的肠道传染病、食源性寄生虫病、人兽共患传染病、食物过敏，以及由食物中有毒、有害污染物所引起的慢性中毒性疾病。

（二）食源性疾病的流行情况

食源性疾病问题在全世界范围内都是一个普遍和日益严重的公共卫生问题。大量的传染病，包括新发的人兽共患病，都是通过食物进行传播的，而其他许多疾病，包括癌症在内，也都与食品供应中存在的化学物质和毒素相关。有学者将营养不平衡所造成的某些慢性非传染性疾病，如心脑血管疾病、代谢性疾病、肿瘤等也归于食源性疾病。

从 2010 年开始，我国开始建立食源性疾病监测的体系和框架，将被动报告和主动监测相结合。经过十多年的发展，已建立了涵盖散发病例、暴发事件、人群调查和细菌分型的综合监测网络，相关医疗机构和疾病预防控制等机构都参与到食源性疾病的监测和报告中。监测数据分析研判在食源性疾病的预防控制、健康宣教和国家食品安全标准制修订中发挥了重要作用。

（三）引起食源性疾病的致病因子

国家卫生健康委员会 2019 年发布了《食源性疾病监测报告工作规范（试行）》，制定了我国《食源性疾病报告名录》，将食源性疾病按照致病因子分成七大类。省级卫生健康行政部门根据本区域疾病预防控制工作的需要，可增加食源性疾病报告病种和监测内容。

1. **细菌性** 细菌及其毒素是引起食源性疾病最重要的病原物。包括非伤寒沙门菌病、致泻性大肠埃希菌病、肉毒毒素中毒、葡萄球菌肠毒素中毒、副溶血性弧菌病、米酵菌酸中毒、蜡样芽孢杆菌病、弯曲菌病、单核细胞增生李斯特菌病、克罗诺杆菌病、志贺菌病、产气荚膜梭菌病。

2. **病毒性** 诺如病毒病。

3. **寄生虫性** 广州管圆线虫病、旋毛虫病、华支睾吸虫病（肝吸虫病）、并殖吸虫病（肺吸虫病）、绦虫病。

4. **化学性** 农药中毒（有机磷、氨基甲酸酯）、亚硝酸盐中毒、瘦肉精中毒、甲醇中毒、杀鼠剂中毒（抗凝血性、致惊厥性）。

5. **有毒动植物性** 菜豆中毒、桐油中毒、发芽马铃薯中毒、河鲀毒素中毒、贝类毒素中毒、组胺中毒、乌头碱中毒。

6. **真菌性** 毒蘑菇中毒、霉变甘蔗中毒、脱氧雪腐镰刀菌烯醇中毒。

7. **其他** 医疗机构认为需要报告的其他食源性疾病、食源性聚集性病例（包括但不限于以上病种)。

二、人兽共患传染病

人兽共患传染病（anthropo zoonosis）是指"人和脊椎动物之间自然感染与传播的疾病"。该类疾病的病原体既可存在于动物体内，也可存在于人体内，既可由动物感染给人，也可由人传染给动物。大多数人兽共患疾病是由动物传染给人，由人传染给动物的比较少见。

（一）炭疽

炭疽（anthrax）是由炭疽杆菌引起的烈性传染病。本病主要发生在畜间，以牛、羊、马等草食动物最为多见；人患本病多是由于接触病畜或染菌皮毛等所致。炭疽杆菌在未形成芽孢之前，55~58℃、10~15 min 即可被杀死。炭疽杆菌在空气中 6 h 形成芽孢，炭疽杆菌的芽孢具有强大的抵抗力，需 140℃、3 min 或 100℃、5 min 方能杀灭，能在土壤中存活 15 年。其传染途径主要经过皮肤接触或由空气吸入，因食用被污染食物引起的胃肠型炭疽较少见。临床上常依感染途径不同分为体表感染型、经口感染型和吸入感染型三种。病程中常并发败血症，最终可因毒素引起机体功能衰竭而死亡，除皮肤炭疽外，肠炭疽和肺炭疽病死率较高，危害严重。

炭疽呈世界性分布，各大洲均有炭疽发生或流行的报道。在我国，以西部地区炭疽的发病较多，其中贵州、云南、新疆、广西、湖南、西藏、四川、甘肃、内蒙古、青海等省（自治区）为高发地区。

（二）口蹄疫

口蹄疫（foot and mouth disease）是由口蹄疫病毒引起的，在猪、牛、羊等偶蹄动物之间传播的一种急性传染病，是高度接触性人兽共患传染病。口蹄疫病毒没有囊膜，对脂溶剂不敏感，对酸、碱较敏感，1%~2% 的氢氧化钠溶液、4% 碳酸钠溶液 1 min 可以灭活病毒。其耐热性差，60℃经 15 min、70℃经 10 min 和 80℃经 1 min 可被杀灭。而病畜的肉只要加热超过 100℃病毒即全部杀死。

口蹄疫的主要传播途径是消化道、呼吸道、损伤的或完整的皮肤、黏膜。人一旦受到口蹄疫病毒传染，经过 2~18 天的潜伏期后突然发病，表现为发热，口腔干热，唇、齿龈、舌边、颊部、咽部潮红，出现水疱（手指尖、手掌、脚趾），同时伴有头痛、恶心、呕吐或腹泻。患者在数天后痊愈，预后良好。但有时可并发心肌炎。患者对人基本无传染性，但可把病毒传染给牲畜，再度引起畜间口蹄疫流行。病畜表现为体温升高，在口腔黏膜、牙龈、舌面和鼻翼边缘出现水疱或形成烂斑，口角线状流涎，蹄冠、蹄叉发生典型水疱。对疫点内所有病畜及同群易感畜以无出血方法扑杀，将动物尸体用密闭车运往处理场地予以销毁。扑杀工作人员要穿戴合适的防护衣物，密切接触感染牲畜的人员，用无腐蚀性消毒液浸泡手后，再用肥皂清洗 2 次以上。牲畜扑杀和运送人员在操作完毕后，要用消毒水洗手，有条件的地方要洗澡。病死牲畜、被扑杀牲畜及其产品、排泄物及被污染或可能被污染的垫料、饲料和其他物品应当进行无害化处理。无害化处理可以选择深埋、焚烧等方法，饲料、粪便也可以堆积发酵或焚烧处理。圈舍内外消毒后再行清理和清洗。首先清理污物、粪便、饲料等；对地面和各种用具等彻底冲洗；用水洗刷圈舍、车辆等，并用消毒液喷洒消毒；对所产生的污水进行无害化处理。

(三)结核病

结核病(tuberculosis)是由结核分枝杆菌引起的慢性传染病,牛、羊、猪和家禽均可感染。牛型和禽型结核可传染给人。结核分枝杆菌含有大量的类脂和脂质成分,对外界的抵抗力较强。它在干燥状态可存活2~3个月,在腐败物和水中可存活5个月,在土壤中可存活7个月到1年。但此菌对湿热抵抗力较差,60℃、30 min 即失去活力。结核病分布广泛,世界各国均有发生,尤其在南美及亚洲国家流行较为严重。结核病主要通过咳嗽的飞沫及痰干后形成的灰尘而传播,人还会通过喝含菌牛乳而被感染。发现疑似疫情,畜主应限制动物移动;对疑似患病动物应立即隔离。动物防疫监督机构及时派人到现场进行调查核实,开展实验室诊断。确诊后,当地人民政府组织有关部门按下列要求处理:对患病动物全部扑杀,对受威胁的畜群(病畜的同群畜)实施隔离。病死和扑杀的病畜,应该焚毁或掩埋。对病畜和阳性畜污染的场所、用具、物品进行严格消毒。

(四)布鲁氏菌病

布鲁氏菌病(brucellosis)是由布鲁氏杆菌引起的慢性接触性传染病,绵羊、山羊、牛及猪易感。布鲁氏杆菌属分为6型,其中羊型、牛型、猪型是人类布鲁氏菌病的主要致病菌,羊型对人的致病力最强,猪型次之,牛型较弱。布鲁氏菌病在世界各地均有发生。布鲁氏杆菌一般容易在生殖器官——子宫和睾丸中繁殖,特别是怀孕的子宫,致使胚胎绒毛发生坏死,胎盘松动,引起胎儿死亡或流产。布鲁氏杆菌靠较强的内毒素致病,尤以羊布鲁氏杆菌的内毒素毒力最强。家畜感染布鲁氏杆菌后临床症状轻微,有的几乎不表现任何症状,但能通过分泌物和排泄物不断向外排菌,成为最危险的传染源。

本病主要通过消化道感染,也可以经皮肤、黏膜和呼吸道感染。人感染布鲁氏杆菌较家畜严重,病情复杂,表现乏力、全身软弱、食欲减退、失眠、咳嗽、有白色痰,可听到肺部干鸣,多呈波浪热,也有稽留热、不规则热或不发热,盗汗或大汗,睾丸肿大,一个或多个关节发生无红肿热的疼痛、肌肉酸痛等。发现病畜时,要及时报告。当地动物防疫监督机构要立即派人到现场,采取检疫、扑杀、焚毁、消毒、紧急免疫接种方法,迅速控制疫情。对受威胁的畜群实施隔离,患病动物的流产胎畜、胎衣、排泄物、乳、乳制品等进行无害化处理。对患病动物污染的场所、用具、物品严格消毒。

(五)牛海绵状脑病

牛海绵状脑病(bovine spongiform encephalopathy, BSE)俗称疯牛病,其病理改变是脑海绵状变性,并伴有严重的神经系统症状和体征。BSE属于"可传播性海绵状脑病"(transmissible spongiform encephalopathy, TSE),病死率100%。TSE在人类表现为克-雅病(Creutzfeldt-Jakob disease, CJD),在动物还表现为羊瘙痒病等。BSE是由一种非常规的病毒——朊病毒(prion)引起的。朊病毒又称朊蛋白或朊粒,不含有通常病毒所含有的核酸,也没有病毒的形态,却能在动物体内复制,从没有感染性转化为具有感染性。其主要成分是一种蛋白酶抗性蛋白,能够抵抗蛋白酶的作用,正因为这种结构特点,它对现有杀灭一般病毒的物理化学方法均有抵抗力,即现在的消毒方法对它都不起作用。BSE于1986年11月由英国政府中央兽医实验室首次确认。在英国,牛群中BSE的发病率为20%~30%。在BSE之前,人类早有海绵状脑病CJD,它是一种早老性痴呆病,发病率极低,仅为百万分之一。1995年英国报告的2例CJD病例,其发病年龄、临床表现和病理变化与经典的 CJD 有很大差别，根据这些病例特征将其正式命名为新变异型 CJD。新变异型 CJD 的发病与 BSE 的感染有关，食用被朊病毒污染了的牛肉、牛脑髓的人，有可能患 CJD，CJD 是 BSE 在人类身上的表现形式。

疫情出现时，需对所有病畜及同群易感畜以无出血方法进行扑杀，对牲畜尸体须予以焚化后深埋处理，不得直接掩埋。对可能污染了 TSE 因子的物品应尽可能焚烧处理，虽然热处理对 TSE 因子不能彻底灭活，但可降低其感染性。5.25% 的次氯酸钠（未稀释的漂白粉）、2 mol/L 至更高浓度的氢氧化钠也可有效降低 TSE 因子的感染性。

（六）猪链球菌病

猪链球菌病是人兽共患的、由多种致病性链球菌感染引起的急性传染病。猪链球菌（*Streptococcus suis*）属于链球菌属，具有溶血能力。猪链球菌分为 35 个血清型，溶菌酶释放蛋白和外蛋白因子是猪链球菌 2 型的两种重要的毒性因子。猪链球菌 2 型在环境中的抵抗力较强，25℃时在灰尘和粪便中分别可存活 24 h 和 8 天，0℃时在灰尘和粪便中分别可以存活 1 个月和 3 个月；动物尸体中在 4℃能存活 6 周，在 22~25℃可存活 12 天；加热 50℃、2 h，60℃、10 min 和 100℃可直接杀灭该菌。该菌对一般消毒剂敏感，常用的消毒剂和清洁剂能在 1 min 内杀死该菌。猪链球菌病在世界上广泛分布。猪链球菌病流行无明显的季节性，一年四季均可发生，尤其是重症猪链球菌 2 型感染暴发时，致病性强，传播迅速，猪病死率高。该病同时可通过破损皮肤（如伤口或擦伤）传染给人，也可通过呼吸道感染人，严重感染时可引起人的死亡。病猪和带菌猪是该病的主要传染源，其排泄物和分泌物中均有病原菌。

（七）禽流感

禽流感是由禽流感病毒（avian influenza virus，AIV）引起的禽类感染性疾病，极易在禽鸟间传播。A 型流感病毒呈多形性，依据其外膜血凝素（H）和神经氨酸酶（N）蛋白抗原性的不同，目前可分为 15 个 H 亚型（H1~H15）和 9 个 N 亚型（N1~N9）。感染人的禽流感病毒亚型主要为 H5N1、H9N2、H7N7，其中感染 H5N1 的患者病情重，病死率高。

禽流感病毒对热比较敏感，65℃加热 30 min 或 100℃加热 2 min 可灭活。它在粪便中能够存活 105 天，在羽毛中能存活 18 天，在水中可存活 1 个月，在 pH<4.1 条件下也具有存活能力。病毒对低温抵抗力较强，在有甘油保护的情况下可保持活力 1 年以上。病毒在直射阳光下 40~48 h 可灭活，如果用紫外线直接照射，可迅速破坏其传染性。禽流感病毒对乙醚、三氯甲烷、丙酮等有机溶剂均敏感。常用消毒剂容易将其灭活，如氧化剂、烯酸、十二烷基硫酸钠、卤素化合物（如漂白粉和碘剂）等都能迅速破坏其传染性。

三、食物过敏

（一）食物过敏概念

食物过敏（food allergy）也称食物的超敏反应，是指所摄入体内的食物中的某组成成分，作为抗原诱导机体产生免疫应答而发生的一种变态反应性疾病。食物过敏原（food allergen）是指存在于食品中可以引发人体食物过敏的成分。由食物成分引起的人体免疫反应主要是由免疫球蛋白 E（IgE）介导的速发过敏反应。已知结构的过敏原都是蛋白质或糖蛋白，相对分子质量常为 $(10~60) \times 10^3$。食物过敏和食物不耐受容易混淆，诊断时应注意区分。食物不耐受不涉及免系统对食物的不良反应，如摄食某食物后出现胀气、打嗝、腹泻或不愉快的反应等。

（二）食物过敏的流行病学特征

据WHO估计，至少有30%的人一生中会经历一次或多次食物过敏事件，食物过敏患病率在成人中为1%~3%，在儿童中为4%~6%。

1. 婴幼儿及儿童的发病率高于成人　婴幼儿过敏性疾病以食物过敏为主，4岁以上儿童对吸入性抗原的敏感性增加。

2. 发病率随年龄的增长而降低　如患病儿童随着年龄的增长对牛奶不再过敏，但对花生、坚果、鱼虾则多数为终身过敏。

3. 人群中实际发病率较低　由于临床表现难以区分，人们往往把各种原因引起的对食物的不良反应误认为食物过敏。

（三）常见的引起过敏的食物及食物过敏的症状

引起过敏的食物有160多种，但常见的致敏食物主要有8类：①牛乳及乳制品（干酪、酪蛋白、乳糖等）；②蛋及蛋制品；③花生及其制品；④大豆和其他豆类及各种豆制品；⑤小麦、大麦、燕麦等谷物及其制品；⑥鱼类及其制品；⑦甲壳类及其制品；⑧坚果类（核桃、芝麻等）及其制品。

食物过敏症状一般在食用引起过敏的食物后几分钟至1 h内出现，可持续数天甚至数周。过敏反应的特定症状和严重程度受摄入的过敏原量及过敏者敏感性的影响。食物过敏者可出现皮肤症状，如发痒、发红、肿胀等；胃肠道症状，如腹痛、恶心、呕吐、腹泻、口腔发痒和肿胀等；呼吸道症状，如鼻和喉发痒和肿胀、哮喘等；眼睛发痒和肿胀；心血管系统症状，如胸部疼痛、心律失常、血压降低、昏厥、丧失知觉，甚至死亡。

（四）防治措施和处理原则

1. 避免食物致敏原　预防食物过敏的唯一办法是避免食用含有致敏原的食物。一旦确定了致敏原应严格避免再进食，从食物中排除该食物致敏原，即不会发生过敏反应。对含有麸质蛋白的谷物过敏的患者，要终身禁食全谷类食物，应食用去除谷类蛋白的谷类。此外，生食物都比熟食物更易致敏，烹调或加热使大多数食物抗原失去致敏性。例如，对牛奶、鸡蛋、香蕉等过敏者，可采用加热的方法降低过敏的发生。

2. 致敏食物标签　食物致敏原的标识已经成为许多国家法规的强制性要求。

3. 一旦发生食物过敏需对症处理　对IgE介导的过敏反应，可适当给予抗组胺类药物。

四、食物中毒

（一）概述

1. 食物中毒概念　食物中毒（food poisoning）指摄入含有生物性、化学性有毒有害物质的食品或把有毒有害物质当作食品摄入后所出现的非传染性的急性、亚急性疾病。

食物中毒是食源性疾病中最为常见的疾病。食物中毒既不包括因暴饮暴食而引起的急性胃肠炎、食源性肠道传染病（如伤寒）和寄生虫病（如旋毛虫），也不包括因一次大量或长期少量多次摄入某些有毒、有害物质而引起的以慢性损害为主要特征（如致癌、致畸、致突变）的疾病。

2. 食物中毒的分类　按病原分类，一般将食物中毒分为5类。

（1）细菌性食物中毒：指摄入含有细菌或细菌毒素的食品而引起的食物中毒。细菌性食物中毒是食物中毒中最多见的一类，发病率较高，但病死率较低。发病有明显的季节性，每年5~10月最多见。

（2）真菌及其毒素食物中毒：指摄入被真菌及其毒素污染的食物而引起的食物中毒。中毒发生主要由被真菌污染的食品引起，用一般烹调方法加热处理不能破坏食品中的真菌毒素，发病率较高，死亡率也较高，发病的季节性及地区性均较明显，如霉变甘蔗中毒常见于初春的北方。

（3）动物性食物中毒：指摄入本身含有有毒成分的动物食品而引起的食物中毒。发病率较高，病死率因含有毒成分不同而异。引起动物性食物中毒的食品主要有2种：①将天然含有有毒成分的动物当作食品，如河鲀中毒；②在一定条件下产生大量有毒成分的动物性食品，如腐败变质的青皮红肉鱼所导致的组胺中毒。

（4）植物性食物中毒：指摄入植物性有毒食品而引起的中毒。发病率和病死率因中毒食品种类不同而异。植物性有毒食品来源主要有3种：①将天然含有有毒成分的植物或其加工制品当作食品，如桐油、大麻油等；②在加工过程中未能破坏或除去有毒成分的植物性食品，如四季豆、木薯、苦杏仁等；③在一定条件下，产生了大量有毒成分的植物性食品，如发芽马铃薯等。

（5）化学性食物中毒：指摄入含有化学性有毒物质的食品引起的食物中毒。发病的季节性、地区性均不明显，但发病率和病死率均较高。化学性食物中毒食品主要有4种来源：①被有毒有害的化学物质污染的食品；②误将有毒有害的化学物质当作食品或食品添加剂；③在食品中滥用食品添加剂或添加非法添加物；④食品中的营养成分发生了化学变化，如油脂酸败。

3. 食物中毒的发病特点　食物中毒发生的原因各不相同，但发病具有如下共同特点。

（1）发病潜伏期短，来势急剧，呈暴发性，短时间内可能有多数人发病。

（2）发病与食物有关，患者有食用同一有毒食物史，流行波及范围与有毒食物供应范围相一致，停止该食物供应后，流行即告终止。

（3）中毒患者临床表现基本相似，以恶心、呕吐、腹痛、腹泻等胃肠道症状为主。

（4）一般情况下，人与人之间无直接传染。发病曲线呈突然上升之后又迅速下降的趋势，无传染病流行时的余波。

4. 食物中毒的流行病学特点

（1）发病的季节性特点：食物中毒发生的季节性与食物中毒的种类有关，如细菌性食物中毒主要发生在5—10月，化学性食物中毒全年均可发生。

（2）发病的地区性特点：绝大多数食物中毒的发生有明显的地区性，如我国沿海省区多发生副溶血性弧菌食物中毒，肉毒中毒主要发生在新疆等地区，霉变甘蔗中毒多见于北方地区，农药污染食品引起的中毒多发生在农村地区等。

（3）导致食物中毒的原因及其分布特点：在我国引起食物中毒的原因及其分布，不同年份均略有不同。根据我国食源性疾病暴发监测数据显示，细菌性食源性疾病中，沙门菌引起的暴发起数、发病人数是最多的，通过溯源调查及原因食品的归因分析发现，鸡、鸭、猪、牛这种禽类、畜类肉制品和蛋制品是最主要的原因食品。此外，蛋糕、三明治这种食品引起的暴发也比较多见。

人文视角3-2
国家卫计委2014年食物中毒统计情况

（4）食物中毒病死率特点：食物中毒的病死率较低。一般来说死亡人数以有毒动、植物食物中毒最多，其次为化学性食物中毒。

（5）食物中毒发生场所分布特点：食物中毒发生的场所多见于集体食堂、饮食服务单位和家庭。

(二) 常见的食物中毒

1. 细菌性食物中毒 (bacterial food poisoning)　近几年来我国发生的细菌性食物中毒以沙门菌为主，其次为变形杆菌、金黄色葡萄球菌、副溶血性弧菌、蜡样芽孢杆菌食物中毒。

(1) 沙门菌食物中毒

1) 病原学特点：沙门菌属 (*Salmonella*) 属肠杆菌科，为革兰氏阴性杆菌，需氧或兼性厌氧，绝大部分具有鞭毛，有 2 500 多种血清型。其生存能力较强，生长繁殖的最适温度为 20~30℃，不耐热，55℃ 1 h 或 100℃数分钟即被杀死。该菌不分解蛋白质、不产生靛基质，食物被污染后无感官性状变化，易引起感染型细菌性食物中毒。

基础链接 3-29
细菌性食物中毒原因及发病机制

基础链接 3-30
细菌性食物中毒流行病学特点、临床表现及治疗原则

基础链接 3-31
细菌性食物中毒诊断及鉴别诊断

2) 流行病学特点：①季节性，全年皆可发生，多见于夏秋季，其中 5~10 月发病数可占全年发病总数的 80%；②中毒食品，主要是动物性食品，特别是畜肉类及其制品，其次为禽肉、蛋类、奶类及其制品，由植物性食物引起的很少；③食物中沙门菌属来源，该菌广泛存在于自然界中，人和动物皆可带菌，常通过动物性食品的生前感染或宰后污染而使食品中带菌，也可通过生熟交叉污染或食品从业人员带菌者等污染食品。

3) 临床表现：潜伏期一般为 4~48 h，发病越快病情常越重。中毒初期表现为头痛、恶心、食欲减退，继而出现呕吐、腹痛、腹泻和发热。腹泻一日可数次至十余次，主要为黄色或黄绿色水样便，有恶臭，有时带黏液或脓血。体温升高达 38~40℃。轻者 3~4 天症状消失，重者可引起痉挛、脱水、休克等，如不及时抢救可导致死亡。

4) 诊断和治疗：一般根据流行病学特点、临床表现和实验室检查结果进行诊断。对症治疗，及时纠正水、电解质紊乱，重症者可用抗生素。

(2) 副溶血性弧菌食物中毒

1) 病原学特点：副溶血性弧菌 (*Vibrio parahemolyticus*) 为革兰氏阴性杆菌，有鞭毛，需氧或兼性厌氧；在 30~37℃、pH 7.4~8.2、含盐 3%~4% 的培养基和食物中生长良好，无盐条件下不生长，为嗜盐菌；不耐热、不耐酸，56℃加热 5 min 或 90℃加热 1 min 或用含 1% 醋酸的食醋处理 5 min 即被杀死。该菌还产生肠毒素和耐热型溶血毒素，可引起混合型细菌性食物中毒。

2) 流行病学特点：①地区分布，该菌主要存在于近岸海水、海底沉积物和鱼、贝类海产品中，故沿海地区为高发区，随着海鲜产品的市场流通性加强，内地也有副溶血性弧菌食物中毒事件的发生；②季节性，6~9 月为高发季节；③中毒食品，主要是海产品，以带鱼、墨鱼、虾、蟹、贝和海蜇较为多见，其次为直接或间接被该菌污染的其他食品，如盐渍或腌制食品等。

3) 临床表现：潜伏期多为 14~20 h。发病初期有上腹部疼痛或胃痉挛，继之出现恶心、呕吐、腹泻和发热等症状。发病 5~6 h 后腹痛加剧，以脐部阵发性绞痛为特点。腹泻一日数次至二十余次，多为水样便，重者黏液便或脓血便，里急后重不明显。体温 37.7~39.5℃。病程 3~4 天，预后良好。重症患者可出现脱水、意识障碍或血压下降等。

4) 治疗与预防：对症治疗为主，及时纠正水、电解质紊乱。对海产品及其制品要加强防止细菌污染、低温贮藏、食前彻底加热等措施。凉拌海鲜类食品要清洗干净、食醋浸泡 10 min 或沸水漂烫数分钟。

(3) 葡萄球菌肠毒素食物中毒

1) 病原学特点：葡萄球菌 (*Staphylococcus*) 系微球菌科，为革兰氏阳性兼性厌氧菌；在 30~37℃、pH 7.4 环境下易于生长；对外界抵抗力强，较为耐热、耐盐、耐干燥，70℃加热 1 h

方能灭活。金黄色葡萄球菌可产生不同血清型的致病性肠毒素，多数肠毒素耐热，100℃加热 30 min 仍难灭活，混在食物中的肠毒素需加热 100℃ 2 h 方能被破坏，肠毒素进入机体后还能抵抗胃肠道中蛋白酶的水解作用。食品一旦受到葡萄球菌肠毒素污染，易导致毒素型细菌性食物中毒。

2）流行病学特点：①季节性，全年皆可发生，多见于夏秋季；②中毒食品，常见于奶及奶制品、蛋类和各类熟肉制品等；③食品被污染原因，金黄色葡萄球菌广泛分布于自然界，人和动物的皮肤、鼻咽部、消化道也带菌，有化脓性病灶、急性上呼吸道感染、乳腺炎等疾病时带菌率更高。该菌污染食品后，在 20～37℃条件下可迅速繁殖和产毒，经 4～8 h 即可产生一定剂量的肠毒素并引起食物中毒。

3）临床表现：潜伏期一般为 2～4 h，主要有恶心、呕吐、腹痛和腹泻等症状。其中呕吐剧烈而频繁，可呈喷射状，呕吐物常含有胆汁、血液或黏液。腹泻多为水样便或黏液便，每天 3～4 次。体温正常或低热。一般数小时至 1～2 天症状消失，儿童对肠毒素较成人敏感，故发病率较高、症状较严重。

4）治疗与预防：对症治疗，及时纠正脱水、电解质紊乱，一般不需用抗生素。防止金黄色葡萄球菌污染食物，对食品从业人员定期进行健康检查，对奶和奶制品等一定要消毒处理；为防止肠毒素形成，食物应冷冻或冷藏。

（4）变形杆菌食物中毒

1）病原学特点：变形杆菌（*Bacillus proteus*）属肠杆菌科，有鞭毛，为革兰氏阴性杆菌，需氧或兼性厌氧；该菌对营养要求不高，易于生长繁殖，低温情况下（4～7℃）亦可繁殖；不耐热，55℃加热 1 h 即可被杀灭。当食品仅被此菌污染后，因其不分解蛋白质，食品感官性状常无腐败变质迹象。变形杆菌主要以大量活菌侵入人体肠道引起感染型细菌性食物中毒。

2）流行病学特点：①季节性，7～9 月最多见；②中毒食品，主要是动物性食品，尤其是熟肉和内脏的熟制品，也见于豆制品、凉拌菜、剩饭、水产品等；③食品受污染原因，变形杆菌广泛分布于自然界、人和动物的肠道中，食品在生产、加工等过程中易受其污染。

3）临床表现：潜伏期一般为 5～18 h。临床特征以上腹部刀绞样疼痛和急性腹泻为主，腹泻为水样便，伴有黏液，恶臭，一日数次至十余次，有恶心、呕吐、头痛、发热，体温一般 38～39℃。病程 1～3 天，多数在 24 h 内恢复，预后良好。

4）治疗与预防：对症治疗，重症者可用抗生素。加强食品卫生监督管理，防止污染，食品须冷藏，食用前彻底加热。

延伸阅读 3-12
其他细菌性食物中毒

2. 真菌及其毒素食物中毒

（1）赤霉病麦中毒：是指摄入已发生赤霉病的麦类、玉米等谷物所引起的食物中毒。多发生于麦收以后食用受病害的新麦或因误食库存的赤霉病麦或霉玉米而引起，我国多见于淮河和长江中下游一带。

1）有毒成分：赤霉菌是一种真菌，属于镰刀菌属。小麦、玉米等谷物如被镰刀菌污染可引起谷物的赤霉病，镰刀菌产生的代谢产物赤霉病麦毒素是引起中毒的有毒成分，包括脱氧雪腐镰刀菌烯醇（呕吐毒素）、镰刀菌烯酮 -X、T-2 毒素等，它们属于单端孢霉烯族化合物，该类毒素对热稳定，一般烹调方法难以去除。

2）中毒表现：潜伏期一般 0.5～2 h，主要症状为胃部不适、恶心、呕吐、腹痛、腹泻、头痛、头晕等，还可有乏力、口干、流涎，少数患者有发热、畏寒等现象。一般停止食用赤霉病谷物后 1～2 天可恢复，预后良好。重者有呼吸、脉搏、体温及血压波动，四肢酸软、步态不稳、形似醉酒，故有的地方称为"醉谷病"。

3）治疗与预防：一般无须治疗或对症治疗，呕吐严重者需进行补液。加强麦类、玉米等谷物在田间和储存期间的防霉措施，防止其受到真菌的侵染和产毒。若谷物已发生赤霉病或霉变，则应不食用，或去除、减少粮食中的病粒和毒素，使其毒素含量不超过国家限量标准。

（2）霉变甘蔗中毒：是指摄入已有一定程度霉变的甘蔗而导致的食物中毒。中毒多发生于2—4月我国的北方地区，多见于儿童和青少年，发病急、病情凶险，可留下严重的后遗症甚至死亡。

1）有毒成分：甘蔗保存不当时可受到甘蔗节菱孢霉污染并产生毒素致病，该毒素为3-硝基丙酸（3-nitropropionic acid，3-NPA），主要损害中枢神经系统和消化系统。

2）中毒表现：潜伏期十余分钟至数小时。初期表现为消化道功能紊乱，恶心、呕吐、腹痛、腹泻、黑便，随后出现神经系统症状，如头晕、头痛、复视等；重者可出现阵发性抽搐，抽搐时四肢强直、屈曲内旋、手呈鸡爪状，可留下以锥体外系神经损害为主要表现的终身残疾；严重者瞳孔散大、昏迷，甚至死亡。

3）治疗与预防：尚无特殊治疗方法。在发生中毒后应尽快洗胃、清肠以排出毒物，积极采取消除脑水肿、改善血液循环、防止继发感染等对症治疗。甘蔗应成熟后再收割，收割后的甘蔗应注意防雨、防潮、防冻，防止真菌污染和繁殖，储存时间不宜过久并应定期进行感官检查，严禁出售已有霉变或变质的甘蔗。

> 经典案例3-1
> 一家5口食用河鲀中毒

3. 动物性、植物性食物中毒

（1）河鲀中毒：河鲀（globefish）又称河豚、气泡鱼、吹肚鱼等。其种类很多，主要产于沿海各地和长江下游河口，在海水、淡水中均能生存，是一种味道鲜美但含有剧毒的无鳞鱼类。

1）中毒成分：河鲀所含毒素为河鲀毒素（tetrodotoxin，TTX），主要存在于鱼的内脏、生殖腺、血液、眼、腮、皮肤等部位，在春季繁殖季节其卵巢毒性最高，肝次之。新鲜洗净的河鲀肉一般无毒，但鱼死后，毒素可从血液、内脏等渗入鱼肉中，少数河鲀品种鱼肉也有毒。TTX性质稳定，煮沸、日晒、盐渍均不易将其破坏，是一种毒性极强的非蛋白质类神经毒，进入机体后主要使神经中枢和神经末梢发生麻痹，食入该毒素 0.5～3 mg 可致人死亡。

2）临床特征：发病急，潜伏期 10 min～3 h。早期感觉有口唇、舌、指尖发麻，随后出现恶心、呕吐、腹痛、腹泻、便血等胃肠道症状，进而口唇、舌尖及肢端知觉麻痹，并出现眼睑下垂、四肢无力或肌肉麻痹、共济失调等神经系统症状。重症者有全身麻痹、瘫痪、言语不清、血压和体温下降、发绀、呼吸困难，最后因呼吸、循环衰竭而死亡。

3）治疗与预防：目前无特效解毒药，一般以迅速排出体内毒物（催吐、洗胃、导泻、应用吸附剂）、对症和支持治疗（补液、吸氧、使用肾上腺皮质激素和莨菪碱类药物等）为主。加强宣传教育，勿食河鲀；禁止随意丢弃、自行加工和出售河鲀；严禁餐饮服务提供者加工制作鲜河鲀。1981年颁发的《水产品卫生管理办法》明文规定禁食河鲀鲜品。直到2016年，农业部等三部委发文，"有条件放开养殖红鳍东方鲀和养殖暗纹东方鲀加工经营"，但依然禁止销售野生河鲀，禁止销售养殖河鲀活鱼，禁止销售未加工的养殖河鲀整鱼。

（2）鱼类引起的组胺中毒：鱼类引起组胺（histamine）中毒的主要原因是食用了某些不新鲜的鱼类（含有较多的组胺），同时也与个人体质的过敏性有关，是一种过敏性食物中毒。

1）中毒成分：海产鱼类中的青皮红肉鱼，如鲣鱼、参鱼、鲐巴鱼、鱼师鱼、竹夹鱼、金枪鱼等鱼体中组氨酸含量较高，当鱼体不新鲜或腐败，同时又受到富含组氨酸脱羧酶的细菌（如组胺无色杆菌、摩氏摩根菌等）污染时，可使鱼肉中的游离组氨酸脱羧基而形成组胺，大量组胺进入机体后可引起毛细血管扩张和支气管收缩而导致中毒。

2）临床特征：潜伏期 10 min～2 h，面部、胸部或全身皮肤潮红，眼结膜充血，头晕头痛、心慌胸闷、呼吸加快。部分患者出现口唇肿或口舌、四肢发麻，以及恶心、呕吐、腹痛、腹泻、荨麻疹等。个别可出现哮喘、呼吸困难、血压下降。体温一般正常，病程多为 1～2 天，预后良好。

3）治疗和预防：尽早排毒、使用抗组胺药和对症治疗。选青皮红肉鱼时要新鲜，储藏时要低温，严防鱼肉腐败变质，烹调时应加醋或雪里蕻或红果以去除部分组胺，过敏体质者不宜食用青皮红肉鱼。

（3）毒蕈中毒：蕈类又称为蘑菇，属于真菌，有些蕈类含有毒素，食入即可引起中毒。目前我国有可食蕈 300 多种，毒蕈（toxic mushroom）100 余种，其中含剧毒的有 10 多种。毒蕈中毒一般发生在春夏季节、山区农村地区、雨后天晴蘑菇生长茂盛时，由于误采或采集可食蕈时有毒蕈混入其中，食用后引起急性中毒，故预防上以不采集不认识的蘑菇食用为主。不同毒蕈中毒的临床表现各不相同，分为以下 5 型。

1）胃肠炎型：由毒红菇、墨汁鬼伞等毒蕈引起。潜伏期为 0.5～6 h，主要表现为胃肠炎症状，有恶心、呕吐、上腹部阵发性腹痛、剧烈腹泻等，不发热。经过适当的对症处理，中毒者可迅速康复。

2）神经精神型：由毒蝇伞、豹斑毒伞、牛肝蕈等毒蕈引起。潜伏期为 1～6 h。发病时除胃肠炎症状外，尚有明显副交感神经兴奋症状，如流涎、流泪、多汗、脉缓、瞳孔缩小等。用阿托品类药物治疗效果较好。少数病情严重者可有谵妄、幻觉、精神错乱、呼吸抑制等，不及时救治可引起死亡。因食牛肝蕈引起中毒者，除胃肠炎症状及精神异常外，多有幻觉（小人国幻觉症）等症状。部分病例有迫害妄想等类似精神分裂症的表现，经过适当治疗可康复。

3）溶血型：因鹿花蕈所致。潜伏期 6～12 h。发病初期为胃肠炎症状，3～4 天后出现黄疸、血尿等溶血现象和急性贫血、肝脾大、头痛等。给予肾上腺皮质激素、输血及保肝治疗等多可康复。

4）肝肾损害型：因毒伞属蕈、褐鳞小伞蕈等引起。通常病情凶险、病死率高。临床表现可分为 6 期：①潜伏期，一般为 10～24 h，短者 6 h，长则数天；②胃肠炎期，有恶心、呕吐、腹痛、腹泻，多不严重，常 1～2 天逐渐缓解；③假愈期，胃肠炎症状缓解或消失，或仅感乏力、不思饮食等，轻度中毒者由此进入恢复期；④内脏损害期，重度中毒者在发病 2～3 天后出现肝、肾、心、脑等器官损害症状，其中以肝损害最为严重，可有黄疸、肝功能异常、肝大、出血倾向、肝性脑病等表现，肾损害可出现少尿、血尿或无尿，甚至尿毒症；⑤精神症状期，部分患者呈烦躁不安或淡漠嗜睡，甚至昏迷、惊厥等中毒性脑病症状，最终可因呼吸、循环中枢抑制或肝性脑病而死亡；⑥恢复期，经过积极治疗的病例一般在 2～3 周后进入恢复期，各项症状、体征逐渐消失而痊愈。此外，有少数病例呈暴发型，潜伏期后 1～2 天突然死亡，可能为中毒性心肌炎或中毒性脑炎等所致。肝肾损害型中毒时，首先应迅速采取排出毒物措施，食用毒蕈后 10 h 内均应彻底洗胃，然后给予药用炭吸附残留的毒素，无腹泻者还要导泻排毒。其次，用二巯基丙磺酸钠进行解毒治疗，同时还应对症治疗。

5）日光性皮炎型：因食用胶陀螺（猪嘴蘑）所引起。潜伏期 24 h 左右，机体暴露于阳光的部位出现类似日光性皮炎的症状，如颜面出现肿胀、疼痛，嘴唇肿胀外翻等。宜采取抗过敏和对症治疗。

> 延伸阅读 3-13
> 其他动物性和植物性食物中毒

4. 化学性食物中毒

(1) 亚硝酸盐中毒

1) 中毒原因：①意外事故中毒。亚硝酸盐价廉易得，外观上与食盐相似，容易误将亚硝酸盐当作食盐食用而引起中毒。②食品添加剂滥用中毒。亚硝酸盐是一种食品添加剂，不但可使肉类具有鲜艳色泽和独特风味，还有较强的抑菌效果，所以在肉类食品加工中被广泛应用，食用含亚硝酸盐过量的肉类食品可引起食物中毒。③食用含有大量硝酸盐、亚硝酸盐的蔬菜而引起中毒。例如，贮存过久的蔬菜、腐烂的蔬菜、煮熟后放置过久的蔬菜及刚腌渍不久的蔬菜亚硝酸盐含量增加（一般腌后20天亚硝酸盐含量降低）。当胃肠道功能紊乱、贫血、患肠道寄生虫病及胃酸浓度降低时，胃肠道中的硝酸盐还原菌大量繁殖，如同时大量食用硝酸盐含量较高的蔬菜，即可使肠道内亚硝酸盐形成速度过快或数量过多，以致机体不能及时将亚硝酸盐分解为氨类物质，从而使亚硝酸盐大量吸收入血导致中毒。④饮用含硝酸盐较多的井水中毒。个别地区的井水含硝酸盐较多（一般称为"苦井"水），用这种水煮饭，如存放过久，硝酸盐在细菌的作用下可被还原成亚硝酸盐。

2) 中毒机制和临床表现：亚硝酸盐为强氧化剂，能使机体血液中正常携氧的低铁血红蛋白氧化成不能携氧的高铁血红蛋白，从而引起组织缺氧。亚硝酸盐还对周围血管有麻痹作用。临床表现特点为发病急，潜伏期短者10 min，一般1～3 h，口唇、耳郭、指（趾）甲及全身皮肤、黏膜呈现不同程度青紫色，通常称为"肠源性青紫症"。同时伴有头晕、头痛、乏力、胸闷、气短、心悸、恶心、呕吐、腹痛、腹泻等症状，高铁血红蛋白占总血红蛋白的10%～30%。重者发绀现象更明显，可有心悸、呼吸困难，甚至心律失常、惊厥、休克、昏迷，高铁血红蛋白多超过50%。

3) 急救与治疗：轻症中毒一般不需治疗，重症中毒要及时抢救和治疗。①尽快排出毒物。采用催吐、洗胃和导泻的办法，尽快将胃肠道还没有吸收的亚硝酸盐排出体外。②及时应用特效解毒剂。主要应用解毒剂亚甲蓝（又称美蓝）。亚甲蓝用量为每次1～2 mg/kg。通常将1%的亚甲蓝溶液以25%～50%葡萄糖溶液20 mL稀释后，缓慢静脉注射。1～2 h后如青紫症状不退或再现，可重复注射以上剂量或半量。亚甲蓝也可口服，剂量为每次3～5 mg/kg，每6 h一次或每日3次。同时补充大剂量维生素C，有助于高铁血红蛋白还原成亚铁血红蛋白，起到辅助解毒作用。亚甲蓝的用量要准确，可小量多次使用。因亚甲蓝具有氧化剂和还原剂双重作用，过量使用时，体内的还原型辅酶Ⅱ不能把亚甲蓝全部还原，从而发挥其氧化剂的作用，不但不能解毒，反而会加重中毒。③对症治疗。

(2) 砷中毒

1) 中毒原因：砷（As）为类金属元素，在自然界中砷多以化合物形式存在，其中砷的氧化物或盐类具有明显的毒性，尤其是三氧化二砷（As_2O_3，砒霜）毒性最强，成人经口急性中毒剂量5～50 mg，致死量为60～300 mg。引起砷中毒的主要原因是含砷化合物农药污染、用砒霜投毒或误将其作为调味品加入食物、违法使用含砷化合物的食品非法添加物等。

2) 中毒机制和临床表现：砒霜对消化道有明显腐蚀作用，可与细胞酶蛋白中的巯基结合使酶失去活性，造成神经系统和内脏的损害。临床表现为潜伏期短（15 min～5 h），口咽部有烧灼感，口中有金属异味，口渴及吞咽困难，有明显急性胃肠炎症状，如剧烈的恶心与呕吐、腹绞痛和腹泻（水样便或米汤样便，有时混有血液）等。有中枢神经系统症状，如头痛、烦躁、谵妄、抽搐、意识模糊、昏迷等，最后可因呼吸中枢麻痹而死亡。可并发急性肾衰竭、多发性神经炎、中毒性肝炎和心肌炎。

3）急救与预防：首先迅速采取催吐、洗胃和导泻等排毒措施。同时，应用二巯基丙磺酸钠、二巯丙醇等解毒药物。另外还要对症治疗，维持水、电解质平衡，保护肝肾功能，血液透析及换血疗法等。预防措施要加强对砒霜和含砷化合物的监督管理，防止含砷化合物农药对食品的污染，严打违法使用食品非法添加物，防止含砷矿渣对水源的污染。

（3）有机磷农药中毒

1）中毒原因：①误食农药拌过的种子或误把有机磷农药当作酱油或食用油而食用，或把盛装过农药的容器再盛装油、酒及其他食物等引起中毒。②喷洒农药不久的瓜果、蔬菜，未经安全间隔期即采摘食用，可造成中毒。③误食被农药毒杀的家禽、家畜。

2）中毒机制和临床表现：有机磷是一种神经毒物，进入机体后可与体内胆碱酯酶活性部分迅速结合，形成稳定的磷酰化胆碱酯酶，使其丧失水解乙酰胆碱的能力，导致乙酰胆碱蓄积，引起胆碱能神经传导功能障碍，产生毒蕈碱样、烟碱样和中枢神经系统等中毒症状。

经口摄入中毒者潜伏期一般在 10 min～2 h，轻度中毒时全身疲乏无力、头晕、头痛、躁动不安、视物不清、恶心、呕吐（呕出物有蒜臭味）、多汗、瞳孔可缩小，全血胆碱酯酶活性 50%～70%；中度中毒时，肌肉震颤、步履蹒跚、轻度呼吸困难、瞳孔缩小、流涎、腹痛、腹泻，全血胆碱酯酶活性 30%～50%；重度中毒时，惊厥、昏迷、肺水肿、脑水肿、呼吸衰竭，全血胆碱酯酶活性＜30%。某些有机磷农药中毒有迟发型神经毒性，在急性中毒后 2～3 周，可出现感觉运动型周围神经病。

3）急救与治疗：①迅速排出毒物。迅速给予中毒者催吐、洗胃。必须反复、多次洗胃，直至洗出液中无有机磷农药臭味为止。洗胃液一般可用 2% 苏打水或清水，但误服美曲膦酯者不能用苏打水等碱性溶液，可用 1∶5 000 高锰酸钾溶液或 1% 氯化钠溶液。但对硫磷、内吸磷、甲拌磷及乐果等中毒时不能用高锰酸钾溶液，以免这类农药被氧化而增强毒性。②应用特效解毒药。轻度中毒者可单独给予阿托品，以拮抗对副交感神经的作用，解除肺水肿和呼吸衰竭。中度或重度中毒者需阿托品和胆碱酯酶复活药（如碘解磷定、氯解磷定）两者并用。胆碱酯酶复活药可迅速恢复胆碱酯酶活力，对于解除肌束震颤、恢复患者神态有明显的疗效。敌敌畏、美曲膦酯、乐果、马拉硫磷中毒时，由于胆碱酯酶复活药的疗效差，治疗应以阿托品为主。③对症治疗。④急性中毒者临床表现消失后，应继续观察 2～3 天。乐果、马拉硫磷、久效磷等中毒者，应适当延长观察时间；中度中毒者，应避免过早活动，以防病情突变。

从全国食源性疾病暴发数据来看，2022 年共报告化学性暴发事件 94 起，涉及发病人数 399 例，死亡人数 7 例，以亚硝酸盐、农药和甲醇中毒为主，多数发生在家庭和小型餐馆。化学性食源性疾病暴发，不论从发生的事件数、发病人数或者死亡人数来说，都呈现逐年下降的趋势，从一定程度上说明了食品安全管理水平及人民群众的食品安全知识等都有了明显的提升。

延伸阅读 3-14
其他化学性食物中毒

（三）食物中毒调查处理

食物中毒的调查处理，应按《中华人民共和国突发事件应对法》《中华人民共和国食品安全法》《中华人民共和国食品安全法实施条例》《突发公共卫生事件应急条例》《国家突发公共事件总体应急预案》《国家食品安全事故应急预案》等的要求进行。

1. 食物中毒报告制度　发生食品安全事故的单位应当及时向所在地县级市场监督管理部门报告并立即采取措施，防止事故扩大。接收患者进行治疗的单位应当及时向事故发生地县级卫生行政部门、市场监督管理部门报告。接到报告的县级市场监督管理部门应当按照应急预案的规定向本级人民政府和上一级市场监督管理部门报告。县级人民政府和上一级市场监督管理部门应当按照应急预案的规定上报。

报告内容应当包括事故发生时间、地点、单位、危害程度、中毒人数、信息来源、可疑食物、已采取措施、事故简要经过等,并随时通报或者续报工作进展、事故认定结论。

2. 食物中毒调查　发生食物中毒或疑似食物中毒事故时,县级以上疾病预防控制机构应当对事故现场进行卫生处理,并对与事故有关的因素开展流行病学调查,有关部门应当予以协助。县级以上疾病预防控制机构应当向同级食品安全监督管理、卫生行政部门提交流行病学调查报告。

发生食品安全事故,设区的市级以上人民政府食品安全监督管理部门应当立即会同有关部门进行事故责任调查,督促有关部门履行职责,向本级人民政府和上一级人民政府食品安全监督管理部门提出事故责任调查处理报告。

（1）食物中毒现场调查处理的主要目的：①查明食物中毒暴发事件发病原因,确定是否为食物中毒及中毒性质,确定食物中毒病例,查明中毒食品,确定食物中毒致病因子,查明致病因子的致病途径；②查清食物中毒发生的原因和条件,并采取相应的控制措施防止蔓延；③为患者的急救治疗提供依据,并对已采取的急救措施给予补充或纠正；④积累食物中毒资料,分析中毒发生的特点、规律,制定有效措施以减少和控制类似食物中毒发生；⑤收集对违法者实施处罚的证据。

（2）食物中毒流行病学调查：①人群流行病学调查。制订病例定义,开展病例搜索；统一个案调查方法,开展个案调查；采集有关标本和样品；描述发病人群、发病时间和发病地区分布特征；初步判断事故可疑致病因素、可疑餐次和可疑食品；根据调查需要,开展病例对照研究或队列研究。②危害因素调查。访谈相关人员,查阅有关资料,获取可疑食品、配方、加工工艺流程、生产经营过程危害因素控制、生产经营记录、从业人员健康状况等信息；现场调查可疑食品的原料、生产加工、储存、运输、销售、食用等过程中的相关可疑食品、原料、半成品、环境样品等,以及相关从业人员生物标本。③实验室检验。送检标本和样品应当由调查员提供检验项目和样品相关信息,由具备检验能力的技术机构检验。标本和样品应当尽可能在采集后 24 h 内进行检验。实验室应当妥善保存标本和样品,并按照规定期限留取样品。

3. 食物中毒诊断标准及技术处理总则　食物中毒的诊断和处理按照国家《食物中毒诊断标准及技术处理总则》进行。

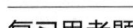
基础链接 3-32
食物中毒的诊断

（1）食物中毒诊断标准总则：食物中毒诊断标准主要以流行病学调查资料及患者的潜伏期和中毒的特有表现为依据,实验室诊断则是针对中毒的病因而进行的。

（2）食物中毒技术处理总则：①对患者采取紧急处理,并及时向当地卫生行政部门和市场监督管理部门报告。停止食用中毒食品；采取患者标本,以备送检；对患者进行急救治疗,包括急救（催吐、洗胃、清肠）、对症治疗和特殊治疗。②对中毒食品控制处理。保护现场,封存中毒食品或疑似中毒食品；追回已售出的中毒食品或疑似中毒食品；对中毒食品进行无害化处理或销毁。③对中毒场所采取消毒处理。根据不同的中毒食品,对中毒场所采取相应的消毒处理。

（杨　光　沈天然　娄峰阁）

复习思考题

1. 何谓蛋白质互补作用？请举一实例说明。

2. 简述影响钙吸收的膳食因素，简单评价我国的膳食结构与居民钙营养的关系。
3. 试述膳食调查的常用方法有哪些？如何对膳食调查结果进行整理及评价？
4. 当今世界不同地区的膳食结构的主要类型有哪些？其特点是什么？
5. 试述食品添加剂的"是非功过"。
6. 试述细菌性食物中毒的诊断、鉴别诊断和治疗原则。

网上更多……

本章小结　　自测题　　教学 PPT　　微课

第四章
职业环境与健康

关键词

职业性有害因素	职业病	生产性毒物	职业中毒
刺激性气体	窒息性气体	生产性粉尘	尘肺病
矽肺（硅肺）	粉尘沉着症	高温作业	异常气压
噪声	振动	非电离辐射	电离辐射

> 生产和生活是人类的主要活动，不同的生产活动，形成不同的职业，也使人类处于不同的职业环境之中。在生产过程、劳动过程和生产环境中存在的职业性有害因素包括生产性毒物、生产性粉尘、异常气象条件、噪声、振动、非电离辐射和电离辐射等物理因素，以及致病微生物、寄生虫、动植物及生物毒素等生物因素。职业性有害因素引起的健康损害包括职业病、工作有关疾病、工伤和早期健康损害。按照新的职业病分类和目录，职业病分为 12 类 135 种，除职业性化学中毒、职业性尘肺病及其他呼吸系统疾病、物理因素所致职业病外，还有职业性肿瘤、职业性眼病、职业性耳鼻喉口腔疾病及职业性皮肤病等。识别、评价、预测、控制和研究不良职业环境及职业性有害因素对职业人群健康的影响，预防和控制职业性病损，防治职业病，可保护职业人群健康。

知识导图

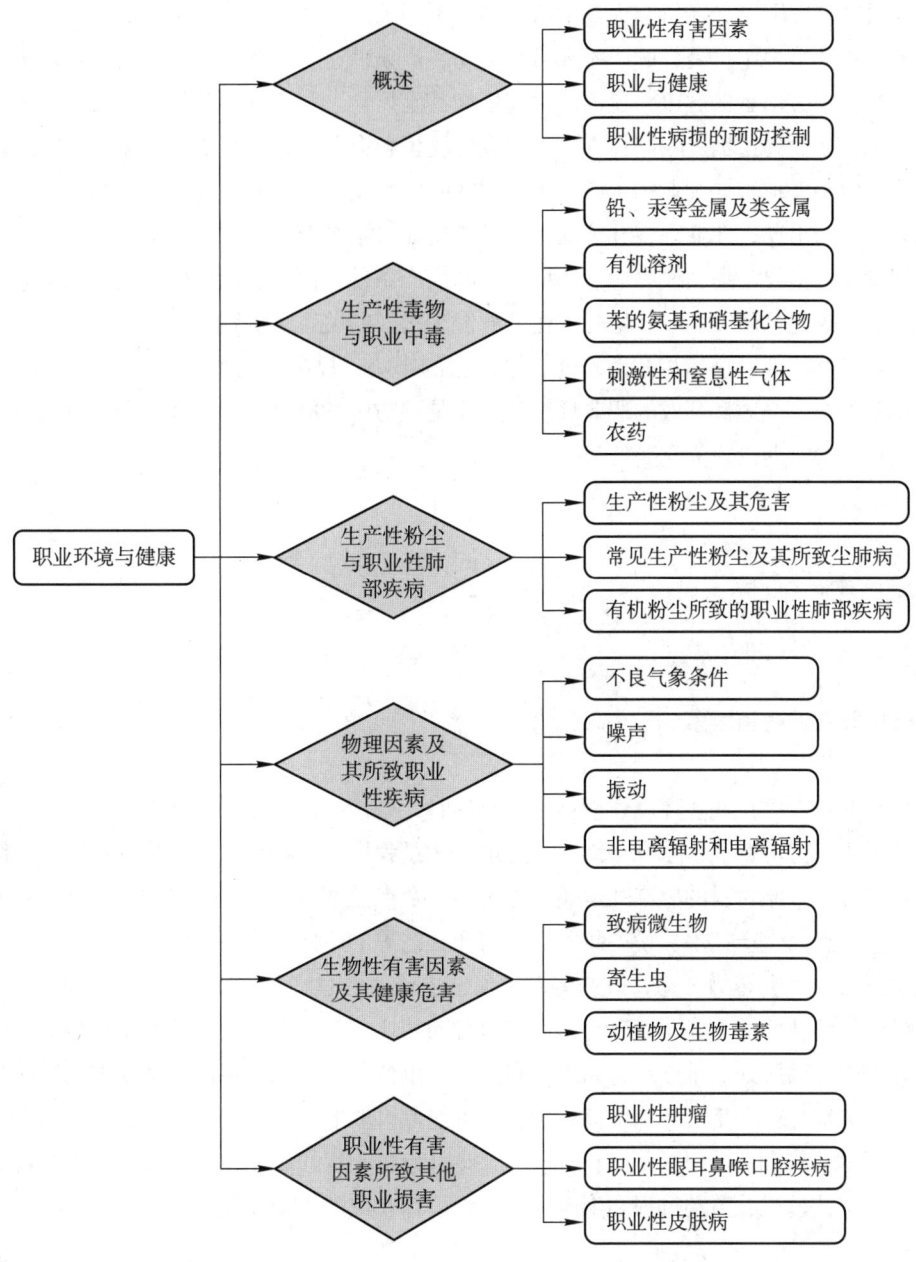

自然环境、生活环境和社会环境组成了人类的生存环境,人类的主要活动是生产和生活。在生产活动中,人类通过劳动改造环境。劳动是人类生存、发展和获得健康的重要方式,不仅创造物质和精神财富,还持续提高生活水平。不同的生产活动,形成不同的职业,也使人类处于不同的职业环境之中。良好的职业环境和劳动生产条件有利于健康,不良的职业环境和劳动生产条件不仅影响劳动者的健康,还可能引起疾病甚至死亡。随着社会和经济的快速发展,职业人群数量增加,职业岗位因其不同特点,使职业环境也各有不同;在新的经济发展模式下,产业跨区域转移,劳动者在不同产业和(或)不同地区间的流动增多,而且随着新材料、新技术、新工艺及新设备不断出现,职业环境和劳动生产条件更显复杂。健康的职业人群是有效的生产力,是社会经济发展的主要动力,改善职业环境和劳动生产条件,保护和促进职业人群的健康,面临更多新的挑战。因此,研究职业环境与职业人群健康之间的关系,识别、评价、预测、控制和研究不良职业环境和职业性有害因素对职业人群健康的影响,提出控制和消除职业危害因素的方法和措施,创造安全、健康和高效的职业环境,不仅是预防医学的重要内容和任务,也是我国当前及今后相当长一段时期内极为重要的公共卫生问题。

第一节 概述

一、职业性有害因素

职业人群在职业环境中进行生产劳动时,处于一定的劳动条件下,这些劳动条件包括生产工艺过程、劳动过程和生产环境。在生产工艺过程中,用特定的方法将各种原材料制成成品,涉及生产准备、原材料的生产和运输、零件加工及产品调试、装配和包装等。在不同的职业中,生产工艺流程因生产技术、设备装置、原料和工艺等的不同而有不同的职业特点。劳动过程是职业人群通过体力和智力劳动,改变劳动对象创造价值的过程。不同的劳动组织形式、生产设备布局、操作体位和劳动方式,以及智力和体力劳动的比例等,对劳动者的健康产生不同的影响。在生产环境中,因所处的自然环境和厂房布局等,也使劳动者面临不同劳动条件的影响。在生产工艺过程、劳动过程和生产环境中存在的各种可能危害职业人群健康和劳动能力的因素统称为职业性有害因素(occupational hazard factor),能够引起职业病的职业性有害因素称为职业病危害因素。在生产工艺过程、劳动过程和生产环境中均可存在或产生职业性有害因素。

(一)生产工艺过程中存在的有害因素

生产过程中存在的职业性有害因素与生产工艺有关,按其性质分为化学因素、物理因素和生物因素。

1. 化学因素

(1)生产性毒物(productive poison):是生产过程中产生的,存在于工作环境空气中的毒物。常见的生产性毒物包括:①金属及类金属,如汞、镉、铅、砷等;②有机溶剂,如苯及苯系物、正己烷、三氯乙烯、二硫化碳等;③刺激性气体,如二氧化硫、氮氧化物、氯、氨、氟化氢等;④窒息性气体,如一氧化碳、氰化氢、硫化氢、甲烷等;⑤苯的氨基和硝基化合物,如苯胺、硝基苯、三硝基甲苯、联苯胺等;⑥高分子化合物生产过程中的毒物,主要是生产用的单体,如氯乙烯、氯丁二烯、丙烯腈、二异氰酸甲苯酯等；⑦农药，如有机磷农药、有机氯农药、拟除虫菊酯类农药等。

（2）生产性粉尘（productive dust）：是生产活动中产生的能够较长时间飘浮在生产环境中的颗粒物，分为无机粉尘、有机粉尘和混合性粉尘，如二氧化硅粉尘、石棉尘、煤尘、水泥尘等。

2. 物理因素　主要包括：①异常气象条件，如高温、高湿、低温等；②异常气压，如高气压、低气压等；③噪声、振动；④电离辐射，如X射线、γ射线、β粒子等；⑤非电离辐射，如紫外线、红外线、射频辐射、激光等。

3. 生物因素　为生产原料和作业环境中存在的致病微生物或寄生虫，主要包括：①细菌，如屠宰、皮毛加工等作业可接触到炭疽杆菌、布鲁氏杆菌等；②病毒，如森林脑炎病毒、肝炎病毒等；③真菌，如甘蔗霉菌，粮食收获、加工、储存过程中可接触的曲霉菌、青霉菌等；④寄生虫和其他病原生物，如莱姆病是在林区发现的以蜱为媒介的螺旋体感染性疾病。

（二）劳动过程中存在的有害因素

劳动过程是劳动者在生产中各种操作的总和。劳动过程中存在的职业性有害因素与劳动组织及其方式、劳动强度及劳动者的个体特征有关。主要包括：①劳动组织和制度不合理、劳动作息制度不合理等；②精神（心理）性职业紧张；③劳动强度过大或生产定额不当，安排的作业与生理状况不相适应；④个别器官或系统过度紧张，如视力紧张、发音器官过度紧张等；⑤长时间处于不良体位、姿势或使用的工具不合理等；⑥劳动者的个人因素，如缺乏健康和预防疾病的观念，违反安全操作规范和忽视自我保健等，会加重职业性有害因素对劳动者健康的影响。劳动过程中存在的有害因素包括职业紧张、职业工效学和个体因素等，各因素之间既有区别，也存在联系。

（三）生产环境中存在的有害因素

生产环境是劳动者操作、观察和管理生产活动所处的外环境。常见的生产环境中的有害因素包括：①自然环境中的因素，如炎热季节的太阳辐射、高原环境的低气压、深井的高温高湿等；②厂房建筑布局不合理，如将有害工序、工种和无害工序、工种等安排在同一个车间内，工作场所缺乏卫生防护设施，如产生尘、毒的车间或岗位无除尘、排毒设施等。

在实际的职业环境中，生产工艺过程、劳动过程和生产环境中的职业性有害因素往往同时存在，对职业人群的健康产生联合作用，加剧对职业从事者的健康损害。

二、职业与健康

职业环境对劳动者健康的影响通常是职业性有害因素与机体相互作用的结果。劳动者接触或暴露于职业性有害因素时，是否发生健康损害，与职业性有害因素的性质、接触机会（是否接触、接触频度）、接触方式（进入人体的途径和影响吸收的因素）、接触剂量（浓度或强度）有关，还受个体特征影响。个体特征包括个体遗传差异、年龄、性别、健康状态、营养状况、个体行为生活方式（如缺乏锻炼、吸烟、过度紧张、不合理膳食、不注意个人防护等）。劳动环境中的气温、气湿、气流及是否接触其他职业性有害因素也对劳动者的健康产生作用。因此，在同一职业环境中，不同工人所受的健康损害有所不同。职业性有害因素对劳动者健康的损害称为职业性病损（occupational disease and injury），包括职业病、工作有关疾病、工伤和早期健康损害。

（一）职业病

《中华人民共和国职业病防治法》（以下简称《职业病防治法》）将职业病（occupational disease）定义为：企业、事业单位和个体经济组织等用人单位的劳动者在职业活动中，因接触粉尘、放射性物质和其他有毒、有害因素而引起的疾病。职业病的发生是由于职业性有害因素作用于人体的强度与时间超过一定限度，人体不能代偿其所造成的功能性或器质性病理改变，从而出现相应的临床征象，影响劳动能力。职业病除具有医学的含义外，还赋予立法意义，即国家颁布法定职业病名单。在我国，职业病的分类和目录由国务院卫生行政部门会同国务院劳动保障行政部门制定、调整并公布。

1. **职业病分类和目录** 2024年12月我国调整公布了新的职业病分类和目录，职业病分为12类135种，包括：①职业性尘肺病及其他呼吸系统疾病，19种；②职业性皮肤病，9种；③职业性眼病，3种；④职业性耳鼻喉口腔疾病，4种；⑤职业性化学中毒，59种；⑥物理因素所致职业病，7种；⑦职业性放射性疾病，13种；⑧职业性传染病，5种；⑨职业性肿瘤，11种；⑩职业性肌肉骨骼疾病，2种；⑪职业性精神和行为障碍，1种；⑫其他职业病，2种。

2. **职业病特点** 职业病的临床表现各有特点。虽然劳动者接触的职业性有害因素种类繁多，但职业病仍然具有共同的特点。

（1）病因明确：只有接触职业性有害因素后才可能引起相应的职业病，控制接触职业性有害因素或作用条件后可消除或降低职业病的发生和发展。

（2）病因可以检测：多数职业性有害因素可以进行检测，通过接触评估，可评价工人的接触水平，并且在一定范围内判定可能存在的剂量-反应关系。

（3）发病集丛具有特征：在不同职业性有害因素接触人群中，常有不同的发病集丛；在接触同一职业性有害因素的人群中，常有一定的发病率，很少只出现个别病例。

（4）可以预防：通过病因控制，保护可能接触职业性有害因素的劳动者，可以预防职业病的发生；多数职业病通过早期诊断及合理处理往往预后较好。除职业性传染病外，治疗个体无助于控制人群发病。

（5）特效治疗仍然欠缺：大多数职业病目前尚无特效治疗办法，发现愈晚，疗效愈差。

3. **职业病的诊断** 应当由取得《医疗机构执业许可证》的医疗卫生机构承担。承担职业病诊断的医疗卫生机构应当具备下列条件：①具有与开展职业病诊断相适应的医疗卫生技术人员。②具有与开展职业病诊断相适应的仪器和设备。③具有健全的职业病诊断质量管理制度。承担职业病诊断的医疗卫生机构不得拒绝劳动者进行职业病诊断的要求。承担职业病诊断的医疗卫生机构在进行职业病诊断时，应当综合分析职业史和职业病危害接触史、工作场所职业病危害因素情况、临床表现及辅助检查结果等。

（1）职业史和职业病危害接触史：是诊断职业病的重要前提，包括工种、工龄、接触职业病危害因素的种类、症状出现的时间及同工种人群的发病情况等；既往工作经历，包括部队服役史、再就业史和兼职史等。

（2）工作场所职业病危害因素情况：即开展职业场所现场调查，是诊断职业病的重要依据。了解患者所在岗位的生产工艺过程、劳动过程、职业性有害因素的浓（强）度、预防措施，同一或相似接触条件下的其他作业人员有无类似发病情况。判断患者在该条件下有无发生拟诊断职业病的可能性。职业病诊断、鉴定机构需要了解工作场所职业病危害因素时，可以对工作场所进行现场调查，用人单位不得拒绝、阻挠。用人单位不提供工作场所职业病危害因素检测结果等资料的，诊断、鉴定机构应当结合劳动者的临床表现、辅助检查结果和劳动者的职业史、职业病危害接触史，并参考劳动者的自述、安全生产监督管理部门提供的日常监督检查信息等，作出职业病诊断、鉴定结论。

（3）临床表现及辅助检查结果：职业病临床表现复杂多样，同一有害因素在不同条件下或者不同的个体中可以出现不同的临床表现；同一症状、体征可以由不同的有害因素所致；非职业因素所引起的疾病也可以出现与职业病完全相同或相似的症状和体征。因此，要分析判断症状、体征与职业病危害接触的关系，并注意与非职业性疾病的鉴别。应当收集的资料有疾病史、临床症状和体征，常规、生化检查及其他辅助检查，活体组织检查等。分析判断患者的临床表现与职业病有害因素的危害作用是否相符；疾病严重程度与接触有害因素的浓（强）度是否一致；职业病发病规律与接触有害因素的时间、顺序、方式是否相符；患者发病过程和（或）病情进展或出现的临床表现，与拟诊断的职业病的规律是否相符。实验室检查对职业病诊断具有重要意义，特别是开展与职业病危害因素接触有关的特异性生物标志物（biomarker）的检查，如接触生物标志物（exposure biomarker）、效应生物标志物（effect biomarker）、易感性生物标志物（susceptibility biomarker），对诊断和鉴定起到关键支持作用。

基础链接 4-1
《职业病诊断通则》
（GBZ/T 265—2014）

职业病的诊断原则上应具备上述资料，《职业病防治法》规定，没有证据否定职业病危害因素与患者临床表现之间存在必然联系，应当诊断为职业病。

4. 职业病的处理　用人单位应当保障职业病患者依法享受国家规定的职业病待遇。对职业病的处理包括：①对患者进行及时有效的治疗，大多数职业病没有特效治疗办法，一般采取综合性治疗措施，如病因治疗、对症治疗、支持疗法等。②根据患者健康可能恢复的程度，作出相应的劳动能力鉴定，建议继续休息、调离原工作岗位或不调离原工作岗位，根据定期复查结果及时作出新的鉴定。

（二）工作有关疾病

职业病其实也属于工作有关疾病，但职业病具有法律意义。工作有关疾病与职业病有所区别，而且比职业病更为广泛。工作有关疾病（work-related disease）是指在职业活动中，由于职业性有害因素等多种因素的作用，造成职业人群常见病发病率增高、潜在的疾病发作或现患疾病的病情加重，也称职业性多发病。

1. 工作有关疾病的特点

（1）多种致病因素：职业性有害因素是工作有关疾病的多种致病因素之一，不是唯一病因，一般也非直接病因。

（2）职业性有害因素可以诱发：由于职业性有害因素影响了劳动者健康，使劳动者潜在的疾病显现，或者加重已有疾病的病情。

（3）预防和控制措施：通过控制职业性有害因素和改善工作环境，可减少工作有关疾病的发生，并使病情缓解和减轻。

2. 常见的工作有关疾病

（1）行为和神经精神疾病：如精神焦虑、神经衰弱综合征、紧张性头痛、眩晕发作、反应性精神病及类神经症等。

（2）呼吸系统疾病：如慢性支气管炎、肺气肿和支气管哮喘等。

（3）消化系统疾病：如消化不良、溃疡病等。

（4）心血管疾病：如高血压、冠状动脉粥样硬化性心脏病等。

（5）骨骼及软组织损伤：如腰背痛、肩颈痛、韧带损伤等。

（6）生殖功能紊乱：如女性月经紊乱、早产及流产发病率增高等。

（7）其他：生产环境中的各种有害因素能影响血脂和血糖等的代谢改变，越来越多的研究表明，不合理的轮班作业导致糖尿病等代谢性疾病的发病率增加。

（三）工伤

工伤（occupational injury）是指劳动者在劳动过程中，由于外部因素直接作用而引起机体组织的突发性意外损伤，也称职业性外伤。引起工伤的主要原因包括：生产设备缺陷，防护设施缺乏或不全，劳动组织不合理，安全管理和生产管理不善，技术指导和安全教育不够，个人防护用品缺乏或不使用。劳动者的个人因素如健康状况、年龄、性别、精神因素、文化水平及个人行为因素等，生产环境状况如布局不合理、操作现场拥挤、照明较差、微小气候不良，以及有粉尘、化学毒物、噪声等物理因素的存在等，也会导致工伤的发生。

> 基础链接 4-2
> 《工伤认定办法》

工伤因是意外事故，较难预测，一旦发生可造成缺勤、残疾甚至死亡。因此，用人单位要重视安全风险评估，消除潜在危险因素，积极预防工伤。

（四）早期健康损害

早期健康损害是指职业性有害因素与机体内各种分子（如 DNA、蛋白质等）的交互作用导致健康损害的早期效应。职业性有害因素所导致的早期健康损害可发展成两种完全相反的结局：健康或疾病。如积极采取正确的职业健康监护和干预治疗等二级预防措施，早期健康损害则大多恢复为健康，反之，则发展为疾病。因此，对职业性有害因素所致早期健康损害的定期检测和制定科学预防策略，在我国和谐社会的构建和促进经济快速可持续性发展等方面具有战略意义。

三、职业性病损的预防控制

《职业病防治法》第一章总则第三条规定，职业病防治工作坚持预防为主、防治结合的方针，建立用人单位负责、行政机关监管、行业自律、职工参与和社会监督的机制，实行分类管理、综合治理。在预防医学的实践过程中，职业性病损应按三级预防措施加以控制，以保护职业人群的健康。

（一）职业性病损预防控制的组织措施

用人单位严格按照职业卫生法规、条例和标准组织生产，履行控制职业病危害的承诺和义务，保障职工的合法权益。加强健康教育，让劳动者了解有关职业性有害因素对健康的影响和防护办法，以增强自我保护意识，积极参与职业性有害因素与职业性病损的控制。在组织生产时，用人单位根据有关的法律法规和单位的实际情况，建立合理的职业卫生和劳动制度。

（二）职业性病损的三级预防措施

1. 一级预防　又称病因预防，是从根本上消除或控制职业性有害因素对劳动者的作用和损害，即改进生产工艺和生产设备，合理利用防护设施及个人防护用品，以减少或消除工人接触的机会。主要措施包括：①改进生产工艺和生产设备，使其符合我国工业企业设计卫生标准；②职业卫生立法和制定有关标准、法规；③合理使用个人防护用品和筛检职业禁忌证；④控制已明确能增加发病危险的行为和生活方式等个体危险因素。

2. 二级预防　又称临床前期预防，是早期检测和诊断人体受到职业性有害因素引起的健康损害。主要措施包括定期进行职业性有害因素的监测和对接触者的定期体检，早期发现病损和诊断。采取早期发现、早期诊断、早期治疗的预防措施，防止职业性损害的进一步发展，争取取得良好治疗效果。

3. 三级预防　又称临床预防，是指患病以后，给予积极治疗和促进康复的措施。主要措施包括：①已有健康损害的接触者应调离原有工作岗位，停止接触职业性有害因素，并合理治疗；②确定接触者健康损害的原因，在治疗患者的同时，开展针对病因的一级预防；③促进患者康复，防止病情恶化，预防并发症的发生和发展。

全面贯彻和落实三级预防措施，做到源头预防、早期检测、早期处理、促进康复、预防并发症、改善生活质量。一级预防是最重要的，二级和三级预防是一级预防的延伸和补充，三级预防相辅相成，构成职业性病损预防控制的完整体系。

（三）职业卫生服务与职业人群健康管理

通过三级预防保护职业人群的健康，其效果不仅取决于工作场所存在的职业性有害因素，也取决于社会和个人因素及获得的职业卫生服务。

1. 职业卫生服务

（1）概念：职业卫生服务（occupational health service）是通过提供职业卫生咨询、健康监护和防护技术支持，指导综合性干预措施，以期构建和维持安全和健康的工作条件和工作环境，确保劳动者身心健康和提高劳动者的工作效能、提高职业生命质量，推动经济可持续发展。

（2）主要内容：通过职业卫生服务，预防和控制工作场所可能对健康和安全造成危害的因素和条件，实施以保护和促进劳动者健康为目的的服务措施。因此，识别、监测、评价与控制作业场所职业病危害因素是职业卫生服务的主要任务。其内容一般包括：①评估与规划，通过收集企业职业卫生相关资料，对企业职业卫生与安全的现况进行评估，确定职业卫生改进工作的关键点和优先领域，并制定针对性强的防制规划。②作业场所职业危害识别、监测与评价。③职业健康监护，如开展上岗前、在岗期间和离岗时的健康检查，高危和易感人群的随访观察等。④职业病危害告知、健康教育和健康促进，根据《职业病防治法》，作业场所职业危害监测结果应当以适当的方式记录，并应以适当的方式告知劳动者，劳动者有权要求用人单位进行工作环境监测。在健康教育和健康促进的过程中，让直接参与生产的劳动者了解职业病危害因素损害健康的环节和防护知识，自觉实行自我保健，并参与对企业职业安全与卫生管理的群众性监督。⑤实施与作业者健康有关的其他初级卫生保健服务，如在职业卫生服务时，一并开展预防接种、常见病的诊断和治疗、公共卫生教育等初级卫生保健服务，将人人享有职业卫生和人人享有卫生保健结合起来。

（3）实施原则：职业卫生服务以职业人群为对象，以健康为中心，以预防性服务为主，在服务过程中应坚持以下原则：①保护和预防原则，保护职工健康，预防工作中的危害；②适应原则，使工作和环境适合于人的能力；③健康促进原则，增进职工的身体和心理健康及社会适应能力；④治疗与康复原则，使职业危害、事故损伤、职业病和工作有关疾病的影响减少到最低程度；⑤全面的初级卫生保健原则，为职工及其家属提供全面的卫生保健服务。

2. 职业健康监护

（1）概念：职业健康监护（occupational health surveillance）是以预防为目的，根据劳动者的职业接触史,通过定期或不定期的医学健康检查和健康相关资料的收集,连续地监测劳动者的健康状况,分析劳动者健康变化与所接触的职业性危害因素的关系,并及时将健康检查和资料分析结果报告用人单位和劳动者本人,以便及时采取干预措施,保护劳动者健康。《职业病防治法》规定,对从事接触职业病危害作业的劳动者,用人单位应当按照国务院卫生行政部门的规定组织上岗前、在岗期间和离岗时的职业健康检查,并将检查结果书面告知劳动者。

职业健康监护属于二级预防范畴,其主要作用包括:①结合生产环境监测和职业流行病学资料的分析,了解职业病和工作有关疾病在人群中的发生发展规律;②掌握职业危害对健康的影响程度;③鉴定新的职业危害、职业有害因素和可能受危害的人群,并进行目标干预;④评价防护和干预措施效果,为制定、修订卫生标准及采取进一步的控制措施提供科学依据,达到一级预防的目的。

职业健康监护包括职业健康检查、职业健康监护档案管理等内容。

(2)职业健康检查:包括上岗前健康检查、在岗期间健康检查、离岗时健康检查和离岗后医学随访检查及应急健康检查5种类型。

1)上岗前健康检查:又称就业前健康检查,是指用人单位对准备接触职业病危害因素的劳动者在上岗前进行的健康检查,其目的在于掌握劳动者上岗前的健康状况及有关健康基础资料和发现职业禁忌证。

2)在岗期间健康检查:又称定期健康检查,是指用人单位按一定时间周期对接触职业病危害因素的劳动者健康状况进行检查。其目的是早期发现职业病患者或疑似职业病患者或劳动者的其他健康异常改变;及时发现有职业禁忌证的劳动者;通过动态观察劳动者群体健康变化,评价工作场所职业病危害因素的控制效果。

3)离岗时健康检查:用人单位与劳动者解除劳动合同时,或用人单位发生分立、合并、解散、破产等情形时,对接触职业性有害因素的劳动者应进行离岗时的健康检查。检查项目与定期健康检查相同。目的是确定即将离岗的劳动者在本单位工作期间,是否受到职业病危害因素的影响,以便及时发现和处理,并为劳动者健康状况的连续观察提供资料。

4)离岗后医学随访检查:如果劳动者接触的职业病危害因素具有慢性健康影响,或发病后有较长的潜伏期,在脱离接触后仍有可能发生职业病,需进行医学随访检查。

5)应急健康检查:当发生急性职业病危害事故时,对遭受或者可能遭受急性职业病危害的劳动者,应及时组织健康检查。依据检查结果和现场职业卫生学调查,确定危害因素,为急救和治疗提供依据,控制职业病危害的继续蔓延和发展。

(3)职业健康监护档案管理:健康监护档案是健康监护全过程的客观记录资料,是系统地观察劳动者健康状况的变化、评价个体和群体健康损害的依据,资料的完整性和连续性是其主要特征。用人单位应当建立劳动者职业健康监护档案和用人单位职业健康监护管理档案。

劳动者职业健康监护档案应包括劳动者职业史、既往史、职业病危害接触史,相应作业场所职业病危害因素的监测结果,职业健康检查结果和处理情况,职业病诊疗等劳动者健康资料。职业健康监护档案应有专人严格管理,并按规定妥善保存。劳动者离开用人单位时,有权索取本人职业健康监护档案复印件,用人单位应当如实、无偿提供,并在所提供的复印件上签章。

> 基础链接4-3
> 《用人单位职业健康监护监督管理办法》

3. 职业人群健康管理

(1)针对职业人群的策略:针对职业人群所采取的首要措施是职业健康监护,做好职业健康检查、职业健康档案管理等。按规范要求开展上岗前健康检查、在岗期间健康检查、离岗时健康检查、离岗后医学随访检查、应急健康检查和职业病的健康筛检等。例如,根据上岗前健康检查结果，排除职业禁忌证（occupational contraindication），合理安排岗位；如果在岗期间的健康检查发现与职业有害因素有关的异常改变，则需考虑调离相关岗位。针对职业人群的特点，实施职业健康监护措施，重点是按需提供个人防护用品，开展健康教育与促进等职业卫生服务。

（2）法定职业病患者的待遇：罹患职业病的劳动者依法享受国家规定的职业病待遇。按照我国现行管理体制，职业病待遇纳入工伤社会保险，统一由劳动与社会保障部门管理。职业病待遇主要包括罹患职业病的劳动者、因职业病死亡的劳动者及其供养亲属的基本生活、经济补偿和医疗服务待遇。

罹患职业病的劳动者待遇包括：①职业病医疗待遇，如职业病津贴、职业病护理费、辅助器具费、伤残抚恤金（包括定期抚恤金和一次性抚恤金）。②在职伤残补助金，如易地安家补助费、一次性伤残就业补助金。因职业病死亡的劳动者的待遇包括医疗费、丧葬费补助金、供养亲属抚恤金、因职业病死亡一次性补助金。

对从事存在职业病危害作业的劳动者，应当给予适当的岗位津贴，对其按规定接受职业健康检查所占用的生产、工作时间，应按正常出勤处理；对疑似职业病患者，职业病防治机构认为需要住院做进一步检查的，不论其最后是否诊断为职业病，在此期间应享受职业病待遇。

（3）用人单位的义务：劳动者被确诊患有职业病后，其用人单位应根据职业病诊断医疗机构意见，安排其医治或康复疗养，在医治或康复疗养后被确诊认为不宜继续从事原有作业或工作的，应将其调离原工作岗位，另行安排；留有残疾，影响劳动能力的，应进行劳动能力鉴定，并根据鉴定结果安排适合其本人职业技能的工作。用人单位保障职业病患者依法享受职业病待遇。

职业病患者的诊疗、康复费用，伤残及丧失劳动能力的职业病患者的社会保障，按照国家有关工伤社会保险的规定执行。用人单位必须依法参加工伤社会保险。各级人民政府劳动保障行政部门应当加强监督，保证劳动者依法享受保险。

（四）职业卫生法律法规与监督管理

1. 职业卫生法律法规　《职业病防治法》以保护广大劳动者健康权益为宗旨，规定了我国在预防、控制和消除职业病危害、防治职业病中的各种法律制度，确立了我国职业病防治工作坚持预防为主、防治结合的原则，建立用人单位负责、行政机关监管、行业自律、职工参与和社会监督的机制，实行分类管理、综合治理。国家卫生行政部门相继发布了一系列与《职业病防治法》相关的配套卫生规章和规范性文件，构建了我国职业病防治的法律法规体系，如《职业病危害项目申报管理办法》《建设项目职业病危害分类管理办法》《职业健康监护管理办法》《职业病诊断与鉴定管理办法》《职业病危害事故调查处理办法》《职业卫生技术服务机构管理办法》《国家职业卫生标准管理办法》等。

2. 职业卫生监督管理　职业卫生监督是依法对职业病防治工作进行管理的重要手段。监督执法主体是地方政府卫生行政部门、人力资源和社会保障部门。各部门依据职业病防治法律法规、国家职业卫生标准和卫生要求，按照各自职责，依法行使职权，承担责任。监督执法的对象是存在职业性有害因素的用人单位。

职业卫生监督涉及多个方面，从生产项目建立起始阶段的建设项目职业病危害的分类管理、职业病危害项目申报管理，到劳动过程中的防护与管理、职业健康监护管理、职业病诊断与鉴定管理、职业病危害事故调查处理及职业卫生技术服务机构管理等。

职业卫生监督按照实施的阶段分为预防性卫生监督和经常性卫生监督。

（1）预防性卫生监督：是指卫生行政部门依据国家有关法律、法规和职业卫生标准，对用人单位新建、扩建、改建建设项目和技术改造、技术引进项目（以下统称建设项目）进行卫生学审查与管理的过程。①职业病危害预评价：上述建设项目可能产生职业病危害的，建设单位在可行性论证阶段应当进行职业病危害预评价。未提交预评价报告或者预评价报告未经卫生行政部门审核同意的，不得开工建设。②防护设施设计审查：建设项目的职业病防护设施设计应当符合国家职业卫生标准和卫生要求。③职业病危害控制效果评价：建设项目在竣工验收前，建设单位应当进行职业病危害控制效果评价。卫生行政部门应当加强对建设单位组织的验收活动和验收结果的监督核查。

（2）经常性卫生监督：根据《职业病防治法》的规定，对用人单位职业病防治情况进行的监督，包括职业病防治管理机构和人员设置、职业病防治计划与实施、职业病防治制度、化学品管理、职业卫生防护设施及个人防护用品配备、工作场所职业病危害因素的定期监测评价、职业健康监护、职业病危害告知及培训、职业病患者待遇等，并对监督结果按照国家和地方有关规定，提出处理意见。

（五）职业性病损预防控制的卫生工程技术措施

按照《职业病防治法》规定，建设项目的职业病防护设施与主体工程应同时设计，同时施工，同时投入生产和使用。职业卫生工程技术包括工业通风、工业除尘、空气调节与净化、采光与照明、工业噪声与振动控制等，是从根本上消除、减少或控制职业性有害因素对劳动者的作用和损害的工程技术措施。职业性病损的预防控制具体技术措施主要包括以下方面。

1. 生产工艺改革　改变产生职业性有害因素的生产工艺流程，消除或减少职业性有害因素的危害。在职业中毒的预防时，采用无毒或低毒的物质代替有毒物质，限制化学原料中有毒杂质的含量，如用无毒清洗剂代替三氯乙烯；在铸造工艺中用石灰石代替石英砂，并采用湿式作业。

2. 生产过程改良　在生产过程中尽可能机械化、自动化和密闭化，减少工人接触毒物、粉尘及各种有害物理因素的机会。加强生产设备的管理和检查维修，防止毒物和粉尘的跑、冒、滴、漏及防止发生意外事故。

3. 通风排毒除尘　工作场所通风的目的在于防止粉尘及一些有毒、刺激性气体对室内空气和室外大气的污染，起到通风、除尘、排毒、防暑降温等作用。按通风系统的工作动力分为自然通风和机械通风，按工作场所实施的换气原则分为全面通风和局部通风。

4. 厂房建筑合理布局　有生产性毒物逸出的车间、工段或设备，应尽量与其他车间、工段分开，合理配置以减少影响范围。

5. 其他技术措施　在风道、排气管口等部位安装各种消声器，以降低噪声传播；用多孔材料装饰车间内表面，或在工作场所内悬挂吸声物体，吸收辐射和反射声，以降低工作场所环境噪声强度等。

通过采取综合性的卫生工程技术措施，生产环境中职业病危害因素的浓度或强度应达到国家相关职业卫生标准的要求。

第二节 生产性毒物与职业中毒

一、概述

毒物（poison）是指在一定条件下，较小剂量即可引起机体生理性或病理性损害，甚至引起死亡的化学物质。生产过程中产生的，存在于作业环境中的毒物称为生产性毒物（productive poison）。劳动者在从事生产劳动的过程中，由于接触生产性毒物而发生的中毒称为职业中毒（occupational poisoning）。

生产性毒物的来源形式多样，可以固体、液体、气体或气溶胶的形态存在。原料的开采提炼，材料的搬运、贮藏、加工、分装、使用，生产过程中的加料、出料及一些辅助操作过程，化学反应环节或某些操作过程均可能接触到毒物。生产性毒物主要经呼吸道进入人体、部分可经完整的皮肤侵入，在生产过程中毒物经消化道进入人体的情况极为少见。毒物在体内经生物转化后以毒物的原型或代谢物的形式经肾、呼吸道、消化道、汗腺、乳腺及毛发等排出。影响毒物对机体毒作用的因素很多，主要包括毒物的化学结构、吸入剂量、接触时间、毒物的联合作用、个体差异等因素。由于生产性毒物的毒性、接触浓度、接触时间及个体易感性的不同，致使职业中毒临床表现类型各异。根据职业史、现场职业卫生调查、症状与体征、实验室检查予以诊断。治疗原则为病因治疗、对症治疗和支持治疗。通过消除毒物、降低毒物浓度、个人防护、增强体质、加强监督监测等措施，预防职业中毒事故的发生。生产性毒物是最重要的一类职业性有害因素，接触机会十分广泛，因此，职业中毒是职业病中最常见的一类。

基础链接 4-4
生产性毒物的来源
基础链接 4-5
气溶胶的概念
基础链接 4-6
影响毒物对机体毒作用的因素
基础链接 4-7
职业中毒的临床表现类型
彩图 4-1
原料的开采
彩图 4-2
材料的搬运
彩图 4-3
材料的加工
彩图 4-4
毒物的防护用品及警示标识

二、铅

（一）理化特性

铅（lead, Pb）是一种灰白色金属。比重 11.34，熔点 327℃，沸点 1 620℃。铅质地柔软，耐腐蚀。在常温、常压下呈固态，当加热至 400~500℃ 时有大量铅蒸气逸出，在空气中可迅速氧化为氧化亚铅（Pb_2O），并凝集为铅烟。随熔铅温度升高，还可逐步生成氧化铅（密陀僧，PbO）、三氧化二铅（黄丹，Pb_2O_3）、四氧化三铅（红丹，Pb_3O_4）。铅化合物在水中的溶解度各有差异，如硫化铅难溶于水，醋酸铅则易溶于水。

（二）接触机会

生产中所用的铅约 40% 为金属铅，35% 为铅的化合物，25% 为铅合金。

1. 金属铅　铅矿的开采、冶炼；开采时因爆破、粉碎、运输而产生铅尘；在冶炼、熔铅时，可受到铅烟、铅蒸气的危害；印刷业的浇板、铸字等；化工机械行业，在制造铅丝、铅箔、铅管及铅槽时使用金属铅；造船工业，熔割、刮铲、铆焊过程中。

2. 铅的化合物　常用于制造蓄电池、油漆、颜料、橡胶、医药、塑料、杀虫剂、玻璃、陶瓷等。

3. 铅合金　主要用于焊接中的焊料，如铅锡锑合金、青铜等。

彩图 4-5
铅矿石的冶炼

(三)毒理

在生产环境中铅及其化合物主要以粉尘、烟或蒸气的形式，经呼吸道进入人体，少量经消化道摄入，金属铅及其无机化合物不能通过完整皮肤吸收。氧化铅经呼吸道吸入，在肺泡通过弥散作用及吞噬细胞的吞噬，吸收较为迅速。吸入的氧化铅烟约有40%进入血液循环，其余由呼吸道排出。进入消化道的铅吸收较少，5%~10%被吸收经肝静脉入肝，一部分由胆汁排入肠内，随粪便排出。血液中的铅约90%与红细胞结合，其余在血浆中。血浆中的铅主要是可溶性磷酸氢铅。进入血液的铅初期随血液流动分布于肝、肾、脾、肺等器官中，以肝、肾浓度最高，数周后约有95%的铅离开这些组织以不溶性的磷酸铅形式，缓慢地沉积于骨、毛发、牙齿等。人体内90%~95%的铅蓄积于骨内。铅在人体内的代谢与钙相似，当食物中缺钙或因感染、饮酒、外伤和服用大量酸性药物而造成酸碱平衡紊乱时，均可使骨内不溶性的磷酸铅转化为可溶性磷酸氢铅进入血液，常可引起铅中毒症状急性发作。铅从体内排除的速度较慢，生物半衰期为5~10年，铅主要随尿排出，少部分随粪、胆汁、乳汁、唾液、汗液和月经排出。血铅可通过胎盘进入胎儿，影响子代。乳汁内的铅可影响婴儿。

铅可影响体内许多生物化学过程。目前认为，卟啉代谢障碍是铅中毒较为重要和早期的变化之一。铅通过抑制卟啉代谢过程中一系列酶的活性，导致血红素合成障碍（图4-1）。

铅可对δ-氨基-γ-酮戊酸脱水酶（ALAD）、粪卟啉原氧化酶和亚铁螯合酶（亚铁原卟啉合成酶）产生抑制作用。ALAD受抑制后，δ-氨基-γ-酮戊酸（ALA）形成卟胆原过程受阻，血中ALA含量增加，并随尿排出体外，使尿中ALA含量升高；粪卟啉原氧化酶受抑制后，阻碍粪卟啉原Ⅲ氧化为原卟啉Ⅸ，使血、尿中粪卟啉增多；铅抑制亚铁螯合酶，使原卟啉Ⅸ与二价铁结合为血红素的过程受阻，红细胞中游离原卟啉（FEP）增多，后者可与红细胞线粒体内含量丰富

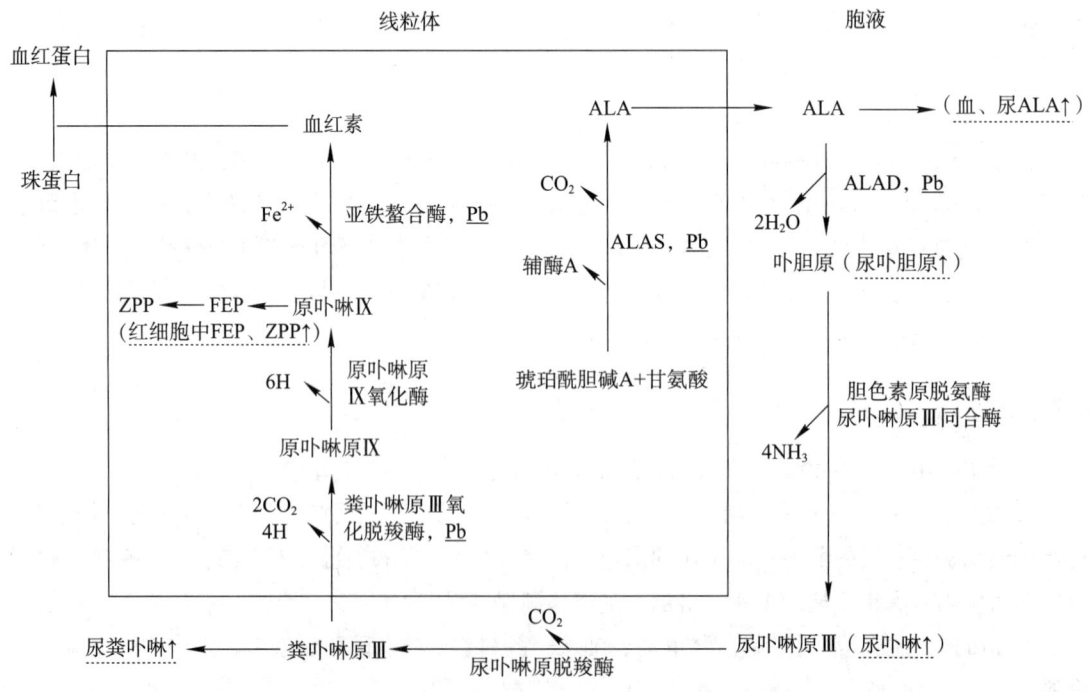

图4-1 铅对血红素合成的影响过程

"___"——铅对相关酶的抑制作用，"(....)"——铅中毒患者出现的异常血红素前体化验结果

的锌结合，导致锌原卟啉（ZPP）增加。铅对 δ- 氨基 -γ- 酮戊酸合成酶（ALAS）也有一定的影响。尿中 ALA、粪卟啉及血液中的 FEP 和 ZPP 测定都可作为铅中毒的诊断指标。铅可使血红蛋白合成障碍，导致低色素正细胞型贫血，骨髓内幼红细胞代偿性增生，血液中点彩红细胞、网织红细胞和碱粒红细胞增多。

此外，铅可致肠壁和小动脉壁平滑肌痉挛引起腹绞痛、暂时性的高血压、铅面容、眼底动脉痉挛与肾小球滤过率降低。

铅使大脑皮质兴奋和抑制过程失调，导致一系列神经系统功能障碍。铅对外周神经细胞的直接作用，引起神经纤维节段性脱髓鞘，表现为神经传导速度减慢，最终导致垂腕。

严重铅中毒可因铅引起核内包涵体形成、线粒体改变及肾近曲小管上皮细胞肥大而致肾功能异常。

（四）临床表现

铅中毒主要临床表现为对神经系统、消化系统和血液系统的损害。

1. **神经系统损害** 铅中毒早期主要表现为类神经症，常见症状有头痛、乏力、肌肉关节酸痛、失眠和食欲不振等。随着病情的发展，可出现周围神经病，包括感觉型、运动型和混合型，表现为肢端麻木，呈手套或袜套样感觉障碍；伸肌无力，握力下降，重者可出现伸肌瘫痪，即腕下垂。严重铅中毒病例，可出现铅中毒性脑病，主要表现为癫痫样发作、精神障碍或脑神经受损的症状。我国已很少见铅中毒引起的腕下垂和中毒性脑病。

2. **消化系统损害** 常见症状为口内有金属味、食欲不振、恶心、腹胀、腹部隐痛、腹泻或便秘等。不注意口腔卫生者可在牙齿与牙龈交界处出现蓝黑色铅线。中度以上中毒病例，可出现腹绞痛，多为突然发作，阵发性加剧，部位常在脐周，一般镇痛药不能缓解，用手按压腹部可稍稍缓解疼痛。发作时患者面色苍白，出冷汗，多伴有呕吐、烦躁不安，发作可持续数分钟以上。检查时腹部柔软平坦，可有轻度压痛，但无固定压痛点，肠鸣音减弱。

3. **血液系统损害** 低色素正常细胞型贫血，多属轻度，周围血中可见点彩红细胞、网织红细胞及碱粒红细胞增多。

此外，铅尚可引起肾损害，尿中可出现红细胞、蛋白及管型。女性职工可引起月经不调，孕妇可影响胎儿发育，哺乳期妇女可通过乳汁影响婴儿。

（五）诊断

根据确切的职业史、主要临床表现及有关实验室检查，参考作业环境调查，进行综合分析，排除其他类似疾病，方可诊断。我国现行的《职业性慢性铅中毒的诊断》（GBZ 37—2015）规定如下。

1. **轻度中毒**

（1）血铅≥2.9 μmol/L（600 μg/L）或尿铅≥0.58 μmol/L（120 μg/L），且具有下列一项表现者：①红细胞锌原卟啉（ZPP）≥2.91 μmol/L（13.0 μg/gHb）。②尿 δ- 氨基 -γ- 酮戊酸（ALA）≥61.0 μmg/L（8 000 μg/L）。③有腹部隐痛、腹胀、便秘等症状。

（2）络合剂驱排后尿铅≥3.86 μmol/L（800 μg/L）或 4.82 μmol/24 h（1 000 μg/24 h）者。

2. **中度中毒** 在轻度中毒的基础上，具有下列一项表现者：①腹绞痛。②贫血。③轻度中毒性周围神经病。

3. **重度中毒** 在中度中毒的基础上，具有下列一项表现者：①铅麻痹。②中毒性脑病。

(六) 治疗

1. 驱铅治疗 首选药物为依地酸二钠钙（CaNa$_2$-EDTA），0.5～1 g 加入 10% 葡萄糖溶液 250～500 mL 静脉滴注，每日 1 次，3～4 天为 1 个疗程。间隔 3～4 天重复用药，根据驱铅情况决定疗程。
2. 对症治疗 腹绞痛发作时，可静脉注射葡萄糖酸钙或皮下注射阿托品，以缓解腹绞痛。
3. 一般治疗 适当休息，合理营养，补充维生素。

(七) 预防

预防的关键是降低生产环境中铅的浓度，使之达到国家职业卫生标准，并加强个人防护和完善卫生操作制度。

> 基础链接 4-8
> 铅中毒的具体预防措施

三、汞

(一) 理化特性

汞（mercury，Hg）又称水银，银白色液态金属。熔点 -38.9℃，沸点 356.6℃，比重 13.6。

1. 挥发性 汞在常温下即能蒸发，且温度越高，蒸发速度越快。
2. 吸附性 汞蒸气可吸附在天花板、墙壁、地板、桌椅、工具及衣服等表面，常形成持续污染车间空气的二次污染源。
3. 溶解性 易溶于稀硝酸，可溶于脂肪和类脂质中，不溶于水。
4. 形成合金 可与金、银等金属形成汞齐。
5. 生物转化 在微生物的作用下可发生甲基化而形成甲基汞。

(二) 接触机会

1. 汞矿的开采和冶炼 尤其是土法火式炼汞，严重污染空气、土壤和水源。
2. 仪器、仪表制造和维修 如各种温度计、血压计、气压表、流量计等。
3. 电气器材制造和维修 如整流器、石英灯、荧光灯、水银真空灯等。
4. 化学工业 如生产烧碱过程中用汞作阴极电解食盐，塑料、染料工业用汞作催化剂。
5. 医药工业 如升汞作消毒剂、银汞齐补牙等。
6. 冶金工业 如用汞齐法提炼金、银等。
7. 轻工生产 如硝酸汞 [Hg(NO$_3$)$_2$] 用于毛毡制造；砷酸汞用于制造防腐涂料和灭火剂；硫化汞是一种红色颜料，用于化妆、绘画、石印等。
8. 军工生产 如雷汞为重要的引爆剂。
9. 原子能工业 如汞用作钚反应堆的冷却剂。

> 彩图 4-6
> 仪器、仪表的制造

(三) 毒理

金属汞主要以汞蒸气形式经呼吸道进入体内。由于汞蒸气具有脂溶性，可迅速弥散，透过肺泡壁被吸收，吸收率可达 70% 以上。金属汞很难经消化道吸收，但汞盐及有机汞易被消化道吸收。

汞及其化合物进入机体后，首先存在于血浆及红细胞中，随血液流动可分布到全身很多组织，最初集中在肝，随后转移至肾并在肾蓄积，以近曲小管上皮组织内含量最多。

汞主要经肾随尿排出，少量可随粪便、唾液、乳汁、毛发及呼出气排出。

汞进入体内后，与蛋白质的巯基（—SH）具有很强的亲和力。由于巯基是细胞代谢过程中多种酶的活性部分，汞与这些酶的巯基结合后，可干扰其活性，如汞离子与GSH结合后形成不可逆复合物而干扰其抗氧化功能；与细胞膜表面酶的巯基结合，影响膜的运输功能。但汞与巯基结合并不能完全解释汞毒作用的特点。汞毒作用的确切机制仍有待进一步研究。

（四）临床表现

1. 急性中毒　短时间吸入高浓度汞蒸气或摄入可溶性汞盐可引起急性汞中毒，主要表现：起病急骤；有头痛、头晕、乏力、多梦、发热等神经系统症状；明显的口腔-牙龈炎症状，如流涎、口内金属味、牙龈红肿、糜烂、出血、牙齿松动等；部分患者可于发病1～3天后出现汞毒性皮炎，多为红色斑丘疹，四肢及头面部较多，有融合倾向；少数严重患者可出现间质性肺炎，X线胸片检查可见广泛性不规则阴影；尿汞增高，尿中可出现红细胞、蛋白和管型，严重者则进展为急性肾衰竭。

2. 慢性中毒　初期主要表现为神经衰弱症候群，进一步发展则出现易兴奋症、震颤和口腔-牙龈炎等典型症状和体征。

（1）精神症状：易兴奋症是慢性中毒的特有症状，表现为易激动、不安、烦躁、易发怒、爱哭、失眠等；或呈抑郁状态，表现为胆小、害羞、感情脆弱、忧虑、沉默等。

（2）震颤：早期见于眼睑、舌、手指，一般为非对称性的无节律的细微震颤，逐渐发展成为粗大的意向性震颤。

（3）口腔-牙龈炎：常见症状有流涎增多，口腔黏膜、舌肿胀及溃疡，牙龈红肿、压痛、溢脓、易出血，有时沿齿龈可见到蓝黑色汞线。

（五）诊断

根据金属汞的职业接触史，结合临床表现及实验室检查结果，参考作业环境调查资料，进行综合分析，排除其他原因所致类似疾病后，方可诊断。具体诊断标准参见《职业性汞中毒诊断标准》（GBZ 89—2007）。

（六）治疗

患者应脱离汞接触作业，进行驱汞和对症治疗。口服汞盐患者不应洗胃，需尽快服蛋清、牛奶或豆浆，以使汞与蛋白质结合，保护被腐蚀的胃壁，也可用药用炭吸附汞。

驱汞治疗主要应用巯基络合剂。

慢性中毒首选治疗药物是二巯基丙磺酸钠，1次每千克体重2.5～5 mg，肌内注射，每日1～2次，3～5天为1个疗程，间歇3～4天后进行下一疗程。

（七）预防

汞中毒的预防主要通过控制作业场所空气中汞浓度、建立卫生操作制度、坚持在岗期间职业健康检查及加强个人防护来实现。

基础链接4-9
汞中毒的预防措施

四、其他金属及类金属

（一）锰

1. 理化特性 锰（manganese，Mn）为浅灰色金属，比重7.4，熔点1 260℃，沸点1 962℃，质脆，反应活泼，溶于稀酸。常见的锰化合物有二氧化锰、四氧化三锰、高锰酸钾等。

2. 接触机会 锰矿石的开采、粉碎、运输、加工和冶炼；用锰焊条电焊时，可产生锰烟尘；焊接和风割锰合金，以及制造和应用二氧化锰、高锰酸盐和其他锰化合物等；锰化合物用于制造干电池、焊料、氧化剂和催化剂；制造锰合金。

3. 毒理 生产状态下锰主要以烟尘形式经呼吸道吸收，皮肤几乎不吸收，锰虽然可以经过消化道吸收，但职业卫生学意义不大。进入血液的锰分布于全身，主要与血浆中的 β_1-球蛋白结合，小部分进入红细胞，形成锰卟啉，并迅速从血液中转移到富有线粒体的细胞中，以不溶性磷酸盐的形式蓄积于肝、肾、脑及毛发中。锰能特异性地蓄积在线粒体中，在有线粒体的神经细胞和神经突触中，抑制线粒体三磷酸腺苷酶和溶酶体中的酸性磷酸酶活力，从而影响神经突触的传导能力。锰还引起多巴胺和5-羟色胺含量减少。锰又是一种拟胆碱样物质，可影响胆碱酯酶合成，使乙酰胆碱蓄积，导致震颤麻痹。锰大部分经胆汁排入肠道，随粪便缓慢排出体外，小部分从尿液、唾液、乳汁、汗腺排出体外。慢性锰中毒的发病机制尚未完全明确，主要表现为精神神经症状和出现帕金森综合征，可能与神经细胞变性、神经纤维脱髓鞘及多巴胺合成减少、乙酰胆碱递质系统兴奋作用相对增强等有关。

4. 临床表现

（1）急性锰中毒：生产过程中急性锰中毒十分少见，只有在通风不良条件下进行电焊，吸入过量的锰烟和锰尘时才有可能发生，出现咽痛、咳嗽、气急等刺激性支气管炎和肺炎症状，并发生寒战和高热（金属烟热）。

（2）慢性锰中毒：一般在接触锰烟尘3~5年后发病。早期主要表现为类神经症和锥体外系神经受损症状，如手指细微震颤，肌张力增高，腱反射亢进，并有神经情绪改变如激动、多汗、欣快、情绪不稳定。后期出现典型的帕金森综合征表现。可有晚间腓肠肌阵发性痉挛，少数患者可有手套袜子样分布的感觉障碍。此外，还会出现血压、心率、心电图及肝功能等方面的改变。长期接触锰烟尘可引起尘肺、慢性结膜炎、鼻炎或皮炎。

5. 治疗 ①急性锰烟尘引起的"金属烟热"可对症处理。②驱锰治疗，早期可用金属络合剂治疗，出现震颤麻痹综合征可用左旋多巴和安坦治疗。③凡诊断为锰中毒者，不得继续从事锰作业；轻度中毒者治愈后可安排其他工作；重度中毒者需长期休息。④神经系统器质性疾病、明显的神经症、各种精神疾病、明显的内分泌疾病均属于职业禁忌证。

6. 预防 降低作业场所空气中锰浓度，加强锰作业者职业健康监护是预防锰中毒的关键。

（二）砷

1. 理化特性 砷（arsenic，As）主要存在于各种黑色或有色金属矿中，其中最重要的是黄铁矿。砷有灰、黄、黑三种同素异构体，其中灰色结晶具有金属性，质脆而硬，比重5.73，熔点817℃（2.5 MPa），613℃升华，不溶于水，溶于硝酸和王水，在潮湿空气中易氧化，生成三氧化二砷（As_2O_3），俗称砒霜。含砷矿石、炉渣遇酸或受潮时可产生砷化氢。

2. 接触机会 开采雄黄、雌黄等含砷的矿石；处理烟道和矿渣、维修燃烧炉等都可接触三氧化二砷粉尘；铅、铜、金及其他含砷有色金属冶炼时，砷以蒸气状态逸散在空气中，形成氧化砷；从事含砷农药（如砷酸铅、砷酸钙）、含砷防腐剂（如砷化钠）、除锈剂（如亚砷酸钠）等制造和应用的工人可接触砷；砷化物在玻璃工业中常作为颜料，砷合金用作电池栅极、半导体元件、轴承及强化电缆铅外壳。

3. 毒理　砷化合物可经呼吸道、消化道或皮肤进入体内。生产过程中主要由呼吸道吸入。吸收入血的砷化合物主要与血红蛋白的珠蛋白结合，随血液分布到全身各组织和器官，并沉积于肝、肾、肌肉、骨、皮肤、指甲和毛发。五价砷和砷化氢在体内转变为三价砷，三价砷大部分通过甲基转移酶两次甲基化生成相对无毒的单甲基砷酸和二甲基砷酸从尿中排出，少量砷可经粪便、皮肤、毛发、指甲、汗腺、乳腺及肺排出，砷在体内半衰期约 10 h。砷可通过胎盘屏障。

砷是一种原浆毒，可与体内许多参与细胞代谢的酶的巯基结合，使酶失去活性，从而影响含巯基酶、辅酶和蛋白质的生物活性及功能。其毒性取决于砷的化学形态和价态。无机砷化物毒性大于有机砷化物，三价无机砷化物毒性大于五价无机砷化物。此外，砷进入血液循环后，可直接损害毛细血管，引起毛细血管通透性改变。

砷化氢的毒作用主要表现为大量溶血引起的一系列变化，溶血的机制尚不十分清楚。

4. 临床表现

（1）急性中毒：生产中急性砷中毒已很少见。可出现接触性皮炎、结膜充血、流泪、咳嗽、喷嚏、胸痛、呼吸困难等症状，以及头痛、头晕、全身衰弱、恶心、呕吐和腹痛、腹泻等，甚至烦躁不安、痉挛和昏迷。严重者多因呼吸和血管中枢麻痹而死亡。急性中毒恢复后可有迟发性末梢神经炎，个别患者可出现中毒性肝炎、心肌炎，以及皮肤损害。

（2）慢性中毒：职业性慢性中毒主要由呼吸道吸入所致，除一般类神经症和消化道症状外，主要表现皮肤黏膜病变和多发性神经炎。皮肤改变主要表现为脱色素和色素沉着加深、掌跖部出现点状或疣状角化，并可发生皮肤癌变。砷诱导的末梢神经改变主要表现为感觉异常和麻木，严重者可累及运动神经。此外，砷化物刺激可引起鼻炎、咽喉炎和支气管炎，出现鼻出血、嗅觉减退、喉痛、咳嗽、咳痰等呼吸系统症状。

砷是已确认的人类致癌物，职业暴露主要致肺癌、皮肤癌，也可致膀胱癌。

砷可通过胎盘屏障并引起胎儿中毒、胎儿体重下降或先天畸形。

5. 治疗

（1）急性中毒：急性职业性中毒应尽快脱离现场。经口中毒者应迅速用温水、生理盐水或 1% 碳酸氢钠液洗胃、催吐，洗胃后应给予氢氧化铁或蛋白水、药用炭至呕吐为止并导泻。同时迅速使用特效解毒剂，如二巯基丙磺酸钠、二巯基丙醇等，并辅以对症治疗。

（2）慢性中毒：目前慢性砷中毒还没有有效的治疗方法，主要为对症治疗。职业性慢性砷中毒患者应暂时脱离接触砷工作。

6. 预防　含砷量高的矿石应经浮选处理，方可冶炼，同时配备个体防护用品。加强砷作业环境的治理，减少砷接触，预防砷中毒的发生。

基础链接 4-12
砷中毒的预防措施

五、有机溶剂

（一）概述

1. 理化性质与毒作用特点　工业溶剂有 30 000 余种，通常指的是有机溶剂，主要用作清洗、去油污、稀释和萃取剂，有些溶剂也用作制备其他化学产品的原料。有机溶剂的理化特性和毒作用特点概括如下。

（1）化学结构：可按化学结构将有机溶剂分为若干类，同类有机溶剂毒性相似，如氯代烃类多具有肝毒性。有机溶剂的基本化学结构分为脂肪族、脂环族和芳香族，其功能团包括卤素、醇类、酮类、乙二醇类、脂类、羧酸类、胺类和酰胺类基团。

（2）挥发性、可溶性和易燃性：有机溶剂多具挥发性，因而进入人体的主要途径是呼吸道。脂溶性是有机溶剂的重要特性，进入体内易与神经组织亲和而具有麻醉作用；有机溶剂又具水溶性，故易经皮肤进入体内。有机溶剂大多具有可燃性，如汽油、乙醇等，可用作燃料；但有些则属非可燃物而用作灭火剂，如卤代烃化合物。

（3）吸收与分布：挥发性有机溶剂经呼吸道吸入后有40%~80%在肺内滞留，强体力劳动时，经肺摄入量增加2~3倍。有机溶剂多具脂溶性，摄入后分布于高脂肪的组织，包括神经系统、肝、肾及骨髓等；由于血-组织屏障富含脂肪，故大多数有机溶剂可通过胎盘屏障，从而影响胎儿的健康。

（4）生物转化和排出：不同个体的生物转化能力有差异，生物转化与有机溶剂的毒作用密切相关。有机溶剂大多以原型经呼吸道排出，少量以代谢物形式经尿排出。多数有机溶剂的生物半衰期较短，一般从数分钟至数天。

2. 有机溶剂对健康的影响

（1）皮肤：几乎全部有机溶剂都能使皮肤脱脂或使脂质溶解而成为原发性皮肤刺激物，由有机溶剂所致的职业性皮炎，约占总例数的20%。

（2）中枢神经系统：几乎全部易挥发的脂溶性有机溶剂都能引起中枢神经系统的抑制，多为非特异性的抑制或全身麻醉。急性有机溶剂中毒时出现头痛、眩晕、恶心、呕吐、易激惹、神经过敏、语言不清、步态不稳、倦怠、嗜睡、抑郁、定向力障碍、意识错乱或丧失等中枢神经系统抑制症状。长期小剂量接触有机溶剂可导致慢性神经行为障碍，出现抑郁、焦虑等性格或情感改变、短期记忆丧失、注意力不集中等智力功能失调，还可能因小脑受累导致前庭-动眼失调。

（3）周围神经和脑神经：有机溶剂可引起周围神经损害，主要表现为手套、袜子样分布的指端末梢神经炎，感觉异常及衰弱感；有时疼痛和肌肉抽搐，而远端反射则多表现为抑制。

（4）呼吸系统：有机溶剂主要是挥发后经呼吸道进入人体，对呼吸道产生一定的刺激作用，接触溶解度高、刺激性强的溶剂，上呼吸道反应尤为明显。过量接触溶解度低、对上呼吸道刺激性较弱的溶剂，常在抵达呼吸道深部时，引起急性肺水肿。长期接触刺激性强的有机溶剂还可致慢性支气管炎。

（5）心脏：有机溶剂对心脏的主要影响是心肌对内源性肾上腺素的敏感性增强。健康工人在过量接触有机溶剂后发生心律失常，如发生心室颤动，可致猝死。

（6）肝：在接触剂量大、接触时间长的情况下，任何有机溶剂均可导致肝细胞损害。其中一些具有卤素或硝基功能团的有机溶剂，对肝毒性尤为明显。

（7）肾：多种溶剂或混合溶剂慢性接触可导致肾小管性功能不全，出现蛋白尿、血尿和尿酶排出增高。

（8）血液系统：苯可损害造血系统，导致白细胞和全血细胞减少，甚至引起再生障碍性贫血和白血病。

（9）致癌：在常用有机溶剂中，苯是确定的人类致癌物，可引起急性或慢性白血病。

（10）生殖系统：多数有机溶剂可通过胎盘屏障影响胎儿，部分有机溶剂可进入睾丸。

(二) 苯

1. 理化特性　苯（benzene，C_6H_6）在常温下是无色透明的具有芳香气味的液体。沸点 80.1℃，易挥发，蒸气比重 2.77，易沉积在车间空气的下方。燃点为 562.22℃，爆炸极限为 1.4%~8%，易着火。苯微溶于水，易溶于乙醇、乙醚、氯仿、汽油、丙酮和二硫化碳等有机溶剂。

2. 接触机会　苯在工农业生产中应用非常广泛，接触机会也很多。苯的接触机会包括：①苯的生产过程，如石油的裂化重整成苯、煤焦油的分馏提取苯；②作为一种常用原料用于有机化学合成，如用苯做原料制造苯乙烯、苯酚、药物、农药、合成橡胶、塑料、洗涤剂、染料、炸药等；③作为溶剂、萃取剂和稀释剂，用于生药的浸渍、提取、重结晶，以及油漆、油墨、树脂、人造革、粘胶和喷漆制造；④用作燃料，如工业汽油中苯的含量可高达 10% 以上。

彩图 4-8 苯生产过程中检测
彩图 4-9 制鞋过程中使用含苯胶

3. 毒理　苯在生产环境中以蒸气状态存在，主要通过呼吸道进入人体，皮肤仅能吸收少量，消化道吸收很完全，但实际意义不大。

苯进入人体后，主要分布在富含脂肪、类脂质的组织和器官中，一次大量吸入高浓度苯，大脑、肾上腺和血液中的含量最高，少量长期吸入苯，骨髓、脂肪和脑组织中含量较多。

进入人体的苯，约 50% 以原型经呼吸道排出，约 10% 以原型贮存在富含脂肪和类脂质的组织中，40% 左右在肝代谢。苯在肝微粒体上的细胞色素 P450（CYP）作用下被氧化成环氧化苯，然后进一步羟化形成氢醌或邻苯二酚；或在谷胱甘肽 S- 转移酶的催化下与谷胱甘肽结合，环氧化苯在酶的作用下也可转化为二氢二醇苯，二氢二醇苯可再转化为邻苯二酚。苯的中间代谢产物邻苯二酚、二氢二醇苯可进一步转化成黏糠酸（见图 4-2）。

苯在体内的酚类代谢产物与硫酸盐或葡萄糖醛酸结合随尿排出，故接触苯后，尿酚排出量增加。

苯的急性毒作用主要表现为对中枢神经系统的麻醉作用。苯的慢性毒作用则主要为造血系统

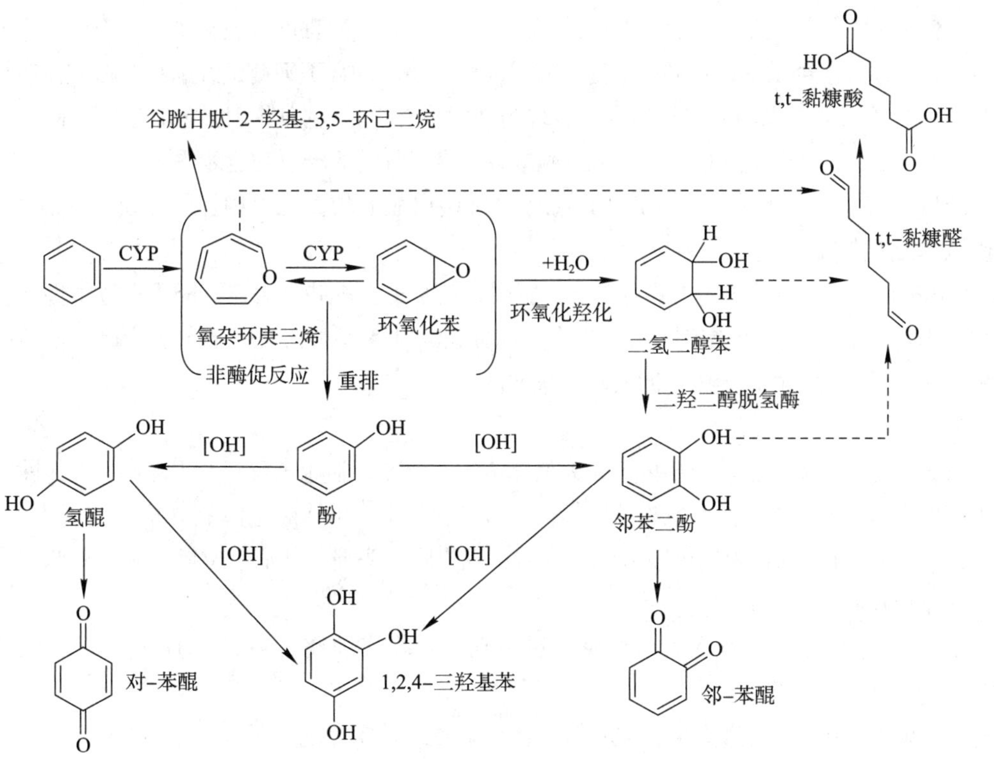

图 4-2　苯在体内的生物转化过程

的损害。目前苯的毒作用机制尚不十分明确,关于其毒作用机制概述如下。

(1)对骨髓的作用:骨髓基质是造血的微环境,在调节正常造血功能上起关键作用。苯的代谢产物作用于骨髓基质,降低正调控因子白细胞介素-1和白细胞介素-2的水平;活化骨髓成熟白细胞,产生高水平的负调控因子,如肿瘤坏死因子。

(2)对细胞增殖的作用:氢醌与纺锤体纤维蛋白共价结合,抑制细胞增殖。

(3)引起DNA损伤:一方面苯的代谢产物与DNA共价结合,另一方面苯的代谢产物使DNA氧化损伤,最终导致急性髓系白血病。

(4)激活癌基因:苯可使癌基因 *ras*、*c-fos*、*c-myc* 激活,这可能是苯致急性髓系白血病的原因之一。

4. 临床表现

(1)急性中毒:系短时间内吸入大量苯蒸气所致。轻者表现为兴奋、面部潮红、眩晕等酒醉状态,中毒进一步发展,可出现恶心、呕吐、步态不稳以致意识丧失,对光反射消失,脉细数,呼吸浅表,血压下降,严重的可因呼吸和循环衰竭而死亡。实验室检查可见白细胞先轻度增加,然后降低,血苯和尿酚升高。

(2)慢性中毒:慢性苯中毒的主要临床表现如下。

1)神经系统:早期出现不同程度的中毒性类神经症,主要表现为头痛、头晕、记忆力减退、失眠、感觉异常、食欲不振等,有的伴有自主神经功能紊乱,出现心动过速或过缓,皮肤划痕阳性,个别患者出现肢端麻木和痛觉减退表现。

2)造血系统:对造血系统的损害是慢性苯中毒的主要特点,早期表现为白细胞总数降低及中性粒细胞减少,而淋巴细胞相对增多,中性粒细胞可出现中毒性颗粒或空泡。随后可发生血小板减少,皮肤、黏膜出血及紫癜,出血时间延长,女性有月经增多。出血倾向不一定与血小板减少相平行。在苯中毒早期,红细胞由于补偿作用及其寿命较长,数量未见明显减少。中毒晚期可出现全血细胞减少,甚至发生再生障碍性贫血。

慢性苯中毒的骨髓象主要表现为前期细胞明显减少,不同程度生成减少,呈现再生障碍性贫血表现;粒细胞内可见毒性颗粒、空泡、核质疏松、核质发育不平衡,红细胞有嗜碱性颗粒,巨核细胞减少或消失,成堆血小板稀少,表现为细胞形态异常;分叶中性粒细胞由正常的10%增加到20%~30%,结合外周血中中性粒细胞减少,表明骨髓的释放功能障碍。

苯所致白血病有多种类型,其中以急性粒细胞白血病较多见。国际癌症研究中心(IARC)已确认苯为人类致癌物。

3)其他:长期接触苯,皮肤可脱脂、脱屑,甚至出现皮肤皲裂,有的出现过敏性湿疹、脱脂性皮炎。苯对免疫系统也有影响,苯接触者血IgG、IgA明显降低,而IgM增高。苯还可损害生殖系统,引起女工月经异常和胎儿畸形率增高。

5. 诊断

(1)急性苯中毒:根据短期内吸入大量苯蒸气职业史,临床表现有意识障碍,并排除其他原因引起的类似症状,参考实验室检测指标,进行综合分析,可诊断急性苯中毒。

1)急性轻度中毒:短期内吸入苯蒸气后出现头晕、头痛、恶心、呕吐、黏膜刺激症状,伴有轻度意识障碍。

2)急性重度中毒:吸入大量苯蒸气后出现下列临床表现之一者:①中、重度意识障碍。②呼吸循环衰竭。③猝死。

(2)慢性苯中毒:根据较长时期接触苯的职业史,临床表现主要有造血功能异常,参考作业环境调查及现场空气中苯浓度测定资料，进行综合分析，并排除其他原因引起的血象、骨髓象改变，方可诊断为慢性苯中毒。慢性苯中毒分为轻、中、重三级。国家诊断标准为《职业性苯中毒诊断标准》（GBZ 68—2022）。

1）轻度中毒，有 3 个月及以上密切接触苯的职业史，可伴有头晕、头痛、乏力、失眠、记忆力减退、反复感染等临床表现。在 3 个月内每 2 周复查一次外周血细胞分析，具备下列条件之一者：①白细胞计数 4 次及以上低于 3.5×10^9/L。②中性粒细胞计数 4 次及以上低于 1.8×10^9/L。③血小板计数 4 次及以上低于 80×10^9/L。

2）中度中毒，多有慢性轻度中毒症状，可伴有反复感染和（或）出血的临床表现，并具备下列条件之一者：①白细胞计数低于 3.5×10^9/L 或中性粒细胞计数低于 1.8×10^9/L，伴血小板计数低于 80×10^9/L。②白细胞计数低于 2.5×10^9/L 或中性粒细胞计数低于 1.3×10^9/L。③血小板计数低于 60×10^9/L。

3）重度中毒，多有慢性中度中毒症状，并具备下列条件之一者：①全血细胞减少。②再生障碍性贫血。③骨髓增生异常综合征。

6. 治疗

（1）急性中毒：将中毒者移至空气新鲜处，脱去污染的衣服，清洗被污染皮肤黏膜，注意保暖，保持呼吸道通畅，监测生命体征。急救原则与内科相同，慎用 β 肾上腺素药。

（2）慢性中毒：无特效解毒药，主要根据造血系统损害程度对症治疗，可用有助于造血系统恢复的药物，如多种维生素和核苷酸类药物，白血病和再生障碍性贫血的治疗原则与内科相同。治疗原则与血液系统疾病中造血系统损害相同。

7. 预防 苯是确定的人类致癌物。目前，我国对苯的危害已高度重视，逐步采取措施进行综合预防。

> 基础链接 4-13
> 苯中毒的预防措施

（三）甲苯、二甲苯

1. 理化特性 甲苯（toluene，$C_6H_5CH_3$）、二甲苯 [xylene，$C_6H_4(CH_3)_2$] 均为无色透明，带芳香气味、易挥发的液体。甲苯沸点 110.4℃，蒸气比重 3.9。二甲苯沸点 138.4～144.4℃，蒸气比重 3.66。甲苯和二甲苯均不溶于水，易溶于乙醇、乙醚、丙酮、二硫化碳和氯仿等有机溶剂。

2. 接触机会 石油裂解和煤焦油分馏生产甲苯、二甲苯的过程中；甲苯、二甲苯在油漆生产、喷漆、橡胶、皮革等工业中作为溶剂或稀释剂；甲苯、二甲苯作为化工原料，用于制造炸药、苯甲酸、染料和合成树脂等；汽车和航空汽油中的掺加成分。

3. 毒理 甲苯、二甲苯可经呼吸道、皮肤和消化道吸收。吸收后主要分布在含脂质丰富的组织，以脂肪组织、肾上腺最多。

甲苯在体内氧化成苯甲酸，大部分与甘氨酸结合生成马尿酸，少量苯甲酸与葡萄糖醛酸结合，均随尿排出。二甲苯在肝内氧化，主要产物为甲基苯甲酸、甲基苯酚和羟基苯甲酸等，甲基苯甲酸与甘氨酸结合为甲基马尿酸，随尿排出。甲苯和二甲苯均有少量以原型经呼吸道呼出。

高浓度甲苯、二甲苯主要对中枢神经系统产生麻痹作用；皮肤接触可引起皮肤红斑、干燥、脱脂及皲裂等，甚或出现结膜炎和角膜炎症状。

4. 临床表现

（1）急性中毒：短时间吸入高浓度甲苯和二甲苯可出现中枢神经系统功能障碍和皮肤黏膜刺激症状。轻者表现头痛、头晕、步态蹒跚、兴奋；严重者出现恶心、呕吐、意识模糊、躁动、抽搐，以致昏迷，呼吸道和眼结膜明显刺激症状。

（2）慢性中毒：长期接触低浓度甲苯和二甲苯可出现不同程度的头晕、头痛、乏力、睡眠障碍和记忆力减退等症状，皮肤接触可致慢性皮炎、皮肤皲裂等。

5. 诊断　根据短时间内吸入较高浓度的甲苯或二甲苯职业接触史，结合以神经系统损害为主的临床表现及职业卫生学调查，综合分析，排除其他类似疾病，方可诊断。甲苯中毒国家诊断标准为《职业性急性甲苯中毒的诊断》（GBZ 16—2014）。

（1）接触反应：有头晕、头痛、乏力、颜面潮红、结膜充血等症状，脱离接触后 72 h 内明显减轻或消失。

（2）轻度中毒：短期内接触大量甲苯后出现明显头晕、头痛、恶心、呕吐、胸闷、心悸、乏力、步态不稳，并具有下列表现之一者：①轻度意识障碍。②哭笑无常等精神症状。

（3）中度中毒：在轻度中毒基础上，具有下列表现之一者：①中度意识障碍。②妄想、精神运动性兴奋、幻听、幻视等精神症状。

（4）重度中毒：在中度中毒基础上，具有下列表现之一者：①重度意识障碍。②猝死。

6. 处理原则

（1）急性中毒：迅速将中毒者移至空气新鲜处，急救同内科处理原则。可给葡萄糖醛酸或硫代硫酸钠以促进甲苯的排泄；病情恢复后，一般休息 3~7 天可恢复工作，较重者可适当延长休息时间，痊愈后可恢复原工作。

（2）慢性中毒：主要是对症治疗。轻度中毒患者治愈后可恢复原工作；重度中毒患者应调离原工作岗位，并根据病情恢复情况安排休息或工作。

> 基础链接 4-14
> 甲苯、二甲苯中毒的预防措施

7. 预防　降低作业场所空气中甲苯、二甲苯的浓度，使之控制在国家卫生标准以内，加强卫生保健措施，定期对作业人员健康进行检查，减少甲苯、二甲苯中毒的发生。

六、苯的氨基和硝基化合物

苯或其同系物（如甲苯、二甲苯、酚）苯环上的氢原子被一个或几个氨基（—NH_2）或硝基（—NO_2）取代后，形成芳香族氨基或硝基化合物，因苯环不同位置上的氢可由不同数量的氨基、硝基、卤素或烷基取代，所以生成比较繁多的衍生物，常见的有苯胺、苯二胺、联苯胺、二硝基苯、三硝基甲苯、硝基氯苯等，其主要代表为苯胺和三硝基甲苯。

（一）苯胺

1. 理化性质　苯胺（aniline，$C_6H_5NH_2$）又称阿尼林、氨基苯等。熔点 –6.2℃，沸点 184.3℃，蒸气密度 3.22 g/L，稍溶于水，易溶于苯、乙醇、乙醚、氯仿等。纯品为无色油状液体，易挥发，具有特殊臭味，久置颜色可变为棕褐色。

> 彩图 4-12
> 用苯胺染料给玩具染色

2. 接触机会　工业上所用的苯胺主要由人工合成，自然界中少量存在于煤焦油中。苯胺广泛用于印染业及染料工业、橡胶硫化促进剂、照相显影剂、塑料、离子交换树脂、香水、制药等生产过程中。

3. 毒理　苯胺可经呼吸道、皮肤和消化道吸收，液体及其蒸气都可经皮肤吸收，因此，在生产环境中经皮肤吸收是职业中毒的主要原因，其吸收速率随温度的升高而增加。经呼吸道吸入的苯胺，经氧化后可形成毒性更大的中间代谢产物苯基羟胺（苯胲），然后再氧化生成对氨基酚，与硫酸、葡萄糖醛酸结合，经尿排出。少量苯胺以原型由呼吸道排出。

苯胺中间代谢产物苯基羟胺有很强的形成高铁血红蛋白的能力，使血红蛋白失去携氧功能，造成机体组织缺氧，引起中枢神经系统、心血管系统及其他器官的一系列损害。苯胺的这种氧化作用还能使红细胞中的珠蛋白变性，形成变性珠蛋白小体（赫恩小体）。

4. 临床表现

（1）急性中毒：主要引起高铁血红蛋白血症，短时间内吸收大量苯胺，可引起急性中毒，早期表现为化学性发绀。当高铁血红蛋白增高至30%以上时，出现头晕、头痛、乏力、恶心、手指麻木及视物模糊等症状。高铁血红蛋白升至50%时，出现心悸、胸闷、呼吸困难、精神恍惚、恶心、呕吐、抽搐等；严重者可发生心律失常、休克，以至昏迷、瞳孔散大，甚至危及生命。重度中毒者可出现不同程度的溶血性贫血、继发黄疸、中毒性肝病和膀胱刺激症状等。肾受损时，出现蛋白尿、血尿，甚至发生急性肾衰竭。

（2）慢性中毒：长期慢性接触苯胺可出现头晕、头痛、倦乏无力、失眠、记忆力减退、食欲减退等类神经症，并可出现轻度发绀、贫血和肝脾大等体征。红细胞中可见赫恩小体。皮肤经常接触苯胺蒸气后，可发生湿疹、皮炎等。

5. 预防 加强通风并安装密闭排毒装置，控制车间空气中苯胺浓度达到国家标准是预防苯胺中毒的关键。

> 基础链接 4-15
> 化学性发绀的定义

> 基础链接 4-16
> 苯胺中毒的预防措施

（二）三硝基甲苯

1. 理化性质 三硝基甲苯[trinitrotoluene，$C_6H_2CH_3(NO_2)_3$]简称TNT，为灰黄色晶体，熔点80.65℃，比重1.65，沸点240℃(爆炸)。有6种同分异构体，通常所指的是2,4,6-三硝基甲苯，不溶于水，易溶于丙酮、苯、醋酸甲酯、甲苯、氯仿、乙醚等。突然受热或撞击容易引起爆炸。

2. 接触机会 TNT是世界上产量最高、用量最大的炸药，广泛应用于国防、采矿、筑路、开凿隧道等工农业生产的爆破过程中，在粉碎、过筛、配料、包装过程中都可接触到TNT的粉尘和蒸气。

> 彩图 4-13
> TNT 炸药爆破

3. 毒理 TNT可经皮肤、呼吸道及消化道进入人体。在生产环境中主要经皮肤和呼吸道吸收。气温越高，经皮肤吸收的可能性越大。进入体内的TNT在肝进行代谢。代谢产物主要经肾排出。接触TNT工人尿中可以检出10余种TNT的代谢产物，尿中4-氨基-2,6-二硝基甲苯（4-A）含量最多，也有一定量的原型TNT。因此，尿4-A和原型TNT含量可作为职业接触的生物监测指标。

TNT慢性毒性较为明显，主要是对肝、晶状体、血液系统、神经系统、生殖系统等器官系统的损害。

有关TNT毒作用机制还不完全清楚。近年的研究表明，TNT可在体内多种器官和组织内接受来自还原性辅酶Ⅱ的一个电子，被还原活化为TNT硝基阴离子自由基，并在组织内产生大量的活性氧，使体内还原性物质如还原性谷胱甘肽、还原性辅酶Ⅱ明显减少，导致机体氧化应激损伤。另外，TNT硝基阴离子自由基、活性氧可诱发脂质过氧化，与生物大分子共价结合并引起细胞内钙稳态紊乱，导致细胞膜结构与功能破坏，细胞内代谢紊乱甚至死亡，从而对机体产生损伤作用。

4. 临床表现

（1）急性中毒：已较少见。轻度急性中毒时，患者可有头晕、头痛、恶心、呕吐、食欲减退，上腹部及右季肋部痛；口唇、耳郭和指尖发绀。重度者，除上述症状加重外，尚有神志不清，呼吸浅表而频速，大小便失禁，瞳孔散大，对光反应消失，角膜及腱反射消失。严重者可因呼吸衰竭死亡。

（2）慢性中毒：长期接触TNT可引起慢性中毒，主要表现出肝、眼晶状体、血液等损害。

1）肝损害：患者出现乏力、食欲减退、恶心、肝区疼痛，临床表现与传染性肝炎相似。体检时肝大，大多在肋下1.0~1.5 cm，有压痛、叩痛，多数无黄疸。随着病情进展，可出现脾大，严重者可导致肝硬化。肝功能试验可出现异常，TNT引起的肝损害早于晶状体损害。

2）晶状体损害：慢性中毒患者出现晶状体损害即中毒性白内障是常见而且具有特征性的体征。开始时双眼晶状体周边部出现尖向内、底向外的楔形混浊，以后楔形混浊相互融合形成环状混浊，进一步发展，晶状体中央部出现盘状混浊，形成白内障。

3）血液改变：TNT可引起血红蛋白、中性粒细胞及血小板减少，出现贫血；也可出现赫恩小体。

4）皮肤改变：有的接触TNT工人出现"TNT面容"，表现为面色苍白，口唇、耳郭青紫色。裸露部位皮肤产生过敏性皮炎，严重时呈鳞状脱屑。

5）生殖功能影响：接触TNT男工有性功能低下，精液检查异常，血清睾酮含量显著降低。女工则表现为月经异常。

6）其他：长期接触TNT工人类神经症发生率较高，可伴有自主神经功能紊乱。细胞免疫功能降低。部分人可出现心肌及肾损害，尿蛋白含量及某些酶增高等改变。

5. 预防 关键在于采取措施降低粉尘和蒸气的浓度，三硝基甲苯混合、装料的工序应密闭，采取自动化操作并设置局部通风。同时，加强个人防护和个人卫生，防止皮肤污染，工作时穿紧袖口工作服，下班后要淋浴。

基础链接4-17
三硝基甲苯中毒的预防措施

七、刺激性气体

刺激性气体（irritative gas）是指对眼、呼吸道黏膜和皮肤具有刺激作用的一类有害气体。在化学工业生产中最常见。此类气体多具有腐蚀性，在生产过程中，常因设备、管道被腐蚀或意外事故而发生跑、冒、滴、漏现象，致使气体外逸造成急性中毒。这种事故一旦发生，往往波及面广，涉及的人较多，后果也较严重。长期在低浓度刺激性气体环境下工作，可引起慢性中毒。

彩图4-14
化工厂发生爆炸

（一）刺激性气体的种类

具有刺激作用的毒物种类很多，有些物质在常态下虽非气体，但可以通过蒸发、升华及挥发形成蒸气和气体作用于机体。刺激性气体大致可分为以下几类。

1. 酸 无机酸，如硫酸、盐酸、硝酸、铬酸；有机酸，如甲酸、丙酸、乙二酸、丙烯酸。
2. 成酸氧化物 二氧化硫、三氧化硫、二氧化氮、铬酐。
3. 成酸氢化物 氯化氢、氟化氢、溴化氢。
4. 卤族元素 氯、氟、溴、碘。
5. 无机氯化物 光气、三氯化硼、三氯氧磷、三氯化砷、四氯化硅。
6. 卤烃类 溴甲烷、碘甲烷。
7. 酯类 硫酸二甲酯、二异氰酸甲苯酯、甲酸甲酯。
8. 醚类 氯甲基甲醚。
9. 醛类 甲醛、乙醛、丙烯醛。
10. 有机氧化物 环氧氯丙烷。
11. 成碱氢化物 氨。

12. 强氧化剂　臭氧。

13. 金属化合物　氧化镉、羰基镍、硒化氢。

刺激性气体的种类多，常见的有氯、氨、光气、氮氧化物、氟化氢、二氧化硫、三氧化硫等。

（二）毒理

刺激性气体常以局部损害为主，其作用的共同特点是对眼睛、呼吸道黏膜及皮肤有不同程度的刺激作用。刺激作用过强时可引起全身反应。毒物作用强度主要取决于毒物的浓度和作用时间，毒物作用部位与毒物的溶解度有关。高溶解度的毒物接触到湿润的眼和上呼吸道黏膜时，易产生刺激作用，接触者容易发现，及时躲开，危害相对较小；中等溶解度的毒物，低浓度时只侵犯眼和上呼吸道，高浓度时则可侵犯全呼吸道；低溶解度的毒物，在上呼吸道溶解少，对上呼吸道刺激性较小，接触者不容易及时发现，而易进入呼吸道深部对肺组织产生刺激和腐蚀，常引起化学性肺炎或肺水肿，对作业者的危害较大。液态的刺激性毒物直接接触皮肤黏膜可发生灼伤。

（三）临床表现

刺激性气体的毒作用按其临床表现可分为急性毒作用和慢性毒作用，也有些毒物可引起致敏作用。

1. 急性毒作用　短时间内接触高浓度的刺激性气体可致眼结膜和上呼吸道黏膜炎症，可引起喉头痉挛和喉头水肿、化学性支气管炎和支气管肺炎及化学性肺水肿。液态的刺激性毒物作用于皮肤可引起局部化学性灼伤或吸收后引起全身中毒。

2. 慢性毒作用　长期接触低浓度的刺激性气体可引起慢性结膜炎、鼻炎、支气管炎，也可引起牙龈酸蚀症。刺激性气体急性毒作用后，个别病例可发生慢性喘息性支气管炎。

3. 致敏作用　接触二异氰酸甲苯酯的作业工人，可发生职业性哮喘。

（四）治疗

刺激性气体的主要危害是肺水肿。积极防治肺水肿是中毒抢救的关键。

1. 处理灼伤，预防肺水肿

（1）防止毒物继续进入：患者应迅速移至空气新鲜处，脱去污染衣物，注意保温。酸性气体，可用5%碳酸氢钠溶液；碱性气体，则用2%~4%硼酸或5%醋酸冲洗或湿敷。但一些遇水产生氯化氢和大量热的无机氯化物，则加重灼伤，应先用布吸掉液体，再用水彻底清洗。

（2）早期应用激素：增强机体应激能力，改善毛细血管通透性，提高细胞对缺氧的耐受力和防止细胞溶解、坏死。

（3）限制静脉补液量：要保持出入量负平衡（相差500~1 000 mL）。

（4）对症处理：对精神紧张、支气管痉挛、气急、呛咳、咳痰可给予相应对症治疗。

2. 肺水肿的治疗

（1）及早吸氧，纠正缺氧，可用鼻导管或面罩给氧。

（2）应用除泡沫剂。

（3）糖皮质激素的应用，除宜早期使用外，还应短期、足量应用。

（4）预防和控制感染，维持水、电解质及酸碱平衡，应用利尿药和脱水药等。

（五）预防

刺激性气体因对呼吸道黏膜和眼部具有刺激作用，人们一旦大剂量接触就会避开，所以急性中毒较少见，一般是由事故引起的。慢性中毒主要是设备跑、冒、滴、漏引起的。所以预防的关键是防止跑、冒、滴、漏和杜绝事故的发生。

> 基础链接 4-18
> 刺激性气体中毒的预防

八、窒息性气体

窒息性气体（asphyxiating gas）是指经吸入而直接引起窒息作用的气体。

（一）窒息性气体的分类

窒息性气体依其作用机制可分为两大类。

1. 单纯窒息性气体　本身毒性很低或属惰性气体，若其在空气中含量升高则使氧分压降低，导致动脉血氧分压下降，引起机体缺氧窒息。例如氮气、甲烷、二氧化碳等。

2. 化学窒息性气体　指能对血液或组织产生特殊的化学作用，使血液运送氧的能力或组织利用氧的能力发生障碍，引起组织细胞缺氧窒息的气体。常见的有一氧化碳、氰化物和硫化氢等。

（二）常见窒息性气体

1. 一氧化碳　为无色、无味、无刺激性的气体，相对密度0.967，微溶于水，易溶于氨水。一氧化碳与血红蛋白的亲和力比氧与血红蛋白的亲和力高200~300倍，故有一氧化碳存在时，很容易形成碳氧血红蛋白。碳氧血红蛋白的解离比氧合血红蛋白慢3 600倍，且碳氧血红蛋白的存在还影响氧合血红蛋白的正常解离，阻碍氧的释放和传递，导致低氧血症。一氧化碳中毒时引起严重缺氧，可致大脑的局灶性变化、软化或坏死。一氧化碳的吸收与排泄，主要取决于空气中氧和一氧化碳的分压。空气中一氧化碳的分压愈高，吸收愈快；吸入空气中氧的分压增高，则可加速碳氧血红蛋白的解离及一氧化碳的排出。

急救和治疗原则：迅速将患者移至通风处，密切观察病情变化。轻度中毒无须特殊治疗；中度中毒可给予对症治疗和吸氧；重度中毒应积极救治，采用高压氧，防治脑水肿，预防迟发性脑病。

> 基础链接 4-19
> 迟发性脑病的定义

2. 硫化氢　是一种无色具有臭鸡蛋气味的气体。相对密度1.19，易溶于水，可溶于乙醇、汽油和煤油等有机溶剂。硫化氢作为生产过程中的副产品或排放的废气，在石油、冶金、化工、染料、化纤、橡胶、造纸和食品工业等许多行业的生产过程中都可以接触到。硫化氢主要经呼吸道进入体内，皮肤可吸收少量。进入体内的硫化氢与细胞呼吸酶中的Fe^{3+}结合，抑制这些酶的活性，使细胞内的氧化还原过程发生障碍，造成组织缺氧。空气中的硫化氢浓度较高时，可直接抑制呼吸中枢，导致迅速"电击样"死亡。硫化氢对眼和皮肤黏膜有刺激作用。生产中可发生急性中毒和亚急性中毒。长期小剂量接触硫化氢可出现类神经症和自主神经紊乱等症状。

急性中毒患者应立即脱离中毒现场，移至空气新鲜处进行抢救。出现窒息者应进行人工呼吸、给氧、注射强心剂或呼吸兴奋剂。严密观察病情，预防肺水肿和脑水肿。

3. 氰化氢　为无色具有苦杏仁味的气体，相对密度0.93，易溶于水，也易溶于有机溶剂。主要在电镀、金属表面渗碳、贵重金属冶炼、制药、合成纤维及一些杀虫剂的生产过程中接触到。氰化氢在氰化物中的毒性最大。凡能在体内分解释放出氰离子（CN^-）的氰化物，都具有氰化氢相仿的毒性。生产条件下以氰化氢气体或氰化物盐类粉尘形式经呼吸道进入体内，氰化物也可经皮肤吸收。进入体内的氰化物在肝内通过硫氰酸酶的作用与巯基结合形成硫氰酸盐，经肾排出，但此过程又可被硫氰酸盐氧化酶缓慢逆转。

氰化氢的毒作用在于CN^-能迅速与氧化型细胞色素氧化酶中的Fe^{3+}结合，形成氰化高铁型细胞色素氧化酶，从而抑制细胞色素氧化酶的活性，使组织不能摄取和利用氧，因而产生"细胞内窒息"。此时，血液中氧虽然饱和，但不能为组织细胞所利用，故氰化物中毒时，皮肤、黏膜呈樱桃红色。

氰化氢急性中毒多为意外事故引起。临床经过可分为前驱、呼吸困难期、惊厥期、麻痹期四期。轻度中毒时，出现乏力、头痛、头晕及轻度黏膜刺激症状；严重中毒者，出现呼吸浅表、血压下降、痉挛、意识丧失、呼吸中枢麻痹而死亡；更严重者，可在吸入后 10～60 s 立即意识丧失、阵发性抽搐，2～3 min 内发生"电击样"死亡。氰化氢中毒发展快，抢救须争分夺秒，遵循"就地抢救"的原则。迅速将患者移至空气新鲜处，注意保暖。呼吸停止者立即进行人工呼吸，并尽快给予"亚硝酸钠-硫代硫酸钠"解毒治疗。

（三）预防

窒息性气体事故的主要原因是设备老化失修，出现跑、冒、滴、漏现象。缺乏安全管理，出现违规操作造成的。因此，预防的关键在于加强卫生宣教，定期设备检修，做好作业环境监测，设置自动报警器，严格执行管理制度。

基础链接 4-20
窒息性气体中毒的预防

九、农药

农药（pesticide）是指农业生产中用于消灭、控制有害动植物（害虫、病菌、鼠类、杂草等）和调节植物生长的各种化合物，包括提高农药药效的辅助剂、增效剂等。农药的种类繁多，毒性相差悬殊，分类方法多样，按化学性质可分为有机磷、有机氯、氨基甲酸酯类、拟除虫菊酯类、甲脒类、有机氟等。其中有机磷农药最为常用。

（一）有机磷农药

有机磷农药（organophosphorus pesticide）是目前我国生产和使用最多的一类农药，在农药所致的职业中毒中占有很大的比例。我国生产的有机磷农药绝大部分为杀虫剂，如对硫磷、内吸磷、马拉硫磷、乐果、美曲膦酯（敌百虫）、敌敌畏等；也有些品种如稻瘟净、克瘟散等可用作杀菌剂。近年，又先后合成了一些灭鼠剂、杀线虫剂、除草剂、脱叶剂、不育剂、生长调节剂等。

彩图 4-15
喷洒有机磷农药

1. 理化特性　有机磷杀虫剂为磷酸酯类或硫代磷酸酯类化合物，其结构通式如下。

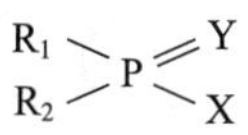

$$\begin{matrix} R_1 \\ R_2 \end{matrix} > P \begin{matrix} Y \\ X \end{matrix}$$

式中 R_1、R_2 为碱性基团，多为甲氧基（$CH_3O—$）或乙氧基（$C_2H_5O—$）；Y 为氧（O）或硫（S）原子；X 为各种不同的酸性基团。由于代入的基团不同，可以合成许多种有机磷农药。

有机磷杀虫剂多为油状液体，工业品呈黄色或棕色，具有类似大蒜的特殊臭味。一般不溶于水，溶于有机溶剂。对光、热、氧均较稳定，遇碱则易分解破坏，但美曲膦酯例外。美曲膦酯为白色结晶，能溶于水，且遇碱可变成毒性较大的敌敌畏，故不能用碱液消毒。

2. 毒理　有机磷农药可经呼吸道、消化道、皮肤及黏膜进入人体，在工农业生产中最主要的中毒途径是经皮肤吸收。有机磷农药进入机体后可迅速分布至全身各组织和器官，以肝含量最高，其次是脾、肺、肾。有机磷农药大部分可通过血脑屏障，部分品种还能通过胎盘屏障。进入机体的有机磷农药一般都能迅速代谢转化，无明显物质蓄积。通常有机磷农药氧化代谢产物毒性增强，而水解代谢产物毒性减弱。

有机磷农药的毒作用机制主要是抑制体内胆碱酯酶（ChE）活性，使其失去水解乙酰胆碱的能力。正常生理情况下，作为神经递质的乙酰胆碱完成使命后，在胆碱酯酶的作用下，迅速水解失效。由于有机磷农药在化学结构上与乙酰胆碱很相似，其带正电荷部分与胆碱酯酶负矩部位结合，而亲电子的磷酰基可与胆碱酯酶的酯解部位结合，形成磷化酰胆碱酯酶，使其失去分解乙酰胆碱的能力，造成乙酰胆碱在生理部位积聚。

乙酰胆碱对胆碱能神经的生理效应按其作用部位不同分为两类。

（1）毒蕈碱样作用：乙酰胆碱与副交感神经的节后纤维支配的效应器细胞膜上 M 受体结合，引起效应器兴奋，此作用与毒蕈碱作用相似。其主要表现为心血管活动受抑制，支气管、胃肠道平滑肌收缩、痉挛，瞳孔括约肌收缩，以及消化道和呼吸道腺体分泌增加等。

（2）烟碱样作用：乙酰胆碱与交感及副交感神经节的突触后膜和神经肌肉接头的终板后膜上 N 受体结合，对节后神经元和骨骼肌终板产生先兴奋后抑制效应，此效应与烟碱作用相似。

有机磷农药还可致中枢神经系统的乙酰胆碱积聚，积聚的乙酰胆碱与 M、N 受体结合，使中枢神经系统的兴奋与抑制平衡破坏，造成生理功能紊乱，甚至引起中枢神经系统抑制。

与乙酰胆碱化学结构类似的有机磷农药也可直接与胆碱受体结合，尤以心脏的 M_2 受体为显著；敌敌畏、美曲膦酯、甲胺磷、马拉硫磷、丙氟磷、对溴磷等急性中毒症状消失后还可出现迟发性多发性神经毒作用。

有机磷农药的毒作用也与产品的纯度、剂型及进入机体途径等有一定的关系。

3. 临床表现

（1）急性中毒：在生产和使用过程中发生的中毒多为急性中毒，其临床症状可分为三类。

1）毒蕈碱样症状：乙酰胆碱作用于胆碱能神经节后纤维所支配的器官组织上所致。表现为食欲减退、恶心、呕吐、腹痛、腹泻、多汗、流涎、呼吸道分泌增多、视物模糊、瞳孔缩小。严重者出现呼吸困难，甚至肺水肿。

2）烟碱样症状：乙酰胆碱作用于自主神经节、肾上腺髓质和骨骼肌终板上，表现出全身紧束感、动作不灵活、发音不清。眼、舌、颈部肌肉震颤以至全身肌肉痉挛。严重时呼吸麻痹、肌力减退甚至瘫痪。

3）中枢神经系统症状：一般表现为头痛、头晕、乏力、失眠或嗜睡、多梦、烦躁不安、共济失调、语言障碍。重症病例出现昏迷、抽搐，往往因呼吸中枢或呼吸肌麻痹而危及生命。

（2）慢性中毒：有机磷农药慢性中毒主要表现为中枢神经和自主神经系统的功能紊乱，如头痛、头晕、乏力、失眠、多梦、记忆力减退、食欲不振、恶心、气促、胸闷、多汗、瞳孔缩小、屈光不正、窦性心动过缓、皮肤划痕试验阳性等。血液胆碱酯酶活性下降，有的患者甚至降至很低水平，但临床症状不明显。少数患者还有肝大、神经肌电图改变和脑电图异常。

4. 处理原则

（1）急性中毒

1）清除毒物：立即使患者脱离中毒现场，脱去污染衣服，用肥皂水（忌用热水）彻底清除污染的皮肤、头发、指甲；眼部受污染，应迅速用清水或 2% 碳酸氢钠溶液冲洗，洗后滴入 1%

阿托品数滴。口服中毒者，用温水或2%碳酸氢钠溶液反复洗胃，直至洗出液无农药味为止。如果为美曲膦酯中毒，忌用碱性溶液。

2）特效解毒药物：迅速给予解毒药物，轻度中毒者可单独给予拮抗剂阿托品；中度以上中毒者，需要阿托品和胆碱酯酶复活药（氯解磷定或碘解磷定）两者并用。敌敌畏、乐果中毒时，应以阿托品治疗为主，胆碱酯酶复活药的效果较差。

3）对症治疗：处理原则同内科。治疗过程中，特别要注意保持呼吸道通畅。出现呼吸衰竭或呼吸麻痹时，立即给予机械通气。必要时作气管插管或切开。呼吸暂停时，不要轻易放弃治疗。

急性中毒患者临床表现消失后仍应继续观察2~3天；乐果、马拉硫磷、久效磷中毒者，应延长治疗观察时间；重度中毒患者避免过早活动，防止病情突变。

4）劳动能力鉴定：①观察对象，应暂时调离有机磷作业1~2周并复查全血胆碱酯酶活性，有症状者可适当对症处理。②急性中毒，治疗后3个月内不宜接触有机磷农药。有迟发性神经病者，应调离有机磷作业。

（2）慢性中毒：应脱离接触，进行积极治疗。待血液胆碱酯酶活性恢复正常1~3个月以后，一般仍可恢复原工作，但若屡次发病或病情严重者应予调换工作。

5. 预防　严格执行农药管理的有关规定；落实预防农药中毒的管理办法；改进农药生产工艺和施药器具；遵守安全操作规程；对生产人员进行健康监护，指导农民操作，是预防有机磷农药中毒的关键。

基础链接 4-21
有机磷农药中毒的预防措施

（二）拟除虫菊酯类农药

拟除虫菊酯类农药（pyrethroids pesticide）是人工合成的结构上类似天然除虫菊素的一类农药，对蔬菜、果树、棉花、茶叶等多种农作物害虫有高效、广谱的杀虫效果。其作用机制是扰乱昆虫神经的正常生理，使之由兴奋、痉挛到麻痹而死亡。拟除虫菊酯对昆虫有强烈的触杀作用，而且在环境中残留低，对人畜的毒性低，因而广泛应用。常用的拟除虫菊酯类农药包括溴氰菊酯（敌杀死）、氰戊菊酯（速灭杀丁）、氯氰菊酯、戊烯氰氯菊酯等。

1. 理化性质　拟除虫菊酯类农药多为黄褐色黏稠油状液体，少数为白色结晶如溴氰菊酯。多数品种难溶于水，易溶于甲苯、二甲苯及丙酮。不易挥发，在酸性条件下稳定，遇碱易分解。使用时配成乳油制剂使用。

2. 毒理　拟除虫菊酯类农药可经呼吸道、皮肤及消化道吸收。在田间施药时，皮肤吸收尤为重要。拟除虫菊酯类农药是一类亲脂性很强的化合物，绝大多数对鱼类高毒，即使水中浓度很低，也会被鱼吸收而引起中毒死亡。

彩图 4-16
拟除虫菊酯类农药致大量鱼死亡

拟除虫菊酯类农药在哺乳动物体内被肝酶水解及氧化。半衰期约为6 h，排出的代谢产物如为酯类，一般皆以游离的形式排出；若是酸类，则与葡萄糖醛酸结合排出。这些代谢物主要通过粪便和尿液排出体外。

拟除虫菊酯类农药属于神经毒物，毒作用机制尚不明确。一般认为，此类农药抑制神经系统Ca^{2+}-Na^+-ATP 酶和 Na^+-K^+-ATP 酶，影响细胞内、外转运功能，导致神经传导阻滞；与神经细胞膜受体结合，改变细胞膜的通透性；作用于神经细胞膜的钠通道，使去极化后的钠通道闸门关闭延缓，钠通道开放延长，从而产生一系列兴奋症状；抑制中枢神经细胞膜γ-氨基丁酸受体，使中枢神经系统的兴奋性增高等。

3. 临床表现

（1）急性中毒：拟除虫菊酯类农药作用在人体可表现局部刺激症状和全身中毒反应，接触该类农药 4~6 h 出现面部皮肤灼痒感或头晕，如污染眼部可立即引起眼痛、畏光、流泪、眼睑红肿及球结合膜充血水肿。全身症状最迟 48 h 后出现，轻度中毒者全身症状为头痛、头晕、乏力、恶心、呕吐、食欲减退、精神萎靡或肌束震颤，重度中毒者主要为上腹部灼痛、恶心或呕吐等。此外，有胸闷、肢端发麻、心慌及视物模糊、多汗等症状。严重者出现意识模糊或昏迷，常有频繁的阵发性抽搐，抽搐时上肢屈曲痉挛、下肢挺直、角弓反张、意识丧失，重症患者也可出现肺水肿。

（2）变态反应：溴氰菊酯可诱发过敏性哮喘，同时也可引起类枯草热症状。

4. 处理原则　出现接触反应者，应脱离接触；皮肤污染者，立即用肥皂水或清水彻底清洗，严密观察，必要时给予对症治疗。

5. 预防　凡有神经系统器质性疾病、严重皮肤病或过敏性皮肤病者不宜从事接触拟除虫菊酯类农药的作业。

（三）氨基甲酸酯类农药

氨基甲酸酯类农药（carbamate pesticide）是一类速效、内吸、触杀、残留期短和对人畜毒性较低的合成农药。作为杀虫剂，已被广泛应用于杀灭农业及卫生害虫。常用的有呋喃丹、西维因、速灭威、叶蝉散、涕灭威、虫草灵等。国内以呋喃丹为主。

1. 理化性质　氨基甲酸酯是氨基甲酸的 N 位上被甲基或其他基团取代的酯类。其基本结构如下。

$$\begin{array}{c} \quad\ \ O \\ R_1\quad\ \ \| \\ \diagdown\!N\!-\!C\!-\!X \\ R_2\diagup \end{array}$$

R_2 多为芳香烃、脂肪族链或其他环烃。如 R_1 为甲基，则此类 N- 甲基氨基甲酸酯具有杀虫剂作用；如 R_1 为芳香族基团，则多为除草剂；如 R_1 为苯并咪唑，则为杀菌剂。碳位上氧被硫原子取代称硫代（或二硫代）氨基甲酸酯，大多数作为除草剂或杀菌剂。

氨基甲酸酯类农药多为白色结晶体，无特殊气味，易溶于有机溶剂，难溶于水。在酸性溶液中相对稳定、分解缓慢，遇碱易分解。温度升高时降解速度加快。

2. 毒理　氨基甲酸酯类农药可通过呼吸道、消化道和皮肤吸收，经口毒性属中等毒性，经皮肤吸收缓慢、吸收量低，经皮肤毒性属低毒类。氨基甲酸酯类农药进入机体后，迅速分布到肝、肾、脑、脂肪和肌肉等组织和器官中。氨基甲酸酯类代谢速度快，一般在体内无蓄积，氨基甲酸酯及其代谢产物与硫酸或葡萄糖醛酸结合，主要从尿中排出，少量经肠道排出体外。

氨基甲酸酯类农药的急性毒作用机制是抑制体内的乙酰胆碱酯酶。氨基甲酸酯进入人体后与胆碱酯酶形成疏松的复合物，抑制胆碱酯酶的活性。氨基甲酸酯与乙酰胆碱酯酶的结合是可逆的，疏松的复合物既可解离，释放出游离的胆碱酯酶，也可进一步形成一个稳定的氨基甲酰化胆碱酯酶和一个脱离基团（酶、苯酚等）。氨基甲酰化胆碱酯酶可再水解释放出游离的有活性的酶。

3. 临床表现　急性氨基甲酸酯类农药中毒的临床表现与有机磷农药中毒相似，一般在接触后 2~4 h 发病，口服中毒更快。一般病情较轻，以毒蕈碱样症状为主，血液胆碱酯酶活性轻度下降。重症患者可出现肺水肿、脑水肿、昏迷及呼吸抑制等危及生命。有些氨基甲酸酯类农药可引起接触性皮炎。

4. 处理原则　患者应迅速脱离中毒现场，脱去污染衣物，用肥皂水反复彻底清洗污染的皮肤、头发和指甲。眼部受污染者，应迅速用清水、生理盐水冲洗。

阿托品是治疗的首选药物。但应注意轻度中毒不必阿托品化；重度中毒者开始最好静脉注射阿托品，并尽快达到阿托品化。肟类复能剂增加氨基甲酸酯的毒性，并降低阿托品的疗效，一般单纯氨基甲酸酯杀虫剂中毒不宜使用肟类复能剂。此外，要根据病情进行对症治疗和支持治疗。

第三节　生产性粉尘与职业性肺部疾病

生产性粉尘是指在人类的生产活动中产生的能够较长时间飘浮于生产环境中的固体微粒。它是污染作业环境、损害劳动者健康的重要职业性有害因素之一，可引起包括尘肺病在内的多种职业性肺部疾病。肺尘埃沉着病是当前我国由粉尘引起的职业性肺部疾病中危害最严重的一类疾病。

彩图 4-17 生产性粉尘

一、生产性粉尘及其危害

（一）生产性粉尘的来源与分类

1. 生产性粉尘的来源　几乎工农业生产的各行各业均可产生生产性粉尘，如矿山开采、隧道开凿、筑路等；冶金工业中的原材料准备、矿石粉碎、筛分、配料等；机械制造工业中原料破碎、配料、清砂等；耐火材料、玻璃、水泥、陶瓷等工业的原料加工；皮毛、纺织工业的原料处理；农业生产及食品行业等产生的有机粉尘；化学工业中固体原料加工处理，包装物品等生产过程等。如果防尘措施不够完善，均可产生大量粉尘。

2. 生产性粉尘的分类　按粉尘的性质可概括分为以下三类。

（1）无机粉尘（inorganic dust）：包括矿物性粉尘，如石英、石棉、滑石、煤等；金属性粉尘，如铅、锰、铁、铍、锡、锌等及其化合物；人工无机粉尘，如金刚砂、水泥、玻璃纤维等。

（2）有机粉尘（organic dust）：包括动物性粉尘，如皮毛、丝、骨、角质粉尘等；植物性粉尘，如棉、麻、谷物、甘蔗、烟草、木、茶粉尘等；人工有机粉尘，如合成树脂、橡胶、人造有机纤维粉尘等。

彩图 4-18 矿山开采
彩图 4-19 隧道开凿
彩图 4-20 矿石筛选、研磨、粉碎
彩图 4-21 水泥的生产
彩图 4-22 陶瓷加工
彩图 4-23 皮毛加工
彩图 4-24 面粉的生产加工

（3）混合性粉尘（mixed dust）：在生产环境中，以单纯一种粉尘存在的较少见，大多数情况下为两种以上粉尘混合存在，如煤工接触的煤矽尘、金属制品加工研磨时的金属和磨料粉尘、皮毛加工的皮毛和土壤粉尘等混合性粉尘。

（二）生产性粉尘的理化特性及其卫生学意义

根据生产性粉尘来源、分类及其理化特性的不同，可初步判断其对人体的危害性质和程度。从卫生学角度出发，主要应考虑的粉尘理化特性如下。

1. 粉尘的化学成分　作业场所空气中粉尘的化学成分和浓度是直接决定其对人体危害性质和严重程度的重要因素。根据化学成分不同，粉尘对人体可有致纤维化、刺激、中毒和致敏作用。例如，含游离二氧化硅粉尘可致矽肺，含结合型二氧化硅的石棉尘可引起石棉肺，铅尘可引起铅中毒，铝尘可导致铝尘肺，并有神经毒效应；棉、麻尘可导致棉尘症。

2. **粉尘的分散度** 是指物质被粉碎的程度，以粉尘粒径大小（μm）的数量或质量组成百分比来表示，前者称为粒子分散度，粒径较小的颗粒越多，分散度越高；后者称为质量分散度，粒径较小的颗粒占总质量百分比越大，质量分散度越高。粉尘的分散度影响其在空气中悬浮的稳定性，粉尘粒子分散度越高，其在空气中飘浮的时间越长，沉降速度越慢，被人体吸入的机会就越多；分散度越高，比表面积越大，越易参与理化反应，对人体危害越大。

粉尘的分散度还影响粉尘在呼吸道的阻留部位。一般认为空气动力学等效直径（aerodynamic equivalent diameter，AED）小于 15 μm 的粒子可进入呼吸道，其中 10~15 μm 的粒子主要沉积在上呼吸道，因此把直径小于 15 μm 的尘粒称为可吸入性粉尘（inhalable dust）；5 μm 以下的粒子可到达呼吸道深部和肺泡区，称为呼吸性粉尘（respirable dust）。

3. **粉尘的浓度与接尘时间** 生产环境中粉尘的浓度与接尘时间及粉尘的分散度是影响接尘工人肺内粉尘蓄积量的主要因素，而肺内粉尘蓄积量是尘肺发病的决定性因素。同一种粉尘，作业环境空气中浓度越高，暴露时间越长，粉尘的分散度越高，对人体危害就越严重。

4. **其他** 粉尘的密度、形态、硬度、溶解度、荷电性、爆炸性等均具有一定的卫生学意义。粉尘的密度和形状影响粉尘在空气中的沉降速度，当粉尘的密度相同时，粒子越小，沉降速度越慢，而当粒子大小相同时，密度越大沉降速度越快。当粉尘质量相同时其形状越接近球形，在空气中所受的阻力越小，沉降速度越快。粒径较大、外形不规则坚硬的尘粒可能引起呼吸道黏膜机械损伤；某些有毒粉尘，如含有铅、砷等粉尘溶解度越高，对人体毒作用越强；粉尘的荷电性影响其在空气中的沉降和在机体呼吸道中阻留及被巨噬细胞的吞噬速度。同性电荷相斥增强空气中粒子的稳定程度，异性电荷相吸使尘粒撞击、聚集并沉降。一般来说，荷电尘粒特别是带负电荷的尘粒在呼吸道内易被阻留。可氧化的粉尘在适宜的浓度下（如煤尘 35 g/m³，面粉、铝、硫黄 7 g/m³，糖 10.3 g/m³）一旦遇到明火、电火花和放电时，可发生爆炸，造成工伤事故。

（三）生产性粉尘在体内的转归

1. **生产性粉尘在呼吸道的阻留机制** 粉尘粒子随气流进入呼吸道后，主要通过撞击、截留、重力沉积、静电沉积、布朗运动而发生沉降。粒径较大的尘粒在大气道分岔处可发生撞击沉降；纤维状粉尘主要通过截留作用沉积；直径大于 1 μm 的尘粒进入小气道和肺泡，随着气道变小、总截面积增大，气流减慢，粉尘可由于重力沉积阻留于气道表面。直径小于 0.5 μm 的粒子主要通过空气分子的布朗运动沉积于小气道和肺泡壁。带较多电荷的尘粒，易在呼吸道表面产生静电沉积。所有这些沉降作用，都与尘粒的大小、密度、通过气道的空气速度有关。

彩图 4-25 生产性粉尘在呼吸道的阻留

2. **人体对粉尘的防御和清除** 人体对吸入的粉尘进行防御和清除有三道防线。

（1）鼻腔、喉、气管支气管树的阻留作用：大量粉尘粒子随气流吸入时通过撞击、截留、重力沉积、静电沉积作用阻留于呼吸道表面，减少进入气体交换区域（呼吸性细支气管、肺泡管、肺泡）的粉尘量。此外，气道平滑肌的异物反应性收缩可使气道截面积缩小，减少含尘气流的进入，增大粉尘截留，并可启动咳嗽和喷嚏反射，排出粉尘。

（2）呼吸道上皮黏液纤毛系统的排出作用：呼吸道上皮细胞表面的纤毛和覆盖其上的黏液组成"黏液纤毛系统"。在正常情况下，阻留在气道内的粉尘黏附在气道表面的黏液层上，纤毛向咽喉方向有规律地摆动，将黏液层中的粉尘移出。有证据表明，虽然肺泡上皮表面未见纤毛，但其表面的黏液及黏着的尘粒在向支气管流动。这种方式是粉尘及外来异物很有效的清除方式。但如果长期大量吸入粉尘，黏液纤毛系统的功能和结构会遭到严重损害，其粉尘清除能力极大降低，从而导致粉尘在呼吸道滞留。

（3）肺泡巨噬细胞的吞噬作用：进入肺泡的粉尘黏附在肺泡腔表面，被肺泡巨噬细胞吞噬，形成尘细胞（dust cell）。大部分尘细胞通过自身阿米巴样运动及肺泡的舒张转移至纤毛上皮表面，再通过纤毛运动而清除。绝大部分粉尘通过这种方式约在 24 h 内排除，小部分尘细胞因粉尘作用受损、坏死、崩解，尘粒游离后再被巨噬细胞吞噬，如此循环往复。此外，尘细胞和尘粒可进入淋巴系统，沉积于肺门和支气管淋巴结，有时也可经血液循环到达其他器官。

人体通过各种清除功能，可排除进入呼吸道 97%~99% 的粉尘，1%~3% 的尘粒沉积在体内。如果长期吸入粉尘可削弱上述各项清除功能，导致粉尘过量沉积，造成肺组织发生病理性改变。

（四）生产性粉尘对健康的影响

1. 呼吸系统疾病

（1）肺尘埃沉着病（pneumoconiosis，又称尘肺病）：由于在职业活动中长期吸入生产性粉尘并在肺内潴留而引起的以肺组织弥漫性纤维化为主的全身性疾病，是当前我国由粉尘引起的职业性肺部疾病中危害最严重的一类疾病。根据多年临床观察、X 线胸片检查、尸检和实验研究材料，我国按病因将尘肺分为：①矽肺（silicosis），又称硅肺，因长期吸入含游离二氧化硅粉尘所致；②硅酸盐肺（silicatosis），由于长期吸入含结合型二氧化硅（如石棉、滑石、水泥、云母等）粉尘引起；③炭尘肺（carbon pneumoconiosis），长期吸入煤、石墨、炭黑、活性炭等粉尘所致；④混合性尘肺（mixed dust pneumoconiosis），长期吸入含游离二氧化硅粉尘和其他粉尘（如煤矽尘、铁矽尘等）所致；⑤金属尘肺（metallic pneumoconiosis），长期吸入某些致纤维化的金属粉尘（如铝尘）所致。

我国 2024 年公布的《职业病分类和目录》中共列入 13 种尘肺病：矽肺、煤工尘肺、石墨尘肺、碳黑尘肺、石棉肺、滑石尘肺、水泥尘肺、云母尘肺、陶工尘肺、铝尘肺、电焊工尘肺、铸工尘肺，以及根据《职业性尘肺病的诊断》（GBZ 70—2015）和《职业性尘肺病的病理诊断》（GBZ 25—2014）可以诊断的其他尘肺病。

基础链接 4-22
《职业病分类和目录》

（2）粉尘沉着症：某些生产性粉尘如锡、钡、铁、锑尘，沉积于肺部后，可引起一般性异物反应，并继发轻度的肺间质非胶原型纤维增生，但肺泡结构保留。脱离接尘作业后，病变并不进展甚至会逐渐减轻，X 线阴影消失。

（3）有机粉尘引起的肺部疾病：吸入棉、亚麻、大麻等粉尘可引起棉尘病，吸入被真菌、细菌或血清蛋白等污染的有机粉尘可引起职业性变态反应性肺泡炎（occupational allergic alveolitis），吸入被细菌内毒素污染的有机粉尘可引起有机粉尘毒性综合征（organic dust toxic syndrome，ODTS），吸入聚氯乙烯、人造纤维粉尘可引起非特异性慢性阻塞性肺疾病（chronic obstructive pulmonary disease，COPD）等。

基础链接 4-23
棉尘病
基础链接 4-24
职业性变态反应性肺泡炎
基础链接 4-25
有机粉尘毒性综合征

（4）粉尘性支气管炎、肺炎、哮喘性鼻炎、支气管哮喘等：长期吸入高浓度的煤尘、谷草尘、电焊烟尘可造成支气管上皮损伤，出现粉尘性支气管炎。吸烟具有协同作用。

2. 局部作用　粉尘对呼吸道黏膜可产生局部刺激作用，引起鼻炎、咽炎、气管炎等。刺激性强的粉尘（如铬酸盐尘等）还可引起鼻腔黏膜充血、水肿、糜烂、溃疡等。金属磨料粉尘可引起角膜损伤，粉尘堵塞皮肤的毛囊、汗腺开口可引起粉刺、毛囊炎、脓皮病等，沥青粉尘可引起光感性皮炎。

3. 中毒作用　吸入铅、砷、锰等粉尘可在呼吸道黏膜很快溶解吸收，出现相应毒物的急性中毒症状。

4. 致癌作用　吸入石棉、放射性矿物质、镍和铬酸盐粉尘等可能引发呼吸和其他系统肿瘤。

（五）生产性粉尘的控制与防护

国家卫生健康委员会发布《2022年我国卫生健康事业发展统计公报》显示，2021年全国报告各类职业病新病例11 108例。其中职业性尘肺病及其他呼吸系统疾病7 615例（其中职业性尘肺病7 577例），尘肺病依旧是我国第一大职业病，尘肺防治工作任重道远。目前，我国尘肺发病以煤炭行业最为严重，其次为冶金行业，之后依次是有色金属、建材、机械、轻工、铁道，上述各行业部门的尘肺病例数占总数的85%，是尘肺防治工作的重点。我国乡镇企业、私有企业接触粉尘作业工人众多，这些企业普遍对粉尘危害缺乏认识，没有防尘降尘设施，粉尘污染异常严重。所以，必须采取强有力和效果明显的粉尘防控措施。

2019年，国家卫生健康委员会联合其他部门制定了《尘肺病防治攻坚行动方案》，以"预防为主，防治结合"思路，展开粉尘危害专项治理行动。近年来，尘肺病等重点职业病高发势头得到初步遏制，劳动者职业健康权益进一步得到保障。全国报告新发职业病病例数从2012年的27 420例下降至2021年的15 407例，降幅达43.8%；其中，报告新发职业性尘肺病病例数从2012年的24 206例下降至2021年的11 809例，降幅达51.2%。

我国在控制粉尘危害、预防尘肺发生方面，结合国情做了不少行之有效的工作。在取得丰富经验的基础上，将防、降尘措施概括为"革、水、密、风、护、管、教、查"八字方针，对我国控制粉尘危害具有重大指导意义。

尘肺病的综合性控制措施包括法律措施、组织措施、技术措施和卫生保健措施。

1. 法律措施　我国政府颁布了一系列旨在防止粉尘危害、保护工人健康的法令和条例。特别是1987年12月颁布的《中华人民共和国尘肺病防治条例》和2002年实施并历经多次修订的《职业病防治法》及其配套的卫生行政规章和制度，使尘肺病的防治、调整用人单位和劳动者在尘肺病防治中的权利和义务，以及明确卫生行政部门在尘肺防治中的监督、检查、指导地位有了法律保证。

我国现行的《工业企业设计卫生标准》（GBZ 1—2010）和《工作场所有害因素职业接触限值 第1部分：化学有害因素》（GBZ 2.1—2019）对生产性粉尘危害的工作场所卫生要求等作出了规定，并提出了47种生产性粉尘总尘时间加权平均容许浓度（permissible concentration-time weighted average，PC-TWA），还对14种呼吸性粉尘制定出容许浓度。

2. 组织措施　主要体现在加强领导，加强宣传教育（"教"），使用人单位和劳动者能正确认识粉尘危害，以保证防尘设备维护管理和防尘管理制度的落实（"管"）。

3. 技术措施　采用先进的工程技术措施消除或降低粉尘危害，是预防尘肺病的最根本的措施。

（1）改革工艺过程、革新生产设备（"革"）：这是消除粉尘危害的主要途径，如遥控操纵、计算机控制、隔室监控等措施避免工人接触粉尘，采用风力运输、负压吸砂等措施减少粉尘外逸，在铸造工艺中采用含石英低、危害较小的石灰石代替石英砂作为铸型材料。

（2）湿式作业（"水"）：是一种简单实用的防、降尘措施，如矿山湿式凿岩，井下运输喷雾洒水，煤层高压注水等，可在很大程度上防止粉尘飞扬，降低作业场所粉尘浓度。

（3）密闭尘源（"密"）、抽风除尘（"风"）：对不能采取湿式作业的场所，应采用密闭抽风除尘方法。如采用密闭尘源和局部抽风相结合，防止粉尘外逸。抽出的含尘空气在经除尘装置（如静电除尘）处理后排入大气。

4. 卫生保健措施　包括作业场所粉尘危害的监测与监督、职业人群的健康检查（"查"）及个体防护（"护"）等。

（1）作业环境监测与职业卫生监督：用人单位应遵照《职业病防治法》及其配套卫生规章，定期对生产场所粉尘浓度进行测定，并接受政府行政部门的职业卫生监督。

（2）健康检查：根据《职业健康监护技术规范》（GBZ 188—2014）规定，从事粉尘作业工人必须进行上岗前健康检查、在岗期间健康检查、离岗时健康检查及离岗后医学随访检查和应急健康检查。

1）上岗前健康检查：主要是发现粉尘作业的职业禁忌证：①活动性肺结核。②严重的慢性呼吸道疾病。③严重影响肺功能的胸部疾病。④严重的心血管系统疾病。患上述疾病者不得从事接尘作业。

2）在岗期间健康检查：目的是及时发现可疑尘肺患者并观察病情变化。检查项目应包括职业史、自觉症状和高仟伏 X 线后前位胸片。在岗期间健康检查的周期和离岗后医学随访检查在《职业健康监护技术规范》（GBZ 188—2014）中有具体规定。

> 基础链接 4-28
> 《职业健康监护技术规范》（GBZ 188—2014）

（3）个体防护：是防尘技术措施的重要补充，在作业现场防、降尘措施难以使粉尘浓度降至国家卫生标准所要求的水平时，可佩戴防尘护具作为辅助防护措施。效果较好的有防尘安全帽、送风头盔、送风口罩等，适用于粉尘浓度高的环境。在粉尘浓度低的环境可佩戴防尘口罩。注意个人卫生，杜绝将粉尘污染的工作服带至住宅环境。

二、常见生产性粉尘及其所致尘肺病

（一）矽尘与矽肺

我国现行的粉尘卫生标准中规定的矽尘是指游离二氧化硅大于 10% 的矿物性粉尘。接触含有 10% 以上的游离二氧化硅的粉尘作业，称为矽尘作业。在自然界中，游离二氧化硅分布很广，在 16 km 以内的地壳内约占 5%，在 95% 的矿石中均含有数量不等的游离二氧化硅。由于在生产过程中长期吸入游离二氧化硅粉尘而引起的以肺部弥漫性纤维化为主的全身性疾病称为硅沉着病，又称矽肺（silicosis）或硅肺。我国的矽肺病例占尘肺总病例的近 50%，位居第一，是尘肺中危害最严重的一种。由于石英（quartz）中的游离二氧化硅达 99%，故常以石英尘作为矽尘的代表。游离二氧化硅按晶体结构分为结晶型（crystalline）、隐晶型（crypto crystalline）和无定型（amorphous）三种。

1. 接触机会　接触游离二氧化硅粉尘的作业非常广泛，遍及国民经济生产建设的诸多领域，如各种金属、非金属、煤炭等矿山，采掘作业中的凿岩、掘进、爆破、运输等；修建公路、铁路、水利电力工程开挖隧道，采石、建筑、交通运输等行业和作业；冶金、制造、加工业等，如冶炼厂、石粉厂、玻璃厂、耐火材料厂生产过程中的原料破碎、研磨、筛分、配料等工序，机械制造业铸造车间的原料粉碎、配料、铸型、打箱、清砂、喷砂等生产过程，陶瓷厂原料准备、珠宝加工、石器加工等，均能产生大量含游离二氧化硅粉尘。

2. 影响矽肺发病的主要因素　矽肺发病与粉尘中游离二氧化硅含量、二氧化硅类型、粉尘浓度、分散度、接尘工龄、防护措施、接触者个体因素等因素有关。

粉尘中游离二氧化硅含量越高，发病时间越短，病变越严重。各种不同石英变体的致纤维化能力依次为鳞石英＞方石英＞石英＞柯石英＞超石英；晶体结构不同，致纤维化能力也各异，依次为结晶型＞隐晶型＞无定型。

矽肺的发生发展及病变程度还与肺内粉尘蓄积量有关。肺内粉尘蓄积量主要取决于粉尘浓度、分散度、接尘时间和防护措施等。空气中粉尘浓度越高，分散度越大，接尘工龄越长，再加上防护措施差，吸入并蓄积在肺内的粉尘量就越大，越易发生矽肺，病情越严重。

劳动者的个体因素如年龄、营养、遗传、个体易感性、个人卫生习惯及呼吸系统疾病对矽肺的发生也起一定作用。既往患有肺结核尤其是接尘期间患有活动性肺结核、其他慢性呼吸系统疾病者，易罹患矽肺。

矽肺发病一般比较缓慢，接触较低浓度游离二氧化硅粉尘多在 15～20 年后才发病。但发病后，即使脱离粉尘作业，病变仍可继续发展。少数由于持续吸入高浓度、高游离二氧化硅含量的粉尘，经 1～2 年即发病者，称为"速发型矽肺"（acute silicosis）。还有些接尘者，虽接触较高浓度矽尘，但在脱离粉尘作业时 X 线胸片未发现明显异常，或发现异常但尚不能诊断为矽肺，在脱离接尘作业若干年后被诊断为矽肺，称为"晚发型矽肺"（delayed silicosis）。

3. 发病机制　尘肺病的病因明确，但发病机制至今未完全明了。国内外学者对其发病机制进行了广泛深入研究，提出了各种学说，在尘肺发病过程的某一阶段解释了肺纤维化的机制。主要有以下几种学说。

（1）机械刺激学说：由于生产性粉尘颗粒呈不规则状，具有尖锐、坚硬的棱角，且难溶解，其产生的机械刺激作用会引起肺组织损伤及慢性炎症反应，从而在其致肺纤维化中起重要作用，故提出机械刺激学说。

（2）免疫学说：实验证明在石英尘的作用下，肺泡巨噬细胞被激活并吞噬石英尘粒，随后释放出各种细胞因子，如白细胞介素-1（IL-1）、肿瘤坏死因子（TNF-α）和巨噬细胞生长因子（MDGF）等，它们可作用于 T 淋巴细胞和成纤维细胞。现已发现矽结节中有抗原抗体反应形成的免疫复合物、浆细胞及多种免疫球蛋白。对矽结节中玻璃样物质分析表明，结节中蛋白质占 80%，脂类占 17%，碳氢化合物占 3%。在 80% 蛋白质中球蛋白占 60%，胶原蛋白为 40%。这些成分类似于大家公认的免疫反应产物——淀粉样物的组成，说明石英尘可激活 T 淋巴细胞和 B 淋巴细胞，产生多种抗自身抗原抗体，从而导致自身组织的损伤。

（3）肺泡巨噬细胞反应学说：一般认为石英粉尘进入肺部的早期，首先表现为急性炎症细胞（中性多核粒细胞）反应，其释放白细胞毒素及趋化因子（如 C3、C5a、白细胞三烯等），进一步促使中性粒细胞增多和肺泡巨噬细胞增生。肺泡巨噬细胞吞噬尘粒，致使巨噬细胞损伤并释放出溶酶体酶及分泌各种生物活性物质（如细胞因子），同时伴有炎症反应和各类细胞（包括成纤维细胞）的增生及胶原纤维的增多，形成矽（尘）性纤维化。现已公认在矽（尘）肺发病中肺泡巨噬细胞起着关键性靶细胞的作用。

（4）氧化应激与自由基学说：粉尘颗粒（二氧化硅）进入机体后，肺泡巨噬细胞膜性结构在氧化酶（NADPH）的作用下，使分子氧减少一个电子形成超氧阴离子（$O_2^-·$），经过一系列连续反应形成 H_2O_2 和羟自由基（OH·）。这些反应性氧物质（即活性氧，ROS）都是氧化剂，而 OH· 是生物系统中最常见的、具有很强毒性的致病自由基。暴露于石英或石棉的肺泡巨噬细胞还可产生多功能的 NO· 自由基。NO· 与 $O_2^-·$ 能产生高活性的超氧亚硝基自由基（$ONOO^-$）损伤组织细胞。另外，H_2O_2 通过与粉尘中铁的作用可产生更多的自由基。实验证明，H_2O_2 在大鼠实验矽肺中具有介导和促进矽肺纤维化的作用。

（5）肺泡细胞损伤学说：肺泡细胞是肺泡结构的重要组成部分，分为 I 型和 II 型两种。当受到石英毒或炎症反应所释放的蛋白酶和水解酶作用时，I 型肺泡细胞损伤，表现为细胞肿胀，或浆膜收缩，细胞连接间隙消失，Ⅰ型肺泡细胞脱落后可由Ⅱ型肺泡细胞修复。当Ⅱ型肺泡细胞不能及时修补时，基底膜受损，暴露间质，激活成纤维细胞增生。

总之，导致肺组织纤维化病变的形成过程十分复杂，涉及多种细胞、多种生物活性物质，是多种因素相互作用与相互制约的结果，最终形成纤维化。

目前矽肺肺纤维化发病的分子机制研究有了一定的进展：①矽尘可通过直接或间接途径激活炎症小体 NLRP3，进而活化 caspase-1，激活下游的 IL-1β 和 L-18，发挥促炎作用。② Th1 型细胞因子在肺损伤早期激活淋巴细胞，参与组织炎症反应过程。Th2 型细胞因子促进成纤维细胞增生、活化，启动纤维化的进程。矽尘促进调节性 T 淋巴细胞调控 Th1 向 Th2 型反应极化，诱导 TGF-$β_1$ 分泌增加，进而促进成纤维细胞增生及胶原蛋白等的合成与分泌。③肌成纤维细胞在矽肺发病中起重要作用，其来源于肺内的成纤维细胞直接分化、上皮细胞转化和循环及骨髓源性细胞的分化。这些不同来源的肌成纤维细胞最终导致过多的细胞外基质沉积，主要有Ⅰ型和Ⅲ型胶原蛋白、弹性蛋白、纤维粘连蛋白、黏多糖等。④矽尘可使肺泡巨噬细胞溶酶体产生应激，导致自噬体增加，细胞自噬降解抑制，促使死亡受体、线粒体和内质网信号通路介导的各种肺部效应细胞的凋亡，从而促进肺纤维化的进程。

> 基础链接 4-29
> 尘肺的发病机制

4. 病理改变　矽肺病例尸检肉眼观察，可见肺体积增大，含气量减少，表面色灰白或黑白，硬度增加使之重量增加，入水即下沉。触及表面有散在、孤立的针尖至豆粒大小的结节如砂粒状，弹性丧失，融合团块处质硬似橡皮。

矽肺的基本病理改变是矽结节形成和弥漫性间质纤维化，矽结节是矽肺特征性病理改变。矽肺病理形态可分为结节型、弥漫性间质纤维化型、矽性蛋白沉积型和团块型。

（1）结节型：由于长期吸入游离二氧化硅含量较高的粉尘而引起的肺组织纤维化，典型病变为矽结节（silicotic nodule）。肉眼观，矽结节稍隆起于肺表面呈半球状，在肺切面多见于两肺中、下叶胸膜下和肺组织内，大小为 1~5 mm。镜下观，可见不同发育阶段和类型的矽结节。早期矽结节胶原纤维细且排列疏松，间有大量尘细胞和成纤维细胞。结节越成熟，胶原纤维越粗大密集，细胞越少，终至胶原纤维发生透明变性，中心管腔受压，成为典型矽结节。典型矽结节呈圆形或卵圆形，横断面似洋葱剖面，外周是多层紧密排列呈同心圆状的胶原纤维，中心或偏侧为一闭塞的小血管或小支气管。有的矽结节以缠绕成团的胶原纤维为核心，周围是呈漩涡状排列的尘细胞、尘粒及纤维性结缔组织。粉尘中游离二氧化硅含量越高，矽结节形成时间越长，结节越成熟、典型。有的矽结节直径虽很小，但很成熟，出现中心钙盐沉着，多见于长期吸入低浓度、游离二氧化硅含量高的粉尘，进展缓慢的病例。淋巴结内也可见矽结节。

（2）弥漫性间质纤维化型：见于长期吸入的粉尘中游离二氧化硅含量较低，或虽游离二氧化硅含量较高，但吸入量较少的病例。病变进展缓慢，特点是在肺泡、肺小叶间隔及小血管和呼吸性细气管周围，纤维组织呈弥漫性增生，相互连接呈放射状、星芒状，肺泡容积缩小，有时形成大块纤维化，其间夹杂粉尘颗粒和尘细胞。多数矽肺病例，由于长期吸入混合性粉尘，兼有结节型和弥漫性间质纤维化型病变，难分主次，称混合型矽肺；有些严重病例兼有团块型病变。

（3）矽性蛋白沉积型：病理特征为肺泡腔内有大量蛋白质分泌物，称为矽性蛋白；随后可伴有纤维增生，形成小纤维灶乃至矽结节。多见于短期内接触高浓度、高分散度的游离二氧化硅粉尘的年轻工人。

（4）团块型：由上述类型矽肺进一步发展，病灶融合而成。矽结节增多、增大且融合，其间继发纤维化病变，融合扩展而形成团块状，周围可有肺气肿或肺大疱。该型多见于两肺上叶后段和下叶背段。

5. 临床表现、X线胸片特征及实验室检查

（1）症状与体征：肺的代偿功能很强，矽肺患者可在相当长时间内无明显自觉症状，但X线胸片上已呈现较明显的矽肺影像改变。最早主要以呼吸困难为主诉且多见于体力劳动后，随着病情的进展，可出现胸闷、气短，特别是在轻体力劳动后，甚至安静状态下也可出现；胸痛多为刺痛或胀痛，但部位和疼痛性质均不固定；早期多有干咳、若并发气管、支气管和（或）肺部感染时，咳嗽加剧，并出现大量黏液脓性痰。早期多数无阳性体征，当病情进行性加重或合并有并发症，如气胸时叩诊过清音，胸膜炎时可闻及胸膜摩擦音，支气管扩张时可有哮鸣音、湿啰音等。

（2）X线胸片表现：矽肺X线胸片影像是肺组织矽肺病理形态在X线胸片的反映，是"形"和"影"的关系，与肺内粉尘蓄积、肺组织纤维化的病变程度有一定相关性，但由于多种原因的影响，并非完全一致。由于肺组织不同程度纤维化使得肺密度增高，X线通过病变组织和正常组织时对X线吸收率发生了变化，呈现发"白"的圆形或不规则小阴影，由此作为矽肺诊断依据。X线胸片上其他影像，如肺门变化、肺气肿、肺纹理和胸膜变化，对矽肺诊断也有参考价值。

1）小阴影：直径小于10 mm，可分为圆形和不规则两种。圆形小阴影是矽肺最常见和最重要的一种X线表现形态，其病理基础以结节型矽肺为主，呈圆形或近似圆形，边缘整齐或不整齐。不规则小阴影多为接触游离二氧化硅含量较低的粉尘所致，病理基础主要是肺间质纤维化，表现为粗细、长短、形态不一的致密阴影。按照形状及直径的不同可分为表4-1所示类型。

表4-1 小阴影的类型

类型		直径（mm）
圆形小阴影	p	<1.5
	q	1.5~3.0
	r	3.0~10.0
不规则小阴影	s	<1.5
	t	1.5~3.0
	u	3.0~10.0

p类小阴影主要是不太成熟的矽结节或非结节性纤维化灶的影像，呈针尖样点状。q、r类小阴影主要是成熟和较成熟的矽结节，或为若干个小矽结节的影像重叠。圆形小阴影早期多分布在两肺中下区，随病变进展，数量增多，直径增大，密集度增加，波及两肺上区。不规则小阴影之间可互不相连，或杂乱无章地交织在一起，呈网状或蜂窝状，致密度多持久不变或缓慢增高。早期也多见于两肺中下区，弥漫分布，随病情进展而逐渐波及肺上区。

2）大阴影：指长径超过10 mm的阴影，为晚期矽肺的重要X线表现，形状有长条形、圆形、椭圆形或不规则形。多在两肺上区出现，常与肋骨垂直呈翼状或八字形对称，也有先在一侧出现；大阴影周围一般有肺气肿带的X线表现。其病理基础主要是团块状纤维化。

（3）实验室检查

1）肺功能：矽肺患者肺活量（vital capacity，VC）、用力肺活量（forced vital capacity，FVC）、第一秒用力肺活量（forced expiratory volume in one second，FEV_1）、FEV_1/FVC常低于正常人。随病情加重，上述指标均进行性下降，且通气功能障碍多以混合型常见。

2）血气分析：动脉血气分析显示，氧分压（PaO_2）和血氧饱和度（SO_2）随病情加重而逐渐下降。早期无并发症的患者仅少数出现轻度低氧血症，但无CO_2蓄积，提示为Ⅰ型呼吸衰竭。加重后，低氧血症的发生率和严重程度均有增加，且1/3患者伴有高碳酸血症，提示为Ⅱ型呼吸衰竭。

6. 诊断与处理

按《职业性尘肺病的诊断》（GBZ 70—2015），根据可靠的生产性矿物性粉

尘接触史，以技术质量合格的 X 射线高千伏或数字化摄影（DR）后前位胸片表现为主要依据，结合工作场所职业卫生学、尘肺流行病学调查资料和职业健康监护资料，参考临床表现和实验室检查，排除其他类似肺部疾病后，对照尘肺病诊断标准片，方可诊断。劳动者临床表现和实验室检查符合尘肺病的特征，若没有证据否定其与接触粉尘之间存在必然联系时，应当诊断为尘肺病。尘肺患者确诊后，再依据其 X 线诊断尘肺期别、肺功能损伤程度和呼吸困难程度，进行职业病致残程度鉴定。按《劳动能力鉴定 职工工伤与职业病致残等级》（GB/T 16180—2014），尘肺致残程度共分为 5 级，进行相应处理。

> 基础链接 4-31
> 《职业性尘肺病的诊断》（GBZ 70—2015）
> 基础链接 4-32
> 《劳动能力鉴定 职工工伤与职业病致残等级》（GB/T 16180—2014）

7. **并发症** 矽肺常见并发症有肺结核、肺及支气管感染、自发性气胸、肺源性心脏病等。其中，最为常见和危害最大的是肺结核。矽肺如果合并肺结核，不仅矽肺的病情会恶化，结核也将难以控制，因此矽肺合并肺结核是患者死亡的最常见原因。

8. **治疗** 迄今尚无治疗矽肺的特效药物，原则是尘肺病患者应及时脱离粉尘作业，并根据病情需要进行综合治疗，积极治疗和预防肺结核及其他并发症，提高患者生活质量，延长其寿命。实验证明，克矽平（polyvinylpyridine, P-204）有明显的抑制肺纤维化的作用；磷酸哌喹（piperaquine phosphate）也称"抗矽-14"，具有稳定巨噬细胞溶酶体膜的作用，并可抑制成纤维细胞形成胶原纤维；磷酸羟基哌喹（hydroxypiperaquine phosphate）较磷酸哌喹副作用小，但停药后病变进展似又可加快；粉防己碱（tetrandrine）具有稳定细胞膜、保护溶酶体膜的作用；柠檬酸铝（aluminum citrate）可在矽尘颗粒表面形成难溶性硅酸铝，从而降低其毒性；矽肺宁，为纯中药制剂，具有活血散结、清热化痰、止咳平喘的功效。

支气管肺泡灌洗术（bronchoalveolar lavage）包括全肺双侧大容量灌洗和小容量肺段灌洗两种方法。前者主要在于去除肺泡腔内的粉尘、尘细胞及细胞碎片并缓解症状；后者则在灌洗基础上可灌入增强免疫、抗感染及抗纤维化等作用的药物，以增强体质，改善现状。

（二）石棉与石棉肺

石棉是一组呈纤维状、丝状形态的硅酸盐矿物的总称。石棉具有抗拉性强、不易断裂、耐火、隔热、耐酸、耐碱和绝缘等良好的理化特性，广泛用于绝缘、隔热、隔声、制动、纺织、耐酸碱等制品，由于多样且优异的工艺性能，石棉在工业上的用途达 3 000 种以上。

石棉分两大类：①蛇纹石类，主要为温石棉，为银白色片状结构，并形成中空的管状纤维丝，柔软、可弯曲，因而具有可织性。使用量占世界全部石棉产量的 95% 以上。②闪石类，石棉纤维为链状结构的硅酸盐，质硬而脆，以青石棉和铁石棉的开采和使用量为多。

石棉纤维因品种不同而化学组成和粗细不一，其直径大小依次为直闪石 > 铁石棉 > 温石棉 > 青石棉，以青石棉最细。粒径愈小则沉积在肺内的量愈多，对肺组织的穿透力也愈强，故青石棉致纤维化和致癌作用都最强。石棉不仅可以引起非恶性疾病如石棉肺、胸膜斑、皮肤疣等，还可致恶性肿瘤，如肺癌、恶性间皮瘤等，是公认的人类致癌物。

石棉肺是在生产过程中长期吸入石棉粉尘所引起的以肺纤维化为主的疾病。其特点是全肺病损并以肺间质弥漫性纤维化为主，是弥漫性间质纤维化型尘肺的典型代表，不出现或极少出现结节性损害。

1. **接触机会** 接触石棉的主要作业是采矿（如石棉采矿、选矿、运输、轧棉、梳棉）、加工和使用（如纺织、建筑、绝缘、造船、造炉、电焊、耐火材料）、石棉制品检修、保温材料、刹车板制造和使用等。

2. **影响石棉肺发病的主要因素** 包括石棉种类、石棉纤维长度、石棉纤维粉尘浓度、接触石棉时间（工龄）和接触者个体差异等。较柔软且易弯曲的温石棉纤维易被阻留于细支气管上部气道并清除，不易穿透肺组织深部；直且硬的闪石类纤维，如青石棉和铁石棉纤维可穿透肺组织，并可达到胸膜，导致胸膜疾病；< 5 μm 的石棉纤维均能引起肺纤维化；粉尘中含石棉纤维量越高，接触时间越长，越易引起肺纤维化，脱离粉尘作业后仍可发生石棉肺。此外，接触者个体差异及生活习性（如吸烟等）均与石棉肺发病有关。

3. 发病机制　石棉损伤机体的发病机制至今尚不明确，但根据近年研究报道可归纳为以下几种学说。

（1）直接损伤作用：石棉的致纤维化作用可能与其所共有的物理特性即纤维性、坚韧性和多丝结构有关。它不仅可机械损伤和穿透呼吸细支气管和肺泡壁，侵入肺间质引起纤维化，而且可以穿透胸膜，引起严重的胸膜病变，如胸膜斑、胸膜积液、间皮瘤等。

（2）细胞毒性作用：不同类型的石棉纤维对细胞的毒性作用不同，温石棉纤维的细胞毒性作用强于闪石类纤维。当温石棉纤维与细胞膜接触时，其表面的 Mg^{2+} 及其正电荷与巨噬细胞的膜性结构相互作用，使细胞膜的通透性增高和溶酶体酶释放，进而细胞肿胀崩解。

（3）自由基介导的氧化损伤作用：石棉纤维表面的铁可催化产生 $O_2^-·$、$·OH$、H_2O_2、NO 自由基，这些自由基具有介导染色体和 DNA 的氧化性损伤的活性，一旦形成很容易损伤细胞，故其毒性增强。

4. 病理改变

（1）弥漫性肺纤维化：吸入的石棉纤维易随支气管长轴进入肺下叶，故纤维化主要发生在两肺下部，由下向上逐渐减轻。随着疾病进展，两肺切面出现粗细不等的灰黑白色弥漫性纤维化条索和网架，为石棉肺的肉眼观表象特征。晚期，两肺明显缩小变硬，表面因斑痕下陷与结节样隆起而凹凸不平，切面为典型的弥漫性纤维化"蜂窝样"改变。

（2）胸膜增厚和胸膜斑：石棉肺胸膜广泛增厚，并可形成壁层胸膜局限性纤维斑片，多见于双肺下后外侧和基底部、叶间裂和肺尖。胸膜斑指厚度 > 5 mm 的局限性胸膜增厚，是石棉所致肺部病变的病理学和影像学重要标志之一，也可以是接触石棉者的唯一病变。显微镜下胸膜斑由玻璃样变的粗大胶原纤维束构成。

（3）石棉小体：石棉肺组织切片中可见长 10～300 μm，粗 1～5 μm 的石棉小体（asbestos body），呈黄色或黄褐色，形似哑铃、串球或火柴状，铁反应阳性，系石棉纤维被巨噬细胞吞噬后，由一层含铁蛋白颗粒和酸性黏多糖包裹沉积于石棉纤维之上形成。石棉小体的数量多少与肺纤维化程度不一定平行，肺内查见石棉小体仅仅是吸入石棉的标志，并非疾病证明。石棉纤维一旦被铁蛋白所包裹，则丧失其致纤维化的能力。

（4）间皮瘤：大体观察胸膜间皮瘤多呈白色或黄白色，覆盖于肺表面的局部肿块，或包裹整个肺叶或全肺，并累及纵隔和心包，可沿叶间隔蔓延，并侵入肺内，早期需与胸膜斑区别。显微镜下观察，细胞形态多样，具有多向分化性，诊断时需排除胸（腹）腔的转移性肿瘤。

5. 临床表现、X线胸片特征及实验室检查

（1）症状和体征：早期症状较轻，晚期可出现活动后气短、胸闷、呼吸困难，呈进行性。咳嗽一般为阵发性干咳，最初有白色泡沫痰，继而转为黏液性脓痰。呼吸困难起初出现于体力活动时，随着病情发展逐渐趋于明显。晚期患者在静息时也可出现气急。有的患者可有一时性局限性胸痛。并发肺癌或恶性胸膜间皮瘤者，可出现持续性胸痛。此外，尚可有乏力、食欲减退、消瘦等全身症状。

石棉肺特征性体征是双侧肺下区在吸气期间可闻及捻发音，随病情加重，捻发音可扩展至肺

中上区，其声音也由细小变粗糙。晚期患者可出现杵状指（趾）等体征，合并肺气肿者，胸廓呈桶状，叩诊呈过清音。伴肺源性心脏病可有心肺功能不全症状和体征。

（2）X线胸片表现：主要为网状的不规则阴影，形态由小到大，由稀疏到密集逐渐发展，最初可为细小淡薄的小点状阴影，边缘不整齐，呈星芒状，也可为细小纹理交叉呈网状，多见于中下肺叶，以后扩展到上肺叶。病程晚期，上述不规则阴影密度持续增高，且结构紊乱如绒毛或蜂窝状。胸膜改变包括胸膜增厚、胸膜斑和胸膜钙化。胸膜斑是我国石棉肺诊断分期的指标之一。胸膜斑多分布在双下肺侧胸壁6~10肋间，也可发生于膈胸膜和心包膜。弥漫性胸膜增厚的X线影像呈不规则阴影，以肺中下区明显，有时可有点片或条状钙化影。晚期石棉肺可因纵隔胸膜增厚并与心包膜及肺组织纤维化交错重叠，致使心缘轮廓不清，甚至可形成"蓬发状心影"（shaggy heart），此影像是Ⅲ期石棉肺的主要诊断依据之一。CT检查对胸膜异常的发现有重要价值，无论对后下方胸膜、纵隔胸膜或横膈面的增厚、粘连，以及脊柱旁的胸膜斑或钙化等，均可明显提高检出率，为石棉肺的诊断及鉴别诊断提供重要的参考依据。同时，CT检查尚可在早期发现胸膜壁不规则的块状病变，为间皮瘤的辨认提供重要信息。

（3）实验室检查：石棉肺典型的肺功能改变是限制性通气功能障碍，常发生于胸部X线异常之前，甚至可早于临床症状。随着病情进展，VC、FVC和肺总量（total lung capacity，TLC）呈进行性急剧降低。约50%Ⅰ期和80%Ⅱ期石棉肺患者PaO_2降低，提示有低氧血症。

6. 诊断与处理

（1）诊断：按《职业性尘肺病的诊断》（GBZ 70—2015）执行。

（2）石棉肺患者处理：按《劳动能力鉴定 职工工伤与职业病致残等级》（GB/T 16180—2014）标准执行。

7. 并发症

（1）肺感染：肺内非特异性感染是石棉肺的主要并发症，尤其中、晚期患者肺内感染往往促使纤维化过程加重、加快。因此，预防肺感染的发生，具有重要的临床意义。石棉肺并发结核比矽肺少。

（2）肺源性心脏病：石棉肺在长期缓慢的进展过程中由于全肺弥漫性纤维化伴一定程度的肺气肿，于晚期容易导致肺源性心脏病。当出现肺内反复继发感染时，肺源性心脏病会持续加重，最终多死于心肺功能衰竭。

（3）肺气肿：石棉肺由于间质性弥漫性纤维化多伴有肺气肿，为灶周性或代偿性和小叶性肺气肿。

（4）癌症：石棉纤维可致恶性肿瘤，特别是肺癌和恶性间皮瘤发病远远超过普通人群和其他尘肺患者。

8. 治疗 目前尚无有效的药物可以控制石棉肺的发展，动物实验中对抑制矽肺纤维化有效的药物，如克矽平、磷酸哌喹、有机铝等，对石棉肺无效。目前仍主要采用一般支持及对症疗法，积极防治并发症，其中尤以控制感染为重要。

（三）煤尘与煤工尘肺

煤工尘肺（coal worker pneumoconiosis，CWP）是煤矿工人在生产过程中长期接触煤矿粉尘（coal-mine dust）所患尘肺病的总称。在煤矿开采过程中，工人因从事工种不同，可分别接触煤尘、煤矽尘和矽尘，长期高浓度接触上述粉尘均可致肺组织弥漫性纤维化。我国煤工尘肺占尘肺总例数的40%左右，仅次于矽肺。而在煤工尘肺中又以煤矽肺最为常见，约占煤工尘肺的80%

以上。煤工尘肺有3种类型。

矽肺：掘进工种，包括凿岩工及其辅助工、装渣工、放炮工等接触岩石粉尘，粉尘游离二氧化硅含量在10%以上，其所患尘肺在病理学上有典型的矽结节改变，发病工龄10~15年。占煤工尘肺患者总数10%~30%。

煤肺：采煤工种，包括电钻打眼工、采煤机手、回采工、地面煤仓装卸工等，主要接触单纯性煤尘（煤尘中游离二氧化硅含量在5%以下），其所患尘肺在病理学上有典型的煤尘灶或煤尘纤维灶及灶周肺气肿，发病工龄多在20~30年，病情进展缓慢，危害较轻。

煤矽肺（anthracosilicosis）：既在采煤工种也在掘进工种工作过的工人，既接触煤尘也接触过矽尘，或长期接触煤矽尘，其所患尘肺在病理学上兼有矽肺和煤肺的特征，是我国煤工尘肺最常见的类型，发病工龄多在15~20年。

1. 接触机会　煤矿生产过程中，除掘进、采煤工种外，在选煤、煤炭装卸等工种也可接触煤尘或煤矽混合尘。煤工尘肺的发病情况，因开采方式不同有很大差异。井下开采工作面的粉尘浓度和粉尘分散度均高于露天煤矿，尘肺发病率也高于露天煤矿。不同煤种的致病能力不同，无烟煤最强，烟煤次之，褐煤较弱。

2. 影响煤工尘肺发病的主要因素　煤工尘肺病变严重程度与肺内蓄积的粉尘数量有关，即存在剂量-反应关系，还同粉尘的组成成分有关。露天煤矿由于粉尘能及时扩散，作业点粉尘浓度相对较低，工人的煤工尘肺发病率也较低；井下工作面开采的粉尘浓度和分散度均高于露天煤矿，因此煤工尘肺发病率较高。

3. 发病机制　仍不完全清楚，但不论煤的种类为何，最初的病灶都是煤尘灶和灶周肺气肿，煤矽肺则在最初的病灶上出现煤矽结节。当煤尘进入肺内后，很快被肺巨噬细胞吞噬，大部分可被咳出体外，小部分从肺泡腔进入周围间质，当沿淋巴管移行时阻塞淋巴管道，使煤尘和尘细胞潴留在二级呼吸性细支气管内，形成煤尘细胞。在煤尘和少量矽尘的共同作用下，灶内网状纤维增生，并产生胶原纤维而形成煤尘纤维灶。煤尘灶压迫和破坏呼吸性细支气管管壁，最终形成呼吸性细支气管周围的小叶中心型肺气肿。研究还证实，纯煤尘产生自由基的能力是石英粉尘的8倍，特别是新形成的煤尘颗粒表面更容易产生自由基从而使细胞膜脂质过氧化，导致细胞凋亡。

4. 病理改变　因吸入的矽尘与煤尘的比例不同而异，除掘进工种所患矽肺外，多兼有弥漫性间质纤维化型和结节型两者特征。

（1）煤斑：又称煤尘灶，是煤工尘肺最常见的原发性特征性病变，也是病理诊断的基础指标。煤斑肉眼观察呈灶状，色黑，质软，直径2~5 mm，呈圆形或不规则形，边界不清，多在肺小叶间隔和胸膜交角处，呈网状或条索状分布。显微镜下可见煤斑由很多煤尘细胞灶和煤尘纤维灶组成。

（2）灶周肺气肿：是煤工尘肺病理学又一特征。灶周肺气肿有两种，一种是局限性肺气肿，为散在分布于煤斑旁的扩大气腔，与煤斑共存；另一种是小叶中心性肺气肿，在煤斑的中心或煤尘灶的周边，有扩张的气腔，居小叶中心。

（3）煤矽结节：肉眼观察呈圆形或不规则形，大小为2~5 mm或稍大，色黑，质坚实。镜下可见典型煤矽结节，其中心部由旋涡样排列的胶原纤维构成，可发生透明变性，胶原纤维之间有明显煤尘沉着，周边则有大量煤尘细胞、成纤维细胞、网状纤维和少量的胶原纤维。非典型煤矽结节无胶原纤维核心，胶原纤维束排列不规则并较为松散，尘细胞分散于纤维束之间。吸入粉尘中游离二氧化硅含量高者，也可见典型矽结节。

（4）弥漫性纤维化：在肺泡间隔、小叶间隔、小血管和细支气管周围和胸膜下，出现不同程度的间质细胞和纤维增生,并有煤尘和尘细胞沉着,间质增宽变厚,晚期形成粗细不等的条索和弥漫性纤维网架,肺间质纤维增生明显。

(5)大块纤维化:是晚期煤工尘肺表现之一。呈致密的黑色块状病变,多分布在两肺上部和后部,右肺多于左肺。镜下可见在大块纤维组织中和大块病灶周围有很多煤尘和煤尘细胞,部分病例可见煤矽结节。煤工尘肺的大块纤维化与矽肺融合团块不同,后者融合团块中结节较多,间质纤维化相对较少。

5. 临床表现、X线胸片特征及实验室检查

(1)症状和体征:煤肺的临床症状较轻微,早期可无任何症状和体征,最早出现的症状是劳动时有不同程度的气短和干咳,病情进展或合并感染时可咳出黑色黏液痰。晚期患者易继发肺源性心脏病,有缺氧和二氧化碳潴留等症状。煤矽肺的临床症状和矽肺基本相似,但出现时间较矽肺早。

(2)X线胸片表现:煤工尘肺不论是煤矽肺还是煤肺,X线上主要表现为圆形小阴影、不规则小阴影和大阴影。

1)圆形小阴影:煤工尘肺X线表现以圆形小阴影为主者较为多见,多为p类和q类圆形小阴影。圆形小阴影的形态、数量和大小往往与患者长期从事的工种,即与接触粉尘的性质和浓度有关。掘进工种患者以典型的圆形小阴影居多;以采煤作业为主的工人,圆形小阴影多不太典型,边缘不整齐,呈星芒状,密集度低。随着尘肺病变的进展,圆形小阴影直径增大,增多,密集度增加,分布范围扩展,可布满全肺。

2)不规则小阴影:多呈网状,有的密集呈蜂窝状,但小阴影密集度常比矽肺低。

3)大阴影:晚期煤工尘肺患者胸片上可见到大阴影,大阴影周边肺气肿多较明显。大阴影多在两肺中上区出现,左右对称多见。煤肺患者晚期罕见大阴影。此外,煤工尘肺的肺气肿明显,多为弥漫性、局限性和泡性肺气肿。泡性肺气肿表现可为所谓"白圈黑点"影像,晚期可见到肺大疱。

(3)实验室检查:煤肺患者的通气功能通常无明显改变,仅于晚期并发肺气肿时才出现通气功能和弥散功能损害。煤矽肺患者的FEV_1、FVC、VC等通气功能均低于正常人和接尘工人,并随病情的加重而进行性下降,通气功能障碍以阻塞性为主。

6. 诊断与处理 同矽肺。

7. 并发症

(1)肺结核:煤工尘肺的结核并发率较高,其中以矽肺和煤矽肺患者为主,煤肺患者的结核发病率较低。

(2)慢性阻塞性肺疾病:煤工尘肺有较高的慢性支气管炎和肺气肿发病率,因而继发肺源性心脏病的患者也较多。

(3)类风湿尘肺:又称Caplan综合征,煤工尘肺合并类风湿关节炎时称之。肺内结节的出现可在类风湿关节炎发作前或后,X线胸片中出现密度高而均匀且边界清晰的圆形块状阴影。

8. 治疗 一经诊断,应立即调离粉尘作业。可选用抑制肺纤维化的药物(见矽肺治疗),对症治疗可服用止咳、平喘、祛痰、消炎药物。合理营养、进行适度的运动以增强机体抵抗力和改善肺功能。积极防治并发症,特别是呼吸道感染和结核。

三、有机粉尘所致的职业性肺部疾病

有机粉尘是指空气中飘浮的有机物颗粒，包括植物、动物和微生物源性的颗粒和微滴，主要分为植物性粉尘、动物性粉尘和人工合成有机粉尘。有机粉尘主要引起呼吸系统疾病，包括呼吸系统急慢性炎症、慢性阻塞性肺疾病、支气管哮喘、过敏性肺炎、棉尘病等。

棉尘病（byssinosis）是由于吸入棉花、亚麻、软大麻等植物性粉尘而引起的呼吸道疾病。急性反应为一种特征性的胸部紧束感，多在休假或周末休息后再工作时发生，可伴有咳嗽，偶有咳痰。棉尘病的首发症状是胸部紧束感或气短，进而引发干咳、持续咳痰等呼吸道刺激症状。棉尘病通常会诱发慢性阻塞性肺疾病，造成慢性通气功能受损。肺功能测定表现为上班后通气功能有明显降低。长期接触后，上述症状和肺功能改变可进一步加重，呼吸困难突出，表现为明显的阻塞性肺疾病的临床征象。病理研究中未发现有类似尘肺样肺纤维化的改变。近年研究证明这是以阻塞性障碍为主的呼吸道疾病，其发病机制与临床表现可构成一种独立的疾病。患者按阻塞性呼吸系统疾病治疗原则，以对症治疗为主。

第四节　物理因素及其所致职业性疾病

随着生产发展和技术进步，劳动中接触的物理因素越来越多，接触机会不断增加，不仅有异常气象条件、噪声、振动等常见因素，还有超声、次声、工频电磁场、超高压直流电场、超重和失重、空调房间、视频显示终端等新出现的因素。其中有些因素在一般生产过程中虽然也有接触，但由于强度小，对人体健康不会产生明显的影响，因此不引起人们的注意。但由于科技的发展和生产工艺过程的变化，使得某些作业场所中上述因素的强度明显增加，以至于对人体健康造成危害。对于这些生产和工作环境中的及新出现的各种危害人体健康的物理因素，需要及时加以研究解决。

一、概述

（一）生产环境中常见的物理因素

生产环境中常见的物理因素主要包括：①气象条件，如温度、气压；②噪声和振动；③非电离辐射，主要有射频辐射（又称无线电波）、紫外与红外线、激光等；④电离辐射，主要有α射线、β射线、X射线和γ射线等。

（二）生产环境中物理因素的特点

与化学因素相比，物理因素具有如下特点。

（1）除激光是由人工产生之外，其他物理因素在自然界中均存在。正常情况下，有些因素不但对人体无害，反而是人体生理活动或从事生产劳动所必需的，如气温、可见光等。

（2）作业场所中物理因素的强度一般不是均匀分布的，多以装置为中心，向四周传播。

（3）作业场所中的物理因素一般有明确的来源，一旦装置停止工作，相应的物理因素便

会消失。

（4）除了某些放射性物质进入人体可以产生内照射以外，绝大多数物理因素在脱离接触后，体内便不再残留。

（5）有些物理因素，如噪声、微波等，可有连续波和脉冲波两种传播形式。不同的传播形式对人体危害的程度会有较大差异。

（6）机体在接触物理因素后，大都会产生适应现象，如高温、低温、噪声。一方面，可以利用此适应现象来保护职业人群；但另一方面，这种适应现象仅在一定的范围，不能忽视积极的预防策略。

（三）生产环境物理因素危害的预防和治疗原则

在许多情况下，物理因素对人体的损害效应与物理参数之间不呈直线的相关关系，而是常表现为在某一强度范围内对人体无害，高于或低于这一范围才对人体产生不良影响，并且影响的部位和表现形式可能完全不同。例如，正常气温与气压对人体生理功能是必需的，而高温可引起中暑，低温可引起冻伤或冻僵；高气压可引起减压病，低气压可引起高山病。

由于物理因素在一定条件下对机体存在有利的一面，因此采取预防措施时不是设法"消除"或"替代"，也不是将其减少到越低越好，而是通过工艺技术措施或其他途径控制其接触强度，或者减少暴露时间，使之不致对机体产生不良影响，据此制定出职业接触限值，以保护劳动者的健康。

除了某些放射性物质进入人体可以产生内照射以外，绝大多数物理因素在脱离接触后体内没有接触因素的残留，因此物理因素对人体所造成的伤害或疾病的治疗不需要采用"驱除"或"排出"有害因素的治疗方法，而主要是针对人体的病变特点和程度采取相应治疗措施。

二、不良气象条件

（一）生产环境的气象条件及特点

生产环境的气象条件主要是指气温、气湿、气流和热辐射，可随不同季节大气条件的变动而改变，也受生产场所的生产设备、生产情况、热源的数量和距离、厂房建筑、通风设备等条件影响。因此，在不同地区、不同季节、不同场所，生产环境的气象条件差异很大。

1. 气温　生产环境中的气温除决定于大气温度外，还受太阳辐射、生产上的热源和人体散热等的影响。热源通过传导、对流使生产环境中的空气加热，并通过辐射加热四周物体，形成第二次热源，扩大了直接加热空气的面积，使气温升高。

2. 气湿　生产环境中的气湿以相对湿度表示，相对湿度大于80%为高气湿，低于30%称为低气湿。高气湿主要由于水分蒸发和释放蒸气所致，如液体蒸煮的缫丝、印染、屠宰等工艺和矿井作业。低气湿可见于冬季高温车间的作业。

3. 气流　即风速，生产环境中的气流主要与厂房中的热源有关，还受外界风力大小的影响。生产车间的空气受热源加热后，其体积膨胀，密度变小，向上流动由天窗排出，室外冷空气通过厂房门、侧窗和下部空隙进入室内，造成空气对流。室内外温差越大，产生的气流越大。

4. 热辐射　主要指红外线和一部分可见光而言。太阳和生产环境中的各种熔炉、开放的火焰、熔化的金属等热源均能产生大量热辐射。红外线不直接加热空气，但可使周围物体加热。当周围物体表面温度超过人体表面温度时，周围物体表面则向人体放散热辐射使人体受热，称为正辐射。相反，当周围物体表面温度低于人体表面温度时，人体表面则向周围物体辐射散热，称为负辐射。负辐射有利于人体散热，在防暑降温上有一定意义。

5. 气压　是大气压强的简称，是作用在单位面积上的大气压力。一般情况下，人们工作场所的气压变化不大，但有些特殊职业需要在异常气压下工作，如潜水或潜涵（沉箱）时的高气压作业，高空、高原或高山等环境下的低气压作业。

（二）高温

1. 高温作业概念及类型　高温作业（work in hot environment）是指有高气温或有强烈的热辐射或伴有高气湿（相对湿度≥80%）相结合的异常作业条件，且工作地点平均湿球黑球温度指数（WBGT 指数）≥25℃的作业。

> 基础链接 4-33
> 高温作业分级及湿球黑球温度指数的计算

（1）高温、强热辐射作业：冶金工业的炼焦、炼铁、炼钢等车间，机械制造工业的铸造、锻造、热处理车间，陶瓷、玻璃、建材工业的炉窑车间，发电厂（热电站）、轮船的锅炉间等，这些生产场所的气象特点是气温高、热辐射强度大，而相对湿度较低，形成干热环境。

（2）高温、高湿作业：一般指相对湿度≥60%，生产环境温度≥32℃的作业。常见的有纺织印染、造纸等工厂，潮湿的深矿井，其特点是高温、高湿，而热辐射强度不大，即湿热环境。

（3）夏天露天作业：夏季的农田劳动、建筑工地、大型体育竞赛、军事训练等作业人员，除受太阳的辐射作用外，还受被加热的地面周围物体放出的热辐射作用。露天作业中的热辐射强度虽较高温车间为低，但其作用的持续时间较长，加之中午前后气温升高，又形成高温、热辐射的作业环境。

2. 高温作业对机体的影响　高温作业时，人体出现一系列生理功能改变，主要为体温调节、水电解质代谢和心血管、消化、神经、泌尿系统的适应性变化。但如果超过一定的限度，则可对人体产生不良影响。

（1）体温调节：高温环境下劳动，人体体温调节不仅受外界环境气象条件的影响，同时受劳动强度的影响。首先，在气象条件的诸多因素中，气温和热辐射起主要作用，前者以对流和传导作用于人体体表，后者以辐射热作用于体表和深部组织，与人体进行热交换，升高人体温度或使人体散热。其次，体力劳动时，随劳动强度的增加和劳动时间的延长，机体的代谢产热量不断增加。同时由于高温环境，又促使代谢亢进，而增加额外的产热量。在这三者作用之下，体内不断蓄热，体温升高，从而刺激体温调节中枢，使散热中枢兴奋，引起散热反应。皮肤血管扩张，血液重新分配，大量血液流向体表以使热量从深部组织迅速向体表转移，使皮温升高，同时汗腺分泌增加；如果皮温超过环境温度，体表虽仍能以对流、辐射等方式散热，但其散热量甚小，主要靠出汗蒸发散热，同时产热中枢受抑制，产热稍有减少，从而体温得以保持正常水平；当气温继续升高而超过体表温度时，机体的唯一散热途径只有蒸发散热，如空气相对湿度高、风速小，即使大量出汗，其蒸发也极慢，散热效率明显降低；当机体接受外界环境热量和体内产热量明显大于散热量时，热平衡无法维持，机体出现热蓄积，此时机体处于热应激状态，如果热接触是间断的，体内蓄积的热可在间期散发出去而缓解热应激，如蓄热过量，超过体温调节能力，则可能出现过热而发生中暑，严重者可致热射病。

（2）水电解质代谢：环境温度愈高，劳动强度愈大，人体出汗量则愈多。汗液的有效蒸发率在干热有风的环境中高达 80% 以上，大量出汗能及时蒸发，则散热作用良好。但在湿热风小的环境中，汗的有效蒸发率则经常不足 50%，汗液难于蒸发，往往成汗珠淌下，不利于体温调节，且由于皮肤潮湿度增高，皮肤角质渍汗而膨胀，阻碍汗腺孔的正常作用，淌汗更多。大量的出汗可引起水分、氯化钠及水溶性维生素的丢失,导致机体水电解质代谢障碍,甚至造成水和电解质紊乱,导致热痉挛发生。

(3) 心血管系统:在高温环境下工作,人体由于出汗,水分大量丧失,以致有效血容量减少,血液浓缩加之高温使皮肤血管扩张,末梢循环血量增加,内脏相对缺血,心脏负担加重,从而使心率加快。如果高温作业工人在劳动时已达最高心率,机体蓄热又不断增加,则不可能再增加心输出量来维持血压和肌肉灌流,可能导致热衰竭。长期从事高温作业可引起心脏代偿性肥大。此外,高温作业对血压也有影响。

(4) 消化系统:高温作业时,机体血液重新分配,引起消化道缺血,胃肠道活动受抑制,消化液分泌减少,胃液酸度降低,胃肠道的收缩和蠕动减弱,吸收和排空速度变慢,以及大量饮水使胃酸稀释。这些因素均可引起食欲减退和消化不良,使胃肠道疾病增多。

(5) 神经系统:高温作业可抑制中枢神经,造成肌肉工作能力低下,机体产热量因肌肉活动减少而下降,热负荷减轻。但是,作业人员由于注意力、动作准确性、协调性和反应速度降低,不仅作业能力明显下降,而且易发生工伤事故。

(6) 泌尿系统:高温作业时,体内大量水分经汗腺排出,肾血流量和肾小球滤过率下降,尿液浓缩,肾负担加重,如不及时补充水分,可引起肾功能不全。

3. 热适应(heat acclimatization) 也称热习服,是指人在热环境下工作一段时间后对热负荷产生的适应反应。人体热适应后,体温调节能力提高,汗液中无机盐含量减少,出汗增多、蒸发效率增高,皮温和中心温度降低,心率明显下降。但热适应的状态并不稳定,停止接触热1周左右即返回到适应前的状况,即脱适应。

热适应者对热的耐受能力增强,这不仅可提高高温作业的劳动效率,也有效地防止中暑的发生。但人体热适应是有一定限度的,如超出适应限度,仍可引起机体正常生理功能紊乱,必须注意防暑保健工作。

4. 中暑(summer heat stroke) 是高温环境下由于热平衡和(或)水电解质代谢紊乱等而引起的一种以中枢神经系统和(或)心血管系统障碍为主要表现的急性热致疾病(acute heat illness)。环境温度过高、湿度大、热辐射强度大、风速小,劳动强度过大,劳动时间过长,均是中暑的主要致病因素。而过度疲劳、睡眠不足、体弱、肥胖、对热未适应等都是其诱发因素。

(1) 发病机制与临床表现:中暑是我国法定职业病,按其发病机制可分为热射病、热痉挛和热衰竭。

1) 热射病(heat stroke):是中暑最严重的一种,即使治疗及时,死亡率仍可高达20%。主要是由于机体产热与获热超过散热,致使体内蓄热,体温调节机制紊乱所致。常见于高温高湿环境下进行高强度训练或从事重体力劳动者,多数患者起病急,少数有数小时至1天左右的前驱期。典型症状为急骤高热,皮肤干热和不同程度的意识障碍,严重者可引起多器官功能障碍,常可遗留神经系统后遗症。日射病是指夏季露天作业,太阳辐射直接作用于头部而引起的中暑。由于日射病的病理和临床表现与热射病基本相同,因而将其归于热射病中。

典型病例 4-1
热射病病例

2) 热痉挛(heat cramp):由于大量出汗,体内钠、钾过量丢失导致体内水和电解质平衡失调所致。常发生于初次进入高温环境工作,或运动量过大时,大量出汗且仅补水者,及时处理后,一般可在短时间内恢复。主要表现为明显的肌肉痉挛,伴有收缩痛。痉挛以四肢肌肉及腹肌等经常活动的肌肉为多见,尤以腓肠肌为最;痉挛可在高温环境中也可在脱离后发作,常呈对称性,时而发作,时而缓解。患者神志清醒,体温多正常。

3) 热衰竭(heat exhaustion):也称为热晕厥或热虚脱,是由于热引起机体血管舒缩调节发生障碍，使外周血管扩张和大量失水造成循环血容量减少，引起大脑供血不足所致。主要表现有头晕、头痛、多汗、恶心、呕吐、皮肤湿冷、面色苍白，血压下降，继而晕厥，体温常升高；热衰竭如得不到及时诊治，可发展为热射病。

（2）诊断及处理原则：参照《职业性中暑的诊断》(GBZ 41—2019)。

1）中暑先兆：中暑先兆（观察对象）是指在高温作业环境工作一定时间后，出现头晕、头痛、乏力、口渴、多汗、心悸、注意力不集中、动作不协调等症状，体温正常或略有升高但低于38.0℃。主要处理有立即脱离高温环境，到通风阴凉处休息、平卧。予含盐清凉饮料及对症处理，并密切观察。

研究进展 4-1
热射病的病理生理与救治进展

2）热射病（包括日射病）：在高温作业环境下从事体力劳动或体力活动，出现以体温明显增高及意识障碍为主的临床表现，表现为皮肤干热，无汗，体温高达40℃及以上，谵妄、昏迷等；可伴有全身性癫痫样发作、横纹肌溶解、多器官功能障碍综合征。其处理原则为快速降温，持续监测体温，保护重要脏器功能，呼吸循环支持，改善微循环，纠正凝血功能紊乱，对出现肝肾衰竭、横纹肌溶解者，早期予以血液净化治疗。

3）热痉挛：在高温作业环境下从事体力劳动或体力活动，大量出汗后出现短暂、间歇发作的肌痉挛，伴有收缩痛，多见于四肢肌肉、咀嚼肌及腹肌，尤以腓肠肌为著，呈对称性；体温一般正常。主要处理原则为纠正水与电解质紊乱及对症治疗。

4）热衰竭：在高温作业环境下从事体力劳动或体力活动，出现以血容量不足为特征的一组临床综合征，如多汗、皮肤湿冷、面色苍白、恶心、头晕、心率明显增加、低血压、少尿，体温常升高但不超过40℃，可伴有眩晕、晕厥，部分患者早期仅出现体温升高。实验室检查可见血细胞比容增高、高钠血症、氮质血症。其处理方式有物理降温和（或）药物降温，并注意监测体温，纠正水电解质紊乱，扩充血容量，防止休克。

5. 防暑降温措施

（1）技术措施：合理设计工艺流程，改进生产设备和操作方法，减少工人接触高温作业的机会，是改善高温作业劳动条件的根本措施。利用水或导热系数小的材料进行隔热也是防暑降温的一项重要措施，还可以采用自然通风和机械通风进行降温。

（2）保健措施：供给含盐饮料和补充营养；采用耐热和导热系数小的工作服、防热服等，做好个人防护；加强医疗预防保健工作，对高温作业工人应进行就业前和入暑前体格检查。

人文视角 4-1
美国的高温作业防护

（3）组织措施：认真贯彻执行国家有关防暑降温法规和高温作业卫生标准；还应根据地区气候特点，适当调整夏季高温作业劳动和休息制度。

（三）高气压

1. 高气压作业的概念及种类　高气压作业（hyperbaric operation）简称高压作业，是指在压力高于海平面大气压力的特殊环境中作业的过程。常见的作业有以下几种。

（1）潜水作业：海水养殖、水下施工、打捞沉船或海底救护均需潜水作业。作业人员在水下承受的压力等于大气压与附加水压之和，潜水员每下沉10.3 m，压力增加101.33 kPa（1个大气压）。

（2）潜涵作业：又称沉箱作业。潜涵是一种水下施工设备，沉入一定深度水下时需通入等于或略高于水下压力的高压空气，以保证水不至于渗入潜涵内，工人在潜涵内作业即暴露在高气压环境中，如建造桥墩、隧道施工等。

（3）其他：临床治疗用的加压治疗舱和高压氧舱，气象学上高气压科学研究舱的作业等。

2. 高气压对人体的影响　一般健康人能耐受的气压为 303.98~405.30 kPa，超过此限度，将对机体产生不良影响。

（1）减压病：在高气压下工作一定时间后，在转向正常气压或低气压时，因减压过速导致人体的组织和血液中产生大量的气泡，因栓塞或压迫致使血液循环障碍和组织损伤，所引发的一种疾病，是高气压作业最重要的职业病。潜水作业、沉箱作业、特殊的高空飞行等，如未遵守减压规定时可发生此病。目前一般认为只要潜水深度超过 10 m，即使是自由潜水（不携带气瓶，通过闭气进行下潜）也有发生减压病的风险，尤其是在频繁下潜、深度过大的情况下。减压病临床症状以急性表现为主，常见皮肤奇痒，并有灼热感、蚁走感和出汗；关节痛也为减压病常见症状，轻者出现酸痛，重者可呈跳动样、针刺样、撕裂样剧痛，迫使患者关节呈半屈曲状态，称"屈肢症（bends）"；另外，此病还有可能累及神经系统（如脊髓和脑等）、循环系统、呼吸系统、淋巴系统等，出现相应症状。骨质内气泡长期作用还可导致远期后果产生减压性坏死（或称无菌性骨坏死），好发于股骨和肱骨上端。根据我国《职业性减压病的诊断》（GBZ 24—2017）分为急性减压病和减压性骨坏死。对减压病的唯一根治手段是及时加压治疗以消除气泡，及时正确运用加压舱，急性减压病的治愈率可达 90% 以上，对减压性骨坏死也有一定疗效。

基础链接 4-34
《职业性减压病的诊断》（GBZ 24—2017）
典型病例 4-2
减压病病例

（2）气压伤：可发生在气压变化较剧烈时，如潜水下降或上升时。随着下降时压力的增加，含气体腔（如肺、中耳、鼻窦和胃肠道）中的气体量减少。如果这些空间的压力与环境压力不相等，则压力差可导致这些组织损伤。

（3）其他：在超过 4 标准大气压的压力下呼吸空气会产生氮麻醉，分压超过 1.4 标准大气压的氧气可产生急性神经毒性。

3. 预防

（1）技术革新：避免或减少工人进入高压环境，如建桥墩采用管柱钻孔法代替沉箱，使工人可在水面上工作。

（2）遵守安全操作规程：高气压作业后，须遵照安全减压时间表逐步返回到正常气压状态，目前多采用阶段减压法。

（3）保健措施：工作前防止过劳，严禁饮酒，加强营养。做好就业前全面的体格检查，包括肩、髋、膝关节及肱骨、股骨和胫骨的 X 线片检查。凡患神经、精神、循环、呼吸、泌尿、血液、运动、内分泌、消化系统的器质性疾病和明显的功能性疾病者，患眼、耳、鼻、喉及前庭器官的器质性疾病者，不宜从事此项工作；凡年龄超过 50 岁者、各种传染病患者、过敏体质者等也不宜从事此项工作。在岗每年应做 1 次体格检查，并持续到停止高气压作业后 3 年为止。

（四）低气压

1. 低气压的概念及作业种类　宇航、高空和海拔在 3 000 m 以上的高山、高原都属于低气压环境，进入这类地区进行工作、观光、旅游、登山等活动，都面临着低气压对人体健康的影响。随海拔增高，大气压下降，氧分压也随之下降，一般来说，在海拔 2 000~3 000 m，人体开始出现缺氧反应。海拔 3 000 m 以上，人体缺氧明显；海拔 4 500 m 以上，大气压接近海平面的 1/2，此时人体可出现明显的低氧血症，并引起显著的生理反应和一系列临床问题；到达特高海拔，即 5 500 m 以上，即使有良好的饮食保证和居住条件，人类也无法长期生存。

（1）高山、高原：医学上的高原与高山通常指海拔在 3 000 m 以上的区域，但《职业性高原病诊断标准》（GBZ 92—2008）中认定在海拔为 2 500 m 以上区域从事的作业即为低气压作业。

（2）航空与航天：大型飞机与载人航天器有密封舱，正常运行时舱内为常压环境，但在压力系统或密封系统出故障时乘员即会遭遇低气压环境。

（3）低压舱工作：低压舱是模拟低压低氧环境的大型实验设备，主要用于低压低氧环境研究，也可用于低压低氧预适应训练。

2. 低气压对人体的影响　在低氧环境下，人体为保持正常活动和进行作业，首先发生功能的适应性变化，逐渐过渡到稳定的适应称为高海拔习服（high altitude acclimatization），这一过程需 1~3 个月。人体习服能力个体差异很大，一般在海拔 3 000 m 以内，能较快适应。海拔 3 000~5 330 m，部分人需较长时间才适应；海拔 5 330 m 为人的适应临界高度。习服后，心输出量增加，大部分人血压正常；在组织方面，毛细血管增生和肌球蛋白增加以促进氧的弥散，线粒体密度和呼吸链多种酶的活力得到提高。

低气压对机体的影响与以下因素有关：上升速度、到达高度和个体易感性（主要为人体对缺氧的适应能力大小）。初期，由于低氧刺激外周化学感受器，大多数人肺通气量增加，心率增加，部分人血压升高，血浆和尿中儿茶酚胺水平也增高；适应后，心输出量增加，大部分人血压正常。由于肺泡低氧引起肺小动脉和微动脉的收缩，造成肺动脉高压，且随海拔升高而增高，可使右心室肥大。血液方面，红细胞和血红蛋白增多，血细胞比容的均值、血液比重和黏滞性也增加，这些也是加重右心室负担的因素之一。此外，初登高山者可因外界低气压，而致腹内气体膨胀，胃肠蠕动受限，消化液如唾液、胃液、胆汁均减少，常见腹胀、腹泻、上腹疼痛等症状。轻度缺氧可使神经系统兴奋性增高，反射增强；但海拔继续升高，反应性则逐步下降。

3. 高原病　职业性高原病（occupational high altitude disease）是指从平原或较低海拔地区进入海拔 2 500 m 以上地区从事职业活动、军事训练、体育竞赛等人员，因高海拔低氧环境导致的一类疾病。高原低气压性缺氧是导致该病的主要病因，机体缺氧引起的功能失代偿和靶器官受损是病变的基础。根据发病时间，《职业性高原病诊断标准》（GBZ 92—2008）将其分为急性高原病和慢性高原病两大类。

> 基础链接 4-35
> 《职业性高原病诊断标准》（GBZ 92—2008）

（1）急性高原反应：由低海拔抵达海拔 3 000 m 以上地区数小时到数天内发病。常有头痛、头晕、恶心、呕吐、心悸、胸闷、气短、发绀、乏力、食欲不振、睡眠障碍、外周水肿、尿少等。一般经休息或对症处理后数日内即可缓解或消失。急性高原反应单独列为一个类型，不作为急、慢性高原病诊断，类同职业病诊断中的"观察对象"。

（2）急性高原病（acute mountain sickness，AMS）：近期进抵高原地区在现场发生的急性疾病，包括高原肺水肿和高原脑水肿。

1）高原肺水肿（high altitude pulmonary edema，HAPE）：又称肺性高山病，是指初到高原或重返高原者因快速暴露于高原低氧环境，加之寒冷、劳累和感冒等诱因，使肺动脉压升高、肺血容量增加、肺循环障碍和微循环内液体渗至肺间质和肺泡而引起的一种特发疾病。一般在到达高原后 6~96 h 发病，以 3 500 m 以上多见。表现与一般肺水肿类似，如静息呼吸困难、胸部压迫感、干咳、发绀、咳白色或粉红色泡沫痰等。一侧或双侧肺野明显湿啰音。X 线检查可见以肺门为中心，向单侧或两侧肺野呈片状或云雾状浸润阴影。一般冬、春季发病较多，快速进入高原者、劳动强度大者发病率高，而且随海拔增加发病率增高。部分患者在对高原初步习服后，可由于过度劳累或感冒而诱发肺水肿。

> 典型病例 4-3
> 高原肺水肿病例

2）高原脑水肿（high altitude cerebral edema，HACE）：是指高原低气压性缺氧导致脑组织含水量增多所引起的脑体积增大和重量增加，又称神经性高山病、高原昏迷或脑型急性高原病，是急性高原病的危重类型，主要特征是意识障碍，严重的可出现脑昏迷。多发生于海拔 4 000 m 以上、未经习服或初次进入高原者，发病率低，但病死率高。患者常出现剧烈头痛、恶心和呕吐等症状，可伴不同程度的精神症状（如表情淡漠、精神忧郁或欣快多语、烦躁不安），具有脑膜刺激征、锥体束征。随着病情加重和发展可进入昏迷状态。

（3）慢性高原病（chronic mountain sickness，CMS）：指长期生活在高海拔地区（海拔 2 500 m 以上）的世居者或移居者失去对高海拔低氧环境的习服而导致的临床综合征，主要有红细胞增多症（女性 Hb≥190 g/L，男性 Hb≥210 g/L）和高原心脏病（肺动脉高压、右心室增大和右心功能不全）。

（4）处理原则

1）急性高原病：患者应尽早发现和诊断，半卧位休息并就地给予对症治疗，同时大流量给氧或高压氧，给予糖皮质激素、钙通道阻滞药、利尿药等治疗；根据情况及时转移至低海拔地区。

2）慢性高原病：患者应转至低海拔区，不宜再返高海拔地区工作。可针对性采用静脉放血疗法、血液等容稀释疗法、高压氧治疗等。

（5）预防：在进入高原前开展适应性锻炼和（或）预缺氧适应；适当控制登高速度与高度，坚持阶梯式升高原则；对初入高原者应适当减少体力劳动强度，注意保暖、防止上呼吸道感染和节制烟酒；提供足够的热量和合理的营养，供给高糖、低脂、充足的新鲜蔬菜水果及适量蛋白质的饮食；他达拉非、乙酰唑胺或醋甲唑胺、地塞米松、红景天等药物可改善人体高原缺氧症状，降低肺水肿的发病率；减少氧耗，避免机体抵抗力下降，提高室内氧分压或间歇式吸氧可显著改善体力与睡眠。凡有明显的心、肺、肝、肾等疾病，高血压Ⅱ期、各种血液病、红细胞增多症者等，不宜进入高原地区作业。

三、噪声

噪声污染被认为是世界范围内的主要环境污染问题之一，美、英、德、法、日等国把噪声的危害放在首位；我国已于 2021 年 12 月 24 日通过了《中华人民共和国噪声污染防治法》，自 2022 年 6 月 5 日起开始施行。

（一）基本概念

从物理定义而言，振幅和频率上完全无规律的声音称为噪声（noise）；而从卫生学意义上讲，凡是使人感到厌烦或不需要或有损健康的声音都称为噪声。生产性噪声或工业噪声是生产过程中产生的声音，其频率和强度通常没有规律，听起来使人感到厌烦。除此以外，还有交通噪声和生活噪声等，因此噪声是影响范围很广的一种生产性有害因素，在许多生产劳动过程中都有接触机会。

按噪声的来源可分为：冲压、切割、打磨、纺织等机械的撞击、摩擦、转动等产生的机械性噪声；空气压缩机、通风机、喷射器、汽笛等气体压力或体积的突然变化或流体流动所产生的流体动力性噪声；电动机、发电机、变压器等电磁设备中交变力相互作用而发生电磁性噪声。

（二）噪声的特征

噪声污染与大气污染、水体污染相比，具有以下特点。

（1）噪声是人们不需要的声音总称，因此一种声音是否属于噪声全由判断者心理和生理上的因素所决定。对于某些人喜欢的声音，对于另一些人则认为是噪声，优美的音乐对正在思考问题的人却是噪声。所以，可以说任何声音都可以成为噪声。

（2）噪声具有局部性。声音在空气中传播时衰减很快，传播不远，不像大气污染和水体污染影响面广，而是带有局部的特点。但是在某些情况下噪声影响的范围很广，如发电厂高压排气放空，其噪声可能干扰周围几十公里内居民生活的安宁。

（3）无污染物存在，不产生能量积累。噪声污染在环境中不会有残剩的污染物质存在，但也很难集中治理。

（4）无后效性。噪声源停止发声后，噪声污染也立即消失。

（5）噪声一般不直接致命或致病，它的危害一般是慢性的或间接的。

（三）噪声对人体的影响

噪声对人体的危害是全身性的，除主要造成听觉系统损害外，还可对神经系统、循环系统、消化系统及其他组织器官产生不良影响。这些慢性影响在早期多是可逆的生理性改变，但长期接触强噪声后可发展成不可逆的病理性损伤。

1. 听觉系统损害　听觉系统是感受声音的系统。噪声对听觉系统的损害是一个逐步发展的过程，先出现暂时性听阈位移，进一步发展成永久性听阈位移，即从生理性改变进展为病理性改变。

（1）暂时性听阈位移（temporary threshold shift，TTS）：指接触噪声后引起的听阈提高，在脱离噪声环境后经过一段时间听力可以恢复到原来水平，包括听觉适应（auditory adaptation）和听觉疲劳（auditory fatigue）。短时间暴露于强噪声下，听阈提高 10~15 dB，离开噪声环境 1 min 内即可恢复正常，这种现象称为听觉适应，这是一种生理性保护现象。当较长时间暴露于强噪声下，听阈提高 15~30 dB，离开噪声环境后，需要数小时甚至数十小时听力才能恢复正常，这种现象称为听觉疲劳，属于生理性改变。随着接触噪声时间的延长会出现前一次噪声接触引起的听阈提高尚未完全恢复正常，又再次接触噪声，使听觉疲劳逐渐加重，听力的改变不能完全恢复而发展成永久性听阈位移。

（2）永久性听阈位移（permanent threshold shift，PTS）：是指噪声引起的不能恢复到正常水平的听阈升高，是不可逆的病理性改变。噪声引起的永久性听阈位移早期常表现为高频（3 000~6 000 Hz）听力下降，多在 4 000 Hz 最明显，呈现"V"形改变。此时患者主观无耳聋感觉，交谈和社交活动能够正常进行，但随病损程度的加重，除了高频听力继续下降外，语音频段（500~2 000 Hz）的听力也受到影响，出现语言听力障碍。

（3）职业性噪声聋（occupational noise-induced deafness）：是指劳动者在工作过程中，由于长期接触噪声而发生的一种渐进性的感音性听觉损伤，是国家的法定职业病。依据我国的职业卫生标准《职业性噪声聋的诊断》（GBZ 49—2014），连续 3 年以上职业性噪声作业史，出现渐进性听力下降、耳鸣等症状，纯音测听为感音神经性聋，结合职业健康监护资料和现场职业卫生学调查，进行综合分析，排除其他原因所致听觉损害，方可诊断为职业性噪声聋。

诊断分级：符合双耳高频（3 000 Hz、4 000 Hz、6 000 Hz）平均听阈≥40 dB 者，根据较好耳语频（500 Hz、1 000 Hz、2 000 Hz）和高频 4 000 Hz 听阈加权值进行诊断和诊断分级：轻度噪声聋，26~40 dB；中度噪声聋，41~55 dB；重度噪声聋，≥56 dB。

（4）爆震聋（explosive deafness）：由于枪炮射击及爆炸物爆炸等，所产生的脉冲噪声（或冲击波）造成急性听觉器官的外伤，引起听力下降，称为爆震聋。因损伤程度不同，可出现鼓膜充血、出血或穿孔，中耳听骨骨折，内耳组织出血及毛细胞损伤等。患者出现耳鸣、耳痛、呕吐、眩晕、听力严重障碍或完全丧失等症状。轻者可部分或大部分恢复，重者可致永久性耳聋。

2. 听觉外系统影响　可出现头痛、头晕、睡眠障碍、全身乏力、记忆力减退和情绪不稳定等神经系统症状，心率改变、血压升高（长期接触噪声）、心电图 ST 段或 T 波缺血性改变等心血管系统的异常，胃肠功能紊乱、食欲不振、胃液分泌减少、胃的紧张度降低、蠕动减慢等消化系统的变化。此外，还可出现免疫功能降低，肾上腺皮质功能改变，脂质代谢紊乱及女性月经异常等。

噪声对谈话、听广播、打电话、阅读、上课等都会带来影响。当达到 65 dB 以上，即可干扰普通谈话；如果达 90 dB，大声叫喊也不易听清。打电话 65 dB 时对话有困难，80 dB 时就难以听清楚。

噪声容易使人疲劳，影响精力集中，导致工作效率下降。在噪声干扰下，人们感到烦躁，注意力不能集中，反应迟钝，不仅影响工作效率，而且降低工作质量。在车间或矿井等作业场所，由于噪声的影响，掩盖了异常的声音信号，容易发生各种事故，引起人员伤亡及财产损失。

（四）影响噪声危害的因素

1. 噪声的强度和频率组成　噪声的强度越大对人体的危害越大。噪声在 80 dB（A）以下，对听力的损害很小，一般不会引起器质性的损伤；而长期接触 85 dB（A）以上噪声，听力损害的发生率及程度随噪声强度升高而逐渐增加；140 dB（A）的噪声，在短期内即可造成永久性听力损失。噪声的频率对于噪声危害程度的影响很大，强度相同时高频噪声较低频噪声的危害更大。

2. 接触时间　噪声强度一定，工龄越长，噪声聋的发病率越高；另外，连续接触噪声比间断接触对人体影响更大。

3. 噪声的性质　强度和频率经常变化的噪声，比稳定噪声的危害更大。脉冲噪声对听力、血压及中枢神经系统的影响更大。

4. 与其他因素联合作用　振动、寒冷或某些有毒物质共同存在时，可加大噪声的不良作用，尤其是对听觉系统和心血管系统。

5. 个人防护与个人敏感性　佩戴个人防护用具可以减缓噪声对听力的损害；对噪声敏感和机体健康状态不良，特别是有耳病者均会加重噪声的危害程度。

（五）预防噪声危害的措施

1. 制定工业企业噪声卫生标准　尽管噪声对人体有不良影响，但完全消除生产性噪声既不经济，也不可行。因此制定合理的卫生标准，将噪声强度控制在一定范围内，是防止噪声危害的重要措施之一。我国《工作场所有害因素职业接触限值　第 2 部分：物理因素》（GBZ 2.2—2007）规定，每周工作 5 天，每天工作 8 h，稳态噪声限值为 85 dB（A）；非稳态噪声及不同工作时间须计算等效声级，其限值仍为 85 dB（A）。

2. 控制和消除噪声源　是最根本、最彻底的降噪措施。改革工艺过程的生产设备，以低声或无声设备或工艺代替产生强噪声的设备和工艺，将噪声源远离工人作业区和居民区均是噪声控制的有效手段。

3. 控制噪声的传播　采用隔声、吸声、消声等方法，降低噪声的强度，减少噪声的传播。

4. 个体防护　合理使用防噪耳塞、耳罩等可有效保护听觉系统，其隔声效果可达 20~40 dB。

5. 合理安排作息时间　工作时间内可适当安排工间休息，休息时离开噪声环境，使听觉疲劳得以恢复。

> 人文视角 4-2
> 青少年听力损失研究进展

6. 健康监护　定期对接触噪声人员进行以听力检查为重点的健康检查，及时发现听力损失者，并采取有效的防护措施。进行就业前体检，凡有听觉器官疾病、心血管病、神经系统器质性疾病者不得参加强噪声作业。

四、振动

振动是自然界最普遍的现象之一。大至宇宙，小至亚原子粒子，无不存在振动。各种形式的物理现象，包括声、光、热等都包含振动。人体也离不开振动，如心脏的搏动、耳膜和声带的振动，都是人体不可缺少的功能；在生产活动中，振动现象也比比皆是，汽车、飞机和船舶等交通工具在航行中的振动，机床和刀具在加工时的振动，各种动力机械的振动等。

（一）概述

振动（vibration）是指一个质点或物体在外力作用下沿直线或弧线围绕平衡位置来回重复的运动。

根据作用于人体的部位和方式，振动可分成两种类型，即全身振动（whole body vibration）和手传振动（hand-transmitted vibration）。全身振动是通过支撑表面（如脚、臀部、背等）接触振动，通过下肢和躯干传导至全身。在交通工具上作业如驾驶汽车、拖拉机、飞机、轮船等，作业工人主要受全身振动的影响。手传振动亦称为手臂振动（hand-arm vibration）或局部振动（segmental vibration），是指生产劳动时，手接触振动的工具、机械或加工部件，振动直接作用于手和（或）传递至手臂和肩部的机械振动，常见于使用风动工具（风铲、风钻、汽锤、捣固机、铆钉机等）和电动工具（电钻、电锯、砂轮机等）。全身振动和手传振动对人的影响并不相同，因此往往分开进行研究和评价。

（二）振动对人体的影响

适宜的振动能够增强肌肉的活动能力，解除疲劳，减轻疼痛，促进代谢，改善组织营养，加速伤口愈合，促进骨形成和防止骨丢失等。但在生产条件下作业人员接触的振动强度大、时间长，对机体可产生不良影响，甚至引起疾病。

1. 全身振动　首先使人感觉不适，继而有疲劳、头晕、焦虑、嗜睡等症状，强度过大时甚至可引起内脏移位或造成机械性损伤。全身振动可使交感神经处于紧张状态，引起心率加快、血压升高和心电图异常等改变；全身振动还可抑制胃酸的分泌和胃肠蠕动，长期接触可使胃肠道症状或疾病发生率增高；坐姿接触低频垂直振动，脊柱肌肉劳损和胸、腰椎出现退行性改变及椎间盘突出症的发病率增高。全身振动还会影响女性生理功能，主要表现为月经期延长、经血过多和痛经等。全身振动还可使姿势平衡和空间定向发生障碍，注意力分散、反应速度降低，影响工作效率，甚至引发工伤事故。

运动病（motion sickness）：也称晕动病，是作业人员在低频率、大振幅的全身振动下，如在车、船或飞机等交通工具上工作，由于颠簸、摇摆或旋转等任何形式的加速度运动，反复过度刺激人体的前庭器官，而出现一系列急性反应性症状的总称。患者常出现面色苍白、出冷汗、眩晕、恶心、呕吐，以致完全丧失活动能力等症状；预后一般良好，脱离振动环境后经适当休息可以缓解、消失。前庭器官敏感者易于发生本病。此外，情绪紧张、过度疲劳、身体虚弱、过饥或过饱及交通工具内空气不佳等也是本病的诱发因素。必要时给予抗组胺或抗胆碱类药物，如苯海拉明、氢溴酸东莨菪碱，但这些药物可暂时影响中枢神经活动，减弱机体灵活性，故不能作为驾驶员的预防性用药。

2. **手传振动** 对机体的影响是全身性的，可引起神经系统、心血管系统、骨骼-肌肉系统、听觉器官、免疫系统和内分泌系统等多方面改变。

手传振动对外周神经系统的影响以上肢手臂末梢神经障碍为主，常以多发性末梢神经炎的形式出现，表现为皮肤感觉迟钝，痛觉和振动觉减退，神经传导速度减慢，反应潜伏期延长等。手传振动还可使自主神经功能紊乱，出现血压、心率不稳，手多汗等症状。手传振动引起的末梢循环障碍，表现为手指皮肤温度降低，遇冷皮肤温度降低更为明显，且恢复时间延长，重者手指遇冷变白（白指）；心血管系统的改变还有血压升高或下降、心电图异常等。骨骼-肌肉系统可见手部肌肉萎缩（鱼际肌和指间肌多见），手握力和手指捏合力下降，有肌纤维颤动和肌肉疼痛。40 Hz 以下的大振幅冲击性振动可引起骨和关节改变，主要发生在指骨、掌骨、腕骨和肘关节，可见骨质疏松、脱钙、囊样变（空泡样变）、骨皮质增生、骨岛形成、骨关节变形及无菌性骨坏死等变化。另外，振动可加重噪声对听力的损害。

手臂振动病（hand-arm vibration disease）又称局部振动病，是长期从事手传振动作业而引起的以手部末梢循环和（或）手臂神经功能障碍为主的疾病，并能引起手、臂骨关节-肌肉的损伤。发病部位多在上肢末端，其典型表现为发作性手指变白，即振动性白指（vibration-induced white finger，VWF），此病在我国属法定职业病。本病的发现已有近百年历史，但至今国际上尚无统一的命名，如职业性雷诺现象、气锤病、振动性白指、手臂振动综合征等。

> 典型病例 4-5
> 手臂振动病病例

手臂振动病的典型表现是振动性白指，又称职业性雷诺现象，是诊断本病的主要临床依据。其发作具有一过性和时相性特点，一般是在受冷后，患指出现麻、胀、痛，并由灰白变苍白，由远端向近端发展，界限分明，可持续数分钟至数十分钟，再逐渐由苍白变潮红，恢复至常色。一般在冬天出现，随着振动暴露量的增加，持续时间和每天出现的次数也会增加。寒冷是主要诱发因素。白指常见的部位是示指、中指和环指的远端指节，严重者可累及近端指节，甚至向指根发展，使手指或整个手掌发白。

依据我国《职业性手臂振动病的诊断》（GBZ 7—2014），具有长期从事手传振动作业的职业史，出现手臂振动病的主要症状和体征，结合末梢循环和周围神经功能检查，参考作业环境的劳动卫生学调查资料，进行综合分析，并排除其他病因所致类似疾病，可作出诊断。该病目前尚无特效疗法，基本原则是根据病情进行综合性治疗，如应用扩张血管及营养神经的药物，活血化瘀、舒筋活络类的中药，物理疗法、运动疗法等；另外患者应加强个人防护，注意手部和全身保暖，减少白指的发作。确诊为手臂振动病者应调离接触手传振动的作业。

> 研究进展 4-3
> 手臂振动病研究进展

（三）影响振动危害的因素

1. **振动的频率和强度** 低频率（20 Hz 以下）、大振幅的全身振动主要作用于前庭、内脏器官。低频率、大强度的局部振动，如 30~300 Hz 的振动，主要引起手臂骨-关节系统的障碍，并可伴有神经、肌肉系统的变化。在频率一定时，振动的强度（振幅、加速度）越大，对人体的危害越大。

2. **接触振动的时间** 每日接触振动时间和接触振动的工龄均是影响振动危害性的重要因素。接触振动时间越长，健康损害如振动性白指的检出率越高，病情也越严重。

3. **环境因素** 寒冷是手臂振动病发病的重要致病条件之一，低温可以加速手臂振动病的发病和病程进展，手臂振动病多发生在寒冷地区和寒冷季节。

4. 操作方式和体位　人体对振动的敏感程度与作业时的体位及姿势有很大关系，如立位时对垂直振动比较敏感，卧位则对水平振动比较敏感。有些振动作业需要采取强迫体位，甚至胸腹部直接接触振动工具或物体，更加容易受到振动的危害。

（四）预防振动危害的措施

1. 控制振动源　改革工艺过程，采取技术革新，通过减振、隔振等措施，减轻或消除振动源的振动，是预防振动职业危害的根本措施。例如，采用液压、焊接、粘接等新工艺代替铆接工艺，采用水力清砂、水爆清砂等工艺代替风铲清砂，采用减振材料降低交通工具、作业平台等大型设备的振动。

2. 限制作业时间和振动强度　严格执行我国卫生标准《工作场所有害因素职业接触限值 第2部分：物理因素》（GBZ 2.2—2007），可有效保护作业者的健康。

3. 改善作业环境，加强个人防护　加强作业过程或作业环境中的防寒、保温措施，如振动工具的手柄加温至40℃，对预防振动性白指的发生和发作具有较好的效果。合理配备和使用个人防护用品，如防振手套、减振座椅等，减轻振动危害。

4. 加强健康监护　按规定进行就业前健康体检发现职业禁忌证；定期健康体检早期发现，及时处理患病个体。

五、非电离辐射和电离辐射

电磁辐射（electromagnetic radiation）可分为电离辐射（ionizing radiation）和非电离辐射（non-ionizing radiation）两种。凡量子能量 > 12 eV，能引起物质电离的电磁辐射称为电离辐射，包括X射线、γ射线、α射线、β射线、中子束、质子束等。量子能量 ≤ 12 eV，不足以导致组织电离的电磁辐射称为非电离辐射，包括射频辐射、红外线、可见光、紫外线及激光等。

彩图4-28 电磁辐射波谱

（一）非电离辐射

1. 射频辐射（radiofrequency radiation）　是指频率在 100 kHz～300 GHz 的电磁辐射，也称无线电波，包括高频电磁场（high-frequency electromagnetic field）和微波（microwave）。高频电磁场的频率从 100 kHz 至 300 MHz，其能量以电场强度（V/m）和磁场强度（A/m）来表示，但两者之间不一定成比例关系；微波的频率从 300 MHz 至 300 GHz，其强度以功率密度表示，单位为微瓦/平方厘米（$\mu W/cm^2$）。虽然在所有电磁辐射中，射频辐射波长最长，量子能量最小，但接触的强度和时间超过一定限度，仍可引起健康损害。

接触射频辐射的工作包括广播、电视、雷达发射塔，工业高频感应和（或）介质加热、医疗射频设备，微波加热和微波移动通信等。

射频辐射对机体的生物学作用取决于其波长、频率、作用时间、波的性质（连续或脉冲）、场强及个体差异。一般来说，其生物学活性随波长的减小和频率的增高而递增，即微波 > 超短波 > 短波 > 中长波；场强越大，接触时间越长，对机体的影响越大；场强相同，脉冲波比连续波危害大。人体吸收电磁辐射能后，体内可以产生两种生物学效应，即致热效应和非致热效应。生物体组织接受一定强度的射频辐射，达到一定的时间，会使照射局部或全身的体温升高，引起某些组织器官生理生化功能失调，甚至导致形态和结构异常，此谓致热效应；但在实际工作中并未发现人体处于射频辐射场中有体温升高的现象,也未测定出人体局部温度的上升,可工人却有一系列主观诉述,有时也能见到客观体征,人们把这种不足以引起人体产热而产生的健康影响,称为非致热效应。

高频电磁场对人体影响的主要表现有轻重不一的类神经症,如乏力、疲劳、头晕、头痛、胸闷、心悸、睡眠不佳、多梦、记忆力减退、多汗、脱发和肢体酸痛等;年轻女工常见月经紊乱,少数男工性功能减退,甚至暂时性不育。上述症状脱离接触一段时间后即可恢复。

微波的量子能量水平高于高频电磁场,故其健康损害也更为严重。除出现与上述高频电磁场相似但更为明显、持续时间更长的症状外,微波还可引起血压下降、心动过缓或心律失常等,以及其他的心电图异常;也可引起眼晶状体的不可逆损伤,如晶状体混浊,少数接触大功率辐射者可发展为白内障。此外,部分微波接触者有白细胞下降趋势,少数人同时伴有血小板减少,但无出血体征;脱离接触一段时间后,血象的变化会恢复正常。受微波影响者的处理以中西医结合对症治疗为主,出现白内障者,应脱离微波接触。

射频辐射的防护措施主要有合理布局、场源屏蔽、距离防护、个人防护及严格执行相关卫生标准等。

研究进展 4-4
射频辐射危害研究进展

2. 红外辐射(infrared radiation) 即红外线,亦称热射线,凡温度高于绝对零度(−273℃)以上的物体,均能发射红外线,物体温度越高,辐射强度越大,波长越短。自然界中的红外辐射源以太阳最强,生产环境中主要的红外辐射源有熔炉、熔化的金属和玻璃、烘烤加热设备及强红外光源等。

红外线对机体的影响主要是皮肤和眼的热性损伤。较大强度红外线照射可使皮肤局部温度升高,血管扩张,出现红斑反应;反复照射,局部可出现色素沉着;过量照射,特别是近红外线(短波红外线),除发生皮肤急性灼伤外,还可透入皮下组织,使血液及深部组织加热。

长期暴露于红外线下,可致眼的慢性损伤,常见为慢性充血性睑缘炎。短波红外线能被角膜吸收产生角膜的热损伤,并能透过角膜伤及虹膜。$0.8 \sim 1.2~\mu m$ 和 $1.4 \sim 1.6~\mu m$ 波段的红外线可诱发白内障,多见于工龄长的工人。波长 $<1~\mu m$ 的红外线和可见光可到达视网膜,主要损伤黄斑区。

受红外辐射影响者的处理与微波接触者相同。红外辐射的防护措施主要有严禁裸眼直视强光源、佩戴防护眼镜、使用防护服及定期检查眼睛等。

3. 紫外辐射(ultraviolet radiation) 又称紫外线,对机体影响与红外辐射相似,主要也是皮肤和眼。太阳辐射中,适量紫外线对人健康有积极作用,可产生人体必需的维生素 D_3,但过强的紫外辐射则对机体有害。

受强烈的紫外线照射可引起皮炎,表现为红斑,有时伴有水疱和水肿。停止照射后,一般在 24 h 后消退,可有色素沉着。长期暴露,由于结缔组织损害和弹性丧失而致皮肤皱缩、老化,更严重的是诱发皮肤癌。

波长为 $250 \sim 320~nm$ 的紫外线,可被角膜和结膜上皮大量吸收,引起急性角膜结膜炎,称为"电光性眼炎",常见于电焊作业。在阳光照射的冰雪环境下作业时,会受到大量反射的紫外线照射,引起急性角膜、结膜损伤,称为雪盲症。紫外线引起的急性角膜结膜炎发作需经过一定的潜伏期,一般为 $6 \sim 8~h$,故常在夜间或清晨发作。早期、轻症时仅有双眼异物感或轻度不适;重度则有眼部烧灼感或剧痛,伴有高度畏光、流泪和视物模糊。检查可见球结膜充血、水肿,瞳孔缩小,对光反应迟钝,眼睑皮肤潮红。严重时,角膜上皮有点状甚至片状剥脱,滴荧光素着色。及时处理,一般在 $1 \sim 2$ 天即可痊愈,不影响视力。症状较轻的患者无须特别处理。症状较重者,可用0.5%丁卡因滴眼，有镇静、镇痛作用。新鲜人奶、牛奶滴眼，效果明显。

紫外辐射的防护除与红外辐射基本相同外，还应设置防护屏以防止非作业人员受到伤害。

4. 激光（laser） 是物质受激辐射光放大而产生的光，是一种人造的、特殊类型的非电离辐射。职业接触主要为工业上用激光打孔、切割、焊接等作业，激光雷达、激光通信、激光制导、激光瞄准等军工和航天作业，医学上使用激光治疗疾病等。

激光与生物组织的相互作用，主要表现为热效应、光化学效应、机械压力效应和电磁场效应。激光对人体组织的伤害及损伤程度，主要决定于激光的波长、光源类型、发射方式、入射角度、辐射强度、受照时间及生物组织的特性与光斑大小。激光损伤的人体靶器官主要是眼和皮肤。

目前，常用的激光波段包括远红外线、中红外线、近红外线、可见光和紫外线。由于人眼的各部分对不同波长光辐射的透射与吸收不同，对眼的损伤部位与损伤程度也不同。一般来说，紫外线与远红外线主要损伤角膜，可造成白内障；可见光与近红外线波段的激光主要损伤视网膜，会对视力造成永久伤害甚至失明，典型表现为水肿、充血、出血，以至视网膜移位、穿孔，最后导致中心盲点和瘢痕形成，视力急剧下降；视网膜边缘部灼伤，一般多无主观感觉，因这种灼伤是无痛性的，人们容易麻痹、疏忽。460 nm的蓝色激光可使视网膜的视锥细胞发生永久性的消失，即"蓝光损害"，主要症状为目眩。激光可选择性损害一个或多个视锥细胞群，导致色觉缺失。

激光辐射所致的皮肤轻度损伤表现为红斑反应和色素沉着，随着剂量的增加，可出现水疱，以至皮肤褪色、焦化、溃疡形成。

受激光照射者的处理以抗辐射损伤药物治疗和对症治疗为主，损伤轻微者无须特别治疗，短期内即可恢复正常。

激光的防护措施主要有激光器必须有安全设施，如设置激光开启与光束止动连锁装置和防漏光封闭罩；工作室围护设施使用吸光材料，以避免激光的反射和折射；使用个体防护用品，如防燃工作服、防护眼镜等；加强管理，强化安全教育、培训与安全制度。

> 人文视角 4-3
> 激光在医学中的应用

（二）电离辐射

电离辐射是一切能引起物质电离的辐射总称。通常可分为两类，一类为高频率的电磁波，如X射线、γ射线；另一类为高能粒子束，如α粒子、β粒子或中子束等。作用于人体的电离辐射既可来自天然辐射，包括来自宇宙空间的宇宙射线，由宇宙射线与大气中的原子核相互作用产生的宇生核素，以及存在于地壳中的天然放射性元素（如放射性元素铀、钍和氡等）；也可来自人工辐射，如核试验产生的放射性核素、原子能反应堆、原子能电站、核动力舰艇等产生的电离辐射，工农业、医学、科研等部门应用放射性元素及X射线机、加速器和中子发生器等射线装置产生的电离辐射等。

1. 基本概念

（1）放射性活度（radioactivity）：是指放射性元素或同位素每秒衰变的原子数，目前放射性活度的国际单位（SI单位）为贝克勒尔（becquerel），简称贝克（Bq），1 Bq为每秒有一个原子衰变。原专用单位为居里（curie，Ci），1 Ci = 3.7×10^{10} Bq 或 1 Bq ≈ 2.703×10^{-11} Ci。

（2）照射量（exposure，X）：是用来度量X射线或γ射线在空气中电离能力的物理量，以X射线或γ射线在空气中全部停留下来所产生的电荷量来表示。国际单位为库仑每千克（C/kg）。原专用单位是伦琴（roentgen，R），1 R = 2.58×10^{-4} C/kg。

（3）吸收剂量（absorbed dose，D）：是指单位质量物质受辐射后吸收辐射的能量。国际单位为戈瑞（gray，Gy）。原专用单位为拉德（rad），1 Gy = 100 rad = 1 J/kg。

（4）剂量当量（dose equivalent，H）：乘以适当的修正系数后的吸收剂量，用于衡量比较不同类型电离辐射的生物效应，国际单位为希沃特（sievert，Sv）。原专用单位是雷姆（rem），1 Sv = 100 rem = 1 J/kg。

基础链接 4-38
电离辐射剂量常用单位

（5）传能线密度（linear energy transfer，LET）：是指带电粒子在单位长度径迹上传递的能量，是表示射线对物质作用能力大小的一个物理量，单位是 keV/μm。

2. 电离辐射生物效应　辐射有害效应分为确定性效应和随机性效应两种。

（1）确定性效应（deterministic effect）：指受到较大剂量的照射后肯定要发生的效应，也称为肯定性效应。效应严重程度与剂量大小有关，剂量越高，机体细胞群中受损细胞的数量或百分率越大，则效应的严重程度越高；其特点是有剂量阈值，即剂量超过一定数值时才会发生。不同的受照对象，不同的器官组织其剂量阈值不同，一般从十分之几戈瑞至几戈瑞。白细胞减少、白内障、皮肤红斑脱毛、骨损伤等均属于确定性效应。

（2）随机性效应（stochastic effect）：指发生的概率与剂量大小有关的效应。其特点是效应严重程度与剂量大小无关，没有阈值，也就是说，即使很小的剂量，也有导致随机性效应发生的危险，只是概率很低。这种效应在个别细胞损伤时（主要是突变）即可出现，表现为诱发癌症和遗传效应。通过流行病学调查，可以估计出受照人群发病率，但是无法预知效应出现在哪些受照者身上。

研究进展 4-5
低剂量电离辐射生物效应研究

3. 电离辐射损伤的临床表现　在接触电离辐射的作业中，如防护措施不当和（或）违反操作规程，人体受照射的剂量超过一定限度，则能发生有害作用。电离辐射除了引起全身性反应的各类放射病外，还可造成局部组织、器官发生病理改变；另外，电离辐射还可以致癌和引起胎儿的死亡和畸形。其主要损害表现如下。

（1）外照射急性放射病（acute radiation sickness from external exposure）：是指人体一次或短时间（数日）内多次受到大剂量（总剂量大于 1 Gy）的射线照射后发生的全身性疾病。在战争时期，急性放射病是核武器爆炸所致的特殊损伤；在平时，核反应堆、核燃料处理厂、辐射源及其他辐射装置发生意外事故时，人体受到较大剂量的照射后也可发生外照射急性放射病。根据剂量大小、临床特点和基本病理改变，外照射急性放射病又分骨髓型急性放射病、肠型急性放射病和脑型急性放射病，其病程一般分为初期、假愈期、极期和恢复期四个阶段。骨髓型急性放射病（bone marrow form of acute radiation sickness）又称造血型急性放射病（hematopoietic form of acute radiation sickness），是一次或短时间（数日）内分次接受 1~10 Gy 的均匀或比较均匀的全身照射，出现以骨髓造血组织损伤为基本病变，以白细胞数减少、感染、出血等为主要临床表现，具有典型阶段性病程的急性放射病，按其病情的严重程度又分为轻、中、重和极重四度。肠型急性放射病（intestinal form of acute radiation sickness）是一次或短时间（数日）内分次接受大于 10~50 Gy 的均匀或比较均匀的全身照射，以胃肠道损伤为基本病变，以频繁呕吐、严重腹泻及水电解质代谢紊乱为主要临床表现，具有初期、假缓期和极期三阶段病程的严重的急性放射病。脑型急性放射病（cerebral form of acute radiation sickness）是一次或短时间（数日）内接受大于 50 Gy 的均匀或比较均匀的全身照射，以脑组织损伤为基本病变，以意识障碍、定向力丧失、共济失调、肌张力增强、抽搐、震颤等中枢神经系统症状为特殊临床表现，具有初期和极期两阶段病程的极其严重的急性放射病。骨髓型急性放射病经积极抢救、合理治疗，大部分可以恢复健康，但吸收剂量在 6 Gy 以上时，全力抢救，也只有少数可缓慢恢复。肠型和脑型急性放射病一般会在受到照射几天到 2 周内死亡。

（2）外照射亚急性放射病（subacute radiation sickness from external exposure）：是指在较长时间（数周至数月）内连续或间断累积接受大于全身均匀剂量 1 Gy 的外照射。临床表现与外照射骨髓型急性放射病相似，但分期不明显，其主要症状有全血细胞减少及其有关症状，同时还可伴有微循环障碍、免疫功能低下及生殖功能低下等。

（3）外照射慢性放射病（chronic radiation sickness from external exposure）：是指人体在较长时间内连续或间断受到超剂量当量限值的外照射，达到一定累积剂量（＞1.5 Sv）后，引起以造血系统损伤为主并伴有其他改变的全身性疾病。多见于放射工作人员，主要临床表现有类神经症、自主神经功能紊乱、造血系统异常、免疫功能低下、消化功能障碍及生殖功能受损等。

（4）内照射放射病（radiation sickness from internal exposure）：是指超过一定限量的放射性核素一次或短时间多次或长期多次进入人体内，作为内照射源对机体照射引起的全身性疾病，其既有电离辐射作用所致的全身性表现，又有该放射性核素靶器官的损害，可分为急性和慢性两种。它与外照射放射病有相似的全身症状和外周血象的变化，但与外照射放射病不同的是内照射放射病病程长、分期不明显，伴有进入途径的损伤和靶器官的损伤。损害的靶器官因放射性核素种类而异，如放射性碘引起甲状腺功能减退、甲状腺结节形成，镭、钚等亲骨放射性核素引起骨质疏松、病理性骨折等。医疗事故、生产事故、职业性污染、放射性落下灰（核弹试验时）、核战争时都可能引起内照射放射病。

（5）放射性皮肤疾病（radiation skin disease）：是指短期内一次或多次大剂量局部外照射或长期接触超剂量当量限值的照射，对皮肤直接作用所引起的损伤，也称放射性皮肤烧伤（radiation burn of skin）。分为急性和慢性两种，主要表现有皮肤红斑、水疱、色素沉着、溃疡、坏死及皮肤角化过度等；放射线所致的皮肤角化过度或长期不愈的溃疡可发展为放射性皮肤癌，从出现慢性皮炎到癌变其潜伏期为 10~20 年。

基础链接 4-39
其他放射性损害表现
典型病例 4-6
放射性损伤病例

（6）放射性肿瘤（radiogenic neoplasm）：是指人体接受电离辐射后发生的与所受照射具有一定程度病因学联系的恶性肿瘤。对群体是指人类接受照射后发生率或死亡率呈现显著增加的癌症，对于个体是指受照射后所发生的与该照射具有一定程度病因学联系的癌症。

4. 影响辐射生物效应的因素　辐射的生物效应受到各种因素的影响，这些因素包括照射方式和射线种类、照射剂量和剂量率、受照部位和放射敏感性等。

（1）辐射因素

1）辐射的物理特性：高 LET 辐射在组织内能量分布密集，生物学效应相对较强。因此高 LET 辐射（如 α 粒子束、中子束）比低 LET 辐射（如 X 射线、γ 射线）的生物效应大。

2）剂量和剂量率：照射剂量大小是决定辐射生物效应强弱的首要因素，剂量越大，效应越强。但有些生物学效应当剂量增大到一定程度后，效应不再增强。另外，在一定剂量范围内，同等剂量照射时，剂量率（单位时间内机体受到的照射剂量）高者效应强。

3）照射方式：同等剂量照射，一次照射比分次照射效应强；同样，全身照射比局部照射效应强。

（2）机体因素：一般来说，生物进化程度越高，机体组织结构越复杂，辐射敏感性越高；由于体内性激素含量的差异，育龄雌性个体的辐射耐受性稍大于雄性；而幼年和老年的辐射敏感性高于壮年；机体处于过热、过冷、过劳和饥饿等状态时，身体虚弱和慢性疾病患者，或合并外伤时，对辐射的耐受性降低。组织细胞的辐射敏感性与细胞分裂活动成正比，而与分化程度成反比；淋巴细胞、骨髓细胞、生殖细胞、胚胎细胞等对辐射高度敏感。

5. **防护控制措施** 放射防护的目的是控制照射剂量,减少因不合理照射引起的随机性效应发生的概率,防止确定性效应和事故性照射的发生。

(1)放射防护基本原则

1)辐射实践的正当性(justification of radiological practice):任何伴有电离辐射的实践都应当有正当的理由,并且确认因实践获得的利益,包括经济的及各种有形、无形的社会、军事及其他效益,必须大于付出的代价,包括基本生产代价、辐射防护代价及辐射所致损害的代价等,这种实践才是正当的,被认为是可以进行的。如果不能获得超过付出代价的纯利益,则不应进行这种实践。辐射实践的正当性判断适用于职业照射、医疗照射和公众照射等辐射实践。

2)放射防护的最优化(optimisation of radiological protection):任何电离辐射的实践,应当避免不必要的照射。任何必要的照射,在考虑经济、技术和社会等因素的基础上,应保持在可以合理达到的最低水平(as low as reasonably achievable,ALARA),所以最优化原则也称为 ALARA 原则。在谋求最优化时,应使防护与安全也最优化,应以最小的防护代价,获取最佳的防护效果,不能追求无限地降低剂量。此原则适用于职业照射、公众照射和医疗照射中的影像诊断检查等辐射实践。

3)个人剂量限值(personal dose limit):对个人受到的照射剂量进行限制,保证个人受到的所有照射实践的剂量总和不超过规定的剂量当量限值(表4-2)。个人剂量限值适用于职业照射和公众照射,不适用于医疗照射。

基础链接4-40
放射诊断及电离辐射防护要求和标准

表4-2 主要人群个人剂量限值 单位:mSv

项目	职业工作者	16~18岁徒工和(或)学生	公众
年有效剂量	20	6	1
年当量剂量			
眼晶状体	150	50	15
皮肤	500	150	50
手和足	500	150	—

(2)辐射防护措施

1)外照射防护:尽量缩短从事放射性工作时间,如轮流作业,以减少受照剂量;远距离操作,与辐射源保持一定安全距离,任何辐射源都不能直接用手操作;设置屏蔽(铅板、铅砖),降低辐射强度;使用个人防护用具,并佩戴个人剂量报警设备。

2)内照射防护:放射性物质可经消化道、呼吸道及皮肤(完好的或有伤口)进入体内。因此防护措施的关键是防止放射性物质进入人体,如增加室内通风,使用密闭的通风橱或手套箱,使用口罩、面具及穿防护衣等;禁止在工作区或污染区进食、饮水和吸烟等;使用个人防护器具,离开工作区或污染区时进行彻底洗消。

第五节　生物性有害因素及其健康危害

生产原料和生产环境中存在的对职业人群健康有害的致病微生物、寄生虫、昆虫、其他动植物及其所产生的生物毒素，统称为生物性有害因素。

1. **致病微生物**　从事畜牧业、兽医、屠宰、牲畜检验、毛纺及皮革等职业人群有较多机会接触或感染炭疽和布鲁氏菌病。炭疽是由炭疽芽孢杆菌引起的一种人与动物共患传染病，职业性炭疽是劳动者在职业活动中直接接触病畜或其产品，病菌主要通过破损的皮肤和呼吸道侵入人体而发病。布鲁氏菌病的主要传染源是病畜，我国以羊为主，牛次之。在疫区从事林业、勘探、采药的职业人群，以及进驻森林的军事人员在森林地区从事职业活动时，因被蜱叮咬而可能感染森林脑炎（又称蜱传脑炎）及螺旋体感染性疾病（莱姆病）。医护人员也可因医疗活动感染肝炎病毒、艾滋病病毒。目前，职业人群所患的炭疽、森林脑炎、布鲁氏菌病、莱姆病，以及医疗卫生人员及人民警察所患的艾滋病，已列入我国法定职业病目录。

2. **寄生虫**　农民、井下矿工、下水道清理工及海边娱乐场的工作人员等，可能会接触或感染钩虫；而从事粮食和饲料加工、贮存等职业人群，则可能会接触尘螨；在疫区从事林业、勘探，林区的军事人员等职业人群，可能会受到蜱的叮咬。这些生物因素可引起职业性的钩虫病、尘螨性皮炎、过敏性哮喘、鼻炎及蜱相关的虫媒传染病。

3. **动植物及生物毒素**　某些动物、植物会产生刺激性、毒性或变态反应性生物活性物质，如鳞片、粉末、毛发、粪便、毒性分泌物、酶或蛋白质、花粉等。肉、奶、蜂制品等以农副产品为中心的多种经营作业，以及种植业、园林园艺、木材加工、农林科技人员均可能接触到动植物有害因素，如松毛虫、桑毛虫、茶毛虫及蝶蛾类幼虫可释放毒素引起皮炎，水仙花、郁金香可引起变应性皮炎，芸香、佛手可引起光敏性皮炎。

随着工农业的技术进步和产业发展，在畜牧业、养殖业、食品加工业、酿造业及相关第三产业，职业性和非职业性接触生物性有害因素的机会越来越多，因此生物性有害因素对人群的健康损害应充分重视。

第六节　职业性有害因素所致其他职业损害

一、概述

按照职业病分类和目录，除职业性化学中毒、职业性尘肺病及其他呼吸系统疾病、物理因素和生物因素所致职业病外，还有职业性肿瘤、职业性眼耳鼻喉口腔疾病、职业性皮肤病等。

二、职业性肿瘤

职业性肿瘤（occupational tumor）是在工作环境中接触致癌因素，经过较长的潜伏期而患的某种特定肿瘤，如石棉所致肺癌、间皮瘤，联苯胺所致膀胱癌，苯所致白血病，氯甲醚、双氯甲醚所致肺癌，砷及其化合物所致肺癌、皮肤癌，氯乙烯所致肝血管肉瘤，焦炉逸散物所致肺癌，六价铬化合物所致肺癌，毛沸石所致肺癌、胸膜间皮瘤，煤焦油、煤焦油沥青、石油沥青所致皮肤癌，β-萘胺所致膀胱癌。

（一）常见职业性肿瘤

在《职业性肿瘤的诊断》（GBZ 94—2017）中，规定了职业性肿瘤的诊断原则：有明确的致癌物长期职业接触史，出现原发性肿瘤病变，结合实验室检测指标和现场职业卫生学调查，经综合分析，原发性肿瘤的发生符合工作场所致癌物的累计接触年限要求，肿瘤的发生部位与所接触致癌物的特定靶器官一致并符合职业性肿瘤发生、发展的潜伏期要求，方可诊断。

> 基础链接 4-41
> 《职业性肿瘤的诊断》
> （GBZ 94—2017）

目前我国的职业危害及由此引起的职业性肿瘤，其发病情况比较严重。虽然职业病分类和目录中规定了 11 种职业性肿瘤，但由于对部分职业性有害因素的致癌性缺乏研究，同时一些职业性肿瘤的致癌因素尚未阐明，因此规定的 11 种职业性肿瘤只是常见的职业性肿瘤。

常见的职业性肿瘤按发病部位进行汇总，可归为 4 类。

1. 职业性呼吸系统肿瘤　由于呼吸道是大多数职业性致癌物进入机体的主要途径和直接作用器官，所以职业性呼吸系统肿瘤成为最主要的职业性肿瘤，特别是职业性肺癌。肺癌发病隐匿、恶性程度高、转移快、早期不易发现、疗效也不理想，因此职业性肺癌是最危险的职业性肿瘤。石棉、砷和砷化物、铬、焦炉逸散物、氯甲醚类、镍、氡、镉和镉化物等是常见的职业性肺癌致病因子。职业性肺癌的特征包括：①有病因明确的职业接触史；②肺癌发病率与职业性有害因素的量表现出剂量-反应关系；③职业性肺癌可产生癌前病变；④职业性肺癌的潜伏期虽不相同，但比一般肺癌早 10~15 年；⑤职业性肺癌以鳞状上皮癌和小细胞癌多见。

2. 职业性皮肤癌　在职业环境中皮肤暴露于致癌因素可引起职业性皮肤癌，发生在暴露部位和接触局部。职业性皮肤癌是最早发现的职业性肿瘤，约占人类皮肤癌的 10%。能引起皮肤癌的物质和因素主要包括煤焦油、沥青、蒽、木榴油、页岩油、杂酚油、蜡、氯丁二烯、砷及砷化物、X 射线、紫外线等。作业工人接触煤焦油类物质引发的皮肤癌最多见。在煤焦油类物质中，主要含强致癌的苯并[a]芘及少量致癌性较弱的多环芳烃。职业性皮肤癌中最常见的是鳞状细胞癌和基底细胞癌。

3. 职业性膀胱癌　在职业性肿瘤中占有相当地位，约 20% 的膀胱癌病例有职业性致癌物接触史。主要引起膀胱癌的行业包括生产萘胺、联苯胺和 4-氨基联苯的化工行业，以萘胺、联苯胺为原料的燃料、橡胶添加剂、颜料等制造业，使用芳香胺衍生物作为添加剂的电缆、电线生产行业等。膀胱是储尿器官，由尿中排出的致癌物易在此处诱发癌症，其中上皮肿瘤占 95% 以上，鳞癌和腺癌各占 2% 和 3%。

4. 其他职业性肿瘤　接触氯乙烯可引起肝血管肉瘤，多见于接触氯乙烯的清釜工；接触苯可引起白血病，多见于长期、高浓度接触作业者，可先形成再生障碍性贫血、骨髓增生异常综合征，后发展为白血病；接触石棉可引起胸膜间皮瘤。

（二）职业性肿瘤的特征

1. 潜伏期　机体自接触职业病危害因素至出现被确证的健康危害效应所需的时间称为潜伏期。不同的致癌因素有不同的潜伏期。虽然大多数职业性肿瘤的潜伏期较长，但由于职业性致癌因素接触程度一般都较强，所以职业性肿瘤发病的潜伏期比非职业性同类肿瘤短，这也是确定职业性肿瘤的重要依据之一。如芳香胺引起的泌尿系统癌症，发病年龄以40~50岁多见，较非职业性的早10~15年。

2. **阈值** 大多数毒物的毒性作用存在阈值或阈剂量，但对于职业性致癌因素，是否存在阈值尚有争论。根据肿瘤发生机制，单个致癌分子可诱导细胞基因的改变，但致癌物到达其作用的靶器官的剂量与接触剂量有关，接触量小，则到达靶器官的剂量也小。多数致癌物与细胞亲核物质如蛋白质和DNA的非关键部分作用而代谢，或与小分子化合物如谷胱甘肽等结合而灭活，或直接排泄出体外；同时，细胞本身具有修复DNA损伤的能力，机体免疫系统也有杀伤癌变细胞的能力。这些均要求致癌物达到一定剂量才能发生致癌作用。大多数致癌物在致癌作用发展过程中均有早期变化，提示具有确定致癌物阈值的可能性。但主张致癌物无阈值的一次击中学说则认为，一个单细胞内的DNA改变就可能启动肿瘤发生过程，而一个致癌分子就可能导致DNA改变，启动肿瘤发生。多数学者认为应有阈值。

3. **剂量-反应关系** 大量动物实验和人群流行病学研究证明，大多数致癌物与肿瘤发病存在剂量-反应关系，即在接触致癌物的人群中，接触剂量高的比接触剂量低的患病率和死亡率都高。

4. **好发部位** 职业性肿瘤往往有比较固定的好发部位或范围，多在致癌因素作用最强烈、最经常接触的部位发生。呼吸系统和皮肤是职业性致癌物进入机体的主要途径和器官，因此，职业性肿瘤也多见于皮肤和呼吸系统。同一致癌物可引发不同部位的肿瘤，如砷可诱发肺癌和皮肤癌，也可引发邻近器官的肿瘤，致肺癌的职业性致癌物可引发气管、咽喉、鼻腔或鼻窦的肿瘤。

5. **病理类型** 职业性肿瘤往往由于致癌物不同而各具一定的病理类型。接触强致癌物及接触高浓度（强度）致癌物导致的肺癌多为未分化的小细胞癌，反之则多为腺癌。铬所致多为鳞癌，氯乙烯致肝血管肉瘤。这些病理学特点不是绝对的，仅供与非职业性肿瘤作鉴别时参考。

（三）职业性肿瘤的预防原则

职业性肿瘤由于职业因素比较清楚，应按三级预防的原则，采取相应的措施进行预防，或使其危险度控制在最低水平。

1. **加强对职业性致癌因素的控制和管理** 对目前已知的职业性致癌因素采取有效的控制和管理措施是降低职业性肿瘤发病的重要手段。控制措施包括：①建立致癌物管理登记制度；②对工作场所环境中致癌物浓度、强度进行定期监测，准确估计人体接触水平；③改革工艺流程，加强卫生工程措施，如加强原料选用，降低和规定产品中致癌杂质的含量。对于不能立即改变工艺线路或目前无法替代的致癌物，应采取严格的综合措施，尽量降低工人实际接触水平。

2. **建立致癌危险性的预测制度** 结合流行病学研究和动物实验，开展已知职业因素致癌危险性预测。建立职业性肿瘤等级报告制度，详细记录工种、接触因素、肿瘤发病和死亡情况，为预防职业性致癌因素提供可靠的依据。

3. **建立健全职业健康监护制度** 加强岗前体检和在岗期间的定期体检，及早发现健康损害。开展健康体检要有针对性，根据不同工作性质及致癌物可能损害的部位进行专科检查。如接触煤焦油、石化产品的工人，应做皮肤全身检查和肺部检查；接触苯的工人，应选择外周血象作为重点检查项目。积极开展职业人群早期健康损害筛查和发现早期肿瘤患者的方法研究，如筛检呼吸系统癌变用X线胸片检查和痰液细胞涂片检查，筛检膀胱癌用尿沉渣脱落细胞检查等。

4. **加强宣传教育，注意个人卫生** 加强职业健康教育，努力普及职业卫生知识，以提高劳动者对职业病危害的认识，增强劳动者的自我保护意识和能力。主要包括：①努力减少接触各种致癌因素；②工作服应集中清洗以去除污染，禁止穿戴回家；③吸烟是职业性致癌因子的最主要协同致癌因子，肺癌又是最主要的职业性肿瘤，应在接触人群中开展戒烟宣传；④加强劳动保护，提高作业者的自我保护意识；⑤合理膳食；⑥锻炼身体，保持心境开朗，提高免疫力，增强抗病能力。

因此，在针对病因预防的一级预防基础上，定期体检、早期发现、及时诊断治疗是被证明行之有效的二级预防措施，患病以后进行合理康复治疗，促进功能恢复，防止并发症是重要的三级预防措施。

三、职业性眼耳鼻喉口腔疾病

（一）职业性眼病

职业性眼病包括化学性眼灼伤、电光性眼炎和职业性白内障（含放射性白内障、三硝基甲苯白内障）。

1. 化学性眼灼伤（chemical eye burn） 指以酸、碱为主的刺激性、腐蚀性化学物质作用于眼部，造成眼部组织结构的腐蚀性破坏和功能障碍。引起眼灼伤的物质可为液体、固体、粉尘、烟雾和蒸气，主要为酸性和碱性化学物质，其次为金属类腐蚀剂、非金属性无机化学腐蚀剂、氧化剂、起泡剂、催泪剂、有机溶剂、表面活性物质等。化学性眼灼伤是常见的职业性眼损害，化学烟雾所致者占一半以上。

（1）发病机制：一定浓度的酸碱物质接触眼睛表面组织或进入结膜囊，极易造成眼睛表面组织，甚至眼内结构和眼眶组织的破坏。化学性眼灼伤的程度还取决于化学物质穿透眼组织的能力。碱性物质具有脂溶性和水溶性双相溶解性，能迅速穿透眼组织渗入深部。即使表面的碱性物质被冲洗干净，渗入的碱性物质仍可继续扩散破坏内眼组织。酸性化学性眼灼伤主要引起凝固性坏死，眼组织表面形成焦痂，可减缓酸性毒物向深部组织扩散。所以，碱性化学性眼灼伤较酸性化合物严重，可导致角膜穿孔或其他损伤而致失明。一般来说，化学性灼伤程度与化学物质的种类、浓度、剂量、作用方式、接触时间、面积及毒物的温度、压力和所处状态有关。

（2）临床表现：因化学物种类、浓度及接触时间长短不同，可引起不同程度的眼组织损害。①化学性结膜、角膜炎：主要表现为明显的眼部刺激症状，如眼痛、灼热感或异物感、流泪、眼睑痉挛等；眼部检查有结膜充血、角膜上皮损伤；可有视物模糊。②眼睑灼伤：一眼或双眼睑缘皮肤充血、水肿、起水疱，睑肌、睑板灼伤者常遗留瘢痕性睑外翻、睑裂闭合不全等并发症。③眼球灼伤：轻者表现为结膜、角膜水肿、出血，角膜混浊；重者角膜缘缺血，角膜缘及其附近血管广泛血栓形成，角膜溃疡、穿孔，巩膜坏死，引起一系列内眼并发症，视力常受到严重影响以至完全失明。

（3）诊断：依据《职业性化学性眼灼伤的诊断》（GBZ 54—2017）。

1）诊断原则：根据明确的眼部直接接触化学物质的职业史，以及眼睑、结膜、角膜等组织损害的临床表现，参考作业环境调查，综合分析，排除其他有类似表现的疾病，方可诊断。

2）诊断与分级：根据眼灼伤程度和临床表现，分为壹级至陆级眼灼伤。

（4）处理原则

1）紧急处理：①化学物质直接接触眼部后，首先就地立即用自来水或其他清洁水冲洗眼部，患者睁开眼睛充分冲洗；冲洗后检查结膜囊，尤其是穹窿部，如有固体化学物质者，必须立即用棉棒彻底清除，然后再次冲洗；一次冲洗时间至少15 min。②眼部冲洗及彻底清除固体化学物质

> 基础链接 4-42
> 《职业性化学性眼灼伤的诊断》（GBZ 54—2017）

后，迅速送眼科医疗机构进行治疗。

2）治疗原则：①眼科急诊室接到患者后，仍需及时用生理盐水充分冲洗结膜囊及眼表。冲洗后检查结膜囊内是否有残留的固体化学物质并彻底清除，清除后再次冲洗。②抗生素眼药水滴入结膜囊预防角膜感染，结膜囊涂抗生素眼药软膏防止眼球粘连。③角膜缘累及范围超过6个钟点位有角膜斑翳或白斑形成，后期可酌情选择角膜缘干细胞移植手术、穿透性角膜移植手术。④眼部畸形，如瘢痕性睑外翻、睑内翻、眼睑闭合不全、眼球粘连，可实施眼部整形手术。

3）其他处理：如果需进行劳动能力鉴定，按 GB/T 16180—2014 处理。

（5）预防措施：注意更新陈旧设备，对设备进行良好的保养和维修；加强安全防护，穿防护服，戴防护眼镜；在工作场所安装冲淋、洗眼设施，且应靠近可能发生相应事故的工作地点，应保证连续供水；加强安全教育，严格遵守操作规程，增强安全防护意识、普及自救互救知识，提高自我保护和自救互救能力。

2. 电光性眼炎（photophthalmia） 是眼部受强紫外线照射所导致的急性角膜结膜炎。常见于电焊工及接触其他强紫外线辐射的作业者。电焊弧所产生的紫外线是导致眼紫外线损伤最多、最直接的原因。

（1）发病机制：紫外线眼损伤多为光电性损害。核酸和蛋白质具有很强的吸收紫外线的能力，角膜上皮细胞中的核酸和蛋白质吸收紫外线后，可引起DNA解旋和断裂，细胞亚结构的膜破坏。短波紫外线的损害较长波紫外线强。紫外线角膜结膜炎的最大效应波长为270 nm。

（2）临床表现：有一定潜伏期，潜伏期 0.5~24 h，一般 6~12 h，故多在晚间入睡前后发病。轻症者仅有眼部异物感或轻度不适，重者头痛，眼部烧灼感、剧痛、畏光、流泪和睑痉挛。长期反复紫外线照射，可引起慢性睑缘炎、结膜炎，结膜失去弹性和光泽，色素增加。

（3）诊断：依据《职业性急性电光性眼炎（紫外线角膜结膜炎）诊断标准》（GBZ 9—2002）。

1）诊断原则：根据眼部受到紫外线照射的职业史，以及以双眼结膜、角膜上皮损害为主的临床表现，参考作业环境调查，综合分析，排除其他原因引起的结膜角膜上皮的损害，方可诊断。

2）诊断标准：①观察对象。眼部受到紫外线照射于24 h内出现下列任何一项表现者，可列为观察对象。a.轻度眼部不适，如眼干、眼胀、异物感及灼热感等；b.睑裂部球结膜轻度充血；c.角膜上皮轻度水肿，荧光素染色阴性。②有紫外线接触史，并具有下列表现者即可诊断。眼部异物感、灼热感加重，并出现剧痛、畏光、流泪、眼睑痉挛；角膜上皮脱落，荧光素染色阳性，放大镜或裂隙灯显微镜下观察呈细点状染色或有相互融合的片状染色；并可见到上下眼睑及相邻的颜面部皮肤潮红；结膜充血或伴有球结膜水肿。

基础链接4-43
《职业性急性电光性眼炎（紫外线角膜结膜炎）诊断标准》（GBZ 9—2002）

（4）处理原则

1）治疗原则：暂时脱离紫外线作业。急性发作期，应采用局部止痛、防止感染的治疗，辅以促进角膜上皮修复。

2）其他处理：观察对象，观察病情24 h。急性电光性眼炎，脱离接触紫外线作业或休息1~2天，重者可适当延长（不超过1周）。

（5）预防措施：加强职业卫生宣传教育，增强个人防护意识。加强个人防护用品的应用，电焊工防护镜不仅能完全防止紫外线透射，还要能防止红外线透射。

3. 职业性白内障（occupational cataract） 根据《职业性白内障诊断标准》（GBZ 35—2010），按病因不同，职业性白内障可分为4类：中毒性白内障、电离性白内障、非电离辐射性白内障和电击性白内障。中毒性白内障是由于生产性毒物作用于局部或全身导致的眼晶状体变性混浊，最常见的致病因素为三硝基甲苯，接触萘、铊、二硝基酚等也可致眼晶状体损伤。电离性白内障主要指放射性白内障，是由 X 射线、γ 射线、中子及高能 β 射线等电离辐射所致的眼晶状体混浊，多见于放疗、核物理工作者，核弹及放射事故受害者。非电离辐射性白内障主要有微波白内障、红外线白内障和紫外线白内障。电击性白内障主要指检修带电电路、电器，或因电器绝缘性能降低所致漏电等电流接触体表后发生的电击而造成的晶状体混浊。

（1）诊断原则：职业性三硝基甲苯白内障诊断按《职业性三硝基甲苯白内障诊断标准》（GBZ 45—2010）执行。根据密切的职业接触史和以双眼晶状体混浊改变为主的临床表现，结合必要的动态观察，参考作业环境调查，综合分析，排除其他病因所引起的晶状体损害后，方可诊断。

> 基础链接 4-44
> 《职业性三硝基甲苯白内障诊断标准》（GBZ 45—2010）

职业性放射性白内障诊断按《职业性放射性白内障的诊断》（GBZ 95—2014）执行。有职业接触史，眼晶状体受到急、慢性外照射，剂量超过 1 Gy（含 1 Gy），经过一定时间的潜伏期，在晶状体的后极后囊下皮质内出现混浊并逐渐发展为具有放射性白内障的特点，并排除其他非放射性因素所导致的白内障。

> 基础链接 4-45
> 《职业性放射性白内障的诊断》（GBZ 95—2014）

（2）处理原则：按白内障常规治疗处理，如晶状体大部分或完全混浊，可施行白内障摘除、人工晶状体植入术。诊断为三硝基甲苯白内障者应调离三硝基甲苯作业。诊断为职业性放射性白内障者，根据白内障程度及视力受损情况，暂时或长期脱离放射线工作，并给予治疗、康复和晶状体定期检查，一般为每半年至 1 年复查 1 次晶状体。

（3）预防措施：对于中毒性白内障，应加强通风排毒，佩戴防毒面具。对于电离性白内障，根据作业条件、辐射源性质佩戴相应的防护眼镜。改善防护设备，定期做晶状体检查。

（二）职业性噪声聋

1. 临床表现　首先出现听觉疲劳。较长时间停留在噪声环境中，引起听力明显下降，听阈提高超过 15~30 dB，离开噪声环境后，需要数小时甚至数十小时听力才能恢复，称为听觉疲劳。听觉疲劳是暂时性的病理生理现象，听神经细胞并未受到实质性损害。如果长时间在强烈的噪声环境下工作，听神经细胞发生病理性损害及退行性变，就使暂时性听力下降变为永久性听力下降，出现噪声聋。爆震聋根据损伤程度不同可出现鼓膜破裂、听骨破坏、内耳组织出血等，还可伴有脑震荡等。患者主诉耳鸣、耳痛、恶心、呕吐、眩晕，听力检查示听力严重障碍或完全丧失。

2. 处理原则　观察对象不需要调离噪声工作场所，但同时患有耳鸣者例外。轻度、中度及重度噪声聋患者均应调离噪声作业场所。重度噪声聋患者应配戴助听器。对噪声敏感者，即上岗前体检听力正常，在噪声环境下作业 1 年，高频段 3 000 Hz、4 000 Hz、6 000 Hz 任一频率，任一耳达 65 dB（HL）应调离噪声工作场所。

噪声性听力损失和噪声聋尚无特效疗法，主要采取对症及支持营养治疗。爆震聋应及时给予促进内耳血液循环和改善营养及代谢的药物，有鼓膜、中耳、内耳外伤的应防止感染，并及时对症治疗。经治疗后，轻者可部分或大部分恢复听力，严重者可致永久性耳聋。

3. 诊断和预防措施　见本章第四节三、噪声中"职业性噪声聋"的诊断分级及预防噪声危害的措施。

（三）职业性铬鼻病

职业性铬鼻病（occupational chromium induced nasal disease）是职业接触铬酸、铬酐、铬酸盐

及重铬酸盐等六价铬化合物引起的鼻部损害。其致病因素是六价铬化合物。高浓度铬化合物具有局部刺激和腐蚀作用，易引起鼻黏膜和咽喉炎症和溃疡，鼻中隔最易受损害。从事开采、冶炼、镀铬、颜料、染料、油漆、鞣皮、橡胶、陶瓷、照相和印刷业的劳动者，有机会接触到铬化合物。据调查，电镀工铬鼻病检出率为21.4%，铬酸盐生产工人铬所致鼻炎检出率为59.2%。

1. 临床表现　表现为流涕、鼻塞、鼻出血、鼻干燥、鼻灼痛、嗅觉减退等症状，以及出现鼻黏膜充血、肿胀、干燥、萎缩等体征，严重者可出现鼻中隔黏膜或鼻甲黏膜糜烂、鼻中隔黏膜溃疡，甚至鼻中隔软骨部穿孔、缺损。

2. 诊断

（1）诊断原则：依据《职业性铬鼻病的诊断》（GBZ 12—2014）。根据较长时间的六价铬化合物职业接触史和鼻中隔或鼻甲损害的相关临床表现，结合现场职业卫生学调查，排除其他原因所致鼻部病变，方可诊断。

（2）诊断分级：①轻度铬鼻病，具有下列临床表现之一者，a. 鼻中隔、鼻甲黏膜糜烂面积累计≥4 mm²；b. 鼻中隔或鼻甲黏膜溃疡。②重度铬鼻病，鼻中隔软骨部穿孔。

（3）鉴别诊断：鼻中隔软骨部穿孔也可由氟盐、五氧化二钒等引起，或因梅毒、结核、外伤等原因发生，故诊断时应结合上岗前职业健康体检资料、患者职业接触史和现场职业卫生学调查及临床资料等进行鉴别诊断。

> 基础链接 4-46
> 《职业性铬鼻病的诊断》（GBZ 12—2014）

3. 处理原则

（1）治疗原则：以局部治疗为主，可应用促进黏膜修复的制剂；局部可应用硫代硫酸钠溶液或溶菌酶制剂；鼻中隔穿孔者可行鼻中隔修补术。

（2）其他处理：①鼻黏膜糜烂较重者，可暂时脱离铬作业；②鼻黏膜溃疡患者，应暂时脱离铬作业，久治不愈者可考虑调离铬作业；③凡出现鼻中隔穿孔，应调离铬作业。

4. 预防措施

（1）使用密闭设备，加强通风：如在镀铬槽上加盖密闭或在电镀槽上采用有足够控制风速的槽边吸风装置，以排除铬酸雾，防止酸雾逸出；可在电镀液表面覆盖一层液状石蜡、硫酸十二烷基钠溶液等，以减少酸雾的逸散。

（2）加强检测与评价工作：发现铬酸盐浓度增加或超标，应立即进行整改，完善卫生工程防护措施。

（3）严格执行职业健康监护制度：职业禁忌证是严重的慢性鼻炎、鼻旁窦炎、萎缩性鼻炎、显著的鼻中隔偏曲，以及严重的湿疹和皮炎。开展上岗前、在岗期间和离岗时的职业健康检查，就业前体检应做耳鼻喉科检查，注意皮肤病史。一旦作业者出现皮肤溃疡和鼻中隔黏膜糜烂、溃疡等症状，应及时治疗。

（四）职业性牙酸蚀病

职业性牙酸蚀病（occupational dental erosion）是长期接触各种酸雾、酸酐或其他酸性物质所致的以前牙为主的牙体组织脱钙缺损，对冷、热、酸、甜或碰触等刺激发生酸痛感觉的牙本质过敏症状，可伴有牙龈炎、牙龈出血、牙痛、牙齿松动等，严重者牙冠大部分缺损，髓腔暴露，继发牙髓病变，或仅留残根，是酸作业者较常见的口腔职业病，主要是酸雾或酸酐对牙齿的酸蚀作用所致。在接触酸的环境中工作，酸的原发刺激使牙釉质色泽改变，进而牙体被腐蚀脱钙，牙体组织粗糙、松脆、缺损。

1. 主要职业接触机会　制造或使用盐酸接触氯化氢和盐酸雾，制造或使用硫酸接触SO_2、

SO_3 和硫酸雾，制造或使用硝酸接触 NO_2 和硝酸雾，酸酐进入口腔遇水则可形成酸。

2. 临床表现　主要损害无唇颊覆盖、直接暴露于含酸空气的上、下颌前牙，以中切牙和侧切牙唇面为主，其次是犬牙，早期病变多在唇侧切端 1/3，后牙基本上不受影响，下切牙唇面是酸雾最容易接触的部位，其损害程度往往最为严重。

症状与牙体缺损程度有关。早期出现对冷、热、酸、甜或碰触等刺激发生酸痛感觉的牙本质过敏症状；继续发展可累及深层牙本质，发生髓腔暴露、压痛，继发牙髓病变；严重者牙冠缺损或仅留残根。可影响语言和进食。

3. 诊断　依据《职业性牙酸蚀病的诊断》（GBZ 61—2015）。

（1）诊断原则：根据较长时间接触酸雾、酸酐或其他酸性物质的职业史，以前牙硬组织损害为主的临床表现，结合现场职业卫生学调查结果，进行综合分析，排除其他牙齿硬组织疾病后，方可诊断。

> 基础链接 4-47
> 《职业性牙酸蚀病的诊断》（GBZ 61—2015）

（2）牙酸蚀的判定

1）一级牙酸蚀（代号Ⅰ）：仅有唇面牙釉质缺损，多见于侧唇切端 1/3，切缘变薄、透亮；或唇面中部牙釉质呈弧形凹陷性缺损。缺损表面光滑，与周围牙釉质无明显分界线。

2）二级牙酸蚀（代号Ⅱ）：缺损达牙本质浅层，多呈斜坡状，从切缘起，削向牙冠唇面。暴露的牙本质呈黄色，周围可见较透明的牙釉质层。

3）三级牙酸蚀（代号Ⅲ）：缺损达牙本质深层，在缺损面暴露牙本质的中央，即相当于原髓腔部位，可见一圆形或椭圆形的棕黄色牙本质区。但无髓腔暴露，也无牙髓病变。

4）四级牙酸蚀（代号Ⅳ）：缺损达牙本质深层，虽无髓腔暴露，但有牙髓病变；或缺损已达髓腔；或牙冠大部分缺损，仅留下残根。

（3）诊断分度

1）壹度牙酸蚀病：前牙区有两个或两个以上牙齿为一级牙酸蚀者。

2）贰度牙酸蚀病：前牙区有两个或两个以上牙齿为二级或三级牙酸蚀者。

3）叁度牙酸蚀病：前牙区有两个或两个以上牙齿为四级牙酸蚀者。

4. 处理原则

（1）治疗原则：①有牙本质过敏症状者，可给予含氟或防酸脱敏牙膏刷牙或含氟漱口，必要时可用药物进行脱敏治疗。②壹度牙酸蚀病是否要做牙体修复，可视具体情况决定。贰度牙酸蚀病应尽早做牙体修复。叁度牙酸蚀病可在牙髓病及其并发症治疗后再进行牙体修复。

（2）其他处理：①观察对象，每半年复查一次，不需作特殊处理。②壹、贰、叁度牙酸蚀病，治疗修复后，在加强防护的条件下，可不调离酸作业。

5. 预防措施　改善劳动条件，消除或降低车间空气中的酸雾浓度，是预防牙酸蚀病的根本措施。加强密闭通风排毒，降低车间空气中酸雾浓度；加强个人防护，坚持戴防酸口罩，下班时漱口；经常使用含氟、防酸牙膏，并使用正确的刷牙方法，用碱性液体漱口，具有一定保护作用；养成不用口呼吸、不说话时闭口的良好个人卫生习惯；定期作口腔保健检查，发现问题及时治疗。

四、职业性皮肤病

皮肤是人体同外界环境接触的第一道防线，也是生产性有害因素首先接触的器官。职业性皮肤病是指劳动中以化学、物理、生物等职业性有害因素为主要原因引起的皮肤及其附属器的疾病。在《职业病分类和目录》中列出的职业性皮肤病包括9类，分别是接触性皮炎、光接触性皮炎、电光性皮炎、黑变病、痤疮、溃疡、化学性皮肤灼伤、白斑，以及根据《职业性皮肤病的诊断总则》可以诊断的其他职业性皮肤病。

职业性皮肤病的发病原因比较复杂，常常是多种因素综合作用的结果。职业性皮肤病的主要病因包括化学因素、物理因素和生物因素。职业性皮肤病绝大多数都是由化学因素所引起，可分为原发性刺激物与致敏物，许多化学物质既是原发性刺激物又是致敏物，如铬、镍、铍、铜等金属毒物。物理因素主要为日光、紫外线、高温、寒冷、X射线及放射性核素、机械刺激等。生物因素以细菌、真菌及寄生虫为主，也偶有病毒性因素。此外，性别与年龄、皮肤类型、职业与工龄、季节与作业环境等也对职业性皮肤病具有影响。

职业性皮肤病的发病机制主要分为原发性刺激反应和超敏反应。原发性刺激反应所致的皮肤病具有以下特点：①发病率高；②无一定的潜伏期；③发病仅见于直接接触部位，病变边缘清楚；④接触停止后，皮炎迅速消退，如加强防护可不再复发；⑤一般不做皮肤斑贴试验，采用低浓度试验常为阴性。超敏反应所致皮肤病具有以下特点：①发病率低，仅在少数过敏体质中发生；②首次接触后并不发生反应，经过一定潜伏期，如再接触同样物质才能发病；③皮损不局限于接触部位，可广泛、对称发生，边缘不清；④高度敏感者常反复发作，甚至采取防护措施也难免复发；⑤皮肤斑贴试验常为阳性。

(一)职业性皮炎

1. 职业性接触性皮炎（occupational contact dermatitis） 是指在劳动或作业环境中直接或间接接触具有刺激和（或）致敏作用的职业性有害因素引起的急、慢性皮肤炎症性改变。根据发病机制分为刺激性接触性皮炎和变应性接触性皮炎。

(1) 刺激性接触性皮炎（irritant contact dermatitis，ICD）：是指在职业环境中直接或间接接触刺激物引起的接触性皮炎。

主要职业性刺激原有水、肥皂、洗涤剂、酸、碱、金属工作液、有机溶剂、石油产品、氧化剂、还原剂、动物产品、某些植物、粉尘及物理因素等。刺激物的刺激性与其化学性质、浓度有关。急性反应多在接触后很快发生，慢性反应则是微小损伤慢性反复积累的结果。去除接触物后，炎症反应不能马上消退。

急性皮炎呈红斑、水肿、丘疹，或在水肿性红斑基础上密布丘疹、水疱或大疱，疱破后呈现糜烂、渗液、结痂等症状。自觉灼痛或瘙痒。慢性改变者，呈现不同程度浸润、增厚、脱屑或皲裂。

根据《职业性接触性皮炎的诊断》（GBZ 20—2019）进行诊断。根据明确的职业接触史，发病部位，临床表现及动态观察；参考作业环境调查，同工种发病情况；必要时结合皮肤斑贴试验进行综合分析，排除非职业性因素引起的接触性皮炎，方可诊断。职业性刺激性接触性皮炎具有下列条件者可诊断：①有明确的职业接触史。②自接触至发病所需时间和反应程度与刺激物的性质、浓度、温度、接触方式及时间有密切关系。接触高浓度强刺激物，常立即出现皮损。③在同样条件下，大多数接触者发病。④皮损局限于接触部位，界限清楚。⑤病程具自限性，去除病因后易治愈，再接触可再发。

基础链接 4-48
《职业性接触性皮炎的诊断》（GBZ 20—2019）

治疗原则：及时清除皮肤上存留的致病物，暂时避免接触致病物及其他促使病情加剧的因素；按一般接触性皮炎的治疗原则对症治疗；急性皮炎在治疗期间，可酌情短期休息，或暂时调换工种。职业性刺激性接触性皮炎治愈后可恢复工作。改善劳动条件，加强个人防护，做好个人和环境卫生可防止皮炎复发。

预防措施：①用无刺激物或弱刺激物代替强刺激物；②对于无法代替的刺激物，操作过程中尽量采取自动化操作；③对于必须人工操作的刺激物，工作人员在工作过程中必须采取相应的防护措施，如戴防护手套、穿防护服，对易感人群还需采取特殊的保护措施。

（2）变应性接触性皮炎（allergic contact dermatitis，ACD）：是指在职业环境中直接或间接接触变应原引起的接触性皮炎，简称变应性皮炎。

具有高过敏风险的常见职业为化学工业、药剂生产、橡胶工业、漆业、纺织印染、玻璃工业、建筑业、农业、园艺业、木材加工业。主要变应原有杀虫剂、铬、镍、染料、环氧树脂、香精、药物、植物、橡胶促进剂等。初次致敏往往需要接触几天以上才发生反应，而致敏后如再接触敏感变应原则多在 24~48 h 反应。去除接触致敏原后炎症反应不能马上消退。

急性变应性接触性皮炎，起病相对较急，在接触局部发生边界清楚的红斑、丘疹、丘疱疹，严重时红肿明显，甚至出现大疱，并破溃糜烂。急性期经积极治疗，1~2 周内可痊愈。如果处理不当或反复接触变应原可使病程迁延转为亚急性或慢性皮炎。由于接触物的浓度低、刺激性小，亚急性和慢性变应性接触性皮炎皮损开始可呈亚急性表现，为轻度红斑、丘疹、边界不清，或由于长期反复接触后发病，局部呈慢性湿疹样变，皮肤轻度肥厚或苔藓样变。

职业性变应性接触性皮炎的皮损表现与刺激性接触性皮炎相似，但大疱少见，常呈湿疹样表现，自觉瘙痒。具有下列条件者可诊断：①有明确的职业接触史。②初次接触不发病，一般情况下接触到发生过敏反应需 5~14 天或更长时间，致敏后再接触常在 24 h 内发病。反应程度与致敏物的致敏强度和个人身体素质有关。③在同样条件下，接触者仅少数人发病。④皮损初发于接触部位，界限清楚或不清楚，可向周围及远隔部位扩散，严重时泛发全身。⑤病程可能迁延，再接触少量即能引起复发。⑥以致敏物做皮肤斑贴试验常获阳性结果。

治疗原则：及时清除皮肤上存留的致病物，按一般接触性皮炎的治疗原则对症治疗。暂时避免接触致病物及其他促使病情加剧的因素。急性皮炎在治疗期间，可酌情短期休息，或暂时调换工种。对于反复发病、长期不见好转、影响工作者，可调换工种，脱离有致敏物的环境。

预防原则：改善劳动条件，保持清洁的生产环境，减少作业场所变应原对皮肤的刺激。严格就业前体检，须详细询问工人的过敏史。若为强致敏物质作业，由于个体差异较大，应在就业前即对工人进行斑贴试验。阳性者，应视为有职业禁忌证。

2. 职业性光接触性皮炎（occupational photosensitive dermatitis） 是指在劳动中接触光敏物并受到日光或人工紫外线光源照射引起的光毒性或光变应性接触性皮炎。职业性光接触性皮炎可分为职业性光毒性皮炎和职业性光变应性皮炎两大类。

职业性光接触性皮炎致敏物主要有煤焦油，沥青及沥青中所含的蒽、菲和吖啶，化妆品香料如柠檬油、檀香油等，植物衍生物如呋喃香豆素等，药品如氯丙嗪及其中间体和胺碘酮等。

光变态反应是一种必须有光能参与的免疫反应，指特定的光敏物与载体分子反应而形成全光敏物质，或激发的色基利用光化学能共价结合于载体分子而形成光变应原。如某些光敏物质吸收光能后可形成半抗原，并与体内大分子共价结合形成完全抗原，诱导淋巴细胞介导的迟发性超敏反应。光毒反应是一种非免疫反应，由被光能激活的光敏物直接作用所致。由于皮肤中光敏物或色基被光照射，且由光动力学作用而发生能量传递，产生的毒性物质（如单线态氧、超氧阴离子自由基等）、炎症介质（如趋化因子、蛋白酶等）直接作用于皮肤发生光化学反应而引起。

根据《职业性光接触性皮炎诊断标准》（GBZ 21—2006）进行诊断。

（1）职业性光毒性皮炎：皮损呈局限性片状红斑，有烧灼感或疼痛。严重时可出现水肿和水疱或伴有结膜炎及全身症状，如头晕、乏力、口渴、恶心等。具有下列条件者可诊断：①发病前有明确的一定量的光敏性物质职业接触史，并受到一定强度和时间的日光照射。②皮损发生在与光敏性物质接触并受到日光照射的部位。③同工种、同样条件下大多数人发病。④皮损始发于受日光照射后数小时内。⑤脱离接触光敏物质或避免日光照射后，皮炎消退较快，局部可留有不同程度的色素沉着。⑥必要时可做光斑贴试验，呈晒斑样反应。

（2）职业性光变应（过敏）性皮炎：皮损为水肿性红斑，边缘不清楚，上有小丘疹或水疱。有不同程度的瘙痒。具有下列条件者可诊断：①发病前有职业性光敏性物质接触史，并受到日光照射。②皮损开始发生在接触部位，以后可向周围扩散，蔓延到身体的其他部位。③同工种、同样条件下仅少数人发病。④皮损开始在接触光敏物质和日晒后 5~14 天或更久，致敏后再接触时一般在 24 h 内发病。⑤病程迁延，在脱离接触后，一般需要 2 周左右治愈。有时持续数月，愈后一般无明显的色素沉着。⑥必要时可做光斑贴试验，呈湿疹样反应。

> 基础链接 4-49
> 《职业性光接触性皮炎诊断标准》（GBZ 21—2006）

治疗原则：①及时清除皮肤上存留的致病物。②暂时避免接触光敏性物质及日光照射。③根据病情按急性皮炎治疗原则对症治疗。

预防原则：采取综合性的预防措施，隔离或减少致病因素的接触。①改善劳动条件，操作过程自动化、机械化，加强设备的管理、清洁和维修。②加强个人防护，工人在工作时应着全套防护服，对于外露的皮肤、脸部和颈部应涂抹防护膏，工作结束后应温水淋浴。

3. 职业性电光性皮炎（occupational electroflash dermatitis） 是指在劳动中接触人工紫外线光源作业者无适当防护措施时引起的皮肤急性炎症。

焊接产生的电弧光主要包括紫外线、可见光和红外线。紫外线被皮肤的色基吸收后，导致表皮和真皮细胞的广泛损伤，并引发以组织修复为目的的炎症反应，皮肤组织学变化主要有表皮海绵样变性，有时会有真皮的血管肿胀、水肿和中性粒细胞、单核细胞的浸润症状。

根据《职业性电光性皮炎诊断标准》（GBZ 19—2002）进行诊断。皮损表现为急性皮炎，其反应程度视光线强弱、照射时间长短而定，轻者表现为边界清晰的水肿性红斑，有灼热及刺痛感；重者除上述症状外，可发生水疱或大疱，甚至表皮坏死，疼痛剧烈。本病常伴有电光性眼炎。具有下列条件者可诊断：①在无适当的防护措施或防护不严的情况下，于照射后数小时内发病。②皮损发生在面部、手背和前臂等暴露部位。

> 基础链接 4-50
> 《职业性电光性皮炎诊断标准》（GBZ 19—2002）

治疗原则：按一般急性皮炎的治疗原则，根据病情对症治疗。

预防原则：①提高焊接技术，改进焊接工艺和材料，合理设计焊接容器的结构，使焊接操作实现机械化、自动化。②加强个人防护措施，作业人员必须使用相应的防护眼镜、面罩、口罩、手套，穿防护服和绝缘鞋。③强化宣传教育和现场跟踪监测，提高自我防范意识，进行安全卫生教育，降低职业病的发病率。

（二）职业性黑变病

职业性黑变病（occupational melanosis）是指劳动或作业环境中存在的职业性有害因素引起的慢性皮肤色素沉着性疾病。

引起皮肤色素沉着的主要物质是煤焦油、石油及其分馏产品，橡胶添加剂，某些颜料、染料及其中间体等。焦油和石油沥青应用广泛，成分复杂，其含有的挥发物是致病的主要因素。由于致病物与皮肤的长期接触，导致酪氨酸酶的活性增加，加速黑色素代谢，使黑色素增加。

1. 临床表现 本病呈渐进性慢性经过，呈现以暴露部位为主的皮肤色素沉着，严重时泛发全身。可伴瘙痒及轻度乏力等症状。主要临床表现：①色素沉着前或初期，常有不同程度的红斑和瘙痒，待色素沉着较明显时，这些症状即减轻或消失。②皮损形态多呈网状或斑（点）状。有的可融合成弥漫性斑片，边界不清晰，有的呈现以毛孔为中心的小片状色素沉着斑。少数可见毛细血管扩张和表皮轻度萎缩。③颜色呈深浅不一的灰黑色、褐黑色、紫黑色等，在色素沉着部位表面往往有污秽的外观。④色素沉着部位以面颈等露出部位为主，可以发生在躯干、四肢或呈全身分布。⑤可伴有轻度乏力、头晕、食欲不振等全身症状。

2. 诊断　《职业性黑变病诊断标准》（GBZ 22—2002）进行诊断。根据职业接触史，在接触期间内发病，特殊的临床表现，病程经过，动态观察，参考作业环境调查等，综合分析，排除非职业性黑变病，以及其他色素沉着性皮肤病和继发性色素沉着症，方可诊断。

基础链接 4-51
《职业性黑变病诊断标准》（GB 22—2002）

3. 治疗原则　避免继续接触致病物，对症治疗。一般不影响劳动能力，但停止接触后一般消退较慢，恢复接触仍可复发，因此确诊后应调换工种，避免继续接触致病物，必要时应调离发病环境。

4. 预防措施　①改善劳动条件，尽量减少沥青、煤焦油类产品的接触机会，安装通风、吸尘设备，降低车间烟尘、粉尘浓度。②加强个人防护，穿戴工作服、工作帽、口罩及手套，在暴露部位的皮肤上涂抹防护剂。③紫外线可刺激皮肤中的黑色素，应尽量减少日光照射。④维生素 C 有抑制黑色素细胞生成的作用，因此应多食用富含维生素 C 的水果和蔬菜。

（三）职业性痤疮

职业性痤疮（occupational acne）是指在生产劳动中接触矿物油类或某些卤代烃类所引起的皮肤毛囊、皮脂腺系统的慢性炎症损害。根据不同的致病因素，可分为两类：因接触石油、煤焦油及其分馏产品等引起的痤疮，称为油痤疮；因接触卤代烃类化合物引起的痤疮，称为氯痤疮。职业性痤疮是常见的职业性皮肤病之一，其发病率仅次于职业性皮炎。

在生产中接触到的致痤疮物质主要有两大类，一类是石油和煤焦油分馏产品，石油包括原油、各种柴油、润滑油、切削油、乳化油、变压油等，煤焦油分馏产品包括煤焦油、焦油沥青、杂酚油等；另一类是卤代烃类化合物，包括多氯苯、多氯萘、多氯联苯、多氯氧芴、四氯二苯并-P-二噁英、六氯二苯并-P-二噁英、多氯酚、四氯氧化偶氮苯、聚氯乙烯热解物等。

油痤疮的发生有四方面因素：①矿物油对毛囊皮脂腺结构的化学性刺激，引起毛囊上皮细胞增殖与角化过度，使皮脂排出发生障碍。②机械性的阻塞作用，如被尘埃、金属屑污染的油质将毛孔堵塞，可形成黑头粉刺。③毛囊炎、疖肿可能与继发性细菌感染有关。④油痤疮较多发生于青年工人，可能与其皮脂腺的生理功能有关。氯痤疮的发病机制与皮脂腺的鳞状上皮增生及毛囊外根鞘部位的增粗有关，致病物质通过作用于未分化的皮脂腺细胞，使其转化为角质形成细胞，导致细胞增殖角化，产生黑头及囊肿。二噁英类化合物是目前已知最强的致氯痤疮物质。

1. 临床表现　油痤疮好发于易受油脂污染及被油类浸渍衣服的摩擦部位，如指背、手背、前臂伸侧、颜面的颧颊部、眼睑、耳郭、前胸、后背及腰、腹、臀、股等部位，主要表现为黑头粉刺、丘疹性损害及毛囊炎。氯痤疮常在接触部位发生成片的毛囊性皮肤损害，以黑头粉刺为主，初起时常在眼外下方及两侧颧部出现密集的针尖大的小黑点，后发展到耳郭周围、腹部、臀部及阴囊等处，出现较大的黑头粉刺，耳郭周围及阴囊等处常见草黄色囊肿，甚至被认为是氯痤疮的特征性体征之一。

2. 诊断　根据《职业性痤疮诊断标准》（GBZ 55—2002）进行诊断。根据明确的职业接触史，特有的临床表现及发病部位，参考工龄、发病年龄、作业环境调查及流行病学调查资料，结合对病情的动态观察，进行综合分析，排除寻常痤疮及非职业性外源性痤疮，方可诊断。

基础链接 4-52
《职业性痤疮诊断标准》（GBZ 55—2002）

3. 治疗原则 本病一般不影响劳动能力，皮损较轻者，在加强防护的情况下可继续从事原工作。对严重患者，如合并多发性毛囊炎、多发性囊肿及聚合型痤疮，治疗无效者，可考虑调换工作，避免继续接触致病物。参照寻常痤疮的治疗原则，对症处理。职业性痤疮在脱离接触致病物后病情可以减轻甚至痊愈。

4. 预防措施 ①从事接触石油、焦油类化学物及卤代芳烃化合物的作业者，就业前应做皮肤科检查，凡是有明显皮脂溢出或患有明显的脂溢性皮炎、寻常性痤疮、疖等皮肤病的工人，不宜从事接触石油和煤焦油分馏产品、卤代烃类化合物的工作。②对从事上述化合物生产的操作工人，应建立定期体检制度，特别注意有无痤疮样皮疹发生，并应鉴别是否与职业有关。③改善生产环境与劳动条件，加强通风，尽量使生产过程密闭化、管道化，以减少有害气体及粉尘向外逸散。④长期接触矿物油类的工作人员应加强个人防护，穿戴不透油的工作服，暴露部位涂抹皮肤防护剂，工作服保持清洁，工作后及时洗浴，避免致病物经常刺激皮肤。

（四）职业性皮肤溃疡

职业性皮肤溃疡（occupational ulcer）是指生产劳动中皮肤直接接触某些铬、砷、铍等化合物（如六价铬、可溶性铍盐等）所致的形态较特异、病程较长的慢性皮肤溃疡。典型的职业性皮肤溃疡呈鸟眼状，俗称"鸟眼状"溃疡。最常见的致病物有铬酐、铬酸、铬酸盐、重铬酸盐等六价化合物，其次是氟化铍、氯化铍、硫酸铍等可溶性铍化合物。另外，镍、镉等也可引起特殊的溃疡。

六价铬化合物和铍化合物在高浓度时是剧烈的氧化剂，具有明显的局部刺激作用和腐蚀作用，并能通过皮肤吸收。铬溃疡（铬疮）是因为六价铬经伤口或摩擦穿透皮肤引起腐蚀所致。氟化铍、氯化铍、硫酸铍等可溶性铍化合物都具有较强的刺激性，其中腐蚀性较强的氟化铍的微小颗粒还可通过完整的皮肤引起溃疡。

1. 临床表现 溃疡发生于四肢远端，如腕部、手指、足背、踝部等暴露部位，特别好发于关节附近。皮损初起多为局限性水肿性红斑或丘疹，继之中心演变成淡灰色或灰褐色坏死，并于数天内破溃，绕以红晕，而后溃疡四周逐渐高出皮面。典型的溃疡多呈圆形，直径 2~5 mm，表面常有少量分泌物，或覆以灰黑色痂，周边为宽 2~4 mm 的质地坚实的暗红色堤岸状隆起，使整个皮损状似鸟眼。恢复过程中炎症逐渐消退，溃疡变浅、缩小、愈合，最后堤岸状隆起逐渐变平，遗留轻度萎缩性瘢痕。如继续接触，溃疡难以愈合，病程可长达数月乃至年余。溃疡可有轻度压痛，疼痛一般不明显，但可于接触强刺激物后加重。

> 基础链接 4-53
> 《职业性皮肤溃疡诊断标准》（GBZ 62—2002）

2. 诊断 根据《职业性皮肤溃疡诊断标准》（GBZ 62—2002）进行诊断。根据明确的职业接触史、特殊的皮肤表现，结合作业环境劳动卫生调查资料，排除其他类似的皮肤损害，方可诊断。

3. 治疗原则 及时清除皮肤上残留的致病物；清洁创面，对症治疗。职业性皮肤溃疡一般不影响劳动力，在加强防护的情况下，可继续从事原工作。

4. 预防措施 ①加强生产设备的管理、清洁和维修，杜绝跑、冒、滴、漏现象，以防止污染作业环境。电镀槽旁应有足够控制风速的槽边抽风装置，以减少铬蒸气对皮肤、黏膜的刺激。铍生产尽可能采取湿式作业，避免高温加工，尽量减少直接接触。②加强个人防护，根据生产条件和工作性质，配备工作服、不透水手套等防护用品。③建立定期体检制度，及时处理破损皮肤。就业前体检时发现暴露部位有严重皮肤病者（湿疹、银屑病）不宜从事接触铬、铍、砷等化合物的工作。

砷、锑、镉等引起的溃疡,诊断与防治可参考职业性铬溃疡病和职业性铍溃疡病。

（五）化学性皮肤灼伤

化学性皮肤灼伤（chemical skin burn）是常温或高温的化学物直接对皮肤的刺激、腐蚀作用及化学反应热引起的急性皮肤损害。其灼伤的严重程度与化学物的性状、浓度、接触剂量、接触时间、接触面积、温度和作用方式有关。可伴有高温化学物引起的热灼伤、眼灼伤、呼吸道灼伤，以及通过皮肤、黏膜吸收所致的中毒。但不包括火焰伤、水烫伤和冻伤。

引起皮肤灼伤的化学物质有硫酸、盐酸、冰醋酸、氨气、石碱、氯磺酸、苯酚、磷、三氯化磷、对硝基氯苯、甲醇、亚磷酸、硫化碱、硝酸、二甲基氯硅烷等。

1. 临床表现　急性皮炎呈红斑、水肿、丘疹，或在水肿性红斑基础上密布丘疹、水疱或大疱，疱破后呈现糜烂、渗液、结痂。自觉灼痛或瘙痒。慢性改变者，呈现不同程度的浸润、增厚、脱屑或皲裂。

2. 诊断　根据《职业性化学性皮肤灼伤诊断标准》（GBZ 51—2009）进行诊断。根据皮肤接触某化学物后所产生的急性皮肤损害，如红斑、水疱、焦痂，即可诊断为该化学物灼伤。某些化学物如黄磷、酚、热的氯化钡、氰化物、丙烯腈、四氯化碳、苯胺等还可经皮肤、黏膜吸收，合并该化学物中毒。

> 基础链接 4-54
> 《职业性化学性皮肤灼伤诊断标准》（GBZ 51—2009）

3. 治疗原则　①迅速移离现场，脱去被化学物污染的衣服、手套、鞋袜等，并立即用大量流动清水彻底冲洗。冲洗时间一般要求 20～30 min。碱性物质灼伤后冲洗时间应延长。应特别注意眼及其他特殊部位如头面、手、会阴的冲洗。灼伤创面经水冲洗处理后，必要时可进行合理的中和治疗。②化学灼伤创面应彻底清创，剪去水疱，清除坏死组织，深度创面应立即或早期进行切（削）痂植皮或延迟植皮。③化学灼伤与热烧伤的常规处理相同。④同时有眼、呼吸道损伤或化学物中毒时，请专科诊治。⑤其他处理：功能部位的灼伤，造成五官、运动系统或器官严重功能障碍者，酌情安排工作或休息；非功能部位的灼伤，治愈后无后遗症，可回原岗位工作。

4. 预防措施　必须穿戴工作服、眼镜、面罩、手套、安全帽等防护用品。搬动和添加清洗药剂时，要注意勿泄漏和飞溅。

（周雪琼　宁　丽　冯　昶　余日安）

复习思考题

1. 试述生产性毒物危害的控制措施。
2. 以常见的生产性毒物为例，试述毒物在体内的生物转化过程。
3. 与化学因素相比，生产环境中的物理有害因素都有哪些特点？
4. 生产性粉尘对人体的致病作用有哪些？
5. 试述高温环境下作业如何导致中暑的发生。
6. 试述噪声性听觉系统损害的发展过程。

网上更多……

　本章小结　　自测题　　教学PPT　　微课

第二篇 常见医学统计学方法

第五章 医学统计学概述
第六章 数值变量资料的统计分析
第七章 分类变量资料的统计分析
第八章 秩和检验
第九章 直线回归与相关
第十章 统计表与统计图

　　医学统计学是运用概率论与数理统计的原理及方法，通过收集、整理、分析资料等手段，以推断医学领域所测对象的本质，甚至预测对象未来的一门综合性科学。作为医学工作者，在阅读专业文献、开展科学研究、撰写科研论文等方面均离不开统计学，学习和掌握一定的统计学知识是十分必要的。

第五章
医学统计学概述

关键词

变量	变量值	同质	变异
总体	样本	参数	统计量
系统误差	随机误差	频率	概率
数值变量资料	分类变量资料	等级资料	

> 世界上的事物千差万别,但在千差万别的事物中又具有一些共性,统计学的目的就是从千差万别的偶然性中探索到事物内在的反映其共性的本质规律。统计学是一种思维方式,为我们观察事物提供了一个新的视角。著名经济学家、人口学家马寅初曾经指出,学者不能离开统计学而研学,政治家不能离开统计学而施政,事业家不能离开统计学而执业,军事家不能离开统计学而谋略,统计学的重要性可见一斑。
>
> 医学统计学是基于统计学的一般性原理及方法,结合医学实践,在研究设计思想指导下搜集、整理与分析资料并作出推断的一门学科。其基本内容包括医学研究中的统计设计、资料的收集与整理、统计描述与统计推断。

知识导图

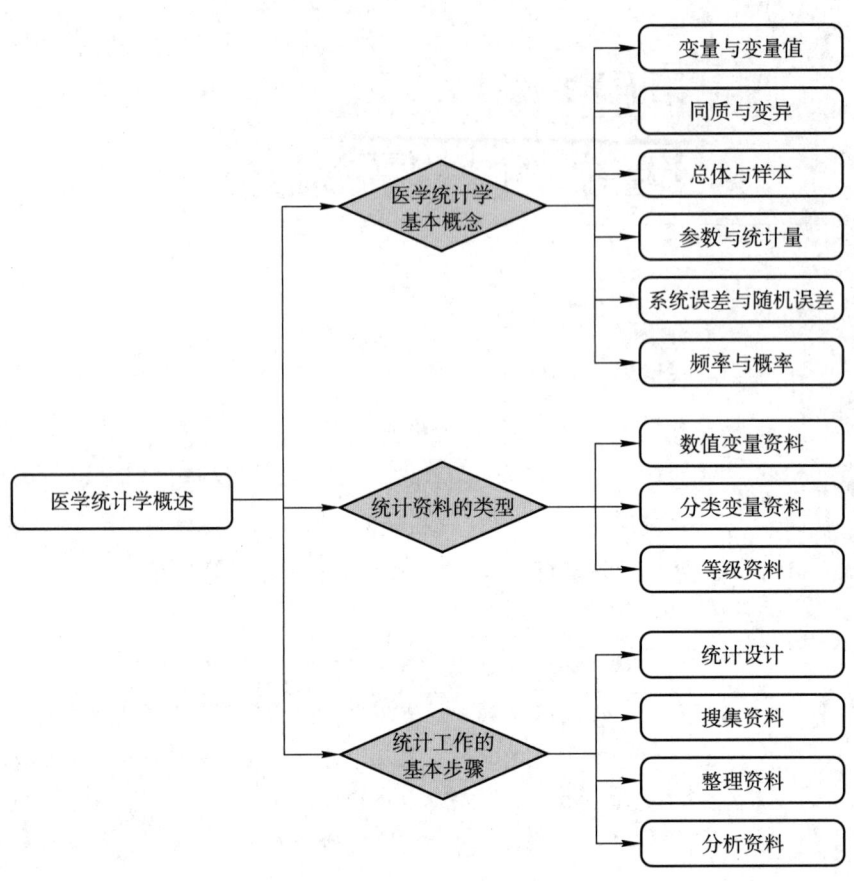

第一节　医学统计学基本概念

统计学的目的是通过对大量偶然现象的研究探索事物内在的规律性。其主要手段是抽样研究，通过抽样从总体中随机抽取有代表性的样本，根据样本信息推断总体特征，其中涉及诸多的概念。

一、变量与变量值

变量（variable）是描述研究对象某特征的指标，变量的取值即变量值，又称为数据，如患者的性别、年龄、病情等为变量，则性别的取值（男或女）、年龄的取值（x 岁）、病情的取值（轻、重、中）等即为对应变量的变量值。

根据应用中涉及的实际问题，变量的分类和称谓有所不同。按其性质命名，可有数值变量（定量变量）、分类变量（定性变量）、等级变量（有序变量）。如身高、体重、血压等为数值变量，血型、性别、职业等为分类变量，病情（轻、重、中）、疗效（治愈、显效、控制、无效）等为等级变量。此外，按其所起的作用命名，可有原因变量、结果变量、混杂变量、协变量；按其直接可测性，可有显变量、潜变量。

二、同质与变异

同质（homogeneity）是指根据研究目的确定的研究对象相同特征的条件组合，这种条件的组合也是随机抽样中样本对象的纳入标准和排除标准。如拟研究某市 7 岁汉族男孩的身高水平，根据此目的，抽取的研究对象必须性别为男性、常驻该市、民族为汉族、年龄 7 岁，具有这几个特征的研究对象才具有同质性。不同研究目的对总体和样本同质性的规定是不一样的。

变异（variation）是指同质研究对象某效应指标测量值的波动性，即同质条件下，各观察单位的同一观测指标值间存在着差异。如上述的某市 7 岁汉族男孩身高水平的研究中，即使每一观测对象均为该市 7 岁汉族男孩，但其身高值仍有所不同；又如选用二甲双胍治疗肥胖、超重的 2 型糖尿病患者，有的患者表现出"有效"，有的则"无效"。

同质生物个体间的变异是客观存在的，这是生物的重要特征，是偶然性的表现，但偶然性的背后隐藏着必然的规律性。统计学正是通过对个体变异的研究，透过偶然现象，探索同质事物的本质特征和规律。

三、总体与样本

1. 总体（population）　是根据研究目的确定的全部同质研究对象的某项或某些指标（变量）值的集合。若这个集合中"元素"个数即观察对象指标值无限多，则称该总体为无限总体；若这个集合中"元素"个数有限，则称该总体为有限总体。在没有时间、空间限制的情况下，医学研究中的总体往往为无限总体。如研究二甲双胍治疗肥胖、超重的 2 型糖尿病患者，在无时间、空间限制时,肥胖、超重的 2 型糖尿病患者无限多,当然每一个体疗效取值(有效、无效)的数量也无限多,这个总体则为无限总体。了解总体的规律性是研究的目的,但面对无限总体,研究者不可能对每一研究对象均进行研究;即使面对有限总体,也没有必要对每一研究对象进行研究;况且,有的研究对研究对象具有"破坏性",一旦研究结束,研究对象就失去了其使用价值,那么对每一个研究对象进行研究,则不具有可行性和现实性。因而,实际工作中常采用抽样研究,从总体中抽取一部分具有代表性的研究对象对其特征进行研究,即对样本进行研究,以此来推断总体的特征。

2. 样本(sample) 是从总体中随机抽取的、足够数量的、能代表总体特征的一部分同质研究对象某项或某些指标(变量)值的集合,是总体的子集。通过对样本这个子集特征的研究推断的是总体的特征。

要做到利用样本推断总体特征,最根本的问题是要求样本对总体必须具有代表性。什么样的样本对研究总体具有好的代表性呢?这就要求样本至少具有随机抽样、足够数量、与总体的结构特征相一致这三个特点。

(1)样本是从总体中随机抽取的一部分。依据总体规模和抽样框架(sampling frame),采取相应方式使每一观察单位都有同等的机会从总体中被抽取进入样本,以避免样本对总体的偏性,增强其代表性。

(2)样本具有恰当且足够的研究对象数。样本对总体具有代表性是抽样研究的基本原则,也是进行数据分析并推断总体特征的前提条件与基础。样本对总体的代表性如何,很大程度上取决于样本量的大小。样本量太小,容易导致样本变量水平与总体变量水平偏离较大,样本对总体的代表性较差;样本量越大,样本对总体的代表性将越强,但是随着样本量的增大,研究的人力、物力、财力的投入也将增大。因此,抽样研究确定样本量时,既要考虑样本的代表性,也要考虑实际的可操作性。

(3)样本的结构与总体结构相一致。具有代表性的样本还必须满足样本结构与总体结构相一致的要求,尤其是那些影响研究结果的结构特征,应与总体的结构特征相一致。如某市 7 岁汉族男孩身高水平的研究中,应注意样本研究对象城乡比例与总体水平保持一致。

四、参数与统计量

参数(parameter)是指描述总体或总体分布的特征数,通常是相对稳定的、未知的,常用希腊字母表示,如总体均数 μ、总体标准差 σ、总体率 π 等。统计量(statistic)是根据样本个体观测值计算出来的,描述样本或样本分布的特征数,常以拉丁字母表示,如样本均数 $\bar{x}$、样本标准差 s、样本率 p 等。

样本统计量是随着样本不同而变化的量,由于样本是随机样本,样本统计量也是一个随机变量,其分布被称为抽样分布。抽样研究的目的就是从总体中随机抽样而获得样本,基于样本统计量及其分布,在一定的可靠度下推断未知的总体参数而获得对总体的认识。可见,样本统计量是统计推断的出发点,推断总体参数是样本统计量的归宿。

五、系统误差与随机误差

在方法学研究中,误差(error)被称为测量误差,指在相同条件下,对同一样品进行多次重复测定，所测定值的波动性和对真值的偏离。其中，测定值的随机波动性称为随机测量误差，测定值对真值的偏离称为系统误差。在抽样研究中，所呈现出的样本统计量对总体参数的随机偏离被称为抽样误差，而呈现出的样本统计量对总体参数具有倾向性的较大系统偏离被称为系统误差。因此误差根据其产生的原因和性质可分为两类：系统误差与随机误差。

系统误差（systematic error）是指由于检测者或受试者（man）、检测仪器设备（machine）、检测用材料（material）、检测方法（method）、环境条件（environment）等方面（简称4M1E）原因导致的，表现为恒向、恒量或按一定规律变化的误差。通过消除系统误差的根源或采用校正手段来消除、控制系统误差或修正测量结果，而对于未知系统误差，则按随机误差进行处理。

随机误差（random error）是指排除系统误差后仍然存在的，由大量的偶然的无法消除的不确定因素所引起的误差。就每一个体而言，该误差没有固定的大小与方向，但就总体而言，该误差具有一定统计规律性，服从均值为0的正态分布。抽样误差是一种重要的随机误差，是在生物个体具有变异的情况下，由于抽样而引起的样本统计量与总体参数之差。抽样误差客观存在，可通过适度增大样本量来减少其误差。

六、频率与概率

频率（frequency）是指在相同条件下，独立重复试验 n 次，其中事件A出现了 m 次，那么事件A发生的频率记为 $f(A)=m/n$，频率值域范围 $0\sim1$，频率是针对样本而言的；概率（probability）是反映随机事件发生可能性大小的一个度量，记为 $P(A)$ 或 P，其统计学定义是指在相同条件下，独立重复试验 n 次，当 n 逐渐增大时，事件A发生的频率 $f(A)$ 将在某一常数左右微小波动，逐渐趋于稳定，将这个稳定的频率值作为概率的估计值，其值域范围 $0\sim1$，概率是针对总体而言的。

一定条件下，必然发生的事件称为必然事件（概率 $P=1$），不可能发生的事件称为不可能事件（概率 $P=0$），可能发生也可能不发生的事件称为随机事件（概率 $0<P<1$）。若事件A发生的概率 ≤0.05（$P\leq0.05$）或 ≤0.01（$P\leq0.01$），则称事件A为小概率事件，小概率事件在一次试验或观察中几乎不会发生。概率是统计推断的基础，统计推断结论是具有概率意义的结论。

第二节 统计资料的类型

变量可分为数值变量、分类变量、等级变量，与之对应的由 n 个观测对象变量值组成的统计资料亦分为数值变量资料、分类变量资料和等级资料。

一、数值变量资料

数值变量资料（numerical data）又称为定量资料（quantitative data）或计量资料（measurement data），该类资料中每个观测对象的变量值为一数值，表现出变量的大小，由这样的 n 个观测对象变量的定量测量值所构成的资料即为数值变量资料。数值变量资料可以是连续型的，也可是离散型的，如100名女大学生血红蛋白资料，每一个女大学生均有一个血红蛋白值，血红蛋白值表现出数量高低的区别,且是连续的,称为连续型数值变量资料;又如,某地 100 名 7 岁男孩的龋齿数资料,龋齿数虽然表现出数量高低的区别,但变量取值是离散的,称为离散型数值变量资料。

二、分类变量资料

分类变量资料(categorical data)又称为定性资料(qualitative data)或计数资料(enumeration data),该类资料中每个观测对象的变量值为互不相容的属性(类别)之一,由这样的 n 个观测对象变量值组成的资料即为分类变量资料。若变量值的属性(类别)为二类,则称为二分类资料,如某班级 150 名学生性别资料,性别的取值为"男"或"女";若变量值的属性(类别)为无序多分类,则称为无序多分类资料,如某地 1 000 名居民的血型资料,其取值为"A 型""B 型""AB 型""O 型"。

三、等级资料

等级资料(rank data)又称半定量资料(semi-quantitative data)或有序分类变量资料(ordinal categorical data),该类资料中每个观测对象的变量值为互不相容的属性(类别)之一,且这些属性(类别)间有程度的递进或递减关系,由这样的 n 个观测对象变量值组成的资料即为等级资料。如根据血红蛋白医学参考值范围判断的某地 100 名女大学生血红蛋白状况资料,其取值为"重度贫血""中度贫血""轻度贫血""血红蛋白正常""血红蛋白增高"。

统计资料的类型并非一成不变,事实上可根据研究的需要按照"数值变量资料—等级资料—分类变量资料"的顺序转化。对于上述的 100 名女大学生血红蛋白资料,检测值组成的资料属于数值变量资料,若根据血红蛋白医学参考值范围将其分类为"重度贫血""中度贫血""轻度贫血""血红蛋白正常""血红蛋白增高",则资料转换为等级资料,进而还可转换为血红蛋白"正常""异常"的二分类变量资料。

第三节 统计工作的基本步骤

医学科学研究是提出研究假说、验证假说、得出结论的一个过程。在大多数研究中,统计工作融入该过程的每一个阶段之中,由一系列不可分割的环节组成,具体包括统计设计、搜集资料、整理资料和分析资料四个步骤。

一、统计设计

研究工作必须在研究设计思想指导下实施,而研究设计不仅包括专业领域的设计,还包括研究中扮演重要角色的统计设计。统计设计(statistical design)是医学研究计划的重要组成部分,是研究工作中搜集资料、整理资料、分析资料过程的全方位策划,是根据研究目的,从统计学的角度对研究工作提前做出的周密的计划和安排。

研究工作中，若研究者能主动地安排实验因素，控制实验条件，排除非实验因素干扰，这类研究称为实验性研究；若研究者只能被动地对研究对象进行观察，希望尽可能减少或控制非实验因素干扰，这类研究称为调查研究或观察性研究。因此，研究中的统计设计分为实验设计（experiment design）与调查设计（survey design）。

二、搜集资料

搜集资料（collection of data）是根据研究设计及时地取得完整、准确、可靠原始资料的过程，是统计分析结果可靠的重要保证。所搜集资料常来源于统计报表、医疗卫生工作记录或报告卡、专题调查或实验。统计报表、医疗卫生工作记录或报告卡这类医疗卫生业务源资料并非为某项研究而专门设计，而是来自业务活动，数据的客观性较强，但目的性较弱；专题调查或实验源资料来自事先有严谨设计的调查或实验，数据目的性强，适用面较窄。

三、整理资料

整理资料（sorting data）是根据研究目的，通过多种手段，在检验数据的真实可靠性、保证数据的完整性及数据与分析方法的契合性基础上，为进一步统计分析准备系统化、条理化的资料的工作过程，是统计分析的前提。

整理资料过程包括审核、净化、整合、转换等环节。

1. 审核 通过自动审核或人工审核方式，发现和检出过失或逻辑错误，并采取可能的补救措施予以纠正与补救，如缺失值和极端值处理、系统误差的分析与处理、过失错误的剔除等。
2. 净化 去除数据中的杂质和冗余数据。
3. 整合 将多个数据库的数据进行横向或纵向合并。
4. 转换 改变数据库字段类型、数据结构、变量转换与赋值等。

在整理资料的基础上，还可进行基础性预分析，如类别频数统计、绘直条图、数量组别频数统计、绘直方图等。

四、分析资料

分析资料（analysis of data）即按设计的要求，根据研究目的、资料类型、设计类型及相应分析方法的应用条件，对资料作进一步的统计分析（本篇中，以 SPSS 软件为工具对资料进行分析），并将分析结果用适当的统计图表呈现出来的过程，以阐明事物的内在特征与规律性，其主要内容包括统计描述和统计推断。统计描述是采用统计图表、统计指标以描述资料的数量特征和分布规律，统计推断是以样本信息来推论总体的特征。

基础链接 5-1
SPSS 软件简介

（钟晓妮）

复习思考题

某课题组收集了 200 例手术治疗的乳腺癌患者基本信息，并对其进行了随访，观察手术后

1年患者的复发情况,资料见下表。请问:患者的年龄、分期、病理类型、复发情况分别是什么类型的资料?判断的依据是什么?

乳腺癌患者术后随访资料

患者编号	户口所在地	年龄(岁)	分期	病理类型	复发情况
01	农村	56	Ⅲ	浸润性癌	否
02	农村	36	Ⅳ	浸润性癌	是
03	城市	48	Ⅱ	早期浸润性癌	是
…	…	…	…	…	…
198	农村	52	Ⅰ	非浸润性癌	否
199	农村	64	Ⅲ	浸润性癌	是
200	城市	32	Ⅳ	浸润性癌	是

网上更多……

本章小结　　开放性讨论　　自测题　　教学PPT

第六章
数值变量资料的统计分析

关键词

数值变量资料　　统计描述　　统计推断　　正态分布
标准正态分布　　t 分布　　总体参数区间估计　　假设检验
t 检验　　方差分析

> 数值变量资料是由某随机变量的定量测量值所构成的资料,其统计分析包括统计描述和统计推断。统计描述主要借助适当的统计指标及统计图表来全面、准确地反映所研究的随机变量的频数分布及其数量特征。统计学研究通常采用抽样研究方法,抽样研究的最终目的是了解总体的数量特征,因此通过样本信息推断总体的数量特征即统计推断亦是统计分析的重要内容。本章重点介绍数值变量资料的统计描述、参数估计和不同研究设计类型(完全随机设计、配对设计或随机区组设计等)的数值变量资料的假设检验方法。

知识导图

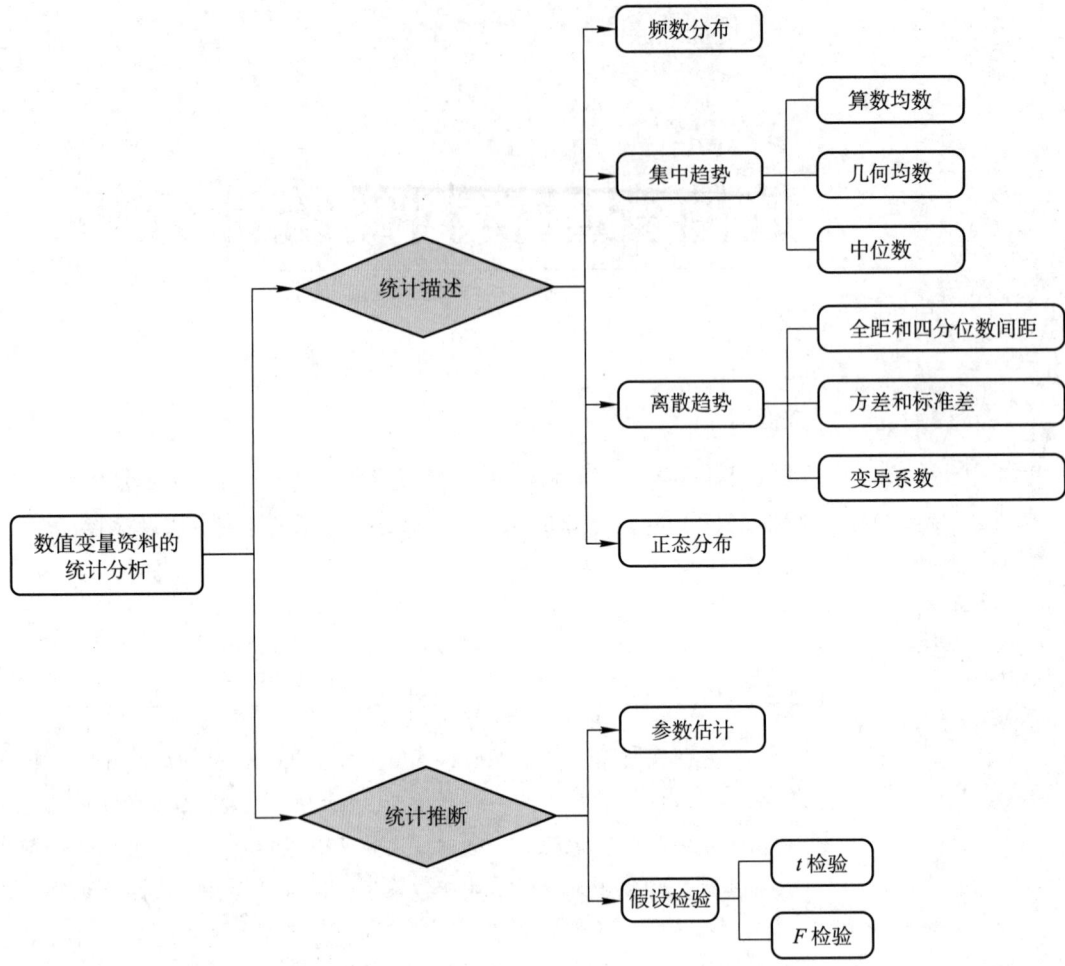

第一节　数值变量资料的统计描述

对于数值变量资料，可从集中趋势（central tendency）和离散趋势（tendency of dispersion）两个方面进行综合描述。如果变量值的个数较少，可直接进行统计描述；如果变量值的个数较多，则可先对资料进行整理，如编制频数分布表，了解其频数分布特征，再进行统计描述。

一、数值变量资料的频数分布

（一）频数分布的概念

某随机变量的频数分布（freguency distribution）是对一个随机事件作重复观测，其中某变量值出现的次数称为频数，频数在各变量值上的分布称为频数分布。据此可进一步编制频数分布表、绘制频数分布图，并观察其频数分布特征。编制频数分布表就是将变量值、频数、频率（%）、累积频数、累积频率（%）等分栏列表，以便于比较和分析。频数分布图通常采用直方图，是以某随机变量为横轴，频数为纵轴，能较为直观地反映其频数分布特征。

（二）数值变量资料频数分布表的编制

对于连续性数值变量，首先按照变量值大小分成若干组段，再清点各个组段的观察单位数，并观察各组段观察单位的频数分布特征。

例 6-1　随机抽取某地 110 名健康成年男性，检测血红蛋白含量（g/L），结果如下。请编制频数分布表并绘制频数分布图。

108.3	157.7	117.4	137.2	115.7	143.1	132.9	177.9	120.9	117.2
183.5	125.9	90.2	168.4	128.7	132.0	120.5	133.3	175.6	139.0
122.4	149.5	159.0	165.9	178.6	160.6	172.1	139.6	118.1	133.1
107.9	139.9	129.6	**86.8**	123.1	185.6	141.5	174.0	128.8	130.9
150.8	141.9	119.2	182.7	127.8	141.4	148.6	134.6	105.3	103.6
145.9	158.4	118.3	128.9	166.5	147.6	173.8	122.0	101.8	95.8
114.8	106.6	88.8	156.5	164.2	110.1	109.4	157.3	165.3	132.0
166.5	117.0	128.0	177.9	112.5	96.1	139.1	125.4	158.3	180.8
135.4	114.1	94.9	104.8	184.0	159.8	149.9	**192.1**	154.5	135.3
126.0	134.3	96.9	161.7	152.0	166.8	140.6	166.4	140.3	132.0
146.2	146.5	149.3	128.1	123.3	150.2	150.1	105.3	117.9	131.4

频数分布表编制步骤与方法如下。

（1）计算极差（range，R）：找出最大值（maximum，X_{max}）和最小值（minimum，X_{min}），并计算极差。

$$R = X_{max} - X_{min} \tag{6-1}$$

本例：X_{max} = 192.1 g/L，X_{min} = 86.8 g/L，R = 192.1 – 86.8 = 105.3（g/L）。

（2）确定拟分组的组数（k）和组距（class interval，i）：一般分为 8～15 组，用极差除以拟分组组数（一般取 k = 10）即可得到组距。

$$i = R/k = 105.3/10 = 10.53（g/L）$$

为了方便下一步的写组段和划记，通常将求得的组距进行适当调整。本例可以取 11.0，也可以取 10.0，为了计算方便可选择后者，即确定 i = 10.0（g/L）。

（3）写组段：写组段时要求第一个组段必须包含最小值，最后一个组段必须包含最大值；除最后一个组段外，其余组段都只写出下限，不写上限，最后一个组段通常要求写出上限，即封口。各组段的组距一般相等，但对于偏态分布的资料，组距也可以不等，且第一组段或最后一个组段也可以不封口（开口资料）。

（4）统计频数：按照各变量值的大小将其归到不同组段，过去采用手工分析时，通常采用划记的方法，一般采用画"正"字来计数。现在通常由计算机统计软件来完成，如在 IBM SPSS 软件中可以通过"转换（Transform）"菜单中的"可视化离散（Visual Binning）"模块完成。

（5）列频数分布表，绘制频数分布图：根据划记结果，列出各组段的频数（表 6-1）。频数分布图一般采用直方图，横轴为研究的变量，纵轴为频数（图 6-1）。

表 6-1　某地 110 名健康成年男性血红蛋白含量的频数分布表

血红蛋白含量（g/L）	频数（f）	频率（%）	组中值（X_0）
80.0～	2	1.8	85
90.0～	5	4.5	95
100.0～	9	8.2	105
110.0～	12	10.9	115
120.0～	16	14.5	125
130.0～	17	15.5	135
140.0～	14	12.7	145
150.0～	12	10.9	155
160.0～	10	9.1	165
170.0～	7	6.4	175
180.0～	5	4.5	185
190.0～200.0	1	0.9	195
合计	110（$\sum f$）	100.0	—

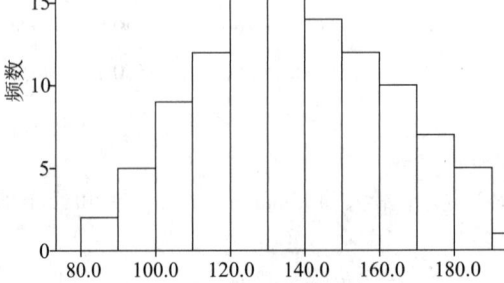

图 6-1　某地 110 名健康成年男性血红蛋白含量的频数分布直方图

从图6-1可见，该地健康成年男性血红蛋白含量的频数分布以130.0~组段最多，左右均逐渐减少，并且基本对称，近似正态分布。

变量值的频数分布有三种基本类型（图6-2），如果大多数观察值偏向于左侧（数值较小的一端），少数观察值偏高，称为正偏态分布。反之，如果大多数观察值偏向于右侧（数值较大的一端），少数观察值偏低，称负偏态分布。正偏态分布与负偏态分布统称为偏态分布，这类资料的统计描述指标与正态分布有所不同。

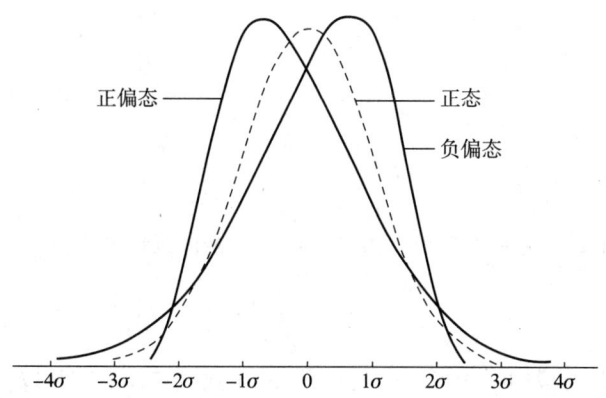

图6-2 频数分布的三种类型示意

通过编制频数分布表及绘制频数分布图，可以揭示资料的分布特征（集中趋势和离散趋势）和分布类型，便于进一步选择和计算统计指标，且便于发现特大或特小的可疑值，或称极端值。

例如，有时在频数分布表的两端，出现1个或几个组段的频数为0后，又出现1个或几个特大值或特小值，对这些极端值必须进行检查和核对，如果是测量或记录错误，应予以纠正；如果测量与记录都没有问题，通常也要考虑将这些极端值剔除，以免对统计描述指标造成影响，对这些极端值可以作为特殊情况单独分析。当然是保留还是剔除，有专门的统计学标准或方法来鉴别，可以参考有关的统计学教材或文献来做出判断。

二、集中趋势的描述指标

反映一组同质的数值变量资料的集中趋势或平均水平的指标称为平均数（average）。常用的平均数指标有三种：算术均数、几何均数和中位数。

在计算平均数之前，首先必须了解所分析的资料的总体分布，如已知总体分布可直接选择适当的指标并进行计算，通常人体的生理、生化、遗传等指标大多符合正态分布或近似正态分布，抗体水平通常符合对数正态分布，传染病的潜伏期及一些对机体有害的物质在体内的水平通常呈偏态分布，且大多是正偏态分布。如果总体分布未知，需要先编制频数分布表，对资料的分布特征进行描述，并推断总体的分布特征，然后再选择适当的统计描述指标。

（一）算术均数

算术均数（arithmetic mean）即所有观察值在数量上的算术平均值，就是观察值之和（$\sum X$）除以观察单位数（n），简称均数（mean）。样本均数的符号为$\bar{X}$，总体均数的符号为μ。

1. 应用条件

（1）对称分布：所有观察值的频数分布服从以均数为中心的对称分布，尤其是服从正态分布。

（2）封口资料：即每一个观察对象都有一个确切的测量值，没有不确定值，最后一个组段必须封口。例如，临床观察各个病例手术后生存月数，可能有些对象至整个研究结束时仍然存活，此时其"生存时间（月）"通常记为"10+""23+"……表示该病例生存时间为"10个月以上"或"23个月以上"，此即为不确定值。又如，传染病患者的潜伏期，大多数患者的潜伏期在常见潜伏期内，但也有少数患者潜伏期可能很长，数据总结时可能会将那些长潜伏期的患者合并为一组，如"20天及以上"或"6个月及以上"等，即开口资料。对于上述具有不确定值的资料，则不宜计算均数。

2. 计算方法

（1）直接法

$$\bar{X} = \frac{\sum X}{n} \tag{6-2}$$

（2）加权法：对于频数分布表资料，需采用加权法来计算算术均数。

$$\bar{X} = \frac{\sum f X_0}{\sum f} \tag{6-3}$$

式 6-3 中，X_0 为各组段的组中值，f 为各组段的频数。加权法就是以 f 为"权数"（weight），哪个组段的权数大（即频数多），该组段的组中值对均数的影响就大。对于服从正态分布的资料，均数一般位于频数最多，即权数最大的组段。

加权法的基本思想：假设各组段内的观察值是均匀分布的，或是以组中值（X_{0i}）为中心的对称分布，那么，各个组段的观察值之和等于组中值（X_{0i}）乘以观察值的个数（f_i），即 $\sum X_i = f_i X_{0i}$。因此，所有组段的观察值之和（$\sum X$）就等于 $\sum f_i X_{0i}$。

例 6-2 对例 6-1 资料，采用加权法计算算术均数。

SPSS 给出 $\bar{X} = 137.727$。

即该地 110 名健康成年男性血红蛋白含量的均数为 137.727 g/L。

本例如果采用原始数据按直接法计算结果为 138.033 g/L，二者略有差异。

> 基础链接 6-1
> SPSS 软件演示加权法计算算术均数

（二）几何均数

几何均数（geometric mean，G）即 n 个观察值之积的 n 次方根。

1. 应用条件

（1）主要用于等比资料或对数正态分布资料，后者是指原始观察值的分布不服从正态分布，但将原始观察值取对数后，其对数值的分布服从正态分布。

（2）观察值中不能有不确定值，即必须是封口资料。

（3）理论上负数不能开方，零和负数没有对数，因此，计算几何均数时观察值不能为 0，也不能同时既有正值又有负值。但将原始观察值分别加上某一个常数，可以消除零或负数，计算出几何均数后再减去该常数即可。

2. 计算方法　与算术均数一样，几何均数的计算方法也分为直接法和加权法。

（1）直接法

$$G = \sqrt[n]{X_1 X_2 \cdots X_n} \tag{6-4}$$

为了简化计算，实际应用时一般先将上式两边取常用对数求出 $\lg G$，再将右边取反对数即为几何均数（G）：

$$G = \lg^{-1}\left(\frac{\sum \lg X}{n}\right) \qquad (6-5)$$

例 6-3 测得 5 人血清中某抗体效价分别为 1∶10、1∶20、1∶40、1∶80、1∶160，求平均效价。

由于抗体效价的测定通常采用等倍稀释的方法，各观察值之间为等比关系，频数分布呈正偏态分布，直接计算算术均数会受到偏大值的影响，使计算结果偏高。此时，需将原始观察值取常用对数，原始观察值之间的等比关系在转换成对数值后就变成等差关系，原来频数分布呈正偏态分布，转换成对数值后也会向正态分布靠近。因此，可直接计算对数值的算术均数，然后再将对数值的算术均数取反对数即为几何均数。

为计算方便，通常采用抗体效价的倒数代入式 6-5 计算。

$$G = \lg^{-1}\left(\frac{\sum \lg X}{n}\right) = \lg^{-1}\left(\frac{\lg X_1 + \lg X_2 + \cdots + \lg X_n}{n}\right)$$

$$= \lg^{-1}\left(\frac{\lg 10 + \lg 20 + \lg 40 + \lg 80 + \lg 160}{5}\right)$$

$$= \lg^{-1}\left(\frac{1.000\,0 + 1.301\,0 + 1.602\,1 + 1.903\,1 + 2.204\,1}{5}\right)$$

$$= \lg^{-1}\left(\frac{8.010\,3}{5}\right) = \lg^{-1} 1.602\,6 = 40$$

即 5 人血清中该抗体平均效价为 1∶40。

计算平均抗体效价的过程可以分解成三步：①将抗体效价的倒数取常用对数。②求出各对数值的算术均数。③将对数值的算术均数取反对数。这也是在数学计算中比较常用的一种方法，例如，为简化计算将原始值分别乘以（或加上）某个常数，计算出结果后再除以（或减去）该常数，这个过程也称数据转换。

基础链接 6-2
数据转换

（2）加权法：样本量较大时可先编制频数分布表，然后采用加权法计算几何均数。计算公式为：

$$G = \lg^{-1}\left(\frac{\sum f \lg X}{\sum f}\right) \qquad (6-6)$$

例 6-4 为评价麻疹减毒活疫苗的免疫效果，对 52 名麻疹易感儿童进行预防接种，并在接种 1 个月后测定血凝抑制抗体效价，结果见表 6-2，求平均效价。

表 6-2　52 名麻疹易感儿血凝抑制抗体平均效价的计算

抗体效价	人数（f）	效价倒数（X）	$\lg X$	$f \lg X$
1∶4	1	4	0.602 1	0.602 1
1∶8	6	8	0.903 1	5.418 5
1∶16	7	16	1.204 1	8.428 8
1∶32	4	32	1.505 1	6.020 6
1∶64	10	64	1.806 2	18.061 8
1∶128	12	128	2.107 2	25.286 5

续表

抗体效价	人数（f）	效价倒数（X）	lgX	flgX
1:256	8	256	2.408 2	19.265 9
1:512	4	512	2.709 3	10.837 1
合计	52	-	-	93.921 4

本例 $\sum f\lg X = 93.921\,4$，代入式 6-6 得：

$$G = \lg^{-1}\left(\frac{\sum f\lg X}{\sum f}\right) = \lg^{-1}\left(\frac{93.921\,4}{52}\right) = \lg^{-1} 1.806\,2 \approx 64$$

即 52 名儿童接种疫苗 1 个月后血凝抑制抗体平均效价为 1:64。

（三）中位数

中位数（median，M）是将各变量值按大小顺序排列后位置居中的值，即位置上的平均值。当样本量较小时，可以采用直接法计算中位数。

1. 应用条件

（1）中位数适用于所有分布类型的资料，但由于中位数为位置均数，即点估计值，其大小不受两端的观察值大小影响，不能全面反映各观察值的平均水平。因此，中位数主要用于偏态分布或分布不明的资料。

（2）当观察值中有不确定值（开口资料）时，只能采用中位数。

2. 计算方法

（1）直接法：n 为奇数时，中位数就是位置居中的值，即排序后的第 $(n+1)/2$ 个观察值。

$$M = X_{\frac{n+1}{2}} \tag{6-7}$$

n 为偶数时，中位数就是将位置居中的两个值取一个算术均值。

$$M = \frac{X_{\frac{n}{2}} + X_{\frac{n}{2}+1}}{2} \tag{6-8}$$

例 6-5 某医师采用改良手术治疗 10 例肾上腺肿瘤患者，患者的术后生存时间（月）从低到高依次为 1、2、2、4、5、7、10、12、19⁺、25⁺，求平均生存时间。

本例患者术后生存时间的分布明显为正偏态分布，且有 2 个不确定值，不能计算算术均数，只能计算中位数。本例 $n = 10$，$n/2 = 5$，采用公式 6-8，即

$$M = \frac{X_5 + X_6}{2} = \frac{5 + 7}{2} = 6 \text{（个月）}$$

即 10 例患者平均术后生存时间为 6 个月。

（2）频数分布表法（百分位数法）：当样本量较大时，需先列出频数分布表，然后采用百分位数法计算。计算公式为：

$$M = L + \frac{i}{f_M}\left(\frac{n}{2} - \sum f_L\right) \tag{6-9}$$

式中，L 为 M 所在组段的下限，i 为 M 所在组段的组距，f_M 为 M 所在组段的频数，$\sum f_L$ 为小于 L 的累积频数（即 M 所在组段上一个组段的累积频数）。

例 6-6 调查某地 120 例伤寒患者潜伏期，结果见表 6-3，求平均潜伏期。

表 6-3 某地 120 例伤寒患者潜伏期百分位数计算表

潜伏期（天）	例数（f_i）	累积频数（$\sum f_i = f_i + \sum f_{i-1}$）	累积频率（%）（$\sum f_i / \sum f$）
2 ~	15	15	12.50
4 ~	12	27	22.50
6 ~	22	49	40.83
8 ~	30	79	65.83
10 ~	23	102	85.00
12 ~	13	115	95.83
14 ~	2	117	97.50
16 ~	1	118	98.33
18 ~	2	120	100.00

由上表可见，该地 120 例伤寒患者潜伏期的频数分布为正偏态分布，且为开口资料，不宜用算术均数表示其平均水平，应采用中位数。

首先，求出各组段的累积频数和累积频率（见表 6-3 第 3 栏、第 4 栏）；然后找到中位数所在组段，即累积频数超出 $n/2$（或累积频率超过 50%）的组段，本例为第 4 个组段。因此，$L = 8$ 天，$i = 2$ 天，$f_M = 30$，$\sum f_L = 49$。代入式 6-9，得：

$$M = 8 + \frac{2}{30}\left(\frac{120}{2} - 49\right) = 8.73 \text{（天）}$$

SPSS 给出 $M = 9.00$。

故平均潜伏期为 9 天。

3. 百分位数（percentile，P_x）是一种位置指标，x 为 0 ~ 100 的任一数值，可以是整数，也可带有小数。将全部观察值从小到大依次排列，第 x 百分位数（或称 $x\%$ 分位数）将所有观察值分为两部分，小于 P_x 的观察值占 $x\%$，大于 P_x 的观察值占 $(100-x)\%$。例如，假设 $P_{10} = A$，表示有 10% 的观察值 $< A$，有 90% 的观察值 $> A$。第 50 百分位数（P_{50}）将所有观察值等分为两部分，大于 P_{50} 和小于 P_{50} 的观察值各占 50%，因此，P_{50} 也可称为二分位数，即中位数。

百分位数的计算公式为：

$$P_x = L + \frac{i}{f_x}(n \cdot x\% - \sum f_L) \tag{6-10}$$

式中，L 为 P_x 所在组段的下限，i 为 P_x 所在组段的组距，f_x 为 P_x 所在组段的频数，$\sum f_L$ 为小于 L 的累积频数（即 P_x 所在组段上一个组段的累计频数）。

基础链接 6-3
SPSS 软件演示频数分布表法计算中位数

基础链接 6-4
百分位数计算公式的推导过程

（四）平均数的应用

三种平均数中最常用的是算术均数。算术均数为各观察值的数值平均值，代表性和稳定性好；而中位数则是位置平均值，其大小仅受中间的观察值大小的影响，其他变量值的变化不会影响中位数的大小，因此，中位数代表性和稳定性较差。在符合算术均数应用条件的前提下，应首选算术均数，不符合算术均数的应用条件时才选择中位数。几何均数主要用于服从对数正态分布的资料或等比资料。

三、离散趋势的描述指标

离散趋势（tendency of dispersion）反映了一组数值变量资料的变异程度大小。常用的变异指标有全距、四分位数间距、方差、标准差、变异系数等。

（一）全距和四分位数间距

1. 全距（range，R） 也称极差，反映某随机变量的变化范围。全距越大，说明离散程度越高。但由于受抽样的偶然性和极端值的影响，根据样本数据计算得到的全距通常不够稳定。

全距的计算公式为：

$$R = X_{\max} - X_{\min} \tag{6-11}$$

2. 四分位数间距（quartile，Q）

$$Q = Q_U - Q_L = P_{75} - P_{25} \tag{6-12}$$

如前所述，P_{50} 将所有观察值等分为两部分，大于 P_{50} 和小于 P_{50} 的观察值各占一半，因此，P_{50} 也可称为二分位数。P_{75} 将大于 P_{50} 的观察值等分为两部分，每个部分占观察值总数的 1/4，故 P_{75} 也称上四分位数（Q_U）。同理，P_{25} 将小于 P_{50} 的观察值也等分为两部分，故 P_{25} 也称下四分位数（Q_L）。$P_{25} \sim P_{75}$ 的观察值占总数的 50%，因此，四分位数反映了中间 50% 观察值的变动范围。

全距和四分位数间距不能全面反映所有观察值的变异，即代表性较差，两者结合使用可以提高指标的代表性。相对而言，因中间的观察值比较稳定，因此四分位数间距的稳定性优于全距。此外，当有不确定值时（即开口资料），不能计算全距，只能计算四分位数间距。

对例 6-6 资料，采用百分位数法计算四分位数间距。

SPSS 给出 $Q = 4.00$。

> 基础链接 6-5
> SPSS 软件演示百分位数法计算四分位数间距

（二）方差和标准差

1. 方差 对于服从正态分布或对称分布的资料，以算术均数反映集中趋势，然后以算术均数为基准，将所有观察值都与均数比较，这样可以全面反映一组数值变量资料的离散程度。

首先计算出所有观察值与均数的差值，即离均差（$X - \overline{X}$），然后计算出平均离均差。平均离均差越大，说明各观察值平均距离均数较远，即离散程度高。但是，因为均数是所有观察值数量上的平均值，离均差必然有正有负，且正、负离均差之和刚好相等，所以，离均差总和 $\sum(X - \overline{X})$ 必然为 0。

为避免正、负离均差相互抵消，先将离均差取平方值然后求和，称离均差平方和（sum of squares of deviation from mean，SS）。离均差平方和可以反映所有观察值的离散程度大小，代表性和稳定性较好。

$$SS = \sum(X - \overline{X})^2 \tag{6-13}$$

但离均差平方和的大小受观察值个数的影响，不便于不同资料间的比较。因此，将离均差平方和除以观察值的个数，得到平均的"离均差平方"，称均方（mean square，MS），也称方差（square deviation 或 variance，S^2），方差是相对于离均差而言，意思就是"平均的离均差的平方"，而不是"平均的离均差"。计算公式为：

$$S^2 = \frac{\sum(X - \overline{X})^2}{n - 1} \tag{6-14}$$

式 6-14 中的 $n-1$ 称自由度（degree of freedom，v 或 df）。自由度是统计学中一个重要的概念，其意义是在给定的条件下，随机变量能自由取值的观察单位数。计算公式为：

$$v = n - k \qquad (6-15)$$

式中 k 为计算某个统计量时的限制条件数。此处，计算样本方差时是将各观察值与均数比较而得到的，当均数确定时，n 个观察单位中只有 $n-1$ 个是可以自由取值的，换句话说，只要确定了 $n-1$ 个观察值就可以确定方差的大小。因此，在计算方差时要用 SS 除以 $n-1$，而不是除以 n，否则计算得到的方差偏小（又称贝索校正）。但在计算总体方差时不需要取自由度，直接用离均差平方和除以观察单位总数即可（总体均数是一个常量）。总体方差的计算公式为：

$$\sigma^2 = \frac{\sum(X-\mu)^2}{N} \qquad (6-16)$$

2. 标准差　方差是数理统计学中表示变异程度大小的最常用指标，可以用于不同资料间的比较。但作为一个统计描述指标时因计量单位与原观察值不同，给解释和表达带来不便，可将方差开平方即得到标准差（standard deviation，S），标准差是最常用的反映变异程度大小的指标。与计算算术均数一样，标准差的计算方法也分为直接法和加权法。

（1）直接法：适用于观察单位数较少时。

$$S = \sqrt{\frac{\sum(X-\bar{X})^2}{n-1}} \qquad (6-17)$$

总体标准差的计算公式为：

$$\sigma = \sqrt{\frac{\sum(X-\mu)^2}{N}} \qquad (6-18)$$

例 6-7　某医师测量了 8 名周岁儿童头围（cm）分别为 44、45、45、46、46、47、47、48，请计算 8 名周岁儿童头围（cm）的标准差。

SPSS 给出 $S = 1.309$（cm）。

> 基础链接 6-6
> SPSS 软件演示标准差计算

（2）加权法：用于频数分布表资料。计算公式为：

$$S = \sqrt{\frac{\sum f(X-\bar{X})^2}{\sum f - 1}} \qquad (6-19)$$

对例 6-1 资料，采用加权法计算标准差。

SPSS 给出 $S = 25.19$（g/L）。

3. 标准差的应用

（1）反映数值变量资料的变异程度大小。如果两组观察值均数差别不大，计量单位相同，则标准差越大，说明该组资料的变异程度越大，即该组观察值围绕均数的分布的离散程度较高，均数的代表性不好。反之，如果标准差较小，则观察值围绕均数的分布较集中，均数的代表性较好。

（2）计算变异系数。

（3）估计变量值的频数分布。对于服从正态分布的资料，标准差与均数结合，利用正态曲线下的面积规律，可以估计变量值的频数分布范围。

（4）计算均数的标准误。标准误用于反映抽样误差的大小（详见本章第二节）。

（三）变异系数

变异系数（coefficient of variation，CV）是标准差与均数的比值，可用小数或百分数表示。计算公式为：

$$CV = \frac{S}{\overline{X}} \times 100\% \tag{6-20}$$

如果两组观察值均数差别较大，或计量单位不同，则标准差不能正确反映两组资料的变异程度孰大孰小，而变异系数则是一个相对测量指标，反映了变异程度的相对大小，且不受计量单位的影响。

例 6-8 某地某年 10 岁男孩身高均数为 137.5 cm，标准差为 3.7 cm；体重均数为 32.8 kg，标准差 3.5 kg。问该地 10 岁男孩的身高和体重哪一个变异程度较大？

从标准差数值来看，该地 10 岁男孩的身高的标准差大于体重的标准差，但并不能据此下结论说身高的变异大于体重的变异，因为两者计量单位不同。假设身高采用英寸为计量单位，身高均数为 54.1 inch，标准差为 1.5 inch，则体重的标准差大于身高的标准差。因此，应当采用变异系数来比较体重与身高的变异程度孰大孰小。

将数值代入式 6-20，分别求身高和体重的变异系数为：

身高：$CV_1 = 3.7/137.5 \times 100\% = 2.69\%$

体重：$CV_2 = 3.5/32.8 \times 100\% = 10.67\%$

即体重的变异程度大于身高的变异程度。

> 基础链接 6-7
> 绝对测量与相对测量

（四）集中趋势和离散趋势的综合描述

数值变量资料的统计描述必须将集中趋势和离散趋势的描述指标结合起来，才能全面反映其数据分布特征。对于服从正态分布的资料通常采用"$\overline{X} \pm S$"来描述，对于不服从正态分布的资料则采用"$M(Q_L, Q_U)$"来描述，即以中位数反映其集中趋势，以全距或四分位数间距来反映其离散趋势。

假如不知道某随机变量值的离散程度，只知道其平均水平，并不能全面了解其分布特征。例如，只知道某地 10 岁男孩身高均数为 137.5 cm，并不能全面了解其身高的分布，因为不知道其离散程度大小。假如标准差很小，说明该地大部分 10 岁男孩的身高相差不大，离 137.5 cm 很近；反之，如果标准差很大，说明身高的变异很大，该地大部分 10 岁男孩的身高离 137.5 cm 很远，身高等于或接近 137.5 cm 的男孩很少，该平均值并不能很好地反映该地 10 岁男孩的身高水平。

四、正态分布及其应用

正态分布（normal distribution）又称高斯分布（Gaussian distribution），是数学中最重要的概率分布之一。医学中许多随机变量如身高、体重、血压、红细胞数等的分布服从或近似服从正态分布，或经过数据转换可使其服从正态分布。

（一）正态分布的图形

正态分布的图形以均数所在处曲线最高，两侧逐渐降低，但永远不与横轴相交，左右完全对称，形状近似钟形。

正态分布有两个基本参数：均数（μ）为位置参数，正态分布是以均数为中心，左右完全对称，即以均数所在处频数最多，两侧逐渐减少。方差（σ^2）为变异度参数，反映了正态分布的形态。方差越大，说明离散程度大，正态分布的图形越"低平"；方差越小，说明离散程度小，图形越"瘦高"。

如果随机变量 X 服从均数为 μ、方差为 σ^2 的正态分布，则记为 $X \sim N(\mu, \sigma^2)$。知道了 μ 和 σ^2，就可以根据正态分布的概率密度函数绘制出正态分布曲线，也可以根据正态分布的概率分布函数计算出 X 小于或等于某个值的概率。

基础链接 6-8
正态分布的概率密度函数和概率分布函数

例 6-9 假设某地成年男性身高均数为 170 cm，标准差为 7 cm，成年女性身高均数为 165 cm，标准差为 5 cm，两者均服从正态分布。请绘制当地成年男女身高的频数分布图并比较其特点。

当地成年男女身高频数分布图见图 6-3。

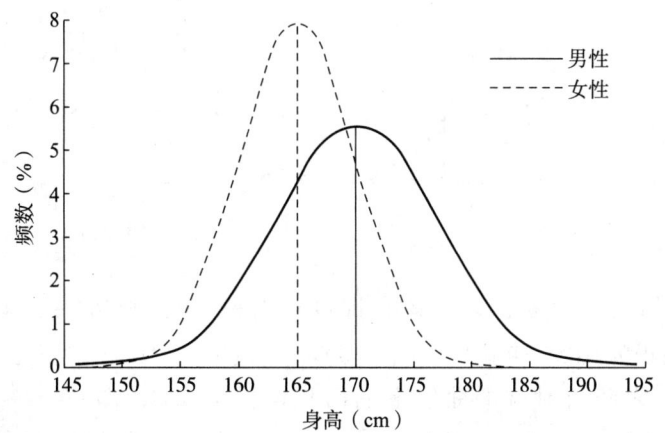

图 6-3 某地成年男女身高频数分布图

从图 6-3 可以看出，当地成年男、女身高的频数分布呈完全对称的钟形分布，均以均数所在处频数最多，两侧逐渐减少。男性身高的均数大于女性，故图形靠右；男性身高的方差大于女性，图形更"低平"；而女性身高的方差小于男性，图形更为"瘦高"。即均数决定图形的位置（对称点），方差决定图形的形态。

（二）标准正态分布

1. 标准正态分布的概念 由于不同随机变量的 μ 和 σ^2 不同，要计算随机变量 X 取值范围为 $-\infty$ 至 x 的概率需要经过繁琐的计算，从而给实际应用带来困难。如果将任一正态分布转化为同一个分布，则使问题大大简化。

如果随机变量 X 服从均数为 μ、方差为 σ^2 的正态分布，可按下式做 z 变换：

$$z = \frac{X - \mu}{\sigma} \tag{6-21}$$

对于任一正态分布 $N(\mu, \sigma^2)$，无论其 μ 和 σ^2 大小，也无论 X 采用哪种计量单位，把 X 值转换成 z 值，则 z 值的分布都将会服从总体均数为 0，总体标准差为 1 的正态分布，即标准正态分布（standard normal distribution），亦称为 z 分布。

z 值就是离均差与标准差的比值，是一个相对测量值，本身没有计量单位，又称标准正态离差，即某变量值大于或小于均数多少个标准差。例如，设某地成年男性身高的均数为 170 cm，标准差为 7 cm，某成年男性的身高为 177 cm，离均差为 7 cm，恰好等于标准差，$z = 1$，即大于均数 1 个标准差。另一成年男性的身高为 156 cm，离均差为 -14 cm，$z = -2$，即小于均数 2 个标准差。

2. 标准正态分布曲线下面积分布规律 由于 z 分布的均数和标准差一定，即只有唯一的 1 条曲线，可以将从 $-\infty$ 至 z 取不同值时所对应的曲线下面积求出，列成表格，便于应用；也可采用 SPSS 直接计算标准正态分布曲线下 $-\infty$ 至 z 所对应的曲线下面积。

表 6-4 "常用 z 界值表"是已知面积（概率）时查 z 值。图 6-4 为标准正态分布曲线下的面积示意图。

表 6-4 常用 z 界值表

α	单侧	双侧
0.20	0.842	1.282
0.10	1.282	1.645
0.05	1.645	1.960
0.01	2.326	2.576

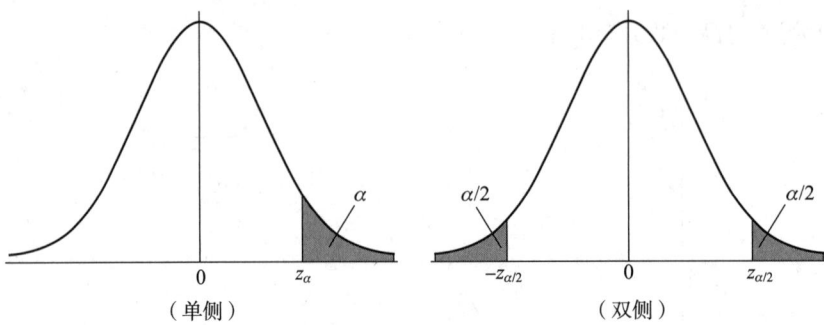

图 6-4 标准正态分布曲线下的面积示意

例如，从表 6-4 查得单侧 $z_{0.05}=1.645$，即以总面积为 1，则从 $z=1.645$ 至 $z=+\infty$ 之间所对应的曲线下的面积为 0.05，也就是说 z 值 ≥ 1.645 的概率为 5%。因为正态分布左右对称，从 $z=-1.645$ 至 $z=-\infty$ 之间所对应的曲线下的面积同样为 0.05，即 z 值 ≤ -1.645 的概率也是 5%。同理，查得双侧 $z_{0.05/2}=1.960$，即从 $z=1.960$ 至 $z=+\infty$ 之间所对应的曲线下的面积为 0.025（0.05/2），从 $z=-1.960$ 至 $z=-\infty$ 之间所对应的曲线下的面积也是 0.025，从 $z=-1.960$ 至 $z=1.960$ 之间所对应的曲线下的面积则为 0.95（即 $1-\alpha$）。

对于任一正态分布，$X \leq \mu - z_\alpha \sigma$ 的概率为 α，$X \geq \mu + z_\alpha \sigma$ 的概率也为 α，$X \leq \mu - z_{\alpha/2} \sigma$ 的概率则为 $\alpha/2$，$X \geq \mu + z_{\alpha/2} \sigma$ 的概率也为 $\alpha/2$，而 X 在 $\mu - z_{\alpha/2} \sigma$ 与 $\mu + z_{\alpha/2} \sigma$ 之间的概率则为 $1-\alpha$。因总体均数和标准差通常未知，实际应用时可用样本均数和标准差代替。

例 6-10 某地 110 名健康成年男性血红蛋白含量（见例 6-1）的算术均数为 138.0 g/L，标准差为 25.0 g/L，核查有多少健康成年男性血红蛋白含量 $\geq \overline{X}+1.645S$ 和血红蛋白含量在 $\overline{X}-1.960S$ 与 $\overline{X}+1.960S$ 之间，并与理论概率比较，二者是否一致？

本例，$\overline{X}+1.645S=179.1$（g/L），实际 110 名健康成年男性中有 6 名血红蛋白含量 ≥ 179.1 g/L，占 5.5%，与理论概率 5% 很接近。

$\overline{X}-1.960S=89.0$（g/L），$\overline{X}+1.960S=187.0$（g/L），实际 110 名健康成年男性中有 107 名血红蛋白含量在 89.0 g/L 与 187.0 g/L 之间，占 97.5%，与理论概率 95% 有一定差距，可能是抽样的偶然性所致。

（三）正态分布的应用

正态分布不仅可以解决符合正态分布的随机现象问题，而且是其他一些重要的理论分布的基础，许多理论分布如二项分布、泊松分布等的极限形式就是正态分布，所以掌握正态分布的特征有助于理解其他一些理论分布。

对于服从正态分布的医学现象，可以利用正态分布曲线下的面积规律确定变量值在一定范围内的频数，也可以用于估计医学参考值范围，还可以用于实验室检测的质量控制。

（四）医学参考值范围

1. **概述**　医学参考值范围（normal reference range）是指正常人群中一些解剖、生理、生化指标及组织代谢产物含量等数据的正常波动范围。由于存在生理变异及个体差异，"正常值"并非一个常数，而是在一定范围内波动。这里的"正常人"并非指没有任何疾病的人，只要排除那些对所研究指标有影响的疾病或有关因素的人即可。例如，制定血压正常值范围时，应将高血压患者及相关疾病的患者排除于研究对象之外，同时，研究对象在研究期间内不能有对血压有影响的因素存在，如情绪激动、大量运动等，也不能服用对血压有影响的药物。

2. **制定医学参考值范围的方法**　在估计医学参考值研究时，首先要确定对象，并保证样本量足够大，通常每个人群组要大于100例；确定采用单侧界值还是双侧界值；确定发生假阳性错误的概率（α），即误诊率，一般取$\alpha=0.05$，称95%医学参考值范围，将有95%的"正常人"的测量值在该范围内，也就是说有5%的"正常人"将会被误诊为"不正常"。此外，还要明确所研究变量的总体分布特征，如果服从正态分布或近似服从正态分布则采用正态分布法，如果是偏态分布可采用百分位数法。

（1）正态分布法：如果所研究指标的总体分布符合正态分布或近似正态分布，可根据正态分布曲线下的面积分布规律，计算包含95%的观察值范围，即为95%医学参考值范围。计算公式为：

95%双侧医学参考值范围：

$$\bar{X} \pm 1.96\,S \tag{6-22}$$

95%单侧医学参考值上限：

$$\bar{X} + 1.645\,S \tag{6-23}$$

95%单侧医学参考值下限：

$$\bar{X} - 1.645\,S \tag{6-24}$$

例6-11　已知健康人群中血糖含量的频数分布近似正态分布，今测定某地健康成人500名，得血糖均数为5.10 mmol/L，标准差为0.51 mmol/L，试估计该地健康成人血糖含量95%医学参考值范围。

本例需计算双侧正常参考值范围，将均数和标准差代入式6-22，得：

下限：$\bar{X} - 1.96\,S = 5.10 - 1.96 \times 0.51 = 4.10$（mmol/L）

上限：$\bar{X} + 1.96\,S = 5.10 + 1.96 \times 0.51 = 6.10$（mmol/L）

即估计该地健康成人血糖含量95%医学参考值范围为4.10~6.10 mmol/L。

（2）百分位数法：对于偏态分布或开口资料，可按百分位数法计算。

95%双侧医学参考值范围：$P_{2.5} \sim P_{97.5}$

95%单侧医学参考值上限：P_{95}

95%单侧医学参考值下限：P_5

例6-12　测得某地200名正常人尿铅含量（表6-5），试计算95%医学参考值范围。

表6-5　某地200例正常人尿铅含量

尿铅（mg/L）	人数（f）	累积频数（$\sum f$）	累积频率（%）
0~	20	20	10.0
4~	39	59	29.5

续表

尿铅（mg/L）	人数（f）	累积频数（$\sum f$）	累积频率（%）
8 ~	55	114	57.0
12 ~	43	157	78.5
16 ~	30	187	93.5
20 ~	9	196	98.0
24 ~	1	197	98.5
28 ~	2	199	99.5
32 ~	1	200	100.0

表 6-5 数据显示，200 名正常人的尿铅值频数分布呈正偏态分布，对于铅、汞等这类对人体有害无益的非必需元素，体内含量过高可能导致疾病发生，偏低则无临床意义，故只需制定一个上限值。本例要求计算 95% 医学参考值范围，即第 95 百分位数。

SPSS 给出 $P_{95} = 22.00$（mg/L）。即该地正常人尿铅的 95% 医学参考值上限为 22.00 mg/L。

第二节　数值变量资料的统计推断

统计学研究的最终目的是要了解总体的情况，但由于对总体所包含的全体对象进行全面研究难度较大或几乎不可能完成，因此，通常是采用抽样研究方法，然后由样本信息来推断总体情况，即统计推断（statistical inference）。统计推断包括对总体分布特征（是正态分布还是偏态分布或其他理论分布）的推断，以及对总体参数的推断。总体的分布可以由理论或经验来判断，也可以通过样本信息来推断，如正态性检验。

一、均数的抽样误差与标准误

在抽样研究中，由于抽样的偶然性，所研究的随机变量存在个体差异，因此，每次抽样研究的结果不会完全一样，而是存在一定误差，即所谓抽样误差（sampling error）。对于数值变量来说，最重要的总体参数或特征值是总体均数（μ），下面通过一个放回式随机抽样实验来研究抽样误差的规律及估计方法。

对某地正常成年男子进行健康普查，其中一项指标红细胞数的均数为 4.794×10^{12}/L，标准差为 0.419×10^{12}/L。人群中红细胞数的频数分布为近似正态分布，该正态总体可表示为 $N(4.794, 0.419)$。现以该地正常成年男子作为研究总体，每次抽取 10 个对象，计算得到 1 个样本均数（$\bar{X}$），如此反复一共抽取了 100 个 $n = 10$ 的样本，得到 100 个 $\bar{X}$。由于总体中这些正常成年男子红细胞数存在变异，且每次抽到的对象都不尽相同，因此，这 100 个样本均数也会有差异，有些大于 μ，有些小于 μ。对这 100 个样本均数进行统计描述，结果显示，这 100 个样本均数的频数分布近似正态分布，且这些样本均数的均数为 4.807×10^{12}/L，与 μ（4.794×10^{12}/L）很接近，而这 100 个样本均数的标准差为 0.132×10^{12}/L。

理论上，假如某随机变量 X 服从一个均数为 μ，标准差为 σ 的正态分布，从该总体中随机抽取无限多个样本量为 n 的样本，每个样本均可求得一个样本均数，而样本均数的均数等于总体均数，即这些样本均数服从以 μ 为中心的正态分布，这些样本均数的标准差可以用 $\sigma_{\bar{X}}$ 表示，称为标准误（standard error）。标准误的大小反映了这些样本均数以 μ 为中心的离散程度大小，即反映了抽样误差的大小。数理统计可以证明，$\sigma_{\bar{X}}$ 与总体标准差 σ 成正比，而与每次抽样的样本量 n 的平方根成反比。σ 越大，n 越小，$\sigma_{\bar{X}}$ 就越大，样本均数的分布就越分散，与总体均数的差别就越大，即抽样误差较大；反之，σ 越小，n 越大，$\sigma_{\bar{X}}$ 就越小，即抽样误差较小。

$$\sigma_{\bar{X}} = \frac{\sigma}{\sqrt{n}} \tag{6-25}$$

在前述放回式随机抽样实验中，已知 $\sigma = 0.419 \times 10^{12}/L$，$n = 10$，代入式 6-25，得：

$$\sigma_{\bar{X}} = 0.419/\sqrt{10} = 0.133 \times 10^{12}/L$$

理论计算结果与前述放回式随机抽样实验所得 100 个样本均数计算出的标准误 $0.132 \times 10^{12}/L$ 很相近。

在抽样研究中，必须将抽样误差控制在一定范围内，以保证研究结果的真实性。由于所研究的随机变量在总体中的个体变异（σ）是客观存在的，是研究者不能控制的，但可以通过增大样本量来控制抽样误差，n 越大，$\sigma_{\bar{X}}$ 越小。

在实际工作中，σ 往往是未知的，也不可能进行多次重复抽样。因此，通常是以样本标准差 S 作为 σ 的点估计值，这样计算得到的标准误用 $S_{\bar{X}}$ 表示。也就是说以 $S_{\bar{X}}$ 作为 $\sigma_{\bar{X}}$ 的点估计值。

$$S_{\bar{X}} = \frac{S}{\sqrt{n}} \tag{6-26}$$

例 6-13 调查某地 120 名正常成人血糖值的均数为 4.92 mmol/L，标准差为 0.48 mmol/L，试计算标准误。

将有关数据代入式 6-26，得：

$$S_{\bar{X}} = 0.48/\sqrt{120} = 0.044 \text{ (mmol/L)}$$

标准误可用于表示抽样误差的大小。同性质的资料，标准误越小，说明样本均数与总体均数越接近，即抽样误差越小，用样本均数推论总体均数的可靠性越好。反之，标准误越大，抽样误差越大，样本均数对总体均数的代表性越差。

标准误还用于总体均数可信区间（confidence interval，CI）的估计和假设检验，具体方法将在后面介绍。

二、t 分布

对于任一正态分布 $N(\mu, \sigma^2)$，对正态变量 X 采用 z 变换：$z = (X-\mu)/\sigma$，则 z 值服从均数为 0，标准差为 1 的正态分布 $N(0, 1)$，即标准正态分布。如前所述，从正态总体 $N(\mu, \sigma^2)$ 中抽取含量为 n 的样本均数 $\bar{X}$ 服从正态分布 $N(\mu, \sigma_{\bar{X}}^2)$，如果对正态变量 $\bar{X}$ 采用 z 变换，即 $z = (\bar{X}-\mu)/\sigma_{\bar{X}}$，则 z 值同样服从标准正态分布 $N(0, 1)$。但在实际工作中，$\sigma_{\bar{X}}$ 往往是未知的，需用 $S_{\bar{X}}$ 来代替，此时不是进行 z 变换，而是 t 变换。

$$t = \frac{\bar{X}-\mu}{S_{\bar{X}}} = \frac{\bar{X}-\mu}{S/\sqrt{n}}, \quad \nu = n-1 \tag{6-27}$$

假设从已知总体均数的正态总体中随机抽取无数个含量为 n 的样本，那么每个样本均计算出

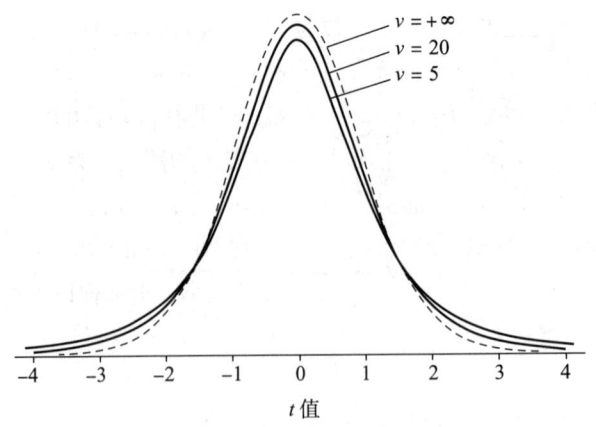

图 6-5 不同自由度的 t 分布曲线

一个 t 值,因此可得到无数个 t 值,t 值的分布就称为 t 分布(t-distribution)(图 6-5)。

图 6-5 中横轴为 t 变量,纵轴为 t 的概率密度。图中实线为 t 分布,虚线为标准正态分布,t 分布与标准正态分布相比有以下特征:①两者都是单峰,以 0 为中心,两侧对称。② t 分布的峰较 z 分布的峰低,而两尾部翘得较高,即尾部面积(概率 P)较大。③ t 分布的形态与样本量(确切地说是自由度 v)有关。自由度 v 越小,两尾部的面积越大。v 逐渐增大时,t 分布逐渐逼近标准正态分布;当 $v = +\infty$ 时,t 分布就完全成为标准正态分布。z 分布只有一条曲线,t 分布有无数条曲线,即每个自由度都对应一条曲线。

t 分布曲线下的面积分布和 z 分布一样是有一定规律的,若将 t 分布曲线下的整个面积作为 1,在自由度(v)确定的情况下,横轴上一定的 t 值范围所对应的面积是恒定的,也就是说 t 值在一定范围的概率是确定的。为了方便应用,统计学家把当 v 一定时一些常用概率所对应的 t 值排列成表,称 t 界值表。实际工作中,我们只需查表就可以确定一定的 t 值所对应的概率,但由于 t 界值表不可能把所有的 t 值及其概率都包容进去,因此,我们只能得到一个概率的大致范围。当然,也可通过统计软件计算获得某自由度 v 下 t 值所对应的概率。

三、总体均数的区间估计

(一)参数估计的概念和方法

统计推断包括两个方面:参数估计和假设检验。参数估计是指用样本统计量估计总体参数的过程。

参数估计有两种方法。

1. 点(值)估计(point estimation) 即以样本统计量作为总体参数的估计值。这种方法未考虑抽样误差的影响。

2. 区间估计(interval estimation) 由于在抽样研究中抽样误差是不可避免的,因此,通过一次抽样研究结果计算得到的统计量与总体参数不会完全相同。区间估计就是依据抽样误差的产生及分布规律,将推断错误的概率(α)控制在一定范围之内,估计一个总体参数可能的区间范围,称为可(置)信区间(confidential interval,CI)。区间估计属于概率估计,总体参数并非一定在该区间内,通常取 $\alpha = 0.05$,即总体参数不在该区间内的概率 ≤ 0.05。α 越小,估计的正确率就越高。同时,所定区间范围不能过宽,否则就失去了实际意义,也就是估计的精确程度要高,所定区间范围越小,精密度就越高。然而,正确性和精密性是相互矛盾的,如果提高准确度,则精密度就必然下降；如果提高精密度，则准确度又将随之降低。因此，要正确处理二者之间的关系，就要把发生错误的概率（α）定在适当的水平。

（二）总体均数可信区间的估计方法

总体均数的区间估计方法可分为下列 3 种情况。

1. 已知总体标准差（σ） 可按 z 分布原理计算：

$$\bar{X} \pm z_{\alpha/2}\sigma_{\bar{X}} \tag{6-28}$$

2. 总体标准差未知且样本量较小 按 t 分布的原理计算：

$$\bar{X} \pm t_{\alpha/2,\nu}S_{\bar{X}} \tag{6-29}$$

例 6-14 某医师随机抽查了某地 20 名正常成人，测得血糖值的均数为 4.92 mmol/L，标准差为 0.48 mmol/L，试估计该地正常成人血糖值总体均数的 95% 和 99% 可信区间。

已知：$\bar{X}$ = 4.92 mmol/L，S = 0.48 mmol/L，n = 20。

今 ν = 20−1 = 19，$t_{0.05/2,19}$ = 2.093，$t_{0.01/2,19}$ = 2.861。代入式 6-29 得：

95% 可信区间：$(4.92 - 2.093 \times 0.48/\sqrt{20},\ 4.92 + 2.093 \times 0.48/\sqrt{20}) = (4.70,\ 5.14)$

99% 可信区间：$(4.92 - 2.861 \times 0.48/\sqrt{20},\ 4.92 + 2.861 \times 0.48/\sqrt{20}) = (4.61,\ 5.23)$

即该地正常成人血糖值总体均数的 95% 可信区间为（4.70，5.14）mmol/L，99% 可信区间为（4.61，5.23）mmol/L。99% 可信区间比 95% 可信区间发生错误的概率更小，但区间范围较宽，即精密度较低。实际应用中以 95% 可信区间最常用。

3. 总体标准差未知且样本量较大（通常要求 $n > 100$） 此时 t 分布与 z 分布非常接近，可直接用 $z_{\alpha/2}$ 作为 $t_{\alpha/2,\nu}$ 估计值计算：

$$\bar{X} \pm z_{\alpha/2}S_{\bar{X}} \tag{6-30}$$

例 6-15 随机抽查了某地 120 名正常成人，测得血糖值的均数为 4.92 mmol/L，标准差为 0.48 mmol/L，试估计该地正常成人血糖值总体均数的 95% 和 99% 可信区间。

本例 $\bar{X}$ = 4.92 mmol/L，S = 0.48 mmol/L，n = 120。

今 n = 120，可按式 6-30 计算可信区间。其中 $z_{0.05}$ = 1.96，$z_{0.01}$ = 2.58。

95% 可信区间：$(4.92 - 1.96 \times 0.48/\sqrt{120},\ 4.92 + 1.96 \times 0.48/\sqrt{120}) = (4.83,\ 5.01)$

99% 可信区间：$(4.92 - 2.58 \times 0.48/\sqrt{120},\ 4.92 + 2.58 \times 0.48/\sqrt{120}) = (4.81,\ 5.03)$

即该地正常成人血糖值总体均数的 95% 可信区间为（4.83，5.01）mmol/L，99% 可信区间为（4.81，5.03）mmol/L。

从例 6-14 和例 6-15 可以看出，虽然两个资料的均数和标准差均相同，但计算得到的可信区间却有较大差别，例 6-15 样本量较大，抽样误差较小，可信区间范围也相对较窄，即对总体均数的估计更精确。由此也可以看出样本量大小在统计分析中（特别是统计推断中）的重要性，但这并不是说样本量越大越好，比较恰当的说法是"样本量要足够大"，就是要满足统计学要求。理论上，增大样本量可以减少抽样误差，样本量越大，抽样误差越小。实际运用时要视情况而定，如果所研究变量的个体差异大，可适当增大样本量；如果个体差异小，则样本量不必太大，只要把抽样误差控制在一定水平下即可。盲目追求大样本，会大大增加工作量，虽可减少抽样误差，但非抽样误差有可能会增大。

样本量较大时总体均数的可信区间计算公式与前述医学参考值范围的计算公式非常相似，唯一的不同是前者用的标准误（$S_{\bar{X}}$），后者用的标准差（S），但两者之间有本质的差别。可信区间属于统计推断的范畴，其范围大小受抽样误差的影响，也就是说跟个体变异及样本量大小两个因素有关。可信区间范围较宽，说明抽样误差较大，对总体参数的估计不够精确。增大样本量可以减少抽样误差，使推断更精确，可信区间范围缩窄。而医学参考值范围则属于统计描述的范畴，反映所谓"正常"观察值的分布范围，其大小与所研究变量在个体间的变异大小有关，与样本量无关，增大样本量也不会使其范围缩窄或加宽。

四、假设检验

假设检验（hypothesis testing）亦称为显著性检验（significance test）。下面通过一个实例说明假设检验的基本思想和方法步骤。

（一）假设检验的基本思想

例 6-16 已知某地健康成年男子血红蛋白含量均数为 138.0 g/L。某医生随机抽查了该地 25 名男性铅作业工人，检测血红蛋白含量并求得均数为 126.6 g/L，标准差为 21.0 g/L，问是否可以认为男性铅作业工人血红蛋白含量总体均数与一般健康成年男子有差别？

从实测结果看，25 名男性铅作业工人的血红蛋白含量均数低于一般健康成年男子总体均数，但由于抽样研究中必然会产生抽样误差，因此，这种差异有可能仅仅是由于抽样误差所致。另一种可能性就是所观察到的差异不能完全由抽样误差来解释，也就是说在工作环境中接触铅会影响作业工人的血红蛋白水平。假设检验就是要回答"差别是否仅仅由于抽样误差所引起"这样一个问题。

首先假设所观察到的男性铅作业工人与一般健康成年男子血红蛋白含量的差异仅仅是由于抽样误差引起。这一假设的基本含义是：男性铅作业工人与一般健康成年男子血红蛋白含量的总体均数相同，即接触铅不会影响作业工人的血红蛋白水平。设想一下，假如从一般健康成年男子中随机抽取 25 人，并计算得到样本均数，由于抽样误差的存在，所得到的样本均数也不一定刚好等于总体均数。

假设男性铅作业工人血红蛋白含量的总体均数也是 138.0 g/L，因总体标准差未知，可用样本标准差作为总体标准差的估计值。假如从这样一个总体（$\mu = 138.0$ g/L，$\sigma = 21.0$ g/L）中抽取一个 $n = 25$ 的样本，有没有可能得到样本均数 126.6 g/L？回答是肯定的：有可能。但可能性有多大？假设检验就是借助特定的检验统计量来推算出这个可能性（概率）的大小。如果这种情况发生的概率很小，等于或小于所定的检验水准（$P \leq 0.05$），即统计学中所谓小概率事件，就可以认为这种情况在一次抽样研究中不会发生，因此拒绝该假设，也就是说男性铅作业工人血红蛋白含量的总体均数不是 138.0 g/L，所观察到的差别不能仅仅用抽样误差来解释，这种差别很可能是由于接触铅影响了作业工人的血红蛋白水平所致。反之，如果这种情况发生的概率不够小，高于所定的检验水准（$P > 0.05$），那么我们所观察到的这种差别在一次抽样研究中是有可能出现的，即这种差别有可能仅仅是由于抽样误差所致，因此就不能拒绝该假设。

（二）假设检验的基本步骤

1. **建立检验假设，确定检验水准** 检验假设（hypothesis to be tested）又称无效假设（null hypothesis）、原假设或零假设，符号为 H_0；与检验假设对应的是备择假设（alternative hypothesis），又称对立假设，符号为 H_1。H_0 与 H_1 都是根据统计推断的目的而提出的对总体特征的假设。例 6-16 的检验假设应为：

H_0：男性铅作业工人血红蛋白含量的总体均数（μ）与一般健康成年男子血红蛋白含量的总体均数（μ_0）相同，即 $\mu = \mu_0 = 138.0$ g/L。

H_1：男性铅作业工人与一般健康成年男子血红蛋白含量的总体均数不同，即 $\mu \neq \mu_0$。

H_0 与 H_1 是相互对立的假设，两者只能有一个正确，要么 H_0 成立，要么 H_1 成立。

其次，要确定检验水准（size of a test），亦称为显著性水准（significance level），即拒绝 H_0 时出错的风险大小，符号为 α。一般取 $\alpha = 0.05$。

此外，确定采用单侧检验（one sided test）还是双侧检验（two sided test）。如果根据现有的专业知识无法预先判断接触铅对作业工人的血红蛋白水平是否有影响，铅作业工人的血红蛋白含量是高于还是低于一般健康成年男子，两种可能性都存在，就应当采用双侧检验，即要推断两总体均数是否有差别。如果根据专业知识，已知接触铅只有可能使作业工人的血红蛋白水平降低，不会使其升高，则应当采用单侧检验。还有一种情况，虽然根据现有知识两种可能性都存在，但研究者只关注其中的一种可能性，也应当采用单侧检验。例如，抽样检查饮用水的某项毒理学指标，虽然该项指标有可能高于法定标准，也可能低于法定标准，两种可能性都存在，但检测者所关心的只是该项毒理学指标是否高于饮用水法定标准，此时也应采用单侧检验。双侧检验比单侧检验更少出现假阳性错误，结论较为稳妥，通常探索性的研究均应采用双侧检验。单侧检验和双侧检验的检验假设和备择假设是不同的（表 6-6），所以，只需要看其检验假设和备择假设是什么，就可以知道是单侧检验还是双侧检验。

表 6-6 单侧检验和双侧检验的检验假设和备择假设

检验类型	检验目的	H_0	H_1
双侧检验	是否 $\mu \neq \mu_0$	$\mu = \mu_0$	$\mu \neq \mu_0$
单侧检验	是否 $\mu > \mu_0$	$\mu \leq \mu_0$	$\mu > \mu_0$
	是否 $\mu < \mu_0$	$\mu \geq \mu_0$	$\mu < \mu_0$

2. 计算假设检验统计量　根据研究设计类型、数据资料类型、总体的分布特征及统计推断的目的等不同，选用不同的假设检验方法。如小样本资料两个均数比较可采用 t 检验，多个样本均数的比较需用方差分析，两个率或多个率的比较可以采用 χ^2 检验等。每种检验方法都有相应的检验统计量，如 t 值、F 值、χ^2 值。例 6-16 的资料符合 t 检验的应用条件，已知 $\mu = 138.0$ g/L，$\overline{X} = 126.6$ g/L，$S = 21.0$ g/L，$n = 25$，按式 6-27 计算 t 值，得：

$$t = \frac{\overline{X} - \mu}{S_{\overline{X}}} = \frac{\overline{X} - \mu}{S/\sqrt{n}} = \frac{126.6 - 138.0}{21.0/\sqrt{25}} = \frac{-11.4}{4.2} = -2.714$$

3. 确定 P 值　这里的 P 值是指根据检验假设（H_0），对规定的总体做随机抽样，通过样本数据计算得到的检验统计量的概率。P 值的大小是根据检验统计量的大小来确定的，可以通过一定的数学方法求得确切的 P 值，但计算过程较为烦琐。为了方便应用，统计学家已经将检验统计量各个值所对应的 P 值计算出来，排列成表，称假设检验工具表，如 t 界值表、F 界值表、χ^2 界值表等。当计算出检验统计量后，只需查相应的界值表即可确定 P 值的大小。但由于界值表中不可能把检验统计量所有的值都列出来，因此，这种方法通常只能确定一个 P 值的大致范围，而不能得到确切的 P 值。现在一般通过统计软件分析，可直接获得确切的 P 值。

对于例 6-16 资料，$t = -2.714$，$t_{0.05/2, 24} = 2.064$，即从一个 $\mu = 138.0$ g/L，$\sigma = 21.0$ g/L 的总体中，随机抽取一个 $n = 25$ 的样本，每 100 次抽样中所得样本均数转换成 t 值后，有 95 次 t 值

为 −2.064 ~ 2.064，本资料所得 t 值 < −2.064，不在该范围内，而这种情况发生的概率 < 5%，即 $P < 0.05$。本例采用原始数据用统计软件分析，得 $t = 2.723$，$P = 0.012$。

4. 作出统计推断　将 P 值与检验水准（α）比较，从而判断是否拒绝 H_0。如果 $P > \alpha$，则按所定检验水准不拒绝 H_0，称差异无统计学意义；如果 $P \leq \alpha$，则按所定检验水准拒绝 H_0，接受 H_1，称差异有统计学意义。经常采用的检验水准有 0.05 和 0.01。

根据例 6-16 的资料计算得到 $P = 0.012$，低于所定检验水准，即 $P < \alpha$，因此作出结论：在 $\alpha = 0.05$ 水准，拒绝 H_0，接受 H_1，可以认为男性铅作业工人与一般健康成年男子血红蛋白含量的总体均数不同。需要强调的是，这并不是说男性铅作业工人与一般健康成年男子血红蛋白含量的总体均数肯定不同，只不过这一结论错误的概率很小，小于所定检验水准。尽管这个概率很小，但仍然有发生的可能，因此，统计推断结论切不可绝对化。

（三）统计学检验中的两类错误

统计推断是概率推断，因此，假设检验中作出推断结论时可能犯错误。统计学检验中的错误分为两种类型（表 6-7）。

表 6-7　Ⅰ型错误和Ⅱ型错误

推断结论	客观实际	
	H_0 成立	H_0 不成立
拒绝 H_0，接受 H_1	Ⅰ型错误（弃真）	推断正确
不拒绝 H_0	推断正确	Ⅱ型错误（存伪）

1. 两类错误的概念

（1）Ⅰ型错误（type Ⅰ error）：也称第一类错误或假阳性错误，即拒绝了实际上是成立的 H_0，也称"弃真"，其发生概率用 α 表示。在例 6-16 中，最终结论为拒绝 H_0，接受 H_1，认为男性铅作业工人与一般健康成年男子血红蛋白含量的总体均数不同。假如实际上接触铅对铅作业工人的血红蛋白含量并无影响，男性铅作业工人与一般健康成年男子血红蛋白含量的总体均数并无不同，所观察到的差异仅仅是由于抽样的偶然性所致，即结论是错误的，这种错误就是Ⅰ型错误。确定检验水准实际上就是要把发生Ⅰ型错误的概率控制在一个很低的水平。图 6-6 是样本均数与

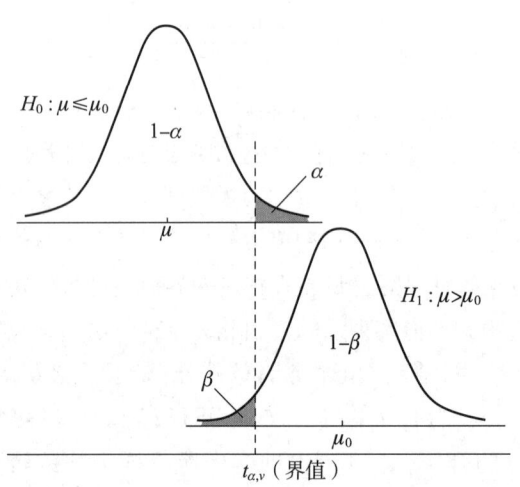

图 6-6　两类错误示意
（以单侧 t 检验为例）

总体均数比较的单侧 t 检验中两类错误示意图。检验假设为 H_0: $\mu \leq \mu_0$, H_1: $\mu > \mu_0$。如果 H_0 实际上是成立的，假如所得 $t < t_{\alpha,\nu}$, $P > \alpha$, 按所定检验水准 α 不拒绝 H_0, 则结论正确；假如由于抽样的偶然性得到 $t \geq t_{\alpha,\nu}$, $P \leq \alpha$, 按所定检验水准 α 拒绝 H_0, 接受 H_1, 结论为 $\mu > \mu_0$, 此推断当然是错误的，即发生了 I 型错误。

（2）II 型错误（type II error）：也称第二类错误或假阴性错误，即不拒绝实际上不成立的 H_0, 也称"存伪"，其发生概率用 β 表示。如图 6-6，如果 μ 确实大于 μ_0, 则 H_0 实际上是不成立的。假如所得 $t \geq t_{\alpha,\nu}$, $P \leq \alpha$, 按所取检验水准 α 拒绝 H_0, 接受 H_1, 则结论正确；假如由于抽样的偶然性得到 $t < t_{\alpha,\nu}$, $P > \alpha$, 按所定检验水准 α 不拒绝 H_0, 则判断错误，即发生了 II 型错误。

2. **两类错误的关系及其控制方法**　在假设检验中所定检验水准即为 I 型错误的概率，而 II 型错误的概率不能直接确定。但 α 与 β 之间的关系有一定规律，当样本例数一定时，α 愈小，β 愈大；反之，α 愈大，β 愈小。因此，要根据具体问题确定一个适当的检验水准，如果主要是要减少 I 型错误，可以把 α 定小一些，通常取 $\alpha = 0.05$，但不能过小，否则发生 II 型错误的概率会增大，统计学检验效能降低。如果主要是要减少 II 型错误，可以把 α 定大一些，例如在正态性检验中，通常取 $\alpha = 0.20$ 或 $\alpha = 0.10$。要想同时减少 α 和 β, 唯一的方法是增加样本量。

（四）假设检验应注意的问题

1. **研究设计必须符合统计学要求**　科学的设计是进行假设检验的前提，研究设计必须遵循相应的统计学基本原则，主要包括随机原则、重复原则、均衡原则等。首先，样本必须是从同质总体中随机抽取的，随机抽样是所有统计推断的前提条件，如果是非随机样本，则对总体不具有代表性，即使做了统计推断也不可能正确反映总体的特征。其次，实验研究中研究对象应随机分配到各组中，且要保证组间有较好的均衡性和可比性，除了处理因素外，其他可能对结果有影响的非处理因素应尽可能保持一致，或能够在资料分析时消除其影响。研究设计的缺陷通常不能通过统计学处理来弥补，特别是一些原则性的错误，因此，科学、严谨的研究设计是进行统计推断（包括假设检验和总体参数估计）的前提和基础。

2. **正确选用假设检验方法**　选择假设检验方法主要依据所分析的变量类型及其总体分布特征、研究设计类型、样本量大小等。参数检验方法（如 t 检验和方差分析）对资料的要求较高，必须符合其应用条件才能使用。如果不符合其应用条件，可考虑通过数据变换使研究资料符合检验方法对正态性和方差齐性的要求，或采用一些校正的方法，如方差不齐时两样本均数的比较可以采用 t' 检验，还可以考虑使用非参数检验等对资料要求不高的检验方法。研究设计类型不同，检验方法也有别，如同为样本均数比较，配对设计资料应采用差值的 t 检验，完全随机设计则采用两样本均数比较的 t 检验，若配对设计资料用两样本均数比较的 t 检验处理，就会降低检验效能。

3. **正确理解和解释假设检验结论**　假设检验中，如果 $P \leq \alpha$, 则"拒绝 H_0, 接受 H_1"，通常表述为"差异有统计学意义"，此时不应理解为差别很大，或在医学上有显著的（重要的）价值或重大的实际意义；反之，如果 $P > \alpha$, 则"不拒绝 H_0"，一般表述为"差异无统计学意义"，也不应误解为无差别或相差不大。过去通常把 $P \leq 0.01$ 表述为"差别有极显著意义"，往往容易被误解为"差别很大或有非常重要的实际意义（或价值）"，这是对假设检验结论的错误理解。$P \leq \alpha$, 只是说明该结果仅仅由于抽样误差而导致的可能性很小，小于所定检验水准，因此，"有统计学意义"，P 值越小，说明仅仅由于抽样误差而导致该结果的可能性越小，越有理由认为有统计学差异。此外，有统计学意义并非一定有实际意义，有无实际意义，通常可以通过对效应值（如组间均数差）及其可信区间的分析来判断。

4. 结论不宜绝对化　假设检验的结论是概率推论，无论是否拒绝 H_0，都有发生错误的可能。是否拒绝 H_0，不仅取决于被研究事物有无本质差异及抽样误差的大小，还与所选定的检验水准有关。对同一个问题的检验水准不同，则可能得出不同的结论。虽然 $\alpha = 0.05$ 是最常用的检验水准，但并非判断差别有无显著性的唯一标准，例如，$P = 0.05$ 与 $P = 0.051$ 可能并无质的差别，但按 $\alpha = 0.05$ 的水准却得到完全不同的结论，显然是不合理的。特别是当计算的统计量在所选 α 水准界值附近时，即 P 接近 α 时，下结论要慎重。在报告分析结果时，应写明算得的检验统计量的值，并尽可能写出 P 值的确切范围，如 $0.02 < P < 0.05$。如果采用计算机统计软件来进行数据分析，可以给出一个确切的 P 值。

5. 选用双侧检验还是单侧检验　在比较两组间的差异时，如果分析目的是确定两者有无差异，应该用双侧检验。如果根据专业知识已知某组参数不会低于（或高于）另一组，或分析目的在于推断某组的参数是否低于（或高于）另一组，则用单侧检验。例如，比较新旧两种药物的疗效，事先不知道孰好孰劣，分析目的在于推断新旧药物的疗效有无差异，则应用双侧检验。如已知新药不会比旧药疗效差，分析目的在于推断新药的疗效是否优于旧药，则可用单侧检验。

第三节　t 检验

t 检验应用于样本例数较小时均数的比较，如样本均数与总体均数的比较、配对设计资料的比较、两个样本均数的比较等。t 检验要求样本是来自正态总体的随机样本，作两样本均数比较时，要求两样本的总体方差齐同。实际应用时，若与上述条件略有偏离，对结果影响亦不大。

一、样本均数与总体均数比较的 t 检验

样本均数与已知总体均数（一般为理论值、标准值或经过大量观察所得的稳定值等）比较的目的是推断样本所代表的未知总体均数 μ 与 μ_0 有无差别。

假设该样本是从已知总体中随机抽取的，那么，对样本均数进行 t 变换所得 t 值服从 t 分布。如果求得的 t 值 $\geq t$ 界值，则 $P \leq \alpha$，在 α 水准拒绝 H_0，接受 H_1，可认为差别有统计学意义；如果 t 值 $< t$ 界值，则 $P > \alpha$，在 α 水准不拒绝 H_0，即差别无统计学意义。单侧检验和双侧检验的 t 界值是不同的，当确定了 α 和 v 时，单侧检验的 t 界值（$t_{\alpha,v}$）总是小于双侧检验的 t 界值（$t_{\alpha/2,v}$）。因此，同一资料采用单侧检验比采用双侧检验更容易得到 $P \leq \alpha$ 的阳性结果，但如果应当采用双侧检验时采用了单侧检验，将会增大发生 I 型错误的概率。

例 6-17　已知某地健康成年男子血红蛋白含量均数为 138.0 g/L。某医生随机抽查了该地 25 名男性铅作业工人，测得血红蛋白含量如下（表 6-8），并求得均数为 126.6 g/L，标准差为 21.0 g/L，问是否可以认为男性铅作业工人血红蛋白含量总体均数与一般健康成年男子有差别？

表 6-8　某地 25 名男性铅作业工人血红蛋白含量　　　　　　　　　　　单位：g/L

103.3	96.6	127.7	133.9	139.1	108.3	119.9	152.3	114.9	119.1
153.6	151.6	105.1	169.2	140.7	115.1	127.5	135.3	153.1	82.5
128.1	120.1	140.3	128.1	98.6					

假设检验步骤：

（1）建立检验假设，确定检验水准。

H_0：男性铅作业工人与一般健康成年男子血红蛋白含量的总体均数相同，即 $\mu = \mu_0$

H_1：男性铅作业工人与一般健康成年男子血红蛋白含量的总体均数不同，即 $\mu \neq \mu_0$

$\alpha = 0.05$

（2）计算假设检验统计量（式6-27）。

SPSS 给出 $t = 2.723$，$P = 0.012$。

（3）确定 P 值，作出推断。本例 $P = 0.012$，差别有统计学意义，按 $\alpha = 0.05$ 的检验水准拒绝 H_0，接受 H_1，可认为男性铅作业工人与一般健康成年男子血红蛋白含量的总体均数不同。

基础链接6-9
SPSS 软件演示样本均数与总体均数比较的 t 检验

二、配对设计资料比较的 t 检验

配对设计是医学研究中的常用设计方法。首先把研究对象按照匹配因素相同或最接近的原则配成若干对子，然后将每个对子中的2个研究对象随机分配到2个组中，分别给予2组不同的处理。数据分析时要以对子为观察单位，不能将对子拆开。此外，对同一批研究对象同时或先后做两种处理时，数据也是成对的，分析方法与配对设计资料相同。

配对 t 检验的基本思想：如果处理因素2水平对所研究效应指标的影响无差异，则理论上差值的总体均数（μ_d）为0，因此，配对 t 检验也可以看成是样本均数与总体均数0比较的 t 检验。检验统计量 t 的计算公式为：

$$t = \frac{\bar{d} - \mu_d}{S_{\bar{d}}} = \frac{\bar{d} - 0}{S_{\bar{d}}}, \quad v = n - 1 \qquad (6-31)$$

式6-31中，d 为每对数据的差值，$\bar{d}$ 为 d 均数，$S_{\bar{d}}$ 为 d 的标准误。

例6-18 为比较 A、B 两种抗肿瘤药对小白鼠肉瘤的抑瘤效果，先将20只染有肉瘤雌性小鼠按体重最接近的原则配对，每对2只小鼠随机接受 A 药或 B 药，30天后处死并测量肉瘤重量（g），实验结果见表6-9。问 A、B 两种抗肿瘤药对小白鼠肉瘤的抑瘤效果有无差别？

表6-9　A、B 两组小白鼠肉瘤重量的比较　　　　　　　　　　　　　　　　单位：g

对子编号（1）	A 药（2）	B 药（3）
1	0.43	0.34
2	0.61	0.43
3	0.56	0.61
4	0.54	0.36
5	0.24	0.30
6	0.26	0.13
7	0.55	0.47
8	0.94	0.75
9	0.58	0.51
10	0.55	0.50

假设检验步骤：

（1）建立检验假设，确定检验水准。

H_0：$\mu_d = 0$

H_1：$\mu_d \neq 0$

$\alpha = 0.05$

（2）计算假设检验统计量（式6-31）。

SPSS 给出 $t = 3.044$，$v = 9$，$P = 0.014$。

（3）确定 P 值，作出推断。本例 $P = 0.014$，差别有统计学意义，按 $\alpha = 0.05$ 的检验水准拒绝 H_0，接受 H_1，可认为 A、B 两种抗肿瘤药对小白鼠肉瘤的抑瘤效果有差别。

> 基础链接 6-10
> SPSS 软件演示配对设计资料比较的 t 检验

三、两样本均数比较的 t 检验

完全随机设计又称成组设计，是采用随机方法（最常用的是利用随机数字）将研究对象分成两个或多个组，各组分别给予不同的处理。在调查研究中，则是先按照某特征（如不同性别、不同民族或某项指标阳性与阴性等）将研究对象分成不同组别，然后各组分别随机抽取一部分研究对象作为样本。对于成组设计的数值变量资料的假设检验，在满足一定条件情况下，两个均数的比较可采用 t 检验或方差分析，多个均数的比较则应采用方差分析（详见本章第四节）。

两个样本均数比较 t 检验的应用条件为：两样本均是来自正态总体的随机样本，且两样本的总体方差相等，即方差齐同（通过方差齐性检验来判断）。如果不符合上述条件，可先对数据进行转换（如对数转换）后再做 t 检验，或改用非参数检验方法（如秩和检验）。

两独立样本资料的方差齐性检验公式为：

$$F = \frac{S_1^2}{S_2^2}, \quad v_1 = n_1 - 1, \quad v_2 = n_2 - 1 \tag{6-32}$$

式中 S_1^2 为两样本中较大的方差，S_2^2 为较小的方差。

方差齐性检验方法较多，两独立样本资料的方差齐性检验也可采用 Levene 检验，但因为计算较为繁琐，通常采用统计软件进行计算而获得 F 值与确切的 P 值。

（一）总体方差相等时两样本均数比较的 t 检验

$$t = \frac{\overline{X}_1 - \overline{X}_2}{S_{\overline{X}_1 - \overline{X}_2}} = \frac{\overline{X}_1 - \overline{X}_2}{\sqrt{S_c^2 \left(\frac{1}{n_1} + \frac{1}{n_2}\right)}}, \quad v = n_1 + n_2 - 2 \tag{6-33}$$

式中，$S_{\overline{X}_1 - \overline{X}_2}$ 为两均数差值的标准误，S_c^2 为合并方差。

$$S_c^2 = \frac{S_1^2(n_1-1) + S_2^2(n_2-1)}{n_1 + n_2 - 2} \tag{6-34}$$

如 $n_1 = n_2$，则式 6-34 可简化为

$$S_c^2 = \frac{S_1^2 + S_2^2}{2} \tag{6-35}$$

例 6-19 某医师以社区男性老年人为研究对象，从同一社区人群中随机抽取了 17 名原发性高血压患者和 14 名健康老年人，采用原子吸收分光光度法测量血清钙含量（mmol/L），检测结果

见表 6–10。问男性老年原发性高血压患者与健康老年人血清钙含量有无差别？

表 6–10　某社区男性老年原发性高血压患者与健康老年人血清钙含量

组　别	n	血清钙含量（mmol/L）								
高血压组	17	3.002	2.823	3.303	2.946	2.997	3.272	2.957	2.936	3.139	2.803
		2.999	3.211	2.723	2.943	2.844	2.937	2.772			
健康组	14	2.595	2.63	2.192	2.394	2.467	2.404	2.469	2.421	2.345	2.540
		2.411	2.410	2.452	2.197						

采用 SPSS 软件进行 Levene 检验，得 $F = 1.283$，$P = 0.267$，在 $\alpha = 0.05$ 水准上可认为两总体方差齐同。

假设检验步骤：

（1）建立检验假设，确定检验水准。

H_0：$\mu_1 = \mu_2$

H_1：$\mu_1 \neq \mu_2$

$\alpha = 0.05$

（2）计算假设检验统计量（式 6–33）。

SPSS 给出 $t = 10.144$，$v = 29$，$P < 0.001$。

（3）确定 P 值，作出推断。本例 $P < 0.001$，差别有统计学意义，按 $\alpha = 0.05$ 的检验水准拒绝 H_0，接受 H_1，可认为男性老年原发性高血压患者与健康老年人血清钙含量有差别。

> 基础链接 6–11
> SPSS 软件演示两独立样本比较的方差齐性检验和 t 检验

（二）总体方差不等时两样本均数比较的 t' 检验（Satterthwaite 近似法）

$$t' = \frac{\overline{X}_1 - \overline{X}_2}{\sqrt{\dfrac{S_1^2}{n_1} + \dfrac{S_2^2}{n_2}}} \tag{6-36}$$

自由度按下式调整。

$$v = \frac{(S_{\overline{X}_1}^2 + S_{\overline{X}_2}^2)^2}{\dfrac{S_{\overline{X}_1}^4}{n_1 - 1} + \dfrac{S_{\overline{X}_2}^4}{n_2 - 1}} \tag{6-37}$$

第四节　方差分析

两组数值变量资料比较的假设检验，常用的检验方法为 t 检验，但多组资料进行比较时，则不宜用 t 检验（增大犯 I 型错误的概率），可使用方差分析（analysis of variance，ANOVA）（须满足应用条件）。方差分析又称变异数分析，是由著名统计学家 R. A. Fisher 建立的，也称 F 检验。方差分析可用于两个或多个样本均数的比较，也可用于分析多个因素的影响及其交互作用，还可用于回归方程的假设检验等，是统计推断中最常用的假设检验方法之一。

一、方差分析的基本思想

下面通过一个实例说明方差分析的基本思想。

例 6-20 某医师以 46 例老年代谢综合征患者为研究对象,按体重指数(BMI)大小分为正常及偏瘦组(BMI < 24 kg/m²)13 例,超重组(24 kg/m² ≤ BMI < 28 kg/m²)18 例,肥胖组(BMI ≥ 28 kg/m²)15 例,分别测定血清 C 反应蛋白(CRP,mg/L),结果见表 6-11,问三组老年代谢综合征患者血清 CRP 含量总体均数是否不同?

表 6-11 三组老年代谢综合征患者血清 CRP(mg/L)的比较

	正常及偏瘦组	超重组	肥胖组	
X_{ij}	6.47	8.01	11.75	
	5.17	8.39	9.55	
	4.97	6.19	10.54	
	10.01	7.42	10.09	
	6.71	10.71	8.51	
	5.78	9.46	9.77	
	6.94	9.32	11.83	
	6.50	8.81	10.01	
	5.05	8.00	9.69	
	4.94	10.16	10.76	
	5.92	8.56	9.15	
	9.27	9.78	9.82	
	6.34	10.02	11.16	
		8.60	9.91	
		8.51	10.51	
		9.42		
		7.91		
		8.79		
$\sum_j X_{ij}$	84.07	158.06	153.05	395.18 ($\sum X$)
n_i	13	18	15	46 (N)
$\bar{X}_i$	6.47	8.78	10.20	8.59 ($\bar{X}$)
$\sum_j X_{ij}^2$	573.42	1 408.10	1 573.23	3 554.74 ($\sum X^2$)

从表 6-11 可以看出,46 例老年代谢综合征患者血清 CRP 水平有高有低,不同观察单位间存在变异,这是因为影响血清 CRP 水平的各种因素在个体间存在差异。从观察值大小来看,一方面,三组患者血清 CRP 水平存在一定差异,以肥胖组最高($\bar{X}_i$ = 10.20 mg/L),超重组次之($\bar{X}_i$ = 8.78 mg/L),正常及偏瘦组最低($\bar{X}_i$ = 6.47 mg/L),提示血清 CRP 水平可能与 BMI 大小有一定关

系。另一方面，即使是同一组内的患者，BMI 相同或很接近，但血清 CRP 水平仍存在比较明显的差异。这是因为 BMI 并非影响血清 CRP 水平的唯一因素，其他一些因素也对血清 CRP 水平有影响。我们可以把影响血清 CRP 水平的各种内外因素分成两个部分，一是分组因素，即 BMI，称为处理因素；二是除分组因素之外的其他因素，统称为个体差异因素及在测量中的随机误差。

方差分析的基本思想就是根据不同的研究设计将观察值的总变异分成若干个部分，然后将各影响因素产生的变异与随机误差进行比较，从而来推断各组间的差异是否是由抽样的偶然性所致。例 6-20 属于完全随机设计，可以把所有观察值的总变异分解为两部分：组内变异与组间变异。其中组内变异大小受个体差异因素及测量中的随机误差的影响，而组间变异则既受个体差异因素及随机测量误差的影响，又受处理因素的影响。因此，理论上组间变异应大于或等于组内变异。

方差是反映数值变量资料平均变异程度大小的指标，也称均方（mean square，MS）。方差分析的检验统计量（F）为组间均方与组内均方的比值，理论上 $F \geq 1$。如果组间均方与组内均方相差不大，F 值就等于或接近 1，提示所观察到的组间差异可能仅仅是抽样误差所致。如果组间均方显著大于组内均方，F 值就会大于 1，如果超出了与所定检验水准相应的 F 界值，说明所观察到的组间差异仅仅是抽样误差所致可能性很小，即处理因素对该随机变量有影响。

方差分析的应用条件：各样本均是来自正态总体的相互独立的随机样本，且各总体方差相等。如果不符合上述条件，可尝试进行数据转换，看是否能满足方差分析的应用条件，如果仍不能满足，可改用非参数检验方法。

二、完全随机设计多个样本均数比较的方差分析

完全随机设计的多个样本均数比较时采用单因素方差分析（one-way ANOVA）。将总变异分为组内变异和组间变异，然后比较两部分变异大小，从而作出统计推断。

总变异用所有观察值与总的平均数的离均差平方和表示，即

$$SS_{总} = \sum_i \sum_j (X_{ij} - \overline{X})^2 \tag{6-38}$$

其自由度为：$v_{总} = N - 1$。

组间变异用各组的均数 $\overline{X}_i$ 与总均数 $\overline{X}$ 的离均差平方和来表示，即

$$SS_{组间} = \sum n_i (\overline{X}_i - \overline{X})^2 \tag{6-39}$$

其自由度为：$v_{组间} = k - 1$（式中 k 为组数）。

组内变异用每个组内各观察值 X_{ij} 与该组均数 $\overline{X}_i$ 的离均差平方和来表示，即

$$SS_{组内} = \sum_i \sum_j (X_{ij} - \overline{X}_i)^2 \tag{6-40}$$

其自由度为：$v_{组内} = N - k$。

总变异、组内变异和组间变异三者之间的关系为：$SS_{总} = SS_{组间} + SS_{组内}$。

其自由度的关系为：$v_{总} = v_{组间} + v_{组内}$。

为了计算简便，在计算出 $SS_{总}$ 和 $SS_{组间}$ 之后，$SS_{组内} = SS_{总} - SS_{组间}$。

F 值即组间均方与组内均方的比值。均方即方差，也就是离均差的平方和除以自由度。组间均方 $MS_{组间} = SS_{组间}/(k-1)$，组内均方 $MS_{组内} = SS_{组内}/(N-k)$。F 值的计算公式：

$$F = \frac{MS_{组间}}{MS_{组内}} \quad (6-41)$$

例 6-20 方差分析步骤如下。

（1）建立检验假设，确定检验水准。

H_0：$\mu_1 = \mu_2 = \mu_3$

H_1：μ_1、μ_2、μ_3 不等或不全相等

$\alpha = 0.05$

（2）计算假设检验统计量。SPSS 给出方差分析结果见表 6-12。

表 6-12　三组老年代谢综合征患者血清 CRP 含量比较的方差分析结果

变异来源	SS	v	MS	F	P
组间	98.297	2	49.148	34.361	< 0.001
组内	61.506	43	1.430		
总	159.803	45			

（3）确定 P 值，作出推断。本例 $F = 34.361$，$P < 0.001$，差别有统计学意义，按 $\alpha = 0.05$ 的检验水准拒绝 H_0，接受 H_1，可认为三组老年代谢综合征患者血清 CRP 含量总体均数不同。需要注意的是，此时的备择假设 H_1 为各组总体均数不相等或不全相等，此推断结论表明三个总体均数中至少有两个不相等。要进一步说明三个总体均数到底是都不相等，还是有些相等有些不等，需要进一步做两两比较。

> 基础链接 6-12
> SPSS 软件演示完全随机设计资料的方差分析

三、随机区组设计资料方差分析

随机区组设计又称配伍组设计，也是在医学研究中比较常见的一种实验设计，原理等同于配对设计，只是其组数 > 2。首先将研究对象按照配伍因素分成若干个区组（block），每个区组的研究对象数与处理组数（k）相等（或为 k 的正整数倍），再把各区组的 k 个研究对象随机分配到各处理组中。

（一）随机区组设计资料方差分析的基本思想

随机区组设计的目的是提高各处理组间的可比性，消除一些混杂因素对实验结果的影响。

例 6-21　为评价某中药复方制剂的降糖效果，将 30 只 2 型糖尿病模型大鼠（以空腹血糖 ≥ 11 mmol/L 为造模成功标准）按空腹血糖值大小分成 10 个区组，每个区组 3 只动物随机分配到正常饲料组、罗格列酮组和复方制剂组，4 周后再次测量空腹血糖，计算空腹血糖下降值（mmol/L），结果见表 6-13。根据该结果能否推断饲料和药物降糖效果有差别？

表 6-13　三组大鼠空腹血糖下降值（mmol/L）比较

区组	正常饲料组	罗格列酮组	复方制剂组	$\sum_j X_{ij}$
1	-1.2	2.7	2.5	4.0
2	1.9	-1.0	1.7	2.6

续表

区组	正常饲料组	罗格列酮组	复方制剂组	$\sum_j X_{ij}$
3	1.7	3.1	3.7	8.5
4	2.7	5.3	6.2	14.2
5	2.5	5.6	5.4	13.5
6	1.5	4.5	7.5	13.5
7	2.7	5.7	6.3	14.7
8	4.3	6.8	6.2	17.3
9	2.8	6.5	7.0	16.3
10	3.7	3.4	6.7	13.8
$\sum_j X_{ij}$	22.6	42.6	53.2	118.4 ($\sum X$)
$\overline{X}_i$	2.3	4.3	5.3	3.9 ($\overline{X}$)
$\sum_j X_{ij}^2$	71.04	230.14	318.70	619.88 ($\sum X^2$)

例 6-21 是评价正常饲料、罗格列酮和中药复方制剂对 2 型糖尿病模型大鼠的降糖效果，考虑到干预前大鼠的血糖水平（即疾病严重程度）可能对降糖效果有影响，故按照干预前空腹血糖高低分成 10 个区组，同一区组内 3 只大鼠空腹血糖水平很接近，从而保证了 3 个处理组间干预前的血糖水平一致。

随机区组设计资料方差分析的基本思想是将总变异分成处理组间、区组间和误差三个部分，各部分离均差平方和（SS）的关系为：$SS_{总} = SS_{处理} + SS_{区组} + SS_{误差}$，然后将各影响因素产生的变异与随机误差进行比较，从而来推断各组间的差异是否由抽样的偶然性所致。随机区组设计资料的方差分析实际上是在完全随机设计资料方差分析的基础上，将组内变异分成区组间变异和误差两部分，也就是从影响所研究的随机变量的个体差异因素中分出一个区组因素，使各处理组在区组因素（即混杂因素）上保持一致。

（二）随机区组设计资料方差分析的基本步骤

随机区组设计资料方差分析的基本步骤与计算方法与前述完全随机设计多个样本均数比较的方差分析基本相同。

$$SS_{总} = \sum_i \sum_j (X_{ij} - \overline{X})^2, \quad v_{总} = N - 1$$

$$SS_{处理} = \sum_i n (\overline{X}_i - \overline{X})^2, \quad v_{处理} = k - 1$$

$$SS_{区组} = \sum_j k (\overline{X}_j - \overline{X})^2, \quad v_{区组} = n - 1$$

$$SS_{误差} = SS_{总} - SS_{处理} - SS_{区组}$$

各部分自由度（v）的关系：$v_{总} = v_{处理} + v_{区组} + v_{误差}$

处理组间均方：$MS_{处理} = SS_{处理}/v_{处理} = SS_{处理}/(k-1)$

区组间均方：$MS_{区组} = SS_{区组}/v_{区组} = SS_{区组}/(n-1)$

误差均方：$MS_{误差} = SS_{误差}/v_{误差} = SS_{误差}/(N-k-n+1)$

处理组间比较 F 值：$F = MS_{处理}/MS_{误差}$

区组间比较 F 值：$F = MS_{区组}/MS_{误差}$

SPSS 给出结果见表 6-14。

表 6-14 三组大鼠空腹血糖下降值比较的方差分析结果

变异来源	SS	v	MS	F	P
处理组间	48.29	2	24.15	15.880	<0.001
区组间	76.94	9	8.55	5.622	0.001
误差	27.37	18	1.52		
总	619.88	29			

本例按 $\alpha = 0.05$ 水准，不同处理组间及不同区组间的差异均有统计学意义，可以认为三组降血糖效果有差别。至于正常饲料组、罗格列酮组和复方制剂组空腹血糖下降值的总体均数究竟是全都不同，还是有些相同有些不同，这还需要做多重比较才可下结论。

需要说明的是，各区组间空腹血糖下降值的差别有统计学意义本是意料之中的，正是因为研究者已知干预前血糖水平对降血糖效果有影响才将其作为混杂因素加以控制，即使分析结果为各区组间的差别无统计学意义，也只是说明区组因素（干预前血糖水平）对降血糖效果影响不大，也就是说在设计时选择的区组因素不当，但不影响对不同处理组降血糖效果的评价结论。

> 基础链接 6-13
> SPSS 软件演示随机区组设计资料的方差分析

四、多个样本均数间的多重比较

多重比较（multiple comparison）又称两两比较。多个样本均数间的多重比较，不能采用前述的 t 检验方法对每两组间分别做比较，而要采用专门用于多重比较的假设检验方法，否则会使犯 Ⅰ 型错误的概率增大。例如，4 个样本均数的两两比较，共需要比较 6 次，若每次比较的检验水准 $\alpha = 0.05$，则每次比较不犯 Ⅰ 型错误的概率为 $(1-0.05)$，那么 6 次比较均不犯 Ⅰ 型错误的概率为 $(1-0.05)^6 = 0.74$，而犯 Ⅰ 型错误的概率（相当于总的检验水准）为 $\alpha = 1 - 0.74 = 0.26$，远大于原定的 $\alpha = 0.05$，有可能把本来无差别的两个总体均数判断为差别有统计学意义。

多重比较可分为两种情况。第一种是在研究设计阶段未预先考虑，经数据结果的提示后才决定的多个样本均数间的两两比较，常见于探索性研究，这种情况下需要对每两个均数之间进行比较；第二种是在设计阶段根据研究目的或专业知识而决定的某些均数间的两两比较，常见于事先有明确假设的证实性研究，如多个处理组与对照组的比较，处理后不同时间与处理前的比较等。两种情况下适用的统计方法不尽相同。

（一）多个样本均数间的两两比较

常用方法有 SNK（Student-Newman-Keuls）法、Bonferroni 法、Sidak 法等。SNK 法又称 SNK-q 检验，是最常用的两两比较方法之一。检验统计量 q 的计算公式为：

$$q = \frac{\bar{X}_A - \bar{X}_B}{\sqrt{\dfrac{MS_{误差}}{2}\left(\dfrac{1}{n_A} + \dfrac{1}{n_B}\right)}} \tag{6-42}$$

式中 $\bar{X}_A$、$\bar{X}_B$ 为两个对比组的样本均数。$MS_{误差}$ 为方差分析中算得的误差均方（或组内均方），n_A 和 n_B 分别为两对比组的样本例数。q 检验的具体步骤此处从略，现在一般采用统计软件计算。对于例6-20资料采用SPSS软件用SNK法做两两比较结果见表6-15。结果表明按 $\alpha = 0.05$ 水准，三组患者每两组间血清CRP的差异均有统计学意义。

表6-15　三组老年代谢综合征患者血清CRP（mg/L）两两比较结果

组别	N	$\alpha = 0.05$		
		1	2	3
正常及偏瘦组	13	6.466 9		
超重组	18		8.781 1	
肥胖组	15			10.203 3

（二）多个实验组与一个对照组均数间的比较

常用方法有最小显著差法、Dunnett-t 检验、Bonferroni 法、Sidak 法等。

最小显著差法（least significant difference，LSD）又称 LSD-t 检验。

$$t = \frac{\bar{X}_A - \bar{X}_B}{\sqrt{MS_{误差}\left(\frac{1}{n_A} + \frac{1}{n_B}\right)}}, \quad v = v_{误差} \qquad (6-43)$$

LSD-t 检验也可用于多组间的两两比较，Dunnett-t 检验则是专用于多个实验组与一个对照组的比较。利用SPSS软件对例6-21资料采用LSD-t 检验和 Dunnett-t 检验进行多重比较的结果见表6-16。

表6-16　三组大鼠空腹血糖下降值（mmol/L）多重比较结果

多重比较方法	（I）组别	（J）组别	均数差	标准误	P	均数差 95% CI	
						下限	上限
LSD-t	正常饲料	罗格列酮	−2.000	0.5515	0.002	−3.159	−0.841
		复方制剂	−3.060	0.5515	<0.001	−4.219	−1.901
	罗格列酮	正常饲料	2.000	0.5515	0.002	0.841	3.159
		复方制剂	−1.060	0.5515	0.071	−2.219	0.099
	复方制剂	正常饲料	3.060	0.5515	<0.001	1.901	4.219
		罗格列酮	1.060	0.5515	0.071	−0.099	2.219
Dunnett-t	罗格列酮	正常饲料	2.000	0.5515	0.004	0.677	3.323
	复方制剂	正常饲料	3.060	0.5515	<0.001	1.737	4.383

LSD-t 检验法结果显示，罗格列酮组和复方制剂组与正常饲料组间的差异均有统计学意义，而罗格列酮组与复方制剂组间的差别无统计学意义。Dunnett-t 检验结果表明罗格列酮组和复方制剂组与正常饲料组间的差异均有统计学意义。

（王永斌）

复习思考题

1. 简述编制频数分布表的作用。
2. 简述标准差的应用。
3. 简述假设检验的基本步骤。
4. 概述 t 分布图形的特征。
5. 简述假设检验中两类错误的关系及其控制方法。
6. 如何正确理解和解释假设检验结论?
7. 简述随机区组设计多个均数比较方差分析的基本思想。
8. 简述百分位数的计算公式 $P_x = L + \dfrac{i}{f_x}(n \cdot x\% - \sum f_L)$ 中各字母代表的含义。

网上更多……

本章小结　　开放性讨论　　自测题　　教学 PPT　　微课

第七章
分类变量资料的统计分析

关键词

相对数　　　率　　　　　构成比　　　相对比
标准化率　　率的抽样误差　率的标准误　总体率的区间估计
χ^2 检验

在医学科学研究过程中，研究者在收集资料时按照事物的属性、类别或特征进行分组所获得的相关数据，称为分类变量资料。分类变量资料常规的数据形式是绝对数，如某种疾病的发病人数、死亡人数，某种药物治疗某种疾病的有效人数、生存人数等，此时绝对数通常不具有可比性，需要计算相对数指标。最常用的相对数指标有率、构成比、相对比。在进行两组或多组率或构成比的比较时，不仅要考虑因内部构成不同而导致不具有可比性的问题，还要考虑比较时资料是否满足应用条件。

知识导图

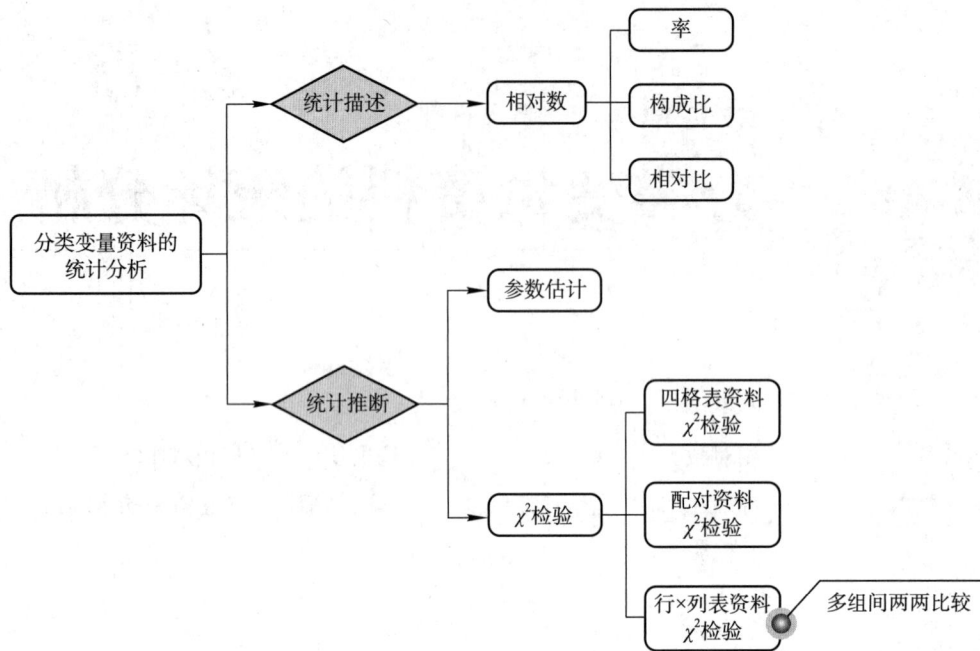

第一节 分类变量资料的统计描述

对分类变量资料进行统计描述的一般步骤，是先对观察测量得到的变量值（即观察值）进行分类汇总（即"计数"）得到分类资料频数分布表（属于绝对数指标），再在此基础上计算相对数指标（即两个指标之比）才能对分类变量资料进行正确的描述。

一、常用的相对数

分类变量资料常规的数据形式是绝对数，如某种疾病的发病人数、死亡人数，某种药物治疗某种疾病的有效人数、生存人数等。其表述为绝对数，通常不具有可比性。例如，某疾病预防控制中心调查某市甲、乙两社区18岁以上居民高血压患病情况，调查结果显示，甲社区居民有3 250人，高血压患病人数为625人，乙社区居民有2 240人，高血压患病人数为565人，甲社区患病人数比乙社区多60人，由此得出甲社区高血压患病情况比乙社区严重的结论，该结论是错误的。若要比较甲、乙两社区居民高血压患病情况，须计算高血压患病率后再进行比较。

$$甲社区高血压患病率 = \frac{625}{3\,250} \times 100\% = 19.23\%$$

$$乙社区高血压患病率 = \frac{565}{2\,240} \times 100\% = 25.22\%$$

由此可见，乙社区居民高血压患病率情况较甲社区严重。这种由患病人数与平均人口数计算出来的患病率就是相对数。相对数（relative number）是两个有联系的数值或指标之比，用以说明事物的相对关系，便于进一步对比分析。医学研究中常用的相对数有率、构成比和相对比。

（一）率

率（rate）为频率（强度）指标，表示在一定范围内某现象的发生数与可能发生的总数之比，用以说明某现象发生的频率或强度。常用百分率（%）、千分率（‰）、万分率（1/万）、十万分率（1/10万）等表示。计算公式为：

$$率 = \frac{实际发生某现象的观察单位数}{可能发生某现象的观察单位总数} \times K \tag{7-1}$$

式中K为比例基数，可以是100%、1 000‰、10 000/万、100 000/10万等。例如，某病患病率常用百分率或千分率，婴儿死亡率常用千分率，肿瘤死亡率常用十万分率等。比例基数的选择主要依据习惯用法或使计算结果保留一位或二位整数，以便阅读。

例7-1 欲了解2020年某镇甲、乙两地农村居民蛲虫感染情况，抽取甲、乙两地居民进行检测。数据显示甲地检测2 500人中蛲虫感染者150人，乙地检测2 000人中蛲虫感染100人。根据式7-1可得：

$$甲地蛲虫感染率 = \frac{150}{2\,500} \times 100\% = 6.00\%$$

$$乙地蛲虫感染率 = \frac{100}{2\,000} \times 100\% = 5.00\%$$

在使用率的过程中,注意其有以下两个特点:①一般合计率或总率不等于100%。②某一部分的分率改变不影响其他分率的变化。

率在医疗卫生工作和医学科学研究的分析中应用非常广泛,如发病率、患病率、死亡率、病死率、感染病、续发率、治愈率、生存率等。

(二)构成比

构成比(proportion)为构成指标,用来说明某一事物内部各组成部分所占的比重或分布。常以百分数表示,计算公式为:

$$构成比 = \frac{事物内部某一组成部分的观察单位数}{同一事物内部各组成部分观察单位总数} \times 100\% \quad (7-2)$$

构成比常用来表示疾病(或死亡)的顺位、位次或所占比重,并不能表示其发生频率或严重程度,在应用中需注意与率的区别。

例7-2 某医院2015年和2020年肺癌不同期别的死亡人数见表7-1,2015年四个期别因病死亡的人数共138例,其中Ⅰ期死亡24人,Ⅰ期死亡人数占四个期别死亡人数的构成比为(24/138)×100% = 17.39%。同理可分别计算出2015年Ⅱ期、Ⅲ期、Ⅳ期和2020年Ⅰ期、Ⅱ期、Ⅲ期、Ⅳ期死亡人数的构成比,结果见表7-1。

表7-1 某医院2015年与2020年肺癌不同期别患者死亡情况及构成比

期别	2015年		2020年	
	死亡人数	构成比(%)	死亡人数	构成比(%)
Ⅰ期	24	17.39	15	11.54
Ⅱ期	30	21.74	24	18.46
Ⅲ期	36	26.09	41	31.54
Ⅳ期	48	34.78	50	38.46
合计	138	100.00	130	100.00

由表7-1可以看出该医院2015年和2020年肺癌四个期别患者死亡人数构成比有所不同,无论是2015年还是2020年,该医院Ⅳ期患者在四个期别死亡人数中所占比重最大,其次为Ⅲ期、Ⅱ期患者,Ⅰ期患者死亡人数所占比重最小。

通过表7-1可见,构成比具有以下两个特点:①同一事物内部各组成部分的构成比之和为100%或1。②事物内部各构成部分之间是相互影响的,若某一部分的构成比发生变化,其他部分的构成比也相应地发生变化,存在着此消彼长的关系。

构成比在医疗卫生工作和医学科学研究的分析中应用非常广泛,主要用于描述某一事物内部各个部分所占比重的大小,如描述人群的年龄构成、血型构成、疾病病种或病情构成等。

(三)相对比

相对比(relative ratio)是指两个有关指标之比,用以说明一个指标是另一个指标的几倍或几分之几。两个指标可以是绝对数、相对数或平均数；可以性质相同，如不同年份某地某病死亡率之比；也可以性质不同，如某医院医护人员数与病床数之比。计算公式为：

$$相对比 = \frac{甲指标}{乙指标}（或 \times 100\%） \quad (7-3)$$

例 7-3 云南某地某年龄组男性吸烟和非吸烟的肺癌死亡资料如下：吸烟组肺癌死亡率为 245.6/10 万，非吸烟组肺癌死亡率为 115.8/10 万，试计算相对比。

$$相对比 = \frac{245.6}{115.8} = 2.12$$

表明男性吸烟者肺癌的死亡率是不吸烟者死亡率的 2.12 倍。

在使用相对比的过程中，注意其有以下两个特点：①甲、乙两个指标的性质可相同也可不同。②甲、乙两个指标可以是绝对数、相对数或平均数。

相对比在医疗卫生工作和医学科学研究的分析中应用也非常广泛，如性别比、人口密度、医生/护士床位比等。

二、应用相对数应注意的问题

1. **计算相对数时分母不宜过小** 如果样本例数过少，偶然性大，计算的相对数不稳定，很容易造成较大误差。在观察例数较少时，最好直接用绝对数表示。如"5 例中 4 例有效"，而不应写成有效率为 80.0%。

2. **分析时不能以构成比代替率** 构成比说明事物内部各部分所占的比重，率则说明某现象发生的频率或强度。在资料分析中，常见的错误是以构成比代替率。例如，表 7-2 为 2020 年某地区不同年龄组恶性肿瘤死亡情况。从第（4）列各年龄组恶性肿瘤死亡构成比看，40～岁组的比重最高（43.28%），若据此认为 40～岁组的恶性肿瘤死亡情况最为严重，则犯了以构成比代替率的错误。40～岁组构成比大，说明 2020 年该地区恶性肿瘤死亡人口中，属于该年龄组的人较多，并不说明 40～岁组的恶性肿瘤死亡发生频率高，因为不能排除由于该地 40～岁组的平均人口较多造成恶性肿瘤死亡的人数也较多的可能性。只有通过第（5）列的各年龄组恶性肿瘤死亡率，才能反映各年龄组恶性肿瘤死亡水平。从第（5）列可知，该地 2020 年 60～岁组恶性肿瘤死亡率最高。

表 7-2 2020 年某地区不同年龄组恶性肿瘤死亡情况

年龄（岁）(1)	平均人口数(2)	恶性肿瘤死亡人数(3)	死亡构成比（%）(4)	死亡率（1/10 万）(5)
0～	112 994	6	4.48	5.31
20～	56 022	16	11.94	28.56
40～	34 900	58	43.28	166.19
60～	13 760	54	40.30	392.44
合计	217 676	134	100.00	61.56

3. **正确计算合计率** 对观察单位数不等的几个率计算合计率或平均率时，不能简单地把各组率相加求其平均值而得。而应分别将分子和分母合计求出合计率或平均率。如某高校第一附属医

院激光治疗近视 248 人,有效 237 人,有效率 95.56%;第二附属医院激光治疗 220 人,有效 189 人,有效率 85.91%,则两所附属医院合计的有效率不能等于(95.56% + 85.91%)/2 = 90.74%,应该为(237 + 189)/(248 + 220)×100% = 91.03%。

4. 相对数相互比较时应注意可比性 应用相对数对比分析,尤其两个率或多个率(或构成比)进行比较时,要充分考虑资料是否具有可比性。所谓可比性,通常是指两个指标的同质范围、内容、时间、条件和方法等方面的齐同性。影响相对数的因素很多,一般要求除了被研究的因素之外,其余可能影响指标的重要因素应基本相同或相近。通常应注意以下几点。

(1)研究对象是否同质,研究方法、观察时间、种族、地区、环境及经济水平等客观条件是否一致或相近。

(2)其他影响因素在各组的内部构成是否相同。若比较两组的死亡率,要考虑两组的性别、年龄构成是否可比;若比较两组的治愈率,要考虑两组的年龄、性别、病情、病程的构成是否相同。若内部构成不同,可分别比较性别、年龄的率或者对率进行标准化。

(3)同一地区不同时期资料的对比,应注意客观条件有无变化。如不同时期某疾病的发病率资料对比,应注意不同时期疾病登记报告制度完善程度、就诊率及诊断水平的变化。

5. 样本率或构成比比较时应作假设检验 由于样本率或构成比也存在抽样误差,因此不能凭数值表面大小作结论,应进行样本率或构成比差别比较的假设检验。

三、率的标准化法

(一)率的标准化法的意义和基本思想

在比较两组或两组以上资料的合计率指标时,应注意各组资料的内部构成是否存在差别,以免影响结果的正确分析和处理。若其内部各组率明显不同,且各小组观察例数的构成比,如年龄、性别、工龄、病情轻重、病程长短等也明显不同时,直接比较两个合计率是不合理的,因为其内部构成不同,往往影响合计率大小。为此,欲要进行两组或两组以上合计率之间的比较,如果各组的内部构成有所不同时,应先进行标准化。

例 7-4 欲研究 2020 年甲、乙两地区高血压患病情况,调查了 35 岁以上不同年龄段的人群的调查人数和患病人数,结果见表 7-3。试对甲、乙两地区的高血压患病情况进行比较,并得出正确结论。

表 7-3 2020 年甲、乙两地区的高血压患病情况

年龄(岁)	甲地			乙地		
	检查人数	患病人数	患病率(%)	检查人数	患病人数	患病率(%)
35 ~	189	12	6.35	698	47	6.73
45 ~	262	20	7.63	394	33	8.38
55 ~	380	37	9.74	267	27	10.11
65 ~	663	90	13.57	169	25	14.79
合计	1 494	159	10.64	1 528	132	8.64

由表 7-3 的资料可见,甲地区高血压患病率为 10.64%,乙地区高血压患病率为 8.64%。依据数字看来,甲地高血压患病率似乎高于乙地,但是这样的结论并不稳妥,因为甲地各年龄段的

高血压患病率均比乙地低。在甲、乙两地调查总人数相当的情况下，由于调查人数在各年龄段的分布构成不同，最终导致了甲地高血压患病率高于乙地的假象，因此得出了甲地高血压患病率高于乙地的错误结论。为消除人口年龄构成等其他因素的影响，进而正确地比较甲、乙两地高血压的合计患病率，首先须将两组检查人数年龄构成按照统一标准进行调整，然后计算调整后的标准化患病率进行比较，才能得到正确的结论。

标准化法（standardization method）的基本思想：在内部构成不同的两个或两个以上的合计率进行比较时，采用统一的标准消除内部构成不同带来的影响，对各组率进行调整和对比的方法。标准化处理的目的是统一内部构成，使资料具有可比性，经统一标准计算得到的率称为标准化率（standardized rate），简称为标化率。

（二）标准化率的计算

常用的标准化率的计算方法有直接法和间接法。根据现有资料提供的条件，采用适当的方法计算标准化率。

1. 标准人口的选择　选择标准人口的方法有三种。

（1）选择有代表性的、内部构成相对稳定的、数量较大的人群作为标准。例如全国的、全省的、本地区的或本单位历年来积累的数据作为标准。此方法适用于直接法与间接法。

（2）将比较的两组资料内部各相应组别的观察单位数之和作为共同的标准。如表7-3资料，可将甲、乙两地相应的各年龄组检查人口数相加作为共同标准。此方法适用于直接法。

（3）选择比较的两组资料中任一组资料的观察单位数作为标准。如表7-3资料可选择甲地（或乙地）的各年龄组检查人数作为共同标准。此方法适用于直接法。

2. 标准化率的计算方法　直接法适用于两组资料中，某事件发生率的相互比较。直接标准化率就是利用标准人口构成与实际人群年龄别率求得的调整率。直接法计算标准化率需要具备如下两个条件：①已知两组资料的各组别的观察单位数或内部构成，如标准人群的年龄别人口数或构成比。②已知各组别相应的该事件的发生率，如人群的年龄别死亡率。

（1）已知标准组的年龄别人口数。标准化率 p' 的计算公式为：

$$p'=\frac{\sum N_i P_i}{N} \qquad (7-4)$$

例7-5　对表7-3资料，以甲、乙两地年龄别高血压受检合计人数作为共同的标准，计算标准化率，结果见表7-4。

表7-4　应用标准人口数计算某年甲、乙两地标准化高血压患病率

年龄 （岁） （1）	标准组 检查人数 N_i （2）	甲地		乙地	
		原患病率（‰） P_i （3）	预期患病人数 N_iP_i （4）=（2）×（3）	原患病率（‰） P_i （5）	预期患病人数 N_iP_i （6）=（2）×（5）
35~	887	6.35	56	6.73	60
45~	656	7.63	50	8.38	55
55~	647	9.74	63	10.11	65
65~	832	13.57	113	14.79	123
合计	3 022		282		303

1)计算预期发生数:预期发生数是指标准人口中,可能发生发病、死亡、治愈、有效或生存等事件或现象的例数。

$$预期发生数(N_iP_i) = 标准人口数(N_i) \times 原发生率(P_i) \quad (7-5)$$

如表7-4资料,将合并后的各年龄别标准组检查人数[第(2)栏]与两地高血压原患病率相乘,计算得到的乘积便是甲、乙两地不同年龄别的预期患病人数。如甲地"35~岁"组预期患者数 = 887 × 6.35% = 56,其余各组依此类推。

2)计算标准化率

$$标准化率(p') = \frac{预期发生总数(\sum N_iP_i)}{标准人口总数(N_i)} \times K \quad (7-6)$$

式7-6实际上是式7-5在实际应用过程中标准化率内涵的进一步拓展和延伸,两个公式等价。式中 K 为比例基数,可为100%、1 000‰、10 000/万、100 000/10万等。

例7-5中,按式7-6计算得到甲、乙两地的高血压标准化患病率:

$$甲地标准化患病率 = \frac{282}{3\ 022} \times 100\% = 9.33\%$$

$$乙地标准化患病率 = \frac{303}{3\ 022} \times 100\% = 10.03\%$$

可见,经标准化后,甲地高血压患病率比乙地低,与甲、乙两地各年龄别患病率的对比结果一致。

(2)已知标准组的年龄别构成比。标准化率 p' 的计算公式为:

$$p' = \sum \left(\frac{N_i}{N}\right) P_i \quad (7-7)$$

例7-6 仍以表7-4资料为例,求甲、乙两地标准化的高血压患病率。

标准化率的计算也可以采用"标准组人口构成比"作为标准,如表7-5第(2)栏。表7-5第(4)栏和第(6)栏为两地各年龄组的分配患病率,即标准化率。

表7-5 应用标准组人口构成比计算某年甲、乙两地标准化高血压患病率

年龄组 (岁) (1)	标准组人口 构成比 (2)	甲地		乙地	
		原患病率(%) (3)	分配患病率(%) (4)=(2)×(3)	原患病率(%) (5)	分配患病率(%) (6)=(2)×(5)
35~	0.29	6.35	1.84	6.73	1.95
45~	0.22	7.63	1.68	8.38	1.84
55~	0.21	9.74	2.05	10.11	2.12
65~	0.28	13.57	3.80	14.79	4.14
合计	1.00		9.37		10.05

1)计算分配发生率:分配发生率是指标准人口中,可能发生发病、死亡、治愈、有效或生存等事件的频率或强度。

$$分配发生率(N_iP_i/N) = 标准人口构成(N_i/N) \times 原发生率(P_i) \quad (7-8)$$

如表7-5资料,将各年龄组的标准组人口构成比乘以相应年龄组的高血压患病率,可得出甲、乙两地各年龄组的分配高血压患病率,如甲地"35~岁"组的分配患病率,即第(2)栏和

第（3）栏的乘积 0.29×6.35%=1.84%，同理，依次可以得到甲、乙两地各年龄组的分配患病率。

2）计算标准化率：将甲、乙两地各年龄组分配高血压患病率相加，便可以得到甲、乙两地的标准化高血压患病率，按式 7-7，结合表 7-5 的数据，计算结果如下：

甲地标准化高血压患病率 =（1.84+1.68+2.05+3.80）%=9.37%

乙地标准化高血压患病率 =（1.95+1.84+2.12+4.14）%=10.05%

经过标准化率的计算，甲、乙两地标准化高血压患病率分别为 9.37% 和 10.05%，与采用标准人口数计算得到的结论大体一致。

3. 应用标准化法时的注意事项

（1）标准化的目的是在两个（或多个）合计率比较时，采用统一标准以消除内部构成不同的影响。

（2）计算资料标准化率时各比较组应选用同一标准。选用的标准不同，算得的标准化率也不同。标准化率只反映资料的相对水平，不代表实际水平，仅在比较时使用。原率才能反映某时某地某现象的实际水平。

（3）当两组资料各分组率有明显交叉时，则不能用标准化率进行比较，此时应分别比较各分组率。

（4）样本标准化率同样存在抽样误差，若要进行比较，应进行假设检验。

第二节　分类变量资料的统计推断

样本率（或构成比）也存在抽样误差，通过估计抽样误差的大小可以推断总体率（或构成比），若比较总体率（或构成比）有无差异，需经统计学的假设检验才能得出结论。

一、率的抽样误差与标准误

在抽样研究中，率和均数一样，也存在抽样误差。例如，为了解某地中小学生蛔虫感染情况，随机抽取 1 000 名中小学生的粪便检查，结果发现蛔虫感染者 350 名，蛔虫感染率 35.0%。这一感染率只是一个样本率（p）。当地所有中小学生的蛔虫感染率是总体率（π），而样本率往往不一定恰好等于总体率。这种由抽样造成的样本率和总体率之间及样本率之间的差别，称为率的抽样误差。率的抽样误差可用率的标准误（standard error of rate）表示，其计算公式为：

$$\sigma_p = \sqrt{\frac{p(1-p)}{n}} \tag{7-9}$$

式中，σ_p 为率的标准误，π 为总体率，n 为样本量。实际工作中，π 往往未知，常用样本率 p 来代替，即：

$$S_p = \sqrt{\frac{p(1-p)}{n}} \tag{7-10}$$

式中，S_p 为率的标准误的估计值，p 为样本率。

例 7-7　某地随机抽取 12 岁儿童 200 名，做视力低下发生情况的调查，结果视力低下发生 130 人，发生率为 65.0%，试计算其标准误。

本例 $n=200$，$p=65.0\%$。

$$S_p = \sqrt{\frac{0.650 \times (1-0.650)}{200}} = 0.0337 = 3.37\%$$

率的标准误是描述率的抽样误差大小的指标。率的标准误小，说明抽样误差小，表示样本率与总体率较接近，用样本率代表总体率的可靠性大；反之，率的标准误大，说明抽样误差大，表示样本率与总体率相距较远，用样本率代表总体率的可靠性小。

二、总体率的区间估计

总体率估计包括点值估计和区间估计，点值估计是用样本率来估计总体率，区间估计是按一定概率来估计总体率所在的范围，即估计总体率的可信区间。根据 n 和 p 的大小，可采取下列两种方法。

1. 正态近似法 当样本量 n 足够大，样本率 p 或 $1-p$ 均不太小时，如 np 和 $n(1-p)$ 均大于 5，样本率的分布近似正态分布，可按正态分布的理论来估计总体率的可信区间。计算公式为：

$$\text{总体率的 95\% 可信区间}：(p - 1.96 S_p,\ p + 1.96 S_p) \tag{7-11}$$

$$\text{总体率的 99\% 可信区间}：(p - 2.58 S_p,\ p + 2.58 S_p) \tag{7-12}$$

例 7-7 中，该地 12 岁儿童视力低下发生率的 95% 可信区间为：

$$(65.0\% - 1.96 \times 3.37\%,\ 65.0\% + 1.96 \times 3.37\%) = (58.39\%,\ 71.61\%)$$

99% 可信区间为：

$$(65.0\% - 2.58 \times 3.37\%,\ 65.0\% + 2.58 \times 3.37\%) = (56.31\%,\ 73.69\%)$$

2. 查表法 当 n 较小时，如 $n \leq 50$，特别是 p 接近 0 或 1 时，按二项分布原理估计总体率的可信区间。因其计算比较复杂，统计学家已编制了总体率可信区间估计用表，可根据样本量 n 和阳性数 X 查阅统计学专著中的附表。

第三节 χ^2 检验

χ^2 检验即卡方检验（chi-square test），是英国统计学家 Pearson 于 1900 年提出的一种应用范围很广的假设检验方法。其在分类变量资料统计推断中的应用包括：①两个或多个样本率（或构成比）比较的假设检验，也用于配对计数资料的假设检验等；②两个分类变量间相关关系的假设检验；③频数分布的拟合优度检验。

一、χ^2 检验的基本思想

例 7-8 某医院主治医生欲比较 A、B 两种治疗方案治疗慢性胃炎的效果，将 118 名患者根据治疗方案分为两组，即 A 方案组（65 例）、B 方案组（53 例），一个疗程后观察其疗效，结果见表 7-6。问两种治疗方案对慢性胃炎的有效率是否不同？

表 7-6　A、B 两种治疗方案治疗慢性胃炎的疗效

组别	有效	无效	合计	有效率（%）
A 方案组	52（40.76）	13（24.24）	65	80.00
B 方案组	22（33.24）	31（19.76）	53	41.51
合计	74	44	118	62.71

表 7-6 内四个格子的数据 $\begin{bmatrix} 52 & 13 \\ 22 & 31 \end{bmatrix}$ 是基本数据，其余数据都是从这四个数据计算得来的，这种资料称为四格表（fourfold table）资料。

χ^2 检验需计算 χ^2 值，χ^2 检验的基本公式为：

$$\chi^2 = \sum \frac{(A-T)^2}{T} \tag{7-13}$$

式中 A 为实际数，如上例四格表内的 4 个基本数据就是实际数，T 为理论数，是根据检验假设推算出来的。表 7-6 资料中检验假设为两种治疗方案的有效率相同，都等于合计的有效率 62.71%。据此，A 方案治疗 65 人，理论上应该有 65×62.71% = 40.76 人有效；B 方案治疗 53 人，理论上应有 53×62.71%=33.24 人有效。将上述计算用符号表示为：

$$T_{RC} = \frac{n_R n_C}{n} \tag{7-14}$$

式中，T_{RC} 为 R 行 C 列的理论数，n_R 为与理论数同行的合计数，n_C 为与理论数同列的合计数，n 为总例数。按式 7-14，计算上表中理论数：

第 1 行第 1 列格子的理论数 $T_{11} = \dfrac{74 \times 65}{118} = 40.76$

第 1 行第 2 列格子的理论数 $T_{12} = \dfrac{44 \times 65}{118} = 24.24$

第 2 行第 1 列格子的理论数 $T_{21} = \dfrac{74 \times 53}{118} = 33.24$

第 2 行第 2 列格子的理论数 $T_{22} = \dfrac{44 \times 53}{118} = 19.76$

因为上表每行和每列的合计数是固定的，所以只要用式 7-14 求得其中一个格子理论数，其余三个理论数都可用同行或同列合计数相减求得。故 χ^2 检验的自由度为：$v=$（行数 -1）×（列数 -1）。

从式 7-13 可以看到，χ^2 值反映的是实际数与理论数的吻合程度。如果检验假设 H_0 成立，则实际数与理论数之差不会很大，χ^2 值也不会很大；反之，实际数与理论数之差很大，则 χ^2 值也会很大，检验假设成立的可能性很小，就越有理由推翻检验假设。

χ^2 值的大小还受格子数多少的影响，因每个格子 $\dfrac{(A-T)^2}{T}$ 均为正数，所以格子数越多，则自由度（v）越大，χ^2 值也越大。若 χ^2 值 $\geq \chi^2_{0.05,v}$（根据自由度 v 和检验水准 α 查 "χ^2 界值表" 得出），则可按 $\alpha = 0.05$ 的检验水准拒绝 H_0；若 χ^2 值 $< \chi^2_{0.05,v}$，则不拒绝 H_0。也可采用统计软件获得 χ^2 值及其对应的确切 P 值加以判定。

综上所述，再对上例的 χ^2 检验步骤作一系统的表述。

（1）建立检验假设，确定检验水准。

H_0：$\pi_1 = \pi_2$，即 A、B 两种治疗方案治疗慢性胃炎的有效率相同

H_1：$\pi_1 \neq \pi_2$，即 A、B 两种治疗方案治疗慢性胃炎的有效率不同

$\alpha = 0.05$

（2）计算假设检验统计量。

$$\chi^2 = \sum \frac{(A-T)^2}{T} = \frac{(52-40.76)^2}{40.76} + \frac{(13-24.24)^2}{24.24} + \frac{(22-33.24)^2}{33.24} + \frac{(31-19.76)^2}{19.76} = 18.497$$

（3）确定 P 值，作出推断。本例自由度 $v=1$，$\chi^2 = 18.497$，$P < 0.001$，按 $\alpha = 0.05$（$\chi^2_{0.05,1} = 3.84$）的检验水准拒绝 H_0，差异有统计学意义，即认为 A、B 两种治疗方案治疗慢性胃炎的效果不同，A 治疗方案治疗有效率高于 B 治疗方案。

二、χ^2 检验的种类

分类变量资料的统计推断是统计学的重要研究内容之一。前面章节已介绍 t 检验和方差分析，分类变量资料的统计推断也是一样，包括两独立样本率的比较、配对率的比较和多个独立样本率（或构成比）的比较。

（一）四格表资料的 χ^2 检验

四格表资料进行 χ^2 检验，还可用专用公式求 χ^2 值，专用公式与 χ^2 检验的基本公式等价，应用条件亦相同。

$$\chi^2 = \frac{(ad-bc)^2 n}{(a+b)(c+d)(a+c)(b+d)} \tag{7-15}$$

式中 a、b、c、d 分别为四格表中的四个实际频数，n 为总例数。运用四格表专用公式，可直接用实际频数 a、b、c、d 进行计算，不必逐个计算理论频数，使计算简化。仍用例 7-8 的资料，符号标记见表 7-7。

表 7-7 A、B 两种治疗方案治疗慢性胃炎的疗效（加符号标记）

组别	有效	无效	合计
A 方案	52（a）	13（b）	65（$a+b$）
B 方案	22（c）	31（d）	53（$c+d$）
合计	74（$a+c$）	44（$b+d$）	118（n）

将标有 a、b、c、d 的四个实际频数代入式 7-15，得：

$$\chi^2 = \frac{(52 \times 31 - 13 \times 22)^2 \times 118}{65 \times 53 \times 74 \times 44} = 18.497$$

χ^2 分布是一种连续型分布，而 χ^2 检验用于分类变量资料比较时，原始数据是不连续的，根据所得 χ^2 值用 χ^2 界值表确定 P 值时会有一定的误差。特别是对 $v=1$ 的四格表资料，当 n 与 T 较小时，所得 P 值偏低。为改善 χ^2 值分布的连续性，英国统计学家 F. Yates 提出连续性校正（correction for continuity）的方法，又称 Yates 校正（Yates correction）。

在所有格子的 $T \geq 5$，且 $n \geq 40$ 时，用式 7-13 或式 7-15 算得的 χ^2 值近似服从自由度为 1 的

χ^2 分布。当有理论频数小于 5 时，这种近似程度降低。因此在分析完全随机设计四格表资料时，要根据具体情况进行不同处理：①当 $n \geq 40$，且 $T \geq 5$ 时，用式 7-13 或式 7-15 计算 χ^2 值。②当 $n \geq 40$，但 $1 \leq T < 5$ 时，可用式 7-16 或式 7-17 计算校正的 χ^2 值。③当 $n < 40$，或 $T < 1$ 时，可用四格表资料的 Fisher 确切概率法。

四格表资料 χ^2 值连续性校正的计算公式为：

$$\chi^2 = \sum \frac{(|A-T|-0.5)^2}{T} \quad (7-16)$$

$$\chi^2 = \frac{(|ad-bc|-n/2)^2 n}{(a+b)(c+d)(a+c)(b+d)} \quad (7-17)$$

式 7-16 为基本公式的校正，式 7-17 为四格表专用公式的校正。

例 7-9 某医院儿科主治医生欲比较甲、乙两种药物治疗小儿消化不良的效果，将 40 例患者随机分为甲、乙两组，有效率结果见表 7-8。问两种药物治疗小儿消化不良的有效率差别有无统计学意义？

表 7-8 甲、乙两种药物治疗小儿消化不良有效率的比较

组别	有效	无效	合计
甲组	2（4.80）	10（7.20）	12
乙组	14（11.20）	14（16.80）	28
合计	16	24	40

检验步骤如下。

（1）建立检验假设，确定检验水准。

H_0：$\pi_1 = \pi_2$，即两种药物的有效率无差别

H_1：$\pi_1 \neq \pi_2$，即两种药物的有效率有差别

$\alpha = 0.05$

（2）计算假设检验统计量。通过式 7-14 计算其理论频数 T，列于表 7-8 的括号内。其中有一个格子 $1 < T < 5$，且 $n = 40$，故需对 χ^2 值作校正。

$$\chi^2 = \frac{(|ad-bc|-n/2)^2 n}{(a+b)(a+c)(b+d)(c+d)} = \frac{(|2 \times 14 - 10 \times 14| - 40/2)^2 \times 40}{12 \times 16 \times 24 \times 28} = 2.624$$

（3）确定 P 值，作出推断。本例 $v=1$，$\chi^2 = 2.624$，$P = 0.105$，按 $\alpha = 0.05$（$\chi^2_{0.05,1} = 3.84$）的检验水准不拒绝 H_0，差异无统计学意义，尚不能认为甲、乙两种药物治疗小儿消化不良的有效率不同。

本例若不进行连续性校正，则：

$$\chi^2 = \frac{(ad-bc)^2 n}{(a+b)(a+c)(b+d)(c+d)} = \frac{(2 \times 14 - 10 \times 14)^2 \times 40}{12 \times 16 \times 24 \times 28} = 3.889$$

其结果显示，$\chi^2 = 3.889$，$P = 0.049$，按 $\alpha = 0.05$ 的检验水准（$\chi^2_{0.05,1} = 3.84$）就会作出差异有统计学意义的推论，即认为甲、乙两种药物治疗小儿消化不良的有效率不同，乙药治疗有效率高于甲药。可见未校正的 P 值偏低。

(二)配对资料的 χ^2 检验

配对设计四格表资料作比较的目的是通过单一样本数据推断两种处理的结果有无差别。常用于判断两种检验方法、培养方法、诊断方法等的差别。

例 7-10 某高校中心实验室分别用甲法和乙法对 58 名可疑结核病患者血清中抗体进行测定,结果见表 7-9。问两种方法的检测结果有无差别?

表 7-9 两种方法检测抗核抗体的结果

乙法	甲法		合计
	+	−	
+	11 (a)	12 (b)	23
−	2 (c)	33 (d)	35
合计	13	45	58

本例为配对的计数资料,58 份血清分别用两种方法检测,结果有四种情况:两种检测方法皆为阳性(a),两种检测方法皆为阴性(d),乙法为阳性而甲法为阴性(b),甲法为阳性而乙法为阴性(c)。其中 a 与 d 为两种检测结果一致,b 与 c 为两种检测结果不一致,可见在比较两种检测方法有无差别时,只需比较 b 与 c。用下式计算 χ^2 值:

$$\chi^2 = \frac{(b-c)^2}{b+c} \tag{7-18}$$

上式又称 McNemar 检验。当 $b + c < 40$ 时,需用下面公式校正:

$$\chi^2 = \frac{(|b-c|-1)^2}{b+c} \tag{7-19}$$

本例假设检验步骤如下。

(1)建立检验假设,确定检验水准。

H_0: $\pi_1 = \pi_2$,即两种方法检测结果总体相同

H_1: $\pi_1 \neq \pi_2$,即两种方法检测结果总体不同

$\alpha = 0.05$

(2)计算假设检验统计量。本例 $b = 12$,$c = 2$,$b + c = 12 + 2 = 14 < 40$,故按式 7-19 计算。

$$\chi^2 = \frac{(|b-c|-1)^2}{b+c} = \frac{(|12-2|-1)^2}{12+2} = 5.786$$

(3)确定 P 值,作出推断。本例自由度 $v = 1$,$\chi^2 = 5.786$,$P = 0.013$,按 $\alpha = 0.05$($\chi^2_{0.05,1} = 3.84$)的检验水准拒绝 H_0,差异有统计学意义,可认为两种方法检测结果不同,乙法的阳性检测率较高。

(三)行 × 列表资料的 χ^2 检验

四格表基本数据有两行两列,当分析的表格行数或列数 > 2 时就称行 × 列表资料或 R × C 表资料。行 × 列表资料的 χ^2 检验主要解决两个以上的率(或构成比)差异的比较。

行 × 列表资料的 χ^2 值的计算可用基本公式 7-13,但为了计算简便,通常采用行 × 列表的专用公式:

$$\chi^2 = n\left(\sum \frac{A^2}{n_R n_C} - 1\right), \quad v = (行数-1) \times (列数-1) \tag{7-20}$$

式中，n 为总例数，A 为每个格子的实际数，n_R 和 n_C 分别为与 A 同行和同列的合计数。

1. 多个样本率的比较

例 7-11 某医院泌尿外科主治医生将 133 例尿路感染患者根据治疗方案的不同分为 3 组，第 1 组（44 例）接受甲法治疗，第 2 组（45 例）接受乙法治疗，第 3 组（44 例）接受丙法治疗。完成一个周期疗程后观察其疗效，结果见表 7-10。问 3 种疗法的尿培养阴转率有无差别？

表 7-10　3 种疗法治疗尿路感染患者的尿培养结果

疗法	阴转人数	阳性人数	合计	阴转率（%）
甲	30	14	44	68.18
乙	9	36	45	20.00
丙	32	12	44	72.73
合计	71	62	133	53.38

（1）建立检验假设，确定检验水准。

H_0：$\pi_1 = \pi_2 = \pi_3$，即 3 种疗法的总体阴转率相等

H_1：π_1、π_2、π_3 之间不等或不全等，即 3 种疗法的总体阴转率不等或不全等

$\alpha = 0.05$

（2）计算假设检验统计量。

$$\chi^2 = n\left(\sum \frac{A^2}{n_R n_C} - 1\right)$$

$$= 133 \times \left(\frac{30^2}{44 \times 71} + \frac{14^2}{44 \times 62} + \frac{9^2}{45 \times 71} + \frac{36^2}{45 \times 62} + \frac{32^2}{44 \times 71} + \frac{12^2}{44 \times 62} - 1\right) = 30.640$$

（3）确定 P 值，作出推断。本例自由度 $v = 2$，$\chi^2 = 30.640$，$P < 0.001$，按 $\alpha = 0.05$（$\chi^2_{0.05,1} = 3.84$）的检验水准拒绝 H_0，差异有统计学意义，可认为 3 种疗法对尿路感染疗效不全相同。

3 种疗法两两比较差异如何，需采用 χ^2 分割法进行检验。3 组两两比较的次数为 3 次，则两两比较的调整后检验水准 $\alpha' = \alpha/3 = 0.05/3 = 0.017$，查表后 P 值小于 0.017（$\chi^2_{0.017,1} = 5.70$）方才认为有统计学差异。若 3 组中有一个共有的对照组，则只需比较 2 次，此时调整后检验水准 $\alpha' = \alpha/2 = 0.05/2 = 0.025$，查表后 P 值小于 0.025（$\chi^2_{0.025,1} = 5.02$）方才认为有统计学差异。

多组间两两比较调整检验水准计算公式为：

$$\alpha' = \frac{\alpha}{k(k-1)/2} \tag{7-21}$$

多个实验组与对照组比较调整检验水准计算公式为：

$$\alpha' = \frac{\alpha}{k-1} \tag{7-22}$$

根据表 7-10 相关数据进一步作三种疗法治疗尿路感染患者的效果两两比较，结果分析见表 7-11。结果显示，甲、丙两种疗法治疗尿路感染患者的阴转率均低于乙种疗法（$\chi^2 = 20.979$ 和 24.894，$> \chi^2_{0.017,1} = 5.70$），而甲、丙两种疗法治疗尿路感染患者的阴转率差异无统计学意义（$\chi^2 = 0.218$，$< \chi^2_{0.017,1} = 5.70$）。

表 7-11 3 种疗法治疗尿路感染患者的尿培养结果两两比较

疗法	阴转人数	阳性人数	合计	阴转率（%）	χ^2	P
甲	30	14	44	68.18	20.979	< 0.001
乙	9	36	45	20.00		
甲	30	14	44	68.18	0.218	0.640
丙	32	12	44	72.73		
乙	9	36	45	20.00	24.894	< 0.001
丙	32	12	44	72.73		

2. 多个构成比的比较

例 7-12 某医院血液科主治医生研究急性白血病患者与慢性白血病患者的血型构成情况，其资料见表 7-12。问两类白血病患者血型构成比是否相同？

表 7-12 急性与慢性白血病患者血型构成

组别	血型				合计
	A 型	B 型	O 型	AB 型	
急性组	58	49	59	18	184
慢性组	43	27	33	8	111
合计	101	76	92	26	295

（1）建立检验假设，确定检验水准。

H_0：急性与慢性白血病患者血型的构成比相同

H_1：急性与慢性白血病患者血型的构成比不同

$\alpha = 0.05$

（2）计算假设检验统计量。

$$\chi^2 = n\left(\sum \frac{A^2}{n_R n_C} - 1\right)$$

$$= 295 \times \left(\frac{58^2}{184 \times 101} + \frac{49^2}{184 \times 76} + \frac{59^2}{184 \times 92} + \frac{18^2}{184 \times 26} + \frac{43^2}{111 \times 101} + \frac{27^2}{111 \times 76} + \frac{33^2}{111 \times 92} + \frac{8^2}{111 \times 26} - 1\right) = 1.838$$

（3）确定 P 值，作出推断。本例自由度 $v = 3$，$\chi^2 = 1.838$，$P = 0.607$，按 $\alpha = 0.05$（$\chi^2_{0.05,3} = 7.81$）的检验水准不拒绝 H_0，差别无统计学意义，尚不能认为急性白血病患者与慢性白血病患者血型的构成不相同。

3. 行 × 列表资料 χ^2 检验注意事项

（1）行 × 列表资料进行 χ^2 检验时，要求理论数不宜太小，否则将导致分析的偏性。一般要求不能有 1/5 以上的格子的理论数小于 5，或不能有任意一个格子的理论数小于 1。对理论数太小的情形，大致有 4 种处理方法：①最好增大样本量，以达到增加理论数的目的；②从专业上如果允许,可将太小的理论数所在的行或列的实际数与性质相近的邻行或邻列中的实际数合并;③删去理论数太小的行或列;④采用 Fisher 确切概率法。

(2)当多个样本率(或构成比)比较的 χ^2 检验结论为拒绝检验假设时,只能认为各总体率(或总体构成比)之间总的来说有差别,但不能说明它们彼此之间都有差别或某两者有差别。若想进一步了解哪两者的差别有统计学意义,可用 χ^2 分割法。

行 × 列表资料的 χ^2 检验包括双向无序、单向有序(行有序、列有序)和双向有序(属性相同和属性不同)等多种情况,本节所述为双向无序资料的统计推断,其他类型资料可根据研究目的不同采用适当的统计学方法进行假设检验,此处不再表述,请参考其他医学统计学相关教程或资料。

(金岳龙)

复习思考题

1. 常用的相对数指标有哪些?它们的意义和计算有何不同?
2. 什么是率的标准化法?标准的选择原则是什么?
3. 应用相对数时应该注意哪些问题?
4. χ^2 检验的基本思想是什么?
5. 四格表与配对四格表资料 χ^2 检验的应用条件有哪些?
6. 行 × 列表资料 χ^2 检验应注意哪些问题?

网上更多……

本章小结　　开放性讨论　　自测题　　教学 PPT　　微课

第八章
秩和检验

关键词

非参数检验　　　秩　　　秩和检验　　Wilcoxon 符号秩检验
Wilcoxon 秩和检验　　K-W 检验

统计推断方法可分为两类：参数统计和非参数统计。参数统计方法适用于分布类型已知的资料，并针对总体分布的未知参数进行估计或检验；非参数统计方法不依赖样本所来自的总体分布类型，适用于总体分布未知、总体分布为非正态分布、方差不齐、有不确定值的计量资料或等级资料等情况，适用范围广泛。但资料满足参数统计方法条件时，仍首选参数统计方法。

秩和检验（rank sum test）是基于秩的一种非参数统计方法。统计学上将数据从小到大排序后的顺次号称为秩（rank），把秩次相加得到的和称为秩和（rank sum）。根据研究设计及比较组别数的不同，秩和检验主要包括 Wilcoxon 符号秩检验、Wilcoxon 秩和检验、K-W 检验等。

知识导图

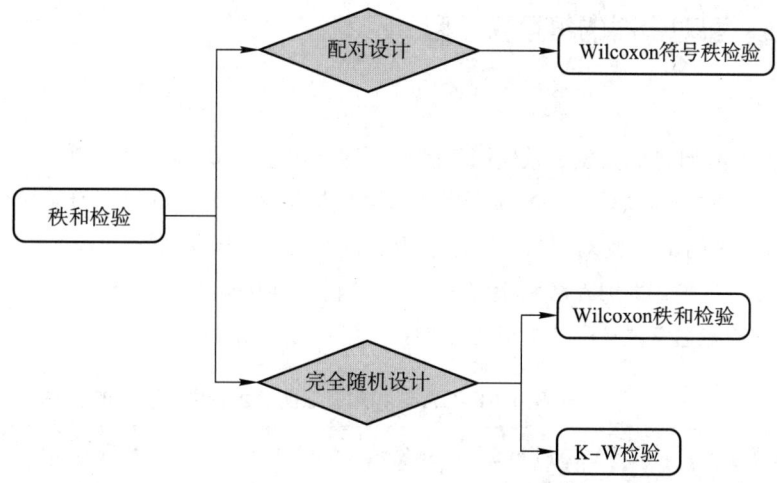

第一节 配对资料的符号秩检验

当配对设计的计量资料效应指标差值不服从正态分布，或配对设计的等级资料比较时，可采用配对资料的符号秩检验。配对资料的符号秩检验又称为 Wilcoxon 符号秩检验（Wilcoxon signed rank test），用于推断配对资料的差值是否来自中位数为 0 的总体。

例 8-1 采用 EDTA 法和重量法测定 12 份水样中硫酸盐的含量，结果见表 8-1。问两种方法测定的硫酸盐含量（mg/L）有无差异？

表 8-1 EDTA 法和重量法测定水样中硫酸盐的含量

水样号 (1)	EDTA 法（mg/L）(2)	重量法（mg/L）(3)	差值（d）(4)=(2)-(3)	秩次 (5)
1	50.25	47.04	3.21	9.5
2	3.25	4.31	-1.06	-3
3	80.12	78.80	1.32	5
4	70.45	73.66	-3.21	-9.5
5	2.56	3.24	-0.68	-1
6	26.45	27.86	-1.41	-7
7	88.44	86.03	2.41	8
8	61.48	50.26	11.22	11
9	65.77	64.65	1.12	4
10	66.58	65.24	1.34	6
11	45.57	44.75	0.82	2
12	139.11	120.85	18.26	12

同一水样采用 EDTA 法和重量法测定，分析两种方法检测结果有无差异，该研究属于自身配对设计。因效应指标硫酸盐含量的差值正态性检验 $W = 0.762$，$P = 0.004 < 0.05$，差值 d 不服从正态分布，故采用配对资料的符号秩检验。检验步骤如下。

（1）建立检验假设，确定检验水准。

H_0：差值的总体中位数等于零，即 $M_d = 0$

H_1：差值的总体中位数不等于零，即 $M_d \neq 0$

$\alpha = 0.05$

（2）计算假设检验统计量。

1）求差值：见表 8-1 第（4）栏。

2）编秩：按差值的绝对值从小到大编秩次。若差值为 0，舍去不参与编秩次，例数 n 相应减少；若差值的绝对值相等，称为相持（tie），取平均秩次。再根据差值的正负给秩次冠以正负号。见表 8-1 第（5）栏。

3）求秩和：本例正秩和 $T_+ = 20.5$，负秩和 $T_- = 57.5$。

（3）确定 P 值，作出推断。SPSS 给出精确概率值（双侧）$P = 0.156$，差异无统计学意义，按 $\alpha = 0.05$ 的检验水准，不拒绝 H_0，尚不能认为两种方法测定的硫酸盐含量不同。

> 基础链接 8-1
> SPSS 软件演示配对资料的符号秩检验

第二节　完全随机设计两样本比较的秩和检验

完全随机设计两样本比较的秩和检验即 Wilcoxon 秩和检验（Wilcoxon rank test），目的是推断两个样本所代表的总体分布是否相同。

例 8-2　测得 12 名铅作业工人和 10 名非铅作业工人的血铅值（μmol/L）如表 8-2。问铅作业工人和非铅作业工人的血铅含量是否不同？

该资料从两个不同的总体中（铅作业工人和非铅作业工人）随机抽取两个样本，是完全随机设计。测定的指标是血铅值，是计量资料。铅作业工人血铅值的正态性检验结果，$W = 0.829$，$P = 0.033 < 0.05$，不服从正态分布。非铅作业工人血铅值的正态性检验结果，$W = 0.918$，$P = 0.340 > 0.05$，服从正态分布。完全随机设计两样本资料，只要其中一个总体不服从正态分布，即用 Wilcoxon 秩和检验。检验步骤如下。

（1）建立检验假设，确定检验水准。

H_0：两个总体的分布相同，即铅作业工人和非铅作业工人血铅含量的总体分布相同

H_1：两个总体的分布不相同，即铅作业工人和非铅作业工人血铅含量的总体分布不相同

$\alpha = 0.05$

表 8-2　铅作业工人和非铅作业工人血铅含量

铅作业工人		非铅作业工人	
血铅值（μmol/L）	秩次	血铅值（μmol/L）	秩次
0.95	10	0.21	1
0.97	11	0.32	2
1.25	13	0.34	3
1.36	14	0.42	4
1.45	15	0.43	5
1.47	16	0.48	6
1.48	17	0.58	7
1.55	18	0.68	8
1.56	19.5	0.78	9
1.56	19.5	1.12	12
1.59	21		
1.60	22		
$n_1 = 12$	$T_1 = 196$	$n_2 = 10$	$T_2 = 57$

（2）计算假设检验统计量。

1）编秩：将两组数据由小到大统一编秩次，相同数据取平均秩次。

2）求秩和与假设检验统计量：两组数据分别求秩和 T_1 和 T_2。若两组例数相等，则任取一组的秩和为统计量。若两组例数不等，则以样本例数较小组的秩和为统计量。本例 $T_1 = 196$，$T_2 = 57$。两组例数不等，较小例数为 10，$T = 57$。

（3）确定 P 值，作出推断。SPSS 给出精确概率值（双侧）$P < 0.001$，差异有统计学意义，按 $\alpha = 0.05$ 的检验水准，拒绝 H_0，可认为铅作业工人和非铅作业工人血铅含量的总体分布不相同。

> 基础链接 8-2
> SPSS 软件演示完全随机设计两样本比较的秩和检验

例 8-3　某医生要评价某中药和西药治疗糖尿病患者的疗效有无差异，将基本条件相同的 160 例糖尿病患者随机分成两组，分别用中药和西药治疗，数据见表 8-3。问中药和西药治疗糖尿病患者的疗效有无不同？

该资料把基本条件相同的糖尿病患者随机分到中药组和西药组中，是完全随机设计。治疗的效果为无效、好转和显效，是等级资料。完全随机设计两样本等级资料的比较，用 Wilcoxon 秩和检验。检验步骤如下。

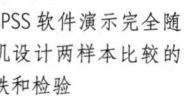

表 8-3 中药和西药治疗糖尿病患者的疗效

疗效 (1)	人数		合计 (4)	秩次范围 (5)	平均秩次 (6)	秩和	
	中药 (2)	西药 (3)				中药 (7)=(2)×(6)	西药 (8)=(3)×(6)
无效	20	30	50	1~50	25.5	510	765
好转	30	10	40	51~90	70.5	2 115	705
显效	50	20	70	91~160	125.5	6 275	2 510
合计	100	60	160			8 900	3 980

（1）建立检验假设，确定检验水准。

H_0：中药和西药治疗糖尿病患者疗效的总体分布相同

H_1：中药和西药治疗糖尿病患者疗效的总体分布不相同

$\alpha = 0.05$

（2）计算假设检验统计量。

1）编秩：该资料为等级资料，相同疗效的个体属于相持。要编秩次，首先求出两组各等级的合计数，见表 8-3 第（4）栏，如无效的人数共有 50 人，这 50 人属于相持，应该取平均秩次；然后得到相应的秩次范围，如无效的秩次范围 1~50；再计算出相应的平均秩次，平均秩次 = （1+50）/2 = 25.5。其他等级也相应计算出平均秩次。

2）求秩和与假设检验统计量：两组各等级的人数分别和平均秩次相乘，然后求和得到两组秩和。本例 $T_1 = 8\,900$ 和 $T_2 = 3\,980$。两组例数不等，较小的样本例数为 60 例，统计量 $T = 3\,980$。

（3）确定 P 值，作出推断。SPSS 给出正态近似法的 $Z = -3.212$，近似概率值（双侧）$P = 0.001$，差异有统计学意义，按 $\alpha = 0.05$ 的检验水准，拒绝 H_0，可认为中药和西药治疗糖尿病患者疗效的总体分布不相同。

> 基础链接 8-3
> SPSS 软件演示完全随机设计两样本等级资料比较的秩和检验

第三节 完全随机设计多个样本比较的秩和检验

完全随机设计多个样本比较的秩和检验又称为 K-W 检验或 H 检验，是由 Kraskal 和 Wallis 在完全随机设计两样本比较的秩和检验的基础上扩展而来的，适用于非正态分布或方差不齐的多组计量资料，或者是多组等级资料的比较。目的是推断多组样本分别代表的总体分布是否相同。

例 8-4 为研究正常人、单纯性肥胖者和皮质醇增多症者三种不同人群的血浆总皮质醇含量是否有差别，分别从正常人群中抽取 10 人，单纯性肥胖者中抽取 12 人，皮质醇增多症者中抽取 11 人，测定血浆总皮质醇含量，结果见表 8-4。问三种人群的血浆总皮质醇含量是否有差异？

该资料从三个不同的总体中（正常人、单纯性肥胖者和皮质醇增多症者）抽样，是完全随机设计。测定的指标是血浆总皮质醇含量，是计量资料。正常人血浆总皮质醇含量正态性检验结果，$W = 0.886$，$P = 0.153 > 0.05$，服从正态分布。单纯性肥胖者血浆总皮质醇含量正态性检验结果，$W = 0.815$，$P = 0.022 < 0.05$，不服从正态分布。皮质醇增多症者血浆总皮质醇含量正态性检验结果，$W = 0.820$，$P = 0.026 < 0.05$，不服从正态分布。完全随机设计三个总体的比较，只要其

表 8-4 正常人、单纯性肥胖者和皮质醇增多症者的血浆总皮质醇含量

正常人		单纯性肥胖者		皮质醇增多症者	
血浆总皮质醇含量（μg/dL）	秩次	血浆总皮质醇含量（μg/dL）	秩次	血浆总皮质醇含量（μg/dL）	秩次
0.5	1	0.6	2.5	6.5	14
0.6	2.5	2.0	5	13.5	23.5
1.9	4	5.6	13	16.9	25
2.7	6	8.9	15	18.5	26
3.1	7	9.8	16	18.6	27
3.4	8	9.8	17	19.1	28
3.5	9	10.6	18	20.3	29
3.7	10	10.7	19	20.6	30
3.9	11	11.2	20	21.3	31
4.4	12	11.7	21	22.4	32
		12.7	22	24.2	33
		13.5	23.5		
R_i	70.5		192		298.5
n_i	10		12		11

中一个不服从正态分布，用 H 检验。本例中两个不服从正态分布，用 H 检验。检验步骤如下。

（1）建立检验假设，确定检验水准。

H_0：三种人群的血浆总皮质醇含量的总体分布相同

H_1：三种人群的血浆总皮质醇含量的总体分布不同或不全相同

$\alpha = 0.05$

（2）计算假设检验统计量。

1）编秩：将三组数据混合由小到大编秩次，相同数据取平均秩次。

2）求秩和：分别求出三组的秩和，$R_1 = 70.5$，$R_2 = 192$，$R_3 = 298.5$。

3）计算统计量：当相持不多时，用式 8-1 计算统计量 H 值，H 近似服从自由度为组数 −1 的 χ^2 分布。

$$H = \frac{12}{N(N+1)} \sum \frac{R_i^2}{n_i} - 3(N+1) \tag{8-1}$$

式 8-1 中 R_i 为第 i 组的秩和，n_i 为第 i 组的例数，$N = \sum n_i$。

SPSS 给出 $\chi^2 = 22.812$。

当相持较多（超过 25%）时，用式 8-2 计算统计量 H_c 值：

$$H_c = \frac{H}{c} \tag{8-2}$$

其中，$c = 1 - \sum(t_j^3 - t_j)(N^3 - N)$，$t_j$ 为第 j 次相持时相同秩次的个数。

（3）确定 P 值，作出推断。$\chi^2 = 22.812$，$v = 2$，近似概率值（双侧）$P < 0.001$，差异有统计学意义，按 $\alpha = 0.05$ 的检验水准，拒绝 H_0，可认为三种人群的血浆总皮质醇含量的总体分布不同

基础链接 8-4
SPSS 软件演示完全随机设计多个样本比较的秩和检验

或不全相同。

例 8-5 为研究三种疗法治疗慢性气管炎患者的疗效，将基本条件相同的慢性气管炎患者随机分到三个组中，分别用不同的疗法治疗，结果见表 8-5。问三种疗法的疗效是否相同？

表 8-5 三种疗法治疗慢性气管炎患者的疗效

疗效 (1)	人数			合计 (5)	秩次范围 (6)	平均秩次 (7)	秩和		
	A 疗法 (2)	B 疗法 (3)	C 疗法 (4)				A 疗法 (8)	B 疗法 (9)	C 疗法 (10)
无效	12	10	12	34	1～34	17.5	210	175	210
好转	25	20	15	60	35～94	64.5	1 612.5	1 290	967.5
显效	40	25	18	83	95～177	136	5 440	3 400	2 448
痊愈	90	22	10	122	178～299	238.5	21 465	5 247	2 385
合计	167	77	55	299			28 727.5	10 112	6 010.5

该资料把基本条件相同的慢性气管炎患者随机分到三个组中，是完全随机设计。治疗的效果是无效、好转、显效和痊愈，是等级资料。完全随机设计三个样本等级资料的比较，用 H 检验。检验步骤如下。

（1）建立检验假设，确定检验水准。

H_0：三种疗法治疗慢性气管炎患者疗效的总体分布相同

H_1：三种疗法治疗慢性气管炎患者疗效的总体分布不同或不全相同

$\alpha = 0.05$

（2）计算假设检验统计量。

1）编秩：与完全随机设计两样本秩和检验类似。首先求出三组各等级的合计数，然后得到相应的秩次范围，再计算出相应的平均秩次，分别见表 8-5 第（5）栏、第（6）栏和第（7）栏。

2）求秩和：分别求出三组的秩和，$R_1 = 28\ 727.5$，$R_2 = 10\ 112$，$R_3 = 6\ 010.5$。

3）计算统计量：SPSS 给出 $\chi^2 = 29.547$。

（3）确定 P 值，作出推断。$\chi^2 = 29.547$，$\nu = 2$，近似概率值（双侧）$P < 0.001$，差异有统计学意义，按 $\alpha = 0.05$ 的检验水准，拒绝 H_0，可认为三种疗法治疗慢性气管炎患者疗效的总体分布不同或不全相同。

基础链接 8-5
SPSS 软件演示完全随机设计三个样本等级资料比较的秩和检验

对于完全随机设计多个样本比较的 H 检验，当结论为拒绝 H_0，接受 H_1 时，只能得到多个总体分布不全相同的结论，而不能说明多个总体分布两两都不相同。如果要推断任意两个总体或某几个总体的分布有无不同，要进一步做多个样本的两两比较，两两比较常用的方法是前述的完全随机设计两样本比较的秩和检验，但这会产生增大犯 I 型错误概率的问题，此时可以按

$$\alpha' = \frac{\alpha}{\text{比较的次数}}$$

调整检验水准，尤其是样本量较大时，必须调整 α 水准。

（何利平）

复习思考题

1. 某医院用香醋蒸熏在病房作空气消毒,蒸熏前后细菌数量结果如下表。问香醋蒸熏有无消毒作用?

香醋蒸熏前后不同位置平皿细菌数量

组别	位置1	位置2	位置3	位置4	位置5	位置6	位置7	位置8	位置9	位置10
消毒前	44	17	27	12	40	39	48	45	42	49
消毒后	5	6	5	2	4	3	1	8	4	6

2. 在研究人参镇静作用的实验中,以4%人参浸液对一批小白鼠110只作腹腔注射,而以同批100只小白鼠为对照,注射等量蒸馏水,结果见下表。请问4%人参浸液对小白鼠有无镇静作用?

人参组与对照组小白鼠的镇静效果

组别	镇静效果					合计
	−	±	+	+ +	+ + +	
人参组	4	8	15	23	60	110
对照组	65	18	9	8	0	100

网上更多……

本章小结 开放性讨论 自测题 教学PPT 微课

第九章
直线回归与相关

关键词

直线回归　　回归系数　　直线相关　　Spearman 相关

相关系数　　散点图　　最小二乘法

> 客观事物往往不是孤立存在的。对于相互联系的两个变量，它们之间的关系可能是严格的函数关系，也可能是一种非确定的统计关系，直线回归与直线相关分析即是研究两变量间线性统计关系的一种分析方法。通过直线回归分析，构建一个应变量 Y 依赖自变量 X 变化而变化的直线回归方程，描述变量 Y 与变量 X 间的直线数量依存关系，可通过 X 预测 Y，以及在给定 Y 情况下控制 X 的变化；通过直线相关分析，用相关系数描述变量 Y 与变量 X 间的直线相关关系的密切程度与方向。

知识导图

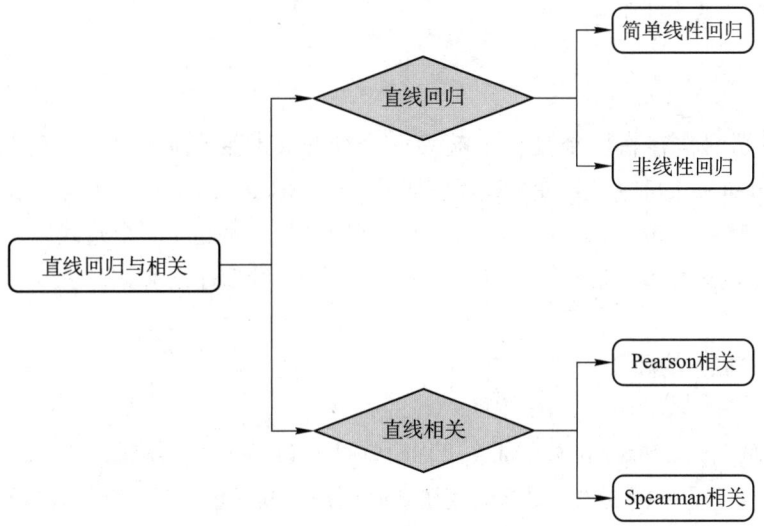

第一节　直线回归

医学中常存在一个变量 Y 随另一个变量 X 的变化而变化的情况，此时称 Y 为应变量（dependent variable）或因变量或反应变量（response variable），X 为自变量（independent variable）或解释变量（explanatory variable）。直线回归分析就是建立一个直线回归方程（linear regression equation），来定量描述变量 Y 与变量 X 两者间的直线依存关系。

一、直线回归的概念

直线回归（linear regression）又称简单回归（simple regression），是定量描述两个变量间的依存变化关系的分析方法。要求应变量 Y 必须是随机变量，但自变量 X 既可以是随机变量，也可以是能够精确测量和严格控制的非随机变量。分析中要关注三个要点：一是应变量 Y 与自变量 X 间呈现直线关系；二是应变量 Y 受自变量 X 的影响，可建立回归方程；三是可利用回归方程，达到通过 X 预测 Y 的目的。为了更好地理解这一概念，以某高校 10 名一年级女大学生的胸围（cm）与肺活量（L）数据为例（见例 9-1），在直角坐标系中绘制散点图（scatter plot），即把一个变量取作 X，另一个变量取作 Y，10 个人的每对测得值在直角坐标系中一一标出对应的点（X，Y），如图 9-1。

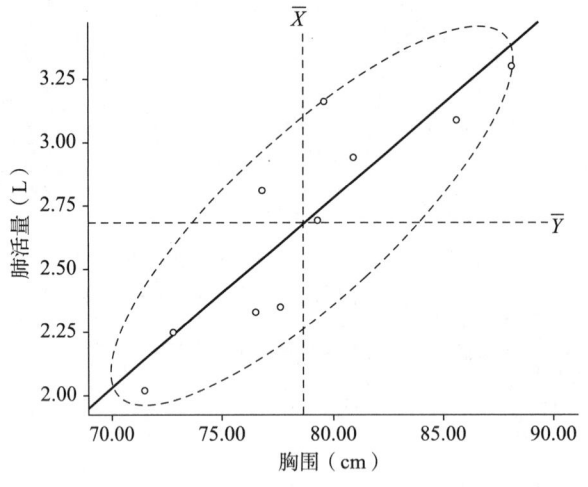

图 9-1　某高校 10 名一年级女大学生胸围与肺活量散点图

在定量描述肺活量与胸围的关系时，把被估计或被预测的"肺活量"变量作为应变量用 Y 表示，Y 所依存的胸围变量作为自变量用 X 表示。由图 9-1 可见，肺活量 Y 随着胸围 X 的增加而增加。散点沿椭圆形长轴分布，但 10 个点并不在一条直线上，因此，这种关系与两变量严格的函数关系不同，称为直线回归或简单线性回归。用以下直线回归方程表示：

$$\hat{Y} = a + bX \tag{9-1}$$

公式 9-1 称为经验回归方程或样本回归方程，它是对两变量总体间线性关系的一个估计。可以假定，对于 X 的各个取值，相应的 Y 的总体均数 $\mu_{Y/X}$ 在一条直线上，如图 9-2。

故总体直线回归方程为：

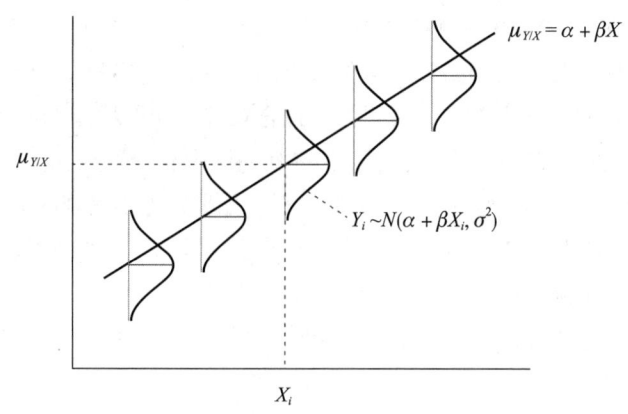

图9-2 总直线回归模型

$$\mu_{Y/X} = \alpha + \beta X \tag{9-2}$$

所以，回归线上的值$\hat{Y}$是给定X时Y的总体均数$\mu_{Y/X}$的一个样本估计值；a为截距（intercept）或常数项（constant term），是α的估计值，其意义是当X取值为0时，相应的Y的均数估计值；b为回归系数（regression coefficient），即回归直线的斜率（slope），是总体回归系数β的估计值，其意义是当X变化一个单位时Y的平均改变量的估计值（平均改变b个单位）。$b>0$时直线从左下方走向右上方，Y随X的增加而增加。$b<0$时直线从左上方走向右下方，Y随X的增加而减小。$b=0$时直线平行于X轴，Y与X无直线关系。

通过散点图可见，散点所形成的椭圆形并不规则，故可绘出无数条长轴，哪一条长轴可以视为最佳回归线，可通过最小二乘法（method of least squares）原理判定，即保证各实测点到回归直线的纵向距离的平方和最小。根据以上原则，推导出a和b的计算公式如下：

$$b = \frac{l_{xy}}{l_{xx}} = \frac{\sum(X-\bar{X})(Y-\bar{Y})}{\sum(X-\bar{X})^2} \tag{9-3}$$

$$a = \bar{Y} - b\bar{X} \tag{9-4}$$

式9-3中，l_{xy}为X与Y的离均差积和，l_{xx}为X的离均差平方和，$\bar{X}$和$\bar{Y}$为两个变量X和Y的均值。

二、线性回归模型的适用条件

（1）应变量Y与自变量X呈线性（linear）关系：对于X的各个取值，相应的Y的总体均数$\mu_{Y/X}$在一条直线上，即$\mu_{Y/X} = \alpha + \beta X$。可通过绘制$(X, Y)$的散点图进行判断。如果$Y$与$X$呈现非线性关系，此时不应采用简单线性回归进行分析，有时可采用数据转换将非线性转换后得到线性关联，再使用线性回归进行分析，称曲线拟合。常用拟合曲线有指数曲线、对数曲线等。

（2）每个个体观察值之间相互独立（independent）：通常利用专业知识来判断这项条件是否满足，即任意两个个体的观察值之间（X_i与X_j，或Y_i与Y_j）不应该有关联性。

（3）在一定范围内，任意给定X值，其对应的随机变量Y均服从正态分布（normal distribution）。

（4）在一定范围内，不同的X值所对应的随机变量Y的方差相等（equal variance）。

若把上述四个线性回归模型假设条件的关键英语单词的首字母连在一起，恰好为"L-I-N-E"，便于记忆。

条件（2）、（3）、（4）均可采用残差图进行判断。残差图一般是将现有模型求出各点残差

($e_i = Y_i - \hat{Y}_i$) 作为纵坐标，相应的预测值 $\hat{Y}$ 或自变量 X 或应变量 Y 作为横坐标来绘制。如果数据符合模型的四个条件，残差与回归预测值的散点图不应有任何特殊结构，应该表现为一条无规律且集中于残差为 0 的一条水平带，说明模型拟合较好。如果残差图中绝大多数点的分布在 (-2, 2) 范围之外，说明资料不符合正态性；如果残差图中有个别点在 (-2, 2) 范围之外，可能是异常值，应对异常值进行处理后再进行回归分析；如果残差图呈现明显的渐增（外扩）或渐减（内收）形状，说明方差不齐；如果残差图呈现明显的规律性，如曲线、直线或 "Z" 形，说明误差项存在自相关，不满足独立性（图 9-3）。以上情况均说明，模型的拟合效果不理想，考虑对数据进行处理后，使之满足假设定条件，再进行回归处理，否则应该考虑其他分析方法。

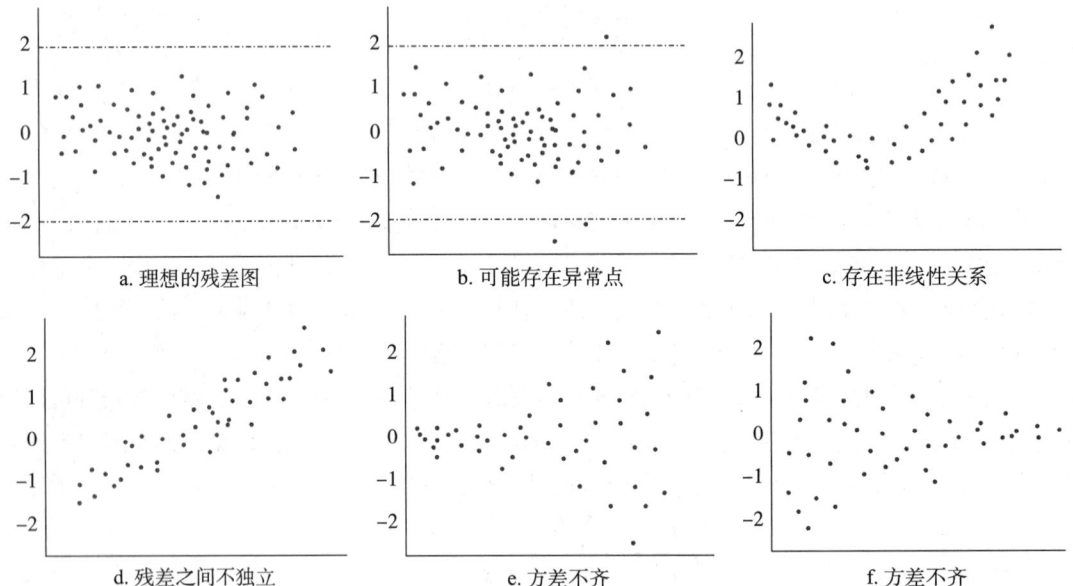

图 9-3 残差图

三、线性回归方程的建立

线性回归方程是基于线性、独立性、正态性和方差齐性的假设前提下建立的。使用例 9-1 的数据，来学习如何进行回归分析。

例 9-1 某高校 10 名一年级女大学生的胸围（cm）与肺活量（L）数据见表 9-1。试估计肺活量（Y）对胸围（X）的直线回归方程。

表 9-1 某高校 10 名一年级女大学生胸围与肺活量

调查对象	胸围（X, cm）	肺活量（Y, L）
1	71.50	2.02
2	72.80	2.25
3	76.50	2.33
4	76.80	2.81
5	77.60	2.35
6	79.30	2.69
7	79.60	3.16

续表

调查对象	胸围（X, cm）	肺活量（Y, L）
8	80.90	2.94
9	85.60	3.09
10	88.10	3.30

分析步骤如下。

1. **制作散点图** 通过散点图来观察两变量 X 和 Y 间是否存在直线关系。散点图（图 9-1）提示肺活量与胸围之间存在明显的直线趋势，所以可以考虑建立 X 和 Y 间的线性回归方程。

2. **建立回归方程** SPSS 给出残差图（图 9-4）。

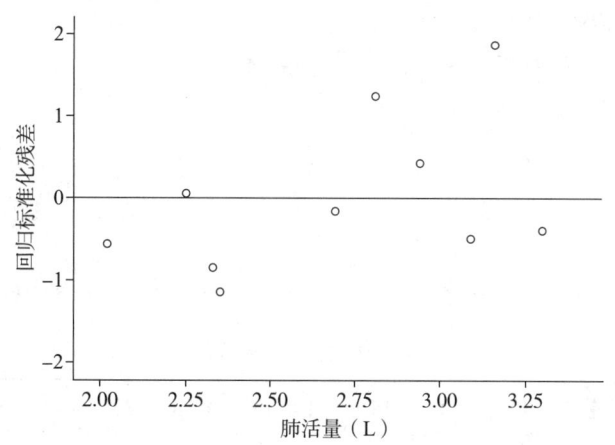

图 9-4 某高校 10 名一年级女大学生胸围与肺活量回归分析残差图

残差服从正态分布 $N(\mu, \sigma^2)$，经过标准正态转换后服从标准正态分布 $N(0, 1)$，残差的转换值则为标准化残差。图 9-4 使用回归标准化残差为纵坐标，以应变量 Y 为横坐标。所有点呈现出随机分布于残差为 0 的直线周围 [(-2, 2) 范围内]，无异常点，无特殊结构。故满足回归分析条件，回归方程拟合较好。

同时，SPSS 给出回归方程为 $\hat{Y} = -3.211 + 0.075X$

3. **作回归直线** 除了用上述回归方程来表示两变量的回归关系，还可以用回归直线作为一种直观的统计描述补充形式，在 X 实测值范围内，任意取相距较远的两个点 $A(X_1, \hat{Y}_1)$ 和 $B(X_2, \hat{Y}_2)$，连接两点即得回归直线。本例取 $A(75, 2.41)$ 和 $B(85, 3.16)$，两点连线即为回归直线（如图 9-1）。

注意，回归直线的适用范围一般以样本数据中 X 的取值范围为限，若无充分理由证明超过自变量的取值范围还是原直线趋势，应该避免外延（即不要超过样本数据的自变量取值范围计算 $\hat{Y}$ 值）。

四、回归系数的假设检验

如果总体回归系数 $\beta = 0$，Y 与 X 就没有直线关系，方程也就没有意义了。然而根据样本资料计算的样本回归系数 b 与其他统计量一样，由于存在抽样误差，即使是从总体的回归系数 $\beta = 0$ 的总体中随机抽样获得，其值也不一定为 0，所以不能用 b 与 0 的关系来推断方程有无意义，而应对总体回归系数 β 是否为 0 进行假设检验，进而作出统计推断。回归系数假设检验可采用 t 检验。公式为：

$$t = \frac{|b - 0|}{S_b}, \quad v = n - 2 \tag{9-5}$$

$$S_b = \frac{S_{Y \cdot X}}{\sqrt{l_{XX}}} \tag{9-6}$$

$$S_{Y \cdot X} = \sqrt{\frac{\sum (Y - \hat{Y})^2}{n - 2}} \tag{9-7}$$

式 9-6 中 S_b 是样本回归系数的标准误，反映样本回归系数的抽样误差。$S_{Y \cdot X}$ 称剩余标准差，是各观察值 Y 距回归直线的标准差，表示变量 Y 值对于回归直线的离散程度。

对于直线回归方程的假设检验，可采用方差分析，构建 F 统计量，有 $F = t^2$，结论与 t 检验一致，具体内容请查阅统计学有关教材或专著。

例 9-1 数据建立回归方程后，进行 t 检验，过程如下。

（1）建立检验假设，确定检验水准

H_0: $\beta = 0$

H_1: $\beta \neq 0$

$\alpha = 0.05$

（2）计算假设检验统计量（式 9-5）。SPSS 给出 $t = 5.275$，$P = 0.001$，方差分析结果见表 9-2。

表 9-2 方差分析结果

模型	离均差平方和（SS）	自由度（df）	均方（MS）	F 值	P 值
回归	1.334	1	1.334	27.830	0.001
残差	0.383	8	0.048		
总	1.717	9			

（3）确定 P 值，作出推断。本例 $P = 0.001$，差别有统计学意义，按 $\alpha = 0.05$ 的检验水准拒绝 H_0，接受 H_1，可以认为一年级女大学生肺活量与胸围之间存在直线回归关系。

五、回归方程的应用

1. **描述两个变量之间依存变化的数量关系** 通过计算求得的直线回归方程，经过回归系数的假设检验，当接受备择假设，可认为两变量之间直线关系成立，则两变量间依存变化的数量关系可用直线回归方程来描述。如例 9-1，胸围（X）和肺活量（Y）之间依存变化的数量关系为 $\hat{Y} = -3.211 + 0.075X$。

2. **利用回归方程进行预测** 利用回归方程进行统计预测是回归分析最重要的应用。所谓预测是将预报因子（自变量 X）代入回归方程对难以预报量（应变量 Y）进行估计。Y 的总体均数的可信区间可用于质量控制；个体 Y 值的预测区间，可用于确定参考值范围。

3. **利用回归方程进行控制** $\hat{Y}$ 是给定 X 时 Y 的总体均数 $\mu_{Y|X}$ 的一个样本估计值，当要求应变量 Y 在某一区间时，可以利用回归方程，制订出自变量 X 应该控制在的范围。

基础链接 9-1
SPSS 软件演示直线回归分析

第二节　直线相关

两变量关系研究中，研究目的并非两个变量间的依存关系，不要求通过 X 估计 Y，只关注两个变量间是否存在直线关系及相关的方向和强度，此时不考虑用直线回归，可用直线相关分析。

一、直线相关的概念

直线相关（linear correlation）又称简单相关（simple correlation），对于服从双变量正态分布（bivariate normal distribution）的随机变量 X 和 Y，以直线相关系数 r 描述二者线性相关的方向与密切程度。直线相关的性质可用下面的散点图直观地加以说明（图 9-5）。

相关类型可分为以下四种情况。

1. 正相关（positive correlation）　如图 9-5（1）所示，图中散点的分布呈椭圆形，随机变量 X 和 Y 变化趋势是同向的，沿椭圆形长轴方向，一个变量增大，另一个变量也随之增大。当散点的分布如图 9-5（3）所示，分布在一条与 X 轴呈锐角的直线上时，称为完全正相关（perfect positive correlation）。

2. 负相关（negative correlation）　如图 9-5（2）所示，图中散点的分布也呈椭圆形，但随机变量 X 和 Y 变化趋势是反向的，沿椭圆形长轴方向，一个变量增大，另一个变量随之减小。当散点的分布如图 9-5（4）所示，分布在一条与 X 轴呈钝角的直线上时，称为完全负相关（perfect negative correlation）。

3. 零相关（zero correlation）　如图 9-5（5）（6）（7）所示，一个变量无论增大还是减小，另一个变量不受其影响。

4. 非线性相关　如图 9-5（8）所示，散点的分布显示两个变量间呈曲线关系，而非直线关系。本章不予介绍，具体知识请参考相关文献。

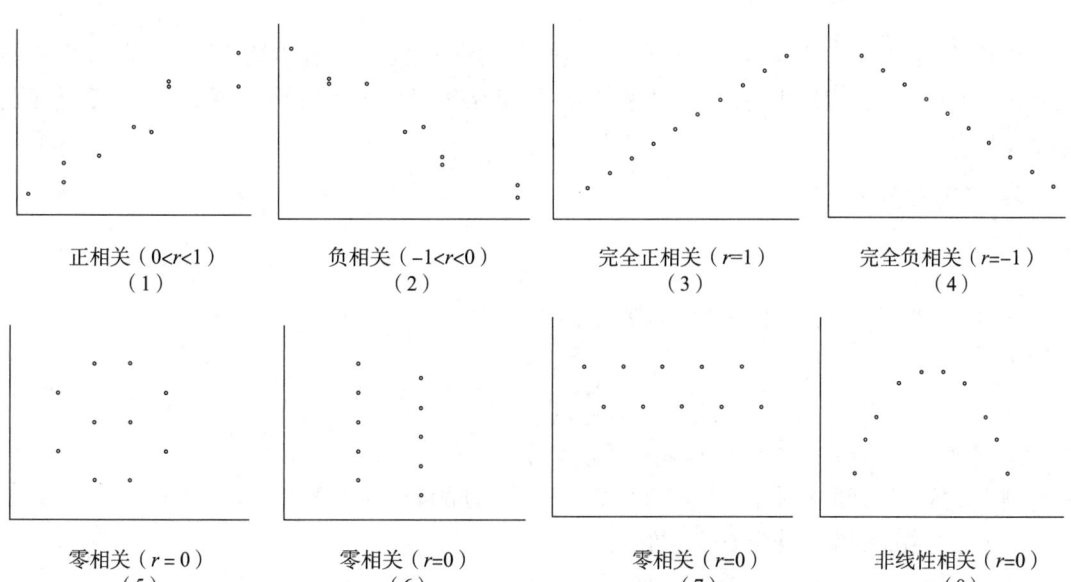

图 9-5　直线相关散点图

在医学实践中，完全正相关或完全负相关几乎不存在。

二、相关系数及其计算

线性相关的密切程度和方向可用相关系数进行定量描述。相关系数（correlation coefficient）又称 Pearson 积差相关系数（coefficient of product-moment correlation）。样本的相关系数用 r 表示，总体的相关系数用 ρ 表示。计算公式为：

$$r = \frac{l_{XY}}{\sqrt{l_{XX}l_{YY}}} = \frac{\sum(X-\bar{X})(Y-\bar{Y})}{\sqrt{\sum(X-\bar{X})^2 \sum(Y-\bar{Y})^2}} \tag{9-8}$$

式中，l_{XY} 表示 X 与 Y 的离均差积和，l_{XX} 表示 X 的离均差平方和，l_{YY} 表示 Y 的离均差平方和。

利用样本信息，即可获得相关系数的估计值。相关系数没有单位，其取值为 $-1 \leq r \leq 1$。r 的符号表示相关的方向，$r > 0$ 表示正相关，$r < 0$ 表示负相关，$r = 0$ 表示无直线相关。r 的绝对值大小则表示两变量之间线性相关的密切程度，$|r|$ 越接近 1，说明关联密切程度越高，$|r|$ 越接近 0，说明关联密切程度越低。

使用例 9-1 某高校 10 名一年级女大学生的胸围（cm）与肺活量（L）数据，推断这两变量间有无关联。

首先要在直角坐标系中绘制散点图。将一个变量取作 X，另一个变量取作 Y，将 10 个人的每对测量值在直角坐标系中一一标出对应的点，如图 9-1 所示。相关分析时，不必强调哪个变量是 X，哪个变量是 Y，通常将影响另一变量或容易测量的变量作 X，将被影响变量或不易测量变量作 Y。

从图 9-1 散点图中可以看到，散点沿椭圆形长轴分布，肺活量 Y 随着胸围 X 的增加而增加，故两个随机变量 X、Y 之间存在线性相关。

SPSS 给出样本相关系数 $r = 0.881$。

三、相关系数的假设检验

与回归系数一样，用样本资料计算出来的相关系数 r 也是一个样本统计量，存在抽样误差。因此，对于两个变量间的相关关系是否真的存在，还需要根据 r 值作总体相关系数 ρ 是否为零的假设检验。

假设检验统计量为：

$$t_r = \frac{r-0}{S_r} \tag{9-9}$$

其中，S_r 为样本相关系数 r 的标准误，即：

$$S_r = \sqrt{\frac{1-r^2}{n-2}} \tag{9-10}$$

H_0 成立时，t_r 服从自由度为 $\nu = n-2$ 的 t 分布。

例 9-1 数据计算得相关系数 $r = 0.881$，相关系数的假设检验步骤如下。

（1）建立检验假设，确定检验水准。

$H_0: \rho = 0$，即一年级女大学生的肺活量与胸围之间不存在线性相关关系

H_1：$\rho \neq 0$，即一年级女大学生的肺活量与胸围之间存在线性相关关系

$\alpha = 0.05$

（2）计算假设检验统计量。SPSS 给出统计量 $t = 5.275$。

（3）确定 P 值，作出推断。SPSS 给出 $P = 0.001$，按 $\alpha = 0.05$ 水准，拒绝 H_0，接受 H_1，差异有统计学意义，可以认为一年级女大学生胸围和肺活量之间存在正相关关系。

基础链接 9-2
SPSS 软件演示直线相关分析

四、直线相关分析应用中应注意的问题

（1）在进行相关分析前应先绘出散点图，当散点有线性趋势时，才进行相关分析。

（2）线性相关分析要求两个变量都是随机变量，且服从二元正态分布。

（3）出现异常值时慎用相关。如资料中有一个或几个观察点为离群值，此时相关系数的值将会受此离群值的影响而不能表示真实的相关关系和程度。如图 9-6（a），本无相关，如包含异常点，则为正相关。

（4）相关关系不一定是因果关系。当两变量之间相关系数有统计学意义，欲下因果关系的结论，还需从专业角度作进一步研究。

（5）资料不可盲目合并，易出现虚假相关。如本来无相关关系的两个资料，由于合并分析，出现了正相关，如图 9-6（b）；本来为正相关的两个资料，合并分析后可能会出现负相关，如图 9-6（c），或无相关，如图 9-6（d）等。

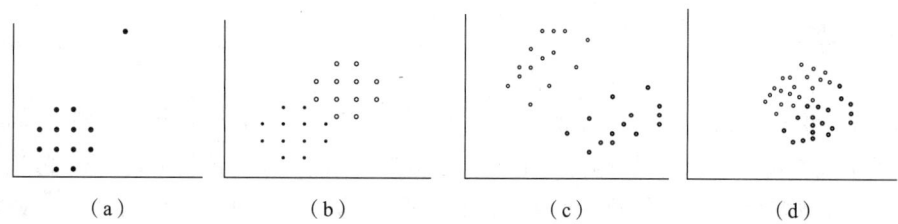

图 9-6 数据合并误用相关的几种情况

五、回归与相关的联系与区别

1. 回归与相关的联系

（1）对同一资料回归系数 b 与相关系数 r 的符号是一致的。

（2）假设检验等价。对总体相关系数 ρ 的假设检验和作总体回归系数 β 的假设检验分别得到 t_r 和 t_b，可以证明，二者相等，如例 9-1，$t_r = t_b = 5.275$。

（3）可以用回归解释相关。R^2 称为决定系数（coefficient of determination），是指回归平方和与 Y 总离均差平方和之比，反映出应变量的全部变异能通过回归关系被自变量解释的比例。计算公式为：

$$R^2 = \frac{SS_{\text{回}}}{SS_{\text{总}}} = \frac{l_{XY}^2 / l_{xx}}{l_{YY}} = \frac{l_{XY}^2}{l_{XX} l_{YY}} \tag{9-11}$$

直线回归分析中，R^2 为相关系数 r 的平方，$SS_{\text{总}}$ 固定时，$SS_{\text{回}}$ 的大小决定了相关的密切程度。$SS_{\text{回}}$ 越接近 $SS_{\text{总}}$，决定系数与相关系数越接近 1，引入回归的效果越好，同样，引入相关的效果也越好。

2. 回归与相关的区别

（1）资料要求不同。直线回归的两个变量，要求应变量（Y）为正态随机变量，自变量（X）可以是随机变量，也可以是精确测量或严格控制的变量；直线相关则要求自变量（X）、应变量（Y）双变量均为随机变量且均服从正态分布。

（2）统计量的量纲不同。相关系数 r 无量纲；回归系数 b 有量纲，其量纲为"应变量（Y）的量纲／自变量（X）的量纲"。

（3）r 与 b 的取值范围不同。$-1 \leqslant r \leqslant 1$，$-\infty \leqslant b \leqslant +\infty$。

（4）应用上有差别。回归用来描述两个变量之间依存变化的数量关系，可以用 X 预测 Y，X 为因，Y 为果；相关仅用于描述两变量相关关系的方向和密切程度，不能说明两变量的因果关系。

第三节　秩相关

直线相关分析要求两变量 X、Y 服从双变量正态分布，若出现以下情况之一，则不宜进行直线相关分析：①两变量 X、Y 不服从正态分布。②总体分布未知。③原始数据有不确定值或用等级表示的资料。此时，需采用秩相关分析。

一、秩相关的概念

秩相关（rank correlation）也称等级相关，不依赖样本所来自的总体分布类型，属非参数统计方法，其中最常用的统计量是 Spearman 秩相关系数 r_s，又称等级相关系数。秩相关系数计算中不再使用原始观察值，而是将两个变量原始观察值分别从小到大排序编秩，然后再根据秩次来计算。

$$r_s = 1 - \frac{6 \sum d^2}{n(n^2-1)} \tag{9-12}$$

式中 d 指每一对数据（X, Y）之差，如例 9-2，1 号患者血红蛋白含量 $X = 5.1$，12 个血红蛋白含量值排秩后，秩次为 1，Y 为贫血体征 +++，12 个贫血体征结果排秩后，秩次为 11.5，差值为 $1 - 11.5 = -10.5$。n 为对子数，例 9-2 中 $n = 12$。

与直线相关系数一样，r_s 无量纲，取值介于 –1 与 1 之间；$r_s < 0$ 为负相关，$r_s > 0$ 为正相关，$r_s = 0$ 为零相关；样本的秩相关系数 r_s 是总体秩相关系数 ρ_s 的估计值。r_s 为 0，并不意味着总体秩相关系数 ρ_s 也为 0，因此判断相关关系是否存在也应该进行假设检验，同样可以采用 t 检验。

二、Spearman 秩相关系数 r_s 的计算和推断

例 9-2　研究 12 例 6 岁贫血患儿的血红蛋白含量与贫血体征之间的相关性，结果见表 9-3。试作相关分析。

表 9-3　贫血患儿的血红蛋白含量和贫血体征测定结果

患者编号	血红蛋白含量（X, g/dL）	贫血体征（Y）
1	5.1	+++
2	5.6	+++
3	6.1	++
4	7.2	+
5	8.7	++
6	9.0	++
7	11.2	−
8	12.1	−
9	13.6	−
10	13.7	−
11	13.9	−
12	14.0	−

本例由于变量贫血体征（Y）是等级资料，故不能作 Pearson 积差相关，要分析两变量的相关关系应该作秩相关，计算 Spearman 秩相关系数 r_s。

SPSS 给出 $r_s = -0.897$，$P < 0.05$，按 $\alpha = 0.05$ 水准，拒绝 H_0，接受 H_1，可以认为贫血患儿的血红蛋白含量与贫血体征之间呈较强的负相关关系。

基础链接 9-3
SPSS 软件演示秩相关分析

（温　静）

复习思考题

1. 简述直线回归模型的适用条件。
2. 试述直线相关与直线回归的区别与联系。
3. 简述积差相关与秩相关的区别与联系。
4. 某地区饮用水中碘含量（μg/L）与地方性甲状腺肿的患病率数据见下表，试分析碘含量与甲状腺肿患病率之间是否有相关关系。

某地区饮用水中碘含量与甲状腺肿患病率

水样编号	1	2	3	4	5	6	7	8	9	10
碘含量（μg/L）	1.5	2.0	2.5	3.0	3.5	4.0	4.5	5.0	5.5	6.0
患病率（%）	41.5	36.4	35.0	29.1	23.2	24.1	20.0	16.7	15.0	8.3

网上更多……

本章小结　　开放性讨论　　自测题　　教学 PPT　　微课

第十章
统计表与统计图

关键词

统计表　　统计图　　条图　　直方图　　茎叶图
圆图　　百分条图　　普通线图　　半对数线图　　散点图
箱式图　　统计地图

> 统计表和统计图是呈现数据分析结果的重要工具。对变量进行统计描述时，统计表和统计图可以代替冗长的文字叙述，以直观、清晰明了的方式对统计数据的基本特征进行描述，使读者对所要研究的事物有一个整体的、印象深刻的视觉感受。统计表是用表格形式表达事物之间的数量关系，统计图是用点的位置、线段的升降、直条的长短及面积的大小等几何图形表达事物数量的大小、对比关系和变化趋势。本章将重点介绍常用统计图，包括条图、直方图、茎叶图、圆图、百分条图、普通线图、半对数线图、散点图、箱式图、统计地图等。

知识导图

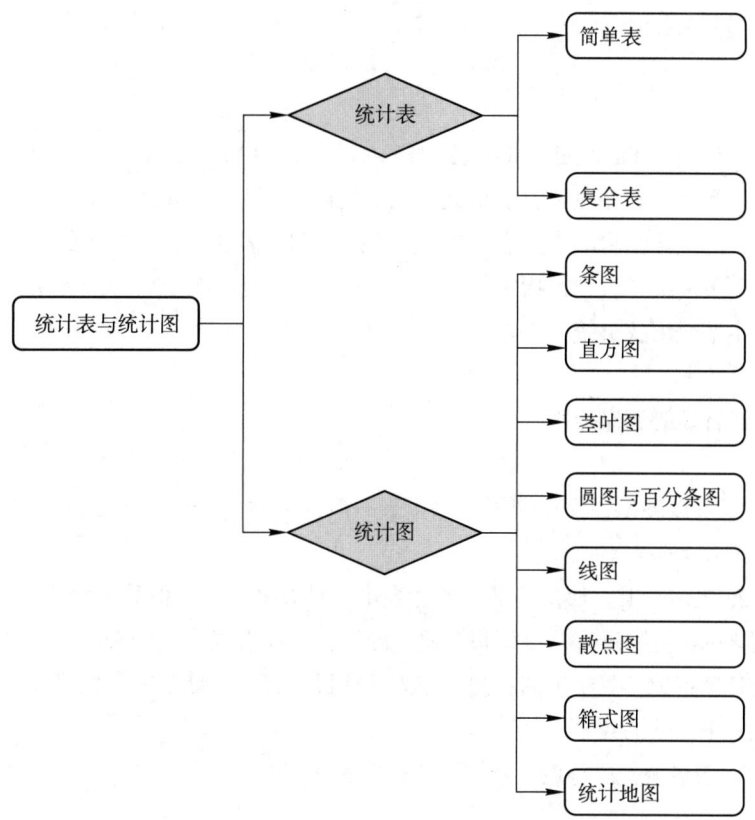

第一节　统计表

统计表（statistical table）分为广义统计表与狭义统计表。广义统计表是把统计资料和结果用表格的形式进行呈现，其目的是简洁、清晰、直观地表达事物间的数量关系，方便对比和阅读，包括表达统计结果的统计表、搜集资料用的调查表、整理资料用的整理表、计算指标用的计算表等；而狭义统计表则仅指统计结果表，表中的数据主要是各种统计量，如均数、标准差、百分比等。本节介绍狭义统计表。

一、统计表的编制原则

1. **重点突出，简单明了**　每张表一般只表达一个中心内容和一个主题。若内容过多，可分别制成若干张表。

2. **主谓分明，层次清楚**　统计表虽然是表格形式，但其内涵代表的是若干完整的文字语句，主谓语的位置要准确。主语指被研究的事物，通常置于表的左侧，作为横标目；谓语则是说明主语的各项指标，置于表的右侧，作为纵标目。因此统计表中各栏目按主语、谓语排列后，应该能构成一个完整的句子。

3. **表达规范**　标题、数据、线条等表达规范。

二、统计表的结构

统计表一般由标题、标目、线条、数字 4 部分构成。必要时加入备注。

标题	
	纵标目
横标目	数字区
合计	

1. **标题**　置于统计表的正上方，简明扼要地说明表的主要内容，包括时间、地点和研究内容。表的标题非常重要，内容既不能过于简单，又不要过于繁复，尽可能一言切中所要表达的目的和内容。一篇文章中若有多张表格，标题前应加上标号，以方便引用，如"表 10-1"。如果表中所有数据指标的度量衡单位一致，可以将其放在标题后面的括号内。

2. **标目**　用来说明表内数据含义的文字。横标目位于表的左侧，说明各行数据的意义，如表 10-1 中"年龄"，纵标目位于表头的右侧，如表 10-1 中"患病率"等。纵标目一般是结果指标，通常有单位，单位应加在纵标目中，不应放在纵标目下的数字后面。

3. **线条**　一般采用"三线表"的格式，即一张表格以三条线为基础，根据内容需要在表内可以适当附加 1~2 条线条。标题下方线条为顶线，顶线将表的主要内容与标题分隔开，表格最底部线条为底线，顶线与底线构成一个完整的表格区域，中间一条线为分隔线，将纵标目与数据分隔开。表格中不宜用竖线和斜线。如果某些标目或数据需要分层表示,可以用短横线分隔(如表 10-2 中甲地区与乙地区下方的短横线)。

4. 数字　以阿拉伯数字表示,同一指标小数位数一致且小数对齐。表内不留空格,若数字是"0",则填写"0"。无数字用"-"表示,缺失数字用"…"表示,最好以备注的形式说明。

5. 备注　表中数据区一般不插入文字或其他说明,需要说明时可用"*"号在右上角标出,将说明文字写在表格下面。

三、统计表的种类

根据分组标志(主语)的复杂程度,统计表可分为简单表与复合表。按一个分组标志分组的表为简单表,如表 10-1(按年龄进行分组);按两个或者两个以上的分组标志分组的表为复合表(或组合表),如表 10-2(按年龄与地区进行分组)。

表 10-1　2020 年甲地区高血压患病情况

年龄(岁)	检查人数	患病人数	患病率(%)
35 ~	189	12	6.35
45 ~	262	20	7.63
55 ~	380	37	9.74
65 ~	663	90	13.57
合计	1 494	159	10.64

表 10-2　2020 年甲、乙两地区高血压患病情况

年龄(岁)	甲地区			乙地区		
	检查人数	患病人数	患病率(%)	检查人数	患病人数	患病率(%)
35 ~	189	12	6.35	698	47	6.73
45 ~	262	20	7.63	394	33	8.38
55 ~	380	37	9.74	267	27	10.11
65 ~	663	90	13.57	169	25	14.79
合计	1 494	159	10.64	1 528	132	8.64

第二节　统计图

统计图(statistical chart)是展示数据资料的重要工具,用点、线、面等几何图形来表达统计指标大小、分布、变化趋势及相互关系。统计图使抽象文字叙述变得形象直观,便于理解和获得深刻印象。

一、统计图的制作原则

（1）根据资料性质和分析目的选择最合适的统计图形。
（2）每一个图通常只表达一个中心内容和一个主题，即一个统计指标。
（3）绘制图形应注意准确、美观，图线粗细适当，定点准确，不同事物用不同线条（实线、虚线、点线）或颜色表示，使读者印象更清晰。

二、统计图的结构

统计图一般由标题、标目、图域、图例和刻度5个部分组成。

1. **标题** 简明扼要地说明资料的内容、必要时注明其时间和地点，一般置于图的下方中央位置。同一篇文章中有两个以上统计图时，标题前应有序号，便于引用和说明，如"图10-1"。

2. **标目** 分为纵标目和横标目，说明纵、横轴数字刻度的意义，一般有度量衡单位。

3. **图域** 即制图空间，除圆图外，一般用直角坐标系第一象限的位置表示图域。图形的长宽之比一般以5∶7（近似黄金分割比例）为宜。

4. **图例** 在同一图内不同组别指标间比较时，须对图中不同颜色或图案代表的不同组别指标进行注释。图例通常放在横标目与标题之间，如果图域部分有较大空间，也可以放在图域中。

5. **刻度** 即纵轴与横轴上的坐标。刻度可在内侧或外侧，刻度数值按从小到大书写，纵轴由下向上，横轴由左向右。绘图时按照统计指标值的大小，适当选择坐标原点和刻度的间隔。常用的刻度有算术刻度和对数刻度两种。

三、统计图的种类

常用的统计图有条图、直方图、茎叶图、圆图、百分条图、普通线图、半对数线图、散点图、箱式图、统计地图等。在实际应用中，根据不同的研究目的，还有一些特殊的统计图，如表达多个试验中心研究结果的森林图、生存分析中的生存曲线图、聚类分析的树形图、相关性分析中的热图和气泡图等。一般应根据资料的性质和分析目的选择适当的图形。以下仅介绍常用的统计图。

1. **条图（bar chart）** 又称直条图，用等宽直条的长短来表示相互独立的统计指标大小。统计指标既可以是绝对数，也可以是相对数或平均数。常用的条图有单式条图、复式条图。

（1）单式条图：表达一个分组因素不同水平的某一统计指标数量上的对比关系，如图10-1，分组因素为"地区"，有"甲地区""乙地区"两个水平，指标为"患病率"。

（2）复式条图：具有一个统计指标，两个分组因素，表达两个分组因素各自不同水平下的某一统计指标数量上的对比关系。如图10-2，第一个分组因素为"地区"，有"甲地区""乙地区"两个水平，第二个分组因素为"年份"，有"2020年""2025年"两个水平，指标为"患病率"。

绘制条图时应注意：①通常以横轴为基线，表示各分组，纵轴表示各分组所对应的值，一些情况下也可以将横纵轴交换。②纵轴的刻度必须从"0"开始，而且要等距，否则会改变各对比组间的比例关系。③各直条的宽度要相等，直条的间隔要等距，单式条图间隔的距离通常与直条的宽度相等或略小，复式条图各组之间的间隔同单式条图，同组直条间不留空隙，组内各直条排

基础链接 10-1
SPSS 软件演示条图绘制

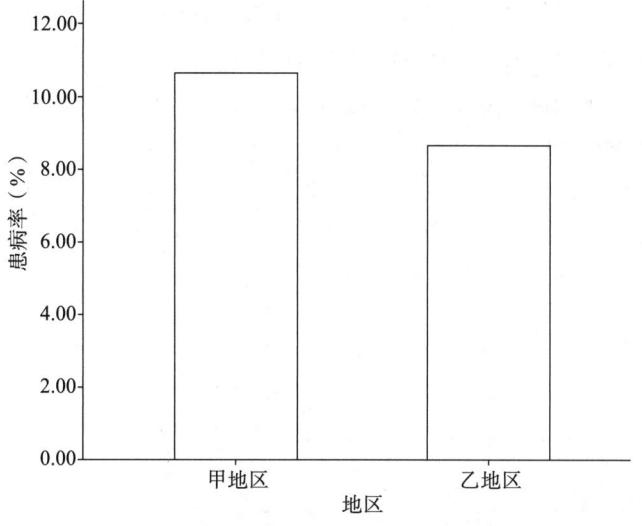

图 10-1 2020 年甲、乙两地区高血压患病率

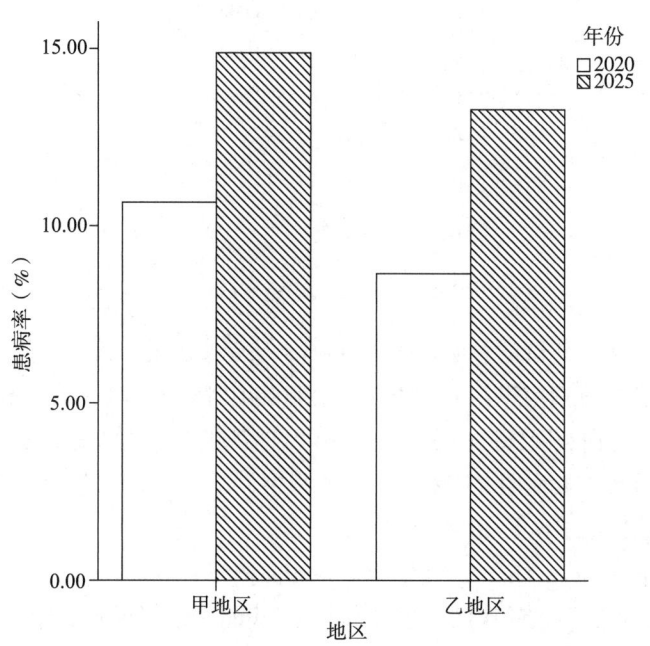

图 10-2 2020 年与 2025 年甲、乙两地区高血压患病率

列要前后一致。为了绘图的美观，条图还有其他的表现形式。例如径向直条图，由多个间隔等距的同心圆组成，从圆心出发多个方向不同长短的"直条"则代表各分组所对应的值。径向直条图一般通过 R 软件或其他统计分析软件进行制作，其表现形式更加具有美观性。

2. 直方图（histogram） 用直条矩形面积来表示连续变量的频数分布情况，直条矩形面积代表对应数据的频率或比例，各矩形面积总和为 1。根据例 6-1 健康成年男性血红蛋白含量资料所绘制直方图见图 6-1。

绘制直方图时应注意：纵轴的刻度必须从"0"开始，而横轴的刻度按实际范围制订；各矩形的高度为频数或频率，宽度为组距。如果各组段的组距不同，则需要调整各矩形的高度，调整后矩形高度 = 组段频数 / 组距。

3. 茎叶图（stem-and-leaf） 同直方图一样，也是描述连续变量的频数分布情况的统计图，但它将频数分布表的组段用实际数值取代，可以更直观地看到各个组的数值大小。数值分为两个部分：整数部分和尾数部分，整数部分形成图的"茎"，尾数部分形成图的"叶"。茎叶图的排列

基础链接 10-2
SPSS 软件演示直方图绘制

> 基础链接 10-3
> SPSS 软件演示茎叶图绘制

方式与频数分布表相似,每行由一个整数的茎和若干个叶构成。左边是茎的数值,茎宽一般标在图的下方。右边是叶,显示每个数的尾数数值,同样在图的下方标示每个叶代表几个实际观察值。茎叶图可以非常直观地显示数据的分布范围和形状。根据例 6-1 健康成年男性血红蛋白含量资料所绘制茎叶图见图 10-3。

```
频率        茎 & 叶
 2.00      8 . 68
 5.00      9 . 04566
 9.00     10 . 134556789
12.00     11 . 024457777889
16.00     12 . 0022335567888889
17.00     13 . 01222233445579999
14.00     14 . 00111356678999
12.00     15 . 000246778899
10.00     16 . 0145666668
 7.00     17 . 2345778
 5.00     18 . 02345
 1.00     19 . 2
茎宽:     10.00
每叶:      1 例
```

图 10-3 某地 110 名健康成年男性血红蛋白含量(g/dL)的频数分布茎叶图

4. 圆图(pie chart) 将圆的总面积作为 100%,表示事物的全部,而圆内各扇形面积表示全体中各部分所占的比例,适用于构成比资料。绘制圆图时注意:①一般以相当于时钟 12 点或 9 点的位置开始顺时针方向绘图,按构成比大小或者自然顺序排列各个扇形;②各组成部分用不同线条或颜色表示;③可简要注明文字和百分比。根据例 7-2 中某医院 2015 年肺癌不同期别患者死亡构成比资料所绘制圆图见图 10-4。

> 基础链接 10-4
> SPSS 软件演示圆图绘制

5. 百分条图(percentage chart) 将矩形直条的面积作为 100%,表示事物的全部,而其中各段面积表示全体中各部分所占的比例,适用于构成比资料。绘制百分条图时注意:①一般根据各部分所占百分比的大小或资料的自然顺序排列;②各组成部分用不同线条或颜色表示;③同一指

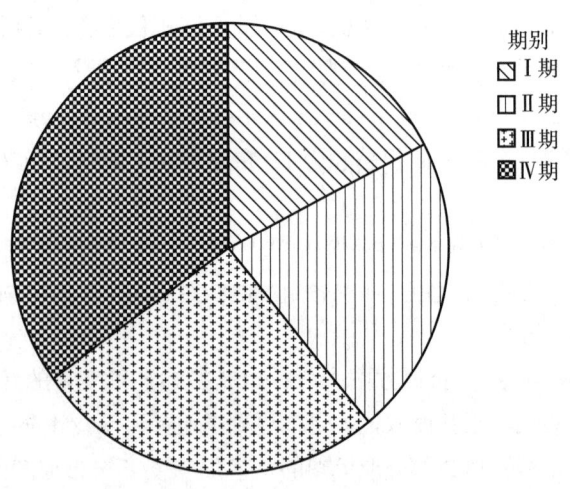

图 10-4 某医院 2015 年肺癌不同期别患者死亡构成比

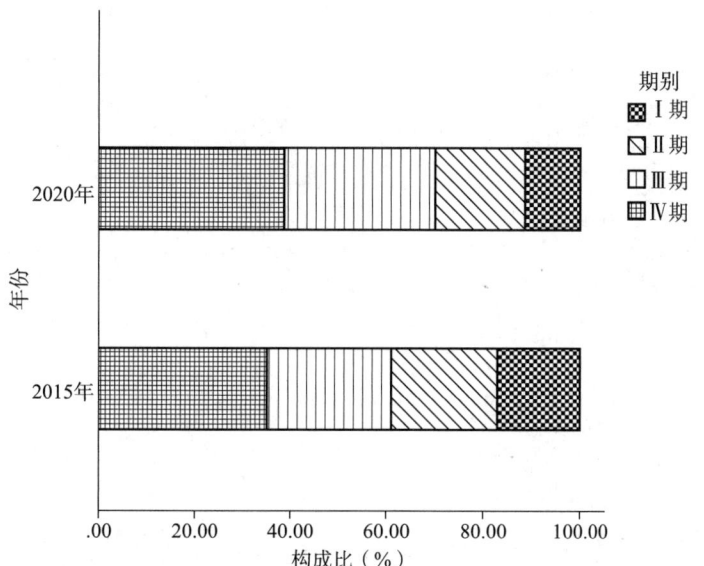

图10-5 某医院2015年与2020年肺癌不同期别患者死亡构成比

标分层相互比较时，可以绘制多个直条；④可在直条的各分段上标出百分比。根据例7-2中某医院2015年与2020年肺癌不同期别患者死亡构成比资料所绘制百分条图见图10-5。

6. 线图（line chart） 又称为普通线图，用线段的升降表示指标（变量）的连续变化情况，适用于描述一个变量随另一个变量变化的趋势，通常用于分组标志为连续性变量（如时间、年龄等）的资料。线图的纵坐标与横坐标均按算术尺度标记刻度。

绘制线图时注意：①横轴代表分组标志，纵轴代表统计指标。②横轴和纵轴的刻度都可以不从"0"开始。③用线段依次将相邻各点连接成折线，而不应将折线描成光滑曲线。④线图中若只有一条线条，称为单式线图，若有两条及以上的不同线段或颜色标记的线条，称为复式线图。对于复式线图，应给出不同线段或颜色各自所代表的"分组"，即图例。根据表10-3资料绘制的线图见图10-6。

表10-3 我国1991—2000年淋病和梅毒发病率（1/10万）

年份	淋病发病率	梅毒发病率
1991	7.28	0.07
1992	7.77	0.09
1993	9.17	0.11
1994	10.78	0.19
1995	11.66	0.54
1996	11.50	1.00
1997	13.77	1.77
1998	19.12	3.07
1999	22.78	4.90
2000	18.64	5.08

7. 半对数线图（semi-logarithmic linear chart） 是纵坐标为对数尺度（通常采用对数），横坐标为算术尺度的一种特殊形式的线图，适用于描述事物的发展速度。视觉上图10-6中1991—2000年淋病和梅毒发病率增加速度似乎相近，但表10-3数据显示梅毒发病率上升速度较淋病更快。可见，在不同组别某指标基础水平相差悬殊的情况下，普通线图难以准确表达和对比它们的变化速度。此时便可使用半对数线图（图10-7）。

8. 散点图（scatter plot） 用点的密集程度和变化趋势表示两指标之间的相互关系。图中的纵轴和横轴各代表一项指标，纵轴和横轴的起点不一定从"0"开始。根据例9-1中某高校10名一年级女大学生胸围与肺活量资料所绘制散点图见图10-8。

9. 箱式图（box plot） 是用于表达数值变量资料的集中趋势和离散趋势的统计图。图的中间横线表示中位数，箱体的长度表示四分位数间距，箱体的上沿和下沿分别是P_{75}和P_{25}。最外面

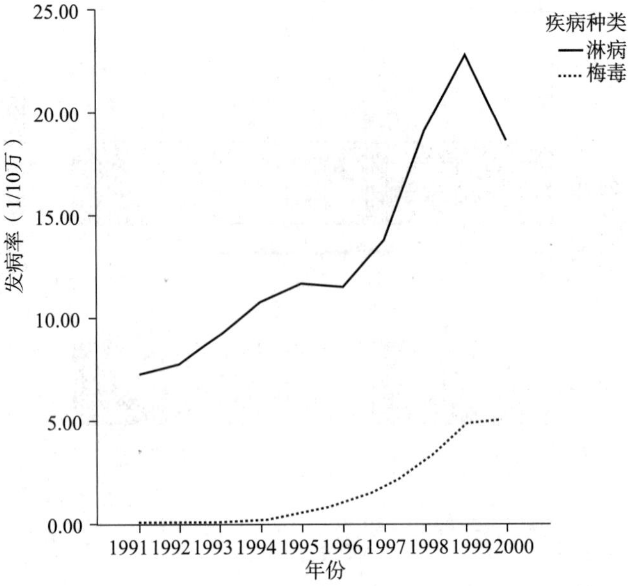

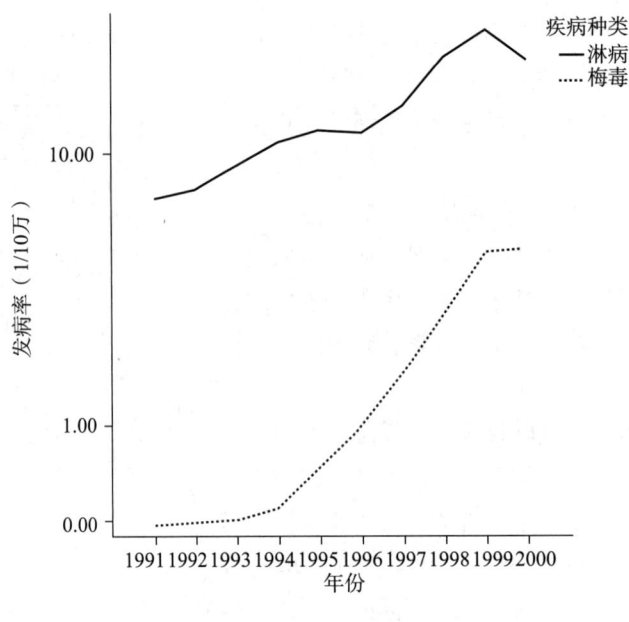

图 10-6 我国 1991—2000 年淋病和梅毒发病率普通线图

图 10-7 我国 1991—2000 年淋病和梅毒发病率半对数线图

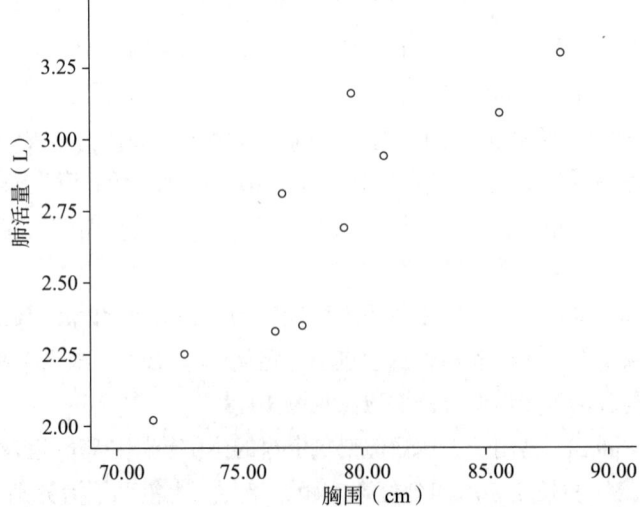

图 10-8 某高校 10 名一年级女大学生胸围与肺活量散点图

两端连线有两种表示方法：①表示最大值和最小值；②去除离群值后的最大值和最小值，对离群值另做标记。离群值可定义为大于 $P_{75} + 1.5Q$ 或小于 $P_{25} - 1.5Q$，其中 Q 为四分位数间距。根据例 6-1 健康成年男性血红蛋白含量资料所绘制箱式图见图 10-9。为了追求统计图的美观性，箱式图还有其他的表现形式。例如，在科研论文中经常出现的小提琴图、瓶状图、豆状图、海盗图等，均属于箱式图的"变形"，其图形都用于表达数值变量资料的集中趋势和离散趋势，一般采用 R 软件或其他统计分析软件来制作。

基础链接 10-9
SPSS 软件演示箱式图绘制

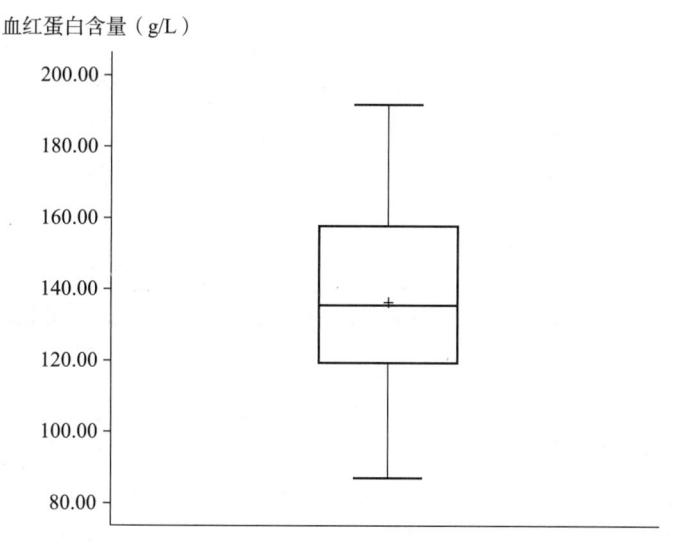

图 10-9　健康成年男性血红蛋白含量箱式图

10. 统计地图（statistical map）用不同的颜色和花纹表示某现象在地域或空间上的分布特征，适宜描述研究对象的地理分布。

绘制方法：一般用 ArcGIS 软件来制作。先绘制按行政区域或地理特征分区的地图，然后按各区域统计指标值分别标记不同颜色或花纹，并加上图例说明其意义。一般颜色或花纹的选择最好与指标数值增减趋势一致，如颜色由浅入深代表指标数值的增加。

（钟晓妮）

复习思考题

为探索某制药有限公司生产的拉呋替丁片治疗胃和十二指肠球部溃疡的疗效和安全性，某医师开展了随机双盲试验，将 240 例患者随机分为 A、B 两组，分别给予试验药物拉呋替丁片和对照药物法莫替丁片。主要疗效指标为总体症状改善评价，次要指标为血清胃泌素（其他指标略）。数据见下表。

多中心、随机双盲、平行对照评价拉呋替丁片有效性和安全性临床试验部分数据*

药物编号	组别	空腹血清胃泌素（ng/L）		总体症状改善
		给药前	停药后	
01	A	73.00	52.00	1
02	A	169.00	68.00	2

续表

药物编号	组别	空腹血清胃泌素（ng/L）		总体症状改善
		给药前	停药后	
03	B	377.00	190.00	3
04	A	66.42	36.24	1
05	B	115.65	56.21	1
…	…	…	…	…
230	B	65.95	34.26	1
231	B	126.35	56.74	1
232	A	37.39	20.58	3
233	A	68.62	32.17	1
234	B	116.45	52.37	2

注：* 240例受试对象中脱落6例；总体症状改善评价为 1=症状消失，2=显效，3=有效，4=无效。

请回答：

1. 下表的绘制有何不妥？请修改。

胃泌素水平	A组（n=116）		B组（n=118）	
	给药前	停药后	给药前	停药后
均数 ± 标准差	81.32 ± 60.53	47.51 ± 36.89	89.01 ± 62.75	74.85 ± 45.87
（最小值，最大值）	（18.89，389.00）	（10.89，266.78）	（18.00，388.12）	（14.72，308.90）
中位数	78.56	39.89	78.08	59.00
备注		A组脱落4例		B组脱落2例

2. 根据以下各分析目的及资料性质，分别应绘制什么图形？
（1）描述给药前受试者血清胃泌素的频数分布情况。
（2）描述A、B两组治疗前和治疗后血清胃泌素的中心位置和离散程度。
（3）描述治疗前和治疗后血清胃泌素的相互关系。
（4）描述A、B两组总体症状改善情况的构成。
（5）比较A、B两组的有效率。

网上更多……

本章小结　　开放性讨论　　自测题　　教学PPT　　微课

第三篇 流行病学的应用

第十一章 疾病的分布
第十二章 描述流行病学
第十三章 分析流行病学
第十四章 实验流行病学
第十五章 诊断性试验的研究与评价
第十六章 病因与病因推断
第十七章 疾病的预防控制

流行病学是研究人群中疾病与健康状况的一门学科。它的研究对象是人群；研究内容是疾病和健康的状况；主要任务是揭示现象，找出原因，提供措施；最终目的是防治疾病，促进健康。流行病学研究方法有描述流行病学、分析流行病学和实验流行病学及理论流行病学。流行病学的特点有：定性与定量的结合，宏观与微观的结合，动态与静态的结合，个体与群体的结合，疾病与健康的结合。流行病学是预防医学的主干学科，是一门应用科学和方法学。诸多行业利用流行病学的原理和方法来研究本学科的问题，从而形成了很多分支，如临床流行病学、药物流行病学、行为流行病学、健康流行病学、分子流行病学、遗传流行病学等。流行病学已被视为提高临床诊疗水平和现代病因研究的方法学科、疾病预防控制的应用学科、制定卫生政策的思维学科。

第十一章
疾病的分布

关键词

疾病的分布　　　疾病的群体现象　　　疾病频率测量指标
疾病流行强度

> 　　疾病的个体现象是临床表现，而疾病的群体现象就是疾病的分布（distribution of disease）。疾病的分布是指疾病事件（发病、患病、死亡等）在不同人群（人间）、不同时间、不同地区（空间）的存在状态及其发生、发展规律，在流行病学中简称"三间分布"。疾病的分布是描述流行病学的主要内容，是流行病学研究的起点和基础。
> 　　疾病在人群中的分布不是随机的，每种疾病都有其特有的分布规律和特征，而且疾病的分布是一个经常变化的动态过程描述。研究疾病的分布，不仅可以使临床医生了解患者个体的特征，同时了解疾病与健康的群体规律，做到"看到树木，也看到森林"，为临床诊断和治疗提供科学依据；也可以评价人群的健康水平，对社区和人群做出诊断；还可以发现疾病的危险因素及流行规律，为采取预防措施提供科学依据。历史上很多流行病学成就就是从研究疾病的分布开始，并深入探讨其原因获得的。

知识导图

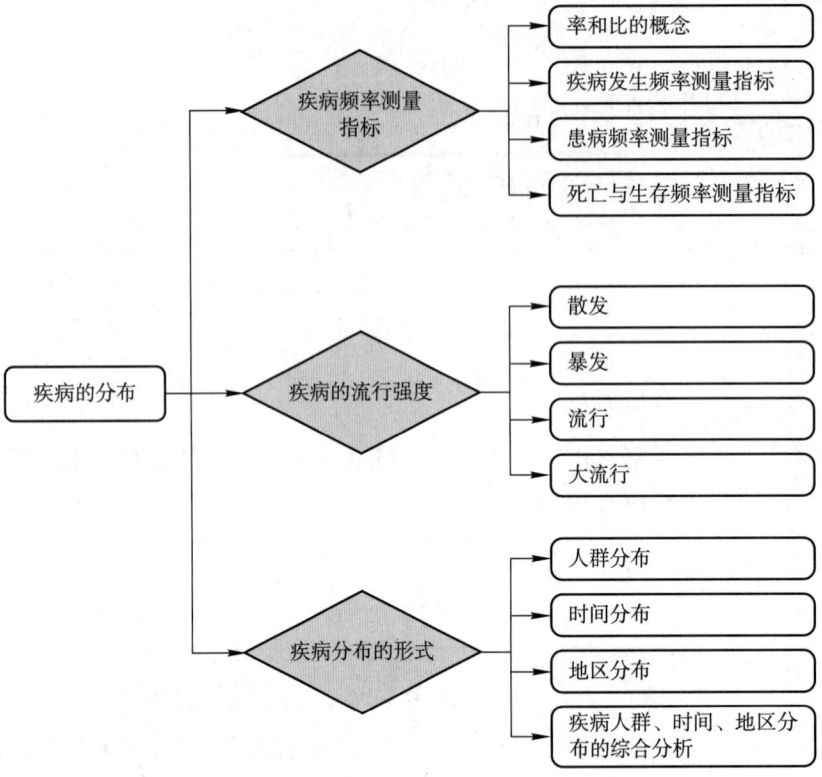

第一节 疾病频率测量指标

流行病学研究工作常涉及有关疾病和健康状况的测量，而且多趋向于定量的分析研究。流行病学研究这些疾病频率指标的正确测量和准确应用，可以为描述疾病分布、寻找和鉴别病因、疾病监测和评价防治措施效果打下坚实的基础。同样，临床医疗实践中所获得的一些信息也来源于群体观察的结果，这些结果也常用群体的数量来反映以进行相互比较、发现差异，指导诊断和治疗决策。

一、率与比的概念

（一）率

率（rate）是表示在一定的条件下，某现象实际发生的例数与可能发生该现象的总例数之比，用以说明单位时间内某现象发生的频率或强度。一般用百分率、千分率、万分率或10万分率来表示。

$$率 = \frac{某现象实际发生的例数}{可能发生该现象的总例数} \times K \quad (11-1)$$

式中 $K = 100\%$、$1\,000‰$、$10\,000/万$ 或 $100\,000/10万$。

（二）比

比（ratio）也称相对比，是表示两个数相除所得的值，说明两者的相对水平，常用倍数或百分数表示。

$$比 = \frac{甲指标}{乙指标} （或 \times 100\%） \quad (11-2)$$

甲、乙两个指标可以性质相同，也可以性质不同。

（三）构成比

构成比（proportion）表示事物内部各个组成部分占总体的比重，常用百分数表示。

$$构成比 = \frac{某事物内部某一部分的数量}{同一事物内部的整体数量} \times 100\% \quad (11-3)$$

在实际应用中应防止以构成比代替率，因为构成比是反映事物内部各组成部分的比重，并不能反映事物内部某一部分发生的频率或强度。

二、疾病发生频率测量指标

（一）发病率

发病率（incidence rate）是表示特定人群在一定时间内（一般为1年）发生某病新病例的频率。

$$发病率 = \frac{一定期间某人群某病新病例数}{同时期暴露人口数} \times K \tag{11-4}$$

式中 $K = 100\%$、$1\,000\permil$、$10\,000/万$ 或 $100\,000/10\,万$。

在流行病学研究中，发病率是一个非常重要的指标。

1. 分子分母的确定　在计算发病率时，要准确理解和计算分子和分母。

（1）新病例数：新病例是指在观察期间新发生的病例。对于流行性感冒、急性心肌梗死等急性病，其发病时间容易确定；而对于高血压、糖尿病、肿瘤等慢性疾病，其发病时间则难以确定，新旧病例容易区分，此时一般以首次确诊时间为发病时间。在观察期间内，如果同一个人发生一次以上同种疾病，如感冒一年内可患几次，则应分别计为几个新发病例数。

（2）暴露人口数：暴露人口必须符合两个条件：①必须是观察地区内、观察时间内的人群。②必须有可能患所要观察的疾病。例如，接受了预防接种而在观察期内肯定不会再患该病的人不能算作暴露人口；在研究女性疾病时，暴露人口只限于女性。若可能患某病的人群不易明确界定（如高血压等），则以全人群作为暴露人群。

2. 应用　在流行病学研究中，发病率是重要的指标之一。①发病率可用作描述疾病的分布。②发病率可反映疾病发生的比率。发病率的变化意味着病因因素的变化，这种变化既可以是某些自然发生的波动，也可以是采取有效措施的结果，因此，通过比较某病发病率的变化，可以探讨发病因素和评价防治措施效果。

（二）罹患率

罹患率（attack rate）与发病率一样是测量新发病例频率的指标，与发病率比较，区别在于罹患率常用来衡量人群中在较短时间内新发病例的频率。观察时间可以日、周、旬、月为单位，使用比较灵活，常用于疾病的流行或暴发时病因的调查。

（三）继发率

继发率（secondary attack rate，SAR）指在某些传染病最短潜伏期到最长潜伏期之间，易感接触者中发病的人数占所有易感接触者总数的百分率。

$$继发率 = \frac{潜伏期内易感接触者中新发病人数}{易感接触者总人数} \times 100\% \tag{11-5}$$

在一个家庭内、病房、集体宿舍、托儿所、幼儿园班组中第一个病例发生后，在该病最短与最长潜伏期之间出现的病例称为继发病例，也称二代病例。在进行继发率的计算时，须将原发病例从分子及分母中去除。

继发率可用于比较传染病传染力的强弱，分析传染病流行因素，包括不同条件对传染病传播的影响（如年龄、性别、家庭中儿童数、家庭人口数、经济条件等）及评价卫生防疫措施效果等。

三、患病频率测量指标

（一）患病率

患病率（prevalence rate）又称现患率或流行率，是指某特定时间内总人口中某病新旧病例所占的比值。与上述发病测量指标不同，患病率关注的不是疾病的发生而是疾病的存在状态。

$$患病率 = \frac{某观察期一定人群中某病新旧病例数}{同期平均人口数} \times K \quad (11\text{-}6)$$

$K = 100\%$、$1\,000‰$、$10\,000/万$ 或 $100\,000/10万$

由于计算患病率的特定时间长短不同,可将患病率分为时点患病率(point prevalence)和期间患病率(period prevalence)。时点患病率要求调查时间尽可能短,一般在1个月以内;调查时间超过1个月时用期间患病率。

1. **患病率与发病率、病程的关系** 当某地某病的发病率和该病的病程在相当长时间内保持稳定时,患病率、发病率和病程三者的关系是:

$$患病率(P) = 发病率(I) \times 病程(D) \quad (11\text{-}7)$$

患病率取决于两个因素,即发病率和病程。因此患病率的变化可反映出发病率的变化及疾病结局或两者兼有。例如由于治疗的改进,患者免于死亡但并未痊愈,这可能导致病程延长,患病率增高。患病率下降既可以是发病率的下降,也可以是患者恢复快或死亡快而导致病程短所致(图 11-1)。

图 11-1 发病率和患病率的关系

2. **影响患病率升高、降低的因素**

(1)影响患病率升高的因素:①各种原因导致病程延长;②发病率增高;③诊断水平提高;④报告率提高;⑤病例迁入。

(2)影响患病率降低的因素:①发病率下降;②由于患者恢复快或死亡快,导致病程缩短;③病例迁出。

3. **患病率与发病率的区别** ①患病率的分子是新旧病例,发病率的分子是新发病例;②患病率是衡量疾病的存在或流行情况,发病率是衡量疾病的出现情况;③患病率用于现况调查,发病率用于分析性研究。

4. **应用** 患病率通常用来表示病程较长的慢性疾病发生或流行情况,如冠心病、肺结核等。这可为医疗设施规划、估计医院床位周转、卫生设施及人力的需要量、预防措施的效果、医疗质量的评估和医疗费用的投入等提供科学的依据。

(二)感染率

感染率(infection rate)是指在检查人群中某病现有感染人数所占的比例。感染率的性质与患病率相似,主要用于隐性感染率较高的疾病的研究。

$$感染率 = \frac{受检者中阳性人数}{受检人数} \times 100\% \quad (11\text{-}8)$$

流行病学工作中对这一指标的应用甚为广泛，常用于研究某些传染病或寄生虫病的感染情况和防治工作的效果，估计某病的流行形式，也可为制定防制措施提供依据。感染率是评价人群健康状况常用的指标，特别是对隐性感染、病原携带及轻型和不典型病例的调查较为常用。

四、死亡与生存频率测量指标

（一）死亡率

死亡率（mortality rate）是指某人群在一定期间内（一般为1年）的总死亡人数与该人群同期平均人口数之比。

$$死亡率 = \frac{某期间内（因某病）死亡总数}{同期平均人口数} \times K \quad （11-9）$$

$K = 100\%$、$1\,000‰$、$10\,000/万$或$100\,000/10万$。

一般用年中人口数或用年初人口数加年终人口数除以2作为年平均人口数。计算时应注意分母必须是与分子相应的人口数。

死于所有原因的死亡率是一种未经过调整的率，也称粗死亡率（crude death rate）。死亡率反映一个人群总的死亡水平，是衡量人群因病伤死亡危险大小的指标，是一个国家或地区卫生、经济和文化水平的综合反映。

不同地区、年代死亡率的比较，人口构成不同时，需要先对死亡率进行标化。死亡率也可按不同特征分别计算死亡专率，如按疾病的种类，人群的年龄、性别、职业等分类计算。死亡专率中婴儿死亡率至关重要。

（二）婴儿死亡率

婴儿死亡率（infant mortality rate）是指某地区某年内未满1周岁婴儿死亡数与该地区同年内活产婴儿数的比值。

$$婴儿死亡率 = \frac{某地区某年未满1周岁婴儿死亡数}{该地区同年活产婴儿数} \times 1\,000‰ \quad （11-10）$$

婴儿死亡率一般用千分率表示，未满1周岁的婴儿对外界抵抗能力较弱，因此，婴儿死亡率可反映某地区某年的经济发展状况、婴儿健康状况、医疗卫生服务能力等。

（三）5岁以下儿童死亡率

5岁以下儿童死亡率（under-five mortality rate）是指某地区某年5岁以下的儿童死亡数与该地区同年活产数之比。

$$5岁以下儿童死亡率 = \frac{某地区某年5岁以下儿童死亡数}{该地区同年活产数} \times 1\,000‰ \quad （11-11）$$

5岁以下儿童死亡率常以千分率表示，反映某地区某年儿童健康和死亡水平，同时可以反映出该地区的医疗卫生水平和经济发展状况。

（四）孕产妇死亡率

孕产妇死亡率（maternal mortality rate）是指某地区某年育龄妇女从妊娠期至产后42天内，由于妊娠或妊娠处理有关的原因（不包括意外原因）导致的死亡人数与同年活产数之比。

$$\text{孕产妇死亡率} = \frac{\text{某地区某年孕产妇死亡数}}{\text{该地区同年活产数}} \times 1\,000\text{‰} \qquad (11\text{-}12)$$

孕产妇死亡率可反映某地区的医疗卫生保健服务水平,也是评价一个地区妇幼保健工作的重要指标。

(五)病死率

病死率(fatality rate)表示一定时间内患某病的人群中因该病而死亡者的比值。

$$\text{病死率} = \frac{\text{某时期内因某病死亡人数}}{\text{同期患某病的人数}} \times 100\% \qquad (11\text{-}13)$$

病死率表示确诊疾病的死亡概率,可表明疾病的严重程度,也可反映医疗水平和诊断能力,通常多用于急性传染病,较少用于慢性疾病。一种疾病的病死率可因病原体、宿主和环境之间的平衡发生变化而变化。用病死率作为评价不同医院的医疗水平时,要注意可比性。

(六)生存率

生存率(survival rate)又称存活率,是指在随访期末仍存活的病例数与随访病例的总数之比。

$$\text{生存率} = \frac{N\text{年存活的病例数}}{\text{随访满}\,N\,\text{年的病例数}} \times 100\% \qquad (11\text{-}14)$$

生存率是测量疾病严重程度和考核治疗措施效果的指标,可用于评价慢性疾病(如肿瘤、心脑血管疾病、结核病等)的远期疗效。

研究存活率必须有随访制度,确定起算时间及结算时间。一般以确诊日期、手术日期、住院日期为起算时间。结算时间通常以5年计算,即5年存活率。也可以10年计算,称为10年存活率。

> 基础链接 11-1
> 疾病负担及其测量指标

第二节 疾病的流行强度

疾病的流行强度是指某病在某地一定时期内发病数量的变化及其特征,反映疾病的社会效应。描述疾病流行强度的术语有散发、暴发、流行和大流行。

一、散发

散发(sporadic)是指某病在一定地区的发病率维持在历年的一般发病水平,且病例间无明显联系。散发所指的地区一般是指区、县以上的范围,不适于小范围人群。确定散发时多与此前3年该病的发病率进行比较。

疾病分布出现散发的原因如下:①该病在当地常年流行或因预防接种的结果使人群维持一定的免疫水平,而出现散发。如麻疹流行后,易感人数减少或因接种麻疹疫苗后人群中具有一定的免疫力,而出现散发。②以隐性感染为主的疾病,可出现散发,如脊髓灰质炎、乙型脑炎等。③传播机制不容易实现的传染病也可出现散发。如个人卫生条件好时,人群中很少发生斑疹伤寒。④某些长潜伏期传染病也容易出现散发，如麻风。

二、暴发

暴发（outbreak）指在集体单位或居民区短时间内突然发生许多症状相似的病例的现象。患者多有相同的传染源或传播途径。大多数患者常出现在该病的最长潜伏期内。暴发的原因主要是通过共同的传播途径而感染或有共同的传染源。例如，集体食堂的食物中毒或幼儿园中的麻疹暴发。

三、流行

流行（epidemic）是指某地区某病发病率明显超过历年的散发发病率水平的现象。流行与散发是相对的流行强度指标。不同时间、不同地点及不同病种流行的实际水平有很大差别。

四、大流行

大流行（pandemic）是指某病发病率显著超过该病历年发病率水平，疾病蔓延迅速，涉及地区广，可跨越一省、一国或一洲，形成世界性流行。如流行性感冒和霍乱，历史上曾发生过多次世界性大流行。

第三节　疾病分布的形式

疾病的流行特征通过疾病在不同人群、不同时间、不同地区的分布得以表现。流行特征是病因在特定的人群、时间、空间中不断得以实现的结果，是流行过程的可见形式。对于病因已知的疾病，流行特征是判断和解释病因的根据；对于病因未明的疾病，流行特征是病因的外在表现，是形成病因假设的重要来源。所以，不论是描述性还是分析性的流行病学研究，最初的着眼点和着手处都在于疾病的流行特征。

一、疾病的人群分布

在不同年龄、性别、职业、种族、阶层、婚姻状况、家庭情况和行为特征的人群中，疾病的发病率常有显著差别。导致这种差别的原因主要有宿主的遗传、免疫、生理及暴露机会等。研究疾病的人群分布特征有助于探讨病因和流行因素，明确高危人群。

（一）年龄

年龄是人群分布中最重要的因素。由于不同年龄人群有不同的免疫水平、不同的生活和行为方式，其对危险因子的暴露机会亦不同；另外，不同的疾病其潜伏期不同，因此，几乎所有疾病的发病和死亡都与年龄有关。

一般来说，慢性疾病发病率有随年龄增长而增加的趋势。恶性肿瘤的发病率一般均随年龄的增长而增加，但白血病则在儿童期和老年期分别有两个发病高峰；在不同年龄组所患的心脑血管疾病的种类不同，如儿童时期以先天性心脏病为主，青少年主要为风湿性心脏病，青壮年则多患心肌炎，而高血压性心脏病、肺源性心脏病、冠心病及脑卒中等则随年龄的增长患病率增加。对于传染病，随年龄的增长发病率有减少的趋势。婴幼儿很容易患急性呼吸道传染病。母亲体内的抗体在胚胎时期可传给胎儿，直到出生后最初 6 个月都可使其具有预防传染病的作用，到学龄时其水平达最低。在抗传染病的预防接种前，某些急性呼吸道传染病如麻疹、百日咳、腮腺炎等主要发生于婴幼儿，由于在人群中预防接种的程序不断发展，免疫形式也在发生变化，所以感染的年龄模式也随之不断变化。图 11-2 显示加利福尼亚脑炎高峰见于学龄前儿童，而麻疹和腮腺炎见于学龄儿童，风疹则常见于青少年，军团病多见于老年人。

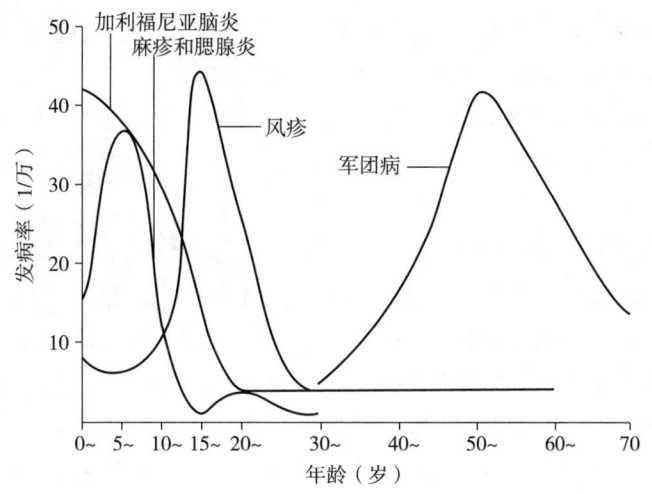

图 11-2 几种传染病年龄分布曲线

1. 疾病年龄分布的分析方法

（1）横断面分析（cross-section analysis）：这种方法主要用于分析同一时期不同年龄组或不同年代各年龄组的发病率、患病率或死亡率的变化。多用于某时期传染病或潜伏期较短疾病的年龄分布分析。对于慢性疾病和非传染性疾病来说，这种方法不能正确显示致病因素与年龄的关系。

基础链接 11-2
疾病年龄分布的分析方法

（2）出生队列分析（birth cohort analysis）：这种方法主要用于分析不同出生年份的群体在不同年龄上的分布和趋势。同一时期出生的一组人群称为出生队列，对其随访若干年，观察其发病情况。这种利用出生队列资料将年龄分布和时间分布结合起来的方法即为出生队列分析。这种方法对于评价疾病的年龄分布的长期变化趋势和提供病因线索方面具有重要意义。此外，这种方法可以明确显示致病因素与年龄的关系。

2. 疾病年龄分布出现差异的主要原因

（1）暴露方式：如钩端螺旋体病的稻田型和洪水型流行时，以青壮年发病多，而雨水型流行时则儿童发病多。

（2）暴露机会：如在偏僻的农村，由于居住分散，人员交往不频繁，受呼吸道病原体感染的机会较少，因而平时发病较少，一旦有传染源传入该地，或该地人群进入城市，则各年龄组都可发病。

（3）机体的免疫状况：在普遍接种白喉类毒素和麻疹疫苗之前，这两种疾病都是儿童多发，但在普遍接种相应疫苗以后，一些地区的发病年龄明显后移，其他疾病亦有类似表现；当某地引入一种新的疾病并导致流行时，各年龄组均可发病；如果某病在一个地区经常存在并反复流行，则将表现为儿童高发，如流行性乙型脑炎在日本的流行情况就是如此。

3. 研究疾病年龄分布的主要目的

（1）从年龄分布确定某疾病的高危人群、需要采取预防措施（如预防接种）的重点对象及强化免疫接种的时间等。

（2）探索病因和流行因素，当年龄发病专率出现双峰时应考虑不同的病种或同一疾病的不同致病因素。

（3）分析传染病发病的年龄分布动态，可了解人群免疫状态的变化。

（4）制定预防措施并评价其效果。

（二）性别

多数疾病的发病率都有一定的性别分布差异，但有些差异较大，有些差异较小，有些差异在不同地区可有不同的表现。疾病分布出现性别差异的原因如下。

1. 男女接触或暴露致病因素的机会不同　传染病发病率的性别差异主要是由于暴露机会不同造成的。如血吸虫和钩端螺旋体常因男性下田劳动接触疫水机会较多，所以一般男性感染高于女性。

除乳腺癌和宫颈癌外，大多数癌症的死亡率都是男性高于女性，死亡率性别差异明显的癌症主要有膀胱癌、胃癌、肝癌、肺癌及食管癌等。全国肺癌的男女死亡率比约为2∶1，云南个旧锡矿为13.23∶1，在云南宣威地区则为0.99∶1，这可能主要是男女接触致癌因子的机会不同的缘故。因为个旧锡矿有矿尘暴露的多为男性矿工，而宣威肺癌的主要危险因素是燃煤造成的大气污染，以家务劳动为主的女性在室内暴露的机会更大。

2. 与男女的解剖、生理特点及内分泌代谢等有关　克山病和地方性甲状腺肿等地方病的发病表现为女多于男，这可能与女性因为妊娠、哺乳及其他特殊生理活动对硒及碘的需要量增加，造成相应微量元素的供应相对不足有关。另外，胆囊炎和胆石症也是女性高发，这亦可能与女性某些生理特点有关。

（三）种族与民族

不同种族与民族人群之间疾病发生频率可有明显差异。造成差异的原因主要包括三个方面。

1. 遗传因素。

2. 生活和风俗习惯　如信仰伊斯兰教民族，男童一律行包皮环切术，男性阴茎癌的发病率很低。

3. 民族定居点所处的自然和社会环境　如食管癌具有明显的民族分布特点，我国以哈萨克族最高，其次为回族、维吾尔族、蒙古族，而苗族最低，这种民族聚集性可能与其环境条件和生活习惯关系密切。

流行病学调查发现，美国黑种人多死于高血压性心脏病、脑血管意外、结核、梅毒、犯罪和意外事故；而白种人则死于血管硬化性心脏病、自杀和白血病者较多。我国乙型肝炎病毒感染率以藏、瑶、汉族较高，而黎、维吾尔族则较低。多数疾病的种族与民族分布的原因尚需探讨。

（四）职业

许多疾病的发生与职业有密切关系，研究职业与疾病的关系时应主要考虑以下几个方面。

（1）不同职业的工作人员暴露于职业环境中的某些有害因素不同。如暴露于二氧化硅（SiO_2）的碎石工人和煤矿工人易患矽肺，生产联苯胺的工人易患膀胱癌，饲养员、屠宰工人及皮毛加工工人易患炭疽和布鲁氏菌病等。

（2）不同职业人群的体力劳动强度和精神紧张度不同，这些因素也将影响某些疾病的发生。如脑力劳动者的冠心病和高血压发病率高，而飞行员和汽车司机则易患高血压和消化性溃疡。

（3）劳动者所处的社会经济地位和所享有的卫生服务水平不同，而这些因素对某些疾病的发生有影响。如英格兰和威尔士地区的调查结果提示，专业技术员的年龄调整死亡率及所生婴儿的死亡率均比其他人员低。由此可见，职业对疾病发生的影响是多方面的。

（五）婚姻与家庭

婚姻状况不同者健康状况常有很大的差别。国内外的许多研究证实，离婚者全死因死亡率最高，丧偶及独身者次之，已婚者最低，可见离婚、丧偶对精神、心理和生活状况有明显影响，是导致发病率或死亡率增高的主要原因。婚姻状况对女性健康的影响尤为明显，如婚后的性生活、妊娠、分娩、哺乳等对女性健康均有影响。

家庭是社会组成的一部分，随着社会的发展、时代的进步，家庭的组成形式及其成员也在发生变化，这将影响疾病在家庭内的分布。研究疾病的家庭集聚现象及其规律，不仅可了解遗传因素与环境因素在发病中所起的作用，同时还可以阐明疾病的流行特征，评价防疫措施的效果。

（六）行为生活方式

不良行为生活方式是影响人们健康的重要因素。目前已公认，不良行为生活方式可导致许多疾病的发病率增加，尤其是与慢性非传染性疾病的发病率有直接关系。例如，长期吸烟与慢性支气管炎及肺癌的发病有密切关系，也是心血管疾病的主要危险因素。其他不良行为生活方式，如吸烟、酗酒、吸毒、静态工作方式、饮食不当、缺乏体育锻炼和不良性行为等均对人类健康有重要影响。

（七）其他（流动人口和宗教信仰）

流动人口可能成为传播传染病的因素。当人们移动到新的地理区域，他们可能会带来疾病，并在新地区传播给当地人口，这可能导致疾病在新地区的暴发。此外，流动人口也可增加疾病传播的速度，引入新疾病，影响健康政策和干预措施的实施等。

宗教信仰对人群生活方式会产生一定的影响。如伊斯兰教信徒不食猪肉，因此免除感染猪肉绦虫的危险。如基督教的某些派别，鼓励禁止吸烟，这导致在这些宗教团体中，吸烟率较低，从而降低了与吸烟相关的疾病（如肺癌和心脏病）的风险。

二、疾病的时间分布

疾病随时间而不断变化是一个动态的过程。其变化形式包括短期波动、季节性、周期性和长期变异。分析疾病的时间分布特点，亦能探索某些病因和流行因素的线索。

（一）短期波动

在一定的范围内，短时间内某病的发病人数突然大量增多的现象称为短期波动（rapid

fluctuation）。短期波动有时也称为暴发，一般前者指较大范围，后者指较小范围。短期波动或暴发一般是因为短时间内大量人员接触同一致病因子所致。由于不同个体的潜伏期不同，发病有先有后，但若共同暴露是一次性的，则大多数病例的发病日期集中在最短和最长潜伏期之间，发病高峰与该病的平均潜伏期基本一致。因此，一般可从发病高峰日推算暴露时间，从而找出其原因。若为多次暴露或持续暴露，则流行将持续一段时间。

（二）季节性

季节性（seasonality, seasonal variation）是指疾病的发生率随季节而变化的现象。季节性有两种表现形式。

1. 季节性升高　一年四季均可发生，但在一定月份其发生率升高。如呼吸道、肠道传染病一年四季均有发生，但呼吸道传染病一般在冬春季发病率高，肠道传染病在夏秋季发病增多。少数非传染病的发生亦有季节性，如花粉热多发生在春夏之交，而脑卒中则在冬季高发。

2. 严格季节性　一年中仅有某些季节有某病发生。虫媒传染病常表现有严格的季节性，如流行性乙型脑炎在我国华中、华东和华北均表现有严格的季节性，这主要是因为乙型脑炎病毒在媒介昆虫体内繁殖及蚊虫本身的滋生活动均需在一定的温度条件下才能进行。

造成疾病季节性的原因复杂，受到气象条件、昆虫媒介、风俗习惯及生产、生活活动等因素的影响。研究疾病的季节性变异有利于探索病因和流行因素，并能提前采取防治措施。

（三）周期性

周期性（periodicity）是指疾病频率按照一定的时间间隔有规律地发生流行。在无有效疫苗应用之前，多数呼吸道传染病都具有周期性。如麻疹在城市表现为2年一次流行高峰，流行性脑脊髓膜炎7～9年流行一次，甲型流感2～3年小流行一次。通过有效的疫苗接种，则可打破周期性，如麻疹的流行高峰已不复存在。

图11-3显示，1950—1979年连续30年间保定市每9年出现一次有规律的流行性脑脊髓膜炎流行，1980—1988年采取相应的预防接种措施后，其发病率明显降低，呈散发。

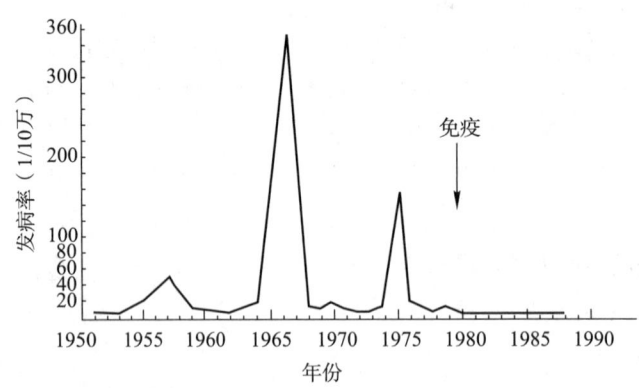

图11-3　保定市1950—1988年流行性脑脊髓膜炎发病率

疾病呈现周期性的原因有以下几点。

（1）该病的传播机制容易实现。

（2）病后可形成较为稳固的免疫。

（3）由于新生儿的累积，使易感者的数量增加。

（4）病原体的抗原发生变异，使原来的免疫人群失去免疫力。

（四）长期变异

有些疾病经过一个相当长的时间后，其发生率、感染类型、病原体种类、宿主及临床表现等方面均发生了很大变化，这种现象称为长期变异（secular change）。如近年传染病的发生出现了许多新的动向，多重耐药结核杆菌的出现及由此导致的发病率回升，O139型霍乱的发现与传入，性病的死灰复燃，O157大肠埃希菌不断引起暴发，新的肝炎病毒不断出现，伤寒和肾综合征出血热的临床表现轻症化等。在慢性疾病中，肺癌的发生率有不断升高的趋势，而风湿热及风湿性心脏病的发病率有下降趋势。表11-1表明我国疾病死亡谱的长期变化趋势。这种变化反映了从过去到现在疾病致病因素和防制对策的综合作用。

表 11-1 我国部分城市前 5 位死因变化（1957—2009 年）

位次	1957 年	1963 年	1975 年	1985 年	1995 年	2009 年
1	呼吸系统疾病	呼吸系统疾病	脑血管疾病	心脏病	脑血管疾病	恶性肿瘤
2	急性传染病	恶性肿瘤	心脏病	脑血管疾病	恶性肿瘤	脑血管疾病
3	肺结核	脑血管疾病	恶性肿瘤	恶性肿瘤	心脏病	心脏病
4	消化系统疾病	肺结核	呼吸系统疾病	呼吸系统疾病	呼吸系统疾病	呼吸系统疾病
5	心脏病	心脏病	消化系统疾病	消化系统疾病	损伤和中毒	损伤和中毒

疾病长期变异的原因可能是社会生活条件的改变，医疗技术的进步，自然条件的变化，生产、生活习惯的改变及环境污染等因素导致致病因子和宿主发生变化。研究疾病长期变异的趋势，探索导致变化的原因，可为制定中长期疾病预防战略提供理论依据。

三、疾病的地区分布

多数疾病的发生都因各种原因或多或少存在地区差异。因此，研究疾病的地区分布常可提供有关疾病的病因及流行因素的线索。

研究疾病的地区分布时，有两种地区划分的方法。一是按行政区域划分，如世界范围内以国家、区域、洲或半球为单位，国内按省、市、县、乡等为单位，这种划分方法比较容易获得完整的人口数及发病与死亡的资料，而且便于开展工作，但不利于研究自然环境的可能作用；另一种是按自然环境划分，如山区、平原、河流等，这种方法有利于研究自然环境的影响。

研究疾病地区分布的方法，可根据实际情况选择统计图和统计表。图包括标点地图、地区分布图或传播蔓延图等，表即不同地区的发病率、患病率或死亡率的表。地区间率的比较需作率的标准化。

（一）疾病在国家间与国家内的分布

有些疾病只发生在一定的国家或地区，表现有严格的地区分布。例如，黄热病的分布与埃及伊蚊的分布相一致，主要见于非洲和南美洲；肾综合征出血热只发生在有特定的宿主黑线姬鼠活动的地区，日本国内无黑线姬鼠，因而没有肾综合征出血热发生；我国血吸虫病的发生只限于有钉螺滋生的长江流域及其以南地区。这种严格的地区分布主要受病原媒介或储存宿主分布的影响。有些疾病的分布可能由特定的地理环境或人文风俗所决定。

有些疾病全球都可发生，但其分布并不均衡。例如胃癌在日本最多，男性胃癌年龄调整死亡率在日本大阪为 100.2/10 万，塞内加尔为 3.7/10 万。食管癌在我国北方多于南方，而北方又以太行山地区的山西、河南及河北三省交界处为圆心，死亡率以同心圆向周围扩散，逐渐降低。

（二）疾病的城乡分布

许多疾病都表现出城乡差异。城市的特点是人口稠密、居住拥挤、交通方便、环境污染严重及工作紧张，因此呼吸道传染病在城市易于传播，如流行性感冒、流行性脑脊髓膜炎、水痘、百日咳等常易在城市发生。同时，一些慢性疾病（如肺癌）和伤害（如车祸）等也在城市高发。农村的特点与城市相反，人口稀疏、交通不便、卫生条件相对较差，呼吸道传染病不易于流行，但一旦有传染源传入，则易引起暴发。而肠道传染病、寄生虫病及农药中毒等发病率农村显著高于城市。另外，农村由于乡镇企业的发展，大量的有毒、有害物质排出，加之没有健全的劳动保护，致使农民慢性中毒者与日俱增。

（三）地区聚集性

疾病的地区聚集性（endemic clustering）是指某地区某种疾病的发病率、患病率高于周围地区的现象。这种现象可能受到多种因素的影响，包括环境、社会、人口特征和生活方式等。

1. 地方性（endemic） 是指由于自然环境和社会因素的影响而使一些疾病在某一地区的发病率经常较高或只在该地区存在。一般有以下三种类型。

（1）统计地方性：由于生活习惯、卫生条件或宗教信仰等因素导致疾病分布的地方性称为统计地方性，这种情况与当地的自然条件无关。例如，由于某地的卫生条件差、卫生习惯及饮用水不佳，而导致痢疾及伤寒等肠道传染病经常在该地流行。

（2）自然地方性：若某病的地方性与该地的自然环境密切相关，这种地方性称为自然地方性。自然环境的影响大致有两个方面，一方面由于某种自然环境适于某种病原体的发育或其传播媒介的生存，如血吸虫的中间宿主钉螺分布有严格的地方性，故血吸虫病亦只在这类地区流行；另一方面是自然环境中的微量元素与某些疾病关系密切，如土壤中缺碘可导致甲状腺肿流行，高氟地区则可有地方性氟中毒流行等。

（3）自然疫源性：一些疾病的病原体不依靠人而能在自然界的野生动物中绵延繁殖，只有在一定条件下才传染给人，这种现象称为自然疫源性，具有自然疫源性的疾病，称为自然疫源性疾病，这类疾病流行的地区称为自然疫源地。如鼠疫、森林脑炎及恙虫病等都属于自然疫源性疾病。

2. 输入性疾病（imported disease） 是指在一个地理区域中没有本地传播而是由外地引入的疾病。这些疾病通常是由已经感染的个体或疾病媒介（如昆虫）从其他地区引入的。输入性疾病可以对健康系统和当地人口产生重要影响。

（四）地方性疾病

地方性疾病（endemic disease）是指在特定地理区域内相对稳定且发病率较高的疾病，而在其他地区相对较为少见。这些疾病的分布通常受到地理、环境、气候、人口特征和生活方式等因素的影响。

四、疾病人群、时间、地区分布的综合分析

(一) 三间分布实例

在流行病学描述性研究中,常常对疾病或健康事件的人群、时间、地区的分布进行描述,从而全面获取病因线索,提供病因假设,为制定卫生政策提供依据。一项研究综合分析了2013—2017年徐州市非结核分枝杆菌感染的三间分布情况。从时间分布来看,随着年份的增加,非结核分枝杆菌感染率呈上升趋势,绝对增长量中累计增长量与逐年增长量均为正值(表11-2)。从年龄分布来看,非结核分枝杆菌感染率的年龄分布呈现双峰分布,26~36组和66~76组感染人数最多。从地区分布来看,各个地区感染率大致相同。结果提示,细菌耐药性的控制及感染率较高的年龄组人群的机体免疫状况需要更大的关注。

表11-2 徐州市非结核分枝杆菌感染人数的时间分布

年份	感染人数(例)	绝对增长量		发展速度(%)		增长速度(%)	
		累计	逐年	定基比	环比	定基比	环比
2013	8	—	—	100.00	100.00	—	—
2014	10	2	2	125.00	125.00	25.00	25.00
2015	11	3	1	137.50	110.00	37.50	-15.00
2016	13	5	2	162.50	118.18	62.50	8.18
2017	28	20	15	350.00	215.38	250.00	97.20

(二) 移民流行病学

在实际工作中,常常需要对疾病的三间分布进行综合描述,这样可获得有关病因的线索和流行因素的丰富信息,有利于提出病因假设。移民流行病学是进行综合描述的一个典型。

移民流行病学(migrant epidemiology)是通过观察某种疾病在移民人群、移入地区居民及原居住地区居民中的发病率或死亡率的差别,以探讨该病病因与遗传和环境因素的关系。常用的判断原则如下。

(1) 若某病在移民人群中的发病率或死亡率与原居住地区的人群不同,并接近于移入地区居民的发病率或死亡率,则该病的病因是以环境因素为主。如日本人移居美国后,日本移民的胃癌发生率明显低于日本本土居民的发病率并接近美国当地人的水平,因而认为胃癌的病因可能主要与环境有关。

(2) 若某病在移民人群中的发病率或死亡率与原居住地区人群相同,而与移入地区居民不同,则该病的病因可能是以遗传因素为主。如中国人移居美国后,移民的鼻咽癌发病率仍比当地的美国人高,而与中国本土居民相似,因而认为鼻咽癌的发生与遗传关系密切。

具体应用移民流行病学方法时,还应考虑移民人群的生活条件和生活习惯的改变,以及不同国家的社会经济、文化及医疗卫生水平的差异等。

(杨树满)

复习思考题

1. 移民流行病学分析的原则是什么？
2. 影响患病率升高和降低的因素有哪些？
3. 发病率与患病率的区别有哪些？

网上更多……

　本章小结　　开放性讨论　　自测题　　教学 PPT　　微课

第十二章
描述流行病学

关键词

描述流行病学　　现况研究　　普查　　抽样调查　　偏倚

> 描述流行病学又称为描述性研究，是流行病学研究中最基本、最常用的一类方法，主要用来描述人群中疾病或健康状况及暴露因素的三间分布情况，为进一步研究提供病因线索，是分析性研究的基础。描述性研究主要包括现况研究、生态学研究、病例报告、病例系列分析、个案研究、历史资料分析、随访研究等。本章主要介绍现况研究。

知识导图

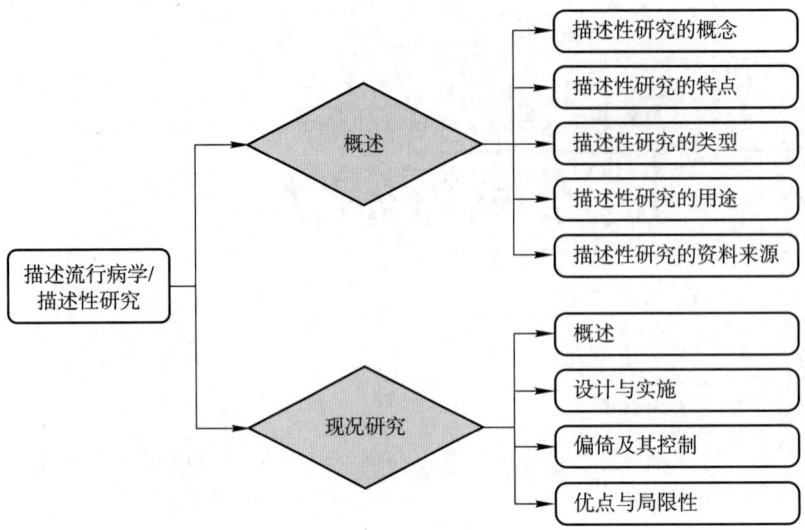

第一节 概述

一、描述性研究的概念

描述性研究（descriptive study）是利用常规监测记录或专门调查获得的资料，按照不同地区、不同时间和不同人群特征，描述疾病或健康状况及暴露因素的分布情况，通过比较分析提出病因假设，为进一步研究提供病因线索，还可用来确定高危人群，评价预防措施的效果等。

二、描述性研究的特点

描述性研究在揭示暴露与疾病因果关系的过程中是最基础的步骤，相对于其他类型的流行病学研究，描述性研究有以下特点。

1. 属于观察性研究　描述性研究以观察为主要研究手段，不对研究对象施加任何干预措施，仅通过对历史资料或现况调查资料的描述，真实地展现疾病或健康状况及暴露因素的分布特点。

2. 研究开始时一般不设对照组　描述性研究一般没有事先设计好的对照组，即使在研究后期可以根据所收集资料的特征进行对比分析，也不如分析性研究那样严密，因此，描述性研究一般不能直接验证病因假设，但可以为后续研究提供线索。

3. 暴露与结局的时序关系无法确定　描述性研究在确定暴露与结局的时间顺序和因果关系方面存在局限性，若要进行更深入的因果分析，通常需要采用更加严格的研究设计。

三、描述性研究的类型

根据研究目的和设计方法的不同，描述性研究主要有以下几种类型。

1. 现况研究　是对某地区某一特定人群在某时点的疾病或健康状况及相关因素进行调查的一种常用的描述性研究方法。通过描述所研究的疾病或健康状况及相关因素在该调查人群的分布，并按不同因素的暴露特征或疾病状态进行比较分析，从而为建立病因假设提供证据。有关现况研究的介绍详见本章第二节。

2. 病例报告（case report）　是对临床上罕见病的单个病例或少数病例的详细介绍，是医学界最古老、最基本的交流形式，至今仍然是临床医学研究的重要方法之一，是临床医学与流行病学的一个重要连接点。

基础链接 12-1
病例报告

3. 病例系列分析（case series analysis）　是临床医生最熟悉的一类研究方法。临床实践的积累，是长期临床工作经验的总结；通过寻找或发现相同病例之间的共同特点，提出重要的病因线索。病例系列分析一般采用从现况研究向过去方向延伸一段时间的描述性研究设计方法，主要是对现存的各种疾病记录及其他常规资料进行整理、统计和分析。

基础链接 12-2
病例系列分析

4. 个案研究（case study）　是指到发病现场对新发病例的接触史、家属及周围人群的发病或健康状况及与发病有关的健康因素进行调查，以达到查明所研究病例的发病原因和条件、控制疫情扩散及消灭疫源地、防止再发生类似疾病的目的。

5. 历史资料分析　是指通过分析过去的数据、文献和记录来了解疾病、健康问题或特定事件的历史趋势、影响因素等，是研究疾病的三间分布特征、疾病危险因素和评价疾病防治措施效果的重要资料和信息来源。

6. 纵向研究（longitudinal study）　包括随访研究（follow-up study）和疾病监测（disease surveillance）。采用从现况研究向将来方向延伸一段时间的描述性研究方法，通过对某一特定人群的连续观察，了解疾病或健康状况随时间的动态变化规律。因此，纵向研究不仅可以提出或检验病因假设，也可以研究疾病自然史。随访研究的形式多种多样，如对某地区小学生进行血压等指标测量及相关因素调查，2年后，再次对这些学生进行相同指标和因素调查，以观察儿童中这些指标的变化及其影响因素。疾病监测则是对某一特定人群某种或某些疾病进行有计划的长期观察和监测，着重描述疾病发生、发展趋势和变化规律，如法定传染病的报告、出生缺陷的监测等。

7. 生态学研究（ecology study）　与其他描述性研究不同，生态学研究是以群体为观察单位，通过描述不同人群某因素暴露情况与疾病频率的变化，提出可能的病因线索。例如，不同国家或地区人均脂肪摄入量与乳腺癌发病率的关系、饮用水含氟量与龋齿的关系等。

四、描述性研究的用途

描述性研究对分析人群特征、评估疾病负担、预测疫情、获得病因线索、提出病因假设等均有重大意义。

1. 描述疾病或健康状况的分布及其发生发展规律　描述性研究可通过描述疾病或健康事件的三间分布，帮助阐明其分布特征，揭示其发生发展规律，从而为高危人群的确定、疾病危险因素的发现、公共卫生政策的制定提供依据。

2. 获得病因线索，提出病因假设　通过比较疾病或健康事件的分布差异，可以为后续研究提供病因线索，提出病因假设。

五、描述性研究的资料来源

根据研究目的和设计方法的不同，描述性研究所收集的资料可以是已有的历史性资料，也可以是为某项研究所进行的专门调查资料。

（一）常规资料

常规资料包括日常医疗卫生工作记录、报告卡和定期归纳整理的统计报表等。这些资料是常规的、定期填写且长期保存的资料。随着科技的发展，这些资料已逐步实现计算机化管理。

1. 日常工作记录和报告卡　包括医院、疾病预防控制及其他部门的日常工作记录和各种报告卡。例如，医院的门诊或住院病历、健康体检表、病理报告和各种化验记录等，这些医疗部门的日常工作记录可以从医院病案室或相应科室收集；又如，出生资料、传染病疫情报告、慢性疾病及肿瘤监测资料、死亡报告等，这些卫生防疫部门的日常工作资料可以从相应的管理科室获取。常规报告卡还有职业病报告卡、地方病报告卡、围产期保健卡和死亡登记卡等。从这些资料中可以摘录或总结出描述性研究所需的资料。

2. 统计报表　是根据国家规定的报告制度定期填写上报的经常性资料，分为月报、季报和年报等。统计报表可以是来自医疗卫生单位的医疗报告，如传染病年报表、死因统计年报表等；也可以是来自非医疗卫生机构的信息，如人口统计年报表、大气环境监测报表、气象资料年报表等。此外，为了掌握某些疾病的长期变异趋势，许多国家和地区都开展了疾病监测，如出生缺陷监测、冠心病监测、肿瘤监测等，每年都有相应的监测报表。

常规资料的优点是：①获取容易，可以在较短时间内获得大量信息；②由于是长期积累的资料，便于进行疾病或健康状况的时间动态分析；③涉及面广，既有医疗报告，又有非医疗卫生机构的信息，既有普通项目，又有专项登记内容，便于在多个领域对多个子项目进行联系比较。其缺点是：①可靠性和完整性较差，在利用此类资料之前，最好先进行可靠性和完整性评价；②由于收集时间不同，疾病的诊断标准和资料的记录水平等都可能出现前后不一致现象，利用这类资料进行历史比较研究时，应注意标准化问题；③来自医院的资料代表性差，容易产生选择偏倚，这是由于医院资料不能代表全人口资料，不能反映所在地区总体病例的全貌。

（二）专门调查的资料

这是根据某项研究的目的，研究者通过专门的调查设计，有意识地深入现场，一次性收集该项研究所需要的相关信息。许多流行病学研究都需要根据研究目的而专门调查的资料，因此，针对每一项流行病学研究的专门调查资料均有所不同。

第二节　现况研究

一、概述

（一）现况研究的概念

现况研究（prevalence study）通过在特定时点对特定人群中的疾病或健康状况及有关因素暴露情况资料进行收集，描述疾病或健康状况及相关因素的分布，从而为进一步的研究提供病因线索。

因为调查的是疾病或健康状况及相关因素在特定时间的现状，所以称为现况研究。从时间上看，收集资料的时间局限于特定时间断面，即在某一时点或者很短的时期内必须完成，因此被称为横断面研究（cross-sectional study）。从分析指标看，由于现况研究所使用的资料分析指标主要是患病率，即特定时点特定范围人群的患病率，因此又称为现患率研究。

（二）现况研究的特点

1. 研究开始时一般不设对照组　与其他描述性研究一样，现况研究在设计和资料收集阶段不需要将目标人群分组或设立对照，而是在根据研究目的确定研究对象后，调查每一个研究对象在某一特定时点的疾病或健康状况及暴露情况。在资料处理与分析阶段则可根据研究对象的暴露特征或疾病状态进行分组比较。

2. 具有明确的时点或时期概念　现况研究关注的是在某一特定时点或时期内某人群暴露与疾病的关系，收集资料的时间应尽可能限制在某一时点或很短的时期内。大规模的现况研究可能延续较长时间，如数周或数月，但这种情况比较少见。设定较为严格的时点或时期的目的是确保在调查和收集资料期间，所研究的疾病状态或影响因素不发生变化，以获得较为精确的人群患病或暴露状况。因此，时点患病率的精确性要高于期间患病率。

3. 分析和评价指标一般为患病率　现况研究所调查的患者均为特定时点或时期某特定人群中的新旧病例，在一般情况下，所得到的疾病频率为患病率。

4. 定期重复进行的现况研究也可获得二次调查间隔期间某病的发病率　两次现况研究的患病率之差，除以两次现况研究之间的时间长度，即为这段时期的发病率。这种计算方法避免了需要长期随访监测研究对象来获得发病率资料的不便。但这种计算方法要求该病的病程稳定，两次现况研究之间的时间间隔不宜太长，间隔期内的发病率变化不能太大。

5. 在确定暴露与疾病的因果联系上受到限制

（1）一般情况下，现况研究不能进行因果推论，其所揭示的暴露与疾病之间的统计学联系只能作为病因研究的线索或假设。究其原因主要有以下两点：①病程较短（很快死亡或很快治愈）的病例很难全部包含在某一特定时点或很短时期的现况研究中，因此，现况研究所调查的病例绝大多数存活期较长。存活期的长短受诸多因素影响，现况研究很可能将影响存活的因素作为影响发病的因素加以研究，得出错误结论。②现况研究揭示某一时点或时期暴露与疾病的关系，暴露与疾病同时出现，不能区分暴露与疾病的时间顺序关系。

（2）对不会因患病而发生改变的暴露因素，可以进行因果推论。例如，性别、种族、血型、基因型等因素在疾病发生前就存在，而且不会随着疾病的发生或发展而变化。

（三）现况研究的用途

1. 描述疾病或健康状况的分布，建立病因假设　现况研究可以描述疾病或健康状况及暴露因素在特定时间、地区和人群中的分布规律。通过比较患病率在不同暴露状态下分布的差异，提出病因假设。如通过对冠心病及其危险因素的调查，发现高血压、高血脂、肥胖、体力活动缺乏、吸烟等因素都与冠心病有关，从而提出冠心病病因假设。

2. 确定高危人群　是疾病预防控制中的一项重要措施。确定高危人群是早发现、早诊断和早治疗的首要步骤。现况研究可以识别某一特定人群中某病的高危人群，针对病因采取有效干预措施以预防该病的发生。例如，目前已确认高血压是冠心病和脑卒中的病因之一，因此，在目标人群中开展一次现况研究，将该人群中所有高血压患者全部查出，给予有效的血压控制和监测，达到预防和控制冠心病和脑卒中发生的目的。

3. 为制定医疗卫生政策提供科学依据　现况研究在描述疾病或健康状况分布的基础上，对一个社区的疾病进行考察与评价，为制定社区防病治病或促进健康的对策与措施提供科学依据。

4. 评价疾病监测或考核医疗卫生措施的效果　在疾病监测或某项医疗卫生措施实施过程中，通过在不同阶段重复开展现况研究，比较不同阶段患病率的差异，来评价疾病监测或该项卫生措施的效果。

（四）现况研究的类型

根据研究对象的范围，现况研究分为普查和抽样调查。

1. 普查（census）　是指在特定时点或时期，对特定范围人群的每一个成员进行的调查或检查。

（1）普查的目的：①早期发现、早期诊断和早期治疗疾病。普查能在很短的时间内发现普查人群中的全部病例，并给予早期和及时的治疗，达到延长寿命、降低病死率的目的。例如，开展妇女阴道细胞涂片检查，发现早期宫颈癌患者；开展血清抗 EB 病毒抗体效价的检测，发现早期鼻咽癌患者。肺结核、血吸虫病等传染疾病至今仍需要通过定期的人群普查，早期发现和及时治疗以控制疾病的流行。②了解疾病的基本分布情况。通过普查并将普查资料制成相应的图表，可以全面了解疾病在不同地区和人群中的分布，获得疾病患病率和流行特征，为病因研究提供线索，为疾病防治工作提供依据。③了解人群健康水平，建立生理指标标准，如儿童生长发育及营养状况指标、正常人血压值和肝功能指标等。

（2）普查的优点：①由于调查对象为某一特定人群的全体成员，不存在抽样误差；②可提供疾病分布状况、流行因素或病因线索；③可发现特定人群中的全部病例并给予及时治疗。

（3）普查的缺点：①工作量大，涉及的工作人员多，组织工作难度大，容易出错或遗漏，调查质量不易控制；②需要较大量的人力、财力和物力，成本高；③不适用于患病率较低、诊断技术复杂的疾病。

2. 抽样调查（sampling survey） 是从总体人群中随机抽取具有代表性的样本进行调查，以样本结果来估计总体人群的疾病或健康状况的一种研究方法。

（1）抽样调查应遵循的基本原则：①样本的代表性是抽样调查结果是否真实可靠的关键。因此，抽样调查应遵循随机化原则，以保证整个研究人群中的每一个研究对象都有同等的机会或概率被选中为调查对象。②样本量太小，抽样误差较大，所抽取样本的代表性差，难以推断总体的情况。样本量太大，则不但造成人力、物力和财力的浪费，而且工作量大，易因调查不够仔细而出现偏倚。因此，抽样调查应遵循样本量足够原则。

（2）抽样调查的优缺点：①优点是与普查相比，抽样调查节约时间、人力和物力。由于调查范围小，工作易于细致，调查质量易于保证，而且获得结果较快。②缺点是抽样调查的设计与实施难度大，技术要求高，重复和遗漏不易发现，不适用于变异过大的研究对象和患病率很低的疾病。

（3）抽样调查的应用：在实际工作中抽样调查是现况研究最常用的方法。如果不是为了发现某一特定人群中某病的所有患者，达到早发现、早诊断和早治疗的目的，只是为了揭示疾病的分布和流行现象，则可以用抽样调查的方法进行。但是，对于患病率很低的疾病不适于抽样调查，因为当样本量达到总体的 75% 时，直接进行普查更好。

二、现况研究的设计与实施

现况研究规模较大、涉及的工作人员和研究对象也较多，因此，制订周密合理的设计方案并严格按照设计方案实施是现况研究获得成功的保证。一项现况研究一般包含以下设计和实施步骤。

（一）确定研究目的和类型

开展一项现况研究，首先要明确研究目的，即通过本次现况研究要达到什么目的。研究目的是整个现况研究的出发点，也是研究设计的重要步骤，对研究过程的每一个具体实施过程都产生重要影响。

在明确研究目的基础上，确定现况研究所采用的类型。如果研究目的是查出某一目标人群中某病的所有可疑病例，则采用普查；如果研究目的是了解某一地区或目标人群中某种疾病的分布或患病率情况，则可采用抽样调查。

（二）确定研究对象

确定合适的研究对象同样是顺利开展现况研究的关键环节，应根据研究目的对调查对象的人群分布特征、地域范围及时间点有一个明确规定，根据研究目的和实际情况确定目标人群。可以将目标人群规定为某个区域内的全部居民，或者是其中具有某种特征的部分，如40周岁以上的男性居民。如果是普查，则对目标人群中的每一个研究对象都进行调查。如果是抽样调查，则按照一定原则抽取一定数量的研究对象进行调查。

（三）确定抽样方法和样本量

如果开展抽样调查，应遵循抽样调查的基本原则，首先确定随机抽样的方法和样本量的大小，以确保研究对象的代表性。

1. 抽样方法的选择　抽样可分为非随机抽样和随机抽样。非随机抽样不是按照随机原则，而是根据人们的主观经验或其他条件来抽取样本，常用于探索性研究。

随机抽样应遵循随机化原则，保证总体中每一个对象都有同等机会被选入作为研究对象。常用的随机抽样方法有以下几种。

（1）单纯随机抽样（simple random sampling）：也称简单随机抽样，是最基本的抽样方法，是实施其他抽样方法的基础。具体做法：事先拿到一份包含所有研究对象的名单，对每个研究对象逐一编号，然后根据样本量大小，用随机数字表或抽签等方法抽取研究对象。使用随机数字表是简便、易行的科学方法，不需要专门工具，但要求在抽样前抄录全部研究对象的名单并编号，因此当研究对象数量大时，难以实现。在个体差异甚大的医学研究中，单纯利用这种抽样方法时，样本的数量要足够大，才能较好地代表研究人群。

（2）系统抽样（systematic sampling）：也称为机械抽样，是按照一定顺序，机械地每隔若干个研究对象抽取一个样本的抽样方法。具体做法：先确定抽样比例及开始抽样的对象。例如，总的研究对象有200 000个，要求从中随机抽出1 000个，则抽样比例为每隔200抽1个。然后，从1～200号中随机抽出1个号作为抽样的起点，从此号开始每隔200抽取1个。主要优点为所抽取样本在整个研究人群中分布比较均匀，此时如果研究对象差异较小，样本代表性就好，不需要事先知道总体数量，可以根据预估数确定抽样间隔。主要缺点是当研究对象的差异较大或者呈现某种周期性变化时，抽样的代表性就差。

（3）分层抽样（stratified sampling）：这是从分布不均匀的研究人群中抽取有代表性样本的方法。具体做法：将研究对象的总体按某些特征，如年龄、性别、职业或居住地等分成若干组，这些组在统计学上称为"层"。然后在各层中进行随机抽样，各层抽出的对象就构成该项研究的样本。主要优点是分层后，缩小了层内研究对象之间的差异，抽样误差小，样本的代表性较好。同时，层间研究对象的差异较大，可进行层间比较。主要缺点是在抽样前不仅需要一个完整的研究人群名单，还应了解该人群的主要特征。

（4）整群抽样（cluster sampling）：以具有某种特征的群组（如家庭、居民区、班级、工厂、村、镇或县等）作为抽样单位，经随机抽样后，对抽到群组中的所有成员都进行调查的一种方法。此方法要求群组内研究对象的差异应与研究总体的变异相近，群组间的变异越小越好。主要优点是易于组织和实施、节省经费，常用于大规模调查。

（5）多级抽样（multistage sampling）：也称为多阶段抽样，是大型调查时常用的抽样方法。抽样分成两次或两次以上完成，每个阶段的抽样可以单独或联合应用以上各种抽样方法。例如，要调查某市高中生的吸烟情况,可将该市所有中学按质量分成好、中、差三层,每层抽出若干学校。在抽中的学校中,按年级分成三层,每层按整群抽样抽取若干班级进行全部调查。上述抽样设计综合运用了单纯、分层和整群抽样方法,充分发挥了这些抽样方法的优点,在确保样本代表性的同时,节省人力、财力和物力。主要缺点是必须事先掌握各级抽样单位的详细资料,实施比较困难。

2. 确定样本量　任何一项抽样调查都必须考虑样本量大小,样本量太小或太大都不合适。

抽样调查所需样本量主要受以下四方面因素的影响:①调查人群中预期患病率或阳性率的高低,预期患病率或阳性率高,则所需的样本量就小;②容许误差（d）,d值越小,说明调查要求的精确度越高,所需的样本量就越大,一般情况下设置为10%;③控制容许误差的概率（α）,α值越小,所需样本量就越大,一般情况下设为0.05或0.01;④抽样单位的变异程度,如果抽样单位之间的变异较大,所需的样本量就相对较大,反之,则样本量就相对较小。

常见估计样本量的软件有SAS、R、Stata、EpiInfo、OpenEpi等。样本量估计方法主要有两种,即计算法和查表法。前者根据已知条件代入专用公式计算样本量,这是常用方法;后者根据已知条件查样本例数估计表来确定样本量,该方法受到列表的限制,相对少用。

（1）计算法

1）数值变量资料样本量的估计：通过抽样调查了解人群中某些指标（如血压、总胆固醇、身高、体重等）的分布情况和变化规律时,单纯随机抽样样本量估计的计算公式：

$$n = \left(\frac{Z_\alpha S}{d}\right) \tag{12-1}$$

式中,n为样本量；S为总体标准差的估计值；d为容许误差,即样本均数与总体均数的差值,是调查设计者根据实际情况规定的,一般以10%（0.1）计算。Z_α为检验水准α下的正态临界值。

α通常取0.05,$Z_\alpha = 1.96 \approx 2$,上述公式可以写成：

$$n = \frac{4S^2}{d^2} \tag{12-2}$$

例12-1　某地区需要调查3~5岁年龄组儿童血红蛋白含量,根据相关研究资料,血红蛋白含量的标准差为3.0 g/dL,要求误差不超过0.5 g/dL,α取0.05,问至少需要调查多少该年龄组的儿童?

$$n = \frac{4S^2}{d^2} = \frac{4 \times 3.0^2}{0.5^2} = 144（名）$$

按单纯随机抽样方法,至少需要从3~5岁年龄组中随机抽取144名儿童。

2）分类变量资料样本量的估计：对率（符合二项分布）进行单纯随机抽样时,样本量估计的计算公式：

$$n = \frac{t^2 PQ}{d^2} \tag{12-3}$$

式中,n为样本量；P为总体率的估计值,可根据预调查或依据相近地区人群的情况确定；$Q = 1-P$；t为显著性检验的统计量（$\alpha = 0.05$时,$t = 1.96 \approx 2$；$\alpha = 0.01$时,$t = 2.58$）。

当$d = 0.1P$,$\alpha = 0.05$时,该公式可简化为：

$$n = 400 \times \frac{Q}{P} \tag{12-4}$$

当 $d = 0.15P$，$\alpha = 0.05$ 时，该公式可简化为：

$$n = 178 \times \frac{Q}{P} \tag{12-5}$$

当 $d = 0.2P$，$\alpha = 0.05$ 时，该公式可简化为：

$$n = 100 \times \frac{Q}{P} \tag{12-6}$$

例 12-2 某地区欲调查活产新生儿的乙肝病毒（HBV）宫内感染状况，根据相关研究资料提示 HBsAg 阳性孕妇所生新生儿的 HBV 宫内感染率为 15%，问需要随机调查多少名 HBsAg 阳性孕妇所生的新生儿？容许误差取 P 的 15%。

$$P = 15\%, Q = 1 - P = 85\%, d = 0.15P, \alpha = 0.05$$

$$n = 178 \times \frac{Q}{P} = 178 \times \frac{85}{15} \approx 1\,009$$

以单纯随机抽样，至少需要查 1 009 名 HBsAg 阳性孕妇所生的新生儿。

（2）查表法：在调查肿瘤或其他发病率很低的疾病时，资料属于二项分布或 Poisson 分布，则样本量大小的估计可参考二项分布或 Poisson 分布期望值可信区间表。

> 基础链接 12-3
> 查表法确定样本量

（四）资料收集

1. **确定收集资料的内容** 现况研究的基本内容是调查对象有无某种疾病或特征，并尽可能用分级或定量方法进行调查。此外，还需要收集社会因素和环境因素等其他资料，以便说明分布状况与相关因素的作用。收集的资料一般包括以下几个方面。

（1）个人的基本情况：出生年月、性别、民族、文化程度、婚姻家庭、家庭人口数及结构组成、家庭经济情况等。

（2）职业情况：具体工作性质、种类、职务、工龄等。

（3）生活习惯及保健情况：饮食情况、吸烟史、饮酒史、身体锻炼、个人对健康的重视程度、医疗保健条件及开展情况等。

（4）环境资料：生活环境和工作环境的情况，最好用客观的、数量化的指标。

（5）人口学资料：总体人口数、按不同人口学特征分组的人口数、出生、死亡、患病等情况。

（6）妇女生育情况：月经史、生育史、计划生育情况、使用避孕药和激素的情况等。

2. **收集资料的方法** 现况研究收集资料有两种方法，一种是应用各种检查方法获得研究对象某些特征的指标，如血压值、血糖值、血清特异性抗体等；另一种是采用调查表方法收集相关信息。

> 基础链接 12-4
> 调查表

（五）质量控制

质量控制实质上就是针对研究中可能出现的偏倚（bias），采取相应防范措施，这是包括现况研究在内的所有流行病学研究成败的关键。

1. **调查员的选择** 调查员应有严谨的工作作风和科学态度，责任心强，实事求是，应具有调查所需的专业知识。

2. **调查员的培训** 调查员的工作作风、科学态度、调查技巧和技术都将直接影响调查结果的真实性和可靠性。因此，在收集资料前应对所有参加调查者进行培训，使调查员掌握统一的方法和技巧。

3. 监督 现况调查过程的监督工作是非常必要的。常规的监督措施包括：①做抽样重复调查。②用计算机进行数值检查或逻辑检错。③对不同调查员所收集的变量分布进行比较。要将监督结果及时反馈给调查员。

（六）资料整理与分析

资料整理与分析同样是现况研究的重要步骤，是将收集到的原始资料或数据进行整理和分析，从而提出疾病或健康状况的分布特征，并在此基础上提出病因假设。

1. 资料整理 现况研究的数据资料一般比较多，不仅涉及的研究对象多，而且从每一个研究对象收集到的研究变量也较多，在调查和数据处理过程中有可能出错或遗漏，因此，应检查原始资料的准确性、完整性，纠错补漏，对质疑数据重新调查或测量，以保证资料的可靠性。

2. 资料分析 根据研究目的分析的内容一般包括以下三方面。

（1）计算有关统计指标：包括患病率、感染率、暴露率等频率指标，有关计量资料的均数、标准差、标准误、95% 的可信区间等。

（2）描述疾病或健康状态的分布：按时间、地区和人群描述疾病或健康状态的分布，可先按某个因素分层描述分布，再按多个因素描述分布，如按时间-地区、地区-人群、时间-人群等不同分层方法进行描述。

（3）分析性描述：对某些因素和疾病或健康状态之间的关系，可做初步的相关或关联分析，也可选择适当的自变量和应变量进行多因素分析。

三、现况研究的偏倚及其控制

（一）现况研究常见的偏倚

1. 选择偏倚

（1）选择性偏倚：现况研究中因选择的调查对象代表性差，不能代表所研究的总体，使结果出现偏差称为选择性偏倚。其产生的原因：①主观选择研究对象，即选择研究对象具有随意性，将随机抽样当作随意抽样；②任意变换抽样方法；③在调查过程中，被抽中的对象没有调查到，而随便找其他人代替，从而破坏了调查对象的同质性。

基础链接 12-5 偏倚

（2）无应答偏倚：调查对象因各种原因不回答研究者所提出的问题或者不愿意参加调查从而降低了应答率，这种现象称为无应答偏倚。例如，患者不依据研究者的设计接受治疗，对治疗效果、治疗反应等情况不予回答。

每一项研究中应答率应达到 90% 以上，且各组应答率应无太大差异。

（3）幸存者偏倚：在现况研究中，所调查到的对象均为幸存者，无法调查死亡的人，因此不能全面反映实际情况，有一定的局限性和片面性。

2. 信息偏倚

（1）回忆偏倚：指研究对象回忆以往发生的事件或经历，在准确性和完整性方面存在的系统误差，是一种重要的信息偏倚。产生回忆偏倚的原因常常是调查询问的因素或事件发生的频率很低，未给研究对象留下深刻的印象；或者调查发生久远的事件而研究对象对此记忆模糊或遗忘。

（2）报告偏倚：可能由于某种原因，有的研究对象故意夸大或降低致病因素的暴露水平。

（3）调查者偏倚：由于调查者倾向于发现一些阳性结果，在研究中常常尽可能地去发现或诱导研究对象提供所需要的信息，由此而产生的误差称为调查者偏倚。这种偏倚受主观影响较大，可以是自觉的，也可以是不自觉的。

（4）测量偏倚：由于调查中所用的仪器、设备、试剂、方法和检验条件的不标准、不统一或者研究指标设计不合理、记录不完整、调查人员的态度不好或水平不高等原因造成研究结果偏离真实值的现象称为测量偏倚。例如，同一实验使用试剂的批号不同或研究指标的检测手段不同，调查者的调查口径不统一等，都可以产生不同程度的测量偏倚。

（二）偏倚的控制

偏倚是可以避免或减小的，因此在现况研究中需要对调查过程进行质量控制，尽量减少偏倚的产生，从而能正确地描述疾病和暴露的真实情况。具体应强调下面几个方面。

（1）必须严格遵守随机化的原则，确保调查过程中完全按随机方法实施。
（2）尽量设法提高研究对象的应答率。
（3）选用精良的仪器设备并事先做好调试。
（4）调查员一定要经过培训，统一标准和认识。
（5）严格进行资料的复查工作。
（6）注意选择正确的统计分析方法。

四、现况研究的优点与局限性

（一）优点

（1）现况研究中抽样调查的样本一般来自同一个目标人群，由此获得的研究结果用于估计总体情况时，代表性好，具有较强推广意义。
（2）现况研究中的比较性分析由来自同一目标人群自然构成的同期对照，具有很好的可比性。
（3）一次现况研究可同时观察多种因素与一种或多种疾病的关系，可以为病因学研究提供线索。

（二）局限性

（1）调查时疾病与暴露因素同时出现，难以确定它们之间的时序关系，不能进行因果推断。
（2）现况研究获得的是某一时点（或时期）某人群的患病情况，一般情况下，不能获得发病率资料。
（3）由于现况研究的时间较短，因此在调查过程中，有些人可能处于临床前期或潜伏期，没有相应的典型症状和体征，极有可能被误认为是正常人，从而导致错误分类，低估该研究人群真正的患病水平。

经典案例 12-1
全国结核病抽样调查

（杨树满）

复习思考题

1. 描述流行病学的特点是什么？
2. 描述流行病学的类型有哪几种？

3. 现况研究的目的是什么?
4. 现况研究常见的偏倚有哪些?

网上更多……

👤 本章小结   👥 开放性讨论   📝 自测题   ⬇ 教学 PPT   📶 微课

第十三章
分析流行病学

关键词

分析流行病学	病例对照研究	队列研究	暴露队列
匹配	关联强度	比值比	相对危险度

20世纪50—70年代,英国医生Doll和Hill采用病例对照研究及队列研究的方法证实吸烟是肺癌的重要原因,1948年开始的美国Framingham心脏病研究,对于分析流行病学的建立与发展具有里程碑式的意义。当今社会危害人群健康的重大疾病多数原因不明,而分析流行病学在探索原因不明疾病方面具有独特的优势和作用。作为病因学研究的主要方法,分析流行病学在广泛探讨疾病等卫生事件发生的原因及确定病因中发挥着重要作用。通过分析流行病学,可以评估假设的病因因素对疾病、健康等卫生事件发挥的效应,为深入推断病因提供可靠线索,为制定有效防治策略与措施提供科学依据。

知识导图

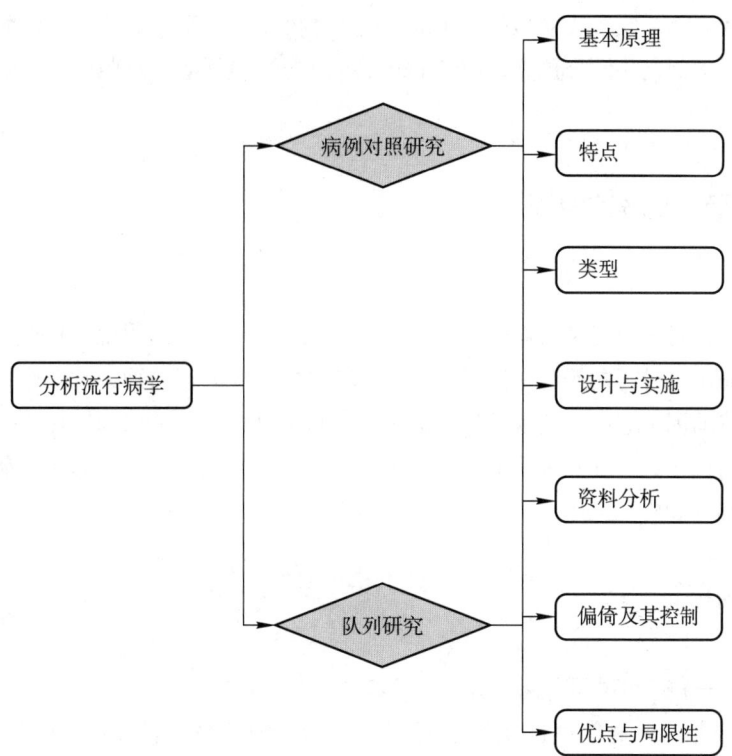

分析流行病学（analysis epidemiology）又称分析性研究，是基于比较分析的设计理念，对描述性研究提出的病因假设进行检验或验证，推断某些（或某个）可疑病因因素与所关注的结局事件之间有无关联及关联强度大小的一类观察性研究方法，是流行病学病因研究中最基本、最重要的研究类型之一。分析流行病学的基本研究方法包括病例对照研究和队列研究。

第一节 病例对照研究

病例对照研究（case-control study）是探讨和检验病因假说的重要工具，也是广泛探讨疾病相关因素唯一可行的研究手段。近年来，从疾病危险因素的筛选到健康状态影响因素的研究，从宏观的暴露因素分析到微观的生物标志与疾病或健康状态关系的探讨，病例对照研究越来越显示出其独特的优势，在病因及流行因素的探索、临床疗效评价、疾病预后研究及干预措施与效果评价等方面得到广泛应用。

一、概述

（一）病例对照研究的概念与基本原理

1. 概念　病例对照研究是按照是否具备所研究的事件（疾病或某卫生事件），将研究对象分为病例组和可比的非病例组（即对照组），分别追溯各组既往（发病或出现某种卫生事件前）所研究因素的暴露情况，通过比较两组人群因素暴露比例的差异，推测疾病与因素之间有无关联及关联强度大小的一种观察性研究。

病例对照研究中常常涉及一些基本概念，如暴露、危险因素和保护因素等。暴露（exposure）是指研究对象接触过某种因素或具有某种特征。这些因素或特征被称为暴露或研究因素，在资料分析时，也被称为研究变量。暴露因素可以是外界的一些因子，如感染某种病原体、接触某些有害的化学物质、食用某种食物等；也可以是遗传因素、内分泌因素和精神因素等机体内部的因素。而特征多指人口学特征，如性别、年龄、职业和民族等。暴露可能会使人群发病的风险增加，也可能使风险降低。危险因素（risk factor）和保护因素（protective factor）是指影响人群发病风险的内、外环境因素。其中，能使疾病发生率升高的因素称为危险因素，常被泛称为病因，如吸烟是肺癌的危险因素；能使疾病发生率下降的因素称为保护因素，如经常性的体育锻炼能降低人群冠心病的发病率，是冠心病的保护因素。

2. 基本原理　病例对照研究根据是否患有所研究的某种疾病或出现研究者感兴趣的卫生事件，将研究对象分为病例组和对照组，通过询问、实验室检查或核实病史，收集两组人群过去某些因素暴露的有无和（或）暴露程度，以比较病例组与对照组暴露比例或暴露程度的差别（图13-1）。如果病例组的暴露比例 $[a/(a+c)]$ 与对照组的暴露比例 $[b/(b+d)]$ 差别有统计学意义，则认为这种暴露与所研究疾病存在统计学关联，进而在估计各种偏倚对研究结果影响的基础上，分析暴露与疾病的关联强度。

病例对照研究中的所谓"病例"可以是某疾病的患者，或某种病原体的感染者，或具有某特征事件（如健康、有效、痊愈、死亡、药物副作用、生物学指标的变化或亚健康状态等）的人，对照可以是未患该病的其他患者，或不具有所研究事件的个体，或健康人。病例对照研究中，暴

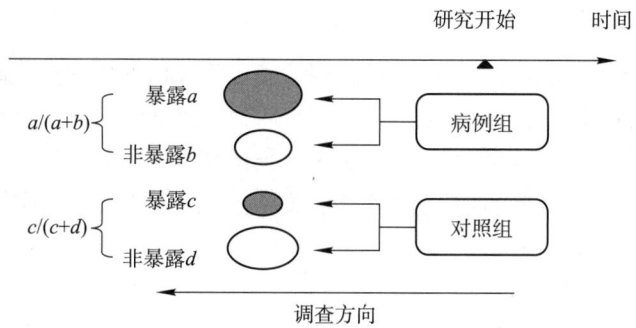

图 13-1 病例对照研究基本原理

露是研究者所关注的焦点。暴露泛指能影响结局的各种因素，既可以是一种暴露因素，也可以是多种暴露因素。这是一种回顾性的、由果及因的研究方法，是在疾病发生之后去追溯假定的病因因素的方法，故又称其为回顾性研究（retrospective study）。例如，应用病例对照研究方法研究吸烟和肺癌之间的联系，选择一组肺癌患者和一组健康人或患其他疾病的人作为病例组和对照组，分别调查他们过去的吸烟情况，若肺癌病例组过去吸烟的比例显著高于对照组，则提示吸烟与肺癌的发生有关。但病例对照研究得到的暴露与疾病之间的联系并不一定是因果联系，即使排除随机误差和已知的系统误差，暴露与疾病之间的联系还可能受到未知因素的影响。

（二）病例对照研究的特点

1. 属于观察性研究　结局事件及暴露因素是自然存在而非人为控制的，客观地收集研究对象的暴露情况，进而分析暴露因素与疾病或其他卫生事件的关系。这一特点构成了与实验性研究的本质区别。

2. 设立对照　必须设立可比性的对照，为病例组提供参比。

3. 由果推因　研究开始时已有确定的结果，进而追溯过去可能的相关因素，即从所研究疾病（果）与过去的暴露因素（因）的关联性来推断因素与疾病发生的关系，以探索病因。

4. 论证强度　病例对照研究不能获得由因到果的时间顺序证据，一般而言不能证实暴露因素与结局之间的因果联系，但可为队列研究及实验性研究提供病因研究的线索和方向。

（三）病例对照研究的类型

按照研究设计可将病例对照研究分为非匹配病例对照研究和匹配病例对照研究两大类。

1. 非匹配病例对照研究　从源人群中选择研究对象时，对于病例和对照之间的关系不作限制和规定，且对照人数可等于或多于病例人数。非匹配病例对照研究要在资料分析阶段对病例与对照的可比性进行分析。

2. 匹配病例对照研究　匹配（matching）也称配比，是指在选择研究对象时，要求对照在某些因素或特征上与病例保持一致。这些因素或特征被称为匹配因素或匹配变量，如年龄、性别、居住地等。匹配的目的是控制这些因素或特征对研究结果的干扰，从而更准确地说明所研究因素与结局事件间的关系，提高研究的效率。根据匹配的方式不同，可分为成组匹配和个体匹配两种类型。

（1）成组匹配（category matching）：又称频数匹配（frequency matching），是指对照组具有某种（或某些）因素（或特征）者所占的比例与病例组一致或相近，即以组为单位，病例组与对照组之间某些因素（或特征）的分布一致或接近。例如，病例组男女各半，60岁以上者占1/3，则对照组中也应接近此构成。

（2）个体匹配（individual matching）：是指以个体为单位使病例和对照在某种（或某些）因素（或特征）方面相同或接近。1个病例匹配1个对照称为配对（pair matching），也可以1个病例匹配多个对照，如1∶2、1∶3……1∶R。随着R值的增加，研究效率也在增加，但增加的幅度越来越小。由于超过1∶4匹配时研究效率增加缓慢且增加工作量，故不建议采用。

（四）病例对照研究的应用

1. 广泛探索影响因素　从众多与疾病或卫生事件发生相关的可疑因素中筛选相关因素，特别是对病因不明的疾病进行可疑因素的广泛探索是病例对照研究的独特优势。

2. 深入检验某个或某几个病因假说　在描述性研究或探索性病例对照研究初步形成病因假说的基础上，可进一步对可疑病因因素进行详细调查以加强论证强度。例如，在发现吸烟与肺癌有关的基础上，深入调查吸烟量、吸烟年限、吸烟方式等有关吸烟的详细情况，以验证吸烟与肺癌有关的病因假设。

3. 研究健康状态等事件发生的影响因素　将研究扩大到与疾病和健康状态相关的医学事件或公共卫生事件的研究，如进行意外伤害、老年人生活质量、中学生问题行为、肥胖与超重等相关因素的研究，为制定相应卫生决策提供依据。

4. 疾病预后因素的研究　同一疾病可有不同的结局。将发生某种临床结局者作为病例组，未发生该结局者作为对照组，进行病例对照研究，可以分析产生不同结局的有关因素，从而采取有效措施，改善疾病的预后，或者对影响预后的因素作出正确的解释。

5. 临床疗效影响因素的研究　同样的治疗方法对同一疾病治疗可有不同的疗效反应，将发生和未发生某种临床疗效者分别作为病例组和对照组进行病例对照研究，以分析不同疗效的影响因素。

> 经典案例13-1
> 阴道腺癌的病因研究

二、病例对照研究的设计与实施要点

（一）明确研究目的

研究目的的确定是制定研究计划的核心和指导思想。根据疾病发生的特点、既往研究的结果或临床工作中需要解决的问题，结合文献复习，提出明确的研究目的。

（二）确定研究因素

1. 研究因素的确定　根据研究目的确定研究因素（或变量），尽可能保证"精而全"，即与目的有关的变量绝不可少，与目的无关的变量一个也不纳入。一般可通过描述性研究、不同地区和人群中进行的病例对照研究、临床观察或其他学科领域提出的研究线索等来确定研究因素。

2. 研究因素的规定　研究因素一旦确定以后，必须对每项研究因素的暴露或暴露水平作出明确而具体的规定。尽可能采取国际或国内统一的标准，如吸烟规定为每天吸烟至少一支且持续一年以上，否则不视为吸烟。研究者也可根据实际情况作出具体的、可行性较强的规定。

3. 研究因素的收集　病例对照研究一般将所确定的研究因素归纳于调查表中，并要求调查者采用同等认真的态度和方式完成病例和对照暴露的测量和资料的收集。研究因素的收集方法主要有面访、电话访问、信访、查阅记录、现场观察及环境和人体生物学材料的检测等。

（三）研究对象的选择

1. 病例的选择

（1）选择原则：病例对照研究中的病例是指患有所研究疾病且符合研究入选标准的人。病例选择的基本原则主要有：①代表性，选择的病例应足以代表产生病例的靶人群中的全体病例。②诊断明确，所有病例都应符合所研究疾病的诊断标准。疾病的诊断标准应客观、具体、可操作性强，尽可能按国际及国内统一标准执行，对于无明确诊断标准的疾病，可根据研究需要制定明确的工作定义。③尽可能选择新病例，减少回忆偏倚对结果的影响。

（2）病例的来源：病例既可以选自医院，即以医院为基础（hospital-based），也可以来自社区，即以社区为基础（community-based）。①从医院中选择的病例，可以是门诊患者或住院患者，也可以是已经出院甚至死亡的患者。其优点是方便可行，节省费用，合作性好，信息较完整、准确，对于罕见病有时是唯一可行的方法，但从医院中选择病例容易发生选择偏倚。②从社区人群中选择病例时，可以利用疾病监测资料或居民健康档案选择合格的病例，对于常见病也可以组织专门的调查（普查、抽样调查），从社区居民中发现该病的病例。其优点是代表性较强，但病例不易获得，工作量和工作难度也较大。

（3）病例的类型：一般包括新发病例（incident case）、现患病例（prevalent case）和死亡病例（death case）。不同病例的选择各有优缺点：①新发病例，由于病例患病的时间较短，对有关暴露的回忆比较清楚，提供的信息较为准确可靠，并可避免因影响临床预后的因素而引起选择偏倚，但收集新发病例花费时间长，费用大，尤其是对发病率低的疾病。②现患病例，收集所需时间较短，但现患病例对暴露史的回忆因患病时间较长而易发生偏差，而且容易掺入疾病迁延及存活的因素。③死亡病例，研究费用低，出结果快，得出的信息对进一步深入研究有一定的帮助，但因暴露情况是由询问亲属或其他人，或经查阅历史资料获得，所获资料准确性较差。一般认为，如果条件许可尽可能选择新发病例。

2. 对照的选择

（1）选择原则：对照必须是未患所研究疾病的人，即按照对病例的诊断标准确定的非患者。选择对照应遵循代表性和可比性原则，而保证病例组与对照组的可比性更为重要。一般要求所选择的对照应能代表目标人群暴露的分布情况，最好是全人群的一个无偏样本，或是产生病例的靶人群中全体未患该病人群的一个随机样本，以保证对照与病例具有可比性。例如，进行某社区40岁以上女性糖尿病危险因素的研究，对照应为该社区人群中同龄女性非糖尿病者的随机样本。在病例对照研究中，对照的选择往往比病例的选择更复杂、更困难，是病例对照研究成败的关键之一。

（2）对照的来源：①同一或多个医疗机构中其他疾病的患者，实际工作中常采用这种对照，选择这种对照的优点为易于选取，易于合作，且可利用档案资料，但代表性较差，容易产生选择偏倚。同时还应注意，对照不应有与所研究的疾病有已知共同病因的疾病。例如，研究胃癌的病因时，不能以慢性胃炎患者为对照。②社区或团体人群中非该病病例或健康人，其优点是代表性强，但实施难度大，费用高，所选对照不易配合。③病例的邻居或同一住宅区内的健康人或非该病患者，邻居对照有助于控制社会经济地位的混杂作用。④病例的配偶、同胞、亲戚、同学或同事等，这种对照易选且易于合作，但代表性较差。当考虑到排除某些环境或遗传因素对结果的影响时，这种对照不失为一种可取方法，如同胞对照有助于控制早期环境影响和遗传因素的混杂作用，配偶对照则可控制某些环境因素对结果的干扰。不同的对照各有优缺点，在实际工作中，可以选择多重对照,如同时选择社区和医院对照,以弥补各自的不足。

(3)对照的形式:选择对照时主要采取匹配与非匹配两种方式。匹配的目的主要是提高研究效率,其次是控制混杂因素的干扰。因此,在条件许可时尽可能采取匹配的方式选取对照。如果病例和对照的来源都较充分,则以配对为佳;如果病例少而对照相对易得,则可采用一个病例匹配多个对照的方法。

确定匹配因素时,应当根据研究的疾病而定,并不是越多越好。欲作为病因探索的因素不可作为匹配因素。匹配变量必须是已知的混杂因素(confounding factor),如果将不起混杂作用的因素作为匹配变量进行匹配,不仅会丢失某些重要信息,而且会增加选择对照的难度和工作量,这种情况称为匹配过度(over-matching)。例如,在研究吸烟与肺癌关系时,将支气管肺炎这一在研究因素(吸烟)与疾病(肺癌)因果链上的中间环节因素进行匹配,将错误估计吸烟与肺癌的关联性。

(四)样本量的估计

1. 样本大小的影响因素　①研究因素在对照人群(对照组)中的估计暴露率(p_0);②研究因素与疾病关联强度的估计值,即相对危险度(RR)或比值比(OR);③假设检验的检验水准,即Ⅰ型错误的概率(α);④检验的把握度($1-\beta$),β为Ⅱ型错误的概率。

一般而言,α或β越小,所需样本量越大;α、β和p_0一定时,OR或RR的估计值越远离1,即因素对疾病发生的作用越强,所需的样本量越小;p_0对样本量的影响要结合病例人群(病例组)的暴露率p_1来考虑,p_0与p_1差值越大,所需样本量越小。

2. 样本大小的估计方法　估计样本时需要注意:①样本量并非越大越好,样本量过大,常会影响调查工作的质量,增加工作负担和费用;②在总的样本量相同的情况下,病例组和对照组样本量相等时研究效率最高;③不同研究设计的样本大小计算方法不同。

(1)非匹配或成组匹配设计样本量估计

1)病例数与对照数相等时,可用以下公式估计样本量:

$$n = 2\bar{p}\bar{q}(z_\alpha + z_\beta)^2/(p_1 - p_0)^2 \tag{13-1}$$

式中n为病例组或对照组人数,z_α与z_β分别为α与β对应的正态分布分位数,p_0与p_1分别为对照组与病例组估计的某因素暴露率,$q_0 = 1 - p_0$,$q_1 = 1 - p_1$,$\bar{p} = (p_0 + p_1)/2$,$\bar{q} = 1 - \bar{p}$。p_1可用下式计算:

$$p_1 = (OR \times p_0)/(1 - p_0 + OR \times p_0) \tag{13-2}$$

2)病例数与对照数不等时,设病例组人数:对照组人数 = $1:c$,所需的病例数可通过下式计算:

$$n = (1 + 1/c)\bar{p}\bar{q}(z_\alpha + z_\beta)^2/(p_1 - p_0)^2 \tag{13-3}$$

式中$\bar{p} = (p_1 + cp_0)/(1 + c)$,$\bar{q} = 1 - \bar{p}$

p_1的计算公式同式13-2,对照组人数 = cn。

经典案例13-2
非匹配或成组匹配设计样本量计算

(2)个体匹配设计样本大小的估计:个体匹配病例对照研究因对照数目不同,计算公式也有所不同。以1:1匹配设计为例,常采用Schlesselman推荐的计算公式,首先要计算病例和对照暴露情况不一致的对子数(m)。

$$m = [z_\alpha/2 + z_\beta\sqrt{p(1-p)}]^2/(p - 1/2)^2 \tag{13-4}$$

式中m为病例与对照暴露情况不一致的对子数,$p = OR/(1 + OR)$

研究需要的总对子数M为:

$$M \approx m/(p_0 q_1 + p_1 q_0) \quad (13\text{-}5)$$

式 13-5 中 p_0 与 p_1 分别为目标人群中对照组和病例组某因素的暴露率，p_1 的计算方法同式 13-2，$q_0 = 1 - p_0$，$q_1 = 1 - p_1$。

3. 注意事项　样本量估计具有相对的意义，并非绝对精确的数值。计算公式设想的是单一暴露因素，而病例对照研究中涉及的研究因素较多，因此，在实际研究中通常可从两方面考虑：①通过努力，争取得到足够大的样本，保证高水准、高效能的检验假设；②根据研究目的，结合实际情况，舍弃对次要因素和 OR 值接近 1 的因素的探讨，适当减少样本量，使主要的研究因素得到有把握的检验。

经典案例 13-3
个体匹配设计样本量计算

（五）资料收集

病例对照研究的资料收集主要是利用专门设计的调查表进行，因此，调查表的设计是很重要的一个步骤。资料收集可采用面访、通信调查，查阅医疗记录、报告登记资料、职业史档案等方式，作为询问调查的补充。某些研究还需要采集个人或环境的样品进行某些指标的实验室检测。

在收集资料时要注意，病例和对照的调查时间愈近愈好，病例和对照接受调查的环境和方法应相同。调查全过程要注意进行质量控制，如抽取一定比例的研究对象进行重复调查，通过两次调查的一致性评价调查的可靠性。

基础链接 13-1
资料收集方法分类及其优缺点

三、病例对照研究的资料分析

病例对照研究中，首先对所收集到的资料进行全面检查与核实，错误资料加以弥补和矫正，不合格者舍弃，以保证资料的完整性和高质量，继而对原始资料进行分组、归纳或编码输入计算机，建立数据库。然后对病例组和对照组人群特征进行描述性分析，并评价两组的可比性，进而进行推断性分析，以探讨所研究因素与疾病之间有无关联及关联强度的大小。

（一）描述性分析

1. 描述研究对象的一般特征　对病例组和对照组的一般人口学特征，如性别、年龄、职业、居住地、疾病临床类型等进行描述，一般以均数和构成比表示相应特征在两组的分布情况。

2. 均衡性检验　比较病例组和对照组某些基本特征是否相似或相同，以评价两组的可比性。常采用 t 检验、χ^2 检验等。对两组间差异确有统计学意义的因素，在后续分析时应考虑其对研究结果可能的影响并加以控制。

（二）推断性分析

1. 非匹配或成组匹配设计资料的分析　将病例组和对照组按某个因素暴露情况整理成四格表（表 13-1），进行暴露因素与疾病之间关联性及其关联强度分析，这是病例对照研究分析的基

表 13-1　非匹配或成组匹配病例对照研究资料分析表

暴露因素	病例组	对照组	合计
有	a	b	n_1
无	c	d	n_0
合计	m_1	m_0	T

本形式。

(1) 暴露与疾病关联性分析：检验病例组某因素的暴露比例（a/m_1）与对照组（b/m_0）之间的差异是否具有统计学意义。如果两组某因素暴露差异有统计学意义，说明该暴露与疾病存在统计学关联。检验此假设一般采用四格表χ^2检验：

$$\chi^2 = \frac{(ad-bc)^2 T}{m_1 m_0 n_1 n_0} \tag{13-6}$$

当四格表中一个格子的理论数 >1 但 <5，总例数 >40 时，用校正χ^2检验：

$$\chi^2 = \frac{(|ad-bc| - T/2)^2 T}{m_1 m_0 n_1 n_0} \tag{13-7}$$

例 13-1 Doll 和 Hill 用病例对照研究方法进行了吸烟与肺癌关系的研究。其中，病例组为 1948 年至 1952 年间在伦敦 20 家医院确诊的 709 例肺癌患者（男性 649 例，女性 60 例），对照组为来自同一医院、同性别、同年龄组（5 岁一个年龄组）的 709 例非肿瘤患者。

表 13-2　吸烟与肺癌病例对照研究资料整理表

吸烟史	病例组	对照组	合计
有	688	650	1 338
无	21	59	80
合计	709	709	1 418

用χ^2检验分析例 13-1 资料，得：

$$\chi^2 = \frac{(688 \times 59 - 650 \times 21)^2 \times 1\,418}{1\,338 \times 80 \times 709 \times 709} = 19.13, \nu = 1，查表得 P < 0.01。$$

结果表明，病例组吸烟的暴露比例明显高于对照组，差异有统计学意义，提示吸烟与肺癌有关。

(2) 关联强度分析：关联强度（strength of association）分析的目的是推断暴露因素与疾病关联的密切程度，是病因学研究中资料分析的核心内容。相对危险度（relative risk，RR）为表示关联强度最常用的指标，是暴露组发病率或死亡率与非暴露组发病率或死亡率之比。因病例对照研究中不能计算发病率或死亡率，因而不能求得 RR，但可通过计算比值比（odds ratio，OR）来近似估计 RR。

OR 是指病例组某因素的暴露比值与对照组该因素的暴露比值之比，反映了病例组某因素的暴露比例为对照组的若干倍。

从表 13-1 可见，病例组暴露的概率为 a/m_1，无暴露的概率为 c/m_1，两者的比值（odds）= $(a/m_1)/(c/m_1) = a/c$。同理，对照组暴露与无暴露的比值 = b/d。

$$OR = \frac{a/c}{b/d} = \frac{ad}{bc} \tag{13-8}$$

在不同患病率和发病率的情况下，OR 与 RR 是有差别的。一般而言，如果疾病的发病率较低，所选择的病例和对照代表性好，则 OR 值接近于 RR。有资料报道，当发病率低于 5% 时，OR 可以较好地反映 RR。

OR 是估计或近似估计的相对危险度，$OR = 1$，表明研究因素与疾病之间无关联；$OR > 1$，表明研究因素与研究的疾病呈"正"联系，数值愈大，该因素为危险因素的可能性愈大；$OR < 1$，

表明研究因素与研究的疾病呈"负"联系，数值愈小，该因素为保护因素的可能性愈大。

以表 13-2 资料分析暴露与疾病的关联强度，计算其比值比为：

$$OR = \frac{688 \times 59}{650 \times 21} = 2.97$$

结果表明，有吸烟史者患肺癌的危险性为无吸烟史者患肺癌危险性的 2.97 倍，提示吸烟与肺癌呈正相关关系，吸烟是肺癌的危险因素。

（3）OR 可信区间的计算：OR 值是一个样本的点估计值，需用样本 OR 推测总体 OR 所在范围。考虑到抽样误差，可按一定可信度（通常为 95%）来估计总体 OR 的范围，即可信区间（confidence interval，CI），其上下限数值称可信限（confidence limit，CL）。

目前常用 Miettinen 卡方值法和 Woolf 自然对数转换法计算 OR 95% CI。

Miettinen 卡方值法计算公式为：

$$OR\ 95\%\ CI = OR^{(1 \pm 1.96/\sqrt{\chi^2})} \quad (13\text{-}9)$$

Woolf 自然对数转换法计算公式为：

$$\ln OR\ 95\%\ CI = \ln OR \pm 1.96 \sqrt{\text{Var}(\ln OR)} \quad (13\text{-}10)$$

Var(lnOR) 为 OR 的自然对数的方差，$\text{Var}(\ln OR) = \frac{1}{a} + \frac{1}{b} + \frac{1}{c} + \frac{1}{d}$

取 lnOR 95% CI 的反对数值即为 OR 95% CI。

上述两种方法计算结果基本一致，Miettinen 法较 Woolf 法计算的可信区间范围较窄，且计算方法简单，较常用。

OR 可信区间计算的意义在于用样本的 OR 来估计总体 OR 的范围，OR 95% CI 表示有 95% 把握说明总体 OR 所在的范围。根据可信区间是否包括 1 来推断暴露因素与疾病间关联强度的可靠性。如果 OR 95% CI 不包括 1（OR > 1 或 OR < 1），说明如果进行多次病例对照研究，有 95% 的可能 OR 不等于 1，该项研究 OR 不等于 1 并非抽样误差所致，有理由认为研究因素是研究疾病的危险因素或保护因素；如果 OR 95% CI 包括 1，说明如果进行多次病例对照研究，可能有 95% 的研究其 OR 值等于 1 或接近 1，即研究因素与研究疾病无关。

由例 13-1 资料计算 OR 的 95% 可信区间，用 Miettinen 法计算。

$OR\ 95\%\ CI = 2.97^{(1 \pm 1.96/\sqrt{19.13})}$

$OR_L = 2.97^{(1-1.96/\sqrt{19.13})} = 1.82$，$OR_U = 2.97^{(1+1.96/\sqrt{19.13})} = 4.84$

得 OR 95% CI 为（1.82，4.85）。

用 Woolf 法计算，先计算 lnOR 的方差 Var(lnOR)：

$$\text{Var}(\ln OR) = \frac{1}{688} + \frac{1}{650} + \frac{1}{21} + \frac{1}{59} = 0.0676$$

$\ln OR\ 95\%\ CI = \ln 2.97 \pm 1.96 \times 0.2600 = (0.5790,\ 1.5982)$

分别取其反自然对数，得 OR 95% CI 为（1.78，4.94），较 Miettinen 法计算的 OR 95% CI 范围大一些。

该例两种方法所得 OR 95% CI 接近，均不包括 1，且大于 1，提示该项研究 OR = 2.97 有 95% 的把握排除抽样误差造成的可能，有理由认为吸烟是肺癌的危险因素。

2. 个体匹配设计资料的分析　以 1∶1 配对研究为例，可将资料整理为表 13-3 形式。

表 13-3　1∶1 配对病例对照研究资料整理模式

对照组	病例组		合计
	有暴露史	无暴露史	
有暴露史	a	b	$a+b$
无暴露史	c	d	$c+d$
合计	$a+c$	$b+d$	T

（1）暴露与疾病关联性分析：一般用 McNemar χ^2 检验公式计算。

$$\chi^2 = \frac{(b-c)^2}{(b+c)} \tag{13-11}$$

当 $b+c<40$ 时用校正公式，即：

$$\chi^2 = \frac{(|b-c|-1)^2}{b+c} \tag{13-12}$$

（2）关联强度分析：

$$OR = \frac{c}{b} \tag{13-13}$$

OR 95% CI 的计算同式 13-9、式 13-10。

例 13-2　Doll 和 Hill 对吸烟与肺癌关系的研究中，进行了肺癌与其他肿瘤对照的 1∶1 配对病例对照研究，即每调查一例患者，同时配一例同医院同期住院的胃癌、肠癌等非呼吸系统肿瘤患者。匹配条件为：年龄相差不超过 5 岁，性别及居住地区相同，家庭经济条件相似。表 13-4 为男性肺癌患者与非呼吸系统肿瘤患者（对照组）的吸烟情况整理结果。

表 13-4　男性吸烟与肺癌 1∶1 配对病例对照研究资料分析

对照	病例		合计
	吸烟	不吸烟	
吸烟	1 287	7	1 294
不吸烟	61	2	63
合计	1 348	9	1 357

$\chi^2 = (7-61)^2 / (7+61) = 42.88$，$P<0.01$

$OR = 8.71$，OR 95% $CI = (4.55, 16.67)$

结果表明，吸烟与肺癌有关，吸烟是肺癌发生的危险因素。

3. 分级分析　病例对照研究中，在收集暴露有无的同时，经常可以获得某因素不同暴露水平的资料，进行资料的分级分析。将不同暴露水平的资料由小到大或由大到小分成多个有序的暴露等级，不同水平的各级暴露分别与无暴露或最低水平的暴露作比较，分析暴露与疾病或其他卫生学事件之间是否存在剂量 - 反应关系（dose-response relationship），以增加因果关联推断的依据。

4. 分层分析（stratification analysis）　是把病例组和对照组按不同特征（一般为可疑的混杂因素）分为不同层次，再分别在每一层内分析暴露与疾病的关联强度，从而可以在一定程度上控制混杂因素对研究结果的影响。

5. 多因素分析　病例对照研究往往涉及的研究因素较多，需要从多个因素中筛选出对疾病影响重要的因素。前述有关暴露与疾病关联强度的分析多为单因素分析，分层分析虽能分析一个以上因素，但分层较多时各层例数可能会很少，不能满足统计分析的需要，使其应用也受到限制。因此，用简单的单因素分析及分层分析方法不可能对多个因素与疾病的关系作出判断，也不可能同时对多个混杂因素加以控制。随着计算机技术及流行病学理论与方法的发展，许多方便快捷、操作简单、结果可靠的多因素分析模型应运而生，如多元线性回归分析、主成分分析及因子分析、logistic 回归分析、Cox 回归分析等，提高了研究的质量和效率。这些分析方法被广泛应用于病例对照研究中，以探讨多个因素与疾病间的关系及控制混杂因素。病例对照研究的多因素分析较常用的是 logistic 回归模型，其中，条件 logistic 回归模型可进行匹配病例对照研究资料的多因素分析，非条件 logistic 回归模型可进行非匹配或成组匹配病例对照研究资料的多因素分析。

四、病例对照研究的偏倚及其控制

病例对照研究在设计、实施、资料分析乃至推论的过程中都可能受到多种因素的影响，使研究结果偏离真实情况，甚至得出完全错误的结论，即产生了偏倚。常见的偏倚有选择偏倚、信息偏倚和混杂偏倚。一项完全没有偏倚的研究很难做到，但可以通过严谨的设计和细致的分析加以识别，减少和控制偏倚。

（一）选择偏倚及其控制

选择偏倚（selection bias）主要产生于研究的设计阶段，是由于研究对象的选择不当造成的系统误差。在病例对照研究中，表现为病例不能代表目标人群中病例的暴露特征，或对照不能代表目标人群暴露的特征。

1. 常见类型

（1）入院率偏倚（admission rate bias）：也叫伯克森偏倚（Berkson bias），在以医院为基础的病例对照研究中常发生这种偏倚。当利用医院患者作为病例和对照时，由于所选的病例只是该医院或某些医院的特定病例，而且由于医院的医疗条件、患者的居住地区及社会经济文化等多方面因素的影响，患者与医院间的相互选择性，因此作为病例组的病例也不是全体患者的随机样本。对照仅是某种或某些疾病患者中的一部分，而不是目标人群的随机样本。因此，各种疾病的入院率不同，极易导致病例组与对照组在某些特征上产生系统误差。

（2）现患病例-新发病例偏倚（prevalence-incidence bias）：也称奈曼偏倚（Neyman bias）。病例对照研究中的研究对象如果选自现患病例，特别是病程较长的现患病例，所得到的暴露信息可能与存活有关而与发病无关，或者是由于疾病而改变了原有的一些暴露特征（如生活习惯），与新发病例所提供的暴露信息有所不同，其结果可能将存活因素等作为疾病发生的影响因素，夸大或缩小了研究因素和研究疾病的真实关系。

（3）检出征候偏倚（detection signal bias）：也称暴露偏倚（unmasking bias）。某因素虽不是病因，但其存在有利于某些体征或症状出现，患者常因这些与疾病无关的症状而就医，从而提高了早期病例的检出率，致使过高地估计了暴露程度，而产生系统误差。

2. 选择偏倚的控制　减少选择偏倚，关键在于严密科学的设计。制订严格的研究对象选择条件，研究时尽可能选择人群病例和人群对照。例如，进行以医院为基础的病例对照研究，最好能在多个医院选择一定期间内连续观察的某种疾病的全部病例或其随机样本,尽可能选择新发病例;在与病例相同的多个医院选择多病种对照,有条件时在人群中再选择一组对照。

(二)信息偏倚及其控制

信息偏倚(information bias)又称观察偏倚(observation bias)或测量偏倚(measurement bias),主要发生于研究的实施过程。这种偏倚是在收集、整理信息过程中由于测量暴露与疾病的方法有缺陷造成的系统误差。

1. 常见类型

(1)回忆偏倚(recall bias):由于研究对象对暴露史或既往史回忆的准确性和完整性存在误差而引起的偏倚。病例对照研究主要依据研究对象对过去暴露史的回忆而获取信息,因此这种偏倚是病例对照研究中最常见和最严重的偏倚之一。多种因素均可导致回忆偏倚,如病程、所发生事件的重要性、调查者的询问方式和询问技巧等。

(2)调查偏倚(investigation bias):可来自调查者或调查对象。调查者对病例与对照调查时,自觉或不自觉地采取不同的询问方式(方法、态度、广度、深度等)收集信息,产生的这种系统误差称为诱导偏倚(inducement bias);研究对象因某种原因有意报告非真实信息将导致报告偏倚(report bias)。

2. 信息偏倚的控制　主要通过提高信息的准确性和可靠性。严格定义诊断标准及暴露,培训调查员并规范执行,最好采用盲法调查,尽量采用客观的方法来获取信息。调查项目繁简得当、问题明确、指标客观、询问方式适当、态度认真、气氛融洽及被调查者心态平和等都是减少或避免信息偏倚的有效方法。通过随机抽取一定比例的研究对象进行重复调查而进行质量控制,也是减少信息偏倚的方法。

(三)混杂偏倚及其控制

混杂偏倚(confounding bias)产生的原因是混杂因素(confounding factor)的存在。疾病的发生往往是多因素综合作用的结果,因素与因素、因素与疾病之间的作用非常复杂。当探讨研究因素与某种疾病的关系时,某个既与疾病有关联又与暴露有关联的外来因素(混杂因素)掩盖或夸大了研究因素与研究疾病之间的关系,这就产生了混杂偏倚。在病例对照研究中常涉及众多研究因素,混杂偏倚十分常见。由于混杂偏倚既可以产生于研究的设计阶段,也可以存在于资料的分析阶段,通常在研究的设计阶段,可用随机化、限制和匹配的方法来控制混杂偏倚的产生;在资料的分析阶段,可用分层分析、标准化及多因素分析的方法分析和控制混杂偏倚。

> 基础链接 13-2
> 混杂因素的概念及其具备的基本特征

五、病例对照研究的优点与局限性

(一)优点

(1)适用于罕见的、潜伏期长的疾病研究,有时往往是罕见病病因研究的唯一选择;也适于研究一些新出现的或原因不明的疾病,能有效地识别其危险因素,有助于迅速进行公共卫生干预。

(2)与队列研究相比,病例对照研究需要的样本量较小,因此相对节省人力、物力、经费和时间,并且较易于组织实施。

(3)适用于多种暴露因素与某一种疾病关联的研究,也可进行多种因素间交互作用的研究。

（4）不仅应用于病因的探讨，也可用于研究药物不良反应、疫苗免疫学效果的考核等。

（二）局限性

（1）不适于人群中暴露比例很低的罕见因素研究，因为需要的样本量大。

（2）易发生各种偏倚，包括选择偏倚、信息偏倚、混杂偏倚，尤其是难以避免回忆偏倚。

（3）难以确定暴露与疾病的时间先后顺序，无法直接推导因果关联。

（4）不能直接计算暴露组和非暴露组结局事件的发生率，只能估计相对危险性，因此难以充分而直接地分析研究因素与研究疾病之间的关系。

第二节 队列研究

队列研究（cohort study）是分析流行病学的重要研究方法，广泛用于检验病因假设。最早的大型队列研究始于20世纪40年代，1948年启动的美国Framingham心脏病研究，成为全球大规模队列研究的先驱。队列研究作为一种研究疾病病因的方法，通过观察和比较某因素在不同暴露状况人群中疾病等结局事件的发生情况及其差异，可以获得暴露因素与结局事件之间有无因果关联及关联强度的结论。鉴于此，队列研究在阐明疾病病因、预测发病趋势及寻找有效干预措施等方面具有重要科学意义及应用价值。

> 人文视角 13-1
> 美国Framingham心脏病研究的历史与现状

一、概述

（一）队列研究的概念与基本原理

1. 概念　队列研究是将特定人群按照对某因素是否暴露分为暴露组和非暴露组或按照不同暴露水平分为几组亚人群，随访观察一定时期内各组人群中某种（或某些）结局事件的发生情况，通过比较两组或各组人群结局的发生率是否有差异，以判断该暴露因素与结局事件之间有无因果关联及关联强度的一种观察性研究方法。由于队列研究的性质为前瞻性，通常采取随访观察收集资料，通过对结局发生率的比较而获得结论，故又将队列研究称为前瞻性研究（prospective study）、随访研究（followup study）等。

队列研究中，暴露泛指能影响结局的各种因素，既可以是有害的也可以是有益的因素；结局是由暴露引发的各种事件，既可以是某种长期效应，如发病或死亡，也可以是某种短期效应，如生物学指标的变化或亚健康状态等。

队列（cohort）是指有共同经历或暴露于某因素或具备某特征的一组人群。队列研究中通常包括暴露队列（即暴露组）和非暴露队列（即非暴露组/对照组）。根据研究对象进入队列的时间不同，可将队列分为固定队列（fixed cohort）和动态队列（dynamic cohort）两种。固定队列指研究人群均在某一固定时间或较短时间内进入队列，或者是指一个相对稳定或相对大的人群，这种队列在随访观察的整个过程中不再加入或基本上不加入新的观察对象；动态队列指在整个随访过程中，原有的队列成员可以不断退出，新的观察对象可以随时进入，即整个观察期内队列成员不固定。

2. 基本原理　队列研究是在某一特定人群中，根据目前或过去某个时期是否暴露于某个

（或某些）待研究的因素，将研究对象分为暴露组和非暴露组，随访观察一定时期内各组人群中研究结局（疾病、死亡、健康事件等）的发生情况，通过比较各组结局事件的发生率，以判断暴露因素与结局事件之间的关联。如果暴露组的发生率明显高于非暴露组，则可认为该暴露因素为疾病发生的可能病因；如果暴露组的发生率明显低于非暴露组，则可认为该暴露因素为疾病发生的保护因素（图13-2）。

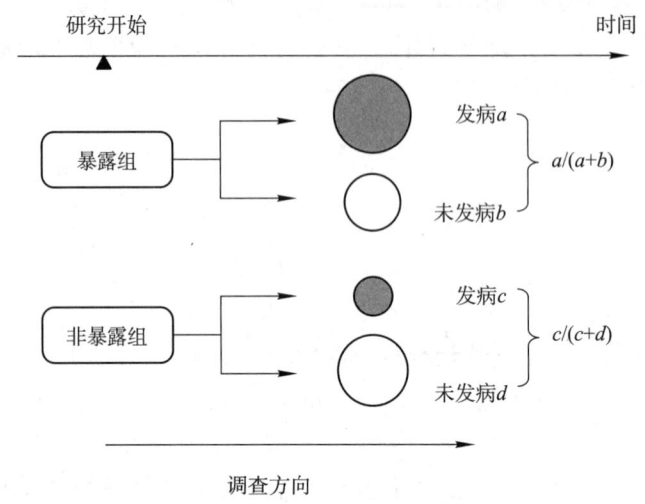

图13-2 队列研究基本原理

（二）队列研究的特点

1. **属于观察性研究** 暴露与结局事件都是在自然状态下发生的，没有给予任何干预，这一特点构成了与实验性研究的本质区别。

2. **设立对照** 设立对照组旨在比较，这一点与病例对照研究相同，也是分析流行病学与实验流行病学研究的共同特点之一，而有别于描述性研究。

3. **由"因"推"果"** 在队列研究中是由因到果的观察，能够明确提出暴露与疾病的时间先后顺序，研究性质为前瞻性。这一点与实验性研究相一致，而与病例对照研究和描述性研究不同。

4. **可确证暴露与结局的因果关系** 队列研究从暴露入手，在疾病发生之前即开始随访观察，能确切掌握暴露因素的作用及结局的发生情况，符合先因后果的病因推断规则，从而可证明两者之间的因果关系。

5. **可以计算发病率** 队列研究中观察到了结局事件的发生过程，能够明确新发病例，因此可以计算发病率，这一点与描述性研究和病例对照研究不同。

（三）队列研究的类型

按照研究对象进入队列及终止观察时间的不同，将队列研究分为前瞻性队列研究、历史性队列研究和双向性队列研究三大类型（图13-3）。

1. **前瞻性队列研究（prospective cohort study）** 是队列研究最基本的类型。研究对象的确定与分组是依据研究开始时的暴露状态，研究结局需要前瞻性追踪观察一定时间才能获得。这种研究的优点是所获得的资料真实可靠，偏倚较小，所得结果和结论可信。但存在需要观察的人群数量较大、观察时间较长、费用较高、可行性较差等缺点，特别是对于长潜伏期疾病进行前瞻性研究时，这些影响更加突出。

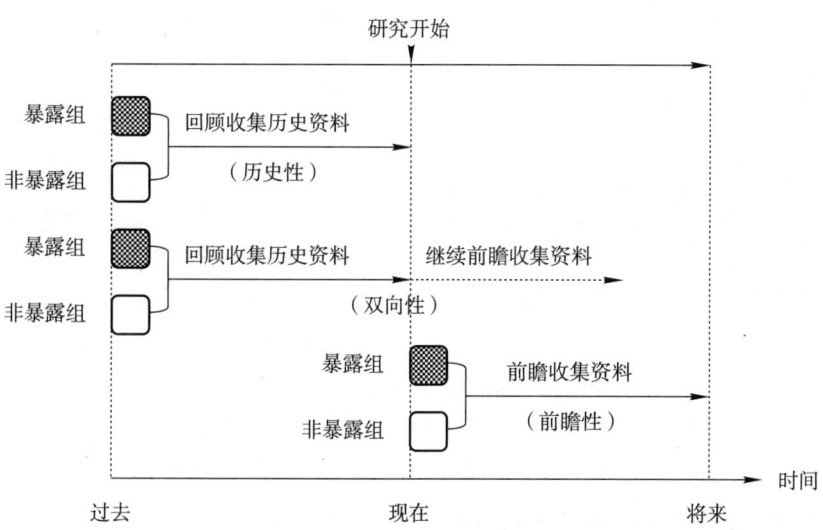

图 13-3 队列研究类型

2. **历史性队列研究**（historical cohort study） 又称为回顾性队列研究（retrospective cohort study），是将研究起点定位于过去某个时点，依据当时的暴露状态进行研究对象的确定与分组，从已掌握的历史资料（疾病或死亡报告、病案记录、体格检查记录等）中获得研究的结局，通过对两组研究结局发生率的比较，推断暴露因素与疾病等事件的关系。这一类型的队列研究，性质上相当于从过去某时点开始的前瞻性队列研究的随访，实际上在研究当时暴露与疾病或死亡均已成事实。该类研究最大的优点是节省时间、人力和物力，出结果快，因而适宜于长诱导期和长潜伏期的疾病，也经常用于具有特殊暴露的职业人群的研究。但此研究相对于前瞻性队列研究而言，资料的偏性较大，而且对影响暴露与结局的混杂因素难以控制，从而使研究结论的可信度受到影响。

3. **双向性队列研究**（ambispective cohort study） 又称为历史前瞻性队列研究（或回顾前瞻性队列研究），是继历史性队列研究之后，再进行一段时间的前瞻性队列研究。这种混合型的研究兼有上述两类研究的优点，并在一定程度上弥补了两者的不足。

（四）队列研究的应用

1. **检验病因假设** 是队列研究最主要的目的和用途。经过大量临床观察、描述性研究或病例对照研究，可提供某因素为某种疾病可能病因的假设，队列研究可检验这些假设，从而确定存在病因学关系的可能性。一次队列研究既可以检验一种因素与一种疾病或健康状况的关系，也可以同时检验多种因素与多种结局的因果关联。

2. **描述疾病的自然发展史** 人群疾病的自然发展史包括疾病的发生、发展到结局等一系列连续过程。队列研究从暴露开始观察，可以了解到疾病或健康等结局事件从发生、发展到结局的全过程，并对其进行描述，为疾病预防措施的制订提供可靠信息。

3. **评价自发的预防效果** 在实施队列研究的过程中，常有部分研究对象由于认识到暴露的危害而自发地转为非暴露，如原来吸烟者自行戒烟。对这些暴露行为转变者进行研究，可评价其预防效果，为病因判断提供可靠依据。

4. **预测疾病发展趋势** 通过队列研究长期随访观察积累的资料，可以分析某种疾病发生、发展的变化特点与规律，预测其未来发展动态与趋势，为制订有效的疾病防治策略和措施提供科学依据。

二、队列研究的设计与实施要点

(一)研究因素

1. 研究因素的确定　在队列研究中的研究因素一般较少,有时仅为单一暴露因素,因而应慎重选择、确定。通常是在病例对照研究或描述性研究的基础上,将与疾病发生有因果联系可能性较大的暴露因素作为研究因素,以进一步证实其因果关系或提供进一步研究的可靠依据。例如,20 世纪上半叶英国肺癌的死亡率呈迅速上升趋势,而且与烟草的消耗量呈平行关系,这种分布特征使卫生工作者意识到肺癌与吸烟之间可能存在联系。英国医师 Doll 与 Hill 从 1948 年开始进行吸烟与肺癌关系的病例对照研究,发现肺癌患者中吸烟比例明显高于对照组,提示吸烟有可能是肺癌的病因。在此基础上,他们于 1951 年开始,对居住在英国国内的注册医生进行了长达 20 余年的前瞻性队列研究,证实了吸烟是肺癌的病因假设。

2. 研究因素的测量和界定　研究因素既可以是导致疾病事件增加的危险因素,也可以是降低疾病事件发生概率的保护因素,还可以是另一个暴露因素所产生的后果。研究因素一旦确定以后,便应给予明确的定性或定量界定,即规定暴露的测量标准及暴露的剂量水平,同时尚应考虑暴露的时间长短、暴露的方式、是否连续暴露等问题。暴露因素的执行定义一旦确定,在研究的整个实施过程中便不可更改。

(二)研究结局

结局(outcome)是指随访观察中出现的预期结果事件。结局是队列研究的观察终点,任何研究对象一旦出现结局,便可终止对其观察。在队列研究中可以同时收集某一因素与多种结局的资料并加以分析,因此,队列研究中所观察的结局既可以是随访终点的结果(如发病或死亡),也可以是中间结局(如生物代谢指标、健康指标);结局变量既可定性,也可定量设定。

结局的确定应有明确而统一的标准,最好按照国际或国内统一的标准判断。在观察结局的过程中,对于与结局相关的一些现象也应注意记录,如以发病为结局的观察中,应注意记录疾病的不同类型、不同临床表现等,供详细分析之用。

(三)研究对象

队列研究中的研究对象包括暴露组和非暴露组(对照组)两组人群。暴露组和非暴露组均应由未发生观察结局(如发病)但有可能出现该结局的人群组成。

1. 暴露人群

(1)特殊暴露人群:指对研究因素有较高暴露的人群。当研究因素在一般人群中暴露率较低时,常选择高度暴露人群作为暴露组,有利于达到检验或验证暴露与疾病关联性的目的。在某些职业中常常存在特殊暴露因子,使职业人群中某些疾病的发病率或死亡率比一般人群高,因此,常选择某些职业人群作为特殊暴露人群。例如,选择染料厂接触联苯胺的工人作为研究对象,研究联苯胺致膀胱癌的作用;选择石棉作业工人研究石棉与肺癌的关系。选择特殊暴露人群进行队列研究时,由于对暴露因素的危害作用往往不是一开始就认识到的,一旦认识到了,大多已采取了防护措施,所以不宜进行前瞻性队列研究,而常用历史性队列研究。

(2)社区人群:从某行政区域或自然地理区域内选择暴露于所研究因素的人群作为暴露组。通常在以下三种情况下考虑用社区人群作为观察对象:①所研究的暴露因素与疾病在一般人群中较常见。②主要以观察一般人群的发病情况为目的。③为了观察环境因素与疾病或健康的关系。选择社区一般人群作为暴露组代表性好，但应保证该人群数量足够；该人群比较稳定，便于观察；当地医疗机构和技术水平较高，领导支持，群众配合。

（3）有组织的人群团体：这种队列可看作一般人群的特殊形式，如某一机关、团体或学校的成员，某学会的会员等。这种选择便于有效地随访观察，减少失访偏倚。例如，Doll 和 Hill 关于吸烟与肺癌的研究即是选择了英国所有注册登记的男性医生中的吸烟者作为暴露组，成为利用社会团体进行队列研究的典范。

2. 对照人群　即非暴露人群，其选择是否合适直接影响到研究结果的真实性，重要性相对于暴露组毫不逊色。选择对照时应把握与暴露人群具有可比性的原则，即对照组除了未暴露于所研究的因素外，其他可能影响发病或死亡等结局事件的重要因素应尽可能与暴露组一致或相近。在实际工作中，选择恰当的对照人群往往比选择暴露人群更困难。

（1）内对照：是指对照组与暴露组来自同一人群，将没有暴露或暴露水平最低的人员作为对照的形式。如 Doll 和 Hill 进行吸烟与肺癌的研究时即将男性医生中不吸烟者作为内对照。选择内对照具有可比性好、对照易选取、工作实施较容易等优点。

（2）外对照：以特殊暴露人群为暴露组时，往往不宜从该人群中选择对照，常需要在该人群之外选择对照，这样选择的对照称为外对照，也称平行对照（parallel control），即暴露组与非暴露组来自不同的人群。例如，研究某职业暴露与疾病的关系时，可选择某工厂暴露于该职业因素的全体工人作为暴露组，而选择其他工厂无该暴露因素的工人作为对照组。选择外对照时要特别注意与暴露组之间的均衡、可比性。

（3）一般人群对照：将暴露人群与全人群的资料进行比较，即利用整个地区（如全国或某省、市、区县等）已有的发病、死亡等统计资料作比较。这种对照的优点是对照资料容易得到，可节省大量的时间、人力和经费，但存在资料比较粗糙或缺少某些资料、或与暴露组在人口特征方面的可比性差、或由于时间上的不一致等原因所导致的偏倚。

（4）多重对照：为了增强研究的科学性，使结果更加真实、可靠，可以选用多重对照。即同时设立上述两种或两种以上的对照组，以减少单一对照带来的偏倚，如在设一个内对照或外对照的同时，可以再与一般人群作比较。设立多重对照将增加研究的工作量，同时应注意保证暴露组与不同对照组之间的可比性。

（四）样本量

1. 样本量的影响因素　在队列研究中影响样本量的主要因素为：①暴露人群结局的发生率（p_1）与非暴露人群该结局发生率（p_0）之差（$d=p_1-p_0$），d 值越大，所需样本量越小。②暴露因素与结局事件的关联强度，一般用相对危险度（RR）表示。关联强度越大，所需的样本量越小。③检验水准（α）。α 为 Ⅰ 型错误的概率。一般情况下，将 α 定为 0.05 或 0.01。α 值越小，所需的观察人数越多。④把握度（$1-\beta$）。β 为 Ⅱ 型错误的概率。$1-\beta$ 为拒绝检验假设的能力。通常将 $1-\beta$ 定为 0.90，一般不应低于 0.80。把握度要求越高，所需观察人数越多。

2. 样本量大小的估计　队列研究样本量大小可按下式计算：

$$n=\frac{(z_\alpha\sqrt{2\bar{p}\bar{q}}+z_\beta\sqrt{p_0q_0+p_1q_1})^2}{(p_1-p_0)^2} \tag{13-14}$$

式中，p_1 和 p_0 分别代表暴露组和非暴露组的发病率，如果不能获得 p_1，可由式 $p_1=RR\times P_0$ 求得；$q_1=1-p_1$，$q_0=1-p_0$；$\bar{p}$ 为两组发病率的平均值，即 $\bar{p}=(p_1+p_0)/2$；$\bar{q}=(1-\bar{p})$；Z_α 和

Z_β 分别为 α 与 β 对应的标准正态分布临界值，可查表获得。

一般来说对照组（非暴露组）的样本量不应少于暴露组，通常采取两组等量的做法，但当暴露人数较少时也可扩大对照组的数量。

（五）资料的收集与随访

1. **基线资料的收集** 基线资料是指在研究开始时收集的有关研究对象与暴露因素的信息。

（1）研究对象的确定及相关资料的收集：在队列研究开始时，应对所选择的研究对象进行检查，剔除不合格者，对于已患有所研究疾病或发生结局者必须排除，如研究高血脂与高血压的关系时，应对所有研究对象测量血压，将高血压患者剔除。同时应详细收集研究对象的人口学特征、生活习惯、生活方式、居住环境和条件、既往病史与其他疾病现患史、家庭情况及家庭成员患病史等资料。

（2）暴露的确定及暴露因素的收集：队列研究中暴露的确定至关重要，应按照已制定的统一而规范的标准执行，同时对于暴露程度和暴露方式也应详细调查和记录。定量收集暴露因素，有利于了解暴露因素的致病机制，增强对疾病因果关系判断的可信度。

2. **随访（follow up）** 是队列研究收集资料的主要形式。

（1）随访对象：暴露组和非暴露组均为随访对象。应采用统一的方法定期或不定期地收集各组成员的资料，确定研究对象是否仍处于观察之中，了解研究人群中结局事件的发生情况，同时收集有关暴露和混杂因素变化的资料。应注意对两组对象的随访等同对待，同时进行，直至观察结束。对于失访者应尽量进行补访，未能追访到者应尽量了解其失访原因，以估计可能产生的偏倚及其大小。

（2）随访内容：不同的研究依据其研究目的有不同的随访内容，主要涉及以下几个方面：①有关暴露的信息，确定暴露组与非暴露组的人数，特别注意在随访过程中某些暴露者和非暴露者的变更情况，同时应收集暴露因素的变化及研究对象暴露程度的变化等信息；②有关结局的信息，即按照设计规定的标准确定结局的有无及与结局相关的资料；③有关与暴露和疾病相关的可能产生混杂作用的信息。通常将随访内容设计成调查表，可防止缺项、漏项的发生，也便于核查资料的完整性。

（3）随访方式：有直接随访，如函调、面谈、定期体检；间接随访，如医院病历、死亡登记、疾病报告卡、人事档案、保险档案等，须根据结局的性质选用。某些暴露或结局的信息，可通过对研究对象进行某些生物指标的测定及对相关环境因素进行调查或监测等途径获取。

（4）随访开始时间及随访期限：随访开始时间应在了解了疾病的潜隐期或潜伏期并提出病因假设的基础上确定。理论上随访应在疾病的最短诱导期和潜伏期之后进行，而不要在暴露一发生就开始随访，但是在实施中往往难以做到。随访时间的长短取决于暴露与疾病的关联强度和疾病潜伏期的长短，暴露与疾病的关联强度越大，随访时间越短；潜伏期较短的急性病，随访期短，而对潜伏期较长的慢性疾病，随访时间也较长。多数队列研究的随访期都比较长，因而需要在随访期限内实施多次随访，确定随访间隔与随访次数时应根据研究结局出现的速度、研究的人力和物力等条件而定，一般慢性疾病的随访间隔期可定为 1~2 年。对于随访期比较短的队列研究，通常在终止观察时一次收集结局资料即可。

（5）随访终点和终止时间：随访终点也称观察终点，是指观察对象出现了预期的结局而不再对该对象继续进行观察的时间。随访终点一般规定为某种疾病的发生或死亡，如在研究高血压与脑卒中关系时，将随访终点定为脑卒中的发生，有时也可将随访终点规定为某些生物学检测指标或其他健康指标达到某水平的时间。随访终止时间则是指整个随访观察工作截止的时间，即经过了一个完整的随访期到达的终点时间。

（6）失访及其处理：由于队列研究随访对象多、时间长，失访问题在所难免。对于失访者应尽可能地进行补访，未能追访到者，应尽可能取得失访者结局的信息，或从失访者中抽取样本调查其结局，对失访原因做进一步的分析，与在访人群的结局进行比较，以推测失访对结果的影响。

三、队列研究的资料分析

在随访过程和随访结束后，应及时对资料进行审查，核实资料的正确性与完整性。对有明显错误的资料应进行重新调查修正，或剔除；对不完整的资料要设法补齐。继而对合格资料归档，建立数据库。在此基础上，对资料进行描述性分析，即对暴露组和非暴露组人群的年龄、性别等一般人口学特征，研究结局、失访等事件的发生情况等进行描述，分析两组的可比性及资料的可靠性。然后分别计算各研究组在随访期疾病的发病率或死亡率，以比较暴露组与非暴露组间的差别。

（一）率的计算

在描述性分析的基础上，按暴露组和非暴露组某结局事件（以发病为例）发生的人数和人年数，归纳整理成表 13-5 的形式。计算各组结局事件的发生率（发病率或死亡率等），通过两组率的差别的比较进行暴露与疾病病因关联的推断性统计分析。

表 13-5　队列研究资料整理归纳表

分组	病例	非病例	合计	发病率
暴露组	a	b	$a+b=n_1$	a/n_1
非暴露组	c	d	$c+d=n_0$	c/n_0
合计	$a+c=m_1$	$b+d=m_0$	$a+b+c+d=N$	

由于队列研究观察时间较长、观察人数较多，在进行暴露组和非暴露组结局发生率的计算时应根据研究对象和资料的性质特征，选择适宜的率的计算方法。

1. 累积发病率（cumulative incidence，CI）　当观察人群流动性小，比较稳定时，不论观察时间的长短和发病频率的高低，以观察开始时的人数作为分母，整个观察期内发生的病例数（或死亡数）作为分子，可计算该观察期内的累积发病率或累积死亡率（cumulative mortality，CM）。

$$CI = n/N \quad (13-15)$$

式中，n 表示观察期内的发病人数，N 表示观察开始时的人数。

2. 发病密度（incidence density，ID）　当观察人群变动较大（有失访、迁移、死于他病、中途加入等）时，用观察开始的总人数作分母计算率则显然不够合理，而用发病密度来测量发病频率较为适宜。发病密度是一定时期内的平均发病率，其分子仍是一个人群在观察期内新发生的例数（n），分母则是该人群中每一成员所提供的人时数的总和。人时（person-time，PT）为观察人数与观察时间的乘积。因为以人时为单位计算的发病率带有瞬时频率的性质，故称为发病密度。观察时间可以为年、月、日等，一般以年为单位，即以人年（person-year）为单位计算发病率或死亡率。发病密度包含观察人群中发生的新病例数、观察人群的数量、发生这些例数所经历的时间等信息，可以较好地反映动态人群所研究结局的发生频率。

$$ID = n/(PT) \tag{13-16}$$

式中，n 表示观察期内的发病或死亡人数，PT 表示观察人时的总和。

(二) 关联性分析及关联强度估计

队列研究通过比较暴露组与非暴露组的发病率或死亡率的差别来反映暴露与疾病有无关联。如果观察时间比较短、观察人群变动不大，可进行率的差异性检验，如 χ^2 检验或 U 检验。但队列研究一般观察时间较长，常以人年为单位计算发病率或死亡率，用一般率的显著性检验方法则不合适，应用特殊的方法加以检验，如二项分布、标准化率的计算等进行率的差异性推断。在此基础上，进行反映暴露因素与结局事件之间的关联强度的效应估计。

1. **相对危险度**（relative risk，RR）是暴露组与非暴露组人群发病率或死亡率的比值，又称作率比（rate ratio），表明暴露组发病或死亡的危险性是对照组的若干倍。RR 是反映暴露与疾病关联强度大小最重要的指标。

$$RR = I_e / I_0 \tag{13-17}$$

式中，I_e 和 I_0 分别表示暴露组和非暴露组的发病率或死亡率。

RR 的意义：RR 的数值从 0 至正无限大。$RR = 1$，表示暴露组与非暴露组的发病率或死亡率相同，提示暴露与疾病的发生无关；$RR > 1$，说明暴露组的发病率或死亡率高于非暴露组，提示暴露可增加疾病发生的危险性，是疾病发生的可能病因因素；$RR < 1$，表示暴露组的发病率或死亡率低于非暴露组，提示暴露对于疾病的发生起阻止作用，可减少疾病的危险性，为保护因素。

RR 作为一次调查研究得到的点估计值，用以推断总体范围时，应考虑抽样误差存在的可能性，故需计算 RR 的可信区间，一般计算其 95% 可信区间（95% CI）。RR 95% 可信区间的计算方法较多，常用 Woolf 法进行估计：

$$\ln RR\ 95\%\ CI = \ln RR \pm 1.96\sqrt{\mathrm{Var}(\ln RR)} \tag{13-18}$$

式中，$\mathrm{Var}(\ln RR)$ 为 RR 自然对数的方差。

$$\mathrm{Var}(\ln RR) = \frac{1}{a} + \frac{1}{b} + \frac{1}{c} + \frac{1}{d}$$

取 $\ln RR$ 95% CI 的反对数值即可得 RR 的 95% 可信区间。

> 知识拓展 13-2
> OR 与 RR 的主要区别与联系

RR 95% 可信区间的意义：如果所计算的可信区间范围包含 1，说明该 RR 值由抽样误差造成，表示暴露与疾病无关；如果所计算的可信区间范围不包含 1（>1 或 <1），说明该 RR 值非抽样误差所造成，表示暴露与疾病有关联。

2. **归因危险度**（attributable risk，AR）也称特异危险度，为暴露组的率与非暴露组的率之差，也称率差（rate difference，RD），表明暴露组与非暴露组某种结局事件发生危险相差的绝对值。

$$AR = I_e - I_0 \tag{13-19}$$

由 $RR = I_e / I_0$，可推得：

$$AR = RR \times I_0 - I_0 = I_0(RR - 1) \tag{13-20}$$

由式 13-20 即可在不明确 I_e 的情况下，通过 RR 和 I_0 算出 AR。

同样，归因危险度也是一个样本的点估计值，其 95% 可信区间可用下式计算。

$$AR\ 95\%\ CI = AR \pm 1.96\sqrt{\frac{a}{n_1^2} + \frac{c}{n_0^2}} \tag{13-21}$$

AR 的意义：AR 说明在暴露者中，单纯由于暴露引起某结局事件发生的危险性的大小，换言之，AR 可反映发病或死亡等结局发生的危险性可特异地归因于该暴露因素的程度。

RR 与 AR 均是反映暴露的生物学效应的指标，是表示某因素与疾病等事件发生关联强度的指标，且彼此密切相关，但它们所表明的意义却不同。RR 是反映某因素对个体作用大小的指标，其值越大表明某危险因素的致病作用越强，具有病因学意义；AR 值表示暴露于某危险因素的人群中疾病的发病或死亡危险比未暴露于该危险因素的人群增加的数量，如果对暴露人群采取措施，消除该危险因素，可降低发病或死亡危险的程度。

3. 归因危险度百分比（attributable risk percent，$AR\%$ 或 ARP）也称病因分值（etiologic fraction，EF_e），是指暴露人群中发病等结局事件归因于暴露的成分占全部病因的比例。

$$AR\% = (I_e - I_0)/I_e \times 100\% \tag{13-22}$$

结合式 13-17 可推得：

$$AR\% = (RR - 1)/RR \times 100\% \tag{13-23}$$

由式 13-23 可见，$AR\%$ 主要与 RR 有关。在病例对照研究中，可用 OR 代替 RR 估算 $AR\%$。

$AR\%$ 的意义：$AR\%$ 反映某因素的暴露者中，单纯由于该因素引起发病等结局事件的危险占整个病因的比例。

4. 人群归因危险度（population attributable risk，PAR）和人群归因危险度百分比（population attributable risk percent，$PAR\%$ 或 $PARP$）是指暴露对整个人群的危害程度及其比例。这两个指标综合考虑了研究因素的致病效应（RR）及该因素在人群中的暴露比例，可更为全面地评价某暴露因素对人群发病等生物事件的影响。

PAR 是指人群总发病率或死亡率与非暴露组发病率或死亡率之差。

$$PAR = I_t - I_0 \tag{13-24}$$

式中，I_t 和 I_0 分别表示一般人群和非暴露组的发病率或死亡率。

PAR 的意义：PAR 可表示在整个人群中，单纯由于研究因素引起发病或死亡等结局事件危险性的大小。

$PAR\%$ 又称人群病因分值（population etiologic fraction，PEF），表示人群中由于某因素引起发病等结局事件的危险性占整个人群病因的比例。

$$PAR\% = (I_t - I_0)/I_t \times 100\% \tag{13-25}$$

$$PAR\% = \frac{p_0(RR-1)}{p_0(RR-1)+1} \tag{13-26}$$

式 13-26 中，p_0 为某因素在人群中的暴露比例。

可见，$PAR\%$ 既与 RR 有关，也与人群对某因素的暴露比例有关。在病例对照研究中，可用 OR 代替 RR 估算 $PAR\%$。

$PAR\%$ 的意义：$PAR\%$ 反映了在一般人群中，某因素引起某种疾病或其他卫生事件的危险占全部病因的百分比。

经典案例 13-5
队列研究效应指标计算

（三）分级分析与分层分析

队列研究中不仅可以按照暴露的有无进行暴露因素与疾病的关联性分析，也可以按照暴露因素的不同水平分别分析其与疾病之间的关联强度，进而推断暴露与疾病的剂量-反应关系，增加因果联系的判断依据。与病例对照研究一样，队列研究在研究某因素与某结局的相互关系时可能会受到许多因素的干扰。如果影响因素较少，可采取频数匹配或分层分析的方法，但由于受到匹配过头或分层分析时样本量的限制，使其应用受到局限。

（四）多因素分析

随着计算机技术的快速发展和广泛使用，以及流行病学研究方法的日益完善，多因素统计分析方法为流行病学研究提供了极大的便利和广泛的发展空间。队列研究中较常用的多因素分析方法有多元线性回归分析、logistic 回归分析、Cox 回归分析等，前两种方法主要用于混杂因素的控制，Cox 回归模型则特别适合于随访资料的分析，可对失访问题予以科学、合理的估价和判断，从而较为客观地反映研究的真实性。

四、队列研究的偏倚及其控制

队列研究在设计、实施、资料分析乃至推论的过程中都可能会受到多种因素的影响而产生偏倚。研究者需要充分认识和识别各种偏倚，提高研究质量。相对于病例对照研究，队列研究的偏倚较少。

（一）选择偏倚及其控制

队列研究中以所抽取的样本人群作为研究对象时，有时会发生代表性差而造成选择偏倚。

1. 常见偏倚

（1）失访偏倚（attrition bias）：是队列研究中最常见的一种偏倚，是指在随访观察过程中，研究对象由于种种原因而退出研究或死于非终点疾病，因而造成对研究结果的影响。失访所产生偏倚的大小主要取决于失访率的高低、失访者的特征和暴露组与非暴露组失访情况的差异，失访的主要原因为研究对象的迁移、外出、不愿合作等。在进行历史性队列研究时，某些研究对象的档案缺失或记录不全是失访的特殊形式，而这些档案记录资料的缺失是导致失访的主要原因。队列研究由于观察人数较多、观察时间较长，失访难以避免。如果暴露组与未暴露组的失访率相似，失访者与未失访者的结局发生率也相似，则失访对研究结果的影响作用较小。比较现实可行的方法是把失访者与未失访者的基线资料中的一些特征加以比较，如差别不大，则可假定结局发生率的差别可能也不大。否则，对选择偏倚可能产生的影响应有充分估计。

（2）志愿者偏倚（volunteer bias）：志愿者为研究对象时，由于他们具有的某些特征或习惯与一般人群存在差别，如年龄可能以青年或老年为主，从事某种特殊职业者或无业者较多，有某种特殊习惯或行为、心理倾向等，都会影响到研究对象的代表性，使研究结果推论到目标人群时受到影响而产生偏倚。

（3）易感性偏倚（susceptibility bias）：健康工人效应（health worker effect）是其中一种。当选择某种职业暴露的人群为研究对象，探讨接触该职业因素对健康的影响时，有时会发现该暴露人群的发病率或死亡专率与一般人群之间无差别，甚至低于一般人群。其原因可能是由于工作需要，这些职业暴露者的健康水平较一般人群高，或者是他们在长期接触这些有害物质时对其产生了耐受性，使得对某些疾病的易感性降低。如果忽视了这方面的影响，将会产生由于易感性偏倚导致的错误结论。

2. 控制方法　严格制定和执行选择研究对象和确定暴露的标准；尽可能提高研究对象的依

从性,避免失访的发生;以志愿者为研究对象时,应对其某些特征与一般人群进行比较,预先估计易感性偏倚产生的可能性,加以避免。

(二)信息偏倚及其控制

在随访观察的整个过程中所获得资料的不准确所带来的系统误差属于信息偏倚。

1. 常见偏倚

(1)诊断怀疑偏倚(diagnostic bias):一般指由于研究者或被研究者的主观偏性而导致研究结果发生的偏差。研究者如果事先知道研究对象的暴露情况,在主观上可能会倾向于应该出现某种阳性结果的意向,则以不同的调查方式、态度对待暴露组和非暴露组,或判断结果时带有较大的主观偏性。同样,若研究对象了解了研究目的,并知道自己是暴露者,则可能对研究结局的出现做出主观判断。

(2)错误分类偏倚(misclassification bias):在资料收集过程中,由于对疾病等研究结局的诊断标准定义不明确或掌握不当,造成对结局的错判或误判。这种在随访过程中发生的诊断或错误归类偏倚属于信息偏倚。

(3)测量偏倚(measurement bias):随访观察时由于检测仪器不准确、检验方法未统一或技术不规范,调查员的询问技巧欠佳等,均可使所收集到的信息不能反映实际情况,造成对研究结果和结论的歪曲。

2. 控制方法 严格培训调查员,提高调查和检测技术水平,统一诊断标准,统一调查与检测方法,校准实验仪器,尽量采用客观的判断暴露与结局发生的指标,如果条件允许可采用盲法收集资料,避免主观偏性对结果的影响。

(三)混杂偏倚及其控制

队列研究中尽管研究因素比较单一,但任何与暴露和所研究结局有关的各种外部变量都有可能作为混杂因素存在,干扰研究结果和结论的真实性。因此,在不同类型和不同研究目的的队列研究中,应对混杂因素加以识别并予以控制,其控制方法主要有限制、匹配、分层分析和多因素分析等。

五、队列研究的优点与局限性

(一)优点

(1)由于队列研究中暴露与结局间先因后果的时间顺序清楚,资料的获得为随访观察所得,真实可靠,偏倚较小,故对检验假设或验证假设的推断结论说服力强,病因推断的论证强度较高。

(2)队列研究中可以计算发病、死亡等结局事件的发生率,从而可直接估计暴露与疾病等相关生物事件的相对危险度、归因危险度等关联强度的指标,以充分分析研究因素的作用效应。

(3)适合研究一般人群中暴露率较低的某些特殊暴露因素对人群疾病或健康的影响,并可同时分析一种或多种暴露因素与多种疾病等结局的关系。

(4)队列研究在确定暴露与非暴露的情况下随访观察结局事件的发生情况,避免了回忆偏倚的产生。

知识拓展 13-3 两种分析性研究方法的比较

研究进展 13-1 分析流行病学的衍生类型

（二）局限性

（1）不适合对发病率很低的疾病进行研究，对于发病率很低的疾病所需的样本将会更大，实施的难度较大。

（2）队列研究一般实施时间较长，在长期的随访研究中，观察对象难免发生因退出、搬迁、死亡等各种原因造成失访，如果失访人数较多，将对研究结果产生较大影响。

（3）研究耗时间、费人力、开支大。

（4）在队列研究中，观察对象容易在了解到某些行为暴露的危害情况下改变习惯，如在某些饮食因素与脑卒中关系的研究中，研究对象可能自动改变饮食习惯，增加资料分析的难度。

（丁 玲）

复习思考题

1. 病例对照研究的主要用途有哪些？
2. 简述病例对照研究的特点。
3. 简述成组匹配病例对照研究中资料分析的步骤。
4. 队列研究的主要用途有哪些？
5. 什么是相对危险度？它的流行病学意义是什么？
6. 失访偏倚是队列研究难以避免的一种偏倚，特别是较大型及较长时间的队列研究。为了将失访偏倚的影响降到最低，应当采取哪些措施？

网上更多……

本章小结　　开放性讨论　　自测题　　教学PPT　　微课

第十四章
实验流行病学

关键词

实验流行病学	真实验	类实验	临床试验
现场试验	社区干预试验	随机对照试验	干预措施
实验效应	安慰剂	盲法	

　　实验流行病学研究与观察性流行病学研究共同构成流行病学研究的重要方法，它和一般医学基础学科的实验不同，主要在人群现场进行。我国从20世纪70年代末开始进行实验流行病学研究。近年来，这类研究方法已越来越广泛地应用于传染性疾病、心脑血管疾病、恶性肿瘤、糖尿病、地方病、职业病等疾病的病因研究，在评价卫生事业管理、预防保健措施、诊断技术效果及临床治疗方法的效果等方面起着举足轻重的作用，已被视为评价干预措施有效性的标准方法。本章主要介绍实验流行病学的概念、特点、分类、用途及优缺点，临床试验的定义、基本要素、基本原则、分类和分期、设计与实施及资料结果分析。

知识导图

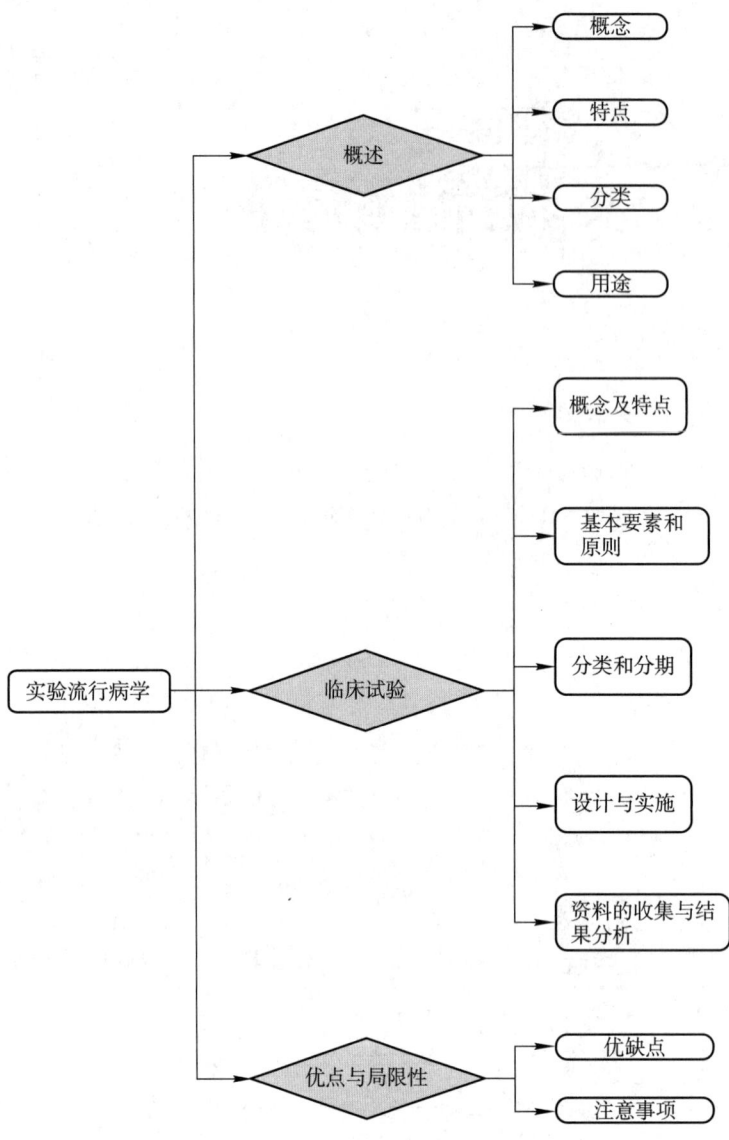

第一节 概述

实验流行病学（experimental epidemiology）是以人群为研究对象，以医院、社区、工厂、学校等现场为"实验室"，在研究者的控制下，对人群采取某项干预措施或施加某种因素或消除某种因素，观察其对人群疾病发生或健康状态的影响，在临床治疗和疾病预防措施的科学评价和筛选，医疗卫生政策、健康教育及诊断技术效果评估等方面起着举足轻重的作用，是流行病学研究的主要方法之一，其方法的发生发展经历了漫长的历程。

一、实验流行病学的概念

实验流行病学又称流行病学实验（epidemiological experiment）、实验性研究（experimental study）或干预性研究（intervention study），是指将来自同一总体的研究人群随机分为试验组和对照组，研究者对试验组人群施加某种干预措施，对照组给予其他对照措施或不予干预，随访并比较两组人群的发病（死亡）情况或健康状况有无差别及差别大小，从而判断干预措施效果的一种研究方法。

实验流行病学研究是精心设计的，其试验组和对照组是随机划分的，并在严格控制的现场试验条件下进行，现广泛应用于探讨疾病病因和评价防治措施效果。通过实验流行病学验证的假设是可靠的，其基本原理见图 14-1。

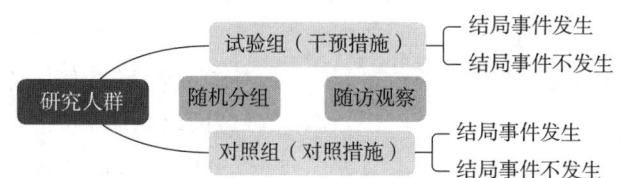

图 14-1 实验流行病学基本原理

二、实验流行病学的特点

在实验流行病学研究中，研究对象被分为两组或多组，分别接受不同的干预（处理或对照）措施，随访观察一段时间，然后比较各组的某（些）结局（outcome）或效应（effect）。与其他流行病学研究方法不同，实验流行病学主要具有以下特点。

1. 属于前瞻性研究　实验流行病学是前瞻性研究，必须是干预在前，效应在后，必须直接追踪、观察和随访研究对象。研究对象虽不一定从同一天开始进入研究，但必须从同一个确定的起点开始追踪、观察和随访。

2. 遵循随机化原则　流行病学实验应遵循随机化原则将研究对象分配到试验组或对照组。避免了受试者的主观愿望或研究者的偏见等因素的影响而产生的选择偏倚，增加了比较组间的可比性，控制混杂偏倚，提高了研究的真实性。

3. 具有均衡可比的对照　实验流行病学必须同时设立试验组和对照组，在实验开始时，除干预因素不同之外，两组的基本特征、自然暴露因素和预后因素等各方面必须相似或可比，以体现组间干预措施的效果。

4. 要有干预措施　实验流行病学必须对试验组对象施加一种或多种干预措施，是实验法而非观察法。干预措施可以是接种预防某种疾病的疫苗、给予某种药物治疗或其他干预的策略措施等。

在一些研究中，因为受实际条件限制不能随机分组或不能设立平行的对照组，这种研究称为"类实验"或"半实验"。具备以上四个基本特征的实验称为真实验。

三、实验流行病学的分类

（一）按处理因素的性质分类

实验流行病学可按处理因素的性质分为两类：预防性试验（prophylactic trial）和治疗性试验（therapeutic trial）。预防性试验又称现场试验（field trial），可分为个体试验（individual trial）和社区试验（community trial）。治疗性试验即临床试验（clinical trial）。

1. 临床试验　以患者作为研究对象，以临床干预措施为研究内容，按随机分配的原则分组。常用于检验和评价某种新药物或新治疗方法的效果。随机对照试验就是此类试验中应用最广的一种。研究者可采用随机分组、设立对照、盲法来评价某些干预措施的效果。其设计模式见图14-2。

2. 现场试验　以尚未患病的人作为研究对象。根据试验对象的不同，又可分为以下两类。

（1）个体试验：这种方法的试验对象的基本单位和临床试验一样是个体，而不是人群。常用于评价疾病预防措施的效果，通常在高危人群中进行研究，如评价疫苗预防传染病的效果。其设计模式见图14-3。

（2）社区试验：是以社区人群整体作为干预单位的实验研究，常用于评价某种预防措施或方法的效果。其设计模式见图14-4。

社区试验和个体试验的区别是研究对象不同，个体试验接受干预措施的基本单位是个体，而社区试验接受干预措施的基本单位是整个社区人群或某一个人群的亚群。例如，评价食盐加碘预防地方性甲状腺肿的效果，将碘加入食盐中，使整个研究地区的人群食用，而不是分别给予每一个体，这就是社区试验。

有时干预的对象不是整个社区而是比较小的群组，如饮食的干预可能以家庭或家族为单位，环境的干预可以办公室、工厂或居民楼等为单位，这种试验称为群组试验（cluster group trial）。

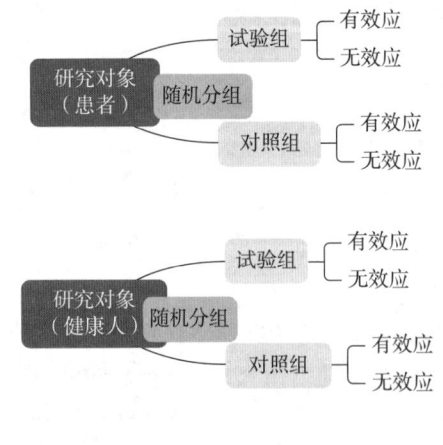

图14-2　临床试验研究设计

图14-3　个体试验研究设计

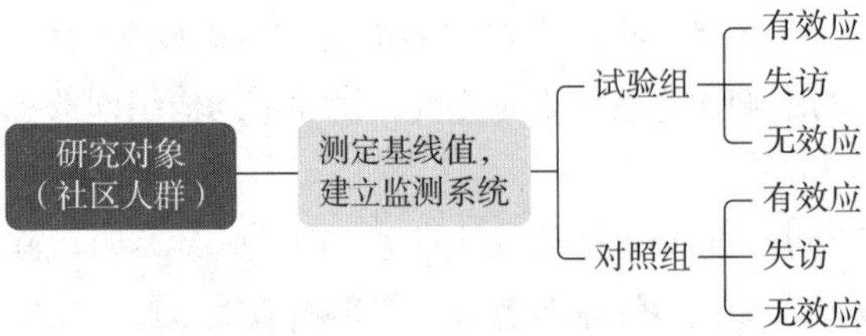

图14-4　社区试验研究设计

（二）按设计的基本特征分类

1. 真实验（true experiment）　一个完全的流行病学实验必须具备属于前瞻性研究、随机化分组、有干预措施、合理设置对照四个基本特征，这样的实验称为真实验。

根据上述特征可以看出,实验流行病学研究方法有其独到之处。描述流行病学和分析流行病学是用观察法进行研究,研究对象可以随机抽样,但不能随机分组。与描述性研究相比,实验性研究能够检验假设;与分析性研究相比,虽然两类研究方法均可以用来检验假设,但实验性研究在检验效应能力上比任何分析性研究都强得多,其往往可以作为一系列假设检验的最终手段而得出较肯定的结论。其基本原因是干预措施由研究者人为控制,研究对象的分组是随机的,能较好地排除外部因素的干扰作用。

2. 类实验(quasi-experiment) 一个完全的流行病学实验必须具备四个基本特征,如果一项实验研究缺少其中一个或几个基本特征,则这种实验研究称为类试验,又称半试验(semi-experiment)或准实验。类实验常用于研究对象数量大、范围广而实际情况不允许对研究对象进行随机化分组的情况。类实验可分为以下两类。

(1)不设对照组的类实验:这种试验研究虽然没有设立对照组,但不等于没有对比,仍可通过下列两种方式进行比较:①自身前后对照,即同一受试者在干预措施前后比较。例如,观察某种药物降血胆固醇的效果,可比较高胆固醇者服用该药物前后的血胆固醇水平。②与已知的不给予干预措施的结果比较。例如,已知几乎所有人均为艾滋病易感者,所以艾滋病的疫苗研究可以不设立对照组。

(2)设对照组的类实验:有些试验虽然设立了对照组,但研究对象的分组不是随机的。在很多情况下特别在社区试验中,获得完全随机对照是不可能的。如果对某个社区人群实施干预,而选择具有可比性的另一个社区人群作为对照组,这就不是随机分组。例如,进行某疫苗预防效果的评价,A学校为试验组注射该疫苗,B学校为对照组不注射疫苗,然后对比两组血清学和流行病学观察指标的差异,最后对该疫苗的预防效果进行评价。

四、实验流行病学的用途

实验流行病学是流行病学研究的高级阶段,在医学研究中可以解决许多实际性的问题。

1. 验证假设 病因研究是医学研究的重点内容之一,只有了解疾病发生的原因,才有可能对其作出正确诊断和有效治疗,也才有可能采取特异性的干预对策和措施。实验流行病学可通过在试验组施加或去除某种因素,比较试验组和对照组人群发病或死亡水平的差异,从而证实病因假说的真实性。

2. 评价疾病防治效果 实验流行病学可用于评价某种新的药物或制剂、手术、医疗保健、理化因素、营养、护理等治疗措施和预防保健措施的作用效果,帮助临床医生寻找有效的治疗措施,从而提高疾病的治愈率,降低疾病发生率、伤残率和病死率,促进患者恢复健康,提高生存质量。

第二节 临床试验

临床试验(clinical trail)是最常见的实验流行病学研究类型,以患者为研究对象,常用于对药物或治疗方案的疗效进行科学的评价,以便医生科学地选择治疗方案,给患者以确实有效的治疗措施,提高疾病的治愈率。

一、临床试验的概念及特点

(一)临床试验的概念

临床试验又称治疗性试验,是以患者为研究对象,以患病个体为单位,将研究对象随机分为试验组和对照组,通过比较两组的结果,对某种药物或治疗方法的效果进行检验和评价的一种前瞻性研究。

临床试验的目的是观察和论证某个或某些研究因素对研究对象所产生的效应或影响,在临床进行药物等治疗方法的效果评价时,整个实验过程易受多种因素的影响,从而对实验结果造成偏倚,而且不易控制。因此严格设计并严谨实施的临床试验,是发现有效药物或疗法的最快和最安全的途径。

临床试验主要用于治疗研究、诊断研究、筛检研究、预后研究、病因研究。随机化临床试验即临床随机对照试验,是其中应用最广泛的一种。

(二)临床试验的特点

临床试验主要是用来帮助临床医生确定有效的治疗措施,可以是对一种药物、一种治疗措施或手术等效果进行评价,也可以是对完整的治疗方案或综合治疗措施进行评价,其特点主要有以下几个方面。

1. 具有实验性研究的特性

(1)属于前瞻性研究:在临床试验中,必须直接追踪随访受试对象,其所获资料受偏倚影响小,研究获得的结果真实可靠,论证强度高。

(2)应有干预措施:在实施某项临床试验时,要预先设计好治疗或预防措施,即"干预"(intervention)。干预措施必须对人体无害或对健康无潜在的影响。

(3)必须有平行的试验组和对照组:临床试验必须设立试验组与对照组,在研究开始时除干预措施外,各组必须具有相似的基本特征,以增强试验组和对照组的可比性,进而了解干预措施的效应。

(4)遵循随机化原则:尽管设置对照能排除非研究因素的干扰,但还是不能完全避免研究对象的差异,通过随机化的方法进行分组可以提高组间的均衡性,使研究结果具有良好的可比性。

2. 研究对象具有特殊性　临床试验以患者为研究对象,因其个体间的生理特点、疾病类型、病情轻重、治疗经历、家族史、心理状态及所处的环境等多种因素的影响,其设计要求非常严密,实施难度较大,应充分考虑其安全并遵循自愿的原则。在试验设计阶段应充分估计受试对象的依从性,不能坚持的病例不列入受试对象。同时不能强迫受试对象参加或完全遵守试验的规定,在整个试验过程中应尽可能地随访所有受试对象并将其结果加以统计。

3. 要考虑医学伦理学问题　临床试验以人作为研究对象,用于人的治疗性药物或措施必须有充分的依据,并经过药效学和毒理学等基础研究证实安全有效后才能用于临床研究。同时,研究人员在临床试验中必须遵循人体试验伦理原则,在临床研究的各个环节中真诚对待研究对象,尊重他们的意愿,维护他们的权利,保障他们的生命安全和身心健康。

4. 要科学评价临床疗效　研究者对临床试验的效果要实事求是地评价,科学评价要包括试验的真实性、重复性及实用性三个方面。

二、临床试验的基本要素和原则

（一）临床试验的基本要素

临床试验的研究对象为某病的患者，对药物或治疗方法效果的观察需进行前瞻性的追踪，整个实验过程易受多种因素的影响，包括处理因素、研究对象和效应指标三个基本要素。

1. 处理因素　也称研究因素或实验因素，是指根据不同的研究目的施加给研究对象的各种干预措施。处理因素包括生物、化学、物理及社会、心理行为等因素。

在整个实验过程中必须注意处理因素的性质、强度、频率、持续时间与施加的方法始终如一，保持不变；同时在设计时，还要注意非处理因素在临床试验中可能会产生混杂效应，干扰试验结果的评价。通常在一次研究中，涉及的处理因素不要太多，以免浪费人力、物力和时间，影响研究的质量。

2. 研究对象　是指符合研究条件的人群，包括试验组和对照组，确定时应注意以下问题。

（1）制订明确的诊断标准：应根据研究目的按照严格的纳入标准和排除标准选择研究对象，确定诊断标准应采用国际公认的、统一的标准和全国性学术会议规定的标准，无公认的诊断标准时，研究人员可自行拟订。同时应尽量采用客观指标，避免把未患病者选入而影响研究的真实效果。

（2）选择的对象应能从研究中受益：如评价药物的疗效时，要求试验用的药物已经经过严格的动物实验，药物作用机制清楚，效果明显且安全可靠，才可对患者进行临床试验。

（3）选择依从性好的研究对象：选择能服从试验安排并能坚持合作的患者作研究对象。若研究对象不能遵守试验规则，或中途退出试验，将会给试验结果带来偏倚。

（4）选择对干预措施有效的人群：选择研究对象时不只满足于可使研究获得效果，还要尽量使之获得最大的效果。例如，评价某疫苗的预防效果时，应选择某病的易感人群为研究对象。

（5）选择预期发病率较高的人群：选择发病率较高的人群进行试验，容易得到较好的效果。例如，在评价某种疫苗的预防效果时，应选择在高发区人群进行；观察灭螺药物的效果，应在钉螺密度较高的地区进行。

（6）确定好样本量：样本量的大小取决于试验设计类型、研究因素的有效率、研究事件或疾病的发生率、检验水准、检验效能等因素。样本量的计算可采用公式计算或查表法。

3. 效应指标　实验效应（experimental effect）是处理因素作用于受试对象的反应和结局，效应的大小是通过具体指标反映出来的，通过指标分析便可对处理因素所产生的效果作出客观的评价。常用来反映实验效应的指标有发病率、死亡率、治愈率、缓解率、复发率、不良反应、体征的改变和实验室测量结果等。选择效应指标要注意以下几个方面。

（1）关联性：即选择的指标与本次实验目的有本质上的联系，必须能反映所施加因素的效应。确定指标的关联性可通过阅读文献、结合专业知识分析推理，最可靠的办法是通过预试验或标准阳性对照来验证。

（2）客观性：试验指标可分为主观指标和客观指标两种。主观指标易受受试对象心理因素的影响，具有随意性和偶然性；而客观指标是指不受主观因素影响，借助测量仪器检测获得的观察结果，具有较好的真实性和可靠性。

（3）特异度和灵敏度：特异度反映该指标鉴别真阴性的能力，是诊断和判断疗效最可靠的依据，能较好地揭示处理因素的作用，不易受混杂因素的干扰，可减少假阳性率。灵敏度反映该指标检出真阳性的能力，灵敏度高的指标对外界的反应灵敏，能更好地显示处理因素的效应，可减少假阴性率。在保证一定的灵敏度和特异度的基础上，尽量选用操作方便、经济可行的效应指标。

（4）精确性：包括准确度和精密度两层含义。准确度是观测值与真实值的接近程度，主要受系统误差影响；精密度指重复观察时测量值的波动范围的大小，主要与随机误差有关。

（二）临床试验的基本原则

1. 随机化原则　随机化是采用随机的方式，使每个受试对象都有同等机会被抽取或分配到试验组和对照组，提高两组的可比性或均衡性，减少非研究因素的干扰，从而消除来自研究对象和研究者的选择偏倚，提高试验结果的真实性和可靠性。常用的随机化分组方法有以下几种。

（1）单纯随机分组（simple randomization）：最常用的方法是利用随机数字表或随机排列表，也可用研究对象的出生日期、病历号等方法。单纯随机分组的优点是易于实行，随时可用，不需要用专门工具；缺点是很难将小样本对象均等地分成两组。另外，当研究对象数量大时，工作量相当大，有时甚至难以做到。

（2）分层随机分组（stratified randomization）：按研究对象重要的临床特征或预后因素，即可能产生混杂作用的某些因素（如年龄、性别、种族、文化程度、经济状况、居住条件、病情等）先进行分层，然后再随机地把研究对象分配到试验组和对照组。分层随机分组可提高研究的科学性，同时可增加处理的组间均衡性，提高检验效率；缺点与简单随机分组相同，在分组前需要一个完整的研究对象名单，样本大时工作量大。

（3）整群随机分组（cluster randomization）：按社区或较大的群组分配，即一个家庭、一所学校、一个医院、一个村庄或者居民区等为单位随机分组。这种方法实施时比较方便，便于组织，节省经费，容易控制调查质量。但必须保证试验组和对照组的资料可比性。

（4）区组随机分组（blocked randomization）：根据研究对象进入试验的时间顺序，将全部研究对象分为例数相同的若干区组，再将每个区组内的研究对象进行单纯随机分组。区组随机分组的优点除了能保证两组人数均等外，当试验对象有多种来源的时候，也能保证分组的均衡，并可根据实验要求设计不同的区组。

2. 对照原则　实验流行病学研究必须设立对照，合理的均衡的对照可使组间的非处理因素处于相等状态，使组间的基线特征具有均衡性或可比性，从而提高结论的真实性。在临床试验中常用的对照设立方法如下。

（1）标准对照：用现有标准方法或者常规方法，或以正常值、标准值或参考值作为对照，此法最为常用。研究药物的疗效时，可用公认的常规有效疗法作为对照。但"标准"的建立，或疗效的"公认"是一个较为复杂的问题。应用标准对照的研究，在进行结论推导时要特别慎重。

（2）空白对照：指在对照组不接受任何处理的条件下进行观察、研究。常用来评定测量方法的准确度，观察实验是否处于正常状态。在临床试验中，因涉及伦理道德问题，一般不宜用空白对照。例如，动物诱癌实验，需设立与实验组动物种属、窝别、性别、体重均相同的空白对照组，以排除动物本身可能自然患癌的影响。

（3）安慰剂对照：安慰剂（placebo）用没有任何有效成分的淀粉、乳糖、生理盐水等制成，其外形、颜色、大小与试验药物或制剂极为相近，不含有试验药物的有效成分，不能为受试对象所识别。设置安慰剂的目的在于消除研究者、受试对象、评价者等由于心理倾向所形成的偏倚。选择安慰剂对照的前提是对患者病情和预后基本没有影响，否则不应使用安慰剂对照。

（4）试验对照：对照组不施加处理因素，但施加某种与处理因素有关的试验因素。当处理的因素施加需伴随其他因素，而这些因素可能影响试验结果时，应设立试验对照，以保证组间的均衡性。例如，试验组居民使用加碘的食盐，对照组使用不加碘的食盐，两组居民除是否添加碘外，其他条件一致。

（5）自身对照：在同一研究对象中应用试验和对照的方法，如比较用药前后体内某些指标的变化情况，或研究皮肤科用药时使用左右肢体做试验和对照，分析何种药物疗效更好。

（6）交叉对照：即按随机方法将研究对象分为 A、B 两组，A 组先用试验药，B 组先用对照药。一个疗程结束后，间隔一段时间以消除治疗药物的滞留影响，然后 A 组再用对照药，B 组再用试验药，最后分析和比较疗效。这样既能自身前后对比，又可消除试验顺序带来的偏倚。此种对照一般用于研究药物应用先后顺序对治疗结果的影响，以及研究药物的最佳配伍。

（7）平行对照：在试验过程中将受试者随机分为 A、B 两组，分别给予干预措施和对照措施，中间不更换干预措施。

3. 重复原则　重复是指在相同试验条件下进行多次研究或多次观察，以提高试验的可靠性和科学性。广义来讲，重复包括以下情形。

（1）受试对象重复：同一受试对象的重复观察，降低观察结果的试验误差。或通过一定数量多个受试对象进行重复，使结论更可信，避免把个别情况误认为普遍情况，把偶然性或者巧合的现象当成必然的规律，以致试验结果错误地推广到群体。

（2）整个试验的重复：重复最主要的作用是估计试验误差，试验误差是客观存在的，只有在同一试验条件下，对同一观测指标进行多次重复测量，减少试验误差，确保试验的重现性，从而提高试验的可靠性。不可重复的试验是没有科学性的。

此外，重复原则要求临床试验的样本量应足够，以减少随机误差对结果的影响。在试验设计阶段应对样本量做出正确估计，样本不能过小或过大。要在保证结果一定可靠性的条件下，确定试验所需的最少样本量。估计样本量时，应结合研究目的、设计方案、资料类型等因素，结合相应公式进行计算。

4. 盲法（blinding）原则　在临床试验中，研究对象和研究人员的主观因素常常会对实验效应的判断产生影响而容易出现偏倚，这种偏倚常发生于资料收集、分析的过程中。为了减少此类偏倚，一个有效的方法是使研究对象和（或）研究者在不知道研究对象分组及所施加的处理因素情况下进行试验，即盲法试验。根据盲法程度，可分为以下两种。

（1）单盲（single blind）：是指研究者知道研究对象的分组及所施加的处理因素情况，而研究对象不知道。优点是研究者可以更好地观察、掌握病情，在必要时能够及时恰当地处理研究对象可能发生的意外问题，使研究对象在临床试验过程中安全有保证；缺点是不能避免来自研究者的主观因素的影响。

（2）双盲（double blind）：是指研究者和受试对象双方都不知道研究对象的分组情况及所施加的处理因素情况，而是由研究设计者来安排和控制全部试验，是临床试验最常采用的一种盲法形式。优点是可以有效避免受试对象和试验执行者主观的偏倚因素对试验结果的影响；缺点是方法复杂，较难实行，一旦出现意外，较难及时处理，因此在试验设计阶段就应慎重考虑该方法是否可行。

此外，研究对象和研究者均知道试验组和对照组的分组情况，试验公开进行，不采用盲法的试验称为非盲试验或开放试验（open trial）。其优点是易于实施，发现问题可及时处理；缺点是容易产生偏倚。例如，比较手术治疗和保守治疗对某种疾病的疗效，评定生活习惯的改变对发生冠心病的影响等。

三、临床试验的分类和分期

（一）临床试验的分类

1. 随机对照试验（randomized controlled trial，RCT） 是采用随机分配的方法，将研究对象分为试验组和对照组，然后采用相应的干预措施，在一致的条件下同步地进行研究观察试验的效应，同时用客观的效应指标，对试验结果进行衡量和评价的一种设计方法。RCT 的优点是设计严谨，论证可靠，结论准确，是目前最常用的、也是最理想的临床试验类型。但对于某些罕见病、病例数量太少的疾病不宜做 RCT，同时安慰剂使用不当会有医德问题。

2. 非随机对照试验（non-randomized controlled trial，NRCT） 是研究对象接受何种治疗由研究者决定或根据患者或家属是否愿意接受某种治疗的意愿而分组的临床试验。其优点是方便、简单，容易被医生和患者接受，依从性较高；缺点是难以保证两组研究对象的均衡可比性。一般是在病例数太少或存在医学伦理问题时采用非随机对照试验的设计。

3. 交叉对照设计（crossover design，COD）试验 是将研究对象随机分为两组，分别接受不同的干预措施，前瞻性观察一段时间后互换干预措施，再进行前瞻性观察，最后将结果进行对比分析的设计方法，常用于短效药物的疗效评价。优点是两组的可比性好，所需样本少，提高了研究效率；缺点是设计要求高，在许多临床试验中难以保证第一阶段的干预效应不会对第二阶段的干预效应有影响或产生其他交互作用。其设计模式见图 14-5。

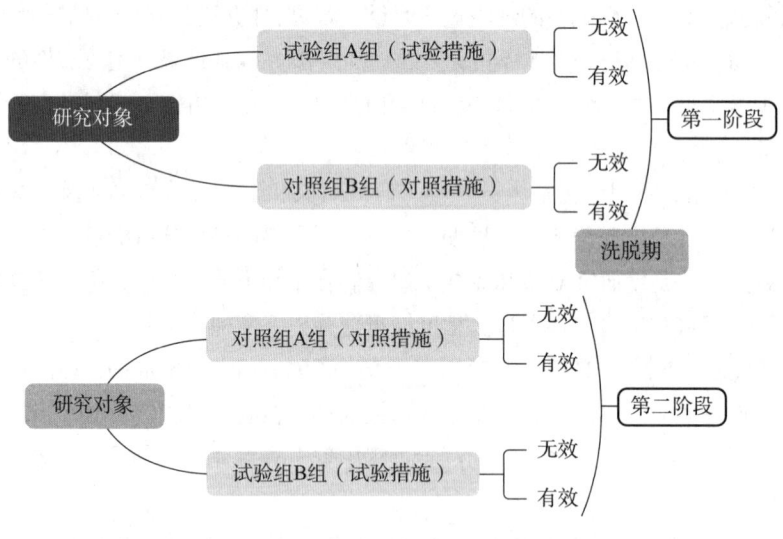

图 14-5 交叉对照设计试验

4. 序贯设计（sequential design，SD）试验 又称序贯分析。序贯设计试验在试验前不需要预先决定试验组和对照组的样本量，每试验一个或一对受试者后即可分析结果，一旦出现规定的结果，就可结束试验，是一种较快且较准确得到试验结果的临床试验。优点是省时、省力、省样本，克服了组间比较的盲目性。适用于病程短、见效快的疾病。但该试验不适用于慢性疾病治疗效果的观察，以及多变量研究和远期随访研究。

5. 历史对照试验（historical control trial，HCT） 是将新的干预措施用于一组患者，将其结果与以往同类患者的另一干预措施结果进行比较，是一种非随机分组、非同期比较的对照研究。优点是设计方案易行，省钱、省时，较少医学伦理问题。但历史对照研究是非随机、非同期进行的临床试验，可比性差，容易发生误差，论证强度差。除非疾病转归清楚，或疾病病死率高时应用，一般不宜采用。

（二）临床试验的分期

新药的临床试验研究根据研究的阶段和深入程度不同，可以分为四期。

1. Ⅰ期临床试验　是在人体进行新药研究的起始期，是初步的临床药理学及人体安全性评价试验。研究对象一般10~30人，主要目的是观察药物的安全性，了解新药在人体内的药动学过程，确定用于临床的安全有效剂量和给药方案。

2. Ⅱ期临床试验　为治疗作用初步评价阶段。通常采用随机双盲对照试验，由药物临床试验机构进行临床试验。研究对象一般100~300人，主要目的是初步评价药物的疗效，了解药物的毒副作用，进一步评价药物有效性、安全性，推荐临床用药剂量。

3. Ⅲ期临床试验　为治疗作用确证阶段，是Ⅱ期临床试验的延续，除增加临床试验的病例数之外，还应扩大临床试验单位，是多中心临床试验，研究对象一般1 000~3 000人。主要目的是在较大范围内进一步评价新药的疗效、不良反应、适应证、药物相互作用等。

4. Ⅳ期临床试验　为新药上市后应用研究阶段，是新药批准上市后的监测，主要用于新药不良反应的监测，并进一步了解药物的远期疗效和新的适应证，指导临床合理用药。

四、临床试验的设计与实施

（一）明确研究目的

在研究设计中首先要阐明研究的背景并明确实验的目的。在确定研究目的和制订研究方案时，必须充分分析和权衡科学性、可行性和伦理性。

（二）确定研究对象

根据研究目的确定目标人群，并进一步选择研究对象。研究对象通常是患有某种疾病的患者，选择患者应诊断明确、依从性好，还应注意性别、年龄、病情和病程等特征基本一致。选择研究对象时应制订严格的纳入标准和排除标准，以避免某些因素影响研究的真实效应或导致医学伦理学问题。用于制订纳入和排除标准的因素包括：①疾病的严重程度；②有无并发症和伴发症；③患者的性别、年龄、民族、职业、文化程度和经济状况等；④病史和既往治疗史。

（三）确定干预措施

干预措施的确定由研究目的决定。研究者应针对干预的实施细节做详细的限定和描述，要说明干预措施的具体实施方法，制定统一的实施流程规范。例如，在评价药物治疗效果的临床试验计划中，要将药物的名称、来源、剂型、剂量、用法、严重不良反应出现时的处理原则等说明清楚，将实施流程统一化、标准化。

（四）随机化分组

通过随机化分组，使每个研究对象都有同等的机会被分配到各组去，试验组和对照组之间除了处理因素以外，其他因素基本一致，以平衡各比较组间已知和未知的混杂因素。同时可以避免研究对象和研究者主观意愿的干扰，减少偏倚的影响，增强组间的可比性。常用随机化分组的方法有单纯随机分组、分层随机分组、整群随机分组和区组随机分组。

（五）设立对照组

通过设立对照组可以获得研究指标的数据差异，便于判定研究因素的效应。要求试验组和对照组在某些可能影响实验效应的非处理因素上保持一致，减少或消除非处理因素对实验结果的干扰。合理的对照能成功地将干预措施的真实效应客观地、充分地展示出来，使研究人员做出正确评价。对照的形式主要有标准对照、空白对照、安慰剂对照、自身对照、实验对照和交叉对照等。

（六）样本量估计

合适的样本量是保证统计推断有效性的基础。根据不同的设计要求，确定合适的样本量。样本量过小，抽样误差较大，影响到对总体推断的精度；样本量过大，不仅造成人力、物力和时间的浪费，而且给实验的质量控制带来更多的困难。在实际工作中，容易出现失访和不依从，一般可在估计样本量的基础上适当增加 10%～20%。

1. 影响样本大小的主要因素

（1）干预措施实施前后研究人群中研究事件的发生率：干预前人群发生率越高，所需样本量越小；干预后效果越好，所需样本量越少。反之，就要大些。

（2）第一类（α）错误出现的概率：假阳性错误出现的概率。α 水平由研究者自行确定，通常要求 α 等于 0.05 或 0.01，要求的检验水准越高，所需样本量就越大。

（3）第二类（β）错误出现的概率：假阴性错误出现的概率。β 水平也由研究者自行确定，通常将 β 定为 0.20、0.10 或 0.05。（$1-\beta$）称为把握度，把握度要求越高，所需样本量就越大。

（4）单侧检验或双侧检验：单侧检验比双侧检验所需样本量小。如果能肯定试验组的效果不会差于对照组或只检验试验组效果是否优于对照组时，就用单侧检验；当不能肯定试验组和对照组哪一组效果好时，则用双侧检验。

（5）研究对象分组数量：分组数量越多，所需样本量越大。

2. 实验样本大小的计算

（1）非连续变量（计数资料）样本大小的估计：

$$N=\frac{[Z_\alpha\sqrt{2P(1-P)}+Z_\beta\sqrt{P_1(1-P_1)+P_2(1-P_2)}]^2}{(P_1-P_2)^2} \quad (14-1)$$

式中，N 为一个组的样本大小，P_1 为对照组发生率，P_2 为试验组发生率，P 为 P_1 和 P_2 的平均值，Z_α 为 α 水平相应的标准正态差，Z_β 为 $1-\beta$ 水平相应的标准正态差。

（2）连续变量样本大小的估计：连续变量即计量资料，为每个观察单位某项指标的具体大小，表现为数值大小，如身高、体重等为计量资料。若比较样本均数，当要求两组样本量相等时，可按下列公式估算样本量大小：

$$N=\frac{2(u_\alpha+u_\beta)^2\sigma^2}{d^2} \quad (14-2)$$

式中，σ 为估计的标准差，d 为两组连续变量均值之差，u_α、u_β 和 N 所示意义同上述计数资料的计算公式。以上公式适用于 $N\geq 30$ 时。也可用查表法，查"两样本均数比较（f）检验时所需样本例数表"。

（七）盲法的应用

实验流行病学研究信息的真实性往往容易受到研究对象和研究者主观因素的影响而产生信息偏倚，这种偏倚可以产生于研究设计阶段、资料收集或分析阶段。为避免信息偏倚可采用盲法，根据盲法程度可分为单盲和双盲。

盲法是临床试验设计的基本原则之一，但不是所有的研究都必须采用或都能实行此法。与盲法相对应的是非盲法，又称开放实验，即研究对象和研究者都知道试验分组情况，试验公开进行。开放实验多适用于有客观观察指标的临床试验，如关于外科手术、健康教育（包括饮食、锻炼、吸烟等）的干预效果的观察。

（八）确定实验观察期限

根据实验目的、干预时间和结局事件出现的周期等，规定研究对象开始观察和终止观察的日期。

（九）选定结局变量及其测量方法

在临床试验中，结局变量也称为终点（endpoint）。为了提高检验效能，所选的结局变量不能太多。选择结局变量时还要规定测量的方法和判断的标准，避免造成测量偏倚。

选择结局变量应考虑变量与疾病的相关性、变量测量的可行性、变量指标本身的客观性、变量的灵敏度和特异度、测量方法的可接受性等因素。

（十）设计和实施中应注意的问题

1. 伦理道德问题　临床试验的对象是人，为了确保研究对象的安全，防止发生不道德行为，必须遵循伦理道德。在开始人群试验前，应先做动物实验，初步验证此种实验方法合理、效果良好、无危害性。特别是对照组，前提是必须不损害受试者的身心健康。如果进行药物试验，药物必须获得国家许可才能进行临床试验，同时还要向医学伦理委员会提交申请。在一般情况下，研究者应将试验目的、方法、预期效果及可能的危险告知研究对象及其家属，征得他们的同意。

2. 可行性问题　在进行正式试验之前，特别在进行正式大规模试验之前，先在少量的人群中开展小规模的试验，其目的是检验实验设计的方案是否合理、是否具有科学性和可行性，同时通过小规模的试验及时发现存在的问题，从而尽可能地保证正式试验能如期、顺利地完成，避免由于设计问题造成人力、物力和财力的浪费。

3. 分配隐匿（allocation concealment）　是指防止随机分配方案被预先知晓，是保证成功完成随机分配的基础。分配隐匿不等于盲法，分配隐匿是分组完成前的隐匿，目的是控制选择偏倚；而盲法是分组后的隐匿，目的是控制信息偏倚。

4. 临床依从性　指患者执行医嘱的程度，是保证获得真实效应的重要条件之一。患者对治疗是否有较好的依从性，对提高疗效、改善患者预后均有重要影响。常用的衡量依从性的方法主要有计数患者剩余的处方药量、利用生化方法检测药物水平及通过调查表直接询问患者，从而判断患者的服药情况来了解依从性。

5. 临床不一致性（clinical disagreement）　临床医生在工作中经常发生临床意见分歧，即同一医生对同一患者连续几次检查的结果不一致，或不同医生对同一患者的检查结果不相符，称为临床不一致性。

临床不一致性的发生情况主要有：①采集病史中的不一致性。②体格检查中的不一致性。③实验室检查中的不一致性。④诊断和治疗中的不一致性。

临床不一致性产生的原因主要有：①被检查者的生理、心理反应差异，如血压、脉搏等常受多种因素的影响而发生改变。②检查者感觉的生理变异，不同医生的经验不同，视力、听力等亦有差别。③检查的仪器、方法、试剂方面的问题，以及检查环境中的干扰因素等。

减少临床不一致性的措施主要有：①创造良好的诊断环境，保持整洁、安静、光线充足，不受任何干扰。②加强责任心，建立良好的医患关系。③加强人员训练，熟练掌握操作技术。④统一检查、诊断和治疗标准。⑤复查病史，引用旁证资料。⑥邀请专家会诊，邀请不了解病情的医生会诊，以核实临床资料的准确性。⑦应用适当的辅助检查技术。⑧在可能的条件下进行复查。

6. 安慰剂效应（placebo effect） 安慰剂的剂型、大小、外观性状应与所研究的药物相同，使用安慰剂应当符合医学伦理道德要求。临床疗效试验的安慰剂效应比较明显，但是容易被患者识破，从而使临床医生中断试验或改变对比的方式。

7. 向均数回归（regression to the mean） 在临床试验中，有一些极端的临床症状或体征有向正常回归的现象，这种临床上见到的现象称为向均数回归。例如，血糖水平偏高的患者中，有些人即使不治疗，过一段时间再测量血糖时，也可能会降低。

8. 沾染（contamination）和干扰（intervention） 沾染是指对照组的研究对象意外地接受了试验组的处理措施，使对照组疗效提高，人为地夸大了对照组疗效的现象，导致试验组与对照组的差异缩小。干扰是指试验组的对象额外地接受了与试验药物类似的其他处理措施，导致试验组与对照组疗效差异的增大，从而人为地夸大了试验疗效。沾染和干扰都可影响研究结果的真实性。

五、资料的收集与结果分析

试验资料的收集与分析和其他研究资料的处理一样，首先对研究资料进行核对、整理，然后对资料的基本情况进行描述和分析。为了保证达到试验研究的预期目的，在资料的收集和分析过程中还要注意防止偏倚的产生。

（一）资料的收集

在临床试验中，对所有研究对象，不论是试验组还是对照组，都要同等地进行随访。收集资料前，应根据研究的目的设计不同的调查表，在实施过程中仔细记录调查表中的各项内容，收集资料的过程，就是填写调查表、记录和收集体检或实验室检查结果的过程。资料收集的方法主要有：①访问研究对象或知情人。②体检或采样检测。③查阅档案或监测记录。④对研究对象环境的调查。

为了获得具有可靠性、完整性及可比性的高质量资料，需要在随机分配前对研究对象进行筛查。凡对干预措施有禁忌者、无法追踪者、可能失访者、拒绝参加实验者，以及不符合标准的研究对象都应排除，要尽可能地防止偏倚产生。为此，要对研究的全过程实行质量控制。失访偏倚是临床试验最常见的偏倚之一，在临床试验中，要对随访调查人员进行统一培训，经过考核合格后方可参加随访工作，应尽量减少失访的发生。在临床试验中出现失访时，要尽量用电话等通信方式或专门访视进行调查，使失访率不超过10%。

（二）资料的整理

整理资料是依据研究目的和设计对研究资料的完整性、规范性和真实性进行核实，并进一步录入、归类，使其系统化、条理化，便于进一步分析。在资料整理时，应该注意以下几点。

1. 不合格（ineligibility） 在资料整理时，一般要把不合格的研究对象剔除，包括不符合纳入标准者、没有接受干预措施或没有任何数据者。在临床试验中，由于研究者对试验组观察相对认真、仔细，试验组中的不合格者比较容易发现，结果造成不合格而被退出的人数多于对照组。此外，研究者对某些研究对象的观察与判断可能有倾向性，对效果差的可能特别注意，由此得出的结果往往会高估实际的效果。为了防止这种情况的出现，有学者根据入选标准将研究对象分为"合格者"和"不合格者"两个亚组分别进行分析，如果两者结果不一致，在下结论时应慎重。

2. 不依从（noncompliance） 是指研究对象在随机分组后，不遵守实验所规定的要求。为了防止和减少不依从者的出现，要注意设计的合理性，研究期限不宜过长，简化干预措施等，以便取得研究对象的支持与合作。

（1）研究对象不遵守试验规程的原因：①试验或对照措施有副作用；②研究对象对实验不感兴趣；③研究对象的情况发生改变，如病情加重等。

（2）在资料整理时，可以根据研究对象的依从性进行分组并分析。

1）意向性（intention-to-treat，ITT）分析：不管试验组和对照组中研究对象是否有不依从的情况，仍按最初随机分组的结果进行分组分析。它反映了原来试验意向干预的效果，该种分析往往会低估干预措施的效果。

2）符合方案（per-protocol，PP）分析：只对试验组和对照组中试验依从的对象进行分析，能反映试验药物的生物效应，但由于剔除了不依从者，可能高估干预的效果。

3）接受干预措施分析：对接受了实际干预措施者进行分析，由于此方法比较的对象非随机分组，可能存在选择偏倚。

上述分组分析说明，不依从会对试验研究的真实效应造成影响，在评价临床试验的干预效果时，单独应用以上任一种方法分析均存在一定的局限性。建议同时使用上述三种方法，以获得更全面的信息，使结果的解释更为合理。

3. 失访（loss to follow-up） 研究对象因迁移或与本病无关的其他疾病死亡及退出试验等而造成失访。在研究中应尽量设法减少失访，在随机分配前对研究对象进行筛查，凡对干预措施有禁忌者、无法追踪者、可能失访者、拒绝参加者，以及不符合标准的研究对象，则应排除。在临床试验中，应考虑两组失访率的差异，若失访率不同，则资料分析结果可能产生偏倚；即使两组失访率相同，但失访原因或失访者的特征不同，两组效应也可能不同。

（三）资料结果分析

资料分析指采用统计处理方法，计算有关指标，反映数据的综合特征，阐明事物的内在联系和规律。

1. 评价试验效应的主要指标 临床试验主要是评价某种药物或治疗方法的效果，常用指标包括有效率、治愈率、病死率、生存率、不良事件发生率等，评价指标还有绝对危险降低率、相对危险降低率和需治疗人数等。

（1）有效率（effective rate）

$$有效率 = \frac{治疗有效例数}{治疗总例数} \times 100\% \quad (14-3)$$

（2）治愈率（cure rate）

$$治愈率 = \frac{治愈例数}{治疗总例数} \times 100\% \quad (14-4)$$

（3）病死率（fatality rate）

$$病死率 = \frac{病死例数}{治疗总例数} \times 100\% \quad (14-5)$$

（4）生存率（survival rate）

$$n\,年生存率 = \frac{n\,年存活的病例数}{随访满\,n\,年的病例数} \times 100\% \quad (14-6)$$

（5）不良事件发生率（adverse event rate）

$$不良事件发生率 = \frac{发生不良事件病例数}{可供评价不良事件的总病例数} \times 100\% \quad (14-7)$$

（6）绝对危险降低率（absolute risk reduction，ARR）：是指对照组事件发生率（CER）与试验组事件发生率（ERR）的绝对差值。该值越大，说明治疗产生的临床效果越大。

$$ARR = |CER - ERR| \quad (14-8)$$

（7）相对危险降低率（relative risk reduction，RRR）：是指绝对危险降低率占对照组事件发生率的比例。此值的大小表示试验组比对照组治疗后有关临床事件发生的相对危险度下降的水平，通常 RRR 在 25%~50% 或 50% 以上才有临床意义。

$$RRR = \frac{|CER - ERR|}{CER} = \frac{ARR}{CER} \quad (14-9)$$

（8）需治疗人数（number needed to treat，NNT）：是指避免发生 1 例临床事件所需治疗的患者例数，NNT 是治疗性试验效果的良好量化指标，有重要的临床价值及经济价值。

$$NNT = \frac{1}{ARR} \quad (14-10)$$

在评价治疗或预防疾病措施效果的实验研究中，NNT 表示对患者采用某种防治措施处理，得到 1 例有利结果或避免 1 例不良结局而需要防治的病例数。NNT 的值越小，该防治效果就越好，其临床意义也就越大。此外，还可以采用卫生经济学指标进行评价，如成本效果比、成本效益比、成本效用比等。

2. 评价临床试验的标准　对于临床试验结果的评价不仅要评价其真实性和可靠性，还要评价其临床实用价值。在评价时应注意以下方面。

（1）研究对象是否随机分组：随机对照临床试验是评价临床疗效的首选方法。如果结论是从随机对照临床试验中获得，又采用了双盲安慰剂对照，消除了各种偏倚的产生，结果就具有真实性。

（2）临床结果是否报告完善：在评价临床疗效时，应如实报告全部临床结果，既要报告疗效、患者用药后的症状、体征、主观感觉和生活质量的变化，还要如实报告用药后的不良反应等。

（3）研究对象资料是否详细描述：为有利于评价疗效和结论的推广，要确定研究对象的诊断标准、纳入标准和排除标准，以及患者的性别、年龄、职业、民族、疾病的类型和病情的轻重等资料是否详细记录。

（4）结果是否同时考虑临床意义和统计学意义：在临床试验中，试验组和对照组疗效差异有统计学意义时，并不意味着有临床意义。有时疗效显示有临床意义，但不一定有统计学意义。结果分析时应认真考虑，分析其原因。

（5）防治措施是否实用：在评价临床试验疗效时，要求研究者能具体介绍防治方法、用药指征和禁忌证、增加或减少剂量或中止治疗的指征、毒副作用，以及患者的依从性、适用性，结论的重复性、真实性和合理性等。

（6）研究结论中是否包括了全部研究对象：在临床试验中，要求分析失访和不依从性情况，若将疗效不佳、不依从和退出试验的研究对象剔除，仅分析和报道部分研究对象的资料，结论将会出现偏倚，不能保证研究结果的真实性。

第三节　实验流行病学的优点与局限性

流行病学实验研究所施加的干预措施是由研究者人为控制的，研究对象随机分组，能较好地排除外部因素的干扰作用，与观察性研究相比，其检验效应能力很强，具有许多优点，但也有一定的局限性。

一、实验流行病学的优缺点

（一）实验流行病学的优点

（1）研究者根据试验目的，预先制订试验设计方案，能够对选择的研究对象、干预因素和结果的分析判断进行标准化。

（2）从同一总体中按照随机化的方法，将研究对象分为试验组和对照组，均衡性较好，除干预措施外，两组具有相似的基本特征，提高了可比性，能较好地控制研究中的偏倚和混杂因素。

（3）试验性研究为前瞻性研究。在整个试验过程中，研究者需亲自追踪观察结局变量，不存在由于回忆误差带来的信息偏倚；且试验组和对照组同步进行比较，最终能作出肯定性的结论。

（4）有助于了解疾病的自然史，并且可以获得一种干预与多种结局的关系。

（二）实验流行病学的缺点

（1）整个实验设计和实施条件要求高、控制严、难度较大，在实际工作中有时难以做到。

（2）与观察性研究相比，研究费时间、费人力、花费高。

（3）由于干预因素的限制，所选择的研究对象代表性不够，可能影响实验结果推论到总体。

（4）研究人群数量较大，随访时间长，依从性可能受影响，且由于死亡、退出、搬迁等造成的失访难以避免，影响实验效果的评价。

（5）由于试验组接受某种干预措施或对照组不接受某种干预措施，存在一定程度患病的风险，有时可能涉及医德伦理问题。

二、实验流行病学应注意的问题

(一)伦理道德问题

凡是以人体为研究对象的实验性研究,伦理道德问题是一个必须严肃认真对待的实际问题。在开始人群试验前,对所使用的试验药品或措施,都必须具有充分的科学依据,要安全、有效,保证无损于患者的利益。特别是临床试验,研究者应将治疗或试验措施的目的、意义、可能发生的副作用等告知研究对象及其家属,坚持自愿的原则,不能欺骗研究对象。如果接受试验,要签署知情同意书。即使在试验进程中,患者亦有退出的权利。

此外,在进行现场试验和社区试验时,尽管不像临床试验要经过严格审批,但也要有严格的设计和充分的准备,以保证涉及人群的试验能获得有科学价值的结果。现场试验和社区试验一般比临床试验风险小,但由于参与的人多,涉及面广,影响大,也应充分考虑伦理学问题。

(二)随机化分组和均衡性问题

在实验流行病学研究中,随机化分组是很重要的,但是需要注意的是,因为人群生物学和社会学特征的多样性,随机化只能保证大样本研究分组的均衡性,对于小样本的研究,随机化并不能保证分组的均衡性。

(三)报告研究结果问题

在实验流行病学研究中,如何有效地报告研究结果,按什么标准报告研究结果备受关注。很多杂志都要求试验报告应遵循试验报告统一标准(consolidated standards of reporting trial, CONSORT)指南,以提高试验报告质量,使报告能反映研究的真实实施过程。CONSORT 指南主要包括试验设计方案、实施过程、分析方法、结果解释,以及是否有合格评估、排除标准、如何分组、不依从和失访原因等,其目的是要求研究者必须完整清晰地将这些内容表述出来,帮助研究者撰写试验报告,帮助编辑和审稿人评审稿件,帮助读者评判已发表的论文。

(四)干扰和沾染问题

临床试验常出现干扰和沾染问题,导致结果产生偏倚。而现场试验和社区试验不像临床试验那样容易掌握受试者的行为,现场的情况更复杂,受试者行为受很多因素影响,因而更容易发生沾染的问题,如在糖尿病的行为干预试验中,对照组个体知道自己血糖高时,可能主动寻求医疗保健或通过其他途径(社会网络等)得到相关信息及服务,从而改变自己的行为。控制干扰和沾染的办法主要如下。

1. 遵循盲法原则　整个实验过程使用盲法,并严格按照实验方案执行,不要随意增加或减少干预措施。

2. 提高研究对象的依从性　试验开始前可选择医疗水平较好的医院,要对研究对象进行宣传教育,讲清实验的目的、意义及受试者遵守试验规程的重要性。

3. 研究设计要合理　整个研究设计要合理、安全、可行,试验期限不要过长,干预措施简便易行,易被受试者接受,以便取得研究对象的支持与合作。

(谭盛葵)

复习思考题

1. 阐述实验流行病学研究的基本原则。
2. 简述实验流行病学的特点及分类。
3. 简述随机化分组的常用方法。
4. 临床随机对照试验的主要用途有哪些?
5. 实验流行病学的优点和局限性有哪些?
6. 盲法有什么用途,有几种类型?
7. 临床试验研究的对照有哪些形式?

网上更多……

本章小结　　开放性讨论　　自测题　　教学PPT　　微课

第十五章
诊断性试验的研究与评价

关键词

诊断性试验　　灵敏度　　特异度　　预测值　　ROC 曲线
似然比

> 诊断性试验为临床决策提供了重要依据，因此对诊断性试验的准确性进行评价是十分必要的。本章以乳腺癌的诊断为例，介绍诊断性试验评价的基本要求、常用评价指标及评价步骤。完成一项诊断的过程需要参考患者的症状体征、实验室检查和各种特殊检查等内容。判断一项诊断性试验是否具有临床意义，须将该方法与适宜的"金标准"做比较，选择合适数量的研究对象，盲法收集试验结果资料，评价分析诊断性试验的真实性、可靠性和收益等。诊断性试验的主要评价指标包括灵敏度、特异度、似然比、预测值、符合率等。

知识导图

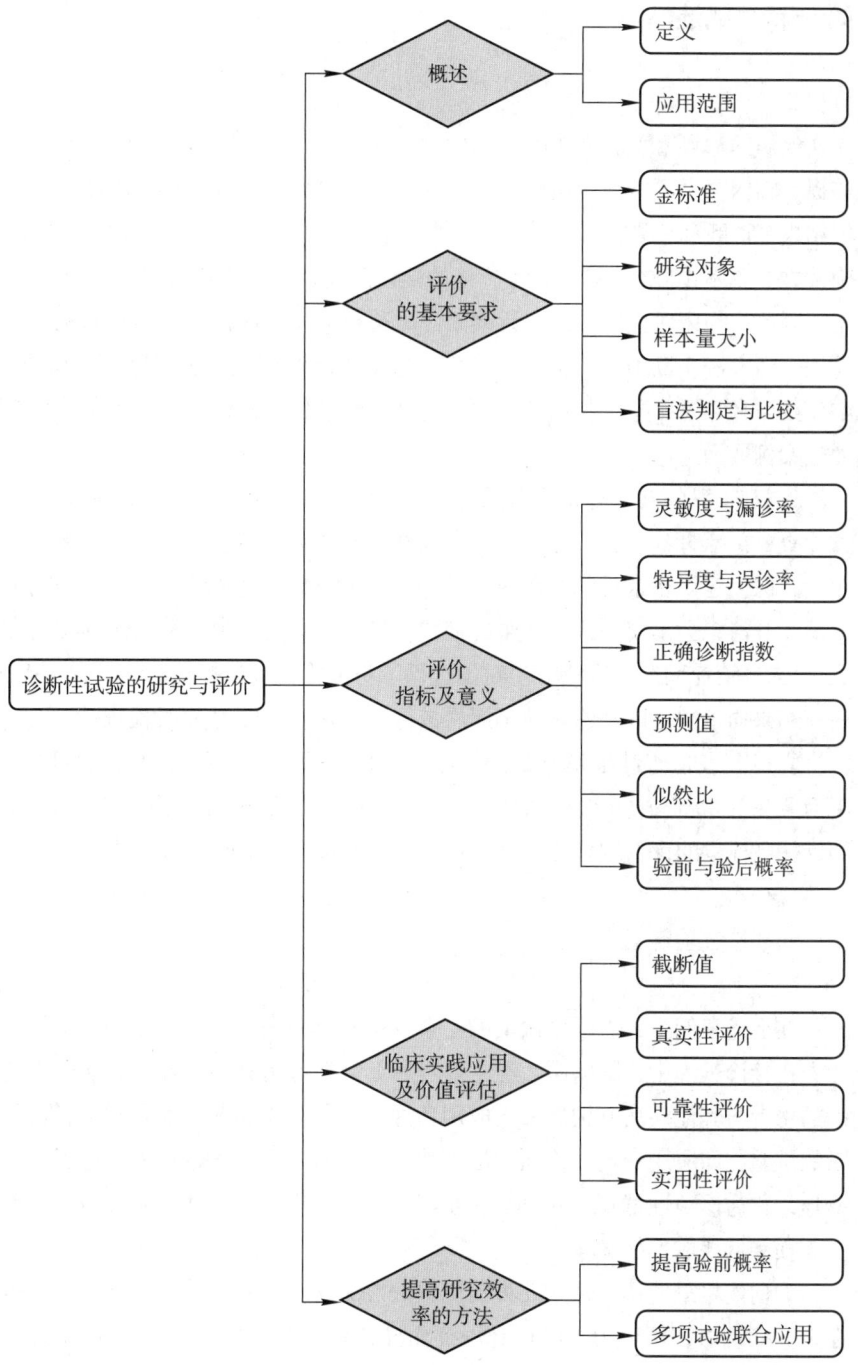

第一节 概述

疾病的诊断和治疗是临床医学的两个主要部分。快速、准确的临床诊断是正确治疗疾病的前提。临床医生巧妙地应用诊断性试验，从就诊者的临床症状、体征、实验室检查和影像学检查等结果来诊断和鉴别疾病。诊断性试验是临床实践和科学研究的常见方法，但是诊断性试验的准确性并非总是100%，并不具有严格的确诊意义，只能提供可能患有某病或可能不患有某病的概率。因此，临床医生应时刻牢记诊断性试验在估计某种临床结局时的概率特点。随着医学科学的发展，新方法不断涌现，为科学有效地应用诊断性试验，提高临床科研质量和诊断效率及水平，临床医生有必要熟悉诊断性试验评价的基本概念、研究设计、应用和评价指标及评价方法。下面通过案例展示。

一位54岁的女士行常规健康体检。主诉既往一年体健，身体无不适。内科医生对其身体进行检查，包括骨盆、肝、肾、宫颈（液基细胞学）及结直肠检查，结果均正常。因该妇女处于更年期，医生建议行常规的乳房X线检查。1年前她患过热潮红（hot flush）（女性更年期因雌性激素减少分泌，会出现一些不舒服的症状，热潮红即是其中一种。热潮红会突然发生，又会突然消失），未经治疗而愈。内科医生对她进行了身体检查，包括乳房、骨盆（巴氏涂片）及直肠检查，所有结果均正常。医生建议她1周后进行一次常规的乳房X线检查。

乳房X线检查结果是异常的，经多学科会诊，外科医生和放射科医生一致同意在超声指导下对乳房异常部位进行细针抽吸（fine needle aspiration，FNA）来进一步检查。一位病理学家对细针抽吸标本的评估结果为阳性，这个患者在接下来的时间被安排进行进一步的手术治疗。

一、诊断性试验定义

在上述案例中，由医生做出的一个看似简单的决策链，最终引导了乳腺癌的诊断和随后的治疗。在接诊过程中，临床医生经常要考虑如何把可疑有病与实际无病的人区别开来，如何把某种病的患者与其他疾病鉴别出来。应用各种实验、医疗仪器等手段对患者进行检查，对疾病作出诊断的试验，即应用一定的诊断方法把前来就诊的人区分为患者和非患者，并对确诊患者给予相应治疗，称为诊断性试验（diagnostic test）。一个理想的诊断性试验应该是准确可靠、简便迅速、安全无损和低耗成本的试验。

如何能尽早使用一种或几种检测方法检测出疾病临床前期出现的一些可识别的异常特征？如在上述病例中，医生为了筛检乳腺癌而推荐患者做了乳房X线的筛检试验。利用乳房X线使这位女士比不做乳房X线的妇女更早地检测出了乳腺癌。筛检（screening）和诊断是疾病防治过程的不同环节。筛检是在"健康"人群中将处于临床前期但表面健康的患者同真正无病的人区别开来，对于筛检出"有病"的人，需进一步诊断来确诊。

基础链接 15-1
筛检试验

然而在实践中，临床诊断的过程可能是极其复杂的，每一个临床医生做出的决定都有错误的可能性。临床做决定的过程是基于概率的。例如在病例中，临床医生知道如果这位54岁的妇女乳房X线检查结果正常，则有很低的概率（<0.3%）患乳腺癌；而检查结果如果异常，患乳腺癌的概率将可能增加到13%。FNA检查阳性结果使患乳腺癌的概率增加到64%左右（图15-1）。

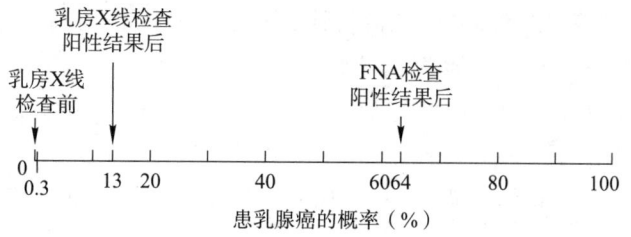

图 15-1 展示病例中这位女士最终诊断为乳腺癌的阶段性诊断过程

而且,根据这位患者 FNA 标本的特征,如细胞核的出现或者细胞核与细胞质的比,可估计患乳腺癌的概率是增加还是降低。此外,当解读相同的微观标本时,不同的病理学家可能会得出不同的结论。

在图 15-1 横轴的最左端,疾病存在的概率是 0;在最右端,疾病存在的概率是 100%。在每一条新的有意义的信息基础上,一种特异疾病存在的概率向 0 或者 100% 移动。一项诊断性试验的目的是将一种疾病估计存在的概率移动到概率轴两端中的任何一端,然后根据患病的概率进一步提供进行诊断或治疗的计划。当一种疾病存在的概率估计接近 0 的时候,这种疾病可以被排除;当患病概率估计接近 100% 的时候,这种疾病的发生被证实。

虽然诊断程序中 X 线或者活组织检查经常被认为是实验室试验,但是几乎所有的收集临床信息的方法都被视为试验。患者在询问病史中对问题的回答,以及患者接受不接受身体检查,都会影响医生对一种特异性疾病存在概率的估计。在病例中,如果这位患者的姐姐和妈妈曾经被诊断为乳腺癌,这位患者在没有进行任何试验前患有乳腺癌的概率可能高达 1%。如果在身体检查中发现明显的肿块,这位患者在进行乳房 X 线检查前患癌症的概率估计为 20%~40%。经验丰富的诊断医生在遇到患者前就会形成假设,然后直接进行病史询问和身体检查以改进相对较低的疾病概率的估计。

二、诊断性试验应用范围

诊断性试验可以用来判断疾病发生的概率,也可能被用来判断一种疾病的严重程度,估计疾病的临床过程及预后,监测患者对治疗的反应,筛检无症状的患者等。不管一项试验的目的是什么,重要的是要清楚任何诊断性试验均是用来估计结局(疾病)发生概率的高低。

> 研究进展 15-1
> 诊断性试验的研究现状及发展

第二节 诊断性试验评价的基本要求

一、金标准

"金标准"(gold standard)是指当前公认的诊断某种疾病最可靠、最准确的方法。如上述案例中,可应用外科切除手术(即切除组织进行病理学检查)作为金标准,FNA 检查获得的结果可与外科切除手术后获得的结果进行比较。金标准的选择对于诊断性试验评价至关重要。如果金标准选择不当,就会导致诊断分类的错误,从而失去诊断性试验准确性评价的基础。

临床常用的金标准有病理组织学诊断(如肿瘤)、外科手术发现(如畸形或某些肿瘤)、特殊影像造影(如冠状动脉造影诊断冠心病)等。对目前尚无特异诊断方法的疾病,可采用由临床专家共同制定的、公认的综合诊断标准，如诊断风湿热的 Jones 标准。选择什么样的诊断方法作为金标准，不仅要考虑诊断性试验的准确性，同时还应考虑临床可行性。例如，某些检查手段尽管具有较高的准确性，但对患者会造成很大的痛苦或伤害，使得受试者拒绝接受检查，或者因为检测手法复杂或检测费用高昂，使得患者无法负担，因此在进行一项新方法的诊断性试验研究时，需要结合具体情况，采用公认的、最适用的、相对最准确的临床诊断方法作为"金标准"。

二、研究对象

诊断性试验评价的主要目的是将某病真正的患者诊断出来，同时将患者与非患者正确地区别开来。在诊断方法的评价中，根据诊断方法对疾病的鉴别能力和普遍适用性，研究对象选择的总体原则是能够代表诊断方法可能应用的目标人群。

（一）病例组的选择

病例组应包括各种类型，如病程（早、中、晚期）、不同病情（轻、中、重）、不同临床类型（典型、不典型）及并发症（有、无）等情况。只有综合地选择各种类型病例进行诊断性试验的评价，其结果才能具有可推广性和临床适用性。如果样本量较大，则可进行分层分析，可以更准确地说明诊断性试验对所研究疾病的诊断意义，其结果也更具科学价值。

（二）对照组的选择

由"金标准"证实没有患目标疾病的"无病"者所组成。"无病"是指没有所研究疾病，并不一定是指健康人群。为明确鉴别诊断的价值，最好是选择容易与该病相混淆的其他疾病患者。如果对照组仅是健康志愿者，其评价结果可显示待评价诊断性试验的特异度，但缺乏疾病鉴别诊断的价值。同时选择对照组时还要注意对照组与病例组年龄、性别等重要指标的可比性，以避免偏倚的发生。此外，病例组与对照组应同步进入研究，同时进行待评价诊断性试验和金标准的检测。

总之，诊断性试验评价在选择研究对象时，既要考虑病例的代表性，同时还要考虑诊断性试验的鉴别能力。一个诊断性试验如果能把某病的疑似病例与健康者和需鉴别诊断的疾病同时区别开来，则该诊断性试验结果既具有较高的科学意义，同时又有较好的临床实用价值。

基础链接 15-2
诊断性试验中研究对象选择的常见缺陷分析

三、样本量大小

诊断性试验的评价需要选择适宜的、足够的样本量（sample size）。如果样本量过小，诊断指标不稳定，影响对诊断性试验结果的评价。影响研究样本量的因素包括待评价诊断性试验的灵敏度、特异度、显著性检验水准 α 和容许误差 δ。当灵敏度和特异度均接近 50% 时，可用近似公式：

$$n = \left(\frac{Z_\alpha}{\delta}\right)^2 (1-p) p \qquad (15-1)$$

式中，n 为所需样本量；Z_α 为正态分布中累积概率为 $\alpha/2$ 时的 Z 值（如 $Z_{0.05/2} = 1.960$，$Z_{0.01/2} = 2.567$）；δ 为允许误差，一般定在 0.05~0.10；p 为待评价的诊断性试验的灵敏度或特异度，通常用灵敏度估计病例组所需样本量，特异度估计对照组所需样本量。

当预期的灵敏度或特异度 <20% 或者 >80%，数据呈现偏态分布，将对率采取平方根反正弦变换，并按照下式计算：

$$n = \left[\frac{57.3 \times Z_\alpha}{\sin^{-1}(\sigma/\sqrt{p(1-p)})} \right]^2 \quad (15\text{-}2)$$

例如，待评价诊断性试验估计的灵敏度为75%，估计的特异度为70%，试计算病例组和对照组样本量。设 α 为 0.05，允许误差 δ 为 10%，则：

$$n_1 = (1.96/0.10)^2 \times (1-0.75) \times 0.75 \approx 73$$
$$n_2 = (1.96/0.10)^2 \times (1-0.70) \times 0.70 \approx 81$$

所以，评价该诊断性试验，病例组样本量为 73 例，对照组为 81 例。

四、盲法判定与比较试验结果

在收集和分析诊断性试验的数据时，使用盲法具有十分重要的意义。要求判断结果的人事先不知道分组情况，这样可以减少偏倚，保证结果的真实性。如果在诊断性试验的评价中不采用盲法，研究者可能会先入为主地对病例和对照进行自主的判断，从而影响评价结果。总之，在试验的操作过程和判定过程中，均应采用盲法，保证诊断结果真实可靠。

第三节 诊断性试验评价指标及意义

为判断新的诊断方法的临床价值，可将新的诊断方法检测的结果和"金标准"所检测的结果进行比较，最直接的方法是绘制四格表（表15-1）。在表15-1的 a 小格中，目标疾病是存在的，试验结果也是阳性的，是真阳性结果。在 d 小格中，疾病是不存在的，试验结果也是阴性的，是真阴性结果。在这两个格子中，试验的结果与疾病的真实情况是一致的。b 小格代表试验结果阳性但不患有疾病的个体，因为这些试验结果错误地表明疾病是存在的，因此它们被认为是假阳性结果。c 小格中的个体患有疾病但试验结果阴性，这些结果被认为是假阴性，因为它们错误地表明疾病不存在。

对 FNA 检查来说，我们可以把从 FNA 检查获得的结果与外科手术活检（即切除组织进行病理学检查）获得的结果进行比较。表15-2 对 114 名体格检查正常同时乳房 X 线检查异常的妇女进行 FNA 检查和外科手术活检，将两个检查结果进行比较。

表 15-1 诊断性试验的评价

诊断性试验	金标准		合计
	有病	无病	
有病	a（真阳性）	b（假阳性）	a+b
无病	c（假阴性）	d（真阴性）	c+d
合计	a+c	b+d	a+b+c+d

表 15-2 无明显乳房肿块妇女中 FNA 检查结果与外科手术活检结果比较

FNA 检查	外科手术活检		合计
	癌症	非癌症	
癌症	14	8	22
非癌症	1	91	92
合计	15	99	114

一、灵敏度与漏诊率

灵敏度（sensitivity）又称真阳性率（true positive rate，TPR），是指一项诊断性试验能将实际患病的人正确诊断为患者的能力或患病的人被判断为阳性结果的百分比，灵敏度只与病例组有关。它反映出该项试验正确检出患者的能力。

灵敏度的计算公式为：

$$\text{灵敏度} = \frac{\text{真阳性}}{\text{真阳性} + \text{假阴性}} \times 100\% = \frac{a}{a+c} \times 100\% \quad (15\text{-}3)$$

一项试验的灵敏度越高，这项试验越有可能发现患有目标疾病的个体。代入表 15-2 中的数据，FNA 检查的灵敏度为：

$$\text{灵敏度} = \frac{a}{a+c} \times 100\% = \frac{14}{14+1} \times 100\% = 93\%$$

具有高灵敏度的试验对临床上检测疾病的发生是有用的。对 FNA 检查而言，所有患有乳腺癌的患者中有 93% 是阳性结果。也就是说，一个阴性结果几乎排除了这个患者患目标疾病的可能性。

漏诊率（missing ratio）又称假阴性率（false negative rate，FNR），是指实际有病，但根据诊断性试验被定为无病的百分比。它反映的是诊断性试验漏诊患者的情况。

$$\text{漏诊率} = \frac{\text{假阴性}}{\text{真阳性} + \text{假阴性}} \times 100\% = \frac{c}{a+c} \times 100\% \quad (15\text{-}4)$$

灵敏度与漏诊率之间为互补关系，灵敏度 = 1 - 漏诊率。灵敏度越高，漏诊率越低，反之亦然。

代入表 15-2 中的数据，FNA 检查的漏诊率为：

$$\text{漏诊率} = \frac{c}{a+c} \times 100\% = \frac{1}{14+1} \times 100\% = 7\%$$

这意味着所有患乳腺癌的患者进行 FNA 检查，有 7% 的患者显示阴性结果。

二、特异度与误诊率

特异度（specificity）又称真阴性率（true negative rate，TNR），是指一项诊断性试验能将实际无病的人正确诊断为非患者的能力或无病的人被判断为阴性结果的百分比，特异度与非病例组有关。特异度的计算公式为：

$$\text{特异度} = \frac{\text{真阴性}}{\text{假阳性} + \text{真阴性}} \times 100\% = \frac{d}{b+d} \times 100\% \quad (15\text{-}5)$$

代入表 15-2 中的数据，FNA 检查的特异度为：

$$\text{特异度} = \frac{d}{b+d} \times 100\% = \frac{91}{8+91} \times 100\% = 92\%$$

一项实验的特异度越高，不患有目标疾病的个体将排除考虑患有疾病的可能性越大。非常特异的试验通常用于确定疾病的存在。如果试验是高特异度的，一个阳性试验结果将强有力地表明目标疾病的存在。

误诊率（mistaken ratio）又称假阳性率（false positive rate，FPR），即实际无病，但根据诊断性试验结果被判为有病的百分比。它反映的是诊断性试验误诊患者的情况。

$$误诊率 = \frac{假阳性}{假阳性 + 真阴性} \times 100\% = \frac{b}{b+d} \times 100\% \quad (15-6)$$

代入表15-2中的数据，FNA试验的误诊率为：

$$误诊率 = \frac{b}{b+d} \times 100\% = \frac{8}{8+91} \times 100\% = 8\%$$

误诊率与特异度之间为互补关系，特异度 = 1- 误诊率。特异度越高，误诊率越低。

三、正确诊断指数

正确诊断指数又称约登指数（Youden index），表示诊断性试验发现真正患者与非患者的总能力。正确诊断指数的范围在0~1。指数越大，其真实性越高。

$$\begin{aligned}正确诊断指数 &= (灵敏度 + 特异度) - 1 \\ &= 1 - (漏诊率 + 误诊率)\end{aligned} \quad (15-7)$$

代入表15-2中的数据，FNA检查的正确诊断指数为：

$$正确诊断指数 = (0.93 + 0.92) - 1 = 0.85$$

四、阳性预测值与阴性预测值

灵敏度和特异度用来描述一项试验的准确性，而预测值是应用诊断性试验结果来估计受检者患病和不患病可能性的大小。预测值又称诊断价值，是指已知试验结果（阳性或阴性）的条件下，表明有无疾病的概率，说明试验结果为阳性（或阴性）时，有多少概率患病（或无病）。根据诊断性试验阳性与阴性结果进行的概率估计分别称为阳性预测值和阴性预测值。

阳性预测值（positive predictive value，PV^+）是指试验结果阳性的个体中实际患有目标疾病的百分比。因此，阳性预测值（PV^+）可以用来估计如果试验结果阳性，有多大的可能性患有目标疾病。参考表15-1，阳性预测值（PV^+）计算公式为：

$$PV^+ = \frac{真阳性}{真阳性 + 假阳性} \times 100\% = \frac{a}{a+b} \times 100\% \quad (15-8)$$

阳性预测值（PV^+）就是试验结果阳性的个体中患有目标疾病的百分比。代入表15-2中的数据，FNA检查的阳性预测值为：

$$PV^+ = \frac{a}{a+b} \times 100\% = \frac{14}{14+8} \times 100\% = 64\%$$

进行FNA检查之前，在样本数为114的妇女中患有乳腺癌的可能有15例，即样本中患乳腺癌的平均概率为13%。在进行FNA检查之后，试验结果阳性的妇女患有乳腺癌的概率增加到64%。

阴性预测值（negative predictive value，PV^-）是指试验结果阴性的个体中不患有目标疾病的百分比。阴性预测值（PV^-）的计算公式为：

$$PV^- = \frac{真阴性}{真阴性 + 假阴性} \times 100\% = \frac{d}{d+c} \times 100\% \quad (15-9)$$

代入表 15-2 的数据，FNA 检查的阴性预测值（PV^-）为：

$$PV^- = \frac{d}{d+c} \times 100\% = \frac{91}{91+1} \times 100\% = 99\%$$

进行 FNA 检查之前，在样本数为 114 的妇女中不患有乳腺癌的可能有 99 例，即样本中不患乳腺癌的平均概率为 87%。在获得 FNA 检查阴性结果后，妇女不患有乳腺癌的概率增加到 99%。

现在进行 FNA 检查，无论结果是阳性还是阴性，都能计算疾病发生的概率。可以认为对于一个没有明显乳房损害的患者，FNA 检查是没有用的。阳性试验结果使患乳腺癌的概率从 13% 增加到 64%，无论患乳腺癌的概率是 13% 还是 64%，都表明要进行进一步的检查。临床医生在得到 FNA 检查阳性结果之前和之后都能得出一个结论：患乳腺癌的概率太高，以至于要进行外科手术活检以提供最明确的诊断。

然而，一个阴性试验结果将会使患乳腺癌的概率降低到 1%（$100\% - PV^- = 1\%$）。对于乳房 X 线检查结果异常但 FNA 检查结果正常的妇女，可以做出这样的决定：推迟外科手术活检，在几个月内重复进行乳房 X 线和体格检查，以防接受 1% 的错误耽误癌症治疗的风险。一个更激进的方法是对每一个乳房 X 线检查结果异常的妇女进行外科手术活检，这个决定的前提是认为 1% 的患乳腺癌的概率太高而要继续进行外科手术活检。对乳房 X 线检查结果异常的患者进行 FNA 检查的优点是：大多数妇女可以减少额外的创伤和外科手术活检的费用。

预测值还与受检人群目标疾病患病率（P）的高低密切相关。总的来讲，在患病率不变的情况下，诊断性试验的灵敏度越高，则阴性预测值越高；诊断性试验的特异度越高，阳性预测值越高。我们可以通过比较对乳房 X 线检测异常但没有明显乳房肿块的 114 例妇女使用 FNA 检查和对在体格检查中发现乳房肿块的 317 例妇女使用 FNA 检查的结果来证实（表 15-3）。

表 15-3 在体格检查中发现明显乳房肿块的妇女与没有明显乳房肿块的妇女的 FNA 检查结果比较

没有明显乳房肿块的妇女 114 例进行 FNA 检查

FNA 检查	外科手术活检		合计	
	癌症	非癌症		
癌症	14	8	22	患病率 = 13%
非癌症	1	91	92	灵敏度 = 93%
				特异度 = 92%
合计	15	99	114	$PV^+ = 64\%$
				$PV^- = 99\%$

有明显乳房肿块的妇女 317 例进行 FNA 检查

FNA 检查	外科手术活检		合计	
	癌症	非癌症		
癌症	113	15	128	患病率 = 38%
非癌症	8	181	189	灵敏度 = 93%
				特异度 = 92%
合计	121	196	317	$PV^+ = 88\%$
				$PV^- = 96\%$

注意表 15-3 中这两组人群的患病率，有明显肿块的妇女患病率（38%）高于没有明显肿块的妇女患病率（13%）。虽然 FNA 检查在两组临床表现中有相同的灵敏度和特异度，但是在没

有明显乳房肿块的妇女中,该试验的阳性预测值为64%,在有明显肿块的妇女中阳性预测值为88%,阳性预测值随着疾病患病率的增加而增加。也就是说,在患病率较高的人群中诊断才比较有意义。这就要求医生在分析诊断性试验的结果时,参考患者是来自高患病率人群还是低患病率人群。

当FNA检查在无明显肿块的妇女中使用时,阴性预测值为99%;在有明显肿块的妇女中使用时,阴性预测值降为96%。阴性预测值随着疾病预期患病率的升高而降低,这两个人群预测值结果的差异仅仅是来自预期患病率的不同。

在表15-3中所描述的预测值差异有临床意义吗?正如之前所讨论的,FNA检查结果为阴性时,在无明显病变的妇女中出现疾病的概率为1%,因此也避免了外科手术活检的需要。FNA检查结果为阴性时,在有明显肿块的妇女中患乳腺癌的概率为4%,这也提示需要进一步检查,如外科手术活检。如果阳性试验结果和阴性试验结果都不能改变接下来的处理,那么FNA检查在有明显肿块的妇女中的应用将会受到质疑。

五、阳性似然比与阴性似然比

似然比(likelihood ratio,LR)属于同时反映灵敏度和特异度的复合指标,即有病者中得出某一诊断性试验结果的概率与无病者得出这一概率的比值。该指标全面反映了诊断性试验的诊断价值,非常稳定。它的计算只涉及灵敏度与特异度,不受患病率的影响。因检验结果有阳性与阴性之分,似然比相应地分为阳性似然比和阴性似然比。

阳性似然比(positive likelihood ratio,LR^+)是指有目标疾病者得出阳性试验结果的概率与无目标疾病者得出阳性试验结果的概率的比值,即真阳性率与假阳性率之比。阳性似然比计算公式为:

$$LR^+ = \frac{真阳性率}{假阳性率} = \frac{灵敏度}{1-特异度} \qquad (15-10)$$

该指标反映了筛检试验正确判断阳性的可能性是错误判断阳性可能性的倍数。在这个公式中,灵敏度和特异度表示为比例而不是百分比。当分子最小时(即灵敏度=0),阳性似然比的值可能最小,使阳性似然比为0。当分母最小时(即特异度=1,1-特异度=0),阳性似然比的值可能最大,使阳性似然比趋于正的无穷大;比值越大,实验结果阳性时患目标疾病的可能性就越高。

阴性似然比(negative likelihood ratio,LR^-)是指有目标疾病者得出阴性试验结果的概率与无目标疾病者得出阴性试验结果的概率的比值,即假阴性率与真阴性率之比。阴性似然比计算公式为:

$$LR^- = \frac{假阴性率}{真阴性率} = \frac{1-灵敏度}{特异度} \qquad (15-11)$$

该指标表示错误判断阴性的可能性是正确判断阴性可能性的倍数。同样在这个公式中,灵敏度和特异度表示为比例而不是百分比。当分子最小时(即灵敏度=1,1-灵敏度=0),阴性似然比的值可能最小,使阴性似然比为0。当分母最小时(即特异度=0),阴性似然比的值可能最大,使阴性似然比趋于正的无穷大。阴性似然比的值越小,表明实验结果阴性时不患目标疾病的可能性就越高。

阳性似然比和阴性似然比的计算,可以用没有明显乳房肿块的妇女应用FNA检查时得到的数据（见表 15-3）来说明。

以表 15-3 的数据计算的阳性似然比为：

$$LR^+ = \frac{真阳性率}{假阳性率} = \frac{灵敏度}{1-特异度} = \frac{0.93}{0.08} = 11.63$$

阴性似然比为：

$$LR^- = \frac{假阴性率}{真阴性率} = \frac{1-灵敏度}{特异度} = \frac{1-0.93}{0.92} = 0.08$$

似然比不会随着基础患病率的变化而变化。用表 15-3 中的数据来说明，没有明显乳房肿块的妇女，其患病率是 13%，阳性似然比是 11.63，阴性似然比是 0.08。有明显乳房肿块的妇女，其患病率为 38%，高于没有明显乳房肿块的妇女（13%），然而，通过计算可得出阳性似然比仍然是 11.63，阴性似然比为 0.08。因此，和预测值不同，似然比的取值不会因疾病患病率的大小而不同。

两种似然比的取值大小表明了试验结果和疾病发生可能性之间的关联强度。LR^+ 越大的诊断性试验对于出现阳性结果的患者越有理由怀疑疾病发生。LR^+ 的值越大，诊断性试验的价值越高。通常 LR^+ 的值达到 10 或以上时便认为该诊断性试验的价值较高。阳性似然比的取值范围为 $0 \sim +\infty$。此例中 FNA 检查的 LR^+ 值为 11.63，满足此标准，可认为 FNA 检查具有较高的诊断价值。

LR^- 越小的诊断性试验，对于出现阴性结果的患者越有理由怀疑疾病未发生。LR^- 的值越小，诊断性试验的价值越高。通常 LR^- 的值达到 0.1 或以下时，便认为该诊断性试验的价值较高。此例中 FNA 检查的 LR^- 值为 0.08，可认为此 FNA 检查具有较高的诊断价值。

六、验前概率和验后概率

诊断性试验的结果可以改变疾病发生的概率，似然比可以用来直接测量这种改变的程度。试验开始前患者患有目标疾病的概率是已知的，我们将这个概率称为疾病的验前概率（pre-test probability）。对于一个特定的患者而言，基于可获得的关于此患者的临床信息，可以得到疾病的验前概率。例如，展示病例中的患者是 54 岁，胸部检查正常而乳房 X 线检查异常，治疗的医生可以通过查阅有关相似特征女性的已发表的研究来得到乳腺癌的验前概率，也可以根据自己的临床经验得到。

表 15-2 中所展示的数据便是基于一系列的研究得到的，这些研究所包含患者的临床特征和展示病例中的患者有着相似之处。在这 114 例女性患者中，15 例患有乳腺癌。也就是说，样本中疾病的验前概率是 15/114 = 0.13。因此，根据这个信息，对于这个患者的疾病验前概率最优的初始评估就是 0.13。

接下来，我们将疾病的验前概率换算为疾病的验前比（pre-test odds）。验前比是指在诊断性试验前，患者患有目标疾病的可能性与患者不患有目标疾病的可能性的比值的估计值。在本例中，验前比可表示为：

$$验前比 = \frac{验前概率}{1-验前概率} = \frac{0.13}{1-0.13} = \frac{0.13}{0.87} = 0.15$$

然后，我们可以计算疾病的验后比。验后比是指在诊断检测后，患者患有目标疾病的可能性与患者不患有目标疾病的可能性的比值的估计值。验后比可以由验前比和阳性似然比计算得到，本例的验后比为：

$$验后比 = 验前比 \times 阳性似然比 = 0.15 \times 11.63 = 1.76$$

最后，本例中疾病的验后概率可由以下公式计算：

$$验后概率 = \frac{验后比}{1+验后比} = \frac{1.76}{1+1.76} = \frac{1.76}{2.76} = 0.64$$

换句话说，因获得了阳性试验结果，患病概率的估计值由 0.13 升到 0.64，增长了将近 5 倍。

第四节 诊断性试验在临床实践中的应用及价值评估

一、诊断性试验截断值的确定

诊断性试验的目的就是把有病者和无病者正确地区分开来，以便进行及时的治疗。FNA 检查被用作一种检测乳腺癌的分析方法，检测报告提示是否存在乳腺癌，临床发现可分为两类：阳性和阴性。这种分类是普遍和有用的，如有无胸痛史、体格检查有无明显乳房肿块、碱性磷酸酶（AP）是否正常（骨骼和肝疾病的一种血清标志物）。然而事实上，检测结果经常是一个连续过程，如乳房肿块大小通常以厘米计算，血清中碱性磷酸酶水平处于连续变化的范围。这就要对诊断性试验测得的观察值有个界定，即正常与异常，以区分人群是否患病，即划分该诊断性试验阳性与阴性的标准。如何确定诊断性试验阳性结果的截断值（cut off point）或临界点，这与诊断性试验测得患者与非患者观察值的分布有关。

在图 15-2 中，如果患者与非患者的测量值呈两个独立的分布曲线，无重叠[图 15-2（a）]，则临界点选择在患者测量值的最低处，其诊断性试验的灵敏度和特异度均为 100%。如果患者与非患者测量值呈一连续分布曲线[图 15-2（b）]，此种情况同图 15-2（a）一样，可把临界点选在患者测量值的最小值，其诊断性试验的灵敏度和特异度均为 100%。如果患者与非患者测量值有一个交叉重叠区域[图 15-2（c）]，无论临界点选在何处，诊断性试验的灵敏度和特异度均不可能达到 100%。在临床实践中，这种资料较为常见。此种情况下选择不同的临界点将会出现不同的灵敏度和特异度，很难做到灵敏度和特异度均高的目标。图 15-2（c）所示情况下选取临界点的方法一般有如下几种。

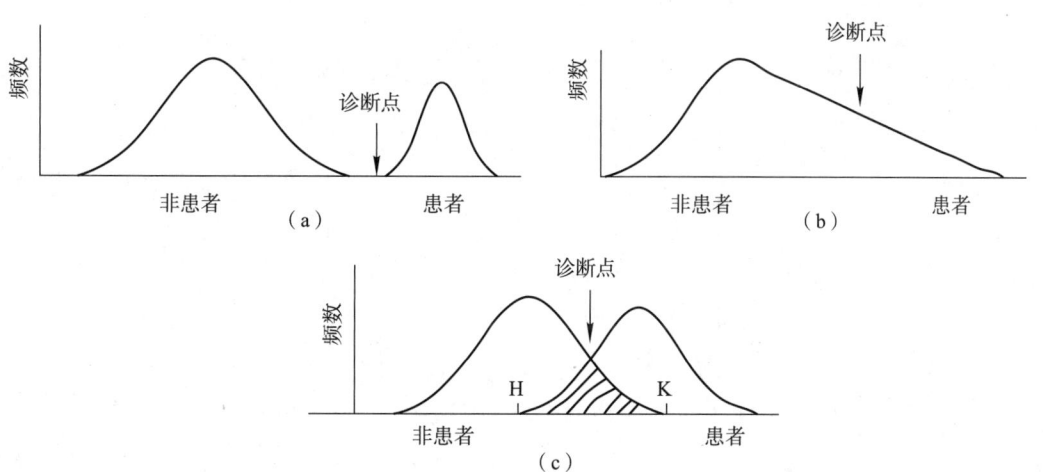

图 15-2 患者与非患者观察值分布类型

（一）统计学方法

（1）正态分布的资料，结合临床意义，选定均数 ±1.96 个标准差一侧的界值。

（2）偏态分布、分布类型不确定或有极端数据的资料可选择第 5 百分位数值或第 95 百分位数值作为截断值。

（二）约登指数最大值对应之点作为临界点

如图 15-2（c）所示，H 为患者的最高值，K 为正常人的最高值，在这两点之间，诊断点向右移动，特异度升高而灵敏度降低；诊断点向左移动，灵敏度升高而特异度又降低。约登指数表示诊断性试验发现患者和非患者的总能力，约登指数越大，其真实性越高。

（三）ROC 曲线

ROC 曲线即受试者工作特征曲线（receiver operator characteristic curve），主要用来说明特异度和灵敏度的关系，以灵敏度为纵坐标，以 1-特异度为横坐标，按照连续分组所测得的数据（最少 5 组），分别计算特异度和灵敏度，将计算出的各点连成曲线，即为 ROC 曲线（图 15-3）。

在图 15-3 中，实线显示了这个诊断性试验的表现力，通常选择曲线上最靠近左上角的截断值作为诊断的标准，因为截断值的特异度和灵敏度都相对较好，误诊率和漏诊率最低；虚线表示诊断性试验的推断无诊断价值，虚线上的任意一点，灵敏度等于 1-特异度，阳性似然比（LR^+）的分子等于分母。也就是说，虚线上的任意一点的 LR^+ 等于 1，无论对于患病者还是未患病者来说，阳性结果出现的可能性相同。因此，有临床应用价值的诊断性试验一定是远离这条虚线的一条 ROC 曲线。

所有试验的诊断价值可以通过计算曲线下面积（the area under the curve，AUC）来表示。AUC 通常取值为 0.5~1。面积越大，诊断性试验的价值越高。ROC 曲线下面积的最大值是 1，表示诊断价值最高。相反，虚线下的面积是 0.5，表示试验无法区分患病者和未患病者，诊断价值低。一般情况下，AUC<0.7 时，表示诊断价值较低，AUC 在 0.7~0.9 时，诊断价值高。如图 15-4 所示，A、B、C、D、E 五条曲线，代表的五种诊断性试验的 ROC 曲线下面积依次增大，E 曲线最大，其识别患者和非患者的能力最强，临床诊断价值最大。利用这种 ROC 曲线的特征对不同诊断性试验（同一种疾病的不同诊断）ROC 曲线的性质进行比较，从而帮助临床医生做出最佳选择。

> 经典案例 15-1
> 精神疾病预测量表对精神分裂症的诊断价值

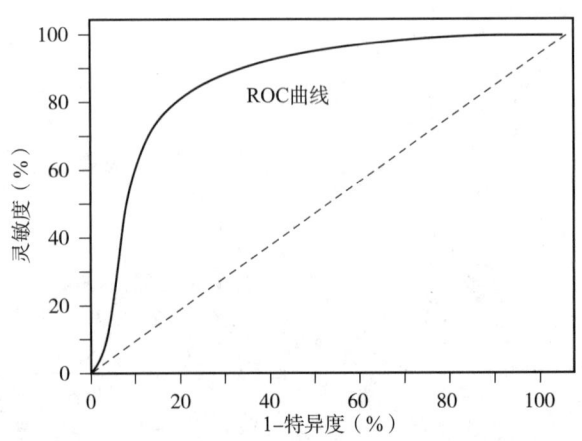

图 15-3 诊断性试验的 ROC 曲线

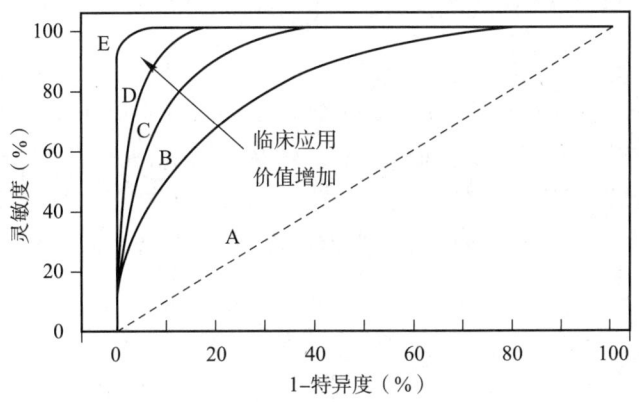

图 15-4 ROC 曲线用来比较对于某一特定疾病不同诊断性试验（A、B、C、D、E）的价值

二、真实性评价

在众多的诊断性试验中，筛选具有真实性的诊断性试验，必须有严格的规定。目前通用的评价标准如下。

1. 该诊断性试验是否实施盲法 在进行某项新的试验时，应在盲法下进行。试验人员事先不应知晓金标准对患者检测的结果，以避免人为的偏倚，使该试验更具有科学性。最后根据灵敏度、特异度和阳性似然比来确定该项诊断性试验有无临床应用价值。

2. 该诊断性试验的受试对象是否包括各型病例（轻、重，治疗、未治疗）及个别易于混淆的病例 当各型病例都包括在内时，这些指标可诊断疾病，又可判断病情，还可以进行鉴别诊断。

3. 在评价与选择诊断方法时，务必注意"金标准"的诊断特性，以便做出正确的选择 通常情况下"金标准"具有相对准确的特性。随着医学的发展，过去可能是"金标准"，但相对于目前的诊断方法，它可能已不具备诊断的准确性。此时如果应用所谓的"金标准"进行比较，即便待评价的诊断方法在灵敏度上要比"金标准"更高，但评价的结果却是前者判定的病例在"金标准"下成了假阳性病例。因此在关注"金标准"诊断特性的同时，还要考虑新的诊断性试验是否真有新的发现。

三、可靠性评价

可靠性（reliability）又称精确度（precision）、信度（reliability）、可重复性（repeatability）和稳定性（stability），是指在相同条件下同一诊断性试验对相同人群重复试验获得相同结果的稳定程度。评价诊断性试验可靠性的方法和指标如下。

（一）标准差和变异系数

当某诊断性试验的测量指标为定量资料时，可选用标准差和变异系数来表示可靠性。标准差和变异系数越小，表示可重复性越好。变异系数为测量值标准差与均数之比，比值越小，可靠性越好。

（二）符合率

符合率（percent agreement，PA）也称一致率（consistency rate）或正确分类率（correct classification rate，CCR）或精密度（precision），是指同一批研究对象两次诊断结果相同的（同为阳性或阴性）的人数之和与所有参加该次诊断性试验总人数的比率。符合率可综合地反映诊断性试验的可靠性。符合率可用于比较两个医生诊断同一批患者或一个医生两次诊断同一批患者结果的稳定程度。

$$符合率 = \frac{a+d}{a+b+c+d} \times 100\% \tag{15-12}$$

以表 15-2 资料为例，计算符合率：

$$符合率 = \frac{a+d}{a+b+c+d} \times 100\% = \frac{14+91}{14+8+1+91} \times 100\% = 92.1\%$$

（三）Kappa 检验

Kappa 值考虑了机遇因素对一致性的影响并加以校正，从而提高了判断的有效性，是测量分类变量可靠性的一个有用的指标。Kappa 取值范围为 $-1 \sim +1$，若 Kappa<0，说明观察一致率比机遇造成的一致率还小；Kappa=0，表明一致性完全由随机因素造成；Kappa>0，观察一致性的程度大于因随机一致的程度；Kappa=−1，则两名医生的判断完全相反；Kappa=1，表明两名医生的判断完全一致。通常认为 Kappa≤0.4，一致性较差；Kappa 值在 0.4~0.75 为中、高度一致；Kappa≥0.75 为极好的一致性。Kappa 值的计算可用下式：

$$\text{Kappa} = \frac{N(a+d)-(R_1C_1+R_2C_2)}{N^2-(R_1C_1+R_2C_2)} \tag{15-13}$$

继续以表 15-2 为例，计算 Kappa 值：

$$\text{Kappa} = \frac{N(a+d)-(R_1C_1+R_2C_2)}{N^2-(R_1C_1+R_2C_2)} = \frac{114 \times (14+91)-(22 \times 15+92 \times 99)}{114^2-(22 \times 15+92 \times 99)} = 0.71$$

> 基础链接 15-3
> 诊断性试验准确性研究的报告规范

（四）影响诊断性试验可靠性的因素

实际工作中影响诊断性试验可靠性的因素包括以下三个方面。

1. **试验方法与条件的差异**　包括试验的环境条件、试剂与药品的质量及配制方法、仪器是否校准及操作者的熟练程度等。因此，必须严格规定试验的环境条件及试剂与药品的级别，仪器必须先校准，才能保证试验的可靠性。

2. **观察者的变异**　包括不同观察者之间的变异和同一观察者变异，即在不同时间、条件下重复检查同一样本时所得结果的不一致性。观察者必须经过严格的培训，增强责任心，统一判断标准，使观察者的变异降低到允许的范围以内。

3. **被观察者的变异**　主要是指个体的生物学变异，即被观察者个体的各种生理、生化测量值均随测量时间、条件等变化而不断变化。个体生物学变异影响的是可靠性评价的过程，因此，要严格规定统一的测量时间和测量条件，以使被观察者在相同条件下进行比较。

四、实用性评价

在评价完诊断性试验的真实性、可靠性后，应明确新的试验的临床实用性。诊断性试验临床实用性评价包括诊断效果评价和成本效益评价。

（一）诊断效果评价

诊断效果主要从如下4个问题进行评价。

1. 该诊断性试验是否能鉴别具有目标疾病的人群和正常人群　只需在具有目标疾病的人群和正常人群之间测定该诊断性试验，获得均值和范围，如两组均值比较具有显著性，且两组测定范围没有重叠，就认为该诊断性试验具有鉴别目标疾病人群和正常人群的能力。如果具有目标疾病的人群与正常人群测量值交叉重叠，可根据本节第一部分介绍的方法确定该诊断性试验的截断值。

2. 该诊断性试验结果呈阳性，患目标疾病的概率有多少　通过该项诊断性试验是否能够正确地诊断和鉴别受试对象患有某特定的目标疾病，在临床上具有重要的意义。在临床上基于可获得的有关患者的临床信息可以得到疾病的验前概率，通过诊断性试验得到了阳性似然比，就可以计算验后概率。在这个过程中，诊断性试验产生的验后概率越高，说明该试验正确诊断目标疾病的能力就越强。如在前面的 FNA 检查诊断乳腺癌的过程中，验前概率只有13%，但是通过 FNA 检查后其验后概率达到64%，使其正确诊断乳腺癌的能力提高了将近5倍，说明该试验对临床实践确实有价值。从 FNA 检查可看出，在阳性似然比较高（如 FNA 检查的阳性似然比11.63）的情况下，即便验前概率较低（如本例为13%），其验后概率也会有很大的增长（64%）。另外，临床实践中如果一位患者有2项或2项以上的诊断性试验为阳性，就会有2个或2个以上的阳性似然比，然后将阳性似然比合并，则可得到更高的验后概率。

3. 在疑似具有目标疾病的病例中，该诊断性试验能否鉴别有或无该疾病　由于患病率或验前概率在基层医疗机构和专科门诊医院有很大的不同，因此同样的一项诊断性试验，在两医院疑似具有目标疾病的病例中，诊断性试验诊断目标疾病的能力有明显的差别。例如，设有专科门诊的医院，开展冠状动脉造影检查冠心病患者，或血液病专科门诊开展血红蛋白电泳，检查长期患有小细胞贫血的患者，则阳性率较高，价值较大。如果这些检查用于基层医院，对一般的冠心病及贫血患者进行检测，不但会有风险存在，而且阳性率也很低，开展这样的试验实用价值不大，经济效益也会明显受到影响。

4. 具有目标疾病的病例应用或没有应用该诊断性试验其结局有何不同　具有目标疾病的病例，通过应用该诊断性试验，如果超过了诊断 - 治疗的阈值，使其目标疾病得到及时的治疗，获得了最佳治疗效果，这是我们最想看到的结果；如果没有进行该诊断性试验，就有可能延误病情，失去最佳的治疗时间。但是这种最终的结局效应比较，需通过前瞻性研究得以实现。即将具有目标疾病的研究对象随机分为两组，一组采用该诊断性试验，一组不采用该诊断性试验，然后对两组病例进行长期随访，以观察预后的改变。

（二）成本效益评价

成本效益评价（cost benefit analysis）是指试验投入的费用与获得的经济效益的比值。与治疗介入相比，成本效益分析较少用于诊断性试验。因为在某种程度上，通过一种新诊断性试验介入来确立被挽救的生命年增值比通过一种新治疗方法介入的难度更大。为计算通过诊断性试验所延长的生命年或质量调整生命年（quality-adjusted life-year, $QALY$），必须估计诊断结果中真阳性和假阳性的数量，以及经正确治疗后所增加的预期寿命。同时，还需评估因假阳性诊断结果导致的"疾病"治疗所引起的不良影响。此外，诊断性试验有关的成本计算也同样复杂，不但需估计诊断技术的成本，还必须估计经更为准确的诊断后改进治疗方法所花费或节省的成本。最后，还需依赖有关模型才能将与诊断性试验评估有关的中间结果转化为长期的健康效益和成本。

第五节 提高研究效率的方法

一、提高验前概率（患病率）

从灵敏度、特异度、预测值等公式中可以看出，当诊断性试验的基本性质（灵敏度、特异度）不变时，阳性预测值随着患病率的升高而增大；当似然比固定时，验前概率提高，验后概率也会增加；而阳性预测值越大，医生诊断疾病的把握也越大。在临床上可以通过询问病史，筛查高危人群、职业人群或特殊暴露人群，设立专科门诊，对疑难病例的转诊或会诊等方式来提高验前概率。

二、多项试验的联合应用

为提高检验效率，医生可同时采用两个或两个以上诊断性试验对同一疾病进行诊断，根据诊断结果综合判断最终的诊断决定，即联合试验，主要包括并联（平行）试验和串联（系列）试验。

1. 并联试验（parallel test） 又称平行试验，即几个试验中只要有一个试验呈阳性就诊断为阳性，而全部阴性才能诊断为阴性。其优点是灵敏度增高，漏诊率降低；缺点是特异度降低，误诊率增高。

2. 串联试验（serial test） 又称系列试验，即几个试验中只要有一个试验呈阴性就诊断为阴性，而全部试验阳性才能判为阳性。其优点是特异度增高，误诊率降低；缺点是灵敏度降低，漏诊率增高。

总之，在临床实践中要具体问题具体分析，根据社会效益和经济效益来进行权衡和选择。在进行串联试验时，若几个试验的操作、费用都差不多，建议先做特异度高的试验，后做灵敏度高的试验，这样可以减少检查人数和成本。在并联试验中，若几个试验结果都为阴性，有利于在临床上排除疾病；而在串联试验中，若几个试验结果都为阳性，有利于在临床上确诊疾病。

（余艳琴）

复习思考题

1. 在诊断性试验评价中，似然比的含义是什么？
2. 试述平行试验的适用情况。

3. 试述系列试验的适用情况。
4. 受试者工作曲线（ROC 曲线）在诊断性试验评价中的作用是什么？
5. 简述诊断性试验研究的步骤。

网上更多……

👤 本章小结   👥 开放性讨论   📝 自测题   ⬇ 教学 PPT   🖥 微课

第十六章
病因与病因推断

关键词

疾病病因　　危险因素　　病因模型　　病因推断　　因果推断
因果联系

> 对疾病病因的正确认识，不仅是疾病预防和控制的重要步骤，也是疾病诊断和治疗的关键环节。基础医学、临床医学、预防医学等学科，均致力于疾病病因的研究。因果关系是现象或事件之间存在的一种普遍的、内在的和必然的联系。

知识导图

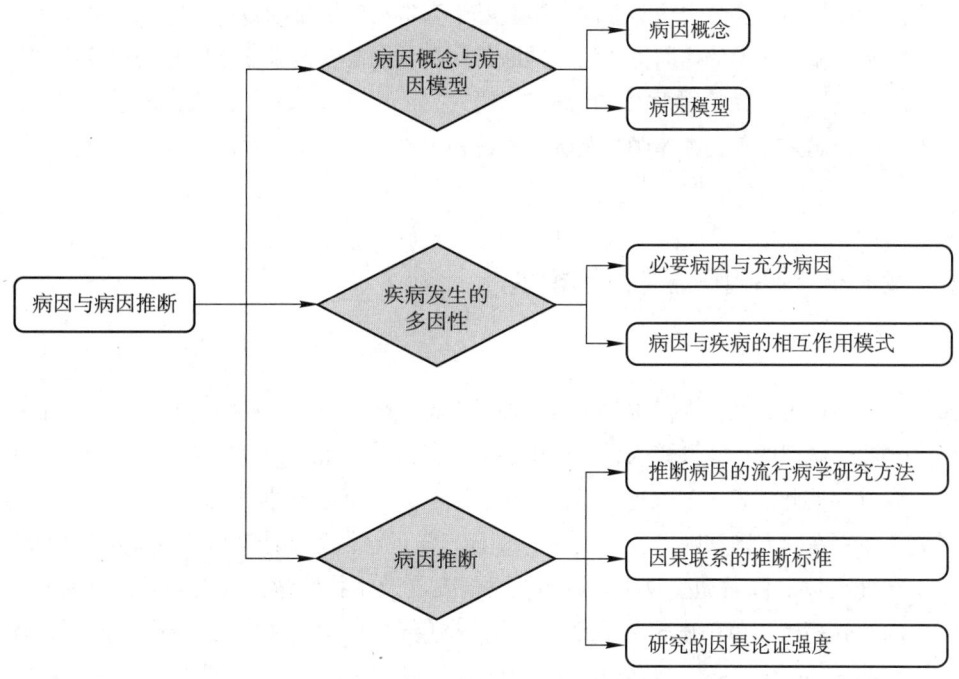

对病因的正确理解不仅关系到疾病的预防与控制，也关系到疾病的诊断与治疗，因此，无论是基础医学、临床医学还是预防医学都在探寻各种疾病的病因。流行病学以概率论的因果观为依据，在长期发展过程中建立起一整套基于人群的病因推断方法，并已成为流行病学原理与方法的精髓。流行病学的病因论与病因推断是疾病预防与控制工作中的重要理论依据与方法学，具有广泛的适用性，除了用于探讨疾病病因研究，还用于临床医学中其他医学问题（如临床疗效及预后等）的研究，甚至在非医学领域用于各种事件之间因果联系的探索。

第一节　病因概念与病因模型

在远古时期，人们常常认为鬼神、上帝或者神灵的某种意愿是人类疾病的主要来源。随着对自然界认识的广泛和深入，我国出现了阴阳五行学说，认为人类疾病的发生与阴阳（即对立事物双方的彼此消长）和五行（即金、木、水、火、土这5种物质的特性与相互作用规律）有着密切关系；在西方国家则出现了"气"，即瘴气学说，认为不洁气体是引起人类疾病的主要根源。到了19世纪末，随着微生物学理论与技术的发展及生物医学模式的形成，出现了以病原微生物为主的特异病因（单一病因）学说，认为人类疾病均由微生物引起，不同微生物可引起不同的疾病。在特异病因学说下，著名德国学者Robert Koch提出了确定特异性病原体的Koch法则：①每一个患者体内均可通过纯培养分离到此特异性病原体；②这种病原体不出现在其他疾病患者中；③此病原体可以在实验动物身上引发相同的疾病，并且在该动物身上也能分离到此病原体。特异病因学说的提出是医学史上的一大进步，在许多传染病病因学研究中发挥了很大作用，由此也促成了传染病流行病学的发展。因此，人们对疾病病因的认识是随着人类文明史的发展而不断发展的。

一、病因概念

20世纪50年代以来，由于疾病谱的改变和生物-心理-社会医学模式的出现，这一时期的流行病学已从专门针对传染病的研究扩展到慢性非传染性疾病，甚至所有与人类健康相关事件的研究。此时，人们发现单一病因并不足以引起疾病，任何一种疾病常常是多种病因共同作用的结果，Koch法则已无法用于解释许多的慢性非传染性疾病。而现代流行病学病因观认为，疾病是多种因素共同作用的结果，这一观点可以很好地解释各种病因与结局（疾病）之间的复杂关系。

（一）现代流行病学的病因概念

20世纪80年代，美国约翰·霍普金斯大学的流行病学教授Lilienfeld从流行病学角度提出病因（cause）概念：使人群发病概率升高的因素就可以认为是病因；其中某个或多个因素不存在时，疾病在人群中的发生频率就会下降。这就是现代流行病学的多病因概念。现代流行病学的病因观不仅符合疾病发生的实际情况，也符合概率论因果观。概率论因果观认为，原因就是使结果发生概率升高的事件或特征，即一定的原因只可能而不是必然导致一定的结果。

现代流行病学病因论之下的危险因素（risk factor）概念为：使疾病发生概率升高的因素，但（目前）尚无充分证据说明其具有明确的致病效应，只是发现具有以下特征，即当其存在时，疾病的发生率就增高；当其消除后，疾病的发生率就下降。流行病学研究可以测量每一危险因素在某种疾病发生与发展过程中所起的作用及作用大小，评价消除该危险因素的公共卫生学意义。

（二）病因因素的类型

根据病因因素的来源，与人类疾病相关的病因因素可分为宿主与环境。宿主因素（如性别、年龄、遗传因素、免疫及心理、行为反应等）与环境因素（自然环境、社会环境等）的相互作用对疾病的发生发展起着决定性作用，这就是"生物-心理-社会医学模式"的具体表现。因此，充分了解和掌握宿主与环境因素所涵盖的具体内容，可以帮助我们在流行病学研究中正确提出病因假设或线索。

1. 宿主因素 来自宿主方面的病因主要为遗传因素，如染色体畸变、基因突变、基因多态性、基因表达异常。研究表明，无论是传染性疾病还是慢性非传染性疾病均与宿主的遗传特质（易感性）有关。此外，宿主的免疫状况、年龄、发育、营养状况和心理行为等在一定程度上影响着疾病的发生与发展。

2. 环境因素 包括生物环境、物理和化学环境及社会环境等因素。其中，生物环境因素有病毒、细菌（及其毒素）、支原体、衣原体、立克次体等微生物，以及人体寄生虫和节肢动物媒介等；物理、化学环境因素有营养素、天然有毒动植物、微量元素、气象、地理、水质及大气污染等；社会环境因素有社会经济环境、文化及卫生环境、家庭及居住环境、职业与工作环境、人际关系、宗教信仰及风俗习惯等。

二、病因模型

病因是如何作用于宿主并引起疾病或伤害的？为了解决这一病因学研究中的重要问题，就需要用一些简捷的概念关系图来表达疾病发生过程中的因果关系，以提供病因研究的思维框架和分析路径，这就是病因模型（causal model）。目前具有代表性的病因模型主要有3种，即流行病学三角、轮状模型和病因链与病因网络。流行病学三角和轮状模型又统称为生态学模型。

（一）流行病学三角

流行病学三角（epidemiologic triangle）从因素间平衡与整体性观点出发，主要描述在疾病或伤害发生过程中起重要作用的三大因素——宿主（host）、动因（agent）和环境（environment）之间的相互关系，这三者在等边三角形中分别占据一个角（图16-1）。

等边三角形中的"动因"表示某种疾病或伤害的启动因子（即病因），既可以是生物因子（如细菌、病毒、真菌或原虫等），也可以是化学因子（如苯、汞、砷或石棉等）或物理因子（如声、光、电或各种射线等）。某种疾病或伤害的发生可以是这些因子的出现或缺失，也可以是这些因子的增加或减少，而且在多数情况下是这些因子综合作用的结果。在此，生物媒介不属于动因范畴。

等边三角形中的"环境"是指除了动因之外的所有影响人类健康的外部因素，可分为三大类，即社会环境、自然环境和生物环境。社会环境所涉及的范围很广，包括社会制度、医疗和健康保险、各种习俗和文化背景下的饮食习惯，以及与政治、宗教、经济、教育、交通运输、信息交流和卫生保健体系等相关的各种因素。自然环境包括各种可能影响人类健康的气候和地理因素、

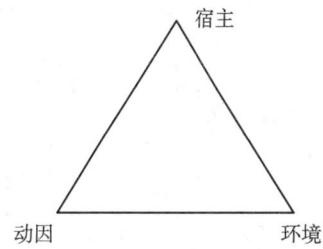

图16-1 流行病学三角

环境污染等。生物环境包括各种引起疾病或伤害的生物媒介，在此还必须强调，土壤、动植物和人类自身（包括人类和动植物来源的药物）是人类病原体的贮藏库和主要来源。

等边三角形中的"宿主"是指在一定条件下接受动因的机体，是疾病或伤害的受体。在动因和环境因素的共同作用下，宿主是否出现疾病或伤害还要取决于宿主易感性，而宿主易感性又与许多个体特征有关，如年龄、性别、种族、遗传、性格、职业、经济状况、受教育程度和免疫状态等。有时，个体遗传或基因特征就是某些疾病（如血友病和镰状细胞贫血等）的动因。

流行病学三角具有以下主要内涵。

（1）任何一种疾病或伤害都是宿主、动因和环境这三大因素相互作用的结果，三者缺一不可。在正常情况下，三者之间相互制约，保持动态平衡状态，不发生疾病或伤害；然而，当其中一个因素发生变化且变化的强度超出了另外两个因素对它的制约时，平衡状态被打破，疾病或伤害就随之发生。

（2）如果打断宿主、动因和环境这三者相互连接的任一纽带，就会阻止疾病或伤害的发生及其在人群中的流行和传播，从而达到预防和控制疾病的目的。这就是在全球范围内消灭天花所采取的措施之一。人与人之间直接接触是天花的主要传播途径，因此，围绕在天花患者周围的人群成为动因（天花病毒）与新宿主之间的纽带。据此，当时提出一种方法——控制病例和免疫周围人群，即隔离每一个病例，同时免疫病例周围 3 英里（1 英里≈1.61 千米）半径范围内的所有人群。这种方法最后被认定为是一种控制天花传播的低成本并行之有效的手段。

流行病学三角对疾病或伤害的病因解释明显优于早期的单病因学说，但由于受到时代的影响，其主要缺陷有：将动因从环境因素中独立以强调其重要性，这对于传染病来说相对容易，因为传染病的动因（病原体）容易明确，但对慢性非传染性疾病来说则很难确定其发病时的启动因子（即必要病因）。

（二）轮状模型

轮状模型（wheel model）由两个相互套叠的环和一个轴芯组成，类似车轮结构，所以又称为车轮模型（图 16-2）。在此，外环代表环境，同样包含社会环境、理化环境和生物环境三大类；内环代表宿主，内环位于外环之中，表示宿主始终处于环境之中并受到环境因素的制约；轴芯代表宿主的遗传基因（遗传核）。与流行病学三角相比，轮状模型将动因按其特征回归相应的环境之中，能够更灵活地反映在疾病发生过程中，环境与宿主之间的相互关系，更符合疾病发生发展的实际，更适用于难于寻找特异病因的慢性非传染性疾病或肿瘤的病因研究。

轮状模型具有以下主要内涵：第一，宿主处于环境之中，来自环境的任何变化都对宿主产生影响；第二，针对不同疾病，模型中各部分所占比例将随疾病病因的种类和作用强度的不同而有所变化。例如，对于血友病或胰岛素依赖型糖尿病，其轮状模型中的遗传核所占比例相对较大

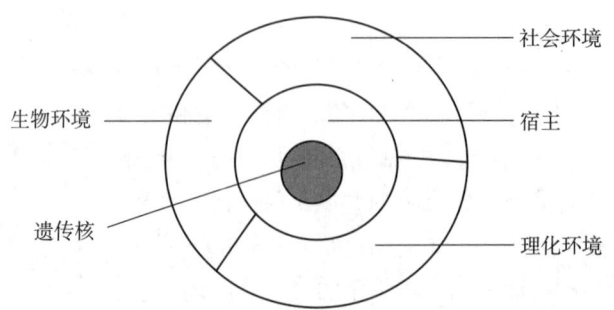

图 16-2 轮状模型

些；而对于麻疹或结核病，其轮状模型中的宿主（免疫功能）和生物环境（生物病原因子及其传播途径）部分所占比例相对较大些。

（三）病因链与病因网络

随着病因学研究的发展，越来越多的疾病病因或危险因素被人们所认识。这些病因与病因之间、病因与疾病之间所形成的错综复杂的关系已难以用前述的生态学模型来描述。鉴于此，著名流行病学家 MacMahon 和 Trichopoulos 提出了关于病因作用的病因链与病因网络概念和模型。

1. 病因链（chain of causation） 是指导致疾病的病因或危险因素可按时间顺序串联形成病因链，以表示一种疾病的发生是由多种病因因素相互作用的结果。这种相互作用可以是同时发生，也可以是先后发生。例如，在肝细胞癌的发生过程中，其中一条病因链（生物因素相关病因链）可以起始于 HBV（或 HCV）感染，中间经过慢性肝炎、肝硬化、肝细胞异常增生（癌基因激活或抑癌基因失活等），最终出现肝细胞癌。

病因链充分体现了病因因素之间的关系。其中，在时间顺序上更接近于疾病结局的因素，称为近因，如结核病中的结核分枝杆菌感染；在时间顺序上相对远离疾病结局的因素，则称为远因，包括各种环境因素（如社会经济状况、生物环境或理化环境等）、心理和行为因素、卫生保健因素等。一般情况下，近因与疾病的致病机制密切相关，对诊断和治疗具有决定性意义；而远因主要是流行病学研究中的危险因素，对疾病的预防和控制具有深远意义。

2. 病因网络（web of causation） 是指多条病因链之间的病因或危险因素相互交错连接，构成一张复杂的病因网络。一种疾病的发生常常是由多条病因链所构成的病因网络共同（或相继）作用的结果。在肝细胞癌的发生中，还存在另外几条病因链，如理化因素相关病因链，起始于食物霉变（黄曲霉毒素等）、水体污染（藻毒素等）等；行为因素相关病因链，则起始于不良生活行为习惯（嗜酒、吸烟等）。这几条病因链之间的病因或危险因素可以相互交织，最终就构成了促成肝细胞癌发生的复杂的病因网络。

病因网络可以提供较为完整的因果关系通路，能够清晰具体地展示在疾病发生过程中，各种病因（或危险因素）之间，以及病因与疾病（结局）之间复杂的因果关系，系统性强，不仅有助于提出病因线索，而且有利于深入探索病因之间的相互作用，为疾病尤其是慢性疾病的预防和控制提供科学依据。如今，心脑血管疾病已成为人类健康的最大威胁之一。在心脑血管疾病发生与发展过程中，生活或工作压力、饮食习惯、体内激素水平的变化、吸烟、肥胖、遗传等因素构成了与之相关的多条病因链，这些病因链上的各种危险因素又可相互交织，就构成了心脑血管疾病的病因网络（图 16-3）。这张病因网络不仅直观地展示了生活或工作压力、饮食习惯与遗传等多种因素与冠心病、脑卒中和高血压三种主要心脑血管疾病之间的联系，而且指明了高血压是发生心脑血管疾病的一个关键环节（危险因素），因此，针对高血压及高血压之前危险因素的防制是心脑血管疾病一级预防的切入点。

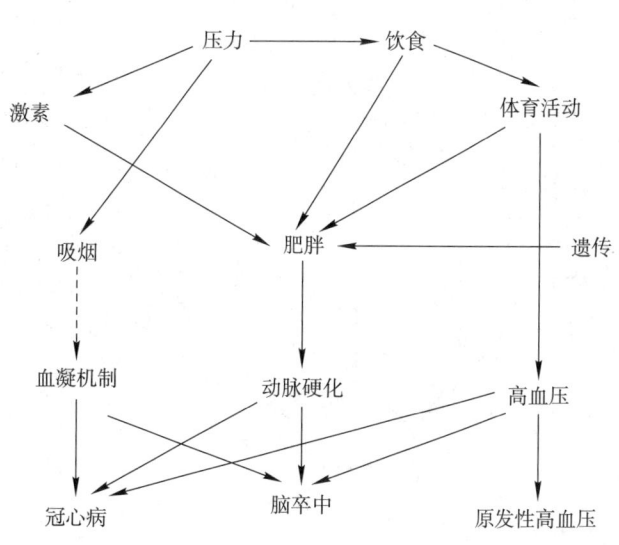

图 16-3 心脑血管疾病的病因网络

第二节 疾病发生的多因性

现代流行病学的病因观认为，疾病的发生是多因素综合作用的结果。那么，这些因素在疾病的发生中所起的作用如何呢？下面就从充分病因、必要病因和组成病因角度来描述疾病发生的多因性及病因之间的作用模式。

一、必要病因与充分病因

流行病学家 Rothman 认为，大多数流行病学上所谓的病因（危险因素）是非必要和非充分的，由此提出了必要病因与充分病因概念。

1. 必要病因（necessary cause） 是指某因素对形成某特定疾病来说是必需的，缺少此因素，该病就不会发生，此因素就是该病的必要病因。一般来说，大多数传染病、地方病和职业病都有一个比较明确的必要病因。例如，结核分枝杆菌是结核病的必要病因，没有结核分枝杆菌的感染就不会发生结核病。但是迄今为止，绝大多数慢性非传染性疾病都未能找到其必要病因，也许这些疾病并不存在必要病因，也许由于检测手段的限制，这些疾病的必要病因尚未被发现。

2. 充分病因（sufficient cause） 是指能不可避免地产生疾病结局的一系列最少病因。对于绝大多数疾病来说，充分病因由与之相关的一系列病因因素组成，即疾病是由多种病因因素相互作用的结果。例如，在结核病发生过程中，并非所有暴露于结核分枝杆菌的人都会患结核病，其他诸如免疫状况、营养不良、过度疲劳、精神紧张、遗传背景等因素都对结核病的发生产生一定影响，因此，结核病的充分病因应包括结核分枝杆菌感染这个必要病因在内的一系列最少病因的组合。

每一种疾病可能存在多种充分病因组合，各自具有独立的致病作用。例如，某种疾病可能存在三种充分病因组合，第一种由 A、B、C、D、E 因素组成，第二种由 A、D、F、G 因素组成，而第三种则由 A、B、E 和 H 因素组成（图 16-4）。这三种充分病因可以在不同时期或不同条件下引起该病。这三种充分病因中都有 A 因素存在，因此，A 因素就是这种疾病发生的必要病因。但是，并非所有疾病均能找到其必要病因。例如，高脂血症是高血压的一个病因，但有部分高血压患者的血脂并不高，提示这部分高血压患者的充分病因中可能不包括高血脂在内。

构成某病充分病因的任何一个成分都称为该病的组成病因。组成病因可以是必要病因，也可以是非必要病因；一个组成病因既可以出现在一个充分病因中，也可出现在其他多个充分病因中。如图 16-4 所示，"A" 为构成充分病因 1 中的一个成分，为该病的组成病因，但它也出现在充分病因 2 和 3 中并发挥一定作用。

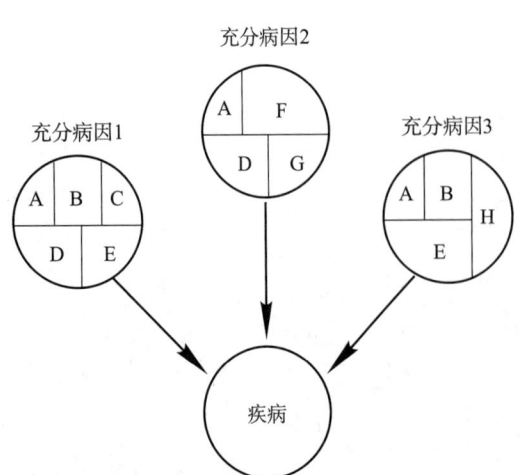

图 16-4 充分病因组合

例如，遗传易感性是包括传染性疾病、肿瘤和心脑血管疾病等在内的许多疾病充分病因中的一个组成病因，在这些疾病的发生过程中起一定作用。

这里需要强调的是，上述对必要病因与充分病因的理解仅限于理论层面，疾病发生发展的真实过程则更为复杂，可以说迄今为止，还没有哪一种疾病的充分病因已被完全掌握，必要病因与充分病因概念对疾病的预防与控制工作仍有着十分重要的实际应用价值。例如，吸烟与肺癌的病因学研究已明确显示吸烟并非肺癌的必要病因，但在其他因素固定不变的情况下，对同一目标人群的观察表明：随吸烟率、吸烟量和吸烟年限的增加，该人群肺癌的发生率也相应增加，因此可以认为吸烟的确是肺癌的一个组成病因（危险因素）。虽然目前对肺癌发生的必要病因和充分病因的认识仍不清晰，但以戒烟为主的人群肺癌综合防制措施已取得一定成效。

二、病因与疾病的相互作用模式

病因与疾病之间，以及病因与病因之间的作用模式很多。从病因与疾病结局之间的关系来看，有单因模式和多因模式；从病因之间的作用模式来看，有协同作用、分别作用和依次作用等模式；从病因之间的相互关系来看，有直接病因与间接病因的关系。

（一）病因与疾病之间的作用模式

1. 单因模式

（1）单因单果：即一种病因引起一种疾病。这是早期基于传染病流行病学研究的病因观，也是特异病因学说的产生依据。随着病因研究的发展，现在人们已认识到单一病因与单一结果的概念都是不正确的。病原体的暴露不一定造成感染；而感染并不一定只发生一种疾病，只产生一种结果。例如，乙型肝炎病毒感染后，除了可能会发生乙型肝炎外，还可能以病毒携带者的形式出现而不发生乙型肝炎。

（2）单因多果：即一种病因引起多种疾病。从某病因的多效应性方面来看，这个观点似乎是正确的。例如，吸烟可引起肺癌、慢性支气管炎及缺血性心脏病等多种疾病。但是这个观点是片面的，因为这些疾病并非仅由一种病因（吸烟）引起。

2. 多因模式

（1）多因单果：即多种病因引起一种疾病。从疾病的多因论来解读，这个观点似乎也是正确的。例如，高血压、高脂血症、肥胖、吸烟和家族史等都与缺血性心脏病的发生有关。同样，这个观点也是片面的，因为这些病因并非仅与一种疾病的发生有关。因此，多因单果与单因多果的观点都只反映了事物的一个方面。

（2）多因多果：即多种病因引起多种疾病。例如，高脂膳食、缺少运动、吸烟、饮酒和家族史等是引起脑卒中、心肌梗死、大肠癌、乳腺癌等疾病的病因。实际上，多因多果已涵盖了单因多果和多因单果的内容，可以全面反映事物之间联系的实际状况。因此，现代病因论认为疾病与病因之间因果联系的正确方式应该是多因多果。

（二）病因与病因之间的作用模式

1. 协同作用　即病因之间的相互作用是一种叠加，其作用强度远大于这些病因之间的简单相加。例如，吸烟、接触石棉粉尘都是肺癌的病因。但是，当某人群在同一时期内同时出现吸烟和石棉粉尘暴露时，他们发生肺癌的概率将不仅超过以上单一因素暴露，而且远高于这两种病因单独作用之和。

2. 分别作用　即几种因素必须同时具备时才发生疾病。例如，破伤风的发生必须同时具备细菌（破伤风梭菌芽孢）、创伤和伤口微厌氧环境。

3. 依次作用　即通过一系列的因果关系，最终引起某种疾病的发生。例如，在"乙型肝炎病毒感染→乙型肝炎→肝硬化→肝癌"因果链中，乙型肝炎既是肝硬化和肝癌的病因，又是乙肝病毒感染的结果，正是由于这些疾病与病因之间的相互作用，最终导致肝癌。

4. 直接病因与间接病因之间的关系　病因与疾病之间可以是直接的因果联系，也可以是间接的因果联系。前者称为直接病因，而后者则称为间接病因。

这就是现代病因学观点，即众多因素之间常常依次在疾病的发生与发展过程中产生一定的病因作用。由此可见，病因与疾病之间的因果联系既可以是直接的因果联系，也可以是某种间接的因果联系。例如，在"$X_1 \to X_2 \to$ 疾病 Y"这条因果关系链中，X_1 导致了 X_2，X_1 是 X_2 的病因；X_2 又在继 X_1 作用之后，再次作用而导致了疾病 Y。因此，病因 X_2 称为疾病 Y 的直接病因，与 Y 之间存在着直接的因果关系；而病因 X_1 则称为疾病 Y 的间接病因，由于间隔着一个（或者多个）X_2，它与疾病 Y 之间存在着间接的因果关系。

第三节　病因推断

病因推断需要建立在充分病因研究基础之上。病因研究方法可分为基础医学研究、临床观察研究和流行病学研究三大类。基础医学研究以实验动物、生物大分子、细胞或组织器官等为研究对象，重点阐明致病或防治效应机制。基础医学研究的优点是实验条件的可控性好，可以从细胞或分子水平揭示致病或防治效果的微观机制；但由于其研究结果并不直接源自人群（或人体），因此在人群（或个体）中运用时存在一定的局限性。在实验室中所测得的各种效应是否也同样存在于人群（或个体）之中，还需要通过流行病学的人群研究加以证实。临床观察研究主要是对个例或系列临床病例进行详细观察，分析其症状体征、治疗效果和转归等。由于观察例数的高度选择、例数较少、缺乏明确的对照、没有明确随访时间，致使一般意义的临床观察研究（如病例报告或系列病理报告）在病因学研究中仅提供初步的病因学线索，但在验证病因假设及因果推断等方面则显得无能为力。流行病学以人群为研究对象，使用疾病或健康统计指标进行医学研究，流行病学及其与临床医学相结合所产生的临床流行病学，在病因学研究中的作用是巨大，是其他学科所无法替代的。

一、推断病因的流行病学研究方法

可用于病因研究的流行病学方法主要有描述性研究、分析性研究和流行病学实验研究等。在病因研究中，首先通过描述性研究，提出病因假设；然后通过分析性研究，验证病因假设；在条件许可时，可通过流行病学实验研究进一步验证病因假设。最后，在排除两个事件之间可能存在偶然、虚假（人为）或继发（间接）联系后，再根据因果推断标准进一步确认两者之间是否存在因果联系。

(一)建立病因假设

流行病学在病因推断过程中,首先通过描述性研究方法,如临床观察、疾病监测资料、现况研究和生态学研究等,获得某种疾病或伤害在人群中的分布特征;根据这些分布特征可能发现某一或某些因素与疾病之间存在某种相关现象;结合现代医学常识和知识进行必要的推理,可以建立病因假设。

1. 发现特殊病例　任何一种原因不明的疾病,一般都是在临床诊疗工作中,由临床医生首先发现。

对于临床医生来说,可以通过日常诊疗工作的观察、个案或系列病例报告发现疾病的可疑现象或特殊病例,分析可能原因,提出病因假设。临床观察、个案报告和系列病例报告等都属于描述性研究的范畴。但是如前所述,临床观察由于缺乏对照,所获结论极易受到其他因素的干扰,只能发现病例,提出病因假设,无法进行病因论证。

经典案例16-1 "反应停"与新生儿海豹肢畸形(1)

2. 提出病因假设　通过现况研究,观察和分析疾病与可疑病因或相关事件在不同时间、地区和人群分布的特点,全面了解疾病与可疑病因之间的关系,在此基础上提出病因假设。长期的疾病监测和生态学研究也可以提出病因假设。

3. 建立病因假设的逻辑学推理方法　在建立病因假设过程中,可以借用19世纪著名哲学家Mill的逻辑推理方式(Mill准则)。

Mill准则是帮助人们探求现象之间因果关系并概括出一般性结论的基本准则,是流行病学在病因学研究中必须遵循的基本设计原则。Mill准则共有5个原则,仅适用于能控制干扰条件的实验研究及假定原因为确定的必要条件或充分条件时。如果在所提出的病因假设清单中未包含所研究疾病的真正病因,则Mill准则将起不到任何作用。

(1)求同法(method of agreement):找出相同事件(如患有相同疾病)之间的共同点,如果存在共同因素,推测该因素可能是这种疾病的原因。例如,英国医师John Snow在伦敦霍乱流行的病因研究时,发现霍乱患者都饮用了来自相同水井的自来水,提出水源污染可能是伦敦霍乱流行病因的假设。

(2)求异法(method of difference):根据疾病发生的因果关系,在患者与非患者之间、高发人群与一般人群之间、高发地区与非高发地区之间必然存在某种(或某些)因素分布的差别,找出它们之间的差别,就有可能找到疾病的危险因素或可疑病因。例如,发生与不发生地方性甲状腺肿的地区,其饮食习惯、气候条件及风俗习惯等都无明显差别,唯一不同的是发生地方性甲状腺肿的地区土壤及水源中的含碘量偏低,因此认为食物中缺碘可能是地方性甲状腺肿的病因。

(3)共变法(method of concomitant variation):从某病在不同时间、地区或人群中发病率的变化中,找出哪些因素也随之发生变化,如果该病发病率的变化与这些因素的变动在人群、时间和地区分布上具有一致性,如暴露水平低的人群(地区或时间),该病的发病率低,暴露水平高的人群(地区、时间)发病率水平也高,就可以形成病因假设。例如,美国人均烟草消耗量越高的州,其冠心病的死亡率也越高,反之则死亡率低,从而提出吸烟是冠心病的一个危险因素的病因假设。

(4)类推法(method of analogy):如果某种病因不明疾病的分布特征与另一种已知病因的疾病分布特征一致,可以去考察它们之间是否存在某种共性,通过观察比较,就可以提出病因假设。例如,非洲儿童Burkitt淋巴瘤的地区分布与黄热病十分一致,由此考虑它们之间存在某种共同的危险因素。由于黄热病是由埃及伊蚊传播所致，因此埃及伊蚊可能也是非洲儿童Burkitt淋巴瘤的传播媒介，其所携带的某种病毒可能是该病的病因。

（5）排除法（method of exclusion）：在病因研究中，可能获得很多病因线索，此时运用排除法的逻辑推理法来缩小病因研究范围，可以提高研究的效率；而且在几个可能的因素中，采用逐一加以排除的方法，可以初步判断最有可能致病的因素。

经典案例16-2 "反应停"与新生儿海豹肢畸形（2）

（二）检验病因假说

在描述性研究产生病因假设的基础上，流行病学病因研究的下一步工作就是应用分析性研究方法来检验病因假设，常用的方法有病例对照研究和队列研究等。

在提出病因假设后，如果用病例对照研究来检验病因假说，可以通过严格的诊断标准选择病例和对照，组成病例组和对照组来探讨可疑病因与疾病之间的因果关系。如果用队列研究，则按照统一标准，选择一组接触过某种因素的群体（暴露组），另一组则为未接触此因素的群体（对照组），通过随访观察这两组人群某疾病发生率的差别，从而评价这种因素与疾病之间的因果关系。

无论是通过流行病学方法，还是通过基础医学或临床医学方法产生的病因假设，最终都需要回到人群中去，用实验性研究的方法进行验证。实验性研究是验证病因假设的理想方法。理论上，实验性研究要求将同质的总体人群随机分成实验组和对照组，使所有已知与未知的与疾病有关的因素在实验组和对照组中达到平衡。然后，实验组给予研究因素，对照组不给或给予不影响研究结果的其他因素（如安慰剂），通过观察两组人群在疾病发生频率或其他指标上的变化，经分析比较来判断实验措施的效果。通过设计完善的实验性研究，验证因素与疾病之间的关联可以认为是因果联系。但是，实验性研究由于受到种种条件限制，可能涉及医德和伦理等问题，常常难以实施。

经典案例16-3 "反应停"与新生儿海豹肢畸形（3）

（三）排除可能存在的虚假联系和间接联系

在运用流行病学研究方法验证可能病因与疾病之间的关联之后，要进一步应用因果联系的推断标准进行最终的病因推断。但是，在应用因果联系的推断标准进行因果推断之前，必须明确以下两点：①确定两事件之间是否存在统计学联系，如果两事件为因果联系，则两者之间必然存在统计学上的联系；②判断两事件之间统计学联系的性质，排除由虚假联系或间接联系造成的统计学联系。

1. **虚假联系**　是指原来并不存在联系的两事件之间，由于研究过程中的某些错误或机遇，使两者之间出现了统计学联系。在流行病学研究中，虚假联系主要来自各种偏倚（如选择偏倚、信息偏倚等）或某种机遇。例如，在冠心病与喝咖啡关系的病例对照研究中，在选择病例和对照时出现偏倚，如选择来自经济条件较好的城市人群构成病例组，而选择来自山区人群构成对照组，由此得出的喝咖啡与冠心病之间的联系则很可能是一种虚假联系。

2. **间接联系**　是指由于第三方因素的存在，使原来并不存在联系的两事件之间表现出一定的统计学联系，或者使原来存在的弱关联表现出较强的关联（反之亦然）。例如，A事件与B事件之间实际上并不存在联系，但是由于出现与A事件和B事件均有联系的第三方因素（C事件），从而造成原先并无联系的A事件与B事件之间的统计学联系。这种联系是客观存在的，但不是直接的，是由第三方因素造成的间接联系。在此，C事件被称为"混杂因素"。例如，吸烟不仅可以引起肺癌，也可以引起冠心病，从而出现肺癌与冠心病之间也存在统计学联系的现象，但这种联系是间接的，必须加以识别。

> 经典案例 16-4
> 幽门螺杆菌感染与十二指肠溃疡的关系研究

二、因果联系的推断标准

病因推断是研究者根据流行病学研究资料，对某因素与某疾病之间的因果关系做出正确判断的论证过程。暴露因素与疾病之间因果关系的确立，需要依据以下因果联系的推断标准做进一步的分析。

1. 关联的时间顺序（time sequence of association） 表示有因才有果，而且"因"必须先于"果"，这在病因推断中十分重要。如果怀疑病因 X 可引起疾病 Y，则 X 必须发生于 Y 之前。例如在生态学研究中，伦敦烟雾事件后，呼吸道和心血管疾病的死亡率上升；欧洲"反应停"大量上市后，随之发生了新生儿海豹肢畸形而且在时间上正好相隔一个孕期，这些都提示了时间顺序上的先后关系。对于慢性疾病，还要注意可疑病因 X 与疾病 Y 之间的时间间隔。例如，石棉暴露到发生肺癌需要 15~20 年时间，如果石棉暴露 3 年后发生了肺癌，显然不能归因于石棉暴露。

在因果时序确定上，流行病学实验研究和队列研究最具有说服力，病例对照研究和生态学研究次之，而现况研究一般不能说明因果的时序关系。

2. 关联的强度（strength of association） 一般来说，关联的强度越大，这种关联成为因果关联的可能性就越大。根据研究方法的不同，关联强度的测定指标有比值比（OR）、相对危险度（RR）等。例如，在吸烟与肺癌关系的研究中，发现吸烟者发生肺癌的 RR 值是非吸烟者的 4~16 倍，吸烟者发生肾癌的 RR 值是非吸烟者的 1.1~1.6。据此可以认为，前者因果关联的可能性比后者大得多。

3. 关联的剂量-反应关系（dose-response relationship） 主要针对等级资料或连续型变量资料。如果该因素数量上的变化可以引起疾病发生频率的相应变化，则该因素与疾病之间存在因果关联的可能性较大。在吸烟与肺癌研究中，有确切资料表明，平均每日吸烟支数越多者，死于肺癌的概率也越大；曾经吸烟人群，戒烟年数越长，死于肺癌的概率越小。

4. 关联的可重复性（replication of association） 是指关联可以在不同时间、不同地区和不同人群中观察到。在吸烟与肺癌关系研究中，至 1964 年为止，在不同时间、地点和人群所进行的 29 次病例对照研究中有 28 次都得到吸烟与肺癌相关的结果；此外，在数次队列研究中也证实了吸烟与肺癌之间的关联。

5. 关联的合理性（plausibility of association） 包括以下两方面。

（1）对关联的解释与现有理论知识不矛盾，符合疾病自然史和生物学特征。例如，食物中毒发生后，应能从食物、厨具、餐具或患者排泄物或呕吐物中检出病原体，而非患者及相关物体的检测结果一般为阴性。

（2）研究者或评价者从自身的知识背景出发，支持因果假设。例如，在吸烟与肺癌的因果关联中，可以设想某些化学物质随烟雾吸入并沉积在呼吸道的组织和细胞表面，由此引起肺组织癌变并非没有道理。当然，这种合理性的判断受到科技发展水平及评价者知识背景和能力的限制。因此，当这种合理性不存在时，也不能随意排除因果关联。

6. 关联的特异性（specificity of association） 该条目是否应保留在因果联系的推断标准中，还有待于进一步探讨。因为特异性的含义就是"唯一性"，即疾病的发生只与某一病因有关，因素与疾病之间关联的特异性越强，成为因果关系的可能性就越大。从现代病因观来看，正如仅有结核分枝杆菌存在并不足以引起结核病一样，虽然病原体与传染病的关系存在某种特异性，但其并非唯一病因。在慢性疾病中，由于存在单因多果、单果多因及多因多果等复杂关系，更难以满足这一标准。因此，在多病因论已经确立的今天，关联的特异性有待于进一步商榷。

7. 终止效应（cessation effect） 表示当可疑病因减少或去除后，疾病发生率随之下降，则因果关联存在的可能性很大。此证据具有明确的时间顺序，而且较少受到其他因素干扰，因此其论证因果关系的强度最高。但是，由于伦理学或可行性问题，难以获得相关资料。例如，乙型肝炎病毒感染率下降（如预防接种后），肝癌死亡率也随之下降，可以认为乙型肝炎与肝癌之间存在因果关联。

综上所述，因果关系判断是一个十分复杂的过程，以上 7 个条目中，"关联的时间顺序"是必须满足的必要条件，其他标准则满足越多越好，满足的条件越多，因果关联的可能性越大，误判率就越小。

三、研究的因果论证强度

由于不同的流行病学研究方法在因果关系的论证强度上是不同的，因此，所采用的研究方法在论证因果关系上的强度如何，必定影响因果推断的最终结果（表 16-1）。

表 16-1　研究设计与因果论证的强度

研究设计类型	因果论证强度
实验性研究	
多个随机化对照试验的系统综述	强
随机化对照试验	强
无对照前后比较试验	弱
观察性研究	
多个队列研究的系统综述	强
前瞻性队列研究	强
历史性队列研究	强
多个病例对照研究的系统综述	中
病例对照研究（用新病例更好）	中
横断面研究	中
生态学研究	弱
系列病例分析报告（无对照）	弱

（余艳琴）

复习思考题

1. 试述疾病病因研究的过程与步骤。
2. 试述进行流行病学病因研究的基本程序。
3. 举例说明什么是求同法？
4. 如何理解病因网络模型？

5. 近年来，研究者对幽门螺杆菌感染与十二指肠溃疡的关系进行了研究，某研究者通过队列研究发现 324 例幽门螺杆菌感染者，10 年中有 11% 发生十二指肠溃疡，而 133 例非感染者 0.8% 发生十二指肠溃疡，$RR > 10$；病例对照研究结果显示，90%~100% 的十二指肠患者存在幽门螺杆菌感染，$OR > 10$；并且不同地区、不同研究者得到相同结果。研究者认为幽门螺杆菌结合部位在胃窦细胞，可随着胃窦细胞进入十二指肠，引起炎症。进一步实验研究发现，清除幽门螺杆菌可使十二指肠溃疡愈合，其效果等同于组胺受体拮抗药。

请根据病因推断的几个标准判定幽门螺杆菌感染与十二指肠溃疡是否存在因果关联？

网上更多……

👤 本章小结　　👥 开放性讨论　　📝 自测题　　⬇ 教学 PPT　　📺 微课

第十七章
疾病的预防控制

关键词

传染病　　　　　　传染病流行过程　　　传染病预防控制措施
慢性非传染性疾病　　三级预防　　　　　　突发公共卫生事件
疾病暴发　　　　　　疾病监测

21世纪疾病的预防与控制既面临挑战又充满机遇。传统传染病卷土重来，新发、突发传染病陆续出现，以及心脑血管疾病、肿瘤等慢性非传染性疾病的发病不断增多，对人类健康构成巨大威胁。突发公共卫生事件与医院感染等，也严重影响人类的身心健康，并对社会造成巨大负担；人口老龄化、环境污染与病原体的演变等，使疾病控制面临巨大挑战。同时，人口素质的提高、医学的发展及疾病预防控制体系的不断完善等，又使疾病预防与控制充满机遇。突发公共卫生事件由于自身的难以预测性，其不利影响除可造成大量人员伤亡和社会危机外，还可引发后期效应，出现一系列精神卫生与心理问题及环境污染等危害。利用流行病学疾病监测技术，对疾病实施连续监测将有助于从宏观角度掌握疾病的流行特征。新时期的疾病预防与控制工作，必须以新的医学模式和新的健康观为指导，坚持"预防为主"的卫生观，贯彻"三级预防"思想，建立新型完善的疾病预防控制体系，加强疾病预防与控制队伍的职业化建设，切实强化疾病预防与控制的职能，为居民提供心理、生理和社会全方位的预防保健卫生服务。

知识导图

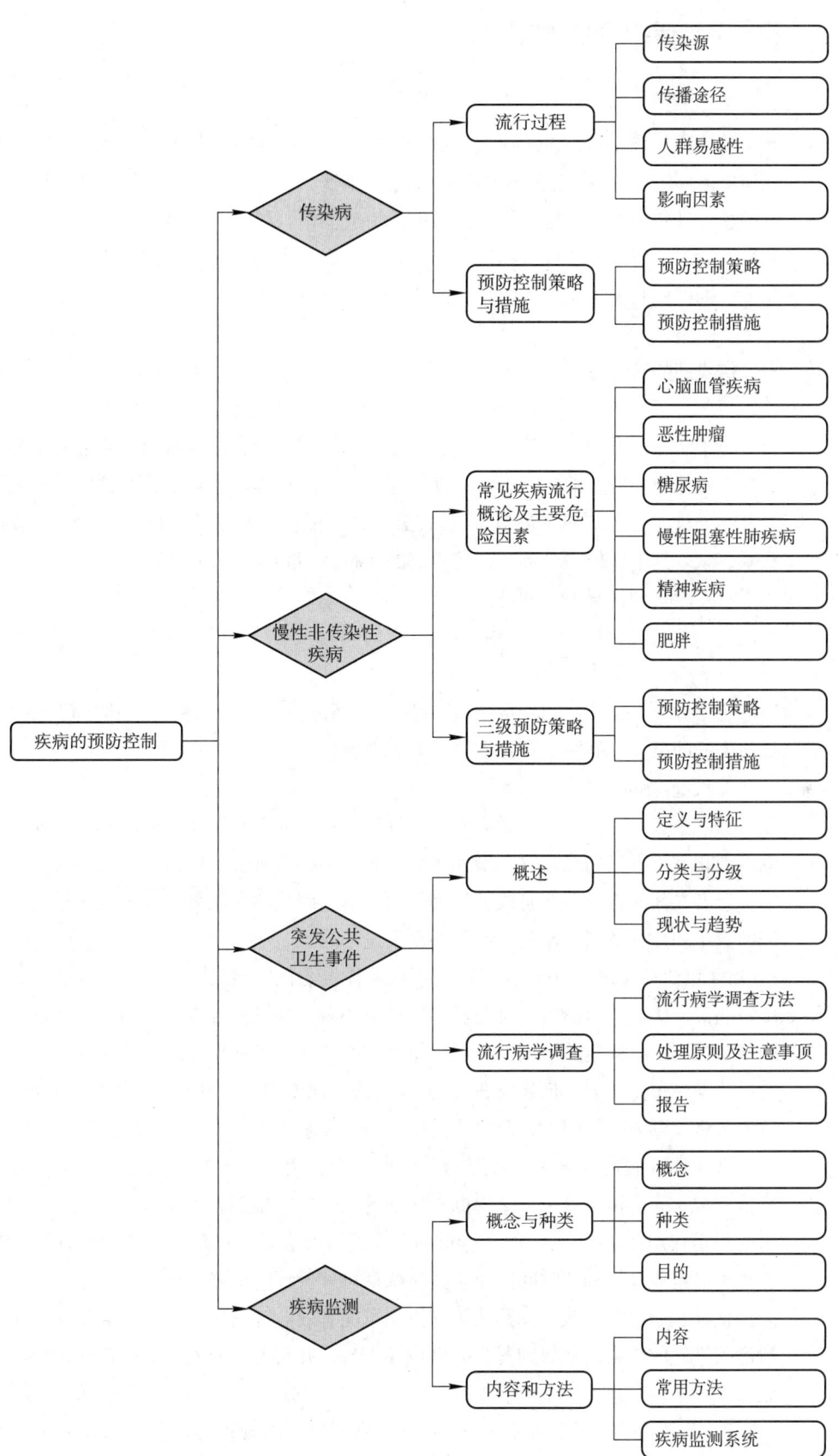

第一节　传染病的预防与控制

传染病（infectious disease）是由病原体引起的，能在人与人、动物与动物或动物与人之间相互传染的疾病的总称。这类疾病由于具有传染性，因此常常会发生暴发或流行，在短期内出现大量的患者且层出不穷，往往引起民众的恐慌或惧怕。尽管一些传染病已得到了预防，但新的传染病继续涌现，所以对传染病的流行及预防控制仍是当前重大的公共卫生问题。疾病预防引入"控制"一词，使其内容上更具体化，形式上更具有可操作性。

一、传染病的流行过程

传染病在人群中发生流行的过程，即病原体从感染者体内排出，经过一定的传播途径，侵入易感者机体而形成新的感染，并不断发生、发展的过程。传染病在人群中发生流行的过程需要三个基本条件，也称"三个环节"，即传染源、传播途径和易感人群。这三个环节相互依赖、相互联系，缺少其中任何一个环节，传染病的流行就不会发生。除了三个环节外，传染病的流行强度还受自然因素和社会因素的制约。

（一）传染源

传染源（source of infection）是指体内有病原体生存、繁殖并能排出病原体的人或动物，包括传染病的患者、病原携带者和受感染的动物。

1. 受感染的人作为传染源

（1）患者：体内存在大量病原体，其某些症状又有利于病原体的排出，如呼吸道传染病的咳嗽、消化道传染病的腹泻等，增加了易感者受感染的机会，所以传染病患者是重要的传染源。

患者在其病程的不同阶段，如潜伏期、临床症状期和恢复期，因是否排出病原体及排出病原体的数量和频率不同，作为传染源的意义也不同。

1）潜伏期（incubation period）：指病原体侵入机体至最早出现临床症状的这段时间。不同的传染病其潜伏期长短不同，有的疾病短至数小时，如细菌性痢疾；有的长达数年，如艾滋病，但同一种传染病有固定的潜伏期。通常所说的潜伏期是指常见（或平均）潜伏期，如流行性腮腺炎的潜伏期最短为8天，最长为30天，常见潜伏期为18天。潜伏期的变动可能与进入机体的病原体的数量、毒力、繁殖能力及机体的抵抗力等因素有关。

潜伏期的流行病学意义及用途：①根据潜伏期的长短判断患者受感染的时间，以进一步追查传染源，确定传播途径。②根据潜伏期的长短确定接触者的留验、检疫或医学观察期限。一般以平均潜伏期加1~2天，危害严重的传染病可按最长潜伏期予以留验或检疫。③根据潜伏期的长短可确定免疫接种的时间。④根据潜伏期可评价预防措施的效果。一项预防措施实施后经过一个潜伏期，如果发病数下降则认为该措施可能有效。⑤潜伏期的长短可影响疾病的流行特征。一般潜伏期短的传染病来势凶猛，病例成簇出现，并常形成暴发；潜伏期长的传染病流行持续时间较长。

2）临床症状期（clinical stage）：指传染病患者出现特异性临床症状和体征的时期。这一时期具有重要的流行病学意义,因为此期患者体内病原体数量多,同时又有诸多利于病原体排出的症状,因而这一时期的传染性最强。虽然不少处于临床症状期的患者住院隔离,也难以杜绝向外传播的可能,故此期患者作为传染源的意义也最大。

3)恢复期(convalescent period):指患者的临床症状已消失,机体所遭受的损伤处于逐渐恢复的时期。此期患者的免疫力开始出现,体内病原体被清除,一般不再起传染源的作用,如水痘、麻疹等。但有些传染病,如痢疾、伤寒、乙型肝炎等,在恢复期仍可排出病原体;某些传染病患者排出病原体的时间可能很长,甚至可成为终身传染源,如伤寒。

患者排出病原体的整个时期称为传染期(communicable period)。传染期一般需依据病原学检查及流行病学调查加以确定。传染期是决定传染病患者隔离期限的重要依据,而且在一定程度上也影响疾病的流行特征。

(2)病原携带者(carrier):是指没有任何临床症状但能排出病原体的人。带菌者、带毒者和带虫者统称为病原携带者。病原携带者按其携带状态和临床分期,一般分为三类。

1)潜伏期病原携带者(incubatory carrier):是指潜伏期内携带病原体并可向体外排出病原体的人。只有少数传染病存在这种携带者,如麻疹、白喉、痢疾、霍乱等。这类携带者多在潜伏期末即可排出病原体,因此这类传染病如能及时发现并加以控制,对防止疫情的发展与蔓延具有重要意义。

2)恢复期病原携带者(convalescent carrier):是指在临床症状消失后,仍能在一定时间内向外排出病原体的人,如伤寒、霍乱、白喉、乙型肝炎等传染病存在这种携带状况。一般情况下,恢复期病原携带状态持续时间较短,但个别携带者可维持较长时间,甚至终身。通常将临床症状消失后3个月内仍可排出病原体的人称为暂时性病原携带者,超过3个月者称为慢性病原携带者。后者常有间隙性排出病原体的现象,因此一般连续3次检查阴性时,才能确定病原携带状态解除。

3)健康病原携带者(healthy carrier):指未曾患过传染病,但能排出病原体的人。这类携带者只有通过实验室检查方可证实。一般健康病原携带者排出病原体的数量较少,时间较短,故认为其作为传染源的流行病学意义不大。但对于某些传染病,如流行性乙型脑炎、流行性脑脊髓膜炎、乙型肝炎等,健康病原携带者为数较多,则是非常重要的传染源。病原携带者作为传染源的意义取决于其排出病原体的数量、持续时间,以及携带者的职业、卫生习惯、生活环境、社会活动范围和防疫措施等。在饮食服务行业、供水企业、托幼机构等单位工作的病原携带者对人群的威胁非常严重。

2. 受感染的动物作为传染源　人类罹患以动物为传染源的疾病,统称为动物性传染病,又称人兽共患病(zoonosis)。人兽共患病可分为以下四类。

(1)以动物为主的人兽共患病:这类疾病的病原体通常是在动物间传播并延续的,只有在一定条件下才能传播给人,也称自然疫源性疾病。此类传染病不会引起人传人的现象,如狂犬病、森林脑炎、旋毛虫病等。

(2)以人为主的人兽共患病:此类疾病的病原体主要靠人延续,如人型结核、阿米巴病等。

(3)人兽并重的人兽共患病:人与动物作为此类疾病的传染源的作用并重,并可互为传染源,如血吸虫病和葡萄球菌感染等。

(4)真性人兽共患病:这类病原体的生活史必须在人与动物体内协同完成,缺一不可,如牛绦虫病、猪绦虫病等。

动物作为传染源的意义,主要取决于人与受感染动物接触的机会和密切程度、受感染动物的种类和数量，以及环境中是否有适宜该疾病传播的条件等。此外，与人们的卫生知识水平和生活习惯等因素也有很大关系。

(二) 传播途径

传播途径（route of transmission）是指病原体从传染源体内排出后至侵入新的易感宿主前，在外界环境中所经历的全过程。此过程中所涉及的各种物品或环节都是传播因素，故传播途径 = $\sum$ 传播因素。例如，某消化道传染病，病原体从传染源体内排出后经历粪便、苍蝇、桌面、手、馒头（传播因素）进入新的易感者体内构成传播途径。尽管传播途径中包含的传播因素多寡不一且错综复杂，但把最主要的传播因素看作传播途径就能发现其流行规律和共同特征，因此，传播途径可分为以下几种。

1. 经空气传播（airborne transmission） 是呼吸系统传染病的主要传播方式，包括经飞沫、飞沫核与尘埃传播三种。

（1）经飞沫传播（droplet transmission）：含有大量病原体的飞沫在患者说话、喷嚏、咳嗽时经口鼻排入环境，大的飞沫迅速降落到地面，小的飞沫在空气中短暂停留。飞沫传播只能累及传染源周围的密切接触者。此种传播在一些拥挤的公共场所（如车站、学校、临时工棚、监狱等）较易发生。对环境抵抗力较弱的流感病毒、脑膜炎双球菌、百日咳杆菌等常经此方式传播。

（2）经飞沫核传播（droplet nucleus transmission）：飞沫核是飞沫在空气中失去水分后由剩下的蛋白质和病原体所组成。飞沫核可以气溶胶的形式漂流到远处，在空气中存留的时间较长。一些耐干燥的病原体（如白喉杆菌、结核分枝杆菌等）可以此方式传播。

（3）经尘埃传播（dust transmission）：含有病原体的较大的飞沫或分泌物落在地面，干燥后形成尘埃，易感者吸入后即可感染。凡对外界抵抗力较强的病原体，如结核分枝杆菌和炭疽杆菌芽孢，均可以此种方式传播。

经空气传播的传染病的流行特征为：①传播广泛，发病率高；②冬春季节高发；③少年儿童多见；④在未经免疫预防的人群中，发病呈现周期性；⑤居住拥挤和人口密度大的地区高发。

2. 经水传播（waterborne transmission） 包括经饮用水传播和接触疫水传播两种方式，一般肠道传染病经此途径传播。水源被污染的情况可由自来水管网破损、污水渗入所致，也可因粪便、污物污染水源所致，恶意对饮用水源的故意污染同样值得警惕。

经饮用水传播的传染病的流行特征为：①病例分布与供水范围一致，有饮用同一水源史；②除哺乳婴儿外，无职业、年龄及性别的差异；③如果水源经常受污染，则病例长期不断；④停用污染源或采取消毒、净化措施后，暴发或流行即可平息。

接触疫水传播的传染病的流行特征为：①患者有接触疫水史；②发病有地区、季节、职业分布特点；③大量易感人群进入疫区，可引起暴发或流行；④加强个人防护、对疫水采取措施等可控制疾病的发生。

3. 经食物传播（foodborne transmission） 主要为肠道传染病、某些寄生虫病、少数呼吸系统疾病的传播方式。当食物本身含有病原体或受病原体污染时，可引起传染病的传播。受感染的动物食品，如果未经煮熟或消毒就食用便可引起感染。1988年1—3月，上海市发生甲型肝炎流行，其原因就是人们生吃或半生吃受甲型肝炎病毒污染的毛蚶。食物是病原微生物生存的良好环境，在其生产、加工、运输、储存及销售的各个环节均可被病原微生物污染，其中以鱼、肉类和乳制品污染最为重要。

经食物传播的传染病的流行特征为：①患者有食用某一食物的历史，不进食者不发病；②一次大量污染可致暴发，食物多次被污染，暴发或流行可持续较长时间；③停止供应污染食物，暴发或流行即可平息。

4. 经接触传播（contact transmission） 通常分为直接接触传播和间接接触传播两种。

（1）直接接触传播（direct contact transmission）：是指没有外界因素参与，易感者与传染源直接接触而导致的传播，如性病、狂犬病等的传播。

（2）间接接触传播（indirect contact transmission）：是指易感者接触了被传染源的排泄物或分泌物污染的日常生活物品，如毛巾、餐具、门把手、电话柄等所造成的传播，故将此种传播方式又称为日常生活接触传播。许多肠道传染病、体表传染病及某些人兽共患病均可通过间接接触传播。

经间接接触传播的传染病的流行特征为：①一般很少造成流行，多以散发为主，但可形成家庭及同住者间的传播；②流行过程缓慢，无明显的季节性；③在卫生条件较差的地方及卫生习惯不良的人群中发病较多；④加强对传染源的管理及严格消毒制度后，可减少病例的发生。

5. 经节肢动物传播（arthropod-borne transmission） 又称虫媒传播（vector transmission），是以节肢动物作为传播媒介而造成的感染，包括机械携带和生物性（吸血）传播两种方式。

（1）机械携带（mechanical vector）：肠道传染病的病原体，如伤寒、痢疾等可以在苍蝇、蟑螂等体表和体内存活数天。节肢动物通过接触、反吐和粪便使病原体污染食物或餐具，感染接触者。

（2）生物性传播（biological vector）：吸血节肢动物通过叮咬血液中带有病原体的传染源，将病原体吸入体内，然后再叮咬易感者，造成易感者感染，如蚊子传播疟疾及乙型脑炎。

经节肢动物传播的传染病的流行特征为：①地区性，病例的分布与传播该病的节肢动物的分布一致；②季节性，发病率升高与节肢动物的活动季节相一致；③职业及年龄分布特点，从事特殊职业的人群发病多，如森林脑炎多见于伐木工人，在老疫区发病多集中在儿童，在新疫区发病则无明显的年龄分布特征；④一般无人与人之间的相互传播。

6. 经土壤传播（soilborne transmission） 是指易感人群通过各种方式接触了被病原体污染的土壤所致的传播。经土壤传播的疾病主要是一些肠道寄生虫（蛔虫、钩虫）及能形成芽孢的细菌（破伤风梭菌、炭疽杆菌）所致的感染。

经土壤传播传染病主要取决于病原体在土壤中的存活时间、人与土壤的接触机会及个人的卫生习惯和劳动条件等，如赤脚下地劳动易患钩虫病，有破损的皮肤接触土壤易患破伤风等。

7. 医源性传播（nosocomial transmission） 是指在医疗、预防工作中，由于未能严格执行规章制度和操作规程，人为地造成某些传染病的传播。医源性传播可分为两类：一是易感者在接受检查或治疗时由污染的器械导致的疾病传播；二是由于输血或所使用的生物制品和药品遭受污染而造成的传播，如患者在输血时感染乙型肝炎病毒、丙型肝炎病毒或艾滋病病毒等。

以上七种传播途径均是病原体在外环境中借助传播因素而实现人与人之间的相互传播，故可将其统称为水平传播（horizontal transmission）。

8. 垂直传播（vertical transmission） 是指病原体通过母体传给子代的传播，或称母婴传播。子代被感染是指胎儿出生（即母子未彻底分离为两个独立体）前，若婴儿经哺乳而感染仍算水平传播。垂直传播一般包括经胎盘传播、上行性传播和分娩时传播三种方式。

（1）经胎盘传播：指受感染的孕妇通过胎盘血液将病原体传给胎儿而引起宫内感染，如风疹、乙型肝炎、艾滋病和梅毒等均可经胎盘传播引起先天性感染。

（2）上行性传播：指病原体从孕妇的阴道通过宫颈口抵达绒毛膜或胎盘引起宫内感染，如葡萄球菌、单纯疱疹病毒、白念珠菌等均可通过此方式传播给胎儿。

（3）分娩时传播：指分娩过程中胎儿在通过严重感染的孕妇产道时所受到的感染，如淋球菌、疱疹病毒等均可通过这种方式传播。

许多传染病可通过以上途径传播，以哪种途径传播取决于病原体所处环境的流行病学特征和病原体自身的流行病学特征。例如，艾滋病既可通过性接触传播，还可通过注射污染的血液和血液制品及母婴传播。

（三）人群易感性

人群易感性（herd susceptibility）是指人群作为一个整体对传染病的易感程度。人群易感性高低取决于该人群中易感个体所占的比例。与之相对应的是群体免疫力（herd immunity），即人群对于传染病病原体的侵入和传播的抵抗力，可以用人群中有免疫力人口占全部人口的比例来反映。当人群中免疫人口比例增加时，可使传染病的发病率大大降低。因为具有免疫力的人除本身不发病外，还能对易感者起到屏障保护作用。当人群中的免疫个体足够多时，甚至可以中止传染病的流行。

1. 影响人群易感性升高的主要因素

（1）新生儿增加：出生后6个月以上的婴儿，由于从母体获得的抗体逐渐消失，而自身的获得性免疫尚未形成，因而对许多传染病都是易感的。

（2）易感人口迁入：流行区的居民，因患病或隐性感染而获得了特异性免疫力，一旦有大量非流行区居民迁入，因其缺乏相应的免疫力，可使流行区人群的易感性升高。

（3）免疫人口免疫力的自然消退：当人群病后免疫（包括隐性感染）或人工免疫水平随着时间的推移逐渐消退时，人群易感性升高。

（4）免疫人口死亡：免疫人口的死亡可使人群易感性相对提高。

2. 影响人群易感性降低的主要因素

（1）计划免疫：预防接种可提高人群对传染病的特异性免疫力，是降低人群易感性的最主要因素。按免疫程序有计划地对应免疫人群实施预防接种，可有效地提高特异性免疫力，降低人群易感性。

> 基础链接 17-1
> 计划免疫的具体内容

（2）传染病流行：一次传染病流行后，大多数易感者因发病或隐性感染而获得免疫力，使整个人群免疫力提高、易感性降低。

（四）影响传染病流行过程的两个因素

传染病在人群中的流行过程依赖传染源、传播途径及易感人群三个环节的连接和延续，并非三个环节同时具备就一定会流行。当其中任何一个环节发生变化时，都可能影响传染病的流行和消长。这三个环节的连接往往受到自然因素和社会因素的影响和制约。两个因素通过作用于三个环节而发挥其促进或抑制传染病流行的双向作用，其中社会因素更为重要。

1. 自然因素　包括地理、气候、土壤、动植物等，它们对传染病流行过程的影响作用较为复杂，其中以地理因素和气候因素的影响较为显著。许多传染病，特别是自然疫源性疾病呈现的地区分布及时间分布特点，主要与气候、地理因素对动物传染源的影响有关。

地理、气候等自然因素对传播途径的影响作用更明显，特别是某些由媒介昆虫传播的传染病，由于气候、地理等因素对媒介昆虫的季节消长、活动能力及病原体在媒介昆虫体内生长、发育、繁殖的影响较大，从而影响传染病的流行特征。例如，流行性乙型脑炎明显的秋季高发与蚊虫在这个季节繁殖能力强、活动范围广等密切相关，森林脑炎发病的高峰与其传播媒介蜱的活动高峰季节性有关。

气候等自然因素还可通过影响人们的生活习性、机体抵抗力等而导致传染病呈现时间分布特点。例如，由于冬季气候寒冷，人们在室内活动的机会增多，使流行性感冒、流行性脑脊髓膜炎等呼吸系统传染病的发病率增高；夏季气候炎热，人们多食瓜果、蔬菜等生冷食品，易发生肠道传染病。

全球气候变暖已使地球表面温度在100年内上升近1℃，同时"厄尔尼诺"现象还可在今后100年内提高海面温度3~7℃。温度的变化会带来新的降雨格局，改变蚊蝇滋生场所；温度上升也能促进媒介昆虫的生长繁殖，增强其体内病原体的致病力，这些都会影响传染病的发生和蔓延。同时，温度上升使原属温带、亚热带的部分地区变成了亚热带和热带，使局限于热带和亚热带的传染病蔓延至温带。

2. 社会因素 包括人类的一切活动，如人们的卫生习惯、防疫工作、医疗卫生条件、生活和营养条件、居住环境、社会制度、生产活动、职业、卫生文化水平、风俗习惯、宗教信仰、社会的安定或动荡等。近年来新发、再发传染病的流行，很大程度上受到了社会因素的影响。

（1）抗生素和杀虫剂的滥用使病原体和传播媒介的耐药性日益增强。例如，结核病，目前全球有耐药结核分枝杆菌感染者近1亿。1981—1985年，美国的抗生素耐药从2%上升到25%。蚊虫对杀虫剂的普遍抗药，严重影响了灭蚊工作，从而加剧了疟疾、登革热、黄热病等的流行。

（2）城市化、人口剧增和流动人口增加促使人类传染病有增无减。贫穷、营养不良、居住环境差、卫生条件恶劣、缺乏安全饮水和食物，这些都是传染病滋生与发展的温床。

（3）战争、动乱、难民潮和饥荒促进了传染病的传播和蔓延。例如，苏联的解体和东欧的动荡使这一地区在20世纪90年代白喉严重流行。

（4）全球旅游业的急剧发展，航运速度的不断增快，也有助于传染病的全球性蔓延。

（5）其他，如工业化进程的加快造成环境污染和生态环境的恶化，森林砍伐改变了媒介昆虫的动物宿主的栖息习性，都可能导致传染病的蔓延和传播。

社会因素对传染病的影响作用较大，既可以扩大传染病的流行，也可以阻止传染病的发生、蔓延，甚至消灭传染病。例如，战争、自然灾害等可使人们的正常生活和卫生条件遭受严重的破坏，人口大量流动，防疫措施难以实施，极易引起传染病的发生与流行；有效而可行的防疫措施的实施，不仅可防止疾病的传播，还可消除其传染性。

> 基础链接 17-2
> 传染病流行过程的相关概念

二、传染病预防控制的策略与措施

传染病肆虐人类的历史多达数千年之久，是对人类危害最大的一类疾病。人类社会和医药学科的发展、抗生素和疫苗的应用，使得传染病对人类生存和健康的威胁日益减轻，疾病的防制重点由传染病逐渐向慢性非传染性疾病过渡和转移。然而近年来，全球传染病发病率又大幅度回升，传染病暴发流行的事件不断，一些被认为早已得到控制的传染病卷土重来，同时又新发现了数十种传染病。因此，传染病的预防和控制仍是世界各国卫生工作的一个重点。

（一）预防控制策略

不考虑措施可行性而制定的策略是达不到目的的，而缺少策略思想指导的具体措施往往局限于经验而事倍功半，收效甚微。因此，只有在科学、合理的预防策略的指导下，采取切实有效、可行的措施，才能以最少的投入获得最大的效果。

1. **预防为主** 是我国的基本卫生工作方针。多年来，我国的传染病预防策略可概括为：以预防为主，群策群力，因地制宜，发展三级保健网，采取综合性防制措施。传染病的预防就是要在疫情尚未出现前，针对可能暴露于病原体并发生传染病的易感人群采取措施。

（1）加强健康教育：健康教育可通过改变人们的不良卫生习惯和行为来切断传染病的传播途径。健康教育的形式多种多样，可通过大众媒体、专业讲座和各种针对性手段来使不同教育背景的人群获得有关传染病的预防知识，其效果取决于宣传方式与受众的匹配性。健康教育对传染病预防的成效显著，如安全性行为知识与艾滋病预防，饭前便后洗手与肠道传染病预防等，这是一种低成本高效果的传染病防治办法。

（2）加强人群免疫：免疫预防是控制具有有效疫苗免疫的传染病发生的重要策略。全球消灭天花、脊髓灰质炎活动的基础就是开展全面、有效的人群免疫。实践证明，许多传染病，如麻疹、白喉、百日咳、破伤风、乙型肝炎等，都可通过人群大规模免疫接种来控制流行，或将发病率降至相当低的水平。

（3）改善卫生条件：保护水源、提供安全饮用水、改善居民的居住环境、加强粪便管理和无害化处理、加强食品卫生监督和管理、加强垃圾的管理等，都有助于从根本上杜绝传染病的发生和传播。

2. **加强传染病的监测** 传染病监测是疾病监测的一种，其监测内容包括传染病发病、死亡，病原体型别、特性，媒介昆虫和动物宿主种类、分布和病原携带状况，人群免疫水平及人口资料等；必要时还应开展对流行因素和流行规律的研究，并评价防疫措施效果。

我国传染病监测包括常规报告和哨点监测。常规报告覆盖了甲、乙、丙三类共40种法定报告传染病。国家还设立了上百个艾滋病和流感的监测哨点。

3. **传染病的全球化控制** 传染病的全球化流行趋势日益体现了传染病的全球化控制策略的重要性。继1980年全球宣布消灭天花后，1988年WHO启动了全球消灭脊髓灰质炎的行动。经过14年的努力，全球脊髓灰质炎病例下降了99.8%，病例数从1998年估计的350 000例下降至2001年的483例，有脊髓灰质炎的国家由125个降至10个。中国在2000年也正式被WHO列入无脊髓灰质炎野毒株感染的国家。

为了有效遏制结核病流行，2001年WHO发起了全球"终止结核病"的一系列活动，该活动的目标为：2005年全球结核病感染者中75%得到诊断，其中85%的感染者被治愈，2010年全球结核病负担（死亡和患病）下降50%，2050年使全球结核病发病率降至1/100万。此外，针对艾滋病、疟疾和麻风的全球性策略也在世界各国不同程度地开展。全球化预防传染病策略的效果正日益凸现。

（二）预防控制措施

传染病的预防措施包括传染病报告和针对传染源、传播途径和易感人群的多种措施。

1. **传染病报告** 是传染病监测的手段之一，也是控制和消除传染病的重要措施。

（1）报告病种和类别：2004年8月28日修订通过的《中华人民共和国传染病防治法》（简称《传染病防治法》）中规定法定报告传染病分为甲、乙、丙三类共37种。国务院可以根据情况，增加或减少甲类传染病病种，并予公布；国务院卫生行政部门可以根据情况，增加或减少乙类、丙类传染病病种，并予公布。2013年6月29日第十二届全国人民代表大会常务委员会第三次会议通过对其作出修改，增为39种传染病。之后，我国将新型冠状病毒感染和猴痘纳入乙类传染病管理。截至 2025 年，我国共有法定传染病 40 种。

（2）疫情报告的原则：疾病预防控制机构、医疗机构和采供血机构及其执行职务的人员发现法定传染病疫情或者发现其他传染病暴发、流行及突发原因不明的传染病时，应当遵循疫情报告属地管理原则，按照国务院规定的或者国务院卫生行政部门规定的内容、程序、方式和时限报告。

基础链接 17-3
传染病的分类

（3）网络直报：2003 年传染性非典型肺炎（SARS）流行后，我国颁布了《突发公共卫生事件与传染病疫情监测信息报告管理办法》（中华人民共和国卫生部令第 37 号），并于 2006 年进行修改。该办法规定各级各类医疗机构承担责任范围内突发公共卫生事件和传染病疫情监测信息报告任务，要求配备必要的设备，保证突发公共卫生事件和疫情监测信息的网络直接报告。县（市、区）级以上责任报告单位必须实现计算机网络直报，乡（镇、地段）级责任报告单位应创造条件实现计算机或采集器的网络直报。各级各类医疗机构、疾病预防控制机构、采供血机构均为责任报告单位，其执行职务的人员和乡村医生、个体开业医生均为责任疫情报告人。责任报告单位和责任疫情报告人发现甲类传染病和乙类传染病中非典型肺炎、艾滋病、肺炭疽、脊髓灰质炎的病人、病原携带者或疑似病人，城镇应于 2 h 内、农村应于 6 h 内通过传染病疫情监测信息系统进行报告。对其他乙类传染病病人、疑似病人和伤寒副伤寒、痢疾、梅毒、淋病、乙型肝炎、白喉、疟疾的病原携带者，城镇应于 6 h 内、农村应于 12 h 内通过传染病疫情监测信息系统进行报告。对丙类传染病和其他传染病，应当在 24 h 内通过传染病疫情监测信息系统进行报告。有关单位发现突发公共卫生事件时，应当在 2 h 内向所在地县级人民政府卫生行政部门报告。接到报告的卫生行政部门应当在 2 h 内向本级人民政府报告，同时通过突发公共卫生事件信息报告管理系统向卫生健康委员会报告。卫生健康委员会对可能造成重大社会影响的突发公共卫生事件，应当立即向国务院报告。

2. 控制传染源

（1）对患者的措施：做到早发现、早诊断、早报告、早隔离、早治疗。患者一经诊断为传染病或可疑传染病患者，就应按传染病防治法的规定实行分级管理。只有尽快管理传染源，才能防止传染病在人群中的传播蔓延。

甲类传染病和乙类传染病中的艾滋病、肺炭疽和传染性非典型肺炎（SARS）患者必须实施隔离治疗，必要时可请公安部门协助。乙类传染病患者，根据病情可在医院或家中隔离，一般应隔离至临床或实验室证明患者已经痊愈为止。对传染源作用不大的肾综合征出血热、钩端螺旋体病、布鲁氏菌病患者不必隔离。丙类传染病中的瘤型麻风病患者必须经临床和微生物学检查证实痊愈才可恢复工作、学习。

传染病疑似患者必须接受医学检查、随访和隔离等措施，不得拒绝。甲类传染病疑似患者必须在指定场所进行隔离观察、治疗，乙类传染病疑似患者可在医疗机构指导下治疗或隔离治疗。

（2）对病原携带者的措施：对病原携带者应做好登记、管理和随访至病原体检测 2~3 次阴性后。从事饮食行业、托幼机构等特殊行业的病原携带者须暂时离开工作岗位，久治不愈的伤寒或病毒性肝炎的病原携带者不得从事威胁性职业。艾滋病、乙型肝炎和丙型肝炎、疟疾病原携带者严禁献血。

（3）对接触者的措施：凡与传染源有过接触并有受感染可能者都应接受检疫。根据传染病潜伏期的长短确定检疫期限，同时根据病种及接触者的免疫状态，采取应急接种、药物预防、医学观察、隔离或留验等不同措施。

1）留验：即隔离观察。对甲类传染病的接触者应进行留验，限制其活动范围，并要求在指定的场所实施诊察、检验和治疗。

2）医学观察：对乙类和丙类传染病的接触者应施行医学观察，即在正常工作、学习的情况下，接受体格检查、病原学检查和必要的卫生处理。

3）应急接种和药物预防：对潜伏期较长的传染病，如麻疹，可对接触者实施预防接种。此外，还可采用药物预防，如服用青霉素预防猩红热、服用乙胺嘧啶或氯喹预防疟疾等。

（4）对动物传染源的措施：视感染动物对人类的危害程度采取不同的处理措施，对危害大且经济价值不大的动物传染源应予彻底消灭；对危害大的病畜和野生动物予以捕杀、焚烧或深埋；对危害不大且有经济价值的病畜可予以隔离治疗。此外，还要做好家畜和宠物的预防接种和检疫。

3. 切断传播途径　疫情发生后，首先要估计疫源地的范围，对传染源污染的环境必须采取有效的措施去除和杀灭病原体。不同传染病因传播途径不同，所采取的措施各异。例如，肠道传染病通过粪便污染环境，因此应加强对垃圾、患者排泄物、污水及被污染的物品和周围环境等进行消毒处理；呼吸道传染病通过痰和呼出的空气污染环境，因此须采取空气消毒、通风及个人防护（戴口罩）等措施；艾滋病可通过注射器和性活动传播，因此应大力推荐使用安全套，杜绝吸毒和共用注射器；杀虫是防制虫媒传染病传播的有效措施。

（1）消毒（disinfection）：指用化学、物理、生物等方法消除或杀灭外界环境中的致病性微生物的一种措施，包括预防性消毒和疫源地消毒两大类。

预防性消毒（preventive disinfection）是在没有发现明确传染源时，对可能受到病原微生物污染的场所和物品实行的消毒，属预防性措施，如饮水消毒、乳制品消毒、空气消毒等。

疫源地消毒（disinfection of epidemic focus）是对现有或曾经有传染源存在的场所进行的消毒，属防疫措施，其目的是杀灭传染源排出的病原体。疫源地消毒又分为随时消毒和终末消毒。

随时消毒（current disinfection）是当传染源还存在于疫源地时所进行的，对传染源的排泄物、分泌物或被污染的物品、场所的及时（多次）消毒。终末消毒（terminal disinfection）指当传染源痊愈、死亡或离开后对疫源地所进行的彻底（一次）消毒，目的是完全消除传染源所播散在外环境中的病原体。

（2）杀虫：使用杀虫剂（insecticide）杀灭有害昆虫，特别是外环境中传递病原体的媒介节肢动物。杀虫与消毒一样可分为预防性杀虫和疫源地杀虫，后者又分随时杀虫和终末杀虫。杀虫方法主要有物理、化学和生物杀虫法。

4. 保护易感人群　在传染病流行前，主要通过预防接种提高机体免疫力，降低人群对传染病的易感性；在传染病流行过程中，通过药物预防和一些防护措施保护易感人群免受病原体侵袭和感染。

（1）免疫预防：是提高机体免疫水平的一种特异性预防措施，可有效地预防相应传染病，是控制和消灭传染病的重要手段之一，包括主动免疫和被动免疫（表17-1）。

（2）药物预防：对于某些有特效防治药物的传染病，药物预防也可作为一种应急措施来预防传染病的传播，如疟疾流行时给易感者以抗疟药。但是，药物预防作用时间短、效果不巩固，易产生耐药性，因此应用具有较大的局限性。

（3）个人防护：在某些传染病流行的季节，对易感者可采取一定的防护措施，防止其受到感染，对接触传染病的医务人员和实验室工作人员应严格操作规程，配置和使用必要的个人防护用品，如戴口罩、手套、护腿、鞋套等。此外，虫媒传染病流行时应使用防护蚊帐，使用安全套可

基础链接17-4
疫苗免疫效果评价指标

表 17-1　主动免疫和被动免疫特点

项目	主动免疫	被动免疫
接种物质	抗原	抗体
接种次数	1~3次	1次
生效时间	2~3周	立即
维持时间	数月至数年	2~3周
主要用途	预防	治疗和紧急预防

有效地预防性病和艾滋病的传播。

5. 传染病暴发、流行时的紧急措施　根据《传染病防治法》规定，在有传染病暴发、流行时，当地政府须立即组织力量积极防治，报经上一级政府批准决定后，可采取下列紧急措施。

（1）限制或停止集市、集会、影剧院演出或其他人群聚集活动。

（2）停工、停业、停课。

（3）临时征用房屋、交通工具。

（4）封闭被传染病病原体污染的场所和公共饮用水源。

在采取紧急措施防制传染病传播的同时，政府卫生部门、科研院所的流行病学、传染病学和微生物学专家，各级卫生防疫机构的防疫检疫人员，各级医院的临床医务人员和社会相关部门应立即组织开展传染病暴发调查，并实施有效的措施控制疫情，包括隔离传染源、治疗患者尤其是抢救危重患者、检测和分离病原体，必要时封闭可疑水源、进行饮水消毒、禁止可疑食物、捕杀动物传染源和应急接种等。

> 基础链接 17-5
> 新出现传染病的流行特点及防制对策

第二节　慢性非传染性疾病的预防与控制

自20世纪50年代以来，由于医学模式的转变和疾病谱的改变，传染病的发病率及死亡率得到了明显控制，各类慢性非传染性疾病（包括原因不明的疾病）的发病率和死亡率明显上升，成为当今世界最突出的医学课题。在慢性非传染性疾病中，对人类健康和生命威胁最严重的疾病有心脑血管疾病、恶性肿瘤和糖尿病，已成为人类的"三大杀手"。到目前为止，它们的病因仍不十分清楚，不仅给临床治疗带来了很大的不便，也给预防疾病增加了不少的麻烦，因此对这些疾病的诊治和预防是整个医学界共同关注的问题之一。

一、慢性疾病的流行概论及主要危险因素

慢性非传染性疾病（non-communicable chronic disease，NCD）简称慢性疾病，指一类起病隐匿，病程漫长，不能自愈，病因复杂或尚未完全确认，且几乎不能被治愈的疾病。主要包括心脑血管疾病、恶性肿瘤、慢性阻塞性肺疾病、糖尿病、肥胖、精神疾病等一系列疾病。该类疾病的发病与社会心理因素和生活方式密切相关，故又被称为生活方式疾病。慢性疾病的特点：发病率较高，是常见病和多发病；病因复杂，发病与多种因素有关；潜伏期较长，发病隐匿，发病时间

难以明确;病程较长,随着疾病的发展,表现为功能进行性受损或失能,健康危害严重;是终身性疾病,表现为不可逆性,需长期管理。

(一)心脑血管疾病

1. 概述　心脑血管疾病是主要包括冠心病、脑卒中、高血压等病种的一类疾病,合计死亡率超过其他任何疾病,严重影响着人类的期望寿命和生存质量。全球心脑血管疾病患病人数从1990年的2.71亿增加到2019年的5.23亿;死亡人数从1990年的1210万增加到2019年的1860万,其中,男性960万,女性890万;30~70岁的人群中约有610万心脑血管疾病死亡。心脑血管疾病是全球最大的死因,占所有死亡人数的1/3。

《中国心血管健康与疾病报告2023》提供的数据显示,中国心脑血管疾病的患病率处于持续上升阶段,现有心脑血管疾病患者约3.3亿,其中包括脑卒中患者1300万,冠心病患者1139万,心力衰竭患者890万,肺源性心脏病患者500万,心房颤动患者487万,风湿性心脏病患者250万,先天性心脏病患者200万,外周动脉疾病患者4530万,高血压患者2.45亿。此外,脑卒中的数量也在增加,根据全球疾病负担研究,2019年我国共有2876万例脑卒中患者,相比1990年增加了147.5%。脑卒中的年龄标化患病率为1468.9/10万,其中缺血性脑卒中为1255.9/10万,脑出血为214.6/10万。

2. 冠心病和脑卒中的分布及危险因素

(1)冠心病的分布

1)地区分布:全世界不同的国家和地区冠心病的发病率和死亡率有很大的不同,差别可达10~15倍。芬兰、美国、荷兰等欧美国家是高发国,日本、希腊为低发国。我国仍属于冠心病的低发国家,但一直处于上升趋势,再加上我国人口基数大,因此发病和死亡人数仍居多。在同一国家的不同地区冠心病的发病率和死亡率也不尽相同,在我国北方高于南方,城市高于农村。

2)时间分布:冠心病的发生与死亡均有一定的季节性,国内外报道冠心病的死亡率和病情恶化及诱发心肌梗死或心绞痛的好发时间都在冬季和早春。从长期趋势来看,一些发达国家近30年来冠心病的死亡率呈下降趋势,而发展中国家呈上升趋势,上升最显著的是罗马尼亚,我国亦呈现上升趋势。

3)人群分布:①年龄分布。冠心病是中、老年人的好发疾病,并随年龄增长其发病率、患病率、死亡率均上升。一般认为40岁以下发病甚少,40岁后每增加10岁,患病率增高1倍。但近年来研究表明冠心病患病年龄有提前趋势,应予以重视。②性别分布。冠心病男性发病率和死亡率明显高于女性,到中年时约高3倍。女性发病较男性平均晚10年,发病多为心绞痛;男性发病多为心肌梗死和猝死。但女性在更年期后发病明显增加,到老年时接近男性水平。③职业分布。脑力劳动者发病率较体力劳动者为高,在长期精神紧张和注意力高度集中及承受较大工作压力的职业人群中发病率更高,发病比为(2~3):1。④种族与民族分布。中国、日本比欧美国家低,在我国蒙古族、藏族和哈萨克族高于汉族,而苗族、布依族低于汉族。

(2)冠心病的主要危险因素

1)高血压:是发生冠心病的重要因素,无论是舒张压还是收缩压,都会使冠心病的危险性升高。其机制可能是血压升高加速动脉粥样硬化而促发冠心病。国内外报道认为高血压与冠心病存在正相关关系,血压越高,患高血压的相对危险度越大,发病率也越高。并且患高血压的年龄越早,以后患冠心病的概率就越大。

2)遗传因素:冠心病有明显的遗传倾向,直系亲属(尤其是父母)有冠心病史者,发生冠心病或心肌梗死的概率比无家族史者高5~12倍。而且研究证明，父母发生冠心病的年龄越早，子女患病年龄前移现象越明显。

3）高血脂和高胆固醇血症：血清总胆固醇水平与冠心病发病率和死亡率成正比。血清胆固醇水平升高的年龄越小，发生冠心病的危险性越大。研究表明，低密度脂蛋白胆固醇（LDL-C）是动脉粥样斑块的主要成分，而高密度脂蛋白胆固醇（HDL-C）有对抗作用，与冠心病呈负相关。因此可以用血清总胆固醇（TC）含量与HDL-C含量的比值作为冠心病的预报指标。如果饮食中动物脂肪（含饱和脂肪酸）过多，就会提高LDL-C/HDL-C的比值，使冠心病的危险度升高。

4）行为生活方式：①吸烟与冠心病存在明显联系且随吸烟量增加，其发生的危险性上升。因香烟中的一氧化碳造成缺氧，可损伤动脉内膜，从而促进动脉粥样硬化的发生。②高盐饮食与冠心病也有联系，因食盐摄入量与血压水平之间存在正相关关系，所以能使患冠心病的危险性增高。③高脂饮食和缺乏体育锻炼等不良行为、生活方式也可使患冠心病的危险性增加。④大量饮酒不仅能使血压升高，而且使凝血时间缩短，促进血栓形成，使冠心病的相对危险度上升。

5）地理环境因素：寒冷刺激可作为冠心病的诱因，饮用水的硬度降低与冠心病呈正相关系，一些化学元素（如铅、钴、镉）可以促进动脉粥样硬化，使冠心病的危险性升高。

6）糖尿病与肥胖：许多资料表明，糖尿病患者较非糖尿病患者冠心病的发病率高2~3倍；肥胖尤其短期内体重迅速增加者，常伴有高血压、高血脂及高胆固醇（LDL升高）血症，故认为它们是冠心病的易患因素。

7）生活生产环境与个性特征：噪声、忧虑、心理创伤、精神紧张、工作压力过大等使冠心病发病率升高；性格急躁、进取心强、对工作专一、有竞争性和紧迫感的A型性格，冠心病的发病率增高，其机制尚不清楚。

8）危险因素的联合作用：冠心病是由多种因素引起的疾病。同时具备的危险因素越多，发病的危险性越大，各危险因素的联合作用方式又以协同作用最为多见。

（3）脑卒中的分布：脑卒中是指迅速发生的局部或全身脑功能紊乱的临床征象，持续超过24h或导致死亡，除血管外无其他明显原因的急性脑血管病的总称。主要包括脑梗死、脑出血、蛛网膜下腔出血、脑栓塞四种，最常见为脑梗死和脑出血。

1）地区分布：不同国家和地区脑卒中的分布差异很大。日本、丹麦、埃及、菲律宾等国的脑卒中发病率及死亡率较高，一些欧美国家和非洲国家较低。我国属于脑卒中高发国家，发病率高于欧美国家，与日本接近。我国的脑卒中分布也有明显差异，发病率由南向北递增，东北地区发病率最高，并且城市明显高于农村。

2）时间分布：世界各国脑卒中的发病率和死亡率近几十年来呈现下降趋势，发达国家更加明显。我国及一些少数国家死亡率仍呈现升高现象。国内的研究资料报道，脑卒中死亡率增高趋势的原因可能与我国老年人口比例增高及环境和精神紧张有关。

3）人群分布：①年龄分布，脑血管发病率和死亡率随年龄增加而上升，尤以45岁后增长更为明显。有资料表明，我国70岁以上年龄组比45~65岁组高5~10倍，比45岁以下组高20~50倍。②性别分布，脑卒中的发病率和死亡率男性高于女性，但70岁后女性有明显的升高现象，多数学者认为是失去雌激素的保护作用所致。③职业分布，一般来讲脑力劳动者较体力劳动者发病率高，经济收入较高的人群比经济收入较低的人群发病率低，户外重体力劳动者又比一般劳动者高，精神紧张的职业人群发病率较其他人群明显升高。④种族与民族分布，中国、日本较欧美国家发病率高，美国的黑种人比白种人脑卒中发病率和死亡率均高约2倍。在我国，汉族高于其他少数民族。

（4）脑卒中的主要危险因素

1）高血压：是脑卒中最主要的危险因素。在任何年龄组，血压升高程度与脑卒中的发病危险性均呈现正相关关系。假如以血压正常者的发病危险性为1，则高血压患者的相对危险度（RR）为13.1，严重高血压患者为36.8。研究发现脑卒中的发病率和患病率的地理分布与高血压的分布相一致，并且在控制人群中高血压的危险因素和发病率后，脑卒中的发病率和死亡率及相对危险度都随之下降。

2）心脏病：与脑卒中的关系十分密切。在任何血压水平上，有心脏异常如风湿性心脏病、冠心病、肺心病、心律失常等患者，脑卒中的危险性均比无心脏病者高2倍以上。

3）高血脂和高胆固醇血症：高血脂对脑血管的作用危险性比冠心病稍弱，但高血脂与低密度脂蛋白浓度的同时升高，对缺血性脑卒中是不容忽视的危险因素，对年轻男性作用更甚。Blockburn指出，低水平胆固醇使缺血性脑卒中的危险性增加，而高水平胆固醇与缺血性脑卒中的死亡率呈正相关。上海队列研究结果显示，高密度脂蛋白胆固醇≥1.55 mmol/L者发生脑出血的危险性为高密度脂蛋白胆固醇≤1.03 mmol/L者的8.46倍（差异有统计学意义）。

4）短暂性缺血性发作（transient ischemic attack，TIA）：多数学者认为TIA为各型脑卒中的危险因素。TIA是指在24 h内可完全恢复的局部脑神经功能缺失。约有1/3脑卒中患者曾有过TIA病史，TIA与脑梗死关系密切。有TIA病史者，患完全性脑卒中的危险性比正常人高6倍。

5）行为生活方式：①吸烟与脑卒中有关，据Framingham的18年随访研究资料，吸烟量较大的男性发生脑卒中的危险性是非吸烟者的3倍，而且吸烟与脑梗死的年龄标化率呈剂量–反应关系。②高盐饮食也是脑卒中的危险因素。③据报道大量饮酒易发生脑梗死。这些不良的行为生活方式可能是通过升高血压，影响脑血管舒缩功能、血流调节不良等环节使脑卒中发生的危险性升高。

6）糖尿病和肥胖：糖尿病目前认为是脑卒中（尤其是缺血性脑卒中）的危险因素；肥胖者易合并高血压、冠心病、糖尿病等，可引起脑卒中的危险性增高，因此它也是发生脑卒中的一个易患因素或称为间接危险因素。

7）遗传及其他因素：脑卒中的发病率和死亡率与家族史有一定的关系。寒冷气候也是脑卒中的一个危险因素，我国脑卒中发病分布特征（北高南低）及冬季好发的特点（日本等国也类似）已说明了这一点。饮用软水不仅与冠心病有关，也是脑卒中发病和死亡增多的因素之一。

此外，心脑血管疾病均为心身疾病，因此社会心理因素也是它们的共有危险因素，应引起足够的重视。

（二）恶性肿瘤

1. 概述　国家癌症中心发布数据显示，2022年，我国癌症新发病例482.47万，世标发病率为201.61/10万，世标死亡率为96.47/10万。其中，男性发病率为209.61/10万，死亡率为127.49/10万；女性发病率为197.03/10万，死亡率为67.81/10万。总体癌症5年生存率已由2015年的40.5%上升至2022年的43.7%。每年恶性肿瘤所致的医疗花费超过2 200亿元。恶性肿瘤对人类健康的威胁日趋严重，已成为全人类危害最大的疾病之一。估计至2050年，全球癌症病例总数将增加至3 530万例，死亡人数将达1 850万例，与2022年相比，病例数新增76.6%，死亡人数新增89.7%。

按照国际疾病分类（ICD-10）统计，我国居民的恶性肿瘤死亡专率已居死因第三位。我国

1980 年发生恶性肿瘤病例 117 万，1985 年增至 152 万，2000 年增至 200 万，几乎每 16 秒就有一个人死于癌症。2021 年恶性肿瘤的死亡率在我国城市和农村分别为 158.70/10 万和 167.06/10 万，占死因构成比分别为 24.61% 和 22.47%。根据 2017 年数据，我国死亡专率排名前十位的恶性肿瘤排序如下：肺癌、肝癌、胃癌、食管癌、结直肠癌、女性乳腺癌、胰腺癌、子宫颈癌、前列腺癌、脑癌（表 17-2）。

表 17-2　2017 年我国前十位恶性肿瘤死亡专率（1/10 万）

顺位	合计		男性		女性	
	疾病	死亡专率	疾病	死亡专率	疾病	死亡专率
1	肺癌	49.28	肺癌	67.83	肺癌	30.22
2	肝癌	24.91	肝癌	36.12	肝癌	13.39
3	胃癌	20.89	胃癌	28.72	胃癌	12.85
4	食管癌	15.21	食管癌	22.03	结直肠癌	11.73
5	结直肠癌	14.08	结直肠癌	16.37	乳腺癌	9.76
6	女性乳腺癌	9.76	胰腺癌	7.23	食管癌	8.20
7	胰腺癌	6.40	前列腺癌	4.83	子宫颈癌	5.55
8	子宫颈癌	5.55	淋巴瘤	4.38	胰腺癌	5.54
9	前列腺癌	4.83	脑癌	4.37	卵巢癌	3.60
10	脑癌	3.95	白血病	4.19	脑癌	3.53

2. 恶性肿瘤的分布

（1）地区分布：不同国家和地区恶性肿瘤的发病率和死亡率相差很大（可达百倍）。从总体上看，北美、欧洲和大洋洲的发达国家较高，非洲、亚洲和拉丁美洲的发展中国家较低。发达国家以肺癌、结肠癌和乳腺癌为主，发展中国家以消化系统癌症常见。肺癌死亡率大多数国家呈上升趋势，英国最高，尼日利亚较低，我国大城市也有明显升高现象。肝癌在日本、马来西亚、新加坡高发，美国和西欧国家较低，我国某些地区也为高发区。胃癌在日本、智利、芬兰发病率高，乌干达发病率较低，我国仍属高发国家。食管癌在伊朗、肯尼亚、瑞士、法国高发，尼日利亚最低，我国某些地区也高发。肠癌在美国、西欧、加拿大高发，日本、中国较低，但有上升趋势。白血病在欧美国家高发，日本、埃及较低，我国属于低发国。乳腺癌在欧美等发达国家高发，非洲等发展中国家较低，我国也较低，但有上升趋势。鼻咽癌在东南亚、新加坡高发，英国、美国较低，我国属于高发国。

我国不同地区恶性肿瘤分布也存在较大差异。胃癌主要分布于西北和东北；华东长江以南地区为肝癌高发区；东部沿海地区及工业化大城市肺癌高发；河南、河北、山西三省交界地区食管癌发病率最高，向四周逐渐减低；华南地区鼻咽癌发病较高。

（2）时间分布：恶性肿瘤的发病率和死亡率随着时间的推移，绝大多数国家呈现上升现象。我国肺癌变化最为明显，从 20 世纪 60 年代开始明显上升，到 90 年代肺癌死亡率与世界其他国家相比，城市男性已达较高水平，女性已属高水平之列，农村仍较低。近 20 年来，我国的宫颈癌发病率和死亡率有较大幅度的下降。

(3)人群分布

1)年龄分布:恶性肿瘤随年龄的增长发病率和死亡率升高,但在不同年龄段分布有所不同,儿童期最多见的是白血病、恶性淋巴瘤和脑瘤,青壮年时期较多发生肝癌和白血病,中老年期多发胃癌、食管癌、肺癌和肝癌,乳腺癌则在青春期和更年期出现两个高峰。

2)性别分布:大多数恶性肿瘤都是男性高于女性,女性明显高于男性的有胆囊癌、甲状腺癌、乳腺癌和宫颈癌。10岁以下和60岁以上年龄组男性发病率较高,但在35~55岁年龄组由于乳腺癌和宫颈癌而使女性发病率增高。另外,早婚、多育妇女宫颈癌多发,而未婚者乳腺癌和宫体癌发病率较高。

3)职业分布:多种职业性接触与恶性肿瘤有密切关系,接触染料(如α、β萘胺,联苯胺等)、橡胶及电缆制造等行业可发生膀胱癌,接触煤焦油、沥青、页岩油和焦炭生产等行业易患皮肤癌和阴囊癌,职业性肺癌以接触石棉、砷、铬、镍及放射性矿开采等行业为多,接触苯及苯生产行业使白血病的发病率升高。

4)种族分布:不同种族恶性肿瘤分布也不同。鼻咽癌多见于中国广东人,口腔癌多发生于印度人,原发性肝癌非洲斑图人发病率高,哈萨克人食管癌较常见,皮肤癌多见于生活在赤道附近的白种人,美国的黑种人宫颈癌较白种人多见。

5)移民分布:研究移民肿瘤发病情况主要用于探讨恶性肿瘤的发生与环境因素或遗传因素的关系。胃癌在日本死亡率比美国高5倍,相反,肠癌美国比日本高5倍,美籍日本人胃癌死亡率下降且后代死亡率更低,这就说明环境因素对胃癌影响较大。中国广东人鼻咽癌发病率较高,移居美国后发病率有所降低,但仍显著高于当地人群,与原籍居民相似,这就说明遗传因素对鼻咽癌影响较大。

3. 恶性肿瘤的危险因素

(1)环境因素:是恶性肿瘤的最主要危险因素,研究证明80%~90%的恶性肿瘤与环境有关。环境因素包括化学、物理和生物因素,一般认为90%以上的恶性肿瘤是由化学致癌物所致。

1)化学因素:化学致癌物数量多,人群接触广、时间长,作用复杂。环境化学物质可通过污染空气、水源、土壤和食物,最终危及人类健康或引起恶性肿瘤。以大气污染物苯并[a]芘为例,肺癌死亡率的顺位与环境污染顺位一致,大气苯并[a]芘浓度高的地区或城市肺癌死亡率就高。据推算大气中苯并[a]芘含量每增加一个单位(0.1 μg/m^3),肺癌死亡率将增加5%。目前证实对人类有致癌作用的化学物质达75种,随着科学的发展,新的化学物质还会被合成和应用。

2)物理因素:物理性致癌因素主要是电离辐射,它的致癌机制是造成DNA损伤。电离辐射可引起多种恶性肿瘤,如白血病、多发性骨髓瘤、皮肤癌、脑瘤、乳腺癌等;紫外线可引起皮肤癌。

3)生物因素:病毒与恶性肿瘤关系密切,乙肝病毒引起肝癌,EB病毒引起鼻咽癌,乳头状瘤病毒引起宫颈癌,近年来发现幽门螺杆菌、埃及血吸虫和日本血吸虫分别与胃癌、膀胱癌和直肠癌有关。

(2)行为生活方式

1)吸烟:可增加20多种疾病的危险性,同时也增加10多种癌症的危险性。吸烟与肺癌的关系最密切,而且大量资料证实,肺癌与吸烟量、吸烟时间、开始吸烟的年龄、戒烟的年限等,都有明显的剂量-反应关系。吸烟除引起肺癌外,还可引起口腔癌、喉癌、食管癌、胰腺癌和膀胱癌等。吸烟与其他危险因素有协同作用。

2）饮酒：与口腔癌、咽癌、喉癌、食管癌、胃癌和直肠癌有关。饮酒可导致肝硬化，从而与肝癌也有一定的关系。酒中含有亚硝胺和多环芳烃等致癌物。酒也可作为其他致癌原的溶剂，促进各种癌症的发生。

3）饮食：一般认为食物粗糙、营养素摄入不足（如维生素A、维生素C、维生素E和硒等），习惯硬食及烫食可促发食管癌和胃癌；而过多摄入精制食品，"三高一低"饮食（高脂肪、高蛋白、高热量和低纤维素）与大肠结肠癌、乳腺癌和胰腺癌有关；天然食品中的亚硝胺类化合物（如久置的蔬菜、腌制食品等）、高盐饮食可促发胃癌；食用香料、色素及调味品中的黄樟素、二甲氨基偶氮苯、单宁酸均与肝癌有密切联系；食物保存不当时受到黄曲霉毒素、黄米霉素、杂色曲霉素等污染使肝癌的发病率明显升高；食物加工烹调（如烟熏、炙烤及高温煎炸等）时会产生致癌物，据估算50g熏肠所含苯并[a]芘的量相当于1包香烟烟雾中所含的量，另外食油连续和重复加热及添加到未加热的油中都会促进致癌物的生成，从而使恶性肿瘤的危险性增高。

（3）社会心理因素：恶性肿瘤是一类常见的心身疾病，因此社会心理因素是恶性肿瘤的危险因素之一。大量的研究证明，生活中的巨大精神刺激引起的恶劣情绪往往是癌细胞的"激活剂"，如家庭的不幸事件、工作学习过度紧张、人际关系不和、事业失败、理想破灭、难以宣泄的悲哀、忧虑和绝望都会导致恶性肿瘤的发生。多愁善感、易躁易怒、沉默寡言、性格孤僻、长期处于压抑状态的性格也是恶性肿瘤的危险因素。

（4）遗传因素：某些恶性肿瘤与遗传因素有关，如鼻咽癌、乳腺癌、食管癌、胃癌、结肠癌和视网膜母细胞瘤等都有遗传倾向，有家族史者发病较高。但遗传因素是先天形成的且难以控制，它所起的作用并非肿瘤本身，而是机体对致癌物质的易感性。

（5）其他因素：国际癌症研究中心宣布的致癌药物有近20种，如二乙基己烯雌酚可致阴道腺癌，睾酮诱发肝癌，烷化剂类和 ^{131}I 引起白血病等。职业因素与病毒也都是恶性肿瘤的危险因素。

（三）糖尿病

1. 概述　20世纪末至21世纪初，糖尿病患病率在世界各国迅速增加，已成为全球性疾病。国际糖尿病联合会发布最新的《全球糖尿病地图》指出，1990—2022年，全球≥18岁成年糖尿病患者数量从约2亿激增至8.28亿。糖尿病在发展中国家的流行趋势比在发达国家更为严重，尤其是在东南亚、南亚、中东和北非，以及拉丁美洲和加勒比地区。尽管糖尿病治疗对于降低并发症风险至关重要，但全球范围内的治疗覆盖率仍然不足。2022年，全球30岁及以上的糖尿病患者59%未接受治疗，是1990年的3.5倍。在许多低收入和中等收入国家，糖尿病治疗覆盖率几乎没有增长，或者增长速度远远赶不上糖尿病患病率的上升速度。国际糖尿病联盟主席Alberti教授指出："21世纪将是糖尿病的世纪，糖尿病对人类健康的威胁将超过20世纪艾滋病对人类健康的威胁。"全球性糖尿病患病人数迅速增加，主要是2型糖尿病。

我国是糖尿病重灾区，2022年我国成年糖尿病患者人数约为1.48亿，占全球成年糖尿病患者总数的18%，位列全球第二。我国以往糖尿病患病率较低，据1980—1981年对全国30万人口的流行病学调查，糖尿病的患病率不足1%，到1995年糖尿病患病率增至3.2%。近年来糖尿病的患病率快速增高，2003年全国糖尿病患病率为5.6%（其中城市16.3%，农村1.9%），2008年全国糖尿病患病率激增至10.7%（其中城市27.5%，农村4.8%），2019年全国糖尿病患病率为12.4%。全国范围内糖尿病治疗率约为32.9%，控制率约为50.1%，知晓率仅为36.7%。中国糖尿病治疗率在全球范围内处于中等水平，但较高收入国家仍有明显差距。糖尿病已经成为我国重大的公共卫生问题。

2. **糖尿病的分布** 在地区分布方面，发达国家和地区糖尿病的患病率显著高于不发达地区，在北美及西太平洋地区有 1/3～1/2 的成人患有糖尿病。在我国城市患病率明显高于农村，城市居民患病率为 14.3%，农村居民为 10.3%。从地域分布看，我国糖尿病患病率基本上呈"北高南低、东高西低"的分布特征。

2 型糖尿病的患病率随年龄增加而上升，在 40 岁以上人群中显著增高，但近年来青少年和儿童的患病率越来越高。调查显示，2010 年中国成人糖尿病患病率男性为 12.1%，女性为 11.0%。另外，糖尿病存在家族聚集性。

3. **糖尿病的危险因素**

（1）与遗传有关的危险因素：有易感性、年龄等。糖尿病属于多基因显性遗传病，常呈现出家族聚集性，有糖尿病家族史者患糖尿病的概率比正常人大。另外，45 岁以上是 2 型糖尿病高危人群。

（2）与环境相关的危险因素：①不合理膳食，饮食中高脂肪、高胆固醇破坏了胰岛素的生成，是糖尿病的重要危险因素之一。②肥胖或超重，肥胖是 2 型糖尿病的独立危险因素。③妊娠糖尿病或生产过巨大儿。④缺乏活动，久坐少动容易造成机体对胰岛素敏感性下降。⑤吸烟为 2 型糖尿病的重要危险因素。⑥不合理用药，可以引起 2 型糖尿病的药物包括噻嗪类利尿药、类固醇类药物。⑦精神长期高度紧张，造成肾上腺素分泌过多，从而引起血糖、血压持续增高，影响胰岛功能而增加糖尿病发病风险。⑧高血压是影响糖尿病发生的重要危险因素。

定期检测血糖是发现糖尿病的主要方式，早期筛查糖尿病患者，有利于及时采取措施预防与控制糖尿病的发生发展。合理膳食、适量运动、适宜心态是预防糖尿病发生的主要手段。

基础链接 17-6
糖尿病的分型和诊断

（四）慢性阻塞性肺疾病

1. **概述** 慢性阻塞性肺疾病（chronic obstructive pulmonary disease，COPD）是一种具有气流阻塞特征的慢性支气管炎和（或）肺气肿，可进一步发展为肺源性心脏病和呼吸衰竭。COPD 位居当前全球第三大致死原因，每年导致约 300 万人死亡。2004 年 WHO 推算中国的 COPD 患病率约为 2.5%；2009 年一项北京、上海、广东、辽宁、天津、重庆和陕西等地 40 岁以上居民的大型流行病学调查发现，COPD 患病率为 8.8%；2018 年"中国成人肺部健康研究"对 10 个省区市 50 991 名成年人调查结果显示，我国 20 岁及以上成年人 COPD 患病率为 8.6%，40 岁及以上则高达 13.7%。2017 年统计结果显示，COPD 是我国第三大死亡原因，也是第三大伤残调整寿命年的主要原因。由此可见，COPD 是危害我国人群健康的主要疾病之一。由于 COPD 诊断成本高、诊断操作难度大、诊断标准不一致，目前国外还缺乏 COPD 的系统发病和死亡资料。

2. **慢性阻塞性肺疾病的分布** 在地区分布上，北方地区患病率高于南方地区，农村（8.8%）高于城市（7.8%）。

COPD 的发病与年龄有关，患病率随年龄增加而上升，总患病率为 8.2%，其中超过 70 岁的患病率为 20%。人群中 COPD 的患病率男性（12.4%）显著高于女性（5.1%）。

3. **慢性阻塞性肺疾病的危险因素**

（1）吸烟：是导致 COPD 的主要危险因素，终身吸烟者 50% 将患有 COPD，在美国和英国，有 CPOD 的人中，80%～95% 是吸烟者或以前吸烟。在不吸烟者中，被动吸烟是约 20% 的病例的原因。不去除病因，单凭药物治疗难以取得良好的疗效。因此阻止 COPD 发生和进展的关键措施是戒烟。

（2）空气污染：长期生活在室外空气受到污染的区域也会导致 COPD 发病。而对于已经患有 COPD 的人，空气污染可以加重病情。室内空气污染（如厨房内燃料的烟尘污染或室内取暖用煤产生大量烟尘）也会引起 COPD，现在也有研究证明了这个结论。要避免在通风不良的空间燃烧生物燃料，如烧柴做饭、在室内生炉火取暖、被动吸烟等。

（3）职业暴露：减少职业性粉尘和化学物质吸入，对于从事接触职业粉尘的人群，如煤矿、金属矿、棉纺织业、化工行业及某些机械加工等工作人员，应做好劳动保护。

（4）遗传：COPD 具有家庭内聚集发病的趋势。有研究发现，有父、母家族史者患病率分别为 28.6% 和 21.6%，远远高于无家族史者的 10.4% 和 10.8%。

（5）呼吸道感染：对于已经罹患 COPD 者，呼吸道感染是导致疾病急性发作的一个重要因素，可以加剧病情进展。但是，感染是否可以直接导致 COPD 发病目前尚不清楚。

（6）社会经济地位：已有流行病学研究结果表明，社会经济地位与 COPD 的发病之间具有负相关关系，即社会经济地位较低的人群发生 COPD 的概率较大。

（7）体重指数（BMI）：与正常体重指数的患者相比，体重指数越低的 COPD 患者的病死率越高，尤其是重度 COPD，改善体重指数可以降低患者病死率。

（五）精神疾病

1. 概述　精神疾病是指各种生物、心理及社会因素导致大脑功能失调，以认知、情感、意志和行为等精神活动出现不同程度障碍为临床表现的疾病。2019 年，全球共有 9.7 亿人患有精神疾病，即每 8 人中就有 1 人患有精神疾病；3.01 亿人患有焦虑障碍，其中包括 5 800 万儿童和青少年；2.8 亿人患有抑郁障碍，其中包括 2 300 万儿童和青少年。2020 年，由于 COVID-19 疫情，焦虑障碍和抑郁障碍患者人数大幅增加。据估计，在短短一年内，焦虑障碍和重度抑郁障碍患者分别增加了 26% 和 28%。在所有国家中，精神疾病导致的负担跨越了整个生命周期。2019 年，所有年龄段中，全世界每 10 个伤残调整生命年，精神、神经和物质使用障碍占 10.1%。

2. 精神疾病的分布　精神疾病的地区分布表现为，工业化的国家高于发展中国家，城市高于农村地区，我国农村抑郁障碍患病率高于城市。职业分布表现为脑力劳动者高于体力劳动者。年龄分布方面，65 岁以上及 15 岁以下的人群患病率较低，青壮年患病率较高，患病率高峰为更年期。性别分布呈现女性高于男性，女性最为常见的精神疾病是焦虑障碍，男性因酒精引发的精神疾病比女性高。

（六）肥胖

肥胖是一种由多病因引起的慢性代谢性疾病，1948 年 WHO 已将其列入疾病分类名单。当前超重和肥胖症在一些发达国家和地区人群中的患病情况已达到流行的程度。欧洲中年人的肥胖率为 15%~20%，其中东欧国家更为严重，某些国家妇女的肥胖率达 40%~50%。由于欧洲的卫生保健系统难以应付如此众多的肥胖者，故只能把具有严重并发症的肥胖患者列为优先治疗对象。美国体重超重率为 33.3%，肥胖率已达 22%，其中美籍非洲人和墨西哥妇女的肥胖率则高达 40%。在发展中国家肥胖症急剧增多，如加勒比地区、南美和东南亚，而在澳大利亚土著居民中肥胖率已达 80%。在西方国家，1/3 的中年肥胖者（尤其是体脂呈中央分布状态者）会发展成糖尿病。

2019 年，我国超重人群占 34.8%，肥胖人群占 14.1%。《2024 年世界肥胖报告》预测，2020—2035 年，我国成年人超重/肥胖人数年增长率为 2.8%，青少年超重/肥胖人数年增长率为 2.0%。

基础链接 17-7
体重指数的定义

尽管我国肥胖患病率低于西方人群，但增长速度较快，而且由于肥胖可引发诸多慢性疾病，故控制肥胖意义重大。

二、三级预防策略与措施

（一）预防控制策略

1. 针对一般人群的慢性疾病防控策略　目前针对一般人群，主要是从控制慢性疾病共同行为的影响因素，即吸烟、饮食和体育锻炼三个方面来开展慢性疾病防控工作。许多成功的项目证明这些策略在技术上的有效性，但是由于个人行为和生活习惯的改变与整个社会的文化背景密切相关，我们必须意识到在整个人群中，而且是人口众多、文化素质较低的人群中，普及健康的生活方式难度巨大。

2. 针对高危及患病人群的慢性疾病防控策略　针对高危及患病人群的慢性疾病防控策略包括健康教育、慢性疾病早期发现和慢性疾病管理三个方面，加强高危人群的管理，建立健康档案，进行动态监测和随访，有针对性地开展危险因素控制和干预。

3. 全球防治策略　第六十六届世界卫生大会通过了WHO《2013—2020年预防和控制非传染性疾病全球行动计划》，该计划共包含9项自愿性全球具体目标，其中包括到2025年将心脑血管疾病、癌症、糖尿病和慢性呼吸道疾病造成的过早死亡率相对降低25%。为了实现这一目标，政府、私营工业界、民间社会和社区的所有部门必须一起开展工作。因此，各国政府应分析最新的社会、经济、行为和政策因素，为制定政策、立法和财政支持提供指南，并致力于减少个体和群体对非传染性疾病危险因素的暴露水平，即烟草消费、不健康的饮食和体力活动不足等。通过发展符合成本效果原则的干预方法的规范和指南，加强对慢性非传染性疾病患者的医疗保健。在我国，慢性疾病的广泛发生已经引起政府和学者的关注，并开展了一系列针对慢性疾病的防治和研究工作，例如1997年在卫生部指导下，北京、天津、河北、辽宁、吉林、上海、江苏、浙江、福建、江西、山东、广东、广西、四川、陕西、甘肃、宁夏17个地区建立了社区慢性非传染性疾病综合防治示范点；2000年起，制定《中国高血压防治指南》等慢性疾病防治指南；2016年国务院印发了《"健康中国2030"规划纲要》，倡导全民追求健康，改变不良生活习惯；2022年国务院办公厅发布了"十四五"国民健康规划的通知，进一步全面推进"健康中国"建设。这些都是政府部门参与慢性疾病防治的重要工作。

（二）预防控制措施

目前，慢性疾病已成为全球范围内的重要公共卫生问题，导致全球疾病负担加重。若能采取预防措施控制主要危险因素，80%的心脏病、脑卒中和2型糖尿病能够预防，40%的癌症亦可以防治。在慢性疾病的病因中不良行为和生活方式占较高比重，包括吸烟、酗酒、不合理膳食、缺乏体力活动等，而这些因素可以控制。

慢性疾病的预防应从防止造成危险行为，预防危险因素上升，到防止疾病的发生和进展，再到预防急性发作和过早的死亡等全过程开展工作，即开展三级预防。

1. 一级预防（primary prevention）　又称为病因预防（etiological prevention），是指在人群中尚未发生疾病时针对慢性疾病的危险因素采取预防措施，达到从根本上预防疾病的目的。一级预防措施涵盖以下方面。

（1）针对机体的预防措施：增强机体抵抗力，戒除不良嗜好，进行系统的预防接种，做好婚前检查。

（2）针对环境的预防措施：对生物因素、物理因素、化学因素做好预防工作。例如，保护和改善环境，保证人们生产和生活区的空气、水、土壤不受污染。

（3）对社会心理致病因素的预防：对心理致病因素做好预防工作。不良的心理因素可以引起许多疾病，如高血压、冠心病、癌症、哮喘、溃疡病等大多与心理因素有关。

开展一级预防采取的措施是健康促进和健康保护。健康促进是指对全人群的普遍预防，由国家或政府及本地的经济与社会政策提供支持；健康保护则是对高危人群的重点预防，对有明确病因或具备特异预防手段的疾病采取的措施，在疾病的预防过程中起着消除病因有害影响的作用。在疾病的一级预防中，一方面通过宣传教育使人们了解疾病的预防方法，另一方面促进高危人群和职业人群采取相关疾病的有效预防措施。疾病的一级预防措施在疾病控制中已取得明显效果，如心脑血管疾病可以通过控制血压、适当体育锻炼和合理饮食等健康促进措施加以预防，通过控制吸烟的措施预防肺癌，通过食盐加碘预防地方性碘缺乏病等。

基础链接 17-8
中国脑卒中一级预防指导规范（2015）

2. 二级预防（secondary prevention） 又称"三早"预防，即早发现、早诊断、早治疗。二级预防主要是在疾病的临床前期或疾病早期采取措施，能够使疾病被尽早发现和治疗，避免或减少并发症、后遗症和残疾的发生，或缩短致残的时间。其主要手段有筛检、定期健康体检、高危人群重点项目检查及设立专科门诊。

大多数慢性疾病的病因尚未明确，因此难以有效开展一级预防措施，但慢性疾病往往发病缓慢，给早期发现和治疗疾病提供了"时间窗口"，因此做到早期发现、早期诊断和早期治疗，可以大大延缓疾病的进程。

基础链接 17-9
中国缺血性脑卒中和短暂性脑缺血发作二级预防指导规范（2014）

3. 三级预防（tertiary prevention） 又称临床预防，主要针对发病后期的患者进行合理、适当的康复治疗措施，防止病情恶化，预防严重并发症，防止伤残的发生，尽量延长寿命，降低病死率。主要措施为进行积极治疗，开展功能性及心理康复指导，以减少患者的身心痛苦，提高他们的生活质量，争取病而不残或残而不废。

第三节　突发公共卫生事件

随着全球人口的不断增长和资源的逐渐耗竭，社会安全问题越来越引起人们的重视。人们已经意识到突发公共卫生事件对社会稳定、经济发展和人群健康均会造成严重危害。如何应对突发公共卫生事件，如何运用流行病学原理与方法探索突发公共卫生事件的预防策略、救援措施和应对方略，在当前形势下具有重要的疾病预防和公共卫生学意义。

一、概述

如何定义一个事件是否属于突发事件或突发公共卫生事件，突发事件或突发公共卫生事件都有哪些类型、哪些表现形式，应该如何分级？以下重点阐述这些问题。

（一）突发公共卫生事件的定义与特征

突发公共卫生事件隶属于突发事件中的某一特定类型，而突发事件所涵盖范围要广于前者。

但是,突发事件常常与突发公共卫生事件并存,即使是一起单纯的突发事件,在一定条件下也可转化为突发公共卫生事件。

1. 定义　突发事件与突发公共卫生事件的定义虽不尽相同,但不同国家和地区对于这两者定义描述的基本内容却是一致的。

突发事件(emergency event)是指突然发生,造成或者可能造成严重社会危害,需要采取应急处理措施予以应对的自然灾害、事故灾难、公共卫生事件和社会安全事件等。突发事件可以由自然因素、社会因素或者人为因素所造成。

2003年我国发布的《突发公共卫生事件应急条例》中对突发公共卫生事件(emergency public health event)已有明确定义:突然发生并造成或者可能造成社会公众健康严重损害的重大传染病疫情、群体不明原因疾病、重大食物中毒和职业中毒及其他严重影响公众健康的事件。

2. 突发公共卫生事件的特征　上述突发公共卫生事件的定义提示,一个事件之所以可称为突发公共卫生事件应具有以下特征。

(1) 事件发生的突然性:即事件常常发生在意料之外,让人措手不及。突发公共卫生事件的发生没有固定的时间和地点,也没有可预测的发生方式与目标人群,具有很大的偶然性和隐匿性。

(2) 发生形式的多样性:突发公共卫生事件所涵盖的范围广泛,发生及表现形式多种多样。例如,法定传染病或新发传染病的暴发流行、核物质与放射污染或农药及有毒化学品污染事故、食物中毒与食源性疾病、生活饮用水污染事故,以及各种群体性伤害事件。又如,相同的生物病原体所致的疾病暴发,由于病原体致病强度的差异,所造成健康损害的表现形式也可能是多种多样的。

(3) 危害的严重性:首先表现为群体性或公众的危害,严重危害公众的身心健康,造成巨大财产和经济损失;其次,突发公共卫生事件常常引起舆论哗然,扰乱社会安定。

(4) 处理的综合性和系统性:突发公共卫生事件的发生和应急已不再仅仅是一个公共卫生问题,而是一个严峻的社会问题。因此,突发公共卫生事件的应急处理必须由政府统一指挥、综合协调,需要社会各界乃至全社会的通力协作和共同努力,才能妥善处理并将危害降到最低程度。

(5) 影响的国际性:随着全球化进程的加速,突发公共卫生事件的发生呈现出越来越明显的国际互动性。一些重大传染病可以通过旅游、交通运输等方式在国家与国家之间进行远距离传播。此外,由于突发公共卫生事件影响对象是社会公众,政府的应对能力、时效和策略反映了政府对公众的关心程度,也关系到政府的国际声誉。

基础链接17-10
突发公共卫生事件的界定

(二)突发公共卫生事件的分类与分级

1. 突发公共卫生事件的分类　根据突发公共卫生事件的性质和发生发展过程,可以分为重大传染病疫情、重大食物中毒、重大职业中毒和其他严重影响公众健康的事件四大类。

(1) 重大传染病疫情:是指出现传染病的暴发(局部地区或集体单位在短时间内发生多数同类患者)或流行(一个地区某种传染病发病率显著超过该病历年的一般发病率水平)。

(2) 重大食物中毒:是指人为摄入被生物性、化学性有毒有害物质污染的食物,或者食用了含有毒有害物质的食品后所出现的非传染性急性或亚急性中毒性疾病。

重大食物中毒事件是指由于进食有害物质而导致的人数众多和(或)伤亡较重的中毒事件,包括中毒人数超过30人或者出现死亡1人以上的饮用水或食物中毒。食物中毒的种类可分为:①细菌性食物中毒,如沙门菌属、志贺菌属、金黄色葡萄球菌、肉毒梭菌、李斯特菌、副溶血性弧菌及其他致病性弧菌。②真菌及真菌毒素性食物中毒，如黄曲霉毒素中毒。③动物性食物中毒，如河鲀中毒、贝类中毒。④植物性食物中毒，如苦杏仁中毒、桐油中毒。⑤化学性食物中毒，如农药中毒、亚硝酸盐中毒。

（3）重大职业中毒：是指劳动者在职业活动中受到工作场所毒物的毒性作用而引起的功能性或器质性疾病。符合突发事件特征的职业中毒主要指短时间内吸收较大剂量毒物引起的急性、亚急性中毒。重大职业中毒特指短时间内发生3人或3人以上中毒或者导致1人死亡的职业中毒事件。

（4）其他严重影响公众健康的事件，包括以下情况：①放射性污染和辐照事故，如放射源丢失事故、反应堆运行故障事故和放射性物质事故性排放等；②环境污染，如生活饮用水生物性污染（伤寒、痢疾、甲型肝炎等介水传播性疾病之病原体）、生物饮用水化学性污染、环境空气污染、环境土壤污染等；③群体性不明原因疾病，可由自然因素造成（如各种传染性或非传染性疾病），也可由人为因素造成（如恐怖活动）；④动物间传染病的暴发流行，对人类有较大威胁的传染病在动物宿主、媒介生物之间的流行，如动物之间鼠疫、狂犬病和炭疽等的暴发流行；⑤其他对公众健康可能造成危害的突发事件，如实验室菌种或毒种的遗失、剧毒化学试剂或药品的丢失，农药或有毒化学品运输途中的泄漏，由此造成土壤、水体（江、河、湖泊）或大气等的污染。

2. 突发公共卫生事件的分级

（1）分级原则：突发公共卫生事件的大小，主要根据其对人群生命健康影响程度、涉及人数、可能播散的速度和范围，以及对社会经济发展影响的大小和强度为主要分级依据，即危害第一原则、区域第二原则、行政区划第三原则。

（2）所分等级：根据事件的性质、危害程度、涉及范围等因素，突发公共卫生事件划分为4个等级，即特别重大公共卫生事件（Ⅰ级）、重大公共卫生事件（Ⅱ级）、较大公共卫生事件（Ⅲ级）和一般公共卫生事件（Ⅳ级），依次分别用红、橙、黄、蓝这4种颜色进行预警预报。

基础链接 17-11
突发公共卫生事件的分级

（三）突发公共卫生事件现状与趋势

人类伴随着生态环境危机、局部战争和人口过剩等的重负跨入21世纪，由此将面临突发公共卫生事件的危机，甚至有人预言人类可能会面临一场全球生态环境的世界大战。

近年来，国际上先后出现了40多种新发传染病，如埃博拉、艾滋病、拉沙热、急性出血热综合征、裂谷热、克-雅病、基孔肯雅热、汉坦病毒肺出血综合征和西尼罗热等；一些早已控制的传染病，如肺结核、梅毒、疟疾也死灰复燃。此外，食物中毒、化学中毒、职业中毒等非传染性的不明原因事件屡有报道；生化武器因其所具有的隐蔽性、突然性、危害性和心理上的恐怖性，已备受境内外极端分子的广泛关注。仅2022年1月1日到9月30日，WHO就记录了154个国家的384起新的公共卫生事件，其中325起（85%）归因为传染病危害，29起（8%）归因为医疗产品，25起（6%）与化学、放射性或核产品、食品安全事件、动物或未确定原因事件有关。

综上所述，世界局势仍处于动荡之中，而恐怖袭击活动、传染病和有毒有害物质因子是不分国界的。因此，我国在经济不断增长的同时，同样也面临着全球经济一体化带来的压力。突发公共卫生事件的流行病学调查研究在突发事件的防范和应对中起着关键性的核心作用。

基础链接 17-12
世界各地发生的突发公共卫生事件

二、突发公共卫生事件的流行病学调查

突发公共卫生事件的发生具有突发性和意外性，其在什么时间、在什么地点、以什么样的方式出现，以及可能出现的事件和结局都是无法预测和认知的。但是，突发公共卫生事件的发生也具有必然性，因此，针对突发公共卫生事件所开展的流行病学调查将有助于准确掌握事件的发生发展趋势，制定应对策略和措施。

（一）突发公共卫生事件的流行病学调查方法

突发公共卫生事件发生后，只有正确地运用流行病学调查方法，才能查明原因，提出切实可行的防控措施，防止事件或疫情的进一步流行与危害的扩大化。在一般情况下，首先采用描述性流行病学调查方法（现况调查、个案调查等），充分了解和掌握事件或疫情的人群、时间和地区分布情况，确定高危人群并提供病因线索以建立初步的病因假设，在此基础上提出初步的防控措施。然后，开展流行病学分析性研究（队列研究、病例对照研究等）以验证病因假设；同时，对现场采集的样本进行病原学检验。在条件许可的情况下，亦可开展流行病学实验性研究来进一步验证病因假设并评价干预措施的效果。

1. 确定事件的存在　突发事件或疾病暴发的信息一般首先来自基层医疗单位、流行病学监测点、疾病预防控制常规或紧急报告，或者来源于实验室、药房、兽医站或居委会等。因此，一旦接到报告，首先要核实信息的真实性。经核实，如果信息不真实，应立即向公众澄清事实；如果信息真实，则应采取进一步的调查措施。

2. 组织准备　虽然时间很紧，但是周密的准备和组织将使现场工作事半功倍。可以从以下几方面入手：①明确调查范围，可将调查范围划分成若干区域，同时明确重点调查区域；②人员准备，组成现场调查小组，小组成员应包括流行病学、病原生物学、临床医学、健康教育、心理、毒理和消毒杀虫等专业人员；③技术准备，如应急预案、应急处置技术方案、监测方案和相关调查问卷等；④必要的物资筹备与后勤供应，如各种药品、防护设备（防护服、手套、口罩、呼吸器等）、消毒药剂和相关器械、标本采集运送装置、健康教育材料、交通通讯工具、救护设备、生活用品等；⑤获得相关实验室的支持，应事先通知相关专业实验室做好标本的接收与检测工作。

3. 暴发调查　暴发是指在某局部地区或集体单位中，短时间内突然出现异常增多的相同或相似症状体征的病例，这些病例常常具有相同的传染源或传播途径。突发公共卫生事件常以疾病暴发或聚集性疫情的形式出现。发生突发事件后，必须通过流行病学现场调查，查明原因，才能有效地控制疫情。因此暴发调查是突发公共卫生事件调查的工作重点和核心内容。

（1）调查人员的安全防护：调查人员在进入现场时，应首先做好个人安全防护工作，采取适当的防护措施。必要时可接种有针对性的疫苗。

（2）发现患者，核实诊断：首先至相关医疗机构了解患者的基本情况，收集患者的临床症状、体征和实验室资料，同时结合流行病学资料进行综合分析，核实诊断，并再次确定暴发的存在。

（3）病例定义：即制定发现病例的统一标准，确保这些病例具有可比性并符合突发公共卫生事件现场调查的要求。病例应分为确诊（实验室诊断病例）、可能（临床诊断病例）、疑似病例等不同等级，以及原代和二代等不同水平。

突发事件现场调查早期，为了多发现患者，可采用较为敏感的病例定义；但随着调查的深入，当病因逐渐明确后，则应使用较为特异性的病例定义（如临床诊断病例或实验室诊断病例），以减少误诊率或漏诊率；在调查后期，应建立监测病例定义，以便进行中长期的监测、评估控制效果和建立相应的预警机制。

4. 个案调查　是指对单个疫源地、单个病例家庭及周围环境所进行的流行病学调查，可以了解患者及发病情况。发现病例后，除积极救治和隔离外，还应立即对病例开展个案调查。个案调查的目的不仅仅是弄清单个病例的发病原因，更主要的是收集用于流行病学研究的相关资料，用于暴发调查的病因学分析。

（1）调查内容
1）患者基本信息：如年龄、性别、职业、工作单位、联系方式等。
2）临床信息：如发病日期、症状、体征、就医经过、化验结果等。
3）流行病学信息：如预防接种史、发病前的接触史、可能感染的日期与地点、可能的传染源与传播途径，以及易感接触者等。

（2）查明可能的传染源与传播途径：一般根据患者的发病日期，往前推算一个最长潜伏期，再调查患者在此期间的可疑接触史，可以帮助判断可疑危险因素和暴露机会。

（3）采集标本：血清学和病原学检查对于确定暴发原因十分重要，尤其是病原体的确定有助于提出针对性的防治和控制措施，因此，现场调查常常需要采集标本。

（4）确定疫源地的范围：根据患者的发病日期一般可以确定患者可能排出病原体的日期（传染期），再调查此期间的活动范围，可以帮助确定疫区或疫点的范围，提出相应的处理措施。

（5）调查并登记密切接触者：对某些传染病患者的密切接触者，尤其是对传染期内的密切接触者应及时进行调查，根据传染病的传染特点，确定是否接受医学观察或留验。

5. 调查资料的整理与初步分析　现场调查资料包括流行病学、临床医学和实验室检查等资料。流行病学资料包括病例的时间、人群和地区分布信息；临床医学资料包括患者的症状、体征、临床检查、治疗情况与疗效等信息；实验室检查包括病原学与免疫学检测结果，以及化学毒物等致病因子的检测结果。

（1）分析流行特征：即按时间（如按发病日期绘制的流行曲线图）、地点（如标点地图）和人群（年龄、性别、职业、工种等）的三间分布特征计算各种罹患率和人群感染率，描述三间分布，绘制发病曲线，评价危险人群的免疫水平，同时比较不同组别人群之间的差异。

（2）分析传播方式：如单次的同源传播，即来自同一传染源的传播，其发病日期曲线为单峰型；多次的同源传播，即多次暴露于共同的传染源，发病时间曲线可呈双峰或多峰型；或者是其他传播方式，如虫媒传播、动物宿主传播等，流行曲线一般呈一种缓慢上升趋势，然后再缓慢下降，可持续数周或数月之久。

（3）分析暴发原因：应用流行病学分析性研究方法，通过比较发病人群与未发病人群、某因素的暴露与暴露人群，从而推断与本次暴发相关的传染源与传播途径。

6. 实施防控措施　突发事件或疾病暴发现场调查的最终目的是防止疾病或疫情的流行与扩大，因此，必须及时实施相应的防控措施并评价措施的效果。需要特别强调的是，现场防控措施应与现场调查同步进行。进入现场后，即可根据典型病例的临床特征和现场调查的初步结果，采取相对应的防控措施；然后，再随着现场调查的不断深入，提出更具针对性的措施并评价措施的效果。

7. 确认暴发已被控制或终止　可以通过以下方式确定暴发已终止：①人与人直接传播的疾

病，病原携带者全部治愈，并且经过一个最长潜伏期后，没有新病例发生；②共同来源的疾病，传染源得到有效控制，病例不再增加；③节肢动物传播的疾病，经过昆虫媒介的最长潜伏期和人类最长潜伏期总和后，无病例发生。

8. 工作总结　调查结束后，应及时进行工作总结，将调查过程整理成书面材料；记录暴发经过、调查步骤和所采取的控制措施及其效果；分析此次调查的经验教训；最后将材料报上级机关存档备案，或著文发表供后人借鉴。

> 经典案例 17-1
> 暴发调查：一起聚餐引起的霍乱暴发

（二）突发公共卫生事件处理原则及应注意的问题

1. 突发公共卫生事件处理原则

（1）处置伤病员：严重的突发事件会造成大量的伤病人员或传染病患者，因此，在事件发生或疾病暴发初期，最紧迫的任务就是及时诊断和救治伤病人员，同时，对传染病患者应按照《传染病防治法》进行隔离治疗。

（2）公共卫生管理：在救治伤病员的同时，做好紧急情况下的公共卫生管理将有助于防止和控制疫情的进一步蔓延。

1）当出现重大传染病疫情时，必须采取相对应的应急措施以切断传播途径，防止传染源扩散并保护易感人群，如设置疫点、疫区，必要时依法报请政府对疫区实施封锁管制；在疫区内限制或停止集市、集会、影剧院演出等群体性聚集活动，以及停工、停业、停课等；进行疫源点消毒等。

2）常规的公共卫生管理，包括加强食品卫生、饮用水卫生和公共卫生场所监督监测工作；依法对饮用水供应单位和供水活动及公共场所卫生实施监管；综合协调各有关部门加强食品安全监督检查，指导群众临时安置点集中配餐的食品卫生和饮用水卫生工作，防止食物中毒或介水传染病的发生；及时清除和处理垃圾、粪便，指导做好人畜尸体的无害化处理工作；对住房、公共场所和安置点及时采取消毒、杀虫和灭鼠等卫生措施，开展爱国卫生运动；充分利用各种宣传手段和传播媒介，有针对性地开展自救、互救及卫生防病科普知识宣传。

3）稳定群众情绪。突发事件发生，尤其是病死率较高的疾病暴发后，会造成群众的心理恐慌。因此，要及时发布疫情信息，防止谣言传播；同时，及时解答群众疑虑，指导群众做好个人防护。

（3）事件平息后的善后工作：突发事件发生或疾病暴发后，会对社会、家庭及个体造成全面的不利影响，如医疗物资的消耗、社会秩序的混乱、停工停业、以及家庭结构的变化等。因此，事件平息后，包括卫生机构在内的所有相关部门均应迅速恢复和重建受到破坏的卫生设施等，尽快恢复正常的医疗卫生服务；做好受害人群的躯体和心理伤害的康复工作。

2. 突发公共卫生事件调查时应注意的问题

（1）调查与控制应同步进行：突发事件暴发控制才是现场救援的本质。随着现场调查工作的不断深入，不断获得新的线索之后，应及时调整控制措施，直到疫情平息。切不可只顾及暴发原因的调查，而忽略及时采取必要的控制措施。

（2）充分运用法律条文：法律赋予现场调查工作者调查突发事件的权利，赋予公众合作的义务。对于少数不配合者，可以运用相关法律条文进行约束。

（3）伦理道德问题：主要包括知情同意、尊重当地生活习惯及文化习俗、尊重调查对象（享有司法保护权和隐私权）、信息保密、调查对象的病案资料及个人资料未获授权不得外泄等。此外，突发事件的现场调查应以不影响患者的救治、不损害被调查者的权益为工作准则。

（4）广泛合作与媒体沟通问题：突发事件的现场调查应争取各方面和各部门的广泛合作，获得当地居民的支持和配合，消除相关人员的疑虑。在与媒体的沟通过程中，一方面，应客观、真实地发布疫情，解答各方面疑虑，尽可能地减少百姓因误解而产生的不必要的混乱与恐慌；另一方面，应提高专业人员与媒体的交流能力，加强工作人员接受媒体采访时的应对与处置能力。

（三）突发公共卫生事件的报告

调查者在突发事件调查过程中及调查结束后，均应按规定及时地把暴发现场状况、事件的调查过程及处置措施的实施情况及效果等整理成书面材料，或著文发表以供后人借鉴。

1. 突发公共卫生事件报告的内容　包括以下几个方面。

（1）重大传染病疫情：发生鼠疫、肺炭疽和霍乱暴发，动物间鼠疫、布鲁氏菌病和炭疽等流行，乙类、丙类传染病暴发或多例死亡，罕见或消灭的传染病，新发传染病的疑似病例，可能造成严重影响公众健康和社会稳定的传染病疫情及上级卫生行政部门临时规定的疫情。

（2）其他突发公共卫生事件：中毒人数超过30人或出现死亡1例以上的饮用水、食物中毒事件，短期内发生3人以上或出现死亡1例以上的职业中毒事件，有毒有害化学品、生物毒素等引起的重大集体急性中毒事件，有潜在威胁的传染病动物宿主、媒介生物发生异常，医源性感染暴发，药品引起的群体性反应或死亡事件，预防接种引起的群体性反应或死亡事件，严重威胁或危害公众健康的水、环境、食品污染和放射性、有毒有害化学性物质丢失、泄漏等事件，群体性不明原因疾病，发生生物、化学、核辐射等恐怖袭击事件，学生因意外事故、自杀或他杀出现死亡1例以上的事件，上级卫生行政部门临时规定的其他重大公共卫生事件。

2. 报告方式和时限

（1）报告方式：我国《突发公共卫生事件管理信息系统》要求，报告突发公共卫生事件应包括初级报告（级次报告）、阶段性报告（进程报告）和总结性报告（结案报告）。

1）初级报告：每起突发事件的初级报告只有一份。初级报告的关键是"快"，强调实时性，不苛求准确或全面；报告的主要内容有事件名称、发生时间和地点、发病和死亡人数、累及或潜在影响人口数及主要联系人等。

2）阶段性报告：每起突发事件的阶段性报告可有多份，随疫情的发展情况而定。阶段性报告的关键是"新"，要及时报告疫情发展趋势、发病的最新情况及现场调查的最新结果等。

3）总结性报告：在突发事件调查结束后要尽快给出总结性报告。总结性报告的关键是"全"，内容包括事件总体情况描述、暴发的主要原因、已采取的控制措施及其效果评价、经验教训和进一步的工作建议等。

（2）报告单位与责任报告人：事件发生地的县（市、区）为基本报告单位，卫生行政部门为责任报告人，同级疾病预防控制机构使用"国家救灾防病与突发公共卫生事件报告管理信息系统"进行报告，责任报告人还应通过其他方式确认上一级卫生行政部门收到报告信息。救灾防病和突发公共卫生事件的信息报告原则上以"国家救灾防病与突发公共卫生事件"为主，但在紧急情况下或报告系统出现障碍时，可以使用其他方式报告。

（3）报告时限：发现突发公共卫生事件后以最快的方式报告，同时在6 h内完成初次报告；阶段性报告应根据事件的进程变化或上级要求随时上报；总结性报告应在事件处理结束后10个工作日内报告。

基础链接17-13
《突发公共卫生事件应急条例》国务院令第376号

第四节 疾病监测

疾病监测是现代疾病预防与控制工作的重要组成部分,监测内容主要包括各种疾病(如传染病、慢性非传染性疾病)、死因、行为危险因素、环境因素、预防接种相关疾病和副作用及药物不良反应等。疾病监测所获信息是制订、完善和评价疾病防制措施和策略的重要科学依据。

一、疾病监测的概念与种类

早期的疾病监测主要针对疾病的发生发展过程而进行,尤其针对传染性疾病。随着人类疾病谱、病因和死因谱的改变,监测内容更加广泛、内涵更加丰富,已从单纯监测疾病,逐渐扩大至监测伤害、行为危险因素等;从单纯的生物医学角度发展至生物、心理和社会的各个层面。因此,疾病监测名词已进一步扩展为公共卫生监测。

(一)疾病监测的概念

1. 疾病监测(disease surveillance) 是指长期、连续、系统地收集疾病的动态分布及其影响因素的资料,经分析将信息上报和反馈,传达给所有应当知道的人,以便及时采取干预措施并评价其效果。疾病监测不仅强调要长期、连续和系统地收集资料,而且强调信息的利用和反馈,监测的最终目的是为防控疾病服务。

2. 公共卫生监测(public health surveillance) 是指长期、连续、系统地收集有关健康事件、卫生问题的资料,经过科学分析和解释后获得重要的公共卫生信息,并及时反馈给需要这些信息的人或机构,用以指导制订、完善和评价公共卫生干预措施与策略的过程。其主要目的是为决策者提供决策依据并评价决策的效果。

无论是疾病监测还是公共卫生监测均是对监测资料的持续不断的动态收集和分析过程。这种动态收集与分析过程不仅包括对疾病或事件的三间分布的动态收集与分析,也包括对目标人群从健康到疾病全过程的动态收集与分析,以及对影响因素的动态收集与分析。

(二)疾病监测的种类

1. 传染病监测

(1)国际及各国监测的传染病:WHO已将疟疾、流行性感冒、脊髓灰质炎、流行性斑疹伤寒和回归热五种列为国际监测的传染病。此外,不同国家和地区所监测的传染病病种不尽相同。

当前我国法定报告的传染病分为甲、乙、丙三种类型共40种。近年,我国又将一些新现传染病作为严密监测的传染病病种,如新型冠状病毒感染、猴痘、军团病、艾滋病等。

(2)传染病监测的主要内容:人群基本情况的监测(如人口学资料、出生与死亡监测、生活习惯、经济状况、教育水平、居住条件及人群迁移情况等),传染病分布的动态监测(如漏报调查、亚临床感染调查等),人群传染病易感性监测,病原体型别、毒力及耐药性变化监测,传染病动物宿主、昆虫媒介及传染来源监测,防制措施效果监测,传染病流行因素及流行规律监测等。

2. 非传染性疾病监测　随着全球疾病谱的改变，有些国家已将监测范围扩大到非传染性疾病，包括恶性肿瘤、心脑血管疾病、糖尿病、出生缺陷、职业病等。目前，我国大部分地区已对恶性肿瘤、心血管疾病、高血压和出生缺陷等非传染性疾病开展了监测工作。

3. 危险因素监测　所有人类疾病，无论是传染性还是非传染性疾病的发生发展及其结局，在一定程度上都是相关危险因素暴露的最终结果，都与个人行为密切相关，有效的预防措施也就是促进改变个人行为方式。因此，越来越多的国家和地区已将危险因素，尤其是行为危险因素的监测作为疾病监测的一个重要组成部分。例如，美国疾病预防控制中心已于1984年建立了行为危险因素监测系统（behavioral risk factors surveillance system, BRFSS），用以收集与慢性疾病、伤害和某些传染病密切相关的个人危险行为，如吸烟、饮酒、合理营养、体力活动、使用汽车安全带等。我国对性病、艾滋病也进行了行为危险因素监测。

4. 其他卫生问题的监测　如症状监测（发热门诊、腹泻门诊等）、事件监测（药品销售量监测）、营养监测、环境监测、学校卫生监测、药物不良反应监测、医学气象监测等，这种监测虽然种类繁多，但主要目的都是及时解决各种卫生问题，早期发现新传染病或疾病的发生或流行。

> 基础链接 17-14
> 国家突发公共卫生事件应急预案

（三）疾病监测的目的

1. 了解疾病模式，确定主要公共卫生问题　疾病监测资料是卫生决策的重要依据。通过连续、动态的资料收集与分析，充分了解其分布特征和流行趋势，可以确定监测地区（或监测人群）当前的主要公共卫生问题。

2. 发现异常情况，查明原因，及时采取干预措施　在疾病的动态监测过程中，如果发现某种疾病的分布或发生频率出现异常变化，则常常预示该病的暴发或流行，此时即应查明原因，及时采取干预措施。

3. 预测疾病流行，评估卫生服务需要　结合疾病的动态监测资料和高危人群信息，可以预测疾病的流行强度和规模并评估未来的卫生服务需求。

4. 确定疾病的危险因素和高危人群　疾病监测对象的人口学资料特征，将有助于确定高危人群；通过针对高危人群的干预措施，可以有效地控制疾病的流行。

5. 制定公共卫生策略和措施，评价措施效果　通过疾病的动态监测，比较措施干预前后的发病（或患病、死亡）频率及其他测量指标的变化，可以客观地评价策略与措施的效果。

二、疾病监测的内容和方法

（一）疾病监测的内容

疾病监测的主要内容包括：统一标准和方法，制定规范的工作程序，建立完善的资料信息系统，长期收集和管理有关疾病信息资料；对监测点和面上的资料进行综合分析并加工成有价值的信息，同时进行信息反馈和有效利用。

1. 收集资料　内容包括：①人口学资料；②发病报告和死亡登记资料；③实验室检测资料；④危险因素调查资料，如吸烟、职业暴露等；⑤干预措施记录，如疫苗发放、食盐加碘等；⑥专题调查，如暴发调查、个案调查等；⑦其他相关资料，如气象和生物学资料等。

2. 分析资料　分析步骤包括：①将收集到的原始资料认真核对、整理，同时了解其来源和收集方法；②利用统计学技术将各类数据转化为相关指标；③解释这些指标的内涵。在分析过程中，要同时考虑各种因素对监测结果的影响，这样才能对信息做出正确合理解释。

3. 反馈信息　信息的反馈分为纵、横两个方向。"纵向"包括向上反馈给卫生行政部门及相关领导，向下反馈给下级监测机构和工作人员；"横向"包括反馈给有关的医疗卫生机构及专家，以及反馈给社区和居民。信息反馈是连接疾病监测和干预措施的桥梁，通过反馈渠道，所有应该了解信息的单位和个人都能及时获得相关信息，以便做出迅速反应。

4. 利用信息　监测获得的信息可用于了解疾病的分布特征，确定流行的存在、预测流行趋势、评价干预措施的效果，为制订预防和控制疾病的卫生策略提供依据。

（二）疾病监测的常用方法与相关概念

1. 被动监测与主动监测　下级单位常规上报监测数据和资料，上级单位被动接收，称为被动监测（passive surveillance）。根据特殊需要，上级单位亲自调查收集或要求下级单位严格按照规定收集资料，称为主动监测（active surveillance）。前者如各国常规的法定传染病报告，后者如我国各级疾病预防控制中心开展的传染病漏报调查等。

2. 常规报告与哨点监测　常规报告是指国家和地方的常规报告系统，如我国的法定传染病报告系统。根据某些疾病的流行特征，由设在不同地区的哨兵医生对高危人群进行定点、定期和定量监测，则称为哨点监测（sentinel surveillance），如我国的艾滋病哨点监测系统。

3. 实际病例与监测病例　一般来说，病原学和血清学检查是较为可靠的传染病诊断方法。但是，对于发病率较高但又缺乏特异症状的传染病来说，在疾病监测中，不可能对每一个可疑病例都进行病原学或血清学诊断，而是按照某些临床标准诊断病例。这样就有可能忽略一部分实际病例而发生漏诊（假阴性），也可能将健康人或其他疾病患者误诊为该病（假阳性）。因此，在传染病监测中，根据需要确定一种稳定的临床诊断标准来观察疾病的动态变化时所定义的病例称为监测病例。我国很多传染病监测上报的病例都属于监测病例。

4. 直接指标与间接指标　监测病例的统计数据，如发病数、死亡数、发病率、死亡率等称为监测的直接指标。在一些情况下，监测的直接指标不易获得。例如，对每一个流感病例都给予确诊比较困难，流感死亡与肺炎死亡很难区别，因此，美国长期以来就用"流感与肺炎的死亡数"作为监测流感疫情的间接指标。

（三）我国疾病监测系统

我国已形成以中国疾病预防控制中心（CDC）负责，辐射全国各级疾病预防控制中心和医疗机构的监测网，主要有以下6个系统。

1. 全国法定管理传染病报告系统　是我国最基本、最主要的传染病监测系统。该系统依据《传染病防治法》监测主要传染病的动态变化，进行法定管理传染病的上报。

2. 重点传染病监测系统　该系统启动于2004年，覆盖全国8.4万家医疗卫生机构，100%的县级以上疾病预防控制机构、98%的县级以上医疗机构、94%的基层医疗卫生机构实现了法定传染病实时网络直报，重点监测霍乱、流感等39种传染病。

3. 症状监测系统　即长期、系统地连续收集并分析包括临床症状群在内的各种健康相关数据，以提高对疾病或卫生事件反应的及时性。例如，我国开展流感样病例监测，目的是及早发现SARS、人感染禽流感和其他新发传染病，以便及时采取有效应对措施；又如，一些地区开展急性呼吸道感染和腹泻症候群监测试点。

4. 死因监测系统　国家建立605个县（区）监测点组成的死因监测系统来开展居民死亡原因监测、健康相关因素监测与调查。该监测系统覆盖全国31个省（自治区、直辖市）的3.2亿人，占全国人口的 24%。

5. 病媒生物监测系统　全国在 28 个省 1 097 个监测点，对蚊、蝇、蟑、鼠、蜱、臭虫等病媒生物进行长期、连续、系统的监测，收集其在不同风险区域的种类、密度、分布、消长趋势及杀虫剂抗性等数据和信息。

6. 健康相关危险因素监测系统　如营养与食品安全监测，通过监测以评估营养与食品安全风险；环境与健康监测，则是对水质、环境污染及其健康危害和健康相关产品进行监测、评价和预警。

（王学梅）

复习思考题

1. 冠心病的分布特征是什么？
2. 冠心病的主要危险因素有哪些？
3. 脑卒中的主要危险因素有哪些？
4. 心脑血管疾病的膳食预防有哪些？
5. 我国死亡率最高的 9 种恶性肿瘤是哪些？
6. 恶性肿瘤的人群分布特点是什么？
7. 恶性肿瘤的主要危险因素有哪些？
8. WHO 对恶性肿瘤的观点是什么？
9. 试述用流行病学方法研究突发公共卫生事件的意义和重要性。
10. 传染病暴发、流行的紧急措施主要包括哪些方面？
11. 试述疾病监测的用途。

网上更多……

本章小结　　开放性讨论　　自测题　　教学 PPT　　名词索引

主要参考文献

［1］蔡泳.预防医学［M］.4版.北京：高等教育出版社，2022.
［2］朱启星.卫生学［M］.9版.北京：人民卫生出版社，2018.
［3］郭新彪.环境健康学教程［M］.北京：北京大学医学出版社，2021.
［4］杨克敌.环境卫生学［M］.8版.北京：人民卫生出版社，2017.
［5］孔志明.环境毒理学［M］.7版.南京：南京大学出版社，2023.
［6］唐焕文.预防医学概论［M］.北京：科学出版社，2014.
［7］傅华.预防医学［M］.7版.北京：人民卫生出版社，2018.
［8］刘爱忠.临床流行病学［M］.4版.北京：高等教育出版社，2024.
［9］孙长颢.营养与食品卫生学［M］.8版.北京：人民卫生出版社，2017.
［10］郝元涛.预防医学［M］.4版.北京：人民卫生出版社，2023.
［11］焦广宇，蒋卓勤.临床营养学［M］.3版.北京：人民卫生出版社，2022.
［12］李康，贺佳.医学统计学［M］.7版.北京：人民卫生出版社，2018.
［13］钟晓妮.医学统计学［M］.2版.北京：科学出版社，2019.
［14］李晓松.卫生统计学［M］.8版.北京：人民卫生出版社，2017.
［15］杨土保，胡国清.医学科学研究与设计［M］.3版.北京：人民卫生出版社，2020.
［16］郭秀花.医学统计学与SPSS软件实现方法［M］.北京：科学出版社，2023.
［17］王彤，姚应水.医学统计学［M］.北京：人民卫生出版社，2020.
［18］詹思延，叶冬青，谭红专.流行病学［M］.8版.北京：人民卫生出版社，2017.
［19］沈洪兵，齐秀英.流行病学［M］.9版.北京：人民卫生出版社，2018.
［20］黄悦勤，刘爱忠，孙业桓.临床流行病学［M］.5版.北京：人民卫生出版社，2020.
［21］王培玉.预防医学［M］.4版.北京：北京大学医学出版社，2019.
［22］徐广飞.预防医学［M］.4版.南京：东南大学出版社，2021.
［23］罗家洪，李健.流行病学（案例版）［M］.2版.北京：科学出版社，2018.
［24］徐飚.流行病学原理［M］.2版.上海：复旦大学出版社，2023.
［25］徐望红.流行病学案例与解析［M］.北京：人民卫生出版社，2023.
［26］王嘉良.临床流行病学［M］.5版.上海：上海科学技术出版社，2021.
［27］王金桃.流行病学［M］.北京：人民卫生出版社，2020.
［28］TIMOTHY L L, TYLER J V, SEBASTIEN H, et al. Modern Epidemiology［M］. 4th ed. New York: Lippincott Williams & Wilkins, 2020.
［29］孙鑫，杨克虎.循证医学［M］.2版.北京：人民卫生出版社，2021.

郑重声明

高等教育出版社依法对本书享有专有出版权。任何未经许可的复制、销售行为均违反《中华人民共和国著作权法》，其行为人将承担相应的民事责任和行政责任；构成犯罪的，将被依法追究刑事责任。为了维护市场秩序，保护读者的合法权益，避免读者误用盗版书造成不良后果，我社将配合行政执法部门和司法机关对违法犯罪的单位和个人进行严厉打击。社会各界人士如发现上述侵权行为，希望及时举报，我社将奖励举报有功人员。

反盗版举报电话　（010）58581999　58582371
反盗版举报邮箱　dd@hep.com.cn
通信地址　北京市西城区德外大街4号　高等教育出版社知识产权与法律事务部
邮政编码　100120

读者意见反馈

为收集对教材的意见建议，进一步完善教材编写并做好服务工作，读者可将对本教材的意见建议通过如下渠道反馈至我社。

咨询电话　400-810-0598
反馈邮箱　gjdzfwb@pub.hep.cn
通信地址　北京市朝阳区惠新东街4号富盛大厦1座　高等教育出版社总编辑办公室
邮政编码　100029

防伪查询说明

用户购书后刮开封底防伪涂层，使用手机微信等软件扫描二维码，会跳转至防伪查询网页，获得所购图书详细信息。

防伪客服电话　（010）58582300